1998
中国医药年鉴

《中国医药年鉴》编委会　编

中　国　医　药　科　技　出　版　社

登记证号：（京）075 号

图书在版编目（CIP）数据

中国医药年鉴 1998 年卷/《中国医药年鉴》编委会编.
北京：中国医药科技出版社，1999. 2
ISBN 7-5067-1960-6

Ⅰ.中… Ⅱ.中… Ⅲ.医疗保健事业-中国-1998-年鉴
Ⅳ.R199.2-54

中国版本图书馆 CIP 数据核字（1999）第 02199 号

*

中国医药科技出版社 出版
（北京市海淀区文慧园北路甲 22 号）
（邮政编码 100088）
本 社 激 光 照 排 室 排版
北京市友谊印刷经营公司 印刷
全 国 各 地 新 华 书 店 经销

*

开本 16 印张 38 1/2 插页 8
字数 916 千字
1998 年 12 月第 1 版 1998 年 12 月第 1 次印刷
广告经营许可证：京西工商广字第 0158 号

定价：140.00 元

1997年1月，国务院副总理吴邦国亲切看望出席全国医药管理局长会议的代表

邓 乔 摄

1997年1月在全国医药管理局长会议上，国家医药管理局向17家“医药商品质量规范(GSP)达标企业”授牌

邓 乔 摄

1997年新春，国家医药管理局郑筱萸局长到北京西单药店慰问医药商业职工

邓 乔 摄

为促进中美双方在医药领域合作的规范化，中美商贸联合委员会医药产业小组第一次全体会议于 1997 年 5 月在北京召开。图为中美双方签署 1997 年工作计划

邓　乔摄

中央国家机关工会联合会组织的“拥抱香港”演唱会 1997 年 6 月在北京举行。图为国家医药管理局代表队高歌喜迎香港回归

邓　乔摄

1997 年 7 月中国药学会成立九十周年庆祝大会暨第二十次全国会员代表大会

邓　乔摄

1997年8月国家医药管理局与直属四大公司签定资产经营责任书

邓　乔 摄

国家医药管理局党组贯彻六中全会精神扩大会议在京召开

邓　乔 摄

中共中央“十五大”召开后，国家医药管理局组织讨论江泽民总书记“十五大”报告

邓　乔 摄

1997 年 10 月全国医药行业学习贯彻十五大精神培训班在京举行

邓　乔摄

1997 年 11 月医药流通体制改革与医药市场管理座谈会在京召开

邓　乔摄

1997 年 12 月，12 项国家新药研究基金项目获国家医药管理局药研制奖

邓　乔摄

莱芜市医药管理局（公司）

莱芜市医药管理局（公司）系山东省医药管理局直属单位，负有行业管理和医疗器械行政监督管理职能。系统内现有职工602人，固定资产净值2781万元，流动资金2526万元。下设15个生产经营单位：医药采购供应站、药材采购供应站、医疗器械采购供应站、莱城医药分公司、钢城医药分公司、第一、二、三支公司、新特药分公司、保健品分公司、益寿堂连锁总店，主要经营中西药品、医疗器械、保健药（食）品、化学试剂、玻璃仪器、保健器械等；山东太乙制药有限公司，主要生产输液、环丙沙星胶囊、创可贴等20多个品种；华医纸制品有限公司，主要生产电脑用纸、复印纸、餐巾纸等；华医家电公司和计算机公司，分别经营家电、计算机及耗材、办公设备等。

莱芜市医药管理局（公司）的企业精神是“精诚团结、文明经营、科学管理、争创一流”。工作原则是：挖内潜降费用，扩规模增效益。始终把社会效益放在第一位，认真履行行业管理职能，切实保障人民群众的用药安全、方便、及时、有效。连续三年获鲁药建功杯，连续六年获“省级文明单位”称号。1997年被莱芜市委市府评为“文明行业”。所属的益寿堂连锁总店被评为全国医药系统先进集体，山东省十佳零售商店。

莱芜市医药管理局局长、党委书记：牛　波

地址：莱芜市凤城西大街78号
电话：（0634）6212497　　6213496
传真：（0634）6213912
邮编：271100

桂林天和药业有限公司

桂林天和药业有限公司董事长兼总经理 谭桂发

单位名称：桂林天和药业有限公司
地　　址：桂林市伏和巷 1 号
电　　话：(0773)2823371　2820943
法人代表：谭桂发（董事长兼总经理、党委书记）
邮政编码：541001
传　　真：(0773)2826463
注册商标：天和牌、伏波山牌

天和骨通强力透释贴剂为广西优质产品，获 1997 年度西科技进步奖，为国家重点开发新产品。

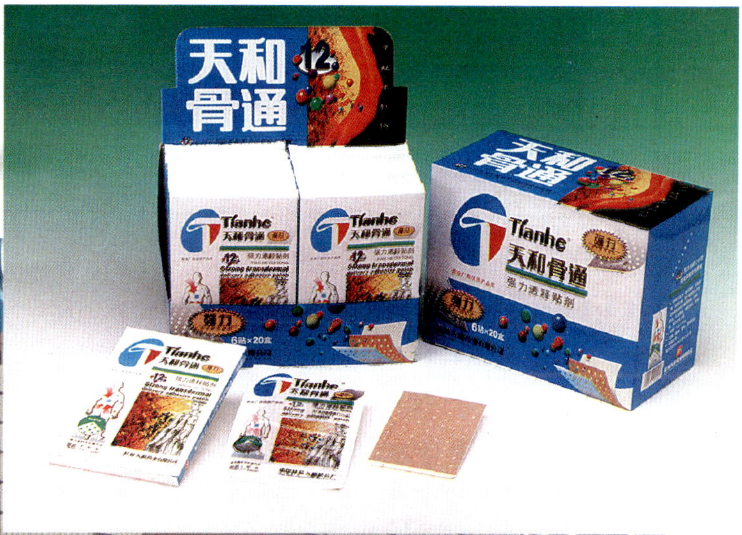

《中国医药年鉴》1998 年卷编辑委员会

《中国医药年鉴》1998年卷特邀编辑

目　录

第一部分　重要讲话与专论

第二部分　法规与药品行政保护公告

第三部分　医药生产与流通

第四部分　行业管理与改革

第五部分　各省、自治区、直辖市、计划单列市医药发展概况

第六部分　医药质量与监督

第七部分　医药科研与教育

第八部分　医药统计资料

第九部分　医药大事记

第十部分　港、澳、台及国外医药概况

第十一部分　国家专利局授予医药专利一览

第 一 部 分

重要讲话与专论

在全国医药储备管理工作电视电话会议上的讲话

彭　珮　云

（1997年10月31日）

同志们：

为了在建立社会主义市场经济体制的条件下，提高国家医药储备能力和管理水平，保证在发生灾情、疫情、突发事故时能够及时、有效地供应所需的药品和医疗器械，国务院于今年7月发出《关于改革和加强医药储备管理工作的通知》（国发［1997］23号，以下简称《通知》）。决定自1997年起，在中央统一政策、统一规划、统一组织实施的原则下，改革现行的国家医药储备体制，建立中央与地方两级医药储备制度，实行动态储备、有偿调用的新体制。这是我国医药储备管理工作的一次重要改革。

今天，国家经贸委和国家医药管理局联合召开全国医药储备管理工作电视电话会议，目的是要求各地区、各有关部门认真贯彻《通知》精神，积极推动医药储备管理体制改革的顺利实施。刚才，国家经贸委副秘书长蒋金楚、国家医药局局长郑筱萸同志讲了话，上海市、湖南省、四川省的管理负责同志也发了言。下面我讲两点意见。

一、改革和加强医药储备管理工作具有重要意义

医药储备主要用于灾情、疫情及突发事故发生时的紧急需要。搞好医药储备工作具有重要的意义，是政府的一项重要职责。国务院历来对这项工作非常重视。从70年代开始，国家多次拨出专款，用于储备医药，发挥了重要作用。在1976年唐山地震、1988年大兴安岭森林大火、1991年华东地区特大洪水、1994年14个省区特大洪涝、干旱和台风等灾害的救援工作中；在深圳化学危险品仓库爆炸、新疆克拉玛依大火、济南煤气管道爆炸后的救援工作中；在多起食物中毒、亚硝酸盐中毒、化学药物中毒、误食农药、鼠药等事件的急救中，医药储备、供应都发挥了非常重要的作用，为抢救人民生命，控制疫情，实现大灾之后无大疫和保持社会稳定，做出了贡献。

我国是自然灾害发生比较频繁的国家，有些灾害范围大、情况急、疫情重。如果没有一定的医药储备，就会给灾区人民群众的生命安全和生产、生活造成严重损害，影响当地的经济发展和社会稳定。因此，建立国家医药储备制度是十分必要的，各地区、各有关部门必须充分认识改革和加强医药储备管理工作的重要性和紧迫性。

我国正处于由计划经济向社会主义市场经济体制过渡之中，随着改革开放的不断深入和社会主义市场经济的不断发展，原有的医药储备管理体制已经不适应新形势的要求，必须加以改革。过去，国家医药储备采取中央一级储备、静态管理的体制，主要由中央政府承担。许多经济欠发达的省区，基本上没有医药储备；经济比较发达的地区的医药储备也远远不足；遇到严重灾情或突发事故，都要由国家调拨予以救助，不仅加大了对中央财政的压力，而且往往难以及时、方便、有效地供应。实施中央与地方两级医药储备制度，可以充分发挥中央和地方两个积极性，在全国建立起统一领导、分级负责的医药储备和供应网络，在灾情、疫情和突发事故发生时，确保药品和医疗器械的及时供应，这对于提高救灾能力，保持社会稳定，促进经济发展有着十分重要的意义。因此，各级政府和各有关部门都要重视这项改革，争取在两、三年内建立起适应新形势需要的医药储备、供应、轮换、补偿等管理制度，保证医药储备真正起到救灾救急的作用。

二、认真贯彻落实《通知》精神，推动医药储备管理体制改革顺利实施

国务院的《通知》规定，中央医药储备主要负责重大灾情、疫情及重大突发事故和战略储备所需的特种、专项药品及医疗器械。地方医药储备主要负责储备地区性或一般灾情、疫情及突发事故和地方常见病、多发病防治所需的药品和医疗器械。需要紧急动用国家储备的药品和医疗器械时，原则上由地方储备供应，中央储备补充供应。中央和地方的责任已经很明确，都应该认真履行自己的职责。今后，地方必须建立必要的医药储备，切实承担起自己应负的责任。

为推动医药储备管理体制改革的顺利实施，首先在思想观念上，要从等待救援为主，向立足自救为主转变，在增强社会责任感、注重社会效益的同时，要讲经济效益，搞好经营管理。在管理体制上，要尽快实现由中央一级储备向中央与地方两级储备转变。在管理模式上，要由计划调拨、静态管理向有偿调用、动态管理转变。承担医药储备任务的企业要把储备工作与企业的生产、经营科学合理地结合起来。在确保医药和医疗器械有效供应的前提下，发挥储备资金的最大效益。

做好医药储备工作重在落实。一要认真落实资金。国务院《通知》明确指出，“中央与地方两级医药储备所需资金分别由国务院及各省、自治区、直辖市人民政府负责落实。”中央与省（自治区、直辖市）人民政府都要认真安排、落实资金。《通知》对全国医药储备资金的规模作了规定，对各地医药储备资金规模提出了建议，这个规定和建议充分考虑了救援工作的需要及落实储备资金的情况尚不平衡，请各省、自治区、直辖市人民政府妥善安排，力争早日落实储备资金。有关部门要抓紧制定落实医药储备资金的具体办法，财政、银行等部门要给予支持。要加强对医药储备资金的管理，杜绝浪费，严禁将医药储备资金挪作他用。要制定严格的有偿调用办法，及时收回货款，确保储备资金的安全和保值。

二要切实加强管理。国家医药管理局和各省、自治区、直辖市药品生产经营行业主管部门要认真做好中央与地方医药储备的组织实施工作。为了使医药储备工作逐步走上规范化、法制化的轨道，国家有关部门已经制定《国家药品、医疗器械储备管理暂行办法》，将由国家经贸委、国家医药管理局等有关部门联合下发，各地区、各有关部门要认真贯彻执行。国务院责成国家经贸委会同监察部、国家医药管理局做好监督检查工作。

同志们，医药储备是一项利国利民的工作，各地和各有关部门都要认真领会国务院《通知》精神，切实加强领导，明确自己的职责，互相密切配合，努力克服困难，把医药储备管理工作做好。

认真落实国务院《通知》精神切实改革和加强医药储备工作

郑　筱　萸

（1997年10月31日）

各位领导、同志们：

医药储备、供应工作是我局的一项重要职责。我局一直十分重视这项工作，多年来在救灾防疫和急救药械储备、供应中做了大量工作，取得了一定成绩。但由于近年储备资金和储备药物严重不足，加之过去计划经济条件下的一套管理方式不适应市场经济的要求，所以工作中遇到很大困难。今年年初，《中共中央、国务院关于卫生改革与发展的决定》中，明确提出要建立中央与地方两级医药储备制度的任务。七月初，国务院以国发［1997］23号文件发出关于改革和加强医药储备管理工作的通知，决定从今年起即在我国建立和实施中央与地方两级医药储备制度。这是我国医药储备制度改革的一项重要举措，是我国医药经济体制改革的重要内容，是我国整个国民经济体制改革的重要组成部分，也是贯彻落实党的十五大精神的一项重要工作内容。国家医药管理局要从“深化改革、保持稳定、促进发展”的大局出发，认真落实国务院《通知》要求，切实改革和加强医药储备工作。

我局认为，国务院的《通知》既进一步阐明了我国医药储备工作的意义和作用，确定了改革的原则和目标，又提出了加强医药储备管理工作的具体要求，是在社会主义市场经济条件下指导我国医药储备工作的重要文件。

我局要在国务院和国家经贸委的领导下，会同有关部门，采取有效措施，认真贯彻落实好国务院《通知》中的各项要求：

一、抓好国务院《通知》的宣传、学习

7月份，我局曾邀请新华社、人民日报、光明日报、经济日报、中央人民广播电台、健康报、中国医药报等16家新闻单位的代表，在我局召开了宣传国务院《通知》的新闻发布会。并以国药综经字[1997]第291号文转发了国务院《通知》，要求各级医药管理部门认真学习《通知》精神。我们还将进一步加大宣传、学习的力度。近期，我局主要负责同志将分赴有关省、自治区、直辖市，进一步宣传国务院《通知》精神，督促工作的开展。

通过宣传、学习，希望全社会都能深刻认识改革和加强医药储备管理工作的重要意义，深刻领会中央与地方两级医药储备新体制的改革精神和工作要求。特别是对动态储备、有偿调用、政企分开、统一政策、分级负责等原则性问题，能有正确理解。医药行业更要认清我们在医药储备工作中所担负的神圣职责，把做好医药储备工作，保障灾情、疫情及突发事故的药械及时供应，提高到保护人民群众的生命和健康，维护社会稳定的高度来认识。各地医药管理部门要在当地人民政府领导下，认真贯彻《通知》的各项要求，与有关部门积极配合，促进医药储备制度改革的顺利进行。

二、切实加强组织领导

各级医药管理部门要加强对这项工作的组织领导，并落实职能部门。

国家医药管理局已经成立了医药储备工作领导小组，制定了工作职责。同时，设立了领导小组办公室，负责日常工作。

对各地各级医药管理部门，我局要求其成立相应的领导小组，医药储备工作要有主要领导同志负责。现在，全国已有一半以上的省级医药管理部门成立了相应的领导小组及其办事机构。没有设立领导小组及其办事机构的省级医药管理部门，要尽快设立。

三、修改、制定《国家药品、医疗器械储备管理办法》

为保证中央与地方两级医药储备制度的建立与完善，确保两级医药储备体系的正常、有效运转，需要对有关政府部门、承储企业的权利与义务作出规范，需要对储备计划的安排与落实，储备药械的储存与调度，以及储备资金的管理与监督、检查等等作出具体规定。我局在广泛调查研究的基础上，总结经验教训，借鉴粮食储备和化肥储备的作法，多次修改、编写了“管理办法”，并已报送国家经贸委，正在征求财政、金融、卫生、监察、审计等部门的意见。争取早日定稿出台。

四、争取、落实医药储备资金

目前，中央医药储备资金正在落实。年初，财政部确定今年拨付增补储备资金1亿元。6月份，4000万元到位，近期再安排拨付6000万元，完成今年的资金拨付计划。另外，3月份财政部下文，要求各有关财政部驻省的中企处开展对原储备资金进行清查。我局一直积极配合财政部的清查工作，全力争取清查后原有储备资金能保持在近2亿元。

各地医药储备资金的额度指标已下达，应抓紧落实。我局在转发国务院《通知》的文件中，曾要求各地医药管理部门，根据《通知》中提出的储备资金建议规模，主动地向当地人民政府汇报，尽快确定储备资金规模，并在各省、自治区、直辖市人民政府的积极支持下，尽快得到落实。

五、组织召开“全国医药储备工作会议”

为了进一步贯彻落实国务院《通知》精神，推动中央与地方两级医药储备制度的整体建议，我局计划在今年末或明年初召开全国医药储备工作会议。希望中央和各省、自治区、直辖市的有关领导或负责同志参加，也希望财政、金融、卫生等部门的领导或负责同志参加。会议将进一步宣传、贯彻《通知》精神，研究“医药储备管理办法”的落实工作，交流各地经验，并安排下一步工作。

同志们，医药储备、供应工作在灾疫和突发事故发生时，对于救灾、防疫、抢救人民生命和平抑药价、保持社会稳定，有着特殊的作用和意义，是一项全社会都在关心和重视的事情。改革和加强医药储备工作，建立和完善医药两级储备制度，是一项中央和各地政府及各有关部门都在关心和重视的工作。我局和全国医药行业的干部职工，在《通知》精神的鼓舞、指导下，在国务院、国家经贸委的领导下，在有关部门的积极协助下，将全力做好医药两级储备、供应工作，为我国的经济发展和社会进步作出应有的贡献。

加快医药经济结构调整步伐
增强国内国际市场竞争能力

——在全国医药经济结构调整工作座谈会上的讲话

郑　筱　萸

（1997 年 8 月 20 日）

各位代表，同志们：

年初，全国医药管理局长会议决定把医药经济结构调整作为全行业经济工作重点。现在半年多时间过去了，各地医药管理部门为此做了许多工作，取得了不少成绩。为了进一步加强对医药经济结构调整的认识，推动医药行业经济结构调整工作更广泛、深入、有序地展开，我们特地在此召开专题会议，希望大家集中精力开好这次会议。为便于大家讨论，下面我先谈几点意见。

一、1997 年上半年医药经济运行形势

上半年，医药经济运行从结构调整的角度看，其主要情况有如下几点：

一是医药工业生产增长趋缓，部分出现负增长。据统计，今年上半年，医药工业总产值（90 年不变价）完成约 665 亿元，比去年同期增长 11.05%，增幅回落近 10 个百分点；其中，化学药品工业增幅回落 12 个百分点；医疗器械工业增幅回落 8.14 个百分点。其主要原因之一是医药工业产销结构失衡，销售呈低速增长，产销率继续下降。特别是化学药品、制药机械、中成药及其它工业的产销状况不如人意，其产销率分别为 91.97%、89.91%、91.03%、85.18%。其次是出口产品结构低下，医药外贸形势仍然不容乐观，出口交货值继续呈现负增长。今年 1—6 月份，医药产品出口交货值完成 55.25 亿元，比去年同期少出口 9.27 亿元，下降 14.36%。我国出口医药产品一直以低附加值的原料药为主，外贸依赖度较大，出口一旦受阻，就更加大了国内市场竞争的压力。

二是医药市场需求不断扩大，但国企产品市场占有份额持续下降。据统计，今年 1—6 月份，全国医药商品销售总额约 480 亿元，比去年同期增长 9.6%左右。其中，对居民和社会集团商品零售额完成 284 亿元，比去年同期增长 8.77%。医药商业销售总体呈平稳增长态势。但是，进口药品、非国企产品、国企产品已三分天下。据我局南方医药经济研究所的统计分析，1996 年我国进口药品（经正常渠道部分）总金额为 12.67 亿美元，加上非正常渠道进口药品则高达 20 亿美元。其中制剂占 70%，比 1995 年增长 15%。近十多年来，我国进口化学药品金额及品种急剧增长，1996 年进口药品金额相当于 1986 年的 10 倍，进口品种也由1990年的150种左右增加到目前的800多种，其中进口制剂630多种。进口药品在我国药品市场中所占的份额不断增加，1991年占14%、1995年占27.24%、1996年占30%。就1996年广州市医院用药状况分析，医院用药销售金额最大的前40家厂商中，53.3%是国外企业，18.7%是合资企业，国内厂家仅占28%。据北京、天津、广州、哈尔滨、南京、杭州、武汉、西安、长沙等9个城市的180多个典型医院用药分析，在50个用药金额领先品种中，进口药品占了一半，国产药品在市场上呈萎缩之势。

三是区域经济结构正步入强势调整时期。1—6月，医药工业总产值列全国前6位省份分别是江苏省、浙江省、山东省、广东省、上海市和河北省。这6强省市的医药工业总产值之和已占全国医药工业总产值的52.53%，区域规模经济正逐步形成，东、中、西部差距进一步拉大。

四是医药工业经济效益有所回升，医药商业经济效益尚未好转。据上半年对全国独立核算的2301家工业企业、9322家商业企业的财务指标统计分析，工业增加值率为24.49%（其中国有工业企业为25.63%），比去年同期低0.23个百分点；医药工业实现利税总额42.92亿元，比去年同期增长15.6%；其中实现利润18.62亿元，比去年同期增长11.64%；其中同期统计的国有企业有1284家，占总数的55.8%，完成利税占利税总额的56.18%，完成利润占利润总额的45.65%；今年上半年，工业亏损企业数为882家，占全部统计数的38.33%，比去年同期增加3.17个百分点，其中国有企业亏损面为39.4%，比去年同期增加1.81个百分点；亏损总额11.14亿元，比去年同期增加13.76%，其中国有企业亏损总额7.3亿元，比去年同期增加2.35%；所统计的2301家工业企业至6月末的应收帐款净额为241.47亿元，比去年同期增加18.35%，其中国有企业同期应收帐款净额占65.51%，比去年同期增加16.53%；至6月末，应付帐款124.2亿元，比去年同期增长14.37%，其中国有企业应付帐款77.88亿元，占62.7%，比去年同期增加3.17%；上半年有9个省、区、市（包括计划单列市）出现工业汇总性亏损。

统计的9322家商业企业上半年完成商品销售净额406亿元，比去年同期增长7.08%，利税总额完成13.56亿元，比去年同期增长18.04%，实现利润总额1.83亿元，比去年同期下降12.42%；亏损企业数2377个，亏损面为25.5%，比去年同期增加0.84个百分点，亏损总额4.44亿元，比去年同期增加2.89%；至6月末应收帐款净额189.7亿元，比去年同期增加13.37%；应付帐款198亿元，比去年同期增加5.87%；上半年全国有12个省、区、市（含计划单列市）出现商业汇总性亏损。其中有内蒙古、辽宁、安徽、河南、湖北、湖南、贵州和甘肃8个省、区、市为工、商汇总性全部亏损。

从以上数据分析显示，国有工商业已处于两难境地，即销售增加则拖欠也增加，致使利润下降；如减少销售又怕市场丢失，利润同样下降。据有关专家估计，每增欠一个百分点，利润就下降13%，这已成为当前医药工商企业面临的最大危险，尤其是国有医药商业处境险恶。因此，医药流通体制改革如何积极扩大有效销售，是企业当前要重点研究的问题，流通结构的调整和经营方式的转变显得更为紧迫。

二、医药经济结构调整工作的现状及存在的问题

（一）今年以来，各省、市、区医药管理部门在前两年工作的基础上，为推进医药经济结构调整做了大量细致的工作，归纳起来有以下三点：

1. 领导重视，组织制定地区医药经济结构调整规划

绝大部分省、市、区医药管理局都把医药经济结构调整列为今年的重点工作。山东、河北、湖南等省成立了以局领导挂帅的专门班子，深入到地区、企业做调查研究。在摸清情况分析现状的基础上，召开了结构调整工作会议，并请专家论证，经过几上几下，形成了本地区的医药经济结构调整规划，提出了许多新的思路与方法。如河北局提出了：变增量调整为存量调整、变适应性调整为结构性调整、变初级产品为高附加值产品、变引仿为主为创研为主、变分散单一经营为多角、集约化经营的“5个转变”，并从拳头产品规模升级、大集团管理向现代企业制度转变等方面做了大量工作。福建省制定了《医药工业10强行动计划》，力求通过10强来带动整个行业的发展。

2. 加大结构调整的力度，将规划落到实处

许多省针对本地区的具体情况，在各级政府的支持下，加大了结构调整的力度，扎扎实实地开展了经

济结构的调整。如山东省政府在年初将山东新华医药集团列为省重点培植的8大骨干集团之一后，省医药局积极帮助企业制订集团发展规划，协调资产重组事宜，并向省政府提交了《关于加快培植新华医药集团的实施意见》，受到省政府的好评。

浙江省医药局积极推进华东医药集团进入省政府重点培植的14家大型企业集团，使企业获得了省政府赋予的资金、科研、GMP改造、国有资产经营、税收等各方面的优惠政策。浙江省医药局还促成了省内的新昌制药股份有限公司、仙居药业集团公司及浙江省医药有限公司实现了“强强联合”，不仅具有了规模上的优势，而且形成了优势互补、工商结合的有利格局。吉林省医药局根据地区经济优势，很好地探索出了传统医药产业和高科技医药产业相结合的发展道路，培植和发展了一批经济效益型的骨干企业，形成了一批有为的企业家，使全省医药经济得以迅速发展，达到了在全国排序10位左右的好水平。

3. 结构调整工作取得初步成效

在全行业的共同努力下，医药工业运行质量开始得到稳步提高，医药产业结构调整加快，医药企业逐步由生产经营型向生产、资产经营型转变。在国有大中型企业主导地位继续加强过程中，由单一的国有经济向以国有和国有控股为主，股份制、合资、合作、联合、租赁等多元化方向发展。

在一些结构调整工作做得早、做得细的地区及企业，已取得了明显的经济效益。据中国化学制药协会有关专家对149家重点企业的统计分析，1997年二季度效益明显上升。与一季度相比，销售收入增长率由2%上升到6.6%，利润由下降28.3%转变为增长5.8%。其中华北、新华、鲁抗、丽珠、西南合成、海门、仙居、新昌、西安、齐鲁、河南华中等企业利润成倍增长。又如广州医药集团公司从去年挂牌以来，从分散经营转变为集约经营，企业基本进入良性循环。如江苏省通过狠抓结构调整，促进医药经济增长由增量扩张的外延增长向有技术含量、有经济效益的内涵增长方式转变，今年上半年，出现了效益增长高于产值增长的良好局面。

（二）医药经济结构调整任务仍很艰巨

从总体上看，医药经济结构调整工作已取得了初步的成效。但我们还必须清醒地认识到，医药经济结构调整工作的形势还很不理想，任务还很艰巨，医药行业深层次的结构矛盾已经十分突出。产业结构发展不均衡，医药科技水平落后，产品结构不合理，老产品小规模低水平重复生产情况依然十分严重；医药企业组织结构“弱、小、散、乱”的状况尚未得到有效改变；医药企业、特别是国有老企业的市场意识仍较薄弱，国际、国内市场开发能力不强，面对国际市场的剧烈竞争，只能以最低级的方式即自相压价拼杀来参与竞争。这些问题的存在和发展，已经极大地影响了医药经济的快速、健康发展，并且使医药行业结构性矛盾具有了危机的性质。目前比较集中地表现在以下三种状况：

1. 产品结构雷同，低水平重复现象严重。最多的有几百个企业生产同一品种。仅就化学原料药几个大类品种生产能力利用率看，1996年抗感染类为49.7%，维生素类为49%，消化系统用药类为30%，泌尿系统用药类为17%；就具体品种看，VB1为14%，VB6为26%，萘普生为31%。一些品种在市场上往往受制于“以药养医”的不良机制，形成恶性竞争。一些企业，特别是国有大型企业的品种结构严重老化，迫切需要新品种的支持。但与此同时，一些本应很有市场前景的新品种却因多种原因，如资金问题、政策问题、特别是市场化不强等问题，没有取得应有的经济效益，导致我们有很多好产品，在还没有形成优势、还没有得到市场效益时，就萎缩了。

2. 医药生产企业众多，企业组织结构过于分散，缺少具有国际竞争力的大企业、大集团。我国现有制药工业企业已达5600余家，但大部分是中小企业。1996年全行业工业企业亏损面高达38.5%。在产品营销上缺少协调、联合的机制。特别在重要出口产品上，协调屡屡失败，已严重影响了我国医药行业的总体竞争实力。

3. 长期以来存在的片面追求产量、产值增长，忽视技术进步的现象，至今没有完全克服。一些大品种的生产技术水平长期没有明显进步，一些技术水平含量较高的老产品，也有下滑趋势。

我们必须看到，我们目前所进行的经济结构调整工作是在宏观经济形势和市场环境都发生了根本性变化的客观条件下进行的。

从国内医药市场情况看，我国的医药市场已发生了巨大变化。绝大多数医药产品已处于供过于求的状态，不少老产品经过辉煌阶段已进入衰老、滞销时期，其发展空间已越来越小。新产品的市场开发滞后，大中城市医药市场中相当部分已为进口产品、“三资”企业产品所占领。农村市场具有广阔的前景，但由于开发力度不够等多种原因，很多地区还远没有形成现实的市场规模。中共中央、国务院《关于卫生改革与发展的决定》下发后，随着医疗制度改革的深入和OTC四项制度的建立，医疗卫生工作的重点向农村转移，医药市场需求结构变化，将导致市场进一步细化，市场竞争将更加激烈。

从国际市场情况看，我们的大品种遇到了跨国公司和一些发展中国家的有力竞争，原来的比较优势正在逐渐消失。我们产业结构中的总量大、单个规模小、生产集中度低、竞争实力弱的突出矛盾已严重制约了我们医药行业参与国际竞争的实力。更值得注意的是，世界产业结构的开放性和世界范围内的市场争夺大战，使现在的国际竞争已不用走出国门，在我国医药市场内已日趋表现出国内竞争国际化的特征，跨国公司大举进军我国市场，其直接投资的迅猛增加，使国有医药企业优势受到巨大冲击。我们有劳动力便宜、资源丰富的优势，跨国公司通过合资企业同样拥有，而且没有企业富余人员、退休工人、企业办社会等负担；我们有地方政府支持，跨国公司的“三资”企业也能得到地方政府支持和各种引进外资的优惠政策。我们有的，人家都有；我们没有的——如跨国调度资源的能力和雄厚的资金、技术资本，人家却有。不仅如此，其在药品价格政策上的优势依然明显。如果我们不能深刻认识这一点，依然故我，调整迟缓，那么，这种不以我们主观意志为转移的产业调整将会导致出现更为严峻的局面。如果我们不主动进行调整，有人会来调整我们，而这种调整是具有修理性质的，这就是跨国公司要按照他们的国际分工体系来进行。这种状况，事实上已经在悄悄进行。如80年代最早试探性进入我国的一些合资企业在90年代初即已谋求控股，到92年左右差不多都完成了绝对控股，并被纳入各自跨国公司的分工体系。这种状况仍在不断重演，且有愈演愈烈之势。从现在起，再有3年就要进入21世纪，那将是一个竞争更加剧烈的时代，更大范围内的企业兼并、联合、扩张、重组，已经成为世纪之交经济发展的新趋势。我们能否正确认识和主动适应这一发展趋势，将决定着我们医药行业能否在这挑战和机遇并存的时代，获得生存和发展的空间。对此，我们必须要有足够的认识和高度的重视。

三、对今后医药经济结构调整工作的意见

当前，医药行业同其他行业一样，处于由计划经济向市场经济转变的过程中。又由于医药行业是特殊行业，以及管理体制的特殊历史背景等原因，使我们在改革中面临着更多深层次的矛盾和困难。要正确处理好这些矛盾，加快医药经济的发展，就要按照江泽民总书记指出的“切实将工作重点转移到调整和优化经济结构上来”。我们要认真学习和贯彻江总书记的讲话精神，从调整结构和促进结构优化升级入手，促进医药经济实现增长方式的根本性转变。

（一）医药经济结构调整的指导思想、总体、目标和基本原则

医药经济结构调整工作的指导思想是：以市场为导向，以提高经济效益为中心，以资产优化配置和技术进步为主要手段，推进医药经济体制和增长方式的根本转变，提高医药产业素质，增强市场竞争能力，促进医药经济持续、快速、健康发展。

医药经济结构调整的总体目标是：通过资产重组、兼并破产、技术进步及适当扩大投资，到2000年基本形成以国有（或国有控股）大型企业和企业集团为主体，多种经济成份共同发展，产业结构、企业组织结构和产品结构基本合理的医药经济结构。

结构调整工作的基本原则是：第一，增量与存量调整并举，以存量调整为主的原则；第二，股权与债权并举，以股权为主的原则；第三，市场需求与资源优势相结合，以市场需求为调整依据的原则；第四，大中小企业全面发展，以大企业发展与优化为主的原则；第五，专业化经营与多元化经营相结合，以专业化经营为主的原则；第六，多种经济成份共同发展，以强强互补为主的原则；第七，地方利益与市场份额划分相结合，以市场份额为主的原则。

在企业组织结构方面，到2000年，通过存量资产进一步优化配置，基本形成在专业化协作基础上高度集中的大型企业集团与适度分散的中小型企业相结合、能较好地发挥已有生产能力的企业组织结构，生产集中度较目前有明显提高，企业经济效益有所好转。

在产品结构方面，到2000年，基本能适应我国13亿人口对医药消费的市场需求，新产品与特色产品所占比重明显增加；争取有50%以上的医药工业企业有自己的独家产品或独家品牌，或者与独家产品生产企业建立长期稳定的合作关系；低水平重复建设基本得到控制。重要出口产品的技术经济指标进一步提高，初步形成出口协调机制，所占市场份额有所扩大，经济技术含量要进一步提高。

医药经济结构调整工作的进度安排：

今年内通过摸底、试点，针对当前产品结构雷同、低水平重复、生产能力利用率低的问题，制订好医药经济结构调整总体规划。

明年要全面深入开展结构调整工作，在年底做到初见成效。在结构调整中逐步做到企业总数减少、独家产品或品牌增多，企业规模扩大，经济效益有所回升。到2000年，医药经济结构调整将有更大的进展。

各地医药管理部门都要根据本地区的实际情况，提出切合实际的到2000年的结构调整目标和具体实施方案。同时要充分发挥省际协调会的作用，按比较优势原则，实施区域规划，进而推动全国总体规划的实现。

（二）当前结构调整中要重点抓好的几项工作

1. 认真学习领会江泽民总书记关于国有企业改革的讲话精神，进一步提高对结构调整工作的思想认识。

在去年底召开的全国经济工作会议上，江泽民总书记指出，无论是保持经济总量平衡、巩固发展这几年宏观调控的成果，还是缓解企业生产经营的困难，深化和加快国有企业改革；无论是推进两个根本性转变，还是适应我国经济发展新阶段产业结构优化的要求，都要大力调整和深化经济结构调整。这包括产业结构、企业组织结构和产品结构的调整。他强调，我们要充分认识这项工作的重要性和紧迫性，增加主动性和自觉性，切实抓紧抓好。在今年的5.29讲话中，江泽民总书记再次指出，从现在起到下世纪前十年，是我国向第三步战略目标迈进的关键时期。在这个时期，能不能成功地建立起比较完善的社会主义市场经济体制，能不能保持国民经济持续、快速、健康发展，是我们必须解决好的两个关键性课题。为此，必须在转换经济体制、优化经济结构、发挥科学技术以及提高对外开放等方面，取得突破性进展。要努力寻找能够极大促进生产力发展的公有制实现形式。

我们要认真学习邓小平关于社会主义初级阶段的理论和江泽民总书记的讲话精神，统一我们的思想认识，积极推进我们医药行业的结构调整工作。要弄清社会主义的初级阶段“初”在什么地方？医药行业是特殊行业，“特殊”在什么地方？我们既不能不考虑特殊情况，也不能因为特殊而 站在改革行列外面。当前，首先面临的是思想观念问题。比如“万事不求人”的观念，那是小而全、大而全、以封锁对封锁的做法。“万事不求人”实际上是无所作为，在有限的条件和资金下，受市场、资金、技术水平限制，实际上是很难发展的。另外，还有极个别省市局的领导在思想上不重视这项工作，或有畏难情绪，没有魄力在本地区将这项工作开展起来。一些地区和企业存在思想认识不统一，观念陈旧、地区自成体系、缺乏行之有效的结构调整政策等问题，远远不能适应当前剧烈市场竞争的现实和结构调整的时代需要。我们应该认识到，结构问题是我国目前经济生活中的一个急需解决的问题。结构不合理不仅使极为紧缺的资源严重浪费，造成产品积压与短缺并存的结构“顽症”，而且导致企业经济效益明显下滑，使原本就很艰难的国有企业改革更加困难。这种状况如得不到尽快改变，将会从根本上阻滞经济结构优化与产品结构升级换代，窒息国有经济的活力。从这种意义上讲，结构调整是必须进行的工作，而且是非常重要、非常紧迫的工作。加大经济结构调整力度，增强我国医药工业的竞争实力，不断提高经济增长的质量和效益，已成为当前和今后一段时期医药经济工作的中心任务。

2. 综观全局，制定好结构调整战略规划。

医药经济结构调整是一项战略性系统工程，涉及到医药工商业、医疗器械、制药机械、包装材料等各行业，涉及数以万计的企业，关系到全行业100多万职工的切身利益。因此，医药经济结构调整工作必须要精心组织，制定好总体规划，分步实施，积极推进。

制定结构调整规划，要避免趋同化。要认真分析研究医药行业发展现状，结合本地区实际和经济发展需要，确定未来经济结构调整的目标、手段、措施、对策。一定要牢固树立全国统一大市场的观念，不能搞所谓填补本地区空白，搞大而全、小而全。

制定结构调整规划，要很好研究发挥各地优势，要搞清哪些是本地区的优势、哪些是劣势？现在有的所谓优势，实际上在许多地区都有，并不能算是真正的优势。真正占优势的，就要集中力量加以发展，争取占领全国市场；是劣势的，要及时调整。同时也要注意，避免有的地区和企业，利用结构调整重新铺新摊子，搞新一轮的重复建设。从各地上报的“九·五”规划看，各地发展医药的积极性很高，但如果不从全国范围内进行宏观调控，将出现更大规模的重复建设。

要制定分步实施规划，要注意工作步骤。毛主席讲过，饭要一口一口地吃，工作要一件一件地做，医药经济结构调整工作的内容很多，要求很高，许多事情不能一步到位，要分步实施、分步到位。总的方向要明确，要保证我们跨出的每一步都是在向结构调整的总目标接近。

3. 继续抓大放小，着力搞好医药经济企业组织结构的调整。

要集中精力促进形成具有较强竞争力的跨地区、跨行业、跨所有制和跨国经营的大集团、大公司，发挥其在医药经济结构调整的主体作用。当前，大力发展和培育医药企业集团，使之成为医药经济新的增长点，已经成为全行业的一种共识和发展趋向，成为当前调整企业组织结构的一种态势。医药行业已经形成一批素质较好的大型企业和企业集团，要充分利用各种手段加速其发展壮大。要按照以优势企业为核心，使国有资产向优势企业聚集的要求，组织好企业组织结构调整战略。继续实行扶优扶强政策，对大集团、大公司实行政策倾斜，通过其辐射作用来带动整个医药经济的技术进步和产业结构的升级。目前国际化大集团发展方向是求大取胜。“求大”是愿望，“取胜”是结果。这种以大制胜的竞争趋势，还将继续加强。因此，我们一定要克服各种困难，在组建大集团、大公司上下功夫，力争通过若干年的不懈努力，能够组建起一批不仅在国内市场上真正发挥支柱作用，而且在国际市场上还占有一席之地的我们民族工业的大型企业集团和跨国公司，这不仅是产业结构升级和提高经济增长质量的希望所在，也是推动我们经济结构调整的迫切需要。

医药行业组建大集团、大公司还具有以下几方面特殊意义：

①在当前地区封锁较严重的情况下，组建跨地区、跨部门的企业集团很困难。大企业、大集团可以先立足于集团内部结构调整、资产重组和内部优化组合，对未来寻找有利时机进行外部重组是十分重要的。

②无论是新产品开发还是增量调整，都需要大量资金投入，企业联合起来，有利于形成新产品投入的实力。

③联合起来搞规模化经营，效率高、效益强，抗风险能力大。

目前各地组建大企业集团的积极性很高，但一定要注意组建大企业集团的质量，绝不能搞“拉郎配”，搞新的“大锅饭”，让本来较好的企业背上不必要的包袱。要注意组建后的资产质量与结构升级，不能名曰大集团，实则内部结构简单叠加，一盘散沙，不是一加一大于二而是小于二。现在医药行业的大公司、大集团要注重研究大型化后的新环境、新特点，用足用好有关优惠政策，进一步理顺内部关系，实现制度创新，加强管理，积累经验，真正发挥大企业的综合优势，为全行业作出样板。

我们在抓好大企业、大集团的同时要充分注意进一步开放、搞活中小企业。要充分发挥中小企业在结构调整中的优势。在可能预见的将来，中小企业仍然有其合理的生存空间与顽强的生命力，就是在欧美这样生产力高度发达的国家，中小企业仍然占企业的大多数。关键是寻找适合自己的市场位置。广大中小企业的出路一是发展自己的独有技术和独有产品，在市场竞争中占有一席之地，在条件成熟时还有可能发展成大企业；二是及时调整产品结构，与优势企业建立长期稳定的协作关系，建立和形成为大企业配套服务、从事专业化生产经营的企业群体；三是与条件合适的企业联合、兼并；四是破产、倒闭，实际上企业的破产应该是一种正常现象，市场经济的基本法则就是优胜劣汰，只有这样才能形成合理的企业组织结构。

要加快建立现代企业制度，强化建立现代企业制度在结构调整中的重要操作地位。现代企业制度是从存量上实现结构调整的微观体制基础。现代企业制度的建立，将使企业成为真正独立的法人实体和市场竞争主体，使企业运转在政企分开和所有权经营权分离中对市场独立负责。因此它是企业经营的体制和机制保障，又是资本经营的基础工程。特别是从长远来看，经常性的结构调整主要是通过企业并购来实现，决定现代企业制度的运作，从新的体制支持中实现推动结构调整。目前，现代企业制度还处于试点阶段，我们需要认真总结经验，及时扩大成果。

4. 认真吸取借鉴国际成功经验。

当前由于世界医药市场竞争加剧，为了减少风险，增加其开发与创新能力，跨国制药公司合并风起云涌。如前几年的美国史克和英国比切姆合并，葛兰素和威尔康合并，汽巴嘉基和山道士合并等。最近，瑞士罗氏集团注资100亿美元取得了贝林格·曼海姆（BM）100%与德·普益公司85%的股份，正好完善了其在抗癌药、循环系统用药、骨质疏松症用药以及诊断用药方面的产品结构，通过此次购并，罗氏公司的医药由现在占世界市场份额的2.7%扩大到3.3%，跃居世界第一位，其组织结构也更臻完善。过去兼并只是大鱼吃小鱼，现在除了大鱼吃小鱼外，还出现大鱼吃大鱼、鲨鱼吃鲨鱼。而且在合并后，立即着手裁员，调整产品结构和企业组织结构，把已有的能力和资源进一步集中，提高应付激烈市场竞争的能力。当然，我们也要吸取韩国最近大企业接连倒闭的教训，这种大企业接连倒闭的现状，既是大企业不景气的产物，又使不景气雪上加霜。韩国企业不断采取投资、扩大市场，章鱼腕足式扩张，只要能扩张就抓住不放。有的企业集团一厢情愿扩大企业规模需求，导致不能偿还到期贷款资金，过度贷款成了套在企业脖子上的绳索。企业在发展当中，筹措必要的发展资金是必要的，但如果超出了一定比例，贷款额就会象套在脖子上的绳索。这种失败的例子很多，我们要在还没有走到这一步时就很好的吸取这些教训，国际上有许多成功的经验，我们要认真借鉴。

当前国际上已出现了新一轮企业兼并热潮。据最新统计，去年世界兼并案达到22729起，金额为1.14万亿美元，创历史最高纪录，是企业在经济结构剧烈变化中实施的一项战略举动。其主要做法和特点如下：

（1）组建大企业集团是资源优化配置的必然要求。从经济学角度看，企业规模达不到最小规模经济临界值，就是一种资源潜在浪费。不仅难以取得超额利润，而且更难达到企业升级换代，使社会生产力发展缓慢，尤其是在社会竞争日趋激烈的情况下，小企业更是面临严峻挑战。因此，许多国家大力支持大规模企业集团的发展，使少数大企业不仅成为经济发展的主要力量，而且成为扩大出口的主要途径。

（2）企业兼并是实现规模经济的最主要途径。一般讲，企业扩大规模，是通过自身积累和兼并收购两条途径实现的。其中兼并收购是最简便、最现成的方式。它可以促进企业实现迅速资本积累，扩大实力，使企业以低成本扩张成为巨型企业。著名的诺贝尔经济学奖获得者施蒂格勒曾指出，这一百年到现在，世界上前五百强的大企业无一不是通过资产兼并而扩展起来的，无一仅仅是靠内部积累发展起来的。大的跨国公司都是利用兼并收购这样的发展方式，靠低成本扩张成长的。

（3）强强联合是当前兼并的重要趋势，是新一轮兼并潮的主要特色。几乎美国每一个重要部门、大公司的数目都在减少，很多行业、产业部门中，垄断程度越来越高。

（4）跨国兼并是企业走向国际化的最佳桥梁。在这一轮兼并潮中，跨国兼并十分频繁。据统计，去年全球有5540起跨国兼并案，兼并交易金额达2700亿美元，比95年增加30%。今年上半年，跨国兼并金额1300亿美元，比去年同期增加9%。这些兼并主要集中在欧美发达国家。经济界人士普遍认为，企业兼并是走向全球化的结果，也是世界经济发展的必然趋势。随着信息技术发展和贸易全球化，许多发达国家公司逐渐认识到，必须把世界当作他们自己的工作场所。全球化正在成为公司成长的战略核心。许多公司通过兼并实现股份相互占有，资产相互分享，技术相互转让，赢得了国际市场的发展立足点。

（5）提高竞争力是企业兼并的最终目的。伴随着风起云涌的兼并浪潮，西方兴起“减肥风”，即“减人裁员”，集中优势参与市场竞争。市场分析家认为，西方近期兼并活动，与80年代有所不同。80年代时髦的是“大联合企业”许多公司都集中在一面大的旗帜下面，即使有的企业自己不景气，其他企业也可以弥补。而现在，由大而全的大联合企业转向注重主体“优”，多元化企业专注发展自己的主体优势。

（6）在企业兼并过程中，充分发挥中介组织的积极作用。企业并购是一项技术性很强的活动，一般要经过规划、操作、重组三大步骤，其中各种金融机构、会计师事务所、证券机构和律师事务所，尤其是投资银行等中介机构，往往扮演着重要角色。他们参与企业并购的咨询、服务和法律顾问等。在西方并购舞台上，大的兼并活动基本上是通过中介组织实现的。

（7）企业兼并需要健全的法制作为保证。市场经济是法制经济，企业兼并也需要完善的法制保证，伴随着几次并购高潮的就有相应的法律规定出台。我国《公司法》对公司并购行为予以明确，《证券法》对收购公司、目标公司都有明确具体的要求。

（8）证券市场是兼并、收购的主战场。发展上市公司是进行企业资本重组，实现企业规模扩张的有效途径。工业发达国家的企业购并一般都是借助于上市公司的购并机制完成的，这是保证大规模企业购并顺利完成的一个重要原因。

（9）政府要有效制定兼并政策，是一个至关重要的问题。一方面企业应成为企业兼并的主体，另一方面，又要充分肯定政府在企业兼并活动中发挥作用是极其必要的。能否有效制定兼并政策并引导企业正确利用，将直接影响到企业兼并的成功与否。当然，国家对促进企业强强联合和购并，给予了高度重视，制定了一系列有关政策，从宏观上加强引导兼并活动，企业也要主动求得政府的支持和协调。

5. 加快企业产品和资本经营步伐。

当前，我们要着力抓好企业产品经营和资本经营的关节点。资本经营，产业为本。我们要通过不同层次的产品和资本运作，加快企业和资本经营步伐，使企业获得跨跃式的发展。

目前，就普通品种而言，绝大多数医药产品都已经是供过于求。买方市场的出现，给企业造成了大面积、高强度的市场压力。这种压力伴随着改革的深化，必将转换成促进经济增长质量升级的强大动力，当然，这种转换和升级也是相当艰巨和痛苦的过程。结构调整虽然内涵丰富，最终的落脚点都是产业结构的有效合理和产品结构的优势规模。越过这一关，我们才有可能在结构调整中获得医药经济增长质和量的升化。

就产品经营而言，当前一项重要工作是企业根据自己的独家产品，或独家品牌，以主导产品为核心进行资产重组与企业兼并，形成规模优势。对老产品要讲四个“限制”，一限生产，二限合资，三限新建，四限能力。对长期亏损的产品要坚决停止生产；对市场开拓不够的产品要努力开发新用途、新剂型，加快对高附加值产品的生产开发与市场开发，寻找新市场空间；对生产技术水平不高，缺少竞争力的产品则要加强科学研究，加大技术改造力度，实现结构的升级。当前结构调整的重中之重是要实现结构升级。否则，一轮调整过后，新的结构不合理又会出现。客观上，调整一次不可能一劳永逸，因为市场在不停地变化，但每一次调整都应获得结构的升级，这样才会不断增强市场竞争力，并立于不败之地。

就资本运营而言，我们要千方百计地利用好国家已经提供的、包括股票市场在内的新兴资本市场，搞好资本运作，对已上市股份公司行为要进行严格规范。有些上市公司只注重筹集资金，而忽视了制度创新和机制转换，产品结构与企业组织结构的调整缺乏长远规划，盲目进行资产运作，导致投资的失败与国有资产的流失。资产重组的目的不只为了上市套现，而是盘活、优化存量，在短期内使得资产获得最大限度的增值，获取市场的放大效应，真正实现两个根本性转变，切实推进企业经济效益的提高。因此，我们的医药企业，要学会在资本市场这个舞台上，借助资产经营，开辟一条促进企业低成本快速扩张的新路子。

6. 进一步加强和改善以市场为基础的宏观调控。

目前，我国正处在由计划经济向市场经济的转轨时期，资本市场、劳动力市场等要素市场发育不全、手段不完备，单纯依靠市场的力量来调整经济结构力度不足，还不能完全担负起经济结构调节主体的重任，必须有政府力量的配合。可以说，市场和政府共同成为本次经济结构调整的主体。应该看到，在企业的产品结构和组织结构调整过程中，产品结构的调整主要是企业行为，而企业组织结构的调整在相当程度上需要政府行为的推进。特别在国有资产管理体制下，政府以所有者身份积极介入企业兼并活动，一方面要政企分开，充分给企业放权，一方面又要积极参与和促进企业组织结构调整。对于政府应承担的责任，我们必须担起。各级医药主管部门要注意政策导向，学会用市场经济手段支配市场资源。国外大企业在市场经济中，关心的是资金利润率。企业的利益是通过效益来体现，资本的利益是通过市场来体现。国有企业的政府部门也关心利益，但实现利益的渠道不同，政府部门的利益是通过权力来体现。通过市场实现的利益不具备垄断性，通过权力实现的利益具有垄断性。跨地区、跨部门的企业合并，就存在谁当一把手的问题。所以解决国有大企业的组织结构调整问题，首先要完成权力实现利益转变成市场实现利益。换句话说，也是由权力实现资源转变为市场支配资源，实现政企分开，使企业在市场中成为独立的主体。如果地方主管部门或企业主管不明智，要做到强强联合是非常困难的。因此，在加快结构调整、结构升级过程中，我们要通过打击和有效消除地方保护主义，来充分发挥市场机制的调节作用。

在合资当中的许多政策性问题，我们也要认真进行研究。我们要继续搞合资，引进外资的政策不变。但我们让出一部分市场是为什么？是为了更好地改革开放，与国际接轨，充分利用当前世界产业结构调整的有利机遇，利用跨国公司的先进技术，促进我国企业的发展和产业结构的调整，参与国际竞争。但必须看到，任何资金的投入都要受投资者支配，投资者都要获取其自身利益。如看不到这一点，不注意负面的影响，将会导致我们在合资、合作中，处于非常被动的局面。有的地方和企业在合资中热衷于引进设备，不考虑产业关联性和市场潜力，仅着眼于当前某种临时性需要，合资中饥不择食，技术档次不高，盲目攀比，造成低水平重复，整个经济结构质量不高。所以，结构调整要注意实事求是，走引进、消化、吸收、创新的路子。

经济结构的调整是一种更高层次的、更无情的竞争。我们在提倡开展公平市场竞争的同时，也有必要强调企业间的合作与协调。在社会主义市场经济条件下，企业之间是既有竞争也有合作的关系，特别在主要出口产品的营销上更有必要加强企业之间的合作与协调，要说服企业多做合作互利的事，少做或不做对抗互损的事。

整个经济结构调整工作最后都要落实到企业身上。企业的行为方向要靠正确的政策措施来引导。因此，加强对经济结构调整工作的领导，制订切实可行的政策措施是医药经济结构调整的关键。这方面国家医药局要做工作，各地医药管理部门也要做工作，你们的工作很关键。下面讲一讲我们已经做的和正在积极进行的一些工作：

(1) 与卫生部、中医药局、工商局合作，严格控制新开办制药企业，保证新开办企业的质量。现在国家医药管理局已经制定了新开办制药企业资格审查方法，实施效果基本上是好的，要继续坚持下去，严格按规定办事。

(2) 我局已发布了“关于加强仿制药品生产定点管理的通知”，正在制定仿制药品管理办法，即将与中医药局联合发布药品生产（经营）企业合格证管理办法。这些文件制定、发布和执行将有益于结构的调整。

(3) 限制新产品重复开发。与卫生部门进一步协调，对新药的审批要从临床申报抓起，原则上同一新品种在保护期内只能有3家企业生产。同时，必须注重知识产权的保护。这样做既有利于新产品的开发投资回收，提高企业开发产品的积极性，也有利于充分利用有限的新药开发资源，提高新药研究水平。

(4) 大力推动产品的技术进步。拟与卫生部门协调，把生产技术水平的提高作为审查老产品生产批准文号的主要标准之一。通过行政手段来促进企业提高老产品生产的技术水平。我们将定期公布一批重点品种的技术经济指标，还将公布一批先进技术和设备目录，优先推广使用。

(5) 采取有效措施控制低水平重复，抑制药品市场的大起大落。制订市场明显供大于求、重复生产严重的长线品种目录，指导结构调整。同时与卫生部门合作，对列在目录中的品种，凡3年内没有批量生产的企业，按药品管理法实施细则撤销该品种的生产批准文号。

(6) 坚决执行“抓大放小”的战略，加强对大企业、大集团的支持。与有关部门协调，在股票上市发行、科研立项、新产品转让、固定资产投资立项等方面重点支持大企业、大集团。筹划成立以品种为龙头的企业集团，如中国VC集团、中国VB集团、中国青霉素集团、中国红霉素集团、中国磺胺集团，增强国际市场竞争能力。

(7) 针对目前在企业联合兼并中出现的问题，拟与卫生部门进一步协调，允许企业内部调整具体品种的生产地点，明确规定这种调整只需审查生产条件，不需重新申请生产批准文号。在有条件的企业之间，允许开展委托加工，明确规定或以承接委托加工的企业条件，以利于企业的兼并联合。

(8) 加强信息引导。我局将与国家统计局合作，按市场经济原则修订与规范现有医药统计指标，加强《统计法》在行业内的贯彻力度。我局正积极组织力量，加强对统计信息与市场信息的管理及搜集与研究，以引导企业的正确决策。我局正加强对医药计算机、信息网络的行政调控力度，本着正确、及时、公开和收费合理的原则，着手组建统一的有权威性的医药计算机信息网络，以强化宏观管理的基础能力。

(9) 加强对“三资”企业的行业管理。与国家外经贸部合作，建立对“三资”企业类似国有企业的年检制度，重点检查其合同、章程执行情况、质量及GMP执行情况、国产化进度及生产经营情况，对其中的严重违规行为要实行处罚。

(10) 加强对主要出口产品的协调。与国家外经贸部、海关、商检等部门合作，用行政和经济相结合的手段，加强现有同品种协调体的作用，充分利用出口许可证制度的行政协调作用。

(11) 加强对进口药品的管理。我们已向国务院税则委员会提交了修改商品编码方案，细化重点产品编码，以利于海关重点监管，并与海关总署紧密合作，加大打击医药品走私力度。

(12) 加强在新形势下对制药企业的管理。建立对制药企业的整体素质评价体系，除了目前的产值、利润等指标外，对企业的人员素质、科技投入、新产品与市场开发、技术进步的激励以及市场竞争实力等企业潜在实力指标也要包括在内，以正确引导企业在“练内功”方面下功夫。建立企业领导人的任职资格制度，提高医药企业厂长、经理的总体素质。

(13) 根据我局GMP执行规划，今后对制剂生产企业，凡在规划的时间内未达标的企业，将在其合格证的生产范围中取消其剂型。今年对粉针制剂作如下规定：(一) 到1997年底，GMP未达标者，按“合格证”年检不合格论处。(二) 落实整改条件的企业（车间）限期整改后，经检验仍达不到GMP标准，则由省、自治区、直辖市医药管理部门在其“药品生产企业合格”范围中取消其剂型，或报同级政府同意，收回其“药品生产企业合格证”。(三) 到1997年底，仍不具备整改条件的企业（车间）则按第（二）款处理。另外将提高药用包装标准要求，淘汰一批落后的药用包装产品及企业，以及采用落后包装的制剂。

(14) 强化依法行政。《药品交易市场管理办法》、《药品生产经营企业合格证管理办法》等行政法规即将出台，对药品零售企业的配送中心、粉针剂达标等给以规范。

同志们，要实现医药经济结构调整的目标，真正提高医药经济运行的质量与效益，我们的任务还很艰巨。希望大家在这次会议上认真交流经验，统一思想，研究问题，多干实事，为提高行业的整体素质与效益做出贡献。

在医药流通体制改革与医药市场管理座谈会上的总结讲话

郑 筱 萸

（1997年10月31日）

同志们：

医药流通体制改革与市场管理座谈会今天就要结束了。在大家的共同努力下，会议取得了预期的结果。这次会议虽然时间不长，但大家以邓小平理论和十五大精神为指导，回顾了医药流通体制改革的历程，客观分析了医药流通领域面临的形势，研究、探讨了许多医药流通领域的难点和热点问题，交流了医药流通体制改革的经验和体会，提出了今后进一步深化医药流通体制改革的新思路。特别是有些医药商业企业已经意识到市场环境的剧烈变化并主动通过改革来适应环境的变化。例如：浙江新昌制药股份有限公司、浙江仙居药业集团股份有限公司、浙江省医药有限公司三家优势企业从优势互补、迅速扩大企业规模、发展规模经济和确立企业竞争优势的战略出发，毅然实行跨地区倒旗强强联合，解散原企业法人资格，以新设合并方式组建了规模更大、更具竞争力的浙江医药股份有限公司，以适应竞争更加激烈的市场环境；南京医药股份有限公司、常州药业股份有限公司实施科、工、贸等多元化经营，增强了企业抵御市场风险的能力；湖北独活药业股份有限公司通过企业产权制度改革、经营机制的转变和管理的加强促进了企业的发展；大连药房根据医药零售企业的特点，从企业经营的各个环节、各个方面着手切实加强企业文化的建设，树立了全新的企业形象，提高了服务水平和经济效益。因此，可以说这是一次结合医药流通领域实际，认真学习贯彻党的十五大精神，高举邓小平理论伟大旗帜，解放思想、实事求是、大胆探索医药流通体制改革、改善和加强医药市场管理，促进医药流通领域健康发展的会议。

现在，我结合座谈当中大家提出的一些主要问题，再谈几点看法。

一、审时度势，抓住机遇，大胆改革

目前医药流通领域的环境变化非常剧烈，改革和发展过程中面临着许多问题。我们必须重视环境的变化，加强对环境变化，特别是对未来环境变化的研究，做到审时度势。

医药市场环境已经发生了一些剧烈的变化，比如说：

*国内药品产量大大增长，国外药品大举进军中国市场，中国药品市场呈现供求平衡甚至供大于求的态势，药品市场类型由卖方市场变成买方市场。

*市场法制不健全，有的地区药品市场秩序仍然相当混乱。从80年代末期开始，制售假劣药品或无证照或证照不全经营药品的违法或非法活动增加；药品购销活动中各种商业贿赂等不正当竞争行为愈来愈多；药品购销渠道和交易行为不规范问题愈加突出；地方保护主义以各种形式出现。

还有一些环境因素正在或者即将发生深刻的变化，比如说：

*市场需求约束增强。我国医疗药品费用长期过度上涨问题已经引起政府乃至全社会的高度重视。为此，在职工医疗保障制度改革试点中采取了规定“可报销药品目录”，控制处方值，调整用药结构，控制药品费用比例和增长速度措施。

从试点情况来看，上述改革措施对医药市场需求和市场需求结构产生了一定的影响，随着改革的全面推进，全国医药市场需求增长及需求结构将受到更大的影响。

*医药批发业的供需环节出现集中化趋势，进入医药批发业的壁垒减少。首先，制药工业领域已经出现规模化、集团化趋势。其次，为降低进货成本，增加收益，医疗领域也已经出现购药集中化的趋势。再

次，随着国家经济体制改革的进一步深化，医药批发业过去所具有的所有制、系统、行业、地区壁垒将逐步被打破。这就意味着医药批发业的竞争程度相对提高。

在对环境变化重视研究的基础上，还必须善于抓住机遇，大胆改革。

经过十几年的激烈市场竞争，目前，医药商业企业，特别是医药批发企业正处于分化、重组阶段，其特征是一些企业在竞争中失利、败北甚至被淘汰，另一些企业在竞争中成为赢家，规模不断扩大，实力不断增强，并开始兼并其他企业或实行自觉的强强联合。因此，医药流通领域实际上已经进入战略性调整与变革时期。只要抓住这个机遇、大胆改革，医药商业企业就能在今后更加剧烈的竞争中立于不败之地。

二、正确处理特殊性与一般性的关系

药品是关系人民生命健康的商品。因此，药品无疑是特殊商品，医药行业也因此是一个特殊行业。这种特殊性主要体现在药品的安全性与有效性相对来说更加重要。正是因为具有这种特殊性，包括我国在内的世界各国，对药品的研究与开发、生产制造、市场营销、储运直至使用都实行严格的法律管制。各国有关的药品管理法规也都是围绕保证药品的安全性和有效性对有关的条件和行为进行必要的干预、管理。但是，因为药品同时又是商品，其研究与开发、生产制造、市场流通活动同时按照市场经济规律运作，受市场机制驱动。因此，医药行业，包括医药商业，仍属于经济性和竞争性行业。

在我国，实际上医药工业和商业领域的生产要素获得、产品销售早已按市场机制运作、实现市场化，因此，事实上已经成为经济性行业。同时，医药领域存在剧烈竞争的现实也已经证明医药行业属于竞争性行业。

在医药流通体制改革和医药市场管理工作中，在重视药品和医药行业所具有的特殊性的同时，必须承认和正视医药行业的经济性、竞争性，正确处理特殊性与一般性的关系，防止出现片面、极端的思想和行为倾向。不能因为过分强调特殊性而排斥国家的改革开放政策，限制甚至拒绝改革，同时在改革中也不能忽视药品的质量保障及药品市场秩序管理问题。

三、正确处理整顿、管理、改革、发展之间的关系

由于药品市场法治化程度不高，医药市秩序比较混乱，多年来我们的医药市场流通工作中主要侧重于市场的整顿与管理方面，并且取得了很大的成绩。但是，当前医药市场环境还远远没有净化，在一些地方有些问题还相当严重，如非法生产、经营药品、制售假劣药品、不公平竞争问题。这不仅严重威胁着人民群众用药的安全、有效，而且也严重侵害了合法经营和守法经营企业的正当利益，干扰了正常的市场经济秩序，加上医药合业、以药养医的不合理机制尚未改变，难以真正形成优胜劣汰的市场竞争机制，同时也阻碍着医药流通体制改革的顺利进行。因此，必须强调，我们医药市场秩序管理工作是一项长期的工作，整顿与管理任务并未完成，在某些地区，任务还相当艰巨。

与此同时，我们也必须认识到，我国的医药流通体制已经到了必须进行战略性变革的时候。如果不能审时度势、抓住机遇、锐意改革，今后我们会遇到更大的困难。

正因为这样，当前我们医药流通工作的一条重要指导方针就是坚持整顿、管理与改革、发展并重的原则，不能片面强调某一个方面，更不能将二者对立起来。同时，我们还要正确处理整顿、管理、改革、发展之间的关系。发展是目的，整顿、管理、改革都是手段。必须恰当地协调各类手段间的关系，既不能把应该整顿的东西当成改革的事物来支持，也不能把应该支持的改革事物当成整顿的对象进行横加指责和压制。

四、改革的重点任务

与会同志在讨论中分析的医药流通领域存在的问题，都切中要害。医药流通体制改革的任务就是要通过改革逐步地解决这些问题，从而保证医药经济健康地发展。我认为，医药流通体制改革有以下几个重点任务：

1. 促进医药市场组织结构的集中化，解决医药市场流通组织结构分散化问题。医药批发企业过多且规模普遍太小，是导致市场竞争环境恶化、企业市场竞争力差和企业经济效益低下的主要原因。另外，我们目前的现状也极不适应对外开放的形势。国外医药企业都认为中国是一个很大的医药市场，但是，他们并不认为中国有能够与其在市场上抗衡、具有竞争力的医药批发企业。因为，国外发达国家的大医药批发企业都具有规模上的优势，具有很强的市场竞争能力。例如：美国医药市场的80%被5家大的医药批发企业所控制，其中一家的年销售额达90亿美元，几乎相当于我国整个医药商业的年销售总额。

因此，我国医药批发企业必须实现规模化、集团化、集约化、多元化经营，其中部分医药批发企业实现国际化经营。各级医药管理部门及医药商业企业要以消除过度竞争、扩大市场占有率、增强市场控制能力、市场服务能力与市场竞争能力、降低经营成本、提高企业经济效益为目的，坚持以公有制为主体，按照平等互利的原则，以参股、控股、兼并、合作等方式发展强弱联合、强强联合、建立跨地区、跨行业、跨所有制及跨国经营的规模化、集约化、多元化、国际化经营的企业集团，推动医药零售企业走上连锁化、多样化的道路，促进医药流通组织的集中化，改变医药商业企业“多、小、散、低、乱”的状况。同时要继续发展总代理、总经销，实施单品种的规模化经营，降低经营成本，增强市场竞争力，发挥和利用现有大企业拥有的已趋完善的市场营销网络优势，走科、工、贸一体化的道路。需要注意的是，我们不能简单地强调大，因为“大”不是目的，目的是要强。

2. 采用现代化的市场流通交易方式，提高医药市场流通的效率效益。目前的药品销售方式是由大量的销售人员通过参加交易会签订销售合同及向商业或最终用户直接推销。这种人海销售战术的费用极高（工资及差旅费），且难以控制销售人员的行为。另外，目前只有传统的“药品交易会”这一种药品交易中介形式。几年来，由于交易会场所不固定、交易技术手段落后、交易与流通效率低、费用高、而且会议愈办愈多、交易秩序混乱，医药工商企业和有关部门对药品交易会愈加不满，戏称为骡马大会。迫切要求医药主管部门解决上述问题。

近几年来，医药行业内已经开始探讨结合药品的特殊性，在医药流通领域建立覆盖全国、连通国外、政府高度规范、中介组织严格自律、入网企业自觉守规的先进的和高度规范的药品电子交易网络。这个设想在方向上是对的。因为，这意味着在我国医药流通领域铺设一条高度规范的“高速公路”，将大大提高医药流通的效率与效益、形成规范的市场秩序，并且改变传统的交易模式、流通模式及经营管理模式，促进医药流通领域发生有益的革命性的变革。此举顺应整个流通领域改革和发展大趋势，具有重大的战略意义。但是，对此，有关部门还要进一步研究，统一思想。在操作上，医药管理部门要在数量、布局上进行规划、控制，要及时研究制定科学的管理规范并切实加强管理，要先进行试点并加强对试点工作的指导，在取得试点经验和成果的基础上再进行推广。

3. 健全医药市场机制，形成正常的优胜劣汰的市场竞争机制。由于公费劳保医疗费用支出缺乏约束机制、医药合业以药养医的医疗体制及由此造成药品需求机制严重畸形，加之药品价格形成机制和药品价格管理模式的改革滞后，导致药品市场机制严重畸形。在畸形的药品市场机制下，由于优胜劣汰、优质优价的正常竞争机制、价格机制难以发挥主导作用，而优胜劣汰、优质不能优价和价格行为、竞争行为扭曲的现象经常可见，加剧了医药市场秩序的混乱状况，导致医药流通组织结构合理，结构调整步履艰难。

因此，为了保证医药流通体制改革的顺利进行和医药经济的健康发展，必须健全医药市场机制，实现市场行为法治化，形成优胜劣汰的市场机制和良好的医药市场流通秩序。在这方面我们所要做的工作，一是要进一步促进药品价格改革的深化，建立适应社会主义市场经济条件的以市场形成价格为主的药品价格形成机制和相应的药品价格管理模式；二是要积极支持和参与医疗保障制度改革，形成有效的药品需求约束机制。加强与体改、财政、劳动、卫生等部门的协调，促进病患者持方外购及医疗保险定点零售药店等改革政策的落实；加强对定点零售药店的规范和管理，逐步增加定点零售药店的数量。积极探索实行医药分业的可行性途径，促进医药分业改革的实施。

五、清除障碍、摆脱束缚，注重改革的实效

1. 结合医药行业实际，认真学习、研究市场经济理论，以及党和国家最新的改革开放政策，切实解放思想，转变观念，清除改革过程中的观念障碍。我们必须承认，改革进程中最沉重的包袱、最大的障碍就是过时了的陈旧观念。要清除改革道路上的障碍，首先必须清除思想上的障碍。我们正在为建立社会主义市场经济体制而进行改革，但是，我们过去几十年里搞的是计划经济，现在对市场经济知道得还不多，我们不仅缺乏驾驭市场经济的知识能力，更严重的是还在不知不觉用计划经济的观念去分析、评价问题。因此，在当前形势下，我们必须强调，要树立“学习，学习，再学习”的作风，通过不断的学习使我们的思想观念跟上国家改革、开放的步伐，跟上时代发展的步伐。

首先，要认真学习和研究江泽民同志在党的十五大上的报告。党的十五大确立了邓小平理论在改革开放和社会主义建设中的指导地位；进一步强调了我国所处的仍是社会主义初级阶段；提出了调整和完善所有制结构，公有制为主体，多种所有制经济共同发展，以及从战略上调整国有经济布局的改革战略；推出了建立现代企业制度，抓好大的、放活小的，对国有企业实施战略性改组等一系列加快推进国有企业改革的重大举措，如以资本为纽带，通过市场形成具有较强竞争力的跨地区、跨行业、跨所有制和跨国经营的大企业集团；采取改组、联合、兼并、租赁、承包经营和股份合作制、出售等形式，加快放开搞活国有小型企业步伐，等等；进一步强调了改革流通体制，健全市场规则，加强市场管理，清除市场障碍，打破地区封锁、部门垄断，充分发挥市场机制作用，尽快形成统一开放、竞争有序的市场体系，加快国民经济市场化进程等问题。我们要通过结合实际的学习和研究，真正理解十五大报告的理论意义和实际意义，彻底转变与十五大精神不适应的旧观念，自觉地以邓小平同志“三个有利于”为标准，去分析、评价医药流通体制改革过程中遇到的问题和出现的事物，要研究如何结合医药流通领域的实际情况贯彻十五大精神，要探索、发展有利于医药商业发展的多种公有制实现形式。

第二，要认真学习有关市场经济的理论和知识，掌握市场经济规律、市场经济运行规则和市场经济条件下的微观经济管理与宏观经济管理理论和方法，充分认识市场机制及其作用，使我们能够自觉地用市场经济的观念和方法去分析和看待问题。

2. 以邓小平理论和十五大精神为指导，顺应改革开放的大趋势，摆脱某些体制和行业政策方面的不合理束缚，加快医药流通体制改革的进程。今天医药流通领域存在的问题已经不能仅仅依靠单个企业内部的改革来解决，而必须通过地区甚至全国范围的改革来解决。例如，企业的规模化和市场集中化改革就必须要求打破地区界限和行业界限，这就要求冲破现实当中某些医药商业企业和医药市场的条块分割体制，要求对形成统一开放、竞争有序的医药市场体系具有束缚、障碍作用的某些行业政策和规定进行重新的研究、评价，并进行相应的调整。

3. 发挥政府及医药管理部门对改革支持、推动和协调作用，充分调动并依靠企业职工的改革积极性，遵循市场经济规律，注重改革的实效，防止形式主义。国有医药商业领域的改革，尤其是企业间的跨地区、跨行业和跨所有制的重组，必须有政府和医药管理部门的支持与协调。这一点已经被改革进展较快的地区与企业的经验所证明。但是，必须注意，政府及医药管理部门的作用，只有在遵循市场经济规律，顺应企业发展的客观需要前提下才能产生良好的效果。正因为这样，党的十五大报告在国有企业跨地区、跨行业、跨所有制重组中特别强调以资本为纽带，通过市场形成大企业集团。同时，我们既要解放思想，又要实事求是，要允许各地区、各企业结合自己的情况探索有利于自己发展的改革方式，不能不顾企业的具体情况和发展需要简单地推行某种改革方式。在改革中要注意避免使用简单的行政命令进行改革，更要防止“一阵风”、“一刀切”、“拉郎配”、“归大堆”等形式主义做法，不能做表面文章，不能为了改革而改革，要讲究实效。

同志们，医药流通领域已经到了必须进行战略性变革的时刻，党的十五大已经给我们的改革工作指明了方向，提出了改革的战略和措施，我们正面临着非常好的宏观改革形势，只要我们抓住机遇，解放思想，大胆探索，锐意改革，我们就一定能够克服医药流通领域存在的困难，再创医药经济事业的辉煌。

在全国城镇职工医疗保障制度改革与医药管理及发展研讨会上的讲话

张　文　周

（1997 年 4 月 11 日）

同志们：

国家医药管理局在深圳主持召开的全国城镇职工医疗保障制度改革与医药管理及发展研讨会，得到了国务院有关部门领导的重视和广东省医药管理局、深圳市医药行业管理办公室、深圳市健安医药公司及南方医药经济研究所的大力支持与帮助，特别是得到深圳市委、市政府的重视，在此我代表国家医药管理局表示衷心的感谢！下面，我就会议情况讲几个问题。

一、会议的主要收获

本次研讨会从 1997 年 4 月 9 日开始，历时 3 天。会议圆满成功，达到了预期目的。参加这次会议的有，全国政协、国务院研究室、国家体改委、国家计委、财政部、卫生部、劳动部等有关部门的负责同志，两所药科大学、南方医药经济研究所、中国医药报、中国医药商业协会、中国化学制药工业协会、中国非处方药物协会、部分省市医药管理局、医药工商企业和我局有关司室的同志共 60 多人。

会议认真学习了中共中央、国务院《关于卫生改革与发展的决定》；学习并研究了国务院办公厅转发的“国家体改委等四部委关于职工医疗保障制度改革扩大试点意见的通知”；听取了与会各部委同志的重要发言；试点城市介绍了医改的经验。有近 20 人在大会上作了发言与交流。

中共中央、国务院《关于卫生改革与发展的决定》明确了在社会主义市场经济条件下卫生工作的性质、地位和作用，新时期卫生工作的方针、任务、指导思想，指出了卫生改革与发展的方向。同时《决定》也提出了加强药品管理，促进医、药协调发展的重要思想。改革城镇职工医疗保障制度，是《决定》的一个基本内容，是我国社会经济发展中的一件大事，它与医药行业的管理与发展密切相关。如何学习领会、贯彻落实好《决定》精神，主动参与医改，以此推动医药事业的健康发展，是我们全行业当前的一项重要任务。

代表在讨论中一致认为，这次会议开得及时、必要，主题明确，重点突出，对当前和今后医药行业主动参与医改，主动促进医改具有积极的意义。通过本次研讨会，我们更进一步明确了国家在医改中的有关政策及发展方向；国家有关部门的领导和同志也借此机会了解医药行业在医改过程中的作用和试点以来的运行情况。与会代表本着高度负责的精神，分析情况，沟通信息，认真剖析、研讨医改中出现的新课题，并结合实际提出了许多既有广度又有深度的政策性建议和具体措施，这对今后医改过程中医药行业的管理与发展给予了启迪。

二、医药管理及发展在医改中的地位和作用

随着经济体制改革的逐步深入和市场经济体制的进一步完善，原医疗制度已日益暴露出它的弊端。原医疗制度即不能抑制医疗费用的急剧上升，杜绝严重的浪费现象，又不能保证全体城镇职工都得到有效的医疗保障。因此，改革原医疗制度，建立新型的医疗保障制度，已势在必行，刻不容缓。这是社会主义市场经济发展的必然趋势，是社会主义制度自我完善的一个有机组成部分。在这一改革进程中，医药行业负有义不容辞的责任。

中共中央、国务院《关于卫生改革与发展的决定》第七部分指出："药品是防病治病、保护人民健康的特殊商品。"《决定》不仅明确了政府对卫生事业应承担的责任，也明确了政府对医药事业应承担的责任，政府不仅要从质量、安全上依法保证人民对医药品不断增长的日常消费，而且要充分运用宏观调控手段，保证医药经济的总量平衡和分量平衡，不断提高民族工业的市场竞争力。《决定》明确指出，要建立基本药物制度、处方药与非处方药分类管理制度、执业药师制度及医药两级储备制度。这四项制度的建立，事实上是为全社会医疗保障制度的建立服务的，是医改必不可少的支持系统。《决定》全文贯穿了一个中心思想，就是通过卫生改革与发展来满足全体人民的基本医疗需要，而城镇医疗保障制度的扩大试点，成为目标实现的突破口。

建立基本药物制度是药物临床管理的重点，也是为了实现生产、供应、使用的良性运转，即满足了广大人民群众防病治病的基本需要，又使国家有限的医药、卫生资源得到合理、有效的利用。1996 年 4 月，卫生部、总后卫生部、国家医药管理局、国家中医药管理局联合公布了《国家基本药物》目录，并要求继续做好贯彻执行工作。

在我国推行处方药与非处方药分类管理制度，是医药与卫生事业深化改革特别是医改中的一个重大举措，也是加强药品管理的现实需要，必将对我国医疗单位及药品生产流通领域，产生深远的影响。我们必须认识到，推行非处方药制度是一个开创性的系统工程，涉及的政策性问题面比较大，推行这一制度的核心问题应当是如何兼顾到政府的利益、消费者的利益、药品生产经营者的利益、医院与承担医疗保险业务机构的利益等等。因而，就必须得到社会各阶层的重视、理解和支持。

建立中央与省级医药储备制度，是体现党和国家关心人民群众生命安全和健康的重要措施。医药管理部门要搞好两级储备方案，包括储备管理办法，储备品种、数量、储备品种的轮换方法，储备品种损耗处理报销办法以及两级储备的分工等。

执业药师制度是指导国民合理用药、科学用药和人民自我保健的必要手段，也是保证定点药房正常运转的必要条件。

医疗器械的生产经营管理，也是保证医改顺利进行的一项重要工作，作为医药管理部门，一定要加强这方面的管理与规划。

同时，我们应充分认识到，医疗保障制度改革作为社会发展的一项重大改革，它所确立的基本原则与各项政策，必将有力地推动医药行业结构的调整，促进两个转变，遏制药品资源的浪费，普遍提高人民的医疗服务水平，使其获得安全、有效、合理与经济的医疗服务，达到促进医、药协调发展的目的。

三、认真学习贯彻《决定》精神，积极参与医改

通过这次研讨，我们认识到医药行业是卫生改革与发展中不可忽视的重要方面。因此，就医药行业本身，必须调整制定好发展规划，提高宏观调控能力，完善医药经济的管理及发展体系。

1. 要更新观念。要充分认识到医改必然会引起医药市场的激烈演变。随着医改的深入，市场的变化会越来越明显。目前我国医药总体水平还不能满足医疗改革与发展的需要，国有企业目前效益低下的主要原因是：规模不经济，品种、技术不先进，管理水平低，市场机制不灵活。相反，一些大的合资企业则大不相同。医改过程实际上是市场重新细分的过程，对国有企业来说，是一次机遇更是挑战，我们一定要抓住契机，争取更大的市场份额。因此，更要积极主动地了解医改，认识医改，参与医改，促进医改，找准位置，发展自己。

2. 要大力调整医药经济结构，特别是调整企业组织结构与产品结构。医药工业企业要密切注意用药结构及品种的变化，及时调整产品结构；医药商业企业要密切注意市场结构的变化，及时调整商品结构，抓住医疗改革给企业带来新的机遇和挑战，提高生产经营集约化程度，全面提高企业管理素质，加快"两个转变"。

新的医药产业政策即将正式颁布，根据当前的形势，更需要加大实施产业政策的力度。要按照产业政策规定的政策目标，狠抓落实，加强调整，提高宏观调控能力。

3. 要建立“统一、开放、竞争、有序”的医药市场体系，逐步消除一些市场扭曲行为，净化市场，促进医药流通体制的改革。继续强化医药商品质量管理，零售药店要规范企业行为，努力成为“文明药店”、“放心药店”，把国有企业的两个文明建设推向新的高度。这本身也是参与医疗保障制度改革，贯彻落实《关于卫生改革与发展的决定》精神，落实全国医药管理局长会议任务，创建文明行业的一项重要工作。

注重拓展农村市场，重视农村药物的供应，开发农村市场潜力，这应该是一个战略重点。目前，占我国人口80%的农民只享用了20%的医疗卫生与药品资源。这是医药企业不可忽视的一个潜在的大市场。特别是《决定》中明确提出，要完善和发展农村合作医疗制度，充分认识到它是农民通过互助共济，共同承担疾病风险的好形式。国家体改委、国家财政部等四部委将对农村合作医疗制度中的设备、技术、人员三落实提出具体实施方案，国家计委就如何开发农村市场提出了一些具体的措施。这对我们开拓农村市场，确实是一个非常好的机遇。我们要有紧迫感，从各方面做好准备。通过研讨，提高了我们对这项工作重要性的认识，我们的行动将会更加自觉。

同时，注重零售市场的开发。随着公费医疗制度改革的深入，非处方药制度将开始建立，国有医药商业既要注重零售药店的发展，又要密切配合当地主管部门涉及这一领域。应该总结以往工作中的经验教训，勇于探索在新的形势下，如何兴利除弊，使这一制度焕发出勃勃生机。

4. 要继续深入贯彻、认真落实《关于卫生改革与发展的决定》精神。各省市医药管理部门都应组织认真学习，对其重要意义、基本精神、重点任务、工作方向，要有一个全面的认识，对《决定》中有关药品管理的内容更要逐条加以分析研究，并提出具体落实计划。并结合本地的实际情况，提出具体参与医改的措施。

为了很好地贯彻和落实卫生工作会议精神，国家医药管理局已专门组织学习，重点讨论《决定》中有关医药行业的内容。国家医药局四位特约研究员及时研究以后，也给局党组提出了一些很好的建议。这次会议以后，我们还准备邀请国务院研究室的领导同志给我们再做一些辅导，以进一步贯彻落实。

各级医药部门应该认识到在医疗保险制度改革中，自己担负着十分重要的责任，结合流通体制改革和医疗保障制度改革扩大试点，进一步积极主动做好相关的各项配套改革，在确保药品质量、规范医药市场方面狠下功夫，继续加快GMP、GSP改造，鼓励技术进步，加强技术革新，这都是确保医疗保障制度顺利实施的必要条件。

5. 要加强宣传教育工作，提高职工对医改必要性和紧迫性的认识。在医改过程中会出现许多新的课题，我们应加强调查研究，为解决这些问题提供依据。

四、几点建议

医改是社会发展中的一个重大举措，对医药行业关系极为密切，医药企业要思考如何主动适应改革，自觉进行结构调整，增强紧迫感，保持我国医药民族工业的竞争力和生命力，促进医药经济的正常发展。中共中央、国务院《关于卫生改革与发展的决定》对医药行业提出一些具体要求。李鹏总理在《政府工作报告》中指出：“要加强药品管理，整顿规范药品流通秩序”。我们的任务比较繁重。

1. 完善药品管理及医改等方面的法制体系。要加强政府对医药的宏观管理职能：一方面是质量监督，另一方面是如何保证人民群众用药的及时方便、安全有效。国务院法制局从去年和今年都把《药品生产经营条例》和《医疗器械管理条例》纳入立法计划。

2. 改革药品价格管理体制，使其切实适应医药市场经济的发展规律。药品价格改革是培育成熟的医药市场体系、实现科教兴药以及完善医疗补偿机制的客观要求。新的药品价格制定办法即将实施，医药生产单位反响比较大。国家医药管理局已派调查组去有关省市调研，准备尽快把意见反馈给国家计委等有关部门。

3. 在医改及建立几项制度的过程中，应充分发挥医药管理部门的作用。

4. 应定期修改《国家基本药物》目录。确定报销药物的范围，要与本地区生产力发展水平及经济承受能力的相适应。

5. 定点药房的确立是向医、药分业过度的重要举措。其设置，应以方便群众为原则。

同志们，全国城镇职工医疗保障制度改革是一项重要任务，受到城镇广大职工和社会各界的广泛关注。机遇与挑战并存，我们要抓住契机，发展医药经济。同时，我们也要本着实事求是、为人民负责、为人民服务的精神，去解决改革进程中出现的难题，勇于改革，开拓进取。

1997 年是我国发展中极其重要的一年，我们将恢复对香港行使主权，党的十五大将在下半年召开。我国医药行业要更加积极努力地工作，积极参与医疗保障制度改革，加快医药行业配套措施建立的进程，深化流通体制改革，把医药事业继续推向前进！

要用战略的眼光去看医改对医药发展的影响

沈 登 乐

建立城镇职工医疗保障制度是达到人人享受初级卫生保健的一项重大措施，也是为城镇全体劳动者提供医疗保障的一项改革。医改虽然是卫生改革的重要内容，但不是全部，要了解它对医药发展会带来哪些影响，就必须充分认识卫生改革与发展的全部内容，从战略的角度去研究和确定医药改革和发展的方向。

一、卫生改革与发展对医药经济提出了新的要求

《中共中央、国务院关于卫生改革与发展的决定》明确了卫生工作2000年、2010年的奋斗目标，确定了卫生工作的三条方针，提出了必须遵循的六项基本原则。通过四项改革来达到“人人享受卫生保健，全民族健康素质的不断提高”的目的。

在“九五”至2010年期间，医药的发展应该立足于什么基础？如果说过去我们是从医药行业自身发展的角度去考虑的话，那么现在就必须与《决定》精神相一致，把战略思想转移到卫生改革的方向与目标的轨道上来。到2000年，药品的生产供应必须满足人人享受初级卫生保健的需要，到2010年，我国的医药生产供应必须达到世界中等发达国家的平均水平，否则，将会直接影响国民健康主要指标的实现。

医药经济的发展应建立在与卫生工作相适应的三个方针之上，即要以农村为重点，以预防为主，中西药相结合。

医药改革与发展的基本原则，也应参照卫生工作的要求，坚持经济效益与社会效益相结合，把社会效益放在首位；坚持法制建设，增强宏观调控力度，把医药的生产供应纳入法制管理的轨道上来；坚持培育成熟的医药市场体系，把医药市场建成开放式、可调控、多层次、多功能的商品流通新格局；扩大农村网点建设，把保证广大农村用药做为各级医药供应工作的主导方针；加强科学研究与国际合作，调整产品结构、企业组织结构，把资源合理配置做为今后医药经济发展的基本点。

二、医药经济的现状与卫生发展的总要求还有差距

改革开放以来，我国医药经济的发展速度一直居高不下。但据统计分析，有很大程度的泡沫因素。一是企业盲目发展。1980年，制药企业只是800多家，1990年达到1761家，到1995年已发展到5300多家，而大中型企业只占10%，医药批发企业原来只有2000多家，至今已发展到17000多家，大中型企业还不到2%。二是投入大产出小。1995年固定资产原值突破500亿元，为1990年的3.8倍，而医药工业总产值达到1000亿元，仅为1990年的2.5倍；设备的利用率处在全国最低水平，不到40%；百元固定资产（原值）的产值率从1990年的247元下降到1995年的187元；劳动生产率从1990年的43140元/人年下降到1995年的23827元/人年；资金利税率，1990年为16.31%，1995年不到10%，企业亏损面从1990年的21.4%，上升到95年的35%。

经济运行质量不高的主要原因：一是结构性的矛盾突出。我们应该正视我国医药产品结构、企业组织结构和产业结构所存在的大问题，它不仅是潜在的，而且是暴露无遗的，已经使医药产业发展产生了不良后果。二是产需失衡。产值增长和产量增长不代表产需平衡，只有从品种、质量和数量上满足市场需要才是产需平衡，产大于需或产小于需都是不平衡的表现。那种价格违背价值的做法，不但会造成资源的极大浪费，而且在供需中也会存在着很大虚伪性。目前，进口药品和三资企业药品的销售额在城镇医院中占

30—60％，对占有主导地位的国有医药大中型企业是一个很大的冲击。基本药物目录中还有不少药品至今没有生产急需开发。三是科技开发滞后。许多企业的科技力量、科研手段和科研经费不足，是困扰企业科技开发工作的三个主要问题，它直接影响了产品结构调整的速度。四是队伍素质低。发达国家的医药科技人员占从业人员的30％多，而我国不足5％，高级技术人员不到1％；1995年底，职工总数为117万人，其中大中专以上文化的只占18％，中学文化占66％，小学文化占6％，很不适应医药发展的需要。

以上这些问题如不尽快解决，就会严重阻碍医药经济的健康发展，也很难适应卫生发展的需要。

三、要找准医药经济发展战略位置

毫无疑问，“九五”乃至2010年，医药经济发展战略的定位必须与中共中央、国务院确定的卫生工作的方针、目标相吻合。具体来说，必须定位好产品战略、质量战略、管理战略、科技战略、投资战略和人才战略。

1. 必须把基本药物做为产品战略主要的定位内容。实行基本药物制度和处方药非处方药分类管理制度，客观上要求医药生产供应必须从品种、质量和数量上满足医疗的需要。这里既有老产品的调整问题又有新产品的开发问题。老产品的调整有两个层次，即微观和宏观的产品结构调整。宏观要依据各地、各企业的条件加以调控和引导，使其向各自优势的产品发展；微观必须服从宏观的总体部署，新产品开发要在宏观指导下进行，避免一哄而上，造成新的结构矛盾。非处方药的发展，也是产品战略中不可忽视的问题，随着人们生活水平和文化素养的不断提高，人民的自我保健和自我医疗的水平也会相应提高，医药行业就要顺应这种发展趋势，积极发展OTC药物，并逐步完善生产供应系统。

2. 必须把实施GMP、GSP做为质量战略主要的定位内容。《决定》明确提出要严格按照GMP、GSP加快技术改造，我们不可等闲视之，一定要找准工作的主方向，一是要尽快发布国家法令，不发布法令是没有法律依据的，我们已经推行GMP、GSP10多年了，没有那个国家有这么长的时间，推行而不强行等于没有实行，同时还会产生许多矛盾。二是要尽快修定好标准，修定标准时既要参照其它国家的也要考虑我国的国情，既不可过高也不能敷衍，要有可行性。三是国家要尽快制定配套政策。不要把实施GMP、GSP只看作是企业行为，它体现一个国家药品质量管理水平，也是保护国民健康的重大措施。因此，国家在政策上应给以支持和鼓励。

3. 必须把建立现代企业制度做为管理战略主要的定位内容。《决定》明确指出，国有医药大中型企业要建立现代企业制度，逐步形成规模经济。建立不建立现代企业制度是关系深化企业改革的方向性问题，关系社会主义市场经济能不能发展的大局问题，不能只看作是企业的事情。政府要制定好规划，在国有大中型医药企业中逐步建立现代企业制度，要产权清晰、权责明确，政企分开，企业也要在新的管理制度上下功夫，即积极改革内部机构设置，改革用工制度、改革分配制度，改革财会制度等等。真正使企业在经营管理上更加科学化、规范化，以适应市场经济发展的要求。

4. 必须把新产品开发和新技术研究做为科技战略主要的定位内容。要处理好技术引进与自我开发、循序渐进与高起点之间的关系。在《决定》中指出，要鼓励、支持新药研究与开发工作，这充分表明国家科教兴药的决心。当前重要的是要把新产品开发的方向搞清楚，在可能的情况下，我们不反对仿制别人的产品，但也不能再走以仿制为主的道路，老是吃别人剩下的东西，永远赶不上人家，必须逐步走向以创新为主的道路。但目前我们不可能有雄厚的资金和先进的科学手段去研究新化合物，我们要注重天然药物、新制剂、新剂型的开发。科学研究是高投入工程，国家应在政策上给予优惠，以资鼓励。要充分发挥我国制度上的优越性，在有效调控的情况下，开发科学研究，对重大的医药科技项目要集中资金、集中力量进行技术攻关，防止分散、重复的现象再度发生。

5. 必须把供求平衡、调整结构以及资本运营效益做为投资战略主要的定位内容。调整医药经济结构是“九五”期间乃至更长时间的任务，也是促进卫生事业发展的主要问题。正确的投资战略是促使医药经济结构趋向合理的有效办法，把握好投资方向是十分重要的问题。中国医药经济是一个多产业化的经济体系，它既是工商统一管理体制，又是包括药品、医疗器械、药品包装、制药装备四大产业在内的生产经营体系。这些产业的状况如何，都会直接制约整个医药经济的发展，甚至会直接影响卫生事业的发展。《决定》中特别提出要重视并积极支持医疗仪器、医疗设备、医用材料、医用装置的发展与管理，这说明医疗器械工业仍然是一个比较落后又必须重点发展的产业。

6. 必须把开发人才同时把开发智慧做为人才战略主要定位内容。科教兴药必须依靠培养人才、开发人才和使用人才。我国目前在一百多万医药职工中有82%是中小学文化程度，光靠正规大学去培养人才是满足不了医药发展的需要的。要采取多渠道、全方位开发人才的办法，特别要依靠在岗人员的培训。同时使用好人才也是一个重要问题。虽然人才流动为充分发挥人的才能创造了宽松的环境，但人尽其才仍然是我们应该重视的。文化程度并不是人才的象征，充分运用人的智慧不断解决实践中的问题，才是人才的体现，这是人才战略中一个不可忽视的核心内容。

四、医药、卫生的发展都需要成熟的医药市场

《决定》中指出，要整顿与规范药品流通秩序。这足以说明，我国的医药市场仍然是一个不成熟的市场。主要表现在法制管理滞后，市场秩序混乱，调控体系不健全，市场体系不完善等方面。怎么才算是成熟的医药市场？应该是开放式、可调控、多层次、多功能的市场体系。市场不是靠自然发展而是靠培育（规范、调控、监督）才能成熟起来。而要实现这一目标，就必须通过医药流通体制的深化改革。

1990年以来，我国医药流通体制发生了根本性变化，打破了计划经济时期的统购包销、经济区划的体制，基本形成了多种流通渠道，多种经济成份，各种经营方式，少环节，开放式的商业流通新格局，一定程度上促进了医药商业的发展。但是，在流通体制改革进程中，还存在许多值得深入探讨的问题。

1. 关于医药流通所有制结构问题。社会主义市场经济体制决定多种经济成份的存在，但不能否定公有制的主体地位，否则社会主义的市场经济体制就无法保证，国家就难以从总体上对经济运行实施宏观调控。这些年来，医药批发企业从不到3000家猛增到17000多家，医药零售企业增到80000多家，至今为止，谁也没有弄清其各经济成份所占的比例，在底数不清的情况下，如何去保证公有制的主体地位呢？所以我们必须尽快摸清企业情况，进而研究在什么情况下（总资产比重、总销售比重），才能体现公有制的主导作用，为宏观调控、监督提供可靠的依据。

2. 关于国家调节与市场调节问题。医药商品的市场弹性较小，又是直接关系人民生命安全的商品，在医药商品流通中究竟应该是以市场调节为主导还是以国家调节为主？必须要有一个明确的说法。目前，列入国家计划管理的医药商品只有计划生育药品与麻醉药品及精神药品，其它都是通过市场调节的，今后实行基本药物制度和处方药、非处方药分类管理制度再通过市场调节能保证医疗的需要吗？另外，我们的医药价格管的过多、过死，与市场调节相悖，不仅使药品的生产供应难以进行，企业也难以生存。中共中央和国务院在《决定》中指出，要建立中央和省两级储备制度，无疑对国家掌握必要的药品资源，应付灾情、疫情和突发事件是一个极为重要的措施，但药品储备制度并不包含调控市场的功能，因此，如何去完善国家宏观调控体系仍然是我们需要深入研究和解决的重要问题。

4. 关于医药商品市场体系完善问题。我国的医药商品市场仍然是比较单一的体系，这与我们长期强调医药商品的特殊性有直接关系。在国家不同意实行药品专营的情况下，光靠几次交易会是不够的，必须尽快完善医药商品市场体系，否则，就会存在很多市场体系的空间，那些有形的和无形的非法市场就会充填进来。医药市场经济要求建立多层次、多功能的商品市场体系，包括国家级和地方级的规范化的药品批发市场、自选市场配送中心以及定点药房等等。定点药房不仅仅是为医改而建立的，它也为分类管理奠定基础，它与非定点药房的经营品种有根本上的区别，不能不考虑它可能对数万个零售企业利益的影响。

5. 关于形成多样化营业形态的问题。近几年来医药商业已形成了总代理、总经销、定向供应、连锁经营等多种营业形态，虽然还不够普遍，但为下一步深化改革指引了方向。多样化经营是市场经济发展的必然产物，每个经营企业必须顺应市场发展趋势，为便民利民，方便顾客，采用多种经营方式，同时，这也是企业增强竞争能力和扩大销售之必须。

6. 关于内外贸一体化的问题。目前我国医药商业企业有不少获得了进出口权，同时也有不少外贸企业进入了国内市场，这是市场经济发展的必须趋势。在商品经济条件下，割裂市场是不可能的，有条件的医药商业企业都应积极争取进出口权，把眼光盯向国内外两个市场，扩大经营规模。

医药商业要适应卫生医疗改革变化的思考

杨　万　顺

（一）

中共中央、国务院 1997 年 1 月 15 日发布了《关于卫生改革和发展的决定》。

这个决定，是为了落实国民经济的社会发展“九五”计划和 2010 年远景目标纲要所提出的卫生工作任务，保证跨世纪宏伟目标的顺利实现，而提出了今后 15 年卫生工作的奋斗目标，制定了卫生工作发展的各项政策，明确了今后卫生工作的改革方向。

在这个决定中，以“加强药品管理，促进医、药协调发展”为专题，把有关药品管理体制、医药发展规划、价格管理、整顿和规范医药市场秩序以及积极研制、开发医疗用品等专项内容写入了决定，这充分表达了中央和国务院对医药事业的关心和重视。

从这个决定中，我们可以看到，今后 15 年卫生工作的方方面面发展与改革，将有崭新的、多方面的变化和大量的新鲜事物出现，也将为我国医药事业的发展，提出新任务，新课题、新要求。

（二）

医药商业作为医药事业的重要组成部分，作为医药商品流通的组织和供应者，它在客观上承担着后勤保障的功能，同样要适应卫生医疗改革所带来的各种变化和在新形势下的新要求。

例举与医药商业有直接关系的内容和要求如下：

——决定第（12）项，提出加强对农村卫生组织建设，对乡、镇、村三级卫生服务网的建设，同时提出要“健全农村的药品供应渠道，保证用药安全有效”的任务。而我目前农村用药供应状况以及供应网络，处于网点不健全，按全国行政区划的地市县级仍有 106 个县级没有设医药专业批发机构，占市县级的 4.2%。特别是一些边山老少穷的地区的医药市场，在很大程度上被游医药贩占领，广大农民用药无安全保障，是急待整顿、强化管理和改善的，国有医药商业部门要加强网点建设，保障广大农村用药渠道的畅通，占领和扩大农村医药市场，保障广大农民用药的安全和及时的供应。

——决定第（25）项，在培养一支专业卫生队伍的任务中，提出“要建立医师、药师等专业技术人员执业资格制度”。对于培养和造就一大批执业药师队伍，是改变目前医药商业职工队伍结构的一项非常紧迫的任务。据调查资料显示，目前在医药职工队伍中，具有中级以上专业技术职称的人员，占职工总数的 5.3%，其中具有高级职称的只有 0.19%。另据近年对执业药师考试情况表明，截止到 96 年底，全国已通过考试取得执业药师资格的共有 2380 人，其中从事医药商业的只有 435 人，占 18.3%。此外，截止到 95 年底核发经营药品合格证的批发企业，已达 1.6 万多家，零售企业 8 万多家。暂且不论大中型批发企业应在企业领导、质检以及购销等岗位设置执业药师岗位，即使假设每一个企业要一名执业药师计算，就要近 10 万人，而目前取得执业药师资格的人数只有 435 人，这 435 人分布在 18 个省市，且都在经济比较发达的沿海地区，尚有 12 个省区是空白点。需要与现状两者相距甚远。如何解决这一迫切问题，我认为在取得共识的基础上，全国各省市区都应立即采取各种办法、各种措施——比如除了医药专业院校有计划地加大招生之外，要开办在职专业人员的函授班、培训班等加速培养，以适应新制度提出的要求。

——决定第（27）项提出“国家建立并完善基本药物制度、处方药与非处方药分类管理制度和中央与省两级医药储备制度”。

关于国家建立基本药物制度的问题，已由卫生部、总后卫生部、国家医药管理局、国家中医药管理局于1996年4月10日下达贯彻执行的通知。通知指出：基本药物是“指导临床医生使用国家基本药物，合理用药；指导生产和销售部门组织生产和供应国家基本药物；指导公费医疗管理部门主要依据国家基本药物目录制定药品报销范围”。这个基本药物目录所列品种有中成药21类1699种，药品26类699种。药品如按剂型、规格计算，可能有二千多种。这个品种目录，是今后检查和衡量医药商业企业药物供应好坏的一把尺子。

医药商业部门，特别是省市级的大中型批发企业，应该做到凡基本药物目录有的品种，必须保证供应，满足医疗的需要。当然，由于全国各省市区的经济、文化以及医疗水平不同，在医疗临床使用上也不可能在同一水平上，会有一些差别；各省市之间，各地区之间，各医疗单位之间也会有一些差别，甚至有较大差别。但不管这种差别有多大和不同，都在这个基本药物目录内变化。因此，在省市级范围内必须有一、二个大型医药批发企业保证目录内的药物齐全或者采取分工协作等办法，组织协调，保证供应。这些都摆在我们面前要认真加以研究解决的新课题。

关于建立处方药与非处方药分类管理制度的问题，近年来，各有关部门的专家、学者以及实际工作者，撰写了不少文章，论述处方药与非处方药实行分类管理的必要性、必然性和现实可能性等等，对创建具有中国特色的处方药与非处方药分类管理制度，提出了一些方案和意见，目前，这项工作正在研究过程中。有关部委局领导组成国家非处方药领导小组及办公室，负责具体组织工作，并专门设立七个专业工作组，如遴选组对我国上市的药品，参照国外OTC药物，结合我国国情，逐一进行收集、整理，做了大量的准备工作，已筛选出近200种有效成份，将根据这些有效成份遴选相应的复方制剂。

分类管理制度与目前的管理现状比较，其经营上的要求将是更加严格了。比如在医药商业零售环节，需要在经营设施上，要严格区分处方药与非处方药，品种的陈列要区别开来；在销售的方式上，要有凭处方与自选的区别；在对人员的要求上，必须配备对所经销的非处方药品说明书上所列性能、用途、剂量、用法、注意事项等内容，要非常熟悉，以便正确解答在问病卖药时的咨询服务。

据悉，去年10月上海市商业委员会、医药管理局、卫生局、工商行政管理局联合发出《关于加强本市超级市场经营常用药品管理的通知》，做出了7条规定，并于11月1日起施行。

又据今年2月17日《中国商报》报道：“一项为民、便民、利民的重大举措——国内首批规范经营非处方药品（OTC）的200多家超级市场经市主管部门批准，目前在沪正式开放。”

对此，我们应给予特别的关注，并注意总结经验，以便借鉴和推广。

关于建立中央和省两级医药储备制度的问题，建立这项制度对医药商业来说应该说并不是一件陌生的事。在实行计划经济时期的六十年代始，为了战备、抗灾，在有关省区和国家两级搞过医药储备。我们可以在总结过去经验教训的基础上，研究在市场经济条件下如何搞好中央和省两级医药储备。我认为应该针对这次建立两级储备的宗旨、性质、目的，提出搞好两级储备的方案——包括储备管理办法、储备品种、数量，储备品种的轮换办法、储备品种损耗处理报销办法以及两级储备的分工等等。

——决定第（30）项关于整顿与规范药品流通秩序的问题，通过贯彻国务院《关于加强药品管理工作的紧急通知》（国发（1994）53号）及国办发（1996）14号文件精神以来，全国范围内严厉打击了制售假冒伪劣药品的违法犯罪行为，取缔了非法的集贸市场、坚决制止和查处了在药品购销业务中给予和收受回扣等违法行为。医药市场得到一定程度的净化，回扣风有所收敛、市场秩序有所好转，特别是国有大中型医药商业批发企业的经营秩序、经营行为、职业道德等方面得到规范。当然，对全国医药市场状况不可估计过高。违法经营、无序竞争、秩序混乱的问题，在一些地方仍然存在，需要继续努力整顿，强化内部管理，建章立制，综合治理，在深化医药流通体制改革中规范药品市场行为，确保整治工作取得更大成效。

——关于医疗保障制度改革的问题。国务院1994年上半年在江苏镇江市和江西的九江市，开展职工医疗保障制度改革试点之后，国务院办公厅1996年5月以国办发（1996）16号文转发国家体改委等四部委《关于职工医疗保障制度扩大试点的意见》，6月19日国务院职工医疗保障制度改革领导小组确定了57个市（地县）作为国务院同意的医改扩大试点城市，以1997年1月1日开始实施。

从“二江”试点和上海市试行“总量控制、结构调整、大病统筹”的医改情况看，对国家、对社会来讲，改革起到了对医患双方的制约机制的形成，最大限度地减少了浪费；建立了合理的医疗经费筹措机制和稳定的医疗费用来源；拓宽了职工基本医疗保证的覆盖面；减轻了企事业单位的负担（对企业有不同的影响，如工资低、老职工多的企业，支出减少；工资水平高，青年职工多的企业，支出则比应用的多）。面对医药商业的影响，则是多方面的，可归纳以下几点：

1. 用药报销范围的制定，大大缩小了市场的用药选择性。凡超出报销目录的药品，一律实行自费。这样很多的新特药、进口药、三资企业的药以及一些营养保健品的销售均面临困难。据上海市医药商业的调查，用药结构有较大的变化。如94年9月医院用进口药占33.9%，96年9月下降到29.2%，下降了4.7个百分点。原来国产、三资、进口药三足鼎立的局面，正逐步向国产药、三资药方向倾斜。因此，在研究经销、代理品种时，必须关注药品列入与非列入报销目录的情况，进行慎重的选择，以免误入经营的困境。

2. 处方限额以及上海试行的总量控制的规定，对销售影响也是明显的。如上海市实施总量控制前几年的销售每年增幅在50%左右，控制后到94年下降到20.7%，95年下降到25%，96年下降到23%。

3. 报销药费的手续变化，使医院拖欠货款的问题更趋严重。由于病患者看病报销医药费的手续复杂，先记帐，一个月后到社会医疗保险机构报帐，社会医疗保险机构再向医院付款，这样，医院更有理由拖欠药品经营企业的货款。这将进一步影响医药商业的资金周转，使得三角债务链的源头拉动得更紧了。

至于决定的第（28）、（29）、（31）各项工作，都与医药商业有密切的内在联系，需要我们积极配合各有关部门开展各项工作，使整个医药事业得到不断地健康发展。

（三）

为了保证中共中央、国务院《关于卫生改革与发展的决定》中有关医药事业部分的贯彻落实，上述直接涉及医药商业方面的任务，有侧重地提出了一些看法、意见和建议，都是初步的想法，很不全面，也不一定很准确，提出来供有关方面进一步研究、探讨，以便取得共识，采取相应的对策，不失时机地展开工作，使我们的医药事业走上快速、健康的发展轨道。

实施《国家基本药物》制度
做好国家基本药物生产供应工作

俞　观　文

（一）

中共中央、国务院《关于卫生改革与发展的决定》，提出新时期卫生工作的方针是：以农村为重点，预防为主，中西医并重，依靠科技与教育，动员全社会参与，为人民健康服务，为社会主义现代化建设服务。

《决定》第27条指出：“国家建立并完善基本药物制度、处方药与非处方药分类管理制度和中央与省两级医药储备制度。”

医疗制度改革是我国卫生工作的重要任务，也是我国社会其他改革的有机组成部分。医疗保障制度改革与养老保险、失业保险是社会保障的三个主要组成部分。

制定国家基本药物品种目录并在我国实施是医疗制度改革的重要内容之一。同时，也是为了实现药品生产、供应、使用的良性运转，既满足广大人民群众防病治病的基本需要，又使国家有限的卫生资源得到合理有效的利用。世界卫生组织也制订《基本药物目录》，并于 1995 年 12 月进行了调整。许多国家亦在实施基本药物制度。

我国制订国家基本药物品种目录的原则是：

1. 临床必需。必须能满足人民医疗卫生保健的需要，在任何时候都应保证所需品种数量的供应。

2. 安全有效。疗效确切，不良反应小，质量稳定。

3. 价格合理。必须考虑整个疗程的费用，而不是单纯考虑药品本身的价格。

4. 使用方便。有合适的剂型和适宜的包装，适于在不同层次、不同规模的医疗单位使用，方便病患者。同时还要适于运输、储藏。

5. 中西药并重。中药、西药放在同等重要的地位，共同发展。

国家基本药物须导小组根据“制定国家基本药物工作方案”组织制订《国家基本药物》品种目录，于 1992 年、1993 年起陆续公布。1996 年 4 月，卫生部、总后卫生部、国家医药管理局、国家中医药管理局联合公布了《国家基本药物》全部品种目录，并要求继续做好贯彻执行工作。

四部局联合通知中指出：《国家基本药物》品种目录“指导临床医生使用，合理用药；指导医药生产和销售部门组织生产和供应；指导公费医疗管理部门主要依据目录制定药品报销范围。”上述三个“指导”说明《国家基本药物》对药品生产、供应、使用的极其重要性。

实施《国家基本药物》制度是卫生改革与发展、也是医药事业改革与发展的重要内容之一。通过推行，必将促进我国医药事业健康发展，促进合理用药和有效利用卫生资源，满足人民防病治病的基本要求。

（二）

《国家基本药物》品种目录包括传统药（中药）21 大类 1699 种，现代药（西药）26 大类 699 种。

西药 26 大类 699 种，有的品种有几个剂型。分剂型的制剂品种共为 978 种。其中生物制品 33 种，解蛇毒血清 4 种，诊断用布氏菌素等 2 种，核医学诊断及治疗药 14 种。不包括生物制品、放射药品，则化学药品为 649 种，分剂型制剂 925 种。有的药品有多种用途，如阿司匹林片剂、肠溶片为解热止痛抗炎药，阿司匹林片剂又为心血管系统药物和抗血小板药；甲氨蝶呤片剂、注射剂是抗肿瘤药，又是抗风湿药。按临床用途目录上再次出现的有 109 个品种，134 个剂型。按临床用途重复计算则为 808 个品种、1059 个制剂。

根据卫药发（1994）第 6 号文件，凡我国自行研制、开发的一类西药，在其批准试生产后，可作为基本药物使用。

《国家基本药物》品种目录将定期组织调整，以保证医疗的需要。最近正征求意见，允许调整 5％至 10％。

（三）

《国家基本药物》制度，是医疗制度改革的重要内容之一。“总量控制，结构调整，”《国家基本药物》品种目录是调整用药结构、合理用药的依据，在此基础上确定公费报销范围，引导合理用药。

医药生产经营部门，在任何时候都必须保证国家基本药物品种、数量的及时供应。首先要摸清生产情况。

国家基本药物品种、剂型（包括原料药）哪个药厂或哪些药厂生产，大体年产量及生产能力，正常情况下全国年需要量，以分析是否能保证供应。

有的品种制剂能生产，原料药需进口或部分进口，需研究是组织研制、生产还是继续进口。

有的品种需几种剂型，但部分剂型还没有生产，应积极组织试制和生产，在未生产前组织进口。

例如头孢氨苄，头孢拉定制剂产量较大，临床上应用较广，目前原料药大部分尚依靠进口，其主要原料青霉素工业盐国内能满足供应，应组织力量尽快解决7ADCA及酶的技术问题，实现国产化，以保证供应。硝酸甘油片剂、贴剂、注射剂已有生产，气雾剂尚未生产，应组织研制并生产，但有个量的问题，如需要量太小，工厂要亏本，应在定价等方面有倾斜政策。奎宁片、依米丁针由于我国没有植物资源，原料药需要进口。

有的品种如抗疟药咯萘啶由于无人要货，在70年代初江苏江浦药厂建成后就没有投产；抗吸虫病药硫氯酚由于同样原因重庆西南一厂已停产约三十年，目前设备早已拆除。是否还作为国家基本药物，需提前与有关部门研究。

初步查了抗感染药的生产情况，目录共计96个品种，头孢呋辛还依靠进口（商品名新菌灵、西力欣）；抗麻风病药醋氨苯砜、氯法齐明，抗真菌药伊曲康唑，抗黑热病药喷他咪，抗疟药磺胺多辛没有查到生产单位。抗疟药咯萘啶，驱虫药硫氯酚已无生产设备。抗真菌药两性霉素B目前也没有生产。

从制剂看，咪康唑有软膏剂、阴道栓剂，没有查到片剂、注射剂、眼膏剂；氟胞嘧啶有注射剂，没有片剂、胶囊剂；十一烯酸有软膏剂没有溶液剂；联苯苄唑没有溶液剂；葡萄糖酸锑钠有注射剂，没有片剂；噻嘧啶没有混悬剂、软膏剂；甲硝唑没有泡腾剂。

最常用的抗感染96种原料药中有8种没有生产，另外吐根素、奎宁我国没有植物资源；121种制剂中，没有生产（有的可能没有查到）的有24种，占20%。因此，调查清楚当前生产情况是当务之急。对没有有生产的要研究对策，采取措施。

（四）

《国家基本药物》的生产、供应关系到科研、进出口、物价等各个方面。

有的品种将作为非处方药。《国家基本药物》又是制定国家和省两级储备的品种基础。因此，《国家基本药物》制度和处方药、非处方药分类管理制度、国家和省两级储备制度有着密切的联系。

《国家基本药物》品种目录是调整品种结构的重要依据之一，保证国家基本药物品种、数量的及时供应，是医药生产、供应部门和企业品种结构调整的重要目标。

麻醉药品、精神药品、计划生育药品已实行定点生产，对于某些抗肿瘤药，有机磷、重金属、氰化物的解毒药，精神病药，某些用量很小的药品如青霉胺、硝酸甘油等亦应定点生产，以确保供应。

在供应上亦要研究制定具体办法。医疗制度改革后，用药可外配，建立定点药房，定点药房应保证国家基本药物的供应。但不可能也不必要定点药房经营全部国家基本药物品种，例如麻醉药品由国家指定的麻供点供应。某些抗肿瘤药由于效期短，商业无法经营，过去就确定由生产厂直供医疗单位。现在交通方便，如有机磷、重金属、氰化物解毒药全国指定一、二个商业单位供应就可以了。批发单位经营品种亦应根据不同情况研究确定，每个省应有一个批发单位经营《国家基本药物》品种齐全（特殊品种除外，需研究确定）。

要加强《国家基本药物》品种的进出口管理。应在保证国内需要的前提下扩大出口，过去出现过由于出口好销而造成国内供应紧张或不足的情况。在社会主义市场经济的条件下，不少企业有进出口权，如何才能有效管理是个课题。对于国内不生产或生产不足的基本药物，需要进口以保证供应，如何组织好进口？

为保证《国家基本药物》的生产供应，价格工作要配合。在生产上，对劳动保护要求高的品种如抗肿瘤药、性激素、计划生育药品、精神病药等在定价时其利润率应高于其他药品。

实行《国家基本药物》制度，在组织生产、供应上，需要卫生部门的配合。如对一些品种的年需要量应有一个大体的数字（准确率达80%），以便组织生产、供应。

（五）

医疗保障制度改革已由镇江、九江试点和上海“总量控制、结构调整”改革，1997年扩大到全国57个城市试点。不是国家试点的城市有的也进行不同形式的改革。实施《国家基本药物》制度是医疗制度改革的一项重要配套改革，对医药生产、经营及管理，对医药生产、经营的改革与发展都将产生重要的影响。

情况比较复杂，同时又情况不清。对青霉素注射剂这样的大品种，即使发生较大的灾情或疫情，生产供应不会出大问题，但不少品种还情况不清。过去，中国医药公司、中国医药工业公司每年共同对紧缺小品种进行专门研究，并安排好生产供应。对《国家基本药物》目录中的小品种必须加强管理，才能保证生产和供应。

中共中央、国务院关于卫生工作改革与发展的决定已经公布，医疗保障制度改革试点进一步扩大。作为医药生产、经营管理部门，医药生产、经营企业，包括医药科研单位，对实施《国家基本药物》制度要有紧迫感。调查研究，搞清问题，提出对策，制定办法，使《国家基本药物》制度付诸实施，并逐步完善。

中国化学制药工业协会、中国医药商业协会愿意配合做一些具体工作。

中国医疗器械产业与卫生改革

卜　绮　成

今年一月十五日，中共中央、国务院发表了《关于卫生改革与发展的决定》，这是今后十五年内中国医疗卫生工作的总纲，也是全党全国人民的大事。《决定》提出的“到2000年，基本实现人人享有初级卫生保健，国民健康水平进一步提高，到2010年，国民健康的主要指标在经济较发达地区达到或接近世界中等发达国家的平均水平，在欠发达地区达到发展中国家的先进水平”这一奋斗目标，需要有关政府职能部门按各自职责范围，努力工作，认真贯彻，以按时实现中共中央提出的奋斗目标。

医疗器械产品部门必须认真学习《决定》，分析《决定》对医疗器械市场的影响，调整医疗器械产业政策，使我国医疗器械工业和医疗器械市场需求相适应。

第一，改革开放政策和培育建立市场经济，加速了国民经济发展，医疗器械市场活跃，中国医疗器械产业已经发生或正在发生重大变化。

就整体而言，国内市场是我国医疗器械工业的主要市场，因此，首先需要了解我国医疗器械市场，研究影响我国医疗器械市场的主要因素。

一个国家的人口人群、医疗机构、床位、专业卫生技术人员的情况是这个国家医疗器械市场的基本要素。我国人口、医疗床位、专业卫生技术人员多，医疗机构层次丰富，因此，医疗器械市场具有良好基本要素和发展前途，有关医疗床位、专业卫生技术人员、医疗机构情况如下：

医　疗　机　构（万个）

	1978	1990	1994
医院	6.4	6.2	6.8
其中：县及县以上	0.9	1.3	1.5
乡卫生院	5.5	4.8	5.2
门诊部	9.4	12.9	10.6
医疗机构合计	17.6	20.9	19.2

床　位　数（万张）

	1978	1990	1994
医院	120.6	262.4	283.1
疗养院	5.1	12.3	11.8
合计	204.1	292.5	313.4

专业卫生技术人员（万人）

	1978	1990	1994
西医师	35.9	105.8	141.7
技师	0.8	6.8	8.9
合计	246.4	389.8	420

但是，一个国家的国民经济水平和国家卫生政策及发展规划是影响这个国家医疗器械市场的重要因素，特别是国民经济水平和经济条件对医疗器械市场的影响更为明显。比如，尽管我国人口数量占世界人口总数的五分之一，医疗器械市场有良好基本要素和发展前途，但国民经济落后，国民收入低，实际市场容量小，在国民经济发展较快的1995年，我国医疗器械市场也只占世界医疗器械市场3—4%，而人口不到世界人口总数10%的美国、西欧、日本，其医疗器械市场容量却占世界总容量的90%以上。因此，没有国民经济支撑的医疗器械市场基本要素所反映的只不过是一个巨大潜在市场。

改革开放以来，在向市场经济体制过渡进程中，国家制定了一系列政策，如，鼓励发展乡镇企业，乡镇医疗器械企业兴起；鼓励军事工业企业中的部分力量转向民用产品的生产开发；进行科研体制改革，院所办企业，加快科技成果商品化；鼓励引进外资和引进技术，建立中外合资和中外合作企业；提供人才流动等等，国民经济得到很大发展，中国医疗器械产业也发生重大变化。

一、医疗器械产业已不再是一个系统，而是一个全社会共同参与的产业，其组织结构已从单一的系统和全民或集体所有为主的结构模式，演变为多系统、多种经济成分并存、互为补充的新结构，工业基础增强。

1978年，全国有430家医疗器械生产企业，职工队伍近10万人，生产企业绝大多数归属于单一的医疗卫生系统，改革开放以来，乡镇医疗器械企业兴起，军事工业企业中的部分力量转向民用产品的生产开发，以及科研院所办企业，加快科技成果商品化，使医疗器械产业组织结构发生很大变化，到1996年底，全国已有医疗器械生产企业2800家，其中，原医疗卫生系统的企业只不过占15%，乡镇医疗器械企业占20%，中外合资和中外合作企业占15%，其余50%的企业主要是其他工业部门（包括航空航天、电子、机械、船舶、核工业等）、科研院所（团体）、高等院校新组建的，或是由这些单位的人才流动所新产生的医疗器械生产企业，这种医疗器械产业组织结构的变化在一定程度上适应了医疗器械产业作为高科技产业的特点和要求，并给医疗器械产业带来新生机和新活力，而且，这种新生机和新活力必将随着中国整个基础工业的发展，而愈来愈显著。

医疗器械生产企业的骨干力量也发生明显变化：有一些医疗卫生系统老骨干企业在市场竞争中失去了骨干地位，个别的甚至退出了医疗器械产业行列；有一些老骨干企业在市场竞争中经受了考验，得到了新发展，进一步巩固了骨干地位，象北京医用射线机厂（现北京万东医疗装备公司），苏州医疗器械厂等，同时，也涌现出一大批新骨干企业，象原机电系统的汕头超声仪器研究所，广东威达医疗器械集团公司，科学院系统的安科公司，大恒集团，航天系统的长峰集团，船舶工业总公司的原721厂等等。

医疗器械重点生产地区也有变化，原来的京津沪三市占全国医疗器械总产值80%的格局已不复存，广东，江苏，浙江等先后成为医疗器械重点生产地区。

二、医疗器械产业经济技术指标增长幅度加快。

1978年，医疗器械（系统统计口径，430家企业）工业总产值为7.3亿元，到1995年，按国家医药管理局同一统计口径（即系统统计口径，551 家企业，并含卫生材料 131 家，产值为 18 亿元）为 80 亿元，但此时的有关方面调查说明，由于生产企业统计口径偏小，全国医疗器械实际总产值已远大于此数，按有关数据测算，1995 年全国医疗器械工业总产值为 160—180 亿元，相当于 1978 年的 25—25 倍，约占全世界总销售额的 2%左右。

全国每年有 300—350 个新品种或更新换代品种投入市场。不仅使全国医疗器械品种由原来的 2000 多种增加到 3500 种，而且产品技术结构也发生较大变化，由原来的以简单机械或电子结构为主逐步过渡到以机电一体产品为主的新结构。如 1996 年，国家医药管理局直接受理试产注册的三类医疗器械产品共有 130 种，其中包括：

一次性输液（血）器具	11 种
医用导管 3 种	
金属植入物	5 种
齿科材料	10 种
血液透析器	2 种
其他生物材料及其制品	13 种
微波，激光治疗仪器	24 种
放射性诊断或治疗设备	8 种
B 型超声显象仪	7 种
麻醉机，呼吸机	14 种
生理信息记录仪器	3 种
X—CT 和 MRI	3 种
X 刀和伽玛刀	5 种

可以看出，生物材料及其制品类占注册总数的 34%，机电一体类占注册总数的 54%，高科技产业的特征也在产品中逐步体现。

自 1978 年以来，产品质量也不断改善。医疗器械产品质量较差是长期以来困扰生产企业、用户和管理部门的大问题。因为，影响医疗器械产品质量的因素较复杂，既有企业自身的，也有外界的因素。我国自 1994 年开始在医疗器械生产企业中推行质量体系认证制度，积极开展内外审核员的培训和普及质量体系认证知识，筹建医疗器械质量认证机构——中国医疗器械质量认证中心。1996 年，发布医疗器械应用 ISO9000 系统标准的专用要求标准 YY/T0287 和 YY/T0288，到目前，国内已有 13 家医疗器械生产企业通过了质量体系认证或者产品认证。有一部分产品已在用户中建立良好质量信誉，象汕头超声仪器研究所和原 721 厂的 B 型超声显像仪，北京万东医疗装备公司的 X 线诊断仪器，长峰公司的麻醉机和呼吸机，戴维公司的婴儿培养箱等。因此，大改革气候繁荣了医疗器械市场，也刺激了医疗器械工业发展。

第二、新的卫生改革必将为医疗器械市场带来新的繁荣。医疗器械产业要认真贯彻《决定》精神，以医疗器械市场为导向，切实做到医疗器械产品要为全国人民健康服务，为整个卫生事业服务，决不能只为少数人或少数地区服务。

中共中央、国务院的《决定》是当前国家卫生政策的全面体现，其要点是：（1）到 2000 年，基本实现人人享有初级卫生保健；（2）以农村为重点，预防为主；（3）从国情出发，和国民经济、社会发展相协调；（4）合理配置资源，杜绝卫生资源的浪费；（5）逐步增加公民自身医疗保健的投入。

一、要以讲究实用的为原则，把发展常规医疗器械产品，提高常规医疗器械产品的性能水平放在研究开发的首位。

目前，在国际医疗器械研究开发领域内，存在一个片面追求应用高新技术、追求多功能，不讲究实效、实用的误区，这是造成全球医疗费用大幅度上涨的原因之一。而在我国，同时存在二个误区，一个是热衷于一次性使用或加工工艺简单产品，追求资金回收快，高经济效益的低技术误区；另一个是受国际感染而片面追求高精类产品，热衷于发展大型昂贵医疗器械的高技术误区。

一次性使用医疗器械是以有机生物材料为主的制成品，也是我国近十年来发展最快的一类品种。对它的要求，第一是材料生物相容性要符合法规和标准要求；第二，产品要在洁净条件下生产加工；第三，产品出厂要采用无菌包装。由于是一次性使用，需要量大，加工工艺简单，生产厂家不断增加，目前一次性注射器的生产企业有110多家，大多数生产企业年产量在2000万支上下，没有达到规模经济产量；一次性输液器、输血器的生产企业有200多家，多数生产企业年产量在1000万套上下，也没有达到规模经济产量。以上两类产品的生产企业遍布全国，但以江苏省为最多。生产厂家多，生产规模小，产品质量低，是这个误区的主要特点。

高技术误区是受国际市场及国内高层市场误导的。以下是目前我国大型医疗装备情况

医疗装备名称	装备数量（台）
X—CT	2500—3000
MRI	250—300
伽玛刀	13
大型彩超	1000—1300

我国上述大型医疗装备不能算少，按医疗器械市场的基本要素分析也不算多，但问题在于我国大型医疗装备的拥有量和我国医疗机构的总体装备水平不相适应。以下是卫生系统综合医院每床占用专用设备金额（元）情况：

	1990年	1994年
部	30350	75503
省	18193	38462
市	7555	18814
区	4583	10554
县	2817	5441
平均	6464	15627

以上说明，第一，我国医疗机构的医疗装备，几年来有了较大提高，但整体医疗装备水平低，到94年，每床占用只有15000元；第二，不同医疗机构的装备水平差异大，部属医院是县医院的十四倍；第三，广大农村的医疗装备水平更差。因此，当前任务是加大常规医疗器械装备的投入，提高我国整体医疗装备水平，特别是广大农村医疗装备水平。

常规医疗器械是指医疗诊断，常见病多发病的治疗，预防保健中最需要，最基本的医疗器械产品，常规医疗器械并不是简单和低档次产品的代名词，常规医疗器械同样可以是高科技产品，而且更需要不断采用最新科技成果，最新工程技术进行产品更新换代。因此，它需要动员全社会参与，需要医学技术和医学临床的参与，需要基础工业部门参与，需要科研部门参与，不断开发出更安全，更有效的常规医疗器械产品。

2）发展保健性医疗器械，保健性医疗器械是人民生活水平提高和人口老龄化的需要，也是公民自身医疗保健投入的需要。近年来，保健性医疗器械市场需要量增长很快，引起国外生产厂和经销商的特别关注，我们不可轻视这个产品领域。

3）发展生物材料及其制品。

生物材料是一门涉及面很广的学科，但是作为产品，除齿科材料外，多数生物材料并不是以材料形态出现在医疗器械市场，而是以其制品形态分布在不同类型的医疗器械大类产品中，不仅很多常规医疗器械需要生物材料；而且很多常规医疗技术需要生物材料制品。我国目前生物材料及其制品的生产水平处于初级阶段，远不能满足市场需要。如血液透析器，各种类型医用导管，心脏起搏器，心脏瓣膜，以及人工关节、人工器官还需大量进口，因此，必须把生物材料及其制品的开发作为贯彻《决定》的一项重要内容。

全国城镇职工医疗保障制度改革与医药管理及发展研讨会综述

国家医药管理局南方医药经济研究所
国家医药管理局政策法规司政策研究一处

本次研讨会于1997年4月8日至11日在深圳召开，由国家医药管理局主办，广东省医药管理局协办，国家医药管理局南方医药经济研究所和深圳健安医药公司承办。参加会议的代表有全国政协、国务院研究室、国家体改委、国家计委、财政部、卫生部、劳动部、国家医药管理局的领导同志、两所药科大学、有关医药协会、部分省市医药管理局、医药企业、报社、深圳市经发局、医药生产供应总公司等单位共60多人。会议认真学习了中共中央、国务院《关于卫生改革与发展的决定》(以下简称《决定》)和国办发四部委“关于职工医疗保障制度改革扩大试点的意见的通知”，认真研讨了本次会议的主题。与会代表在讨论中一致认为，这次会议开得及时必要，主题明确，重点突出，对当前和今后医药行业主动参与医改，主动促进医改具有积极的意义。下面，就研讨会的主题内容及讨论情况作一综述，期望全国医药同行继续就医改问题展开研讨。

一、关于卫生改革与发展，特别是医疗保险制度改革与医药管理及发展的关系

与会代表在学习讨论中深刻地体会到，中共中央、国务院《关于卫生改革与发展的决定》对于卫生改革与发展、医疗保险制度改革及医药工商企业改革与发展有着非常重要的意义，《决定》充分阐明了卫生改革与发展及医疗保障制度改革对医药行业的意义和要求。国务院研究室的尹力博士说：“国务院的《决定》是从全社会‘大卫生’角度出发的，它全面勾画了我国卫生改革与发展的蓝图”。改革卫生管理体制，全面实施职工医疗保险制度、加强农村卫生工作、逐步实行医药分开核算和管理，将对我国医药行业发展产生重要的影响，要求医药行业及时做出有关调整。国家医药管理局特约研究员杨万顺同志在发言中说，《决定》与医药商业有密切的关系，相关内容和要求有：第（12）项要“健全农村的商品供应渠道，保证用药安全有效”、第（25）项要建立医师、药师专业技术人员执业资格制度、第（27）项国家要“建立并完善基本药物制度、处方药与非处方药分类管理制度和中央与省两级医药储备制度”、第（30）项关于整顿与规范药品流通秩序问题及医疗保障制度改革后用药报销范围和报销手续变化等。此外《决定》的第（28)、(29)、(31）各项工作，都与医药商业有密切的内在联系。

沈登乐同志在小组发言中指出：要用战略的眼光去看医改与医药管理及发展的关系，从战略的角度去研究和确定医药改革和发展的方向。医药经济的现状与卫生改革与发展的总要求还有较大差距，结构性矛盾、产需失衡、科技开发滞后都会严重阻碍医药经济的健康发展，也很难适应卫生发展的需要。因此，我们必须找准医药经济发展的战略位置，定位好产品战略、质量战略、管理战略、科技战略、投资战略和人才战略。同时，医药、卫生的发展都需要一个成熟的医药市场，我们必须通过医药流通体制的深化改革，形成一个开放式、可调控、多层次、多功能的市场体系，主动适应医改的深入进行。

二、“两江”医疗保险制度改革试点经验对全国医药工商企业改革与发展的启示

据“两江”同志介绍，医保改革试点两年多来，两市都已初步建立了“职工医疗保障的新机制，职工基本医疗保障水平有所提高”，医疗费用过快增长的势头得到了有效遏制。

在谈到医改对医药行业的影响时，“两江”的同志都反映，归纳起来有如下几个方面：按照现行的医疗保险费用筹集办法，加上离休干部、独生子女、职工家属，跟班搭车，使企业实际发生的医药费用增长，使“企业虚报工资总额、拖欠医疗保险基金，使保险基金不好用”的问题较突出。②医患双方的制约机制使人均医药费用下降，以及贵重药品使用量减少，达到一定目的。同时，也导致医药商业销售难度加大，费用增加，利税、利润下降。③用药范围的规定使医药工商业生产经营的许多必备目录品种不在可报销范围，新特药所占的比例更高，医药企业品种调整不及时，形成滞销和积压。④医药商业由于受到“报销范围”的限制，新、特药及进口药销售在一定幅度下降，普药有所上升。⑤目前“两江”定点药房资格审定的规定造成零售药店之间不平等竞争，有必要尽快增加定点药店数量。⑥医药企业资金压力加重，由原来的“三角债”变成了“四角债”（参保单位、社保员、医疗单位和医药企业），最终会把医药公司拖垮。

在汇报材料中，“两江”医药管理局的同志还提出如下建议和要求：①医保改革应把医药商业企业真正作为改革中的一员，参入到医改的内部。批发给医疗机构的商品货款，最好由社保直接与批发企业结算，以减少中间环节；定点药店可以通过微机与社保直接结算货款，定点药店应享受与医院药店同等的待遇。医疗制度改革应该鼓励公平竞争，凡是具有“两证一照”的合法的药品经营企业都应该具有处方外配定点资格。②必须提高或放开普药价格。理由是生产普药的国有企业在医改中，由于市场萎缩、价格上让利、资金被医院占用和成本上涨，如果不提高普药价格，医药的发展和医改都要受到影响。对国有企业的药品，应与进口药、三资药在定价方面统一政策。③必须尽快落实处方外配方案和非处方药范围。④医保改革应与医药分业联系在一起，积极推行医药分业。目前，医疗机构与医药商业在资金、市场份额、让利等方面产生矛盾和纠葛，不利于卫生和医药事业的健康协调发展，这种状况维持时间越长，损失就越大。

国家体改委乌日图副司长说，“两江”试点的改革已取得了初步成果，基本上方向是正确的，思路与原则毋容置疑。但也存在一些问题，他们的办法是否真正可行，现在下结论还不是时候，要 3—5 年后才好下结论。但从原则与方向来看是可行的。医改难度大，模式本身也不可避免存在一些缺陷，在外部配套条件也有待完善。国务院（16）号文讲的是保证基本医疗水平，什么是基本医疗水平？到现在还没有很明确的界定。又如目前还没有建立起适应不同层次的医疗保险，如何建立补充保险，从何筹措医保资金？当前要尽快解决基本医疗概念问题、补充医疗保险问题和定点药店问题。药业体制与国有企业改革有共性，也有特殊性。共性是结构调整，包括产品结构调整、企业结构调整、流通结构调整、市场结构调整。药品总量不足与品种结构不合理同时并存，改革要同时并举。不要把医改看成是障碍，我觉得是给医药行业提供了良好的发展机遇。

三、国家基本药物名录和可报销范围

基本药物名录是指导临床医生合理用药，指导生产和销售部门组织生产和供应，指导公费医疗管理部门制定药品报销范围的重要依据。对此，国家医药管理局特约研究员俞观文同志作了很重要的专题发言，他说：制定国家基本药物品种目录并在我国实施是医疗制度改革的重要内容之一。许多国家都实施基本药物制度。我国制定国家基本药物品种目录的原则应是：临床必需、安全有效、价格合理、使用方便、中西药并重。医药生产经营部门，在任何时候都必须保证国家基本药物品种、数量的及时供应。他认为，基本药物的生产供应，需要物价、财税及卫生部门的密切配合。

研讨会上卫生部公费医疗事业管理中心乔处长对制定国家基本药物和“报销范围”作了进一步的解释。乔处长说，国家基本药物名录与“报销药物范围”，制定的出发点和考虑的侧重点是不同的。基本药物名录是从临床医学角度考虑，经济因素、价格因素考虑较少。该药物名录适用于全民，主要是指导和规范临床用药行为。“报销药物范围”的药物遴选是以“国家基本药物名录”为基础进行的。既考虑临床需要，又考虑经济（主要是疗程价格比）等综合因素。该报销范围适用于各类医疗保险人群，约有 2 亿人口。从管理角度讲，带有指令性，主要是规范被保险人和医疗机构。在制定时，我们一方面借鉴国外经验，在原来所做的排除法的基础上加强管理，另一方面使用准入法，就是允许哪些药品进入报销范围，变被动管理为主动管理。

国家基本药物和医药报销目录对医药生产和经营的要求是很高的，并有较大的影响：杨万顺同志说，基本药物目录所列品种（中成药 21 类 1699 种，药品 26 类 699 种）是今后检查和衡量医药商业企业药物供应好坏的一把尺子。今后医药商业部门，应该做到凡基本药物目录有的品种，必须保证供应，以满足医疗的需要。各省市级一、二大型批发企业应采取分工协作等办法，组织协调，保证供应。"两江"试点的实践证明，由于目前改革还不配套，医药商业受到药品报销范围的限制，新特药品种的销售受到较大的影响，导致医药企业之间在可报销产品上形成价格激烈竞争，在不可报销范围内的品种形成滞销局面。中国药科大学国际商学院发言人告诫说：即使国有企业的产品均在可报销范围内，药品质量不比三资企业差，也并非可以高枕无忧。由于三资企业的实力雄厚，广告影响大、普通消费者缺乏医药知识，其受益可能大于国企。要合理制定、定期更改"报销范围"，做到既保护民族工业，又不挫伤三资企业积极性。同时根据新药研制动向给予倾斜政策、支持、鼓励和保护。尹力博士讲：现行国家基本药物目录的品种，国内尚有部分还没有开发生产。一类新药的研制开发，企业无力承担，但对于非专利药品，企业是应该大有作为的。

四、药价改革问题

国家计委宋大才同志说：近年来药厂大量低水平重复建设，盲目发展，造成一些基本药物供大于求，药品流通秩序混乱，药品经营企业过多、过滥，百业经药，一些基本治疗药物价格偏低，新药价格普遍偏高虚定，合资企业生产的药品没有纳入价格管理范围。由于利益驱动和公费、劳保医疗报销制度的漏洞，高价药反而畅销，这是极不正常的现象。今年，结合药品价格管理办法的实施，国家要求各地医疗机构调整收费标准，必须与药品价格改革同步出台。医药总费用的增长幅度控制在 15%以内。其中，药品的增长幅度控制在 12%以内。

刘永纲同志认为：现在国内的医药市场被三资药和进口药占去了三分之一。对三资企业药和进口药，国家也要有宏观控制目标和措施，坚持"国民待遇"原则。今后的物价改革目的是想控制回扣，这个目的很好。在谈到药价和回扣问题时，卫生部孟处长说：这次药品价格改革，动作不是那么大，但是这个动了以后，第一个就要削掉我们医疗部门折扣那一块约 60 亿（一个年度）。这一块削掉我觉得是应该的，因为将来医院不可能靠折扣，它要实际成本，加上 15%利润就行。劳动部董志昌处长在谈到药品价格问题时认为：国家对药品价格要宏观调控，三资企业生产的药品不能按进口药品定价。

尹力博士讲，近几年，人民群众对"看病贵，吃药贵"意见很大，造成这种现象的原因是多方面的，其中药品价格管理不严和卫生机构补偿机制不合理是重要因素。政府对药品进行适度管理是世界各国普遍采取的做法。在社会主义市场经济条件下，我国药品价格管理的指导思想应该是，建立适应市场经济发展的药品价格管理体制和药品价格形成机制，通过公平、合法、正当的价格竞争，保持药品价格的基本稳定。国家制定药品价格政策，实行分类管理。对药品价格实行政府定价、政府指导价格和企业定价等多种价格管理形式。要限定部分药品的最高价格，控制利润率。对纳入国家基本药物目录和质优价廉的药品，制订鼓励生产流通的政策。对进口药品要严格审批，进一步加强价格管理。

五、定点药房问题

乌日图副司长专题谈到关于定点药店问题。他说：定点药店是国家的重要措施，国办发 1996（16）号文已明确提出定点药店。定点药店与医疗体制改革是相适应的。但不能把所有的药店都列上去。镇江定点医疗统筹资金透支，主要是定点医疗机构太多与管理不善。九江对定点医疗机构比较慎重。对定点药店有不同意见，主要担心是收入会流出医院。医院改革不彻底，医改后药房收入会降低，但浪费问题大大减少了。医疗责任问题不是主要的，核心是利益问题。我觉得医改同时给医药卫生事业提供了机遇。

卫生部孟建国处长在谈到现在城市医疗体制改革时说：改革的重点之一就是要鼓励社区医疗服务，这将与定点药房问题相矛盾。

国家医药管理局市场流通司刘小平同志及江苏、山东省医药管理局的发言，着重介绍了当前全国定点零售药店的基本情况及工作设想，以及江苏当前定点药店工作开展情况和《山东省定点零售药店管理办法》，其对定点药店的审批条件的几条规定是：必须具备“两证一照”；“遵守《药品管理法》及有关法律，坚持服务第一，质量第一的宗旨”；“具有保证及时供应医疗保险用药的能力”；配备“药师以上职称的药学技术人员”；营业员经培训，持证上岗和制定与医疗制度改革相配套的管理制度。

六、医药分业问题

应当如何对待医药分业问题呢？与会者存在几种不同的意见：

1. 赞成医药分业。如乌日图副司长说，医药部门在医改中确实是唱“国际歌”，现在医疗卫生制度有许多弊病，也反映在医药体制领域内，如医药不分业，以药养医，也造成医药部门过多依赖旧体制，不积极主动去开拓市场、开发新产品。又如沈阳药科大学陈文选教授说：“以药养医”这条路将走到头了。“以药养医”最初阶段得益的是医院，造成困难的是药品生产、经营企业。但药品生产、经营企业的困难也必将累及医疗单位，而且这种结果已经开始了。一些药品生产企业被医院回扣、欠债拖垮了，普通药供应减少，进口药、合资药、新特药越来越多，医院出现了患者减少、病床利用率下降的现象，一些医院进入恶性循环。但是，不“以药养医”，医院怎么办？国家拨款不足，不要说医院发展，就是维持也困难。按现阶段我国财力要完全把所有医院包下来是绝对办不到的，医疗体制改革不能单从解决医疗费问题出发，还要解决医疗卫生资源过剩的问题。政协委员刘永纲说，医药分业问题，政协讨论过，意见不大一致。分岐主要从经济利益上考虑。医药不分业的话，它就和经济挂钩，医院和医生为了增加收入，为了个人得到好处，使卫生资源浪费了、国家开支加大了、企业和患者开支加大了。

国家计委宋大才同志谈到医院补偿机制时说：在价格补偿和财政补偿到位前提下，医院的门诊药房与医院在人、财、物上应彻底分开，实行独立核算，自主经营，自负盈亏，照章纳税。在过渡时期内，门诊药房暂由各级卫生行政主管部门统一管理，药品收支要与医疗收支分开核算、分别管理，最终过渡到医药分业管理。目前应允许患者持处方外购药品。

2. 不赞成医药分业。有同志认为，多年来，医和药，这两个部门，一直是互相促进，互相发展的。在改革开放以后，根据卫生医药的特点，把它分为一个是卫生事业，一个是医药产业，分工两方面管理，各自按照自己的特点去发展。这对整个医药产业的发展是很重要的，是有促进作用的。医药要不要分业，从长远讲医药要分业，但从长远讲医药也分不了业，医与药是不可分割的，不仅仅是利益分配问题。

3. 主张医药分业，但如何分，有不同认识。财政部孙处长说，医、药分开管理，我个人的理解是把收入上交到主管部门，割断医疗机构、医生跟药品的直接关系。但究竟怎么操作、执行，还有一个过程。许多专家认为，在医药分业当中，应不让医院搞加成，进价多少，就卖多少，至于加的那部分补偿收入转换成药事管理费或处方费，作为一项固定的费用收入项目，使其不与生产经营的销售额挂钩，使医院应得的那部分利益不受到损失，还使它留在医疗机构，同时，经济上的直接关系也就割断了，目前存在的许多问题就比较好解决与规范。也有代表认为医药分业的关键是如何将分业后药房的收益通过国家财政转移支付给医疗机构，由现在的暗补改为明补，这才是真正意义上的医药分业。

七、补偿机制问题

《决定》对筹集医疗保障费用已有明确的目标和指导思想。财政部孙志筠同志在谈到财政与卫生事业发展的关系时说：一、卫生投入政策在《决定》中已经有了进一步明确，政府要增加卫生投入。对卫生事业的支出不低于国家财政支出增长。二、税收照顾政策。主要是对医疗机构及其它卫生事业免征流转税和所得税。三、药品加成留用政策。建国以后，为增加医疗机构收入的补偿能力，允许医疗机构在批发价上加成（西药15%，中药和其它药20－25%），加成所得留给医院。1995年全国卫生部门医疗机构药品收支结余30余亿元。今后，要实行医疗收入与药品收入分别核算，分别管理。四、发展补充医疗保险。国外一般是三个层面的保险，一个是政府的基本医疗保险，一个是单位给雇主买的福利保险，另外就是个人的储蓄保险。

补偿机制中主要的一环是理顺医疗服务收费价格。国家计委宋大才同志认为，改革目前医药费用恶性膨胀、社会各方面医药费用负担过重的关键，在于实行“医药分业管理，财价分工补偿”，逐步做到药品销售加成收入不再作为医疗机构的补偿渠道，逐步建立起与社会主义市场经济体制相适应的，政府适当补助、价格合理补偿的新机制。劳动部董志昌处长认为，完善医疗机构补偿机制的同时，必须建立起明确的对医疗保险供需（医、患）双方的制约机制，不能“一手软、一手硬”。

八、其它

在会上大家还讨论了如下几个问题，由于篇幅所限，分别扼要介绍如下。

关于医疗器械产业与卫生改革的问题。研讨会上，卜绮成司长发言认为：1. 国内市场是我国医疗器械产业的主要市场。从全国医疗器械市场的基本要素分析表明，其具有良好发展前途，是一个巨大潜在市场。2. 影响我国医疗器械市场的因素是国民经济水平和国家卫生政策及发展规划。医疗器械市场受制于经济条件，受制力大于药品市场。3. 中国医疗器械产业已不再是一个系统，而是一个全社会共同参与的产业，是多种经济成分并存，互为补充的新结构。4. 医疗器械产业要认真贯彻《决定》精神，要为全国人民健康服务，为整个卫生事业服务，决不能为少数人或少数地区服务。张文周副局长在总结中还特别提到，医疗器械的生产经营管理，也是保证医改顺利进行的一项重要工作，作为医药部门，一定要加强这方面的管理与规划。

关于整顿与规范药品流通秩序的问题。当前药品流通途径多元化促进了药品营销活力，但也带来了一些问题。众多的药厂和批发企业竞相向卫生机构推销药品，营业员销中折扣、回扣之风盛行，一些假劣伪冒药品也乘机进入市场，这些现象严重危害了群众利益，减少了国家税收，同时成为了孳生腐败犯罪的温床。陈文选教授认为畸形回扣产生的原因有五：生产过剩，供大于求；一批新兴企业（“三资”企业、私人企业）同原有企业争夺市场；个人承包制；医药不分业；对医生的处方权缺乏监督。要解决回扣问题不是用行政办法所能办到的，必须深化改革，必须使药品生产、经营、使用都转变到社会主义市场经济轨道上来。

关于建立中央与省级医药储备的问题。建立中央与省级储备制度，是体现国家关心人民群众生命安全和健康的重要措施。医药管理部门对此应搞好两级储备方案，包括储备管理办法、储备品种、数量，储备品种的轮换办法、储备品种损耗处理报销办法以及两级储备的分工等。

关于建立执业药师制度的问题。杨万顺同志说，目前，在医药职工中，具有中级职称人员，占职工总数的5.3%，其中具有高级职称的只有0.19%，截止到1996年底，通过考试已取得执业药师资格的有2380人。其中从事医药商业的只有435人，远远不能满足医药发展的需要。药师制度是指导国民合理用药、科学用药和人民自我保健的必要手段，保证人民用药的经济合理、安全有效；也是保证定点药房正常运转的必要条件。应立即采取各种办法，各种措施解决这一问题。除了医药专业院校有计划地加大招生之外，要开办在职专业人员的函授班、培训班等。

张文周副局长在总结中指出：医药行业是卫生改革与发展的重要方面，必须调整制定好医药行业的发展规划，提高宏观调控能力，他要求全国医药行业：1. 要更新观念，充分认识医改必然会引起医药市场激烈演变。2. 要大力调整医药经济结构，特别是调整企业组织结构与产品结构。3. 要建立统一、开放、竞争、有序的市场体系，逐步消除一些市场扭曲行为，净化市场，促进流通体制的改革。注重拓展农村市场和农村药物的供应。注重零售市场开发。4. 要继续认真贯彻、落实《决定》精神。当前，我们的任务是繁重的。要完善药品管理及医改等方面的法制体系，改革药品价格管理体制，在医改及建立基本药物制度、处方与非处方药管理制度、药师制度和两级储备制度以及定点药房审定过程中充分发挥医药管理部门的作用。全国城镇职工医疗保障制度改革是一项重要任务，对医药管理与发展来说，机遇与挑战并存，我们应抓住契机，勇于进取，为发展医药事业作出更大贡献。

适应经济发展规律　构建规范大集团

华北制药集团有限责任公司

在今年六月刚刚结束的“国家试点企业集团工作会议”上，国家计委副主任佘建明同志在总结第一批试点企业集团的经验中介绍“华北制药等集团，在内部建立资本纽带关系，对子企业行使出资人的权利，确立了母公司在企业集团中的主导地位，构筑了母子公司体制框架，使企业集团的管理趋于规范化。”这是对华药集团的肯定。这一成绩的取得对于华药集团来说是来之不易的，是华药人六年坚持不懈努力的结果。下面是我们的几点体会，以与有关领导及兄弟集团探讨。

一、改革开放的政策，促成华药集团的雏形

党的十一届三中全会以来，改革开放政策打破了封闭式的计划经济体制，开拓了企业间横向经济联合的发展道路。作为国有特大型企业的华北制药厂随着生产的高速发展，迫切需要一种新的生产关系的形成以适应、促进日新月异的生产力的发展。改革开放的政策为华药带来了机遇。

华药自 1981 年起，本着优势互补、自愿互利、共同发展的原则，从工业联营开始，逐步向工商、工贸、工技；跨地区、跨行业、跨所有制多层次发展。短短几年间横向经济联合已经发展到一定规模，以资本投入和技术转让方式发展了 61 个联营伙伴，直接投资 3270 万元，技术转让收入 636 万元。1987 年，根据国务院《关于进一步推动横向经济联合若干问题的规定》精神，在河北省政府的关怀下，经过反复调查研究、论证，认为企业集团是促进飞速发展的最好组织形式。从 1987－1991 年，又经过几年的协商、酝酿，以华药为核心，联合了张家口制药总厂等 16 家工业企业，珠海华药大兴公司，厦门华岛公司等 4 家商贸企业及天津大学、北方设计院等 5 家科研院所组成了一个集科、工、贸一体，跨行业跨地区的法人联合体。1991 年 3 月 10 日这一法人联合体——华北制药集团正式成立。

华药集团从酝酿到成立的时间并不短，差不多经历了 10 年的时间，但是一旦成立了，仍显得应接不暇、措手不及。毕竟是一种崭新的组织形式，当时大多数人还不了解，正如 1990 年华药集团筹备领导小组呈省政府“华药集团组建方案的情况报告”中指出的“华药集团组建问题酝酿已久，有关部门意见不少，需要探讨和研究的问题颇多，如果待万事俱备再组建，就会贻误机遇，因此建议先尽快组建起来，边干边完善，使之尽早发挥其社会效益。”这一看法预见成立后的华药集团必将所处的困境，但也同时为华药集团进入国家试点抓住了机会。华药集团成立的第二天，也即 1991 年 3 月 11 日，在国家医药管理局和省医药局的力荐和帮助下，华药集团便参加了进入国家试点的角逐。经过多方努力，1991 年 12 月 14 日华药集团被国务院批准为首批 57 家试点企业集团之一，这样，使华药集团从一成立就在国务院的关注和国家三委（国家经贸委、国家计委和国家体改委）的指导下开展工作，这是华药的幸运。

我国搞企业集团起源于 1981 年，各兄弟集团及国家有关部门领导和专家们都在试验和摸索中，华药集团也离不开这个大气候，1991 年国务院颁布了国发（1991）71 号文件，无疑，这是指导企业集团发展的纲领性文件。文件适时给予了试点集团诸多优惠政策，华药集团先后争取了外事审批权、扩大外贸进出口权，建立财务公司、建立新药开发中心等。这些优惠政策在华药生产建设中发挥了巨大作用，使华药集团获益匪浅。但在理顺内部关系、建立母子公司管理体制方面感到难度太大，文件中的“六统一”很难做到，这与当时国家经济体制改革中面临的难度是一致的 。今年国发（1997）15 号文件中明确了“试点企业集团母公司及其成员企业在清产核资、界定产权的基础上，要按照《公司法》的有关规定进行规范或改建，逐步理顺集团内部产权关系，形成以资本为主要联结纽带的母子公司体制。”华药集团这些年正是按照这一规定逐步完善的。

二、适应经济发展规律，规范华药集团

华药集团从成立之日就陷入了关系理不顺的困境。国家三委也指出华药集团存在着组织机构不够规范、核心企业不到位的问题，1991年成立时的华药集团明显存在着政府意志和行政干预，仅13名工作人员、注册资本500万元的“集团公司”代表不了华药集团，更无法运作华药集团。国家三委给予形象的比喻为“小马拉大车”。正如当时的总经理陈贤丰同志指出的“在集团组建过程中由于我们对企业集团的认识还不完全一致，组建的集团结构也存在不少问题，现在的集团公司虽然在理论上为集团本部，应该起核心作用，但要承担运作集团经济的任务，实际上存在着自身难以克服的困难。”华药集团的领导层及时认识到“华北制药厂”应为集团的核心企业，并在申报首批试点企业材料中明确。这一关键的共识，使华药集团的试点工作得以顺利开展。”

（一）壮大核心企业，增强集团实力

作为集团核心的华北制药厂如何发挥作用，如何带领成员企业参与国际竞争，华药集团的领导层在没有可借鉴的经验的情况下，虽然举步维艰，但他们知道不能坐等。最简单的社会常识告诉他们：生产力是生产关系中最活跃、最革命的因素，在生产发展过程中一般表现为主要的决定的作用。而在一定条件下，生产关系的变革对生产力发展也能起主要的决定性作用。华药集团领导层将这一马克思主义的基本原理灵活地运用在华药的生产建设中，使华药在不断提高生产力、变革与之适应的生产关系中得以壮大发展。

1. 实行股份制，增强核心的实力

我国的国有企业在从计划经济走向市场经济中如何使企业适应这一根本性转变的形势，就要顺应经济发展的规律，转换经营机制，实行股份制，为解决这个问题找到了途径。股份有限公司，天生就是无上级企业，自然而然地实现了政企分开，企业的自主权真正得到落实。华药经过一年多的努力，对核心企业实行重组，理顺产权关系，1992年8月将原华北药厂最有效益的部分组建了上市公司——华北制药股份有限公司。1993年向社会公开发行A股普通股7000万元，通过发行内部个人股和社会公众股，融资3.6亿元。股份制改造的成功，不仅为企业发展赢得了自主权，还为企业的腾飞解决了资金问题。股份制改造增强了核心企业的实力。

核心企业的生产得到迅速发展，在国内外的经济往来中信誉和声誉也逐渐增强。华药先后投资兴建了以生产VC原料药为主的维尔康公司、以生产维生素B_{12}原料药为主的威可达公司等16家中外合资合作企业，维尔康公司和威可达公司均为当年建成、当年见效；根据国家给予的优惠政策，华药投资5000万元建立了财务公司。财务公司1994年开业，1996年一年共发放贷款2.8亿元，吸收子公司存款5562万元，在中央银行存款444万元，实现利润1350万元，总资产由5000万元增至6.6亿元。

2. 调整产品结构，增加核心的效益

建厂时的华药产品品种只有青霉素、链霉素、土霉素、四环素等几个品种，通过调整和优化集团存量资产，促进了集团产品结构的调整和生产要素的合理流动，从而实现了资源的最佳配置最终达到增效的目的。1996年华药共安排新建项目13项。这些项目是华药新的经济增长点，其中以高技术含量、高附加值的新产品为主的项目已改变华药以前生产“大路货”的产品结构。目前5个项目建成投产，7个项目在建，1个项目完成设计方案。五个项目（普鲁卡因青霉素、链霉素、β-内酰胺类制剂、丙丁、山梨醇、VC原料药）1996年共创产值16362万元，占华药总产值的6.62%。短短几年内，华药成为中国最大的抗生素生产基地和最大的粉针剂生产企业，主要产品除抗生素还包括半合成抗生素、维生素、基因工程药品等几大类300多个原料药和制剂品种，远销世界三十多个国家和地区，在国际医药市场上久负盛名。华药1996年在市场情况极不利的情况下完成工业总产值247202万元，比上年提高46.84%，实现利税47056万元。

3. 资本运营，实现规模经济

现代企业的经营之道，应该是在过去的市场开拓、产品销售的基础上确立资本经营的观念，充分发挥企业有形、无形资产的潜力，在市场机制的拉动下，求得资本经营的最佳效率。作为经营国有资产的母公司（原华北制药厂）积极运营资本，一方面通过对存量资产的调整、重组、转让使其盘活，另一方面采用兼并、收购、租赁等方式实行低成本扩张，实现规模经济。华北制药唐山分公司的前身是唐山冀东制药厂抗生素分厂，其主要产品是青霉素G。在青霉素市场竞争日趋激烈的情况下，为了在较短的时间内扩大生产能力，利用华药先进的生产技术和管理经验创造良好的效益，华药租赁了该厂抗生素分厂。1994年合同签订后，华药组织大批的技术人员前往该公司进行技术指导并投入大量资金进行技术改造，使该公司当年扭转了被动局面，1995年又得到了较高速度的发展。

1995年12月华北制药股份公司承德公司出资3000万元购买了承德市第一制药厂的65%的股权，承德一药以固定资产1600万元为35%的股权，双方共同建立了天星公司。控股一药的目的是为了实现企业的低成本扩张，同时增加四环素盐的产量，占领国内四环素盐市场。由于天星公司的四环素盐生产成本较低，并有当地政府的支持，随着市场的好转，其效益会稳步提高的。

华药以改变不合理的存量结构为目标，逐步整顿了原联营单位，有计划地收购、转让了几家联营单位的股权：对栾城溶剂厂控股70%改组成了华栾公司；对石家庄市化工八厂控股51%改组成立了北安公司；以51%的股权控股经营综合实业公司；分别以800万元和470万元转让了黄骅华海化工公司和抚宁淀粉厂的股权；兼并了河北远景药业公司、石家庄市东风木器厂建成了年销售收入47400万元、利税6096万元的北元公司；控股70%经营石家庄市经济开发区热电公司；控股51%经营天津东亚化工厂等。这些被兼并、收购的企业并入华药后经过华药投入技术、资金和管理，陆续呈现转机。1996年共创产值21234万元，占华药总产值的8%以上；创销售收入16246万元，占华药总销售收入的6.13%。

短短几年，华药迅速发展成为产品多样化、经营多元化、年销售收入达31亿元的大型企业的集团。

（二）理顺产权关系，构建母子公司体制

1. 完成母公司的公司化改制，实现核心到位

现代企业制度的基本特征是公司制。已具有控股和集团核心企业双重身分的华北制药厂受工厂制组织形成制约不能发挥其应有的作用，华北制药厂进行公司化改制已成必然。《公司法》的出台为华北制药厂的公司化改制和构建母子公司体制提供了法律依据。华北制药厂在投资兴建、产权重组、兼并收购等一系列资本运营中盘活了存量，吸引了增量，实现了规模效益。这一发展又使华药具有了技术优势、质量优势、管理优势和良好的经营能力，同时母子公司的框架自然构成，为华北制药厂公司化改制的可行性奠定了基础，成水到渠成之势。1995年华北制药厂适时地向省体改委提出将华北制药厂改制为国有独资公司的申请并很快得到批复。1996年1月1日华北制药集团的核心企业——华北制药集团有限责任公司正式挂牌。华北制药集团的核心企业在自身的发展壮大中，在国家加速国有大中型企业改革步伐的环境下，顺利地完成了核心企业对紧密层企业的主要活动，将维系企业集团的"六统一"关系发展到母子公司的产权联结纽带上来，实现了核心企业到位。

2. 建立较规范的法人治理结构

国家体改委副主任洪虎同志在1995年国家试点企业集团工作会议上就指出："集团的试点工作必须适应当前建立社会主义市场经济新体制的要求，首先试点企业集团中具有独立法人资格的企业都要转换经营机制，逐步建立现代企业制度，其次，试点企业集团要建立母子公司体制。"并指出国有企业实行公司制，是建立现代企业制度的基本要求。华药按照建立现代企业制度要求进行了企业制度创新。根据决策机构、执行机构、监督机构相互独立、权责分明、相互制衡的原则，建立了较规范的法人治理结构。国有独资公司的投资主体只有国家一个，没有其他股东，所以董事会兼有股东大会的部分权力。集团公司按《公司法》设立了董事会、总经理、监事会，并分别建立了各自的工作程序、议事规则。为建立统一、有序、高效的管理体系，设立了八部一室九个职能部门，各部门陆续制定了63项管理制度和工作标准，使集团公司的各项工作逐步做到有章可循。体现了国有资产投资主体享有投资收益、重大决策和选择经营者的权利。

母子公司体制是一种全新的生产关系。母公司与子公司的关系，企业集团成员之间的关系如何处理，

华药集团的作法是：建立了集团成员代表大会制，在代表大会的基础上设立常设机构——集团理事会并制定了集团章程，使集团这个法人联合体的全体成员规范在集团章程中。在章程中明确了母公司、控股子公司、参股子公司及协作层成员的利益和义务，制定了理事会管理办法等规章制度，完善了集团的组织机构。到目前为止，华药集团共有 9 家全资子公司，14 家控股子公司，24 家参股子公司，10 家主要由科研院所构成的协作层，57 个成员单位构成的华药集团初具规模，将形成群体优势，参与国际竞争。

华药集团的组织机构调整后，得到了国务院的认可，但是在具体操作运行中还有不尽人意之处，还有许多问题亟待解决。如 1. 如何发挥母公司的功能；2. 母公司对子公司管理的有效措施；3. 母公司对子公司如何建立出资人制度；4. 建立健全子公司法人治理机构；5. 如何解决控股不控人的问题等。华药集团为此正与中企协和人大工商管理学院教授共同研究以尽快理顺母子公司关系。

发展大型企业集团是我国经济改革与发展中一项具有战略意义的任务。党中央、国务院对这项工作十分重视。作为 120 家试点之一的华药集团肩负着重要的责任和使命。华药集团有信心与兄弟集团一道为国有企业的改革积累经验，通过加倍的努力，早日成为进入世界先进行列的跨国企业集团。

第 二 部 分

法规与药品行政保护公告

中共中央、国务院
关于卫生改革与发展的决定

（一九九七年一月十五日）

人人享有卫生保健，全民族健康素质的不断提高，是社会主义现代化建设的重要目标，是人民生活质量改善的重要标志，是社会主义精神文明建设的重要内容，是经济和社会可持续发展的重要保障。全党、全社会都要高度重视卫生事业，保护和增进人民健康。

建国以来，特别是改革开放以来，我国卫生事业有了很大发展，取得了举世瞩目的成就。卫生队伍已具规模，卫生服务体系基本形成，卫生科技水平迅速提高。医药生产供给能力显著改善，中医药事业得到继承发扬。卫生改革取得成效并逐步深化，法制建设不断加强。爱国卫生运动深入开展，部分严重危害人民健康的疾病已得到控制或基本消灭。人民健康水平显著提高，平均期望寿命由建国前的35岁提高到70岁，婴儿死亡率由200‰下降为31.4‰。四十多年来，卫生工作对于促进我国社会主义现代化建设事业的发展发挥了重要作用，广大卫生人员为保护和增进人民健康做出了重大的贡献。同时应该看到，当前卫生事业的发展与经济建设和社会进步的要求还不相适应，地区间卫生发展不平衡，农村卫生、预防保健工作薄弱，医疗保障制度不健全，卫生投入不足，资源配置不够合理，存在医药费用过快上涨的现象，卫生服务质量和服务态度同人民群众的要求还有差距，卫生工作尚未得到全社会的充分重视。各级党委和政府对卫生工作的领导需要进一步加强，卫生改革亟待深化。

今后15年，卫生工作任务繁重。随着经济发展、科技进步以及人民生活水平的提高，人民群众对改善卫生服务和提高生活质量将有更多更高的要求。工业化、城市化、人口老龄化进程加快，与生态环境、生活方式相关的卫生问题日益加重，慢性非传染性疾病患病率上升。一些传染病、地方病仍危害着人民健康，有些新的传染病对人民健康构成重大威胁。这一切要求我国卫生事业有一个大的发展与提高。

从现在到2010年是建设有中国特色社会主义事业承前启后、继往开来的重要时期。为了贯彻党的十四届五中全会、六中全会精神，落实《中华人民共和国国民经济和社会发展"九五"计划和2010年远景目标纲要》提出的卫生工作任务，保证跨世纪宏伟目标的顺利实现，中共中央、国务院特作如下决定。

一、卫生工作的奋斗目标和指导思想

（1）卫生工作的奋斗目标是：以马克思列宁主义、毛泽东思想和邓小平建设有中国特色社会主义理论为指导，坚持党的基本路线和基本方针，不断深化卫生改革，到2000年，初步建立起具有中国特色的包括卫生服务、医疗保障、卫生执法监督的卫生体系，基本实现人人享有初级卫生保健，国民健康水平进一步提高。到2010年，在全国建立起适应社会主义市场经济体制和人民健康需求的、比较完善的卫生体系，国民健康的主要指标在经济较发达地区达到或接近世界中等发达国家的平均水平，在欠发达地区达到发展中国家的先进水平。

（2）新时期卫生工作的方针是：以农村为重点，预防为主，中西医并重，领先科技与教育，动员全社会参与，为人民健康服务，为社会主义现代化建设服务。

（3）我国卫生事业是政府实行一定福利政策的社会公益事业。卫生事业发展必须与国民经济和社会发展相协调，人民健康保障的福利水平必须与经济发展水平相适应。政府对发展卫生事业负有重要责任。各级政府要努力增加卫生投入，广泛动员社会各方面筹集发展卫生事业的资金，公民个人也要逐步增加对自身医疗保健的投入。到本世纪末，争取全社会卫生总费用占国内生产总值的5%左右。

（4）卫生改革与发展应遵循以下基本原则：

坚持为人民服务的宗旨，正确处理社会效益和经济收益的关系，把社会效益放在首位。防止片面追求经济收益而忽视社会效益的倾向。

以提高人民健康水平为中心，优先发展和保证基本卫生服务，体现社会公平，逐步满足人民群众多样化的需求。

发展卫生事业要从国情出发，合理配置资源，注重提高质量和效率。重点加强农村卫生、预防保健和中医药工作。因地制宜，分类指导，逐步缩小地区间差距。

举办医疗机构要以国家、集体为主，其他社会力量和个人为补充。

扩大对外开放，加强国际卫生领域的交流与合作，积极利用和借鉴国外先进科学技术和管理经验。

坚持社会主义物质文明和精神文明两手抓、两手都要硬。加强卫生行业职业道德建设，不断提高卫生队伍的思想道德素质和业务技术水平。

二、积极推进卫生改革

（5）卫生改革的目的在于增强卫生事业的活力，充分调动卫生机构和卫生人员的积极性，不断提高卫生服务的质量和效率，更好地为人民健康服务，为社会主义现代化建设服务。要适应社会主义市场经济的发展、遵循卫生事业发展的内在规律，逐步建立起宏观调控有力、微观运行富有生机的新机制。

（6）改革城镇职工医疗保障制度。建立社会统筹与个人帐户相结合的医疗保险制度，逐步扩大覆盖面，为城镇全体劳动者提供基本医疗保障。保障水平要与社会生产力发展水平以及各方面的承受能力相适应。保险费用由国家、用人单位和职工个人三方合理负担。职工社会医疗保险实行属地管理。要切实加强对医疗保险基金的管理和监督。建立对医患双方的制约机制，积极探索科学合理的支付方式，有效地控制医药费用不合理增长。

医疗机构和医务人员对于搞好职工医疗保障制度改革起着重要的作用，要积极参与改革，因病施治，合理检查，合理用药，遏制浪费。同时，政府要切实解决好医疗机构的补偿问题。

“九五”期间，要在搞好试点、总结经验的基础上，基本建立起城镇职工社会医疗保险制度，积极发展多种形式的补充医疗保险。

（7）改革卫生管理体制。各级卫生行政部门要转变职能，运用法律法规、方针政策、规划指导、信息服务和经济手段等，加强卫生行业管理。

要合理配置并充分利用现有的卫生资源，提高卫生资源利用效率。区域卫生规划是政府对卫生事业发展实行宏观调控的重要手段，它以满足区域内全体居民的基本卫生服务需求为目标，对机构、床位、人员、设备和经费等卫生资源实行统筹规划、合理配置。

市（地）级政府根据中央和省级人民政府制定的区域卫生规划指导原则和卫生资源配置标准制定当地区域卫生规划，并组织实施。卫生行政部门依据区域卫生规划，对区域内卫生发展实行政策指导、组织协调、监督检查；对现有卫生资源要逐步调整，新增卫生资源要严格审批管理。

企业卫生机构是卫生资源的重要组成部分，在深化企业改革过程中，要根据实际情况积极探索，逐步实现企业卫生机构社会化。

（8）改革城市卫生服务体系，积极发展社区卫生服务，逐步形成功能合理、方便群众的卫生服务网络。基层卫生机构要以社区、家庭为服务对象，开展疾病预防、常见病与多发病的诊治、医疗与伤残康复、健康教育、计划生育技术服务和妇女儿童与老年人、残疾人保健等工作。要把社区医疗服务纳入职工医疗保险，建立双向转诊制度。有计划地分流医务人员和组织社会上的医务人员，在居民区开设卫生服务网点，并纳入社区卫生服务体系。

城市大医院主要从事急危重症和疑难病症的诊疗，结合临床实践开展医学教育和科研工作，不断提高医学科技水平，还要开发适宜技术，指导和培训基层卫生人员。

社会力量和个人办医实行自主经营，自负盈亏。政府对其积极引导，依法审批，严格监督管理。当前，要切实纠正“乱办医”的现象。

（9）改革卫生机构运行机制。卫生机构要通过改革和严格管理，建立起有责任、有激励、有约束、有竞争、有活力的运行机制。

卫生机构实行并完善院（所、站）长负责制。要进一步扩大卫生机构的经营管理自主权。继续深化人事制度与分配制度改革，运用正确的政策导向、思想教育和经济手段，打破平均主义，调动广大卫生人员的积极性。

加快制定卫生机构设置、人员编制的标准，规范财政对卫生机构的投入，改革和完善卫生服务价格体系。调整医疗机构收入结构，降低药品收入在医疗机构收入中的比重。合理控制医药费用的增长幅度，医疗收支和药品收支实行分开核算、分别管理。

在保证完成基本卫生服务任务的前提下，医疗机构可开展与业务相关的服务，预防保健机构可以适当开展有偿服务，以适应不同层次的社会需求，同时要加强监督管理。

三、加强农村卫生工作，实现初级卫生保健规划目标

（10）农村卫生关系到保护农民健康和振兴农村经济的大局，各级党委和政府要高度重视，采取有力措施，切实予以加强。

初级卫生保健规划提出了到2000年不同地区农村卫生工作的主要任务和目标，落实初级卫生保健规划是做好农村卫生工作的关键。各级政府要把这项工作纳入国民经济和社会发展规划，实行目标管理，为小康县、乡、村建设创造必要的条件。

（11）积极稳妥地发展和完善合作医疗制度。合作医疗对于保证农民获得基本医疗服务、落实预防保健任务、防止因病致贫具有重要作用。举办合作医疗，要在政府的组织和领导下，坚持民办公助和自愿参加的原则，筹资以个人投入为主，集体扶持，政府适当支持。要通过宣传教育，提高农民自我保健和互助共济意识，动员农民积极参加。要因地制宜地确定合作方式、筹资标准、报销比例，逐步提高保障水平。预防保健保偿制度作为一种合作形式应继续实行。要加强合作医疗的科学管理和民主监督，使农民真正受益。力争到2000年在农村多数地区建立起各种形式的合作医疗制度，并逐步提高社会化程度；有条件的地方可以逐步向社会医疗保险过渡。

(12) 加强农村卫生组织建设，完善县、乡、村三级卫生服务网。合理确定卫生机构的规模和布局，调整结构和功能。切实办好县级医院，提高其综合服务能力。继续加强县级防疫、妇幼保健机构和乡镇卫生院三项建设工作，力争"九五"期间基本实现"一无三配套"(无危房，房屋、人员、设备配套)的目标。乡镇卫生院要做好预防保健工作，努力提高医疗质量，重点加强急救和产科建设。村级卫生组织以集体办为主。乡、村卫生组织的经营管理形式可根据各地实际情况确定。健全农村的药品供应渠道，保证用药安全有效。

(13) 巩固与提高农村基层卫生队伍。合理解决农村卫生人员待遇，村集体卫生组织的乡村医生收入不低于当地村干部的收入水平。通过多种形式培训，到2000年使全国的80%的乡村医生达到中专水平。严禁非卫生技术人员进入卫生技术岗位。

医药卫生院校要做好定向招生和在职培训工作，为农村培养留得住、用得上的卫生技术人员。制定优惠政策，鼓励大专以上毕业生到县、乡卫生机构工作。

(14) 建立城市卫生机构对口支援农村的制度，采取人员培训、技术指导、巡回医疗、设备支持等方式，帮助农村卫生机构提高服务能力。城市卫生技术人员在晋升主治医师和副主任医师之前，必须分别到县或乡卫生机构工作半年至1年。

(15) 要高度重视并做好贫困地区和少数民族地区的卫生工作。各级政府要把卫生扶贫纳入当地扶贫计划，安排必要的扶贫资金，帮助这些地区重点解决基础卫生设施、改善饮水条件和防治地方病、传染病。要把扶持这些地区卫生事业发展作为财政转移支付的重要内容。鼓励发达地区对口支援贫困地区和少数民族地区的卫生工作。

四、切实做好预防保健工作，深入开展爱国卫生运动

(16) 各级政府对公共卫生和预防保健工作要全面负责，加强预防保健机构的建设，给予必要的投入，对重大疾病的预防和控制工作要保证必需的资金。预防保健机构要做好社会群体的预防保健工作。医疗机构也要密切结合自身业务积极开展预防保健工作。要宣传动员群众，采取综合措施，集中力量消灭或控制一些严重威胁人民健康的传染病和地方病；加强对经血液途径传播的疾病的预防和控制；积极开展对心脑血管疾病、肿瘤等慢性非传染性疾病的防治工作。增强对突发性事件引发的伤病及疾病暴发流行的应急能力。重视对境内外传染病发生和传播动向的监测。

(17) 认真做好食品卫生、环境卫生、职业卫生、放射卫生和学校卫生工作。改善生活、生产、工作、学习、娱乐等场所卫生条件，加强环境卫生监测和职业病防治工作，保护人们的健康权益，不允许以污染环境、危害健康为代价片面追求经济增长。

(18) 健康教育是公民素质教育的重要内容，要十分重视健康教育，提高广大人民群众的健康意识和自我保健能力，积极推进"九亿农民健康教育行动"。要普及医药科学知识，教育和引导人民群众破除迷信，摒弃陋习，积极参加全民健身活动，促进合理营养，养成良好的卫生习惯和文明的生活方式，培养健康的心理素质。大力宣传和推广无偿献血。

(19) 依法保护重点人群健康。加强妇幼保健工作，提高出生人口素质，降低婴幼儿死亡率、孕产妇死亡率，实现《九十年代中国儿童发展规划纲要》和《中国妇女发展纲要》的目标。积极开展老年人保健、老年病防治和伤残预防、残疾人康复工作。

(20) 爱国卫生运动是我国发动群众参与卫生工作的一种好形式。在城市继续开展创建卫生城市活动，提高城市的现代化管理水平，增强市民的卫生文明意识，促进文明城市建设。在农村继续以改水改厕为重点，带动环境卫生的整治，预防和减少疾病发生，促进文明村镇建设。城乡都要坚持开展除“四害”(蚊子、苍蝇、老鼠、蟑螂) 活动。

五、中西医并重，发展中医药

(21) 中医药是中华民族优秀的传统文化，是我国卫生事业的重要组成部分，独具特色和优势。我国传统医药与现代医药互相补充，共同承担保护和增进人民健康的任务。各级党委和政府要认真贯彻中西医并重的方针，加强对中医药工作的领导，逐步增加投入，为中医药发展创造良好的物质条件。中西医要加强团结，互相学习，取长补短，共同提高，促进中西医结合。

各民族医药是中华民族传统医药的组成部分，要努力发掘、整理、总结、提高，充分发挥其保护各族人民健康的作用。

(22) 正确处理继承与创新的关系，既要认真继承中医药的特色和优势，又要勇于创新，积极利用现代科学技术，促进中医药理论和实践的发展，实现中医药现代化。坚持“双百”方针，繁荣中医药学术。

中医医疗机构要加强特色专科建设，改善技术装备条件，拓宽服务领域，不断满足人民群众对中医药的需求。注重发挥中医药在农村卫生工作中的优势和作用。

根据中医药发展需要，积极培养中医药各类专业人才，努力造就新一代名中医。认真总结高等中医药院校的办学经验，不断深化改革，办好现有高等中医药院校。继续做好名老中医药专家学术思想和经验的继承工作。加强对重大疾病防治、中药生产关键技术、中医复方以及基础理论的研究，力争有新的突破，整体学术水平有新的提高。积极创造条件，使中医药更广泛地走向世界。

(23) 积极发展中药产业，推进中药生产现代化。改革、完善中药材生产组织管理形式，实行优惠政策，保护和开发中药资源。积极进行中药生产企业改革，逐步实现集约化、规模化。中药经营要按照少环节、多形式、渠道清晰、行业规范的原则，逐步形成统一、开放、竞争、有序的流通体制。加快制定中药的质量标准，促进中药生产和质量的科学管理。

六、推动科技进步，加强队伍建设

(24) 贯彻科学技术是第一生产力的思想。针对严重危害我国人民健康的疾病，在关键性应用研究、高科技研究、医学基础性研究等方面，突出重点，集中力量攻关，力求有新的突破，使我国卫生领域的主要学科和关键技术逐步接近或达到国际先进水平。

深化卫生科技体制改革，优化结构，分流人员，增强卫生科研机构的活力。保证重点卫生研究机构和重点学科、实验室的投入和建设。促进卫生科技与防病治病相结合，加快科技成果的转化和应用，大力推广适宜技术。高度重视科技信息的开发、利用和传播，加强信息管理。

扩大卫生领域的国际交流与合作。通过双边、多边、官方、民间等多种形式，积极引进先进技术、智力和管理经验。做好卫生援外工作。

加强党的建设。充分发挥基层党组织的政治核心作用和共产党员的先锋模范作用，有针对性地做好卫生队伍的思想政治工作。党员领导干部要密切联系群众，以身作则，廉洁奉公。

（37）卫生工作实行分级负责、分级管理，合理划分中央和地方的事权。中央政府领导全国卫生工作，主要负责制定卫生法规、政策和国家卫生事业规划，指导和协调解决全国性的或跨省区的重大卫生问题，并运用各种方式帮助地方发展卫生事业。各级地方政府对本地区卫生工作全面负责，将其作为领导干部任期目标责任制和政绩考核的重要内容。各级政府要定期向同级人民代表大会报告卫生改革与发展情况，并接受监督与指导。

（38）推进卫生法制建设。要加快卫生立法步伐，完善以公共卫生、与健康相关产品、卫生机构和专业人员的监督管理为主要内容的卫生法律、法规，建立健全相配套的各类卫生标准。加强卫生法制的宣传教育，增强公民卫生法制意识。

各级政府要强化卫生行政执法职能，改革和完善卫生执法监督体制，调整并充实执法监督力量，不断提高卫生执法监督队伍素质，保证公正执法。努力改善执法监督条件和技术手段，提高技术仲裁能力。坚决打击和惩处各种违法行为。

（39）各级党委和政府要关心和爱护广大卫生人员，提高他们的社会地位，改善他们的工作、学习和生活条件，解决好他们的工资待遇、住房等实际问题，充分调动他们的积极性。

要从政治上关心中青年卫生人员的成长，把德才兼备、具有管理和领导才能的中青年卫生人员，选拔到各级领导岗位上来。同时，要注意发挥老卫生人员的作用。

要在全社会形成尊重医学科学、尊重卫生人员的社会风气，建立起良好的医患关系，依法保护医患双方的合法权益。

（40）中国人民解放军和中国人民武装警察部队的卫生工作，担负着保护和增进全体官兵身体健康、保障国防建设和军事任务顺利完成的特殊使命，并具有为人民群众服务、支援地方卫生工作的光荣传统。要加强领导，保证各项卫生工作任务的落实和国家卫生法律的实施。

各地区、各部门要根据本决定的精神，结合各自的实际情况，制定深化卫生改革、加快卫生发展的计划和措施，并狠抓落实，不断提高我国各族人民的健康水平。

国务院办公厅转发国家体改委等四部委关于职工医疗保障制度改革扩大试点意见的通知

国办发［1996］16号

（一九九六年五月五日）

各省、自治区、直辖市人民政府，国务院各部委、各直属机构：

国家体改委、败政部、劳动部和卫生部《关于职工医疗保障制度改革扩大试点的意见》（以下简称《意见》）已经国务院同意，现转发给你们，请认真贯彻执行。

职工医疗保障制度改革是我国社会保障制度改革的重要组成部分。为了推进职工医疗保障制度改革，建立新型的职工医疗保险制度，国务院在江苏省镇江市和江西省九江市进行职工医疗保障制度改革试点的基础上，决定1996年在全国范围内再挑选一部分具备条件的城市扩大试点。国务院办公厅于4月8—11日在镇江市召开了“全国职工医疗保障制度改革扩大试点工作会议”。四部委的《意见》是在总结镇江、九江等地试点经验、充分调查研究和广泛征求意见的基础上制定的，是搞好职工医疗保障制度改革扩大试点工作的指导性文件。

职工医疗保障制度改革关系到广大职工的切身利益，政策性强，涉及面广，是一项极为错综复杂的工作。各省（自治区、直辖市）人民政府、各有关部门要认真贯彻落实“全国职工医疗保障制度改革扩大试点工作会议”精神，积极稳妥地开展这项改革的扩大试点工作。为此，提出以下要求：

一、各省（自治区、直辖市）人民政府要高度重视这项改革，切实加强领导，要明确一位主管领导同志负责这项工作，实行主管领导负责制。要组织学习彭珮云国务委员在全国职工医疗保障制度改革扩大试点工作会议上的讲话和《意见》以及镇江、九江两市的经验，统一思想，提高认识，增强信心。

二、各试点城市的职工医疗保障制度改革工作，由各省（自治区、直辖市）人民政府领导和组织实施。试点城市人民政府要明确一位主要领导同志负责这项工作。国务院各有关部门要加强对各试点城市工作的指导。各试点城市要力争用半年的时间，在充分调查研究、精心测算的基础上，按照《意见》确立的改革目标和原则，结合本地实际制定出切实可行的实施方案，经省（自治区、直辖市）人民政府审批后实施并报国务院职工医疗保障制度改革试点领导小组备案。1996年年底前试点要正式启动。

三、各地要充分利用广播、电视、报刊、杂志等新闻宣传媒介，广泛进行宣传动员工作。宣传这项改革的意义、目标、原则、政策和做法，普及医疗保险知识，以取得广大职工和医务人员对这项改革的理解和支持。

四、职工医疗保障制度改革扩大试点要认真执行属地原则，中央和省（自治区、直辖市）两级机关和所属企业、事业单位都必须参加所在地的职工医疗保障制度改革试点，执行当地统一的改革实施方案。

关于职工医疗保障制度改革扩大试点的意见

国家体改委、财政部、劳动部、卫生部

（一九九六年四月二十二日）

我国现行的职工医疗保障制度（包括公费医疗和劳保医疗）对于保障职工身体健康、促进经济发展、维护社会安定曾发挥过重要作用。但随着经济的发展和改革的深入，问题日益突出，改革势在必行。

为了推进职工医疗保障制度改革，按照党的十四届三中全会的决定，从1994年上半年开始，国务院在江苏省镇江市和江西省九江市进行了职工医疗保障制度改革的试点。一年多来，试点工作进展顺利，取得了初步成效：建立了医疗费用筹措的新机制；提高了职工的基本医疗保障水平；抑制了医疗费用增长过快的势头；推动了医疗机构内部的改革；为进一步深化医疗保障制度改革积累了一定的经验。鉴于职工医疗保障制度改革关系到广大职工的切身利益，政策性强，涉及面广，是一项极为错综复杂的工作，为了进一步取得经验，按照八届全国人大四次会议通过的《中华人民共和国国民经济和社会发展"九五"计划和2010年远景目标纲要》中关于"九五"期间加快医疗保障制度改革，逐步建立城镇社会统筹医疗基金与个人医疗帐户相结合的医疗保险制度的要求，国务院决定，在镇江、九江两市试点的基础上，再挑选一部分具备条件的城市，有计划、有步骤地扩大职工医疗保障制度改革的试点范围。

一、改革的目标和基本原则

改革的目标是适应建立社会主义市场经济体制和提高职工健康水平的要求，建立社会统筹医疗基金与个人医疗帐户相结合的社会医疗保险制度，并使之逐步覆盖城镇全体劳动者。

建立职工社会医疗保险制度的基本原则是：

（一）为城镇全体劳动者提供基本医疗保障，以利于形成比较完善的社会保障体系。

（二）基本医疗保障的水平和方式要与我国社会生产力发展水平以及各方面的承受能力相适应，国家、单位和职工三方合理负担医疗费用。

（三）公平与效率相结合，职工享受的基本医疗保障待遇要与个人对社会的贡献适当挂钩，以利于调动职工的积极性。

（四）职工医疗保障制度改革要有利于减轻企事业单位的社会负担，有利于转换国有企业经营机制，建立现代企业制度。

（五）建立对医患双方的制约机制，促进医疗机构深化改革，加强内部管理，提高医疗服务质量和工作效率，遏制浪费，同时建立健全对医疗机构合理的补偿机制。

（六）推进区域卫生规划，有计划、有步骤地推进企事业单位医疗机构的社会化，逐步实现卫生资源的优化配置与合理利用。

（七）公费、劳保医疗制度要按照统一的制度和政策同步改革，职工医疗保险基金的筹集方式和基本结构要统一，基金使用可以分别管理，独立核算。

（八）实行政事分开。政府主管部门制定政策、规章、标准；职工医疗保险基金的收缴、给付和营运等由相对独立的社会医疗保险事业机构承担；加强管理和监督，保证资金的合理使用。

（九）对职工医疗保险基金实行预算内管理，专款专用，不得挤占和挪用，也不得用于平衡财政预算。

（十）建立职工医疗保险制度实行属地原则，中央和省（自治区、直辖市）两级机关和所属企业、事业单位都要参加所在地的社会医疗保险，执行当地统一的缴费标准和改革方案。

二、扩大试点的主要内容

（一）职工医疗保险基金的筹集。

职工医疗保险基金由用人单位和职工个人共同缴纳。

用人单位缴费：试点市人民政府参照本市前3年职工医疗费用的实际支出占本市职工工资总额的比例确定用人单位缴费率，用人单位均按此缴费率为本单位职工缴纳医疗保险基金。

职工医疗保险基金缴费率的审批权限是：缴费率不超过职工工资总额10%的，由省（自治区、直辖市）人民政府批准；超过10%的，经省（自治区、直辖市）人民政府审核后，报经财政部批准。

按照事权、财权划分，地方单位的医疗经费由当地财政、用人单位和职工个人负担，中央财政不予补贴。各地在确定医疗保险基金筹资比例时，要综合考虑保障职工的基本医疗需求和地方财政、企事业单位的负担能力，不能盲目攀比。

用人单位缴费来源：行政机关、全额预算管理的事业单位和差额预算管理的全民所有制医院，由各单位预算内资金开支；差额预算管理的其他事业单位及自收自支预算管理的事业单位，由单位提取的医疗基金中开支；企业在职职工从职工福利费中开支，离退休人员在劳动保险费中开支。

职工医疗保险费的收缴可委托银行代办，以保证基金及时收缴到位。医疗保险基金的缴费基数应严格按照国家统计局规定的职工工资总额统计口径计算。对于瞒报工资总额和故意拖欠或拒不缴纳医疗保险费的单位，由试点城市有关部门依法做出相应的处罚规定。

职工医疗保险基金原则上以地级市为统筹单位。试点城市所辖区、县（市）经济发展水平差别较大的，医疗保险基金筹资比例可以略有区别。具体办法由试点城市人民政府规定。

职工个人缴费：先按本人工资收入的1%缴纳，由用人单位从职工工资中代扣，今后随经济发展和工资增加逐步提高。

私营企业职工和外商投资企业中方职工应参加当地的社会医疗保险，其缴费办法和医疗待遇，原则上应执行当地统一的政策和标准。

城镇个体劳动者可参加社会医疗保险，其医疗保险费按当地平均缴费水平，全部由个人缴纳。

（二）职工个人医疗帐户和社会统筹医疗基金的建立。

职工个人缴纳的医疗保险费和用人单位为职工缴纳的医疗保险费的一部分（一般不低于50%），以职工本人工资为计算基数，划入个人医疗帐户，专款专用，用于支付个人的医疗费用。单位缴纳的医疗保险费中划入个人医疗帐户的部分，可按职工年龄段确定不同的比例。

个人医疗帐户的本金和利息为职工个人所有，只能用于医疗支出，可以结转和继承，但不得提取现金或挪作他用。

个人医疗帐户当年结余基金，可按城乡居民活期存款利率计息；一部分相对稳定的沉淀基金，可按同期城乡居民定期存款利率计算。

用人单位为职工缴纳的医疗保险费划入个人帐户以外的其余部分进入社会统筹医疗基

金，由医疗保险机构集中调剂使用。

作为一种过渡办法，经市医疗保险机构批准，原实行劳保医疗的单位，可以管理一部分社会统筹医疗基金，在单位内部调剂使用。

（三）职工医疗费用的支付办法。

职工医疗费用先从个人医疗帐户支付。个人医疗帐户用完后，先由职工自付。按年度计算，自付的医疗费超过本人年工资收入5%以上部分，由社会统筹医疗基金支付，但个人仍要负担一定比例。个人负担的比例随医疗费用的升高而降低；超过本人年工资收入5%以上，但不足5000元的部分，个人负担10—20%；5000元至10000元的部分，个人负担8—10%；超过10000元的部分，个人负担2—5%。各试点城市人民政府可根据实际情况确定社会统筹医疗基金所能支付的最高医疗费用限额，超过限额的医疗费用由各试点城市探索其他解决办法。

职工患有国家认定的特殊病种或实施计划生育手术及其后遗症所需医疗费用，由社会统筹医疗基金支付。

（四）医疗机构的配套改革和内部管理。

公办医疗机构属于非营利性社会公益事业，应由当地人民政府规划、建设。医疗机构的基本建设及大型医疗设备购置、维修，要纳入同级人民政府的基本建设计划和财政预算，统筹安排。各级人民政府应该随着财政收入的增长，增加对医疗机构的投入。要根据医疗机构的不同情况，明确政府应该承担的经济责任，规范财政资金供给的范围和方式。要合理调整医疗机构的收入结构，适当增设体现医务人员技术劳务价值的医疗收费项目并调整这类项目的收费标准，降低大型设备检查收费标准，在合理用药的基础上，降低药品收入在医疗业务总收入中所占的比重。

职工在若干定点医疗机构就医，可持处方到定点零售药店购药，以促使医疗机构提高医疗服务质量。

医疗保险行政管理部门会同卫生部门根据逐步形成和完善分级医疗体系的原则负责定点医疗机构的审定，会同医药主管部门进行定点零售药店的审定。

医疗保险机构应与定点医疗和销售药品的单位签订有关基本医疗保险服务范围、项目、费用定额等内容的合同，明确责任、权利和义务。超出规定的医疗服务和用药，其费用不能在个人医疗帐户中开支，医疗保险机构也不予支付。积极试行医疗服务平均费用定额结算支付等办法。

卫生部门制定诊疗技术规范；卫生部门会同财政、医疗保险行政管理部门制定医疗保险药品报销目录；物价部门会同卫生、财政部门制定合理的、分档次的医疗收费标准并定期予以修订。

医疗机构应加强医务人员的医德、医风教育，制定与完善必要的规章制度，规范与引导医疗行为，做到合理诊疗，优质服务。

医疗机构的医疗服务收支和药品销售收支实行分开核算，试行药品销售纯收入交由上级主管部门统一管理，合理返还的办法。

政府有关部门和医疗保险机构要定期对定点医疗机构和药品销售单位的服务情况进行考核检查。医疗机构的收费标准要接受物价部门的监督并向社会公布。

（五）医疗保险基金的管理与监督。

医疗保险基金由社会医疗保险事业机构负责经办，要坚持以收定支、收支平衡、略有结余；要专款专用，不得挪作他用，确保基金的安全，实现保值增值。

医疗保险机构要建立科学的运行机制，提高社会化服务水平，简化费用报销、帐户结算等手续，为职工提供方便。

医疗保险机构要建立健全预决算审批制度、财务会计制度和审计制度，各项开支要厉行节约，杜绝浪费。管理费经主管部门审核报财政部门审批后，列入财政预算，由财政拨款。

医疗保险行政管理部门要和经办机构分开。行政管理机构的设置，暂由各地人民政府根据本地实际情况确定。

设立由政府代表、用人单位代表、工会和职工代表、专家代表参加的医疗保险监督组织，定期听取医疗保险机构、医疗机构关于医疗保险资金收支、营运及管理、服务的工作汇报，并向社会公布。审计部门定期对医疗保险基金和保险机构的收支情况进行审计。

三、试点的有关政策

（一）离休人员和老红军的医疗费用实行单独管理。一种办法是纳入职工医疗保障制度改革范围，不设立个人医疗帐户，个人也不缴纳医疗保险费，医疗费用由社会统筹医疗基金支付。医疗保险机构可按他们前3年平均实际支出的医疗费用从医疗保险基金中划出，单独管理，专款专用。若有超支，由原资金渠道解决。也可以采用另一种办法，不纳入职工医疗保障制度改革范围，医疗费用由原资金渠道解决。采用这种办法的地方在测算职工医疗保险基础的缴费率时，要扣除他们的医疗费用。无论采取哪一种办法，都要加强管理，防止浪费。

（二）二等乙级以上革命伤残军人，不设立个人医疗帐户，个人也不缴纳医疗保险费，医疗费用由社会统筹医疗基金支付。

（三）职工退休后个人不再缴纳医疗保险费。退休人员的医疗费，凡建有个人医疗帐户的，先由个人医疗帐户支付；没有建立个人医疗帐户的或个人医疗帐户用完后，由社会统筹医疗基金支付，但个人要负担一部分；退休人员个人负担的比例为在职职工的一半。

（四）所有在职领导干部均应参加医疗保障制度改革，参加社会医疗保险，并执行统一的政策和制度。对他们在就诊和住院等方面，可给予适当照顾，同时要加强管理，防止浪费。

（五）职工供养的直系亲属暂不纳入职工医疗保障制度改革试点范围，可按现行办法继续执行。

（六）低收入家庭和生活困难的职工因医疗费用开支过多而影响基本生活时，由职工所在单位从福利费中适当给予补助。

（七）在医疗保障制度改革起步时，职工个人缴纳医疗保险费，原则上在增加工资的基础上进行。企业增资应在新增效益工资中列支。

（八）发展职工医疗互助保险和商业性医疗保险，作为社会医疗保险的补充，以满足国家规定的基本医疗保障之外的医疗需求，但要坚持自愿参加、自主选择的原则。

（九）乡镇企业职工的医疗保险办法，由市人民政府根据本地区实际情况研究决定。

四、扩大试点的组织领导

（一）国务院设立职工医疗保障制度改革试点领导小组（属办公会议形式）。领导小组下设办公室，办公室设在国家体改委，财政部、劳动部和卫生部派员参加。国务院有关部门要密切协作，共同搞好试点工作。

（二）试点城市的职工医疗保障制度改革工作，由各省（自治区、直辖市）人民政府领导和组织实施。试点城市要有一名政府主要负责同志亲自抓这项工作，切实加强对试点工作的领导。

（三）试点城市要根据本《意见》并结合当地实际情况，制定本地职工医疗保障制度改革实施方案，经省（自治区、直辖市）人民政府审批后，报国务院职工医疗保障制度改革试点领导小组备案。

（四）试点城市职工医疗保障制度改革实施方案经批准后，各试点城市应通过机关、人民团体、新闻单位及其他媒体向职工群众作广泛的宣传、解释，取得他们的认同、参与和支持。同时，还应当对政府主管部门的干部和社会医疗保险机构的工作人员进行培训，提高其业务水平。

国务院关于改革和加强医药储备管理工作的通知

各省、自治区、直辖市人民政府，国务院各部委、各直属机构：

为保证灾情、疫情及突发事故发生后对药品和医疗器械的紧急需要，国家于70年代初建立了国家医药储备制度。多年来，国家医药储备在满足灾情、疫情及突发事故对药品和医疗器械的紧急需要方面，发挥了重要作用。但是，由于现行国家医药储备采取中央一级储备、静态管理的体制和管理工作不完善等原因，目前国家医药储备数量减少、救急水平下降，已很难适应保证灾情、疫情及突发事故等紧急需要。为适应社会主义市场经济发展需要，提高国家医药储备能力和管理工作水平，保证灾情、疫情及突发事故发生后所需药品和医疗器械的及时、有效供应，现就改革和加强医药储备管理工作的有关问题通知如下：

一、建立中央与地方两级医药储备制度

自1997年起，在中央统一政策、统一规划、统一组织实施的原则下，改革现行的国家医药储备体制，建立中央与地方两级医药储备制度，实行动态储备、有偿调用的体制。

中央医药储备主要负责储备重大灾情、疫情及重大突发事故和战略储备所需的特种、专项药品及医疗器械。地方医药储备主要负责储备地区性或一般灾情、疫情及突发事故和地方常见病、多发病防治所需的药品和医疗器械。

需紧急动用国家储备的药品和医疗器械时，原则上由地方储备负责供应，中央储备补充供应。发生一般灾情、疫情及突发事故或在一个省、自治区、直辖市区域范围内发生灾情、疫情及突发事故需紧急动用医药储备的，由本省、自治区、直辖市储备负责供应；发生较大灾情、疫情及突发事故或发生灾情、疫情及突发事故涉及若干省、自治区、直辖市需紧急动用医药储备的，首先由本省、自治区、直辖市储备负责供应，不足部分可按有关部门制定的办法，向相邻地区请求动用其医药储备予以支援，地方储备仍难以满足供应，可申请动用中央储备予以支持；发生重大灾情、疫情及重大突发事故，地方储备难以满足供应的，可按有关部门制定的办法，申请动用中央医药储备。

二、认真落实储备资金，确保储备资金安全和保值

根据近年因灾情、疫情及突发事故紧急调用药品和医疗器械的实际情况，全国医药储备资金规模暂定为12亿元。其中，中央医药储备资金规模为5.5亿元，地方医药储备资金规模为6.5亿元。

中央与地方两级医药储备所需资金分别由国务院及各省、自治区、直辖市人民政府负责落实。

中央医药储备所需资金，由财政部会同国家医药管理局在清理现存医药储备资金（2亿元左右）的基础上，再安排3.5亿元增补资金。增补的3.5亿元资金由中央财政安排专项拨款，分3至4年到位；不足部分，由银行安排贷款，贷款必须专款专用，不得挤占挪用，贷款利息列入储备费用。

地方医药储备所需资金，由各省、自治区、直辖市人民政府根据需要，参照各地区医药储备资金建议规模，商国家医药管理局等有关部门确定储备规模，负责落实储备资金，保证完成确定的医药储备任务。

中央与地方医药储备资金的具体落实办法，由国家医药管理局会同财政部、中国人民银行、中国工商银行制定，在本通知发布后2个月内下发。

国家医药管理局和省、自治区、直辖市药品生产经营行业主管部门要加强对医药储备资金的管理，严禁将医药储备资金挪作他用，要堵塞漏洞，杜绝浪费，保证医药储备资金的安全和保值。要制定严格的医药储备有偿调用办法。医药储备调出后，调出方要及时收回货款。申请动用储备医药的地方，由地方人民政府负责偿还货款。财政、审计、经贸委（计经委）等有关部门和银行要加强对医药储备资金的监督，确保医药储备资金的安全和有效使用。

三、加强医药储备管理，确保及时有效供应

国家医药管理局和省、自治区、直辖市药品生产经营行业主管部门分别负责中央与地方医药储备的组织实施工作。由国家医药管理局根据规划指定的药品生产经营企业承担中央医药储备任务，由省、自治区、直辖市药品生产经营行业主管部门指定的药品生产经营企业承担地方医药储备任务，要做到政企分开、各负其责。承担医药储备任务的企业，要加强内部管理，除确保药品和医疗器械的安全、有效外，还要注意搞好经营，增强风险意识，不断提高自我发展能力，保质、保量地做好医药储备工作。

中央医药储备的药品和医疗器械品种和数量，由国家医药管理局商卫生部和有关单位确定；地方医药储备的药品和医疗器械品种和数量，由省、自治区、直辖市药品生产经营行业主管部门参照中央医药储备的药品和医疗器械品种、数量，结合当地具体情况商卫生主管部门和有关单位确定，并报国家医药管理局备案。

医药储备实行品种控制、总量平衡、动态管理。承担医药储备任务的企业，要按照科学、合理的储备周期，制定相应的轮换办法，在确保储备品种和数量的前提下，及时对储备药品和医疗器械进行轮换。有关医药生产企业要优先满足承担储备任务企业对储备药品和医疗器械的收购需要。

为确保储备药品和医疗器械及时有序地调运到急需地区，对储备药品和医疗器械的调用，实行集中统一领导和协调。动用中央医药储备由国家经贸委审批；动用地方医药储备由各省、自治区、直辖市人民政府指定的部门审批；国家医药管理局和省、自治区、直辖市药品生产经营行业主管部门分别负责组织实施工作。按规定程序和有偿的原则，经国家经贸委审批，国家可根据需要调剂、调用地方储备；地方需要动用中央储备予以支持时，经国家医药管理局审核，可向国家经贸委提出申请。

储备药品和医疗器械的具体管理办法，由国家经贸委、国家医药管理局会同财政部、中国人民银行、卫生部联合制定，在本通知发布后 2 个月内下发。

改革和加强医药储备管理工作，建立和完善医药储备制度是一项重要和紧迫的工作。各地区和各有关部门要加强领导，积极配合，抓紧做好这项工作。国务院责成国家经贸委会同监察部、国家医药管理局等有关部门监督检查本通知的贯彻执行情况。

一九九七年七月三日

关于印发《国家药品医疗器械储备管理暂行办法》的通知

各省、自治区、直辖市人民政府，国务院各部委、各直属机构：

为进一步适应建立社会主义市场经济体制的要求，提高国家医药储备能力和管理水平，保证灾情、疫情及突发事故发生后所需药品和医疗器械的及时、有效供应，根据《国务院关于改革和加强医药储备管理工作的通知》（国发〔1997〕23 号）精神，特制定《国家药品医疗器械储备管理暂行办法》，现印发你们，请遵照执行。

国家药品医疗器械储备管理暂行办法

第一章　总　　则

第一条　为加强药品、医疗器械储备（以下简称医药储备）管理，确保发生灾情、疫情及突发事故时药品、医疗器械的及时有效供应，维护社会稳定，根据《国务院关于改革和加强医药储备管理工作的通告》（国发〔1997〕23 号）精神，特制定本办法。

第二条　医药储备是政府职能。在中央统一政策、统一规划、统一组织实施的原则下，建立中央与地方（省、自治区、直辖市）两级医药储备制度，实行统一领导、分级负责的管理体制。

第三条　医药储备实行品种控制、总量平衡、动态管理、有偿调用，以保证储备资金的安全、保值和有效使用。

第四条　本办法适用于与医药储备有关的政府职能部门、承担医药储备任务的企业。

第二章　机构与职责

第五条　国家经贸委负责协调全国的医药储备工作。其主要职责是：

1. 负责对有关部门和省、自治区、直辖市人民政府或其指定的职能部门动用中央医药储备申请的审批；

2. 根据国家需要，负责调剂、调用地方医药储备申请的审批；

3. 会同有关部门制定、调整医药储备的有关政策；

4. 会同有关部门监督、检查国家医药储备政策的贯彻执行情况。

第六条　国家医药管理局负责中央医药储备的组织实施工作。其主要职责是：

1. 会同卫生部等部门确定并适时调整中央储备药品、医疗器械的品种；

2. 负责组织编制中央医药储备年度计划；

3. 负责选择承担中央医药储备的企业，并监督企业做好医药储备的各项管理工作；

4. 负责中央医药储备资金的安排和管理，并会同财政、金融及审计等部门做好中央医药储备资金的监督、财务审计工作；

5. 负责对动用中央医药储备申请的审核工作；

6. 负责建立医药储备统计制度，组织对承担医药储备任务的企业进行检查、培训和考核，推广医药储备的先进经验；

7. 负责指导地方医药储备工作。

第七条　承担医药储备是国家赋予相关企业的一项光荣的社会责任。承担储备任务企业的主要职责是：

1. 执行医药管理部门下达的医药储备计划；

2. 依照医药管理部门下达的调用通知单执行储备药品、医疗器械的调用任务，确保调用时储备药品、医疗器械及时有效的供应；

3. 保证储备药品、医疗器械的质量；

4. 建立健全企业内部医药储备管理的各项规章制度，加强储备药品、医疗器械的原始记录、帐卡、档案等基础管理工作；

5. 负责对储备药品、医疗器械进行适时轮换，确保医药储备资金的安全和保值；

6. 按时、如实上报各项医药储备统计报表；

7. 负责对从事医药储备工作的人员进行培训，不断提高其业务素质和管理水平。

第八条　负责审批和组织实施医药储备工作的管理部门及承担医药储备任务的企业，均应落实储备职能部门，由专人负责，建立严格的领导责任制。

第三章　承担医药储备任务企业的条件

第九条　承担医药储备任务的企业，分别由国家医药管理局和省级医药管理部门根据企业管理水平、仓储条件、企业规模及经营效益等情况择优选定。

第十条　承担医药储备任务的企业，必须是国有或国有控股的医药企业。

第十一条　承担医药储备任务的企业，应是 GSP 达标或基本达标企业。

第十二条　亏损企业不得承担医药储备任务。

第四章　计　划　管　理

第十三条　中央医药储备主要负责储备重大灾情、疫情及重大突发事故和战略储备所需的特种药品、专项药品及医疗器械；地方医药储备主要负责储备地区性或一般灾情、疫情及突发事故和地方常见病防治所需的药品和医疗器械。

第十四条　医药储备实行严格的计划管理。中央和地方医药储备计划，分别由国家医药管理局和省级医药主管部门下达。

第十五条　每年 2 月底前，国家医药管理局根据国家有关部门的灾情、疫情预报及实际需要，会同卫生部等部门制定年度中央医药储备计划，报国家经贸委批准后，下达给有关企业执行，并抄送国家及地方有关部门。地方医药储备年度计划，参照中央医药储备计划并结合当地实际情况制定，于 4 月底前上报国家医药管理局备案。

第十六条　承担医药储备任务的企业必须与相应的医药管理部门签订“医药储备责任书”。

第十七条　承担医药储备任务的企业必须认真执行储备计划，在储备资金到位后一个月内，保证储备计划（品种和数量）的落实。

第十八条　承担中央医药储备任务的企业不得擅自变更储备计划。计划的变动或调整，需报国家医药管理局审核批准，并由国家医药管理局报国家经贸委备案。

第十九条　承担医药储备任务的企业调出药品、医疗器械后，应按储备计划及时补齐储备药品、医疗器械品种及数量。

第二十条　地方医药储备计划的调整，须报国家医药管理局备案。

第二十一条　医药生产企业应优先满足承担储备任务企业对储备药品、医疗器械的收购要求，部分供应短缺品种，各级医药管理部门应帮助承担储备任务的企业协调解决。

第五章　储　存　管　理

第二十二条　医药储备实行品种控制、总量平衡的动态储备。在保证储备药品、医疗器械品种、质量、数量的前提下，承担储备任务的企业要根据具体药品、医疗器械的效期对储备药品、医疗器械进行适时轮换，但储备药品、医疗器械的库存总量不得低于计划总量的 70%。

第二十三条　加强储备药品、医疗器械的入、出库管理，储备药品、医疗器械入、出库实行复核签字制。

第二十四条　承储企业要切实加强其储备药品、医疗器械的质量管理，落实专人负责，建立月检、季检制度，检查记录参照 GSP 实施指南。

第二十五条　有关部门和企业要不断提高对医药储备的管理水平，逐步实行计算机联网管理。

第六章 调 用 管 理

第二十六条 医药储备的动用原则是：

1. 发生一般灾情、疫情及突发事故或一个省、自治区、直辖市区域范围内发生灾情、疫情及突发事故需紧急动用医药储备的，由本省、自治区、直辖市储备负责供应；

2. 发生较大灾情、疫情及突发事故或发生灾情、疫情及突发事故涉及若干省、自治区、直辖市时，首先动用本省、自治区、直辖市医药储备，不足部分按有偿调用的原则，向相邻省、自治区、直辖市人民政府或其指定的部门请求动用其医药储备予以支援，仍难以满足需要时，再申请动用中央医药储备；

3. 发生重大灾情、疫情及重大突发事故时，首先动用地方医药储备，难以满足需要时，可申请动用中央医药储备；

4. 没有建立地方医药储备的省、自治区、直辖市原则上不得申请动用中央医药储备。

第二十七条 地方需要动用中央医药储备时，需由省级人民政府或其指定的职能部门向国家经贸委提出申请，同时抄报国家医药管理局审核；国家经贸委根据国家医药管理局提出的审核意见进行审批；审批件下达后，国家医药管理局根据审批件中明确的药品、医疗器械品种、数量下达调用通知单，组织储备药品、医疗器械调用实施工作。

第二十八条 本着有偿调用的原则，经国家经贸委审批，国家可根据需要调剂、调用地方医药储备。

第二十九条 承担医药储备任务的企业接到调用通知单后，须及时将药品、医疗器械发送到指定地区和单位，并对调出药品、医疗器械的质量负责。有关部门和企业要积极为紧急调用储备药品、医疗器械的运输提供条件。

第三十条 遇有紧急情况如中毒、爆炸、突发疫情等事故发生，承担储备任务的企业接到国家医药管理局的电话或传真，可按要求先发送储备药品、医疗器械。一周内由申请调用的省级人民政府或其指定的职能部门按本办法第二十七条补办有关手续。

第三十一条 储备药品、医疗器械调出十日内，供需双方需补签购销合同。

第三十二条 申请动用中央医药储备的省级人民政府或其指定的职能部门要负责及时将货款支付给调出企业。

第三十三条 与医药储备有关的政府职能部门、承担医药储备任务的企业，均应设立24小时传真电话，建立24小时值班制度。单位名称、负责人及值班电话需上报国家经贸委和国家医药管理局。

第七章 资 金 管 理

第三十四条 中央与地方两级医药储备所需资金分别由国务院及各省、自治区、直辖市人民政府落实。

第三十五条 医药储备资金是政府的专项资金，必须严格管理，专款专用，不得挤占挪用，要确保储备资金的安全和保值。

第三十六条 储备药品、医疗器械实行有偿调用。调出方要及时收回货款，调入方不得以任何借口或理由拖延、拒付。

第三十七条　中央和地方医药储备资金由国家医药管理局和省级医药管理部门按照各自的储备计划会同同级财政部门下达。

第三十八条　当出现下列情况时，国家医药管理局和各省级医药管理部门应调整或收回医药储备资金：

1. 储备计划调整或企业承储任务调整；

2. 企业不能按计划完成储备任务；

3. 不符合本办法第十一条、第十二条规定。

第三十九条　国家医药储备资金的财务管理办法由财政部会同有关部门另行制定。

第八章　监督与检查

第四十条　国家经贸委会同监察部、国家医药管理局等部门对各地、各有关部门和有关企业落实国家医药储备政策情况进行监督、检查。

第四十一条　财政、审计、经贸委（计经委）等有关部门和银行要加强对医药储备资金的监督和检查。

第四十二条　对严格执行本办法，在医药储备工作中做出突出成绩的单位和个人，给予表彰。

第四十三条　承担医药储备任务的企业，如出现管理混乱、帐目不清、不合理损失严重、企业被兼并或拒报各项医药储备统计报表等情况，取消其医药储备任务，并收回储备资金。

第四十四条　储备单位延误救灾防疫及突发事故的药品、医疗器械供应、弄虚作假，挪用储备资金，管理严重混乱，造成严重后果和损失，构成犯罪的，依法追究有关负责人和直接负责人的刑事责任；不构成犯罪的，给予行政处分。

医药储备工作人员玩忽职守、循私舞弊或者滥用职权，构成犯罪的，依法追究其刑事责任；不构成犯罪的，给予行政处分。

第九章　附　　则

第四十五条　各地可参照本办法，并结合当地实际情况制定具体管理办法或实施细则。

第四十六条　本办法由国家经贸委会同国家医药管理局负责解释。

第四十七条　本办法自发布之日起实施。

药品生产（经营）企业合格证管理办法

第一条　为加强药品生产（经营）企业合格证管理，根据《中华人民共和国药品管理法》及《中华人民共和国药品管理法实施办法》的规定和国务院有关文件精神，制定本办法。

第二条　本办法适用于全国药品生产、经营企业。

第三条　凡从事药品生产、经营活动的企业，包括另设分厂（场）、公司、门店及在厂区外另设的车间，必须持有《药品生产（经营）企业合格证》（以下简称《合格证》）。

第四条　《合格证》由国家药品生产经营行业主管部门（指国家医药管理局、国家中医药管理局，下同）统一印制。任何单位及个人不得翻印、假冒。

第五条　《合格证》的审查办法及程序、验收标准由国家药品生产经营行业主管部门制定、发布。

第六条　对持有《合格证》的药品生产、经营企业实施年检。年检管理办法由国家药品生产经营行业主管部门制定、发布。

第七条　《合格证》的申领、发放权限及程序按照下列规定办理；取证企业名单报上一级药品生产经营行业主管部门备案。

一、开办药品生产经营企业必须按照国家有关法律、法规和国家医药管理局《关于申请开办药品生产、经营企业审查工作暂行规定》（国药质字［1995］第515号）和国家中医药管理局《关于中药生产经营企业合格证申请审批的暂行规定》（国中医药生［1996］23号）的规定办理；

二、药品生产企业和药品批发经营企业的年检审查、换证工作由所在省、自治区、直辖市药品生产经营行业主管部门负责；

三、药品零售企业的年检审查、换证工作由企业所在地的自治州、市或者县的药品生产经营行业主管部门负责。

第八条　国家药品生产经营行业主管部门对换发《合格证》工作实施监督，对换发《合格证》工作中不符合国家有关规定的，有权责令其及时纠正或组织复核。

第九条　在换发证检查时，对达不到验收标准的申请企业限期整改，经再次检查仍达不到标准的，不予换发《合格证》。

第十条　《合格证》的有效期为五年。期满后需继续生产（经营）的，在期满前六个月提出申请，重新审查、换证。

第十一条　持证企业在《合格证》有效期内，需变更企业名称、法定代表人、生产（经营）范围、方式、地址的，要按换证程序办理变更登记手续。

第十二条　持有《合格证》的企业有下列情况之一者，由发证部门报同级人民政府同意后收回《合格证》，抄送同级卫生行政部门和工商行政管理部门，并报上一级药品生产经营行业管理部门备案；

一、生产、经营假药的；

二、转让、出租《合格证》的；

三、药品零售企业从事批发业务的；

四、药品生产企业或药品批发经营企业承包给个人经营的；

五、年检不合格，经限期整改仍达不到要求的；

六、擅自生产、经营国家实行专项管理的药品、中药材的；

七、企业终止药品生产、经营活动的；

八、严重违反国家有关法律、法规规定的。

第十三条　持有《合格证》企业有下列情况之一者，由发证部门根据情节轻重处以10000元以上、30000元以下罚款，并责令限期整改：

一、在购销渠道上违反有关规定的；

二、超越生产、经营范围的；

三、擅自异地生产、经营的；

四、不按期申请年检的；

五、在集贸市场摆摊设点，从事药品经营活动的；

六、不及时办理变更登记手续的。

第十四条　企业对《合格证》换发、收回有异议时，可先向发证部门提出复审要求；对复审结论仍有不同意见时，可向上一级药品生产经营行业主管部门申请复议。

对复议决定不服的，可在收到复议决议书之日起十五日内向人民法院提出诉讼。

第十五条　换发《合格证》的部门和工作人员必须严格遵守本办法和发证工作人员守则。

第十六条　本办法自发布之日起实行。原国家医药管理局、国家中医药管理局发布的《药品生产（经营）企业合格证管理办法（试行）》自行废止。

医药行政处罚程序暂行规定

（经国家经济贸易委员会审查同意，
并于1997年7月31日经国家医药管理局局务会审议通过）

第一条　为贯彻实施《中华人民共和国行政处罚法》，制定本规定。

第二条　国家和地方各级医药行政机关实施行政处罚必须遵守《中华人民共和国行政处罚法》和本规定。

第三条　本规定所称医药行政执法机构（以下简称执法机构）是指医药行政机关设立的负责医药行政执法的工作机构。

本规定所称医药行政法制工作机构（以下简称法制工作机构）是指医药行政机关设立的负责医药执法监督检查的工作机构。

第四条　省、自治区、直辖市医药管理部门负责查处本行政辖区内违反有关医药法律、法规和规章的案件。

上级医药行政机关有权对下级医药行政机关处理的案件进行监督检查。如发现其处理不当的，有权责令其及时纠正。

第五条　行使医药行政处罚权的具体管辖事项，依照有关法律、行政法规和规章的规定。

医药行政机关之间对管辖权发生争议时，应当协商解决或者提请共同的上级医药行政机关指定管辖。

医药行政机关对行政违法案件立案后，发现不属于本行政机关管辖的，应当及时将案件及有关材料移送有管辖权的行政机关。

第六条　医药行政机关实施行政处罚时,应当责令当事人改正或者限期改正违法行为。

第七条　违法事实清楚并有法定依据，对公民处以50元以下、对法人或者其它组织处以1000元以下罚款或者警告的行政处罚的，可以当场作出行政处罚决定。

第八条　执法人员依法当场作出处罚决定，必须遵守下列程序：

（一）向当事人出示身份证件；

（二）告知当事人违法事实、处罚理由和依据，听取当事人意见，并告之当事人依法享有的权利；

（三）填写编有号码的行政处罚决定书；

（四）将处罚决定书当场交付当事人；

（五）在二日内将行政处罚决定报所属行政机关备案。

依法当场收缴罚款的，必须向当事人出具省、自治区、直辖市财政部门统一制发的罚款收据。

第九条　除依法当场决定行政处罚的外，执法机关发现公民、法人或其它组织有违法行为依法应当给予行政处罚的，应当在三日内，指定案件具体承办人员，填写《医药行政违法案件立案呈批表》，经执法机构负责人批准后立案。

第十条　案件承办人员在立案后开始调查，调查人员应当两人或两人以上。调查人员如与本案有关的，应当回避。案件的调查取证应当在十五日内完成。特殊情况需要延长时间的，应报执法机构负责人批准，但最多不得超过三十日。

第十一条　执法人员调查案件应当收集证据。证据有以下几种：

（一）书证；

（二）物证；

（三）视听资料；

（四）证人证言；

（五）当事人的陈述；

（六）鉴定结论；

（七）勘验笔录。

第十二条　执法人员依法向当事人和有关人员调查案件情况，应当向被调查人出示证件，并制作调查或者询问笔录，笔录由当事人和有关人员签名或者盖章。当事人或有关人员拒绝签名或者盖章的，应当有两名以上执法人员在笔录上注明情况并签名。

行政机关为调查案件需要，有权进行现场勘验和技术鉴定。对重要的书证，有权进行复制。

第十三条　执法人员在证据可能灭失或者以后难以取得的情况下，经行政机关负责人批准，可以先行登记保存。

第十四条　行政机关对先行登记保存的证据，应当在7日内作出下列处理决定：

（一）需进行技术检验的，送交法定检验部门进行检验。

（二）对于依法应当移送有关部门处理的，移交有关部门。

（三）法律、法规、规章规定的其它处理方式。

对不需进行行政处罚的，行政机关应当解除先行登记保存。

第十五条　行政机关对证据进行登记保存应当有当事人在场。当事人不在场或者拒绝到场的，执法人员可以邀请有关人员参加。

对登记保存的物品应当开列清单，一式两份，写明物品名称、数量、规格等事项，由执法人员、当事人签名或者盖章，一份清单交付当事人。当事人拒绝签名、盖章或者接收的，应当有两名以上执法人员在清单上注明情况。

登记保存物品时，在原地保存可能妨害公共秩序或者公共安全的，可以异地保存。

第十六条　对违法行为调查终结，执法人员应当就案件的事实、证据、处罚依据和建议，在五日内填写《医药行政违法案件调查报告》。《医药行政违法案件调查报告》连《医药行政违法案件立案呈批表》和证据材料，经执法机构负责人批准后，移交法制工作机构审查，然后报本行政机关负责人，行政机关负责人根据情况分别作出给予行政处罚、不予行政处罚、不得给予行政处罚或者移送其它机关处理的决定。

第十七条　对情节复杂或者重大违法行为给予较重行政处罚的，行政机关负责人应当集体讨论决定。

第十八条　行政机关在作出行政处罚决定之前，必须告知当事人给予处罚的事实、理由和依据，听取当事人的陈述和申辩，告知当事人依法享有的权利。

第十九条　行政机关在作出责令停产停业、吊销证照或者数额较大的罚款的行政处罚决定前，应当告知当事人有要求举行听证的权利。

数额较大的罚款为26000元到30000元。

第二十条　听证由行政机关法制工作机构或者专职法制工作人员主持，不收取费用。

听证按以下程序进行：

（一）在举行听证的七日前，以听证通知书的形式将举行听证的时间、地点及听证的事实和法律问题等事宜通知当事人；

（二）听证开始，并先应告知当事人有申请主持人回避、申辨和质证的权利；

（三）执法机构案件承办人提出当事人违法的事实、证据、行政处罚建议和依据；

（四）当事人提出证明异议的事实、证据或者理由；

（五）双方对有争议的事实、证据陈述意见；

（六）中止听证的，主持人应当时决定再次进行听证的有关事宜；

（七）听证应当制作笔录，由当事人和执法机构案件承办人核对无误后签字或者盖章。

第二十一条　行政机关作出行政处罚决定，应当制作编有号码的行政处罚决定书。

第二十二条　行政处罚决定书应当向当事人宣告，并当场交付当事人；当事人不在场的，应当按民事诉讼法的规定送达当事人或者当事人指定的代收人。送达处罚决定书，必须由受送达人或者代收人在送达回证上记明收到日期，并签名或者盖章。

受送达人拒收处罚决定书的，送达人应当记明拒收的事由和日期，将处罚决定书留置受送达人住所或者收发部门，即视为送达。

委托送达的，应当委托行政机关送达。邮寄送达的，必须有邮寄凭证。

第二十三条　行政处罚决定依法作出后，当事人应当按行政处罚决定书规定的内容、方式和期限，履行行政处罚决定。

受行政处罚的当事人，在规定的时间内既不履行处罚决定，又不申请行政复议或者向人民法院提起行政诉讼的，由执法机构申请人民法院强制执行。

第二十四条　除行政处罚法规定可以当场收缴罚款的情形外，决定罚款的行政机关或者执法人员应当书面告知当事人向指定的银行缴纳罚款。

银行代收罚款的具体办法按国务院的规定执行

第二十五条　执法机构应当在案件执行完毕三日内填写《医药行政违法案件结案呈批表》，经行政机关负责人签字后结案。

第二十六条　承办人员应当将案件查处过程中形成的全部文件、资料编目装订，立卷归档。

第二十七条　行政机关及其执法人员违反规定实施行政处罚的，按照行政处罚法的规定追究法律责任。

第二十八条　本规定中的时间规定均指有效工作日。

第二十九条　本规定由国家医药管理局负责解释。

广西壮族自治区药品生产经营管理条例

（1997年9月24日广西壮族自治区
第八届人民代表大会常务委员会第三十次会议通过）

按：　在举国上下认真学习贯彻党的十五大精神的时候，广西壮族自治区传来佳音，9月24日，自治区第八届人大常委会第三十次会议讨论通过了《广西壮族自治区药品生产经营管理条例》。

一部规范药品生产经营企业和行政管理行为的地方性法规诞生了。这是广西区对医药法制建设的重大贡献，也是广西区政府贯彻落实十五大精神的重要举措。

江泽民同志在十五大报告中指出，“依法治国，是党领导人民治理国家的基本方略”，依法治国给依法行政提出了更高要求，依法行政是依法治国的重要组成部分。依法行政首先要有法可依，一是立法，二是执法。《药品管理法》自1985年贯彻实施以来，使我国药品管理步入了法治管理的轨道，取得了一定成绩。1989年《药品管理法实施办法》及先后出台的各项专项药品管理法规、规章，对加强药品的依法管理，发挥了重要作用。但在医药法制建设上也还存在着一些问题：一是立法工作滞后。突出表现在流通领域秩序混乱，行为不规范，管理责任不明晰，造成了严重的社会影响和经济损失。近八九年来，国务院一直以发布文件的形式要求对药品市场进行治理整顿，国家没有出台专项法规对药品生产、经营管理进行规范；二是《药品管理法》由于产生于改革初期，内容带有计划经济的痕迹，不能反映市场经济条件下，企业多元的经济活动和政府的行为规范；三是在行政执法主体上，没有从现行管理体制的实际出发，解决政府行政授权与法律授权的衔接，导致政府职能部门责权分离，不能有效地依法行政。

鉴于以上情况，当前医药立法最迫切的任务是：修改《药品管理法》，使之适应市场经济和医药行业实际，符合国情；制订出台规范药品生产经营管理、医疗器械管理、药品储备管理、药品分类管理、执业药师制度等一系列适合我国医药行业发展实际，改革和发展急需的法律法规。

依据我国法律体系的要求，地方人大根据当地实际制订地方性法规，这是我国宪法赋予的权力。广西壮族自治区人大常委会通过的《药品生产经营管理条例》，在不违背现行药品管理法律和相关法律的前提下，结合广西实际，针对医药商品的特点，对法律尚未作出规定的内容，制定反映市场经济要求的药品生产经营行政管理的地方性法规，加大对药品管理的力度，正是反映了人民的愿望，代表了人民的根本利益。广西区率全国之先，这个头带得好！

依法行政，对政府管理部门来说，是权、责统一的。有多大的权力，就负多大的责任，法律作了规定，就要按规定办，既不能失职，又不能越权，不能无作为，又不能乱作为，这就是执法必严，违法必究。

第一章 总　　则

第一条　为进一步规范药品生产经营秩序，保证药品质量，保障人民用药安全、有效，维护人民身体健康，根据国家有关药品管理法律、法规的规定，结合本自治区实际，制定本条例。

第二条　在本自治区行政区域内从事中药材、中药饮片、中成药、化学原料药及其制剂、抗生素、生化和诊断等药品生产、经营的单位和个人，必须遵守本条例。国家另有规定的放射性药品、血清疫苗、血液制品从其规定。

第三条　各级人民政府应当强化对本地区药品生产、经营管理工作的领导，加强对药品生产、经营的宏观调控，建立统一、开放、竞争、有序的药品生产、经营体系。

第四条　各级药品生产经营主管部门行使药品生产经营行业管理的政府职能。未设药品生产经营行业管理部门的，由县（市）人民政府指定的部门管理。

各级卫生行政部门行使药品监督管理的政府职能。

各级工商行政、技术监督、公安等部门按照各自的职责，协同做好药品生产经营管理工作。

第五条　凡从事本条例规定的药品生产、经营活动的单位和个人，不论其所有制形式和隶属关系如何，一律纳入药品生产经营行业统一管理。

第六条　鼓励、支持和保护社会组织、公民对药品生产经营进行社会监督。

第二章 开办药品生产经营企业的程序

第七条　申请开办药品生产企业和药品批发企业，应当具备《中华人民共和国药品管理法》和《中华人民共和国药品管理法实施办法》规定的条件，经自治区药品生产经营主管部门审查同意并核发《药品生产企业合格证》或者《药品经营企业合格证》后，方可向自治区卫生行政部门申请《药品生产企业许可证》或者《药品经营企业许可证》。

未取得《药品生产企业合格证》或者《药品经营企业合格证》的，卫生行政部门不予受理；未取得《药品生产企业合格证》、《药品生产企业许可证》或者《药品经营企业合格证》、《药品经营企业许可证》的，工商行政管理部门不发给营业执照。

第八条　申请从事中药材批发业务的企业和个体工商户，经自治区药品生产经营主管部门审查同意并发给《药品（中药材）经营企业合格证》后，方可向自治区卫生行政部门申请《药品经营企业许可证》。

未取得《药品（中药材）经营企业合格证》的，卫生行政部门不予受理；未取得《药品（中药材）经营企业合格证》、《药品经营企业许可证》的，工商行政管理部门不发给营业执照。

第九条　申请从事药品零售业务的企业和个体工商户，由市、县药品生产经营主管部门进行审查，经审查同意并发给《药品经营企业合格证》后，方可向同级卫生行政部门申请《药品经营企业许可证》。

未取得《药品经营企业合格证》的，卫生行政部门不予受理；未取得《药品经营合格证》、《药品经营企业许可证》的，工商行政管理部门不发给营业执照。

第十条　农村边远地区的其他企业和个体工商户兼营少量药品零售业务的，经市、县药品生产经营主管部门审查同意并报同级卫生行政部门批准后，工商行政管理部门方可核准兼营少量药品零售业务。

兼营少量药品零售的品种范围由自治区药品生产经营主管部门和自治区卫生行政部门共同确定，并向社会公布。

第三章　药品生产经营活动的管理

第十一条　药品生产、经营企业应当把社会效益放在第一位，生产、经营的药品必须保证质量。禁止生产、经营假药、劣药。

第十二条　从事药品生产、经营活动，应当依法取得药品生产经营主管部门和卫生行政部门、工商行政管理部门发给的有效证照。未取得有效证照的，任何单位和个人不得从事药品生产、经营活动。

第十三条　药品生产、经营企业和个体工商户应当按照核准的经营方式、经营范围和营业地点从事经营活动。变更经营方式、经营范围和营业地点的，应当依照本条例第七条、第八条、第九条的规定办理变更手续。

第十四条　药品生产、批发企业不得承包给个人经营，不得将药品生产、经营企业的证照出租、出借和转让给他人使用。

第十五条　药品生产企业只能销售本企业生产的药品，不得销售非本企业生产的药品。

第十六条　药品生产、批发企业不得将药品销售给非法经营者。

第十七条　药品经营企业或者医疗机构应当向合法生产、经营药品的企业采购药品，禁止向非法生产、经营者采购药品。自种、自采、自销的中药材除外。

第十八条　药品批发企业应当在采购、贮存、销售等环节加强药品质量管理，建立和健全质量检验、入库验收、在库保养和出库验发等制度。

药品经营企业或者医疗机构对质量不合格和国务院卫生行政部门禁止使用的药品，不得采购和销售。

第十九条　医疗机构配制的制剂只限于本单位临床、科研使用，不得在市场上销售或者变相销售。

医疗机构不得从事药品批发或者以联购联销、联产分销、统购分销等方式变相从事药品批发活动。

第二十条　个体医疗诊所不得从事药品批发和零售活动。乡村医疗诊所（室）的供药，应当到当地县级药品生产经营主管部门和卫生行政部门共同指定的药品批发企业及其委托的乡镇卫生院购进。

第二十一条　药品经营企业和个体工商户兼营非药品的，应当另设专柜，非药品不得与药品同柜台经营。出售非药品不得开具药品发票。

第二十二条　禁止兽药经营单位经营药品。经营药品的单位，不得在同一柜台混合经营药品和兽药。

第二十三条　设立中药材专业市场按国家有关规定办理。禁止设立中药材专业市场以外的药品专业市场。

中药材专业市场不得销售国家限制销售的中药材和中成药、中药饮片、化学原料药及其制剂、抗生素、生化药品和诊断药品。

第二十四条　本自治区行政区域外药品生产、经营企业到本自治区行政区域内向药品批发企业以外的单位和个人销售药品的，应当将药品生产、经营企业有效证照送销售地的市、县药品生产经营主管部门审查，经审查同意后方可销售。

第二十五条　药品进出口贸易，必须符合国家和自治区的有关规定。未经口岸药品检验机构检验合格的进口药品，禁止收购和销售。

第二十六条　药品生产、经营企业和医疗机构之间购销药品，应当实行公平竞争，禁止采用各种名义的回扣、手续费或者贿赂等不正当竞争手段。

第二十七条　各级药品生产经营主管部门有权对本地区的药品生产、经营情况进行检查，被检查单位应当提供有关资料，不得拒绝和隐瞒。

第二十八条　药品检验机构可以根据监督工作需要，对药品的生产、储运和经营等各个环节的药品进行抽查检验，以保证药品质量，但不得重复抽查。药品质量抽查的结果应当公布。监督抽查检验，不得收取检验费用。

统一监督检查、定期监督检查和日常监督检查所需检验费，按照国家和自治区的有关规定向被检验者收取。

第四章　奖励与处罚

第二十九条　有下列情形之一的，各级人民政府或者药品生产经营主管部门、卫生行政部门可以给予表彰或者奖励：

（一）对查处生产、经营假药、劣药有重大贡献的；

（二）在药品生产经营管理工作中有显著成绩的。

第三十条　生产、销售、使用假药、劣药的，由县级以上卫生行政部门依照《中华人民共和国药品管理法》和《中华人民共和国药品管理法实施办法》的有关规定处罚。构成犯罪的，依法追究刑事责任。

第三十一条　无《药品生产企业合格证》、《药品经营企业合格证》、《药品（中药材）经营企业合格证》而生产、经营药品的，由县级以上药品生产经营主管部门责令其停产、停业，没收全部药品和违法所得，可并处其所生产、经营药品正品价格五倍以下的罚款。

无《药品生产企业许可证》、《药品经营企业许可证》、《制剂许可证》而生产、经营药品的，或者配制制剂的，由县级以上卫生行政部门依照前款规定处罚。

超出批准范围生产、经营药品的，超出部分以无证生产、经营药品论处。

第三十二条　未经批准或者超出兼营药品品种范围兼营零售药品的，由县级以上药品生产经营主管部门责令其停止兼营，可并处二百元以上一千元以下的罚款。

超出批准范围生产、经营药品的，超出部分以无证生产、经营药品论处。

第三十三条　将药品生产、批发企业承包给个人经营或者将企业的证照出租、出借和转让给他人使用的，由县级以上药品生产经营主管部门责令其停止违法行为，没收违法所得，可并处二千元以上二万元以下的罚款；受处罚后仍有上述违法行为的，由药品生产经营主管部门和卫生行政部门分别报同级人民政府吊销《药品生产企业合格证》、《药品经营企业合格证》、《药品（中药材）经营企业合格证》和《药品生产企业许可证》、《药品经营企业许可证》。工商行政管理部门按有关法律、法规予以处罚。

通过承包、出租、出借或者转让方式取得药品生产、批发企业和企业证照从事药品生产、经营的，以无证经营论处。

第三十四条　药品生产企业销售非本企业生产的药品的，由县级以上药品生产经营主管部门责令其停止违法活动，没收违法经营的药品和违法所得，可并处其所经营药品价格五倍以下的罚款。

第三十五条　药品生产、批发企业将药品销售给非法经营者的，由县级以上药品生产经营主管部门没收其违法销售的药品和违法所得，可并处五千元以上五万元以下的罚款。

第三十六条　药品经营企业或者医疗机构向非生产、经营企业采购药品的，由县级以上药品生产经营主管部门没收其违法采购的药品，可并处五千元以上五万元以下的罚款。

第三十七条　医疗机构从事或者变相从事药品批发活动的，由县级以上药品生产经营主管部门责令其停止批发活动，没收违法批发的药品和违法所得，可并处其所批发药品正品价格五倍以下的罚款。

第三十八条　个体医疗诊所从事药品批发和零售活动的，乡村医疗诊所（室）未按规定到指定的单位购进药品的，由县级以上药品生产经营主管部门责令改正，并视情节轻重处以一千元以上二千元以下的罚款。

第三十九条　自治区以外药品生产、经营企业到本自治区行政区域内向药品批发企业以外的单位和个人销售药品，未按本条例规定办理手续销售药品的，由县级以上药品生产经营主管部门没收其违法销售的药品和违法所得，可并处二千元以上五万元以下的罚款。

第四十条　采购、销售和使用质量不合格的药品、国家禁止使用的药品或者未经法定检验机构检验合格的进口药品的，由卫生行政部门没收上述药品和违法所得，可并处该药品相当正品价格的三倍以下罚款。

销售或者变相销售医疗机构配制的限于本单位临床、科研使用的制剂的，由卫生行政部门没收制剂和违法所得，可并处二千元以上五万元以下罚款。

第四十一条　设立中药材专业市场以外的药品专业市场的，中药材专业市场不按规定销售药品的，由县级以上工商行政管理部门会同药品生产经营主管部门、卫生行政部门依照国家有关规定处罚。

第四十二条　对当事人的同一个违法行为，实施行政处罚的机关不得给予两次以上罚款的行政处罚。

没收的药品，由卫生行政部门监督处罚。罚款、没收违法所得的款项，必须全部上缴国库。

第四十三条　药品生产、经营企业和医疗机构之间采取各种名义的回扣、手续费或者贿赂等手段购销药品的，由其主管部门或者所在单位对单位负责人、直接责任人给予行政处分；构成犯罪的，贪污追究刑事责任。

第四十四条　国家工作人员利用职权、包庇纵容生产、销售假药、劣药或者在工作中滥用职权、玩忽职守、徇私舞弊、收受贿赂的，由有关部门给予行政处分。构成犯罪的，依法追究刑事责任。

第四十五条　药品生产经营行业主管部门、卫生行政部门、工商行政管理部门违反本条例第七条、第八条、第九条规定的程序发给《药品生产企业合格证》、《药品经营企业合格证》、《药品（中药材）经营企业合格证》和《药品生产企业许可证》、《药品经营企业许可证》以及营业执照的，该证照无效；由此造成损失的，由发证照部门负责赔偿，并对有关部门单位负责人和直接责任人给予行政处分；构成犯罪的，依法追究刑事责任。

第五章　附　　则

第四十六条　本条例具体应用中的问题，由自治区人民政府负责解释。

第四十七条　本条例自公布之日起施行。

广东省药品包装用材料、容器管理办法

第一条　为加强药品包装用材料、容器（以下简称药包材）的管理和监督，保证药品质量及用药安全、有效和方便，保障人民身体健康，根据国家有关法律、法规规定，结合本省实际，制定本办法。

第二条　凡在本省生产、经营、使用药包材的企事业单位，必须遵守本办法。

第三条　本办法所称药包材是指与药物接触的材料、容器，主要包括各种材质的瓶、膜、袋、盖、内塞和包装容器内触及药物的充填物、衬垫以及用于药品包装材料上的粘合剂、涂料、油墨等物品。

第四条　广东省医药管理局（以下简称省医药局）负责本办法的组织实施和监督检查。

各市、县医药管理部门具体负责本辖区药包材的管理和监督工作。

第五条　开办药包材生产企业或现有企业新建、扩建药包材生产车间（包括制药厂自产自用的药包材生产车间），立项前应将项目建议书、可行性研究报告报县、市医药管理部门和省医药局审查同意后，再按规定程序履行立项报批手续。

第六条　医药管理部门对新建、扩建药包材项目的审查，包括以下方面：

（一）是否符合医药行业发展规划和产业政策；

（二）生产布局情况；

（三）产品先进性、生产规模和市场需求情况；

（四）生产工艺、技术、设备、厂房条件、科技人员、管理人员等情况；

（五）其他需要审查的情况。

第七条 新建、扩建的生产企业或生产车间的初步设计，须经省医药局审查同意，方可施工。

第八条 企业或车间建成后，经医药管理部门参与验收，合格者发给《药品包装用材料、容器生产企业许可证》（以下简称许可证）。工商行政管理部门凭此证办理工商登记手续。

第九条 未取得许可证的企业不得生产药包材。

第十条 取得许可证的企业，不得转让、出租、出借许可证，不得超范围生产药包材。

第十一条 药包材产品必须按国家标准、行业标准或经省技术监督局和省医药局备案的企业标准组织生产。不符合标准的产品不得出厂和经营。

第十二条 省技术监督局依法授权的省药包材产品质量监督检验站，承担政府有关部门依法下达或委托的药包材产品质量监督检验任务。

第十三条 企业首次生产的药包材产品，必须经省药包材产品质量监督检验机构检验合格及所在地级以上市医药管理部门审查同意，报省医药局审核批准，发给产品批准号，方可生产。

第十四条 国内首次引进技术设备生产、首次开发研制、首次用于药品包装的药包材产品，必须经省医药局组织鉴定通过，方可生产、经营、使用。

第十五条 省医药局根据国家有关规定和我省药包材生产技术发展情况，不定期公布被淘汰的药包材品种。凡属规定淘汰的品种，一律不得生产、经营、使用。

第十六条 企业要对产品进行严格的质量管理，检验合格方可出厂。产品要接受医药管理部门、技术监督部门的检查和监督。

第十七条 药包材的广告内容必须与产品质量标准相符合。新闻传媒、广告制作单位不得接受未取得许可证企业的药包材广告业务。

第十八条 任何单位不得经营无许可证的企业生产的药包材产品。

第十九条 任何单位不得使用未取得许可证的企业生产的药包材产品包装药品。

药品生产企业要按规定向医药管理部门填报药包材的使用情况表。

第二十条 企业首次进口药包材，必须提供产品质量标准的原文和中文译文及国内类似产品的标准，报省医药局审查同意，经法定检测机构检验合格，方可进口、销售和使用。

第二十一条 违反第十四条规定的，由县以上医药管理部门给予警告，并责令其在 3 个月内向省医药局申请组织鉴定，通过鉴定的产品可以批量生产和销售；未通过鉴定的产品，不得生产和销售。

第二十二条 违反本办法有关规定，有下列情形之一的，由县以上医药管理部门会同技术监督或工商行政管理部门依照各自职责，责令收回产品及用其包装的药品，并给予警告，产品未出售的，处以 1 万元以下的罚款，产品已出售的，处以违法所得 1—3 倍的罚款，但罚款金额最高不得超过 3 万元：

（一）产品未经检验合格，没有领取批准号，擅自生产的；
（二）未取得许可证擅自生产药包材的；
（三）转让、出租、出借许可证的；
（四）生产、经营和使用规定淘汰的药包材品种的；
（五）经营未取得许可证单位生产的药包材产品的；
（六）使用未取得许可证单位生产的药包材产品包装药品的；
（七）企业首次进口药包材，未经省医药局审查同意或未经法定检测机构检验合格的。
超越许可证生产范围的，超越部分按前款第（二）项规定处罚。

第二十三条　违反第十一条、第十七条规定的，由有关行政主管部门依据法律、法规的有关规定给予处罚。

第二十四条　当事人对行政处罚不服的，可依照法律、法规规定申请行政复议或向人民法院起诉。逾期不申请复议或不起诉，又不履行行政处罚决定的，由作出行政处罚的行政机关依法向人民法院申请强制执行。

第二十五条　本办法自 1997 年 11 月 1 日起施行。

当前国家重点鼓励发展的产业、产品和技术目录（医药部分）

九十年代中期以来，随着我国宏观经济环境的改善和国内外市场需求的变化，我国产业结构也发生了深刻变化。产业结构调整的重点，从实现产业比例关系的协调转向全面提高产业素质和国际竞争力。为了适应这一重大变化，主动进行产业结构调整，完善国家产业政策体系，经国务院批准，特颁布当前国家重点鼓励发展的产业、产品和技术目录（外商投资按《外商投资产业指导目录》执行）。

确定当前国家重点鼓励发展的产业、产品和技术的原则是：①符合当前和今后一个时期的市场需求，有比较广阔的发展前景；②有比较高的技术含量，有利于企业设备更新，加快对传统产业的技术改造，促进产业结构的优化和升级，全面提高经济效益；③国内存在从研究开发到实现产业化的潜在技术基础，经过努力，可以填补国内产业和技术空白，有利于形成新的经济增长点；④符合可持续发展战略，有利于资源节约以及生态和环境保护；⑤供给能力相对滞后，提高其供给能力，有利于促进产业结构的合理化，保持国民经济的持续快速健康发展。

本着上述原则，国家当前重点鼓励 29 个领域，共 440 种产品、技术及部分基础设施和服务的发展。

本目录是国家引导投资方向，改善投资结构以及审批基本建设和技术改造项目的主要依据之一。国内投资者投资于本目录内的项目，所需进口的自用设备和技术，在项目核算的设备和技术支出范围内，且不属于《国内投资项目不予免税的进口商品目录》之列的，经项目审批部门核准后，免征进口关税和进口环节增值税。

有关经济管理部门，要参照本目录，制定相应的支持措施，保证国家产业政策的有效实施。

各地区要根据本地的实际情况，认真分析国内外市场需求和供给体系的变化，从实际出发，量力而得，选择目录内有可能形成本地比较优势的领域进行建设，坚决避免盲目重复建设。

国家计划委员会将根据国民经济和社会发展的情况、国内外市场及产业技术的变动，按年度对本目录进行调整和修订。

附：当前国家重点鼓励发展的产业、产品和技术目录。

附件：

列入国家基本药物目录的药品
重要的出口优势产品
生物工程药品
放射性药品
新型抗肿瘤药品（含抗肝炎药物）及新型心脑血管药
爱滋病及放射免疫类等诊断制剂
新型地方病用药
新型解热镇痛药物
新型药物制剂及辅料和按 GMP 生产的药物制剂
医药专用紧缺的中间体和新型抗生素
新型生物化学药品系列（含生化诊断试剂）
新型药用包装材料
新型医药和医疗器械
新型卫生材料和敷料
计划生育药物及工具
新型药物的筛选技术与筛选模型
氨基酸新菌种
饲料级生物素
维吉尼亚霉素和泰乐菌素
青霉素盐提纯和纯化
发酵及自动控温系统
大规模用多肽合成、纯化
大规模药用核酸合成、纯化
高产基因工程菌
天然类药物
新型中药研制和开发

外商投资产业指导目录

（1997 年 12 月修订）

·鼓励外商投资产业目录

医药工业

1. 受我国专利保护或行政保护的化学原料药，需进口的医药专用中间体

2. 采用新技术设备生产解热镇痛药

3. 维生素类：烟酸

4. 新型抗癌药物及新型心脑血管药

5. 药品制剂：采用缓释、控释、靶向、透皮吸收等新技术的新剂型、新产品

6. 氨基酸类：丝氨酸、色氨酸、组氨酸等

7. 新型药品包装材料、容器及先进的制药设备

8. 新型、高效、经济的避孕药具

9. 中成药产品质量控制、改变剂型包装的新技术、新设备、新仪器

10. 中药有效成分分析的新技术、提取的新工艺、新设备

11. 采用生物工程技术生产的新型药物

12. 新型佐剂的开发应用

13. 肝炎、艾滋病及放射免疫类等诊断试剂生产

医疗器械制造业

1. 具有中频技术、计算机控制技术和数字图象处理技术，辐射剂量小的 80 千瓦及以上医用 X 线机组

2. 电子内窥镜

3. 医用导管

限制外商投资产业目录

（甲）

医药工业

1. 中药材、中成药半成品及制成品（中药饮片传统炮制工艺技术除外）

2. 毒品前体：麻黄碱、伪麻黄碱、麦角新碱、麦角胺、麦角酸等

3. 青霉素 G

4. 成瘾性麻醉药品及精神药品的生产（中方控股或占主导地位）

5. 高技术的疫苗生产（艾滋病疫苗、丙肝疫苗、避孕疫苗等，中方控股或占主导地位）

6. 国家计划免疫的疫苗、菌苗类及抗毒素、类毒素类（卡介苗、脊髓灰质炎、白百破、麻疹、乙脑、流脑疫苗等）的生产

7. 维生素 C 生产

8. 血液制品的生产

医疗器械制造业

1. 一次性注射器、输液器、输血器及血袋

2. X 射线计算机体层摄影装置（CT）、磁共振成像装置（MRI）及医用加速器等大型医疗设备制造

禁止外商投资产业目录

医药工业

1. 列入国家保护资源的中药材（麝香、甘草等）

2. 传统的中药饮片炮制技术及中成药秘方产品

国家医药管理局药品行政保护办公室公告

第一百五十一号（授权公告）

申请人所在国：日本

申请人：礼来日本有限公司

申请药品名称：

通用名：甲磺酸培高利特（Pergolide Mesylate）

商品名：协良行（Celance）片剂

授权号：B—JP97011401

授权日：1997 年 1 月 14 日

药品行政保护办公室对该药品的申请文件进行实质审查后，认为符合行政保护条件，即日起授予行政保护，特此公告。

（见 1997 年 1 月 28 日《中国医药报》第 2 版）

一九九七年一月十四日

第一百五十二号（授权公告）

申请人所在国：意大利

申请人：Mediolanum 制药股份公司

申请药品名称：

通用名：盐酸芦氟沙星（Rufloxacin Hydrochloride）

商品名：QARI 片剂

授权号：B—IT97011402

授权日：1997 年 1 月 14 日

药品行政保护办公室对该药品的申请文件进行实质审查后，认为符合行政保护条件，即日起授予行政保护，特此公告。

一九九七年一月十四日

（见 1997 年 1 月 28 日《中国医药报》第 2 版）

第一百五十三号（授权公告）

申请人所在国：德国

申请人：赫斯特公司

申请药品名称：

通用名：环匹罗司（Ciclopirox）指（趾）涂剂

商品名：巴特芬（Batrafen）指（趾）涂剂

授权号：B—DE97020303

授权日：1997年2月3日

药品行政保护办公室对该药品的申请文件进行实质审查后，认为符合行政保护条件，即日起授予行政保护，特此公告。

一九九七年二月三日

（见1997年5月3日《中国医药报》第2版）

第一百五十四号（授权公告）

申请人所在国：日本

申请人：礼来日本有限公司

申请药品名称：

通用名：尼扎替丁（Nizatidine）

授权号：B—JP97040704

授权日：1997年4月7日

药品行政保护办公室对该药品的申请文件进行实质审查后，认为符合行政保护条件，即日起授予行政保护，特此公告。

一九九七年四月七日

（见1997年5月3日《中国医药报》第2版）

第一百五十五号（授权公告）

申请人所在国：意大利

申请人：BioResearch公司

申请药品名称：

通用名：1，4—丁二磺酸硫代腺苷蛋氨酸（Ademetionine 1，4—Butanedisulfonate）

商品名：Transmetil粉针剂

授权号：B—IT97041005

授权日：1997年4月10日

药品行政保护办公室对该药品的申请文件进行实质审查后，认为符合行政保护条件，即日起授予行政保护，特此公告。

一九九七年四月十日

（见1997年5月3日《中国医药报》第2版）

第一百五十六号（受理公告）

申请人所在国：日本

申请人：盐野义制药株式会社

申请药品名称：

通用名：氟氧头孢钠（Flomoxef Sodium）

申请号：A—JP97040301

申请日：1997年4月3日

药品行政保护办公室对该药品的申请文件初步审查合格，予以受理，即日起转为实质审查，特此公告。

一九九七年四月十七日

注：凡了解本产品已在国内生产或销售过的单位或个人，请与本办公室取得联系。

（见1997年5月20日《中国医药报》第2版）

第一百五十七号（受理公告）

申请人所在国：日本

申请人：盐野义制药株式会社

申请药品名称：

通用名：氟氧头孢钠（Flomoxef Sodium）冻干粉针剂

商品名：氟吗宁（Flumarin）冻干粉针剂

申请号：A—JP97040302

申请日：1997年4月3日

药品行政保护办公室对该药品的申请文件初步审查合格，予以受理，即日起转为实质审查，特此公告。

一九九七年四月十七日

注：凡了解本产品已在国内生产或销售过的单位或个人，请与本办公室取得联系。

（见1997年5月20日《中国医药报》第2版）

第一百五十八号（授权公告）

申请人所在国：瑞士

申请人：诺华（Novartis）有限公司

申请药品名称：

通用名：帕曲膦酸二钠五水合物（Pamidronate Disodium Pentahydrate）

商品名：阿可达（Aredia）粉针剂

授权号：B—CH97043006

授权日：1997 年 4 月 30 日

药品行政保护办公室对该药品的申请文件进行实质审查后，认为符合行政保护条件，即日起授予行政保护，特此公告。

一九九七年四月三十日

（见 1997 年 5 月 20 日《中国医药报》第 2 版）

第一百五十九号（授权公告）

申请人所在国：日本

申请人：赫斯特日本有限公司

申请药品名称：

通用名：非洛地平（Felodipine）

授权号：B—JP97043007

授权日：1997 年 4 月 30 日

药品行政保护办公室对该药品的申请文件进行实质审查后，认为符合行政保护条件，即日起授予行政保护，特此公告。

一九九七年四月三十日

（见 1997 年 5 月 20 日《中国医药报》第 2 版）

第一百六十号（授权公告）

申请人所在国：日本

申请人：大冢制药株式会社

申请药品名称：

通用名：瑞巴匹特（Rebamipide）

商品名：Mucosta 片剂

授权号：B—JP97050508

授权日：1997 年 5 月 5 日

药品行政保护办公室对该药品的申请文件进行实质审查后，认为符合行政保护条件，即日起授予行政保护，特此公告。

一九九七年五月五日

（见 1997 年 5 月 27 日《中国医药报》第 2 版）

第一百六十一号（授权公告）

申请人所在国：日本

申请人：武田药品工业株式会社

申请药品名称：

通用名：伏利波糖（Voglibose）

商品名：倍欣（Basen）片剂

授权号：B—JP97061009

授权日：1997年6月10日

药品行政保护办公室对该药品的申请文件进行实质审查后，认为符合行政保护条件，即日起授予行政保护，特此公告。

一九九七年六月十日

（见1997年8月11日《中国医药报》第2版）

第一百六十二号（受理公告）

申请人所在国：英国

申请人：史克必成有限公司

申请药品名称：

通用名：格雷西龙（Granisetron）片剂

商品名：康泉（Kytril）片剂

申请号：A—GB97060203

申请日：1997年6月2日

药品行政保护办公室对该药品的申请文件初步审查合格，予以受理，即日起转为实质审查，特此公告。

一九九七年六月十七日

注：凡了解本产品已在国内生产或销售过的单位或个人，请与本办公室取得联系。

（见1997年8月11日《中国医药报》第2版）

第一百六十三号（授权公告）

申请人所在国：英国

申请人：杨森－Cilag有限公司

申请药品名称：

通用名：利培酮（Risperidone）

商品名：维思通（Risperdal）片剂

授权号：B—GB97062510

授权日：1997年6月25日

药品行政保护办公室对该药品的申请文件进行实质审查后，认为符合行政保护条件，即日起授予行政保护，特此公告。

一九九七年六月二十五日

（见1997年7月24日《中国医药报》第2版）

第一百六十四号（授权公告）

申请人所在国：英国

申请人：杨森－Cilag 有限公司

申请药品名称：

通用名：利培酮（Risperidone）口服液

商品名：维思通（Risperdal）口服液

授权号：B—GB97062511

授权日：1997 年 6 月 25 日

药品行政保护办公室对该药品的申请文件进行实质审查后，认为符合行政保护条件，即日起授予行政保护，特此公告。

一九九七年六月二十五日

（见 1997 年 7 月 24 日《中国医药报》第 2 版）

第一百六十五号（受理公告）

申请人所在国：法国

申请人：利博福尼制药公司

申请药品名称：

通用名：非诺贝特（Fenofibrate）微粒化胶囊

商品名：力平脂 200（Lipanthyl）微粒化胶囊

申请号：A—FR97062504

申请日：1997 年 6 月 25 日

药品行政保护办公室对该药品的申请文件初步审查合格，予以受理，即日起转为实质审查，特此公告。

一九九七年七月十日

注：凡了解本产品已在国内生产或销售过的单位或个人，请与本办公室取得联系。

（见 1997 年 7 月 24 日《中国医药报》第 2 版）

第一百六十六号（受理公告）

申请人所在国：美国

申请人：默克公司

申请药品名称：

通用名：盐酸杜塞酰胺（Dorzolamide Hydrochloride）

商品名：舒净露（Trusopt）眼药水

申请号：A—US97070805

申请日：1997 年 7 月 8 日

药品行政保护办公室对该药品的申请文件初步审查合格，予以受理，即日起转为实质审查，特此公告。

一九九七年七月二十三日

注：凡了解本产品已在国内生产或销售过的单位或个人，请与本办公室取得联系。

（见 1997 年 8 月 30 日《中国医药报》第 2 版）

第一百六十七号（受理公告）

申请人所在国：美国

申请人：默克公司

申请药品名称：

通用名：马来酸噻吗心胺（Timolol Maleate）眼用胶态溶液

商品名：添眼清一善（Timoptol－XE）眼用胶态溶液

申请号：A—US97070806

申请日：1997 年 7 月 8 日

药品行政保护办公室对该药品的申请文件初步审查合格，予以受理，即日起转为实质审查，特此公告。

一九九七年七月二十三日

注：凡了解本产品已在国内生产或销售过的单位或个人，请与本办公室取得联系。

（见 1997 年 8 月 30 日《中国医药报》第 2 版）

第一百六十八号（受理公告）

申请人所在国：法国

申请人：Rhone－DPC Europe

申请药品名称：

通用名：司帕沙星（Sparfloxacin）

商品名：司帕沙星片剂

申请号：A—FR97071807

申请日：1997 年 7 月 18 日

药品行政保护办公室对该药品的申请文件初步审查合格，予以受理，即日起转为实质审查，特此公告。

一九九七年八月一日

注：凡了解本产品已在国内生产或销售过的单位或个人，请与本办公室取得联系。

（见 1997 年 8 月 30 日《中国医药报》第 2 版）

第一百六十九号（受理公告）

申请人所在国：美国

申请人：葛兰素－威康公司

申请药品名称：

通用名：Valaciclovir Hydrochloride

商品名：维德思（Valtrex）片剂

申请号：A—US97081308

申请日：1997 年 8 月 13 日

药品行政保护办公室对该药品的申请文件初步审查合格，予以受理，即日起转为实质审查，特此公告。

一九九七年九月三日

注：凡了解本产品已在国内生产或销售过的单位或个人，请与本办公室取得联系。

（见 1997 年 10 月 7 日《中国医药报》第 2 版）

第 三 部 分

医药生产与流通

1997年医药发展概况

1997年，医药行业在邓小平理论指导下，把握大局，开拓进取，实施科教兴药战略，大力推进医药经济结构调整，加快医药流通体制改革，规范医药市场，加强药品质量管理，加大医疗器械行政监督力度，努力创建文明行业，较好地保持了医药经济持续、稳定、健康发展。

医药工业、商业主要经济指标完成情况

全年医药工业总产值完成了1430亿元，比1996年增长14.3%。现行价产值1234亿元，比1996年增长10.3%；医药工业销售产值实现1166亿元，比1996年增长10.9%，产销率为94.5%，比1996年增长0.5个百分点。

在医药工业总产值中，化学药品产值为972亿元，比1996年增长12.4%，医疗器械产值99.9亿元，比1996年增长27.6%，卫生材料产值为26.1亿元，比1996年增长34.5%，制药机械产值为5.2亿元，比1996年增长8.3%。药用包装材料产值为24亿元，比1996年增长13.2%，中成药产值为265亿元，比1996年增长21.6%，中药饮片产值为2.7亿元，与1996年持平。

化学原料药24大类总产量完成了35.7万吨，比1996年下降5.9%。

医药商品购销有增有降。全年，医药商品六大类购进额为825.7亿元，比1996年增长11.7%，销售额为999亿元，比1996年增长10.0%。其中：(1)药品类购进额为511.7亿元，销售额为607.8亿元，分别比1996年增长15.1%、14.2%；(2)医疗器材类购进额为33.9亿元，销售额为42.2亿元，分别比1996年下降4.4%、7.3%；(3)化学试剂类购进额为7.5亿元，销售额为10.5亿元，分别比1996年下降13.3%、14.3%；(4)玻璃仪器类购进额为2.4亿元，销售额为3.5亿元，分别比1996年下降12.5%、17.1%。

全年，医药工商业共实现利税169.3亿元，比1996年增长8.5%，其中：医药工业实现利税145亿元，比1996年增长9.4%；医药商业实现利税24.3亿元，比1996年增长3.0%。

医药经济管理情况

医药经济结构调整工作力度加大。经济结构调整工作是全国经济工作的重点，也是医药行业的重要任务。国家医药管理局将结构调整工作列为重中之重，成立结构调整工作领导小组，制定医药经济结构调整规划的指导思想、原则、政策措施，印发《推进医药经济结构调整工作的通知》，对全行业开展结构调整工作进行部署。在进行大量而深入细致地调查研究的基础上，国家医药管理局召开了全国医药经济结构调整工作座谈会，进一步沟通情况、交流经验、研讨结构调整的政策、措施与办法。经过会议研讨，国家医药管理局草拟了“医药工业经济结构调整规划纲要”。至此，医药经济结构调整工作的思路、目标、政策、措施已基本明确，医药经济结构调整工作已逐步展开。至1997年底，已有一批国有大中型医药企业，如华北制药集团公司、三九集团、江苏杨子江药业集团、浙江华东制药集团公司、西安制药股份有限公司、湖北广济制药股份有限公司、河南华中制药集团等，通过实施兼并或联合等进行结构调整，这些公司均焕发出勃勃生机与活力，展现出良好的发展前景。

建立中央与地方两级医药储备制度取得突破性进展。改革医药储备办法，建立中央和地方两级医药储备制度，是社会主义市场经济条件下确保灾情、疫情及突发事故对药品和医疗器械的紧急需求的需要。国家医药管理局认真宣传贯彻国务院《关于改革和加强医药储备管理工作的通知》，拟定医药储备管理办法，经反复征求国家经贸委意见，多次与财政、卫生、金融、监察、审计等部门协商，于 1997 年 12 月由国家经贸委、国家医药管理局、财政部、中国人民银行、卫生部联合印发了《国家药品医疗器械储备管理暂行办法》，部分省、区、市制定了相应的储备管理实施细则。截止到 1997 年底，除海南省外，全国其他各省（区、市）及新疆生产建设兵团都已建立了医药储备领导小组及办事机构。国家财政第一期拨款 1 亿元储备资金已经到位。省级医药储备资金基本落实的有北京、上海、河北、江苏、浙江、江西、山东、河南、湖北、湖南、广东、重庆、四川、西藏、甘肃、青海等 16 个省（区、市）。

积极开展国家基本药物目录的调整工作。根据国家基本药物办公室《关于国家基本药物调整工作的通知》要求，国家医药管理局印发了《关于征求国家基本药物目录调整意见的通知》，在医药行业征求意见，进行调查。对各地反馈的意见中提出的 1260 个（其中中药品种 485 个）品种进行筛选，并组织专家论证，最终确定 58 个品种（包括 21 个增加新剂型品种），建议调入国家基本药物目录。

大品种协调工作见成效。维生素 C 和青霉素是战略性大品种，其产量、价格的升与降，不仅影响国内医药市场，而且对国际医药市场也产生较大影响。国家医药管理局支持同品种协调体，共同开展协调工作。多次召开协调会议，分析维生素 C 的产销形势及价格趋势，研讨对策、办法，使各部门和多数企业对加强协调、联合的重要性、必要性、紧迫性取得共识。国家医药管理局与外经贸部联合印发《关于加强 VC 生产、出口管理有关事项的通知》，对严格控制维生素 C 的生产规模、配额分配原则、办法等都做了具体规定。经过协调，维生素 C 的外贸经营企业由原来的 299 家减少到 21 家，生产企业有 8 家纳入维生素 C 商会。通过控制企业的数量和规模，维生素 C 的经营秩序已有好转。在控制生产经营企业的同时，配额指标集中向重点企业倾斜，8 家重点企业的出口配额在 1998 年达到总配额的四分之三，即 1.5 万吨。上述一系列措施的实施，有效地制止了维生素 C 价格的下滑，其价格由 4.5 亿美元回升到 5～5.2 美元。

医药“双加”工程和基建项目的管理进一步加强。抓紧实施二期“双加”项目。二期“双加”工程 68 项，总投资 35.1 亿元，其中限上项目 33 项，完成可行性研究论证 14 项，限下项目 35 项，下达投资 4.57 亿元。落实国家经贸委下达的医药专贷项目 20 个，安排投资 4.99 亿元，其中专贷近 3.6 亿元，消化吸收项目专贷 1326 万元，新开项目专贷 4950 万元。截止到 1997 年 10 月底，已完成技改投资 3.6 亿元。加强“双加”项目的管理。国家医药管理局印发了《关于催报“双加”工程项目跟踪报表的通知》，以了解和掌握拟开工的“双加”项目的审批、资金落实、进度、竣工时间等情况。召开技改座谈会，衔接、检查项目，针对存在问题，研究措施，加快技术改造进度。

医药流通体制改革及市场管理情况

改革医药流通体制，使之与市场经济相适应，是医药行业面临的急需解决的重大问题。医药管理部门、医药工商企业都在积极地探索市场经济条件下的医药流通模式，交易方式、经营战略、市场管理等问题。国家医药管理局继续深入贯彻《国务院关于进一步加强药品管理工作的紧急通知》和《国务院办公厅关于继续整顿和规范药品生产经营秩序加强药品管理工作的通知》，大力整顿药品经营秩序和整治药品回扣，同时，积极开展调查研究，拟订医药流通体制改革方案，指导改革实践。上海、浙江、江苏、山东、河北、辽宁等省市大胆探索、勇于实践，使医药流通体制改革取得了实质性进展，医药商业企业规模化、集约化程度有所提高，产权制度改革逐步展开，各地积极探索总代理、总经销、连锁化经营，营销策略和经营方式已发生深刻变化。

1997年10月30—31日，国家医药管理局组织召开了全国医药流通体制改革与市场管理座谈会，学习、贯彻党的十五大精神，总结交流各地医药流通体制改革所取得的经验和作法，进一步分析医药流通体制改革和医药市场管理工作中的问题，研讨深化改革的政策、措施。在此基础上国家医药管理局拟定了《关于推进医药流通体制改革的指导意见（讨论稿）》，提出了医药流通体制改革的总体目标，即建立适应社会主义市场经济条件的宏观调控、科学管理、统一开放、竞争有序的医药流通新体制，做到流通高效、结构合理、规模经济、体系完善、行为规范、优胜劣汰。

1997年，国家医药管理局会同卫生、工商、中医药等有关部门对山东、江西、广东、湖北、安徽、贵州医药市场进行调查，对发现问题进行整改。全国共关闭回潮药品集贸市场10家，规范中药材专业市场17家，纠正出租转让证照1000家，查处个人承包1500家。

针对药品交易会越来越多、会议收费越来越高、参会单位和人员混杂、交易与竞争秩序混乱等问题，国家医药管理局于1997年8月31日以第17号局长令发布了《药品交易会管理办法》，此办法将于1998年1月1日开始施行。

质量管理情况

1997年，医药行业以学习贯彻国家《质量振兴纲要》为重点，紧紧围绕实现两个根本性转变抓质量，围绕依法加强行业监督管理抓质量，围绕大力创建精神文明抓质量，质量管理进一步加强，有力地促进了医药经济结构调整和医药经济进行质量的提高。为深入贯彻《质量振兴纲要》，国家医药管理局制定了《全国医药行业质量振兴计划》，并于1997年12月23日印发实施。

医药质量法规建设步伐加快，全年发布实施了一批医药质量管理规章：国家医药管理局与国家中医药管理局联合印发了《药品生产（经营）企业合格证管理办法》；国家医药管理局制定印发了《制药机械管理办法实施细则》、《制药机械产品生产许可证管理办法》、《绿十字标志管理办法（试行）》、《药品质量分等、评定、考核管理办法》、《医药标准化管理办法实施细则》，完成了《医药商品经营质量管理规范》的定稿，上报了国家经贸委，将以国家医药管理局令颁发。这些办法、规定的制定与颁发，进一步健全和完善了医药质量管理法规体系，为强化质量管理奠定了基础。

1997年，GMP、GSP的推行力度加大，取得实质性进展。截止到1997年底，全国已有24个省、自治区、直辖市的110家粉针剂生产企业或车间和3家无菌原料药企业通过了GMP达标考核，至此，GMP达标企业粉针剂的生产能力和实际产量，已分别占全国总数的70.2%和88.9%。1997年，GSP达标企业又增加73家，其中批发企业45家，零售企业28家。截止到1997年底，全国已有23个省、自治区、直辖市的96家医药商业企业达到GSP标准，其中江苏省有11家，上海、浙江各有8家、北京有7家，山东、福建、安徽各有6家，河北、吉林各有5家。

质量监督工作进一步加强。1997年，国

家对10个医药（医疗器械、制药机械、药品包装材料）品种152个企业的185批（台、套）产品进行了监督抽查，结果有107家企业的131批（台、套）产品合格，平均合格率为70.8%，比1996年下降了5.2%。其中医疗器械抽查了134家企业的153批（台、套）产品，合格的企业90家，合格的产品100批（台、套），平均合格率为65.4%。医疗器械产品中，一次性输血器、X射线影像增强器电视系统的抽查合格率为100%，而高频手术器的抽查合格率最低，仅为25%（12家企业的24种产品，仅有3家企业的6种产品合格）。

卫生部组织对127个品种761家企业的1646批产品进行监督抽验，结果合格的企业559家，合格的产品1316批，平均合格率为80.0%，比1996年下降了7.7个百分点。

国家医药管理局针对监督抽查中反映出的问题，组织企业认真整改。对12个省自治区、直辖市的19家药品经营企业出售假药的违法现象，责成有关省、自治区、直辖市的医药管理部门对其进行严肃查处。

科技进步情况

技术创新工作深入开展。国家医药管理局贯彻国家经贸委《关于开展技术创新工作的意见》，积极组建各类技术中心，推进企业成为技术创新主体，实施技术创新工程计划，开展“四个一”（一个新产品、一项新技术、改造一个老品种、实施一项节能降耗和改善环保措施）技术创新工程活动。

1997年，组建了“国家医药管理局激光医疗仪器工程研究中心”、“国家医药管理局介入医学金属材料和相关器械工程研究中心”和“国家医药管理局膜技术研究推广中心”。截止到1997年底，医药行业共组建了8个国家级工程（技术、研究）中心和13个国家医药管理局工程技术研究（推广）中心，为提高行业的工程技术水平发挥了很大作用。1997年，有近100家医药企业100多个项目列入国家经贸委和国家科委的重点新产品计划，为医药产品结构调整奠定了基础。华北制药集团成为国家经贸委认定的第一批6家全国技术创新试点企业之一，为医药企业起到示范作用。为引导企业开展技术创新，国家医药管理局组织编辑了《国家级化学医药新产品开发指南》、《国家级药物制剂新产品开发指南》、《国家级医疗器械新产品开发指南》；参与组织“生物医学工程技术及产品开发的战略研究”课题的研究，提出了我国生物医学工程技术与产品开发的近期和中期发展战略。

各项医药科技计划顺利实施。《新型药物和关键技术的研究开发计划》、《新型医疗器械和重大技术开发计划》进展顺利。至1997年底，已获得新药证书一项，9个医药新品种进入临床验证，7个品种申请临床；已建成4条制剂关键技术生产线；3个重大品种的关键技术取得突破性进展；完成了具有创新技术的新型医疗器械样机2个品种6台套，并已进入临床研究；数字化彩色超声高密度探头制造技术、高能加速管能量开关的轴耦合技术、新型半导体激光器耦合技术等多项医疗器械关键技术有重大突破；高强度超声治疗系统和常规医学X射线机数字影像系统不仅具有自主知识产权，并有望达到国际领先。

1997年是我国新药研究基金建立10周年。10年里，共资助科研项目382个，其中11项取得新药证书，15项进行临床研究，20项完成临床前研究而申报临床。11个新药中有5个是一类新药。1997年对1996年征集的215项国家新药基金项目进行了评审，立项资助了55项，其中新药研究青年专项基金10项。对正在研究的25项国家新药研究基金项目进行了评估，对其中有前景、进展良好的项目进行研究开发和专利申请的滚动支持。

科研成果的管理及推广工作进一步加强。经过审评，BJ—6B医用电子加速器、氟康唑研制、青霉素发酵过程优化技术研究3项成果获国家级科技进步奖二等奖；头孢菌素C高产菌株选育及发酵工艺的研究、盐酸丁丙诺啡及其制剂的研究开发、抗肿瘤新药紫杉醇的研究开发、新药藻酸双酯钠的研究、桂林西瓜霜与西瓜霜润喉片的研制、草豆蔻、肉苁蓉等83种中药材的品种鉴定和质量研究6项成果获国家科技进步奖三等奖；获国家医药管理局级科技进步奖一等奖1项、二等奖4项、三等奖19项。为加大科技成果转化的力度，国家医药管理局公布了科技成果推广计划指南，确定了6项重大技术为重点推广项目；选择了11项在医药行业中具有一定共性的关键技术，在浙江、广东进行了巡回推广；举办了全国医药生产过程计算机自动控制技术、产品推广交流会和羟丙基甲基纤维素及薄膜包衣粉技术专题推广会；成功地举办了第二届全国医药新产品、新技术展示交易会，征集可转让成果和难题招标1209项，达成科技成果意向转让850项次，意向转让金额3.2亿元。

医疗器械行政监督管理情况

法规体系进一步健全。国家医药管理局为保证《医疗器械产品注册管理办法》的有效实施，今年制订和出台了《医疗器械产品准产注册企业实施质量体系考核的要求》、《医疗器械产品生产企业质量体系考核申请书》、《医疗器械生产企业质量体系考核报告》、《重要医疗器械生产企业质量体系考核要求》、《重要医疗器械生产企业质量体系考核程序》、《医药标准化管理办法实施细则》；修订了《医疗器械临床验证的补充规定》、《医疗器械生产许可证企业审查员工作纪律》、《一次性使用无菌注射器生产许可证实施细则》、《外科植入骨科内固定器材类产品生产许可证实施细则》、《医用电动吸引器产品生产许可证实施细则》。制订发布了《生物医学评价》等国家标准8项、行业标准39项。对257项国家和行业标准进行了复审，确认继续有效的41项，列入修订计划的149项，废止67项；重新确认强制性标准214项。这些规章和标准的制订与实施，加强并规范了市场准入、生产许可证的申报受理和审查工作，为依法行政，强化监督奠定了基础。

产品审查和质量体系考核工作进一步加强，截止到1997年11月底，国家医药管理局共受理第三类医疗器械产品的试产注册300余项；换发和核发产品准产注册证246项；受理和批准中央级新闻媒体广告申请400项；办理境外医疗器械产品注册1300项，台、港、澳地区产品注册22项；受理二手设备备案两批共32台（没有CT机）；办理机电进口产品审查登记38项、特定产品进口23项、配额产品申请1项；新发、换发医疗器械工业产品生产许可证58项；办理出口自由销售证书93项。先后组织了17批体系考核评审员对申请一次性血袋、一次性输血、输液器、一次性注射器、医用氧仓生产许可证的31家企业的质量保证体系进行了现场审核。先后派出8个小组，分别对国外生产的心脏起搏器、心脏瓣膜、人工晶体、人工心脏导管等产品的15家生产企业进行了现场体系审查和考核。中国医疗器械产品质量认证中心已受理39家企业的ISO9000质量体系认证申请，有7家企业已经通过了现场体系审核，获得了该中心颁发的ISO9000质量体系认证证书。

加大了市场监督检查力度，净化了市场环境，规范了医疗器械的生产、经营行为。河北、广东、上海、吉林等省市一年中进行了多次执法查处，在生产、经营、医疗卫生单位，查处了一定数量的无证、无号医疗器械产品。国家医药管理局组织有关部门及人民日报、光明日报、科技报、中国医药报等新闻单位，重点查处了上海、广东、河北、湖北、辽宁五省（市）的7家企业、14家经营单位和3家医疗卫生单位。针对二手CT机市场混乱，社会反映强烈的热点问题，国家医药管理局在新闻单位的配合下，现场获取了用劣质二手CT机坑害用户，造成严重医疗事故的文字、录像资料。在调查核实的基础上，通报批评了浙江玉环康复利医用器材有限公司违反生产许可证实施细则，生产一次性医疗用品的不规范行为；通报处理了日本欧姆龙公司的电子血压计问题、GE华伦公司生产经营中的不规范行为。

1997年，医药经济保持了适度增长，医药工业效益好转，特别是国有医药工业开始走出效益低谷，医药商业效益下滑减缓，但是，医药经济结构性矛盾依然突出，行政管理和宏观调控乏力。这些问题，只有深化医药管理体制改革、深化医药流通体制改革和深化企业改革才能有效地解决。

化学制药工业

概况　1997年化学医药工业总产值1006亿元，比上年增长15.23%，增幅有所回落。24大类原料药产量18万吨，为上年的93.6%。产量中抗感染药、解热镇痛药和维生素三类占78%。抗感染药产量较上年下降1.51%，解热镇痛药增长5.57%，维生素下降21.7%。增幅在10%以上的有计划生育及激素类、泌尿系统用药、血液系统用药、生化药和五官科用药五类。心血管药、呼吸系统药、中枢神经系统药、抗组织胺类及解毒药分别增长1.52%－3.26%。产量增长较大的品种有青霉素钠、硫酸庆大霉素、氯霉素、乙酰螺旋霉素、TMP、异烟肼、氟哌酸、阿司匹林、盐酸左旋咪唑、氢化可的松等。产量下降较大的品种有硫酸卡那霉素、盐酸洁霉素、SMZ、SM_2、VC、甲硝唑等。

主要制剂抗生素分装完成82.5亿瓶，比上年增长4.16%；针剂245亿支，下降2%；片剂2907亿片，增长3.01%；输液16.6亿瓶，增长11.6%；胶囊363亿粒，与上年持平。制剂产量增长较大的品种有头孢拉定针、复方氨基比啉针、氯霉素针、硫酸丁胺卡那霉素针、复方新诺明片、强的松片、麦白霉素片、感冒通片、头孢氨苄胶囊、VE胶囊等。产量比上年下降较大的品种有葡萄糖针、VC针、卡那霉素针、小诺霉素针、VC片、盐酸麻黄素片、甲硝唑输液、洁霉素胶囊、氟哌酸胶囊等。

1997年供出口金额95.9亿元，比上年下降4.8%。供出口原料药75367吨，较上年下降2.68%，出口量占产量的42.02%。按大类计出口量增加的有解热镇痛药较上年增长10.25%，抗寄生虫药增长19.01%，中枢神经药增长15.71%，消毒防腐药增长132.94%。减少的主要是抗感染药比上年减少4.81%，维生素减少23.6%。出口量增长幅度较大的品种有普鲁卡因青霉素、硫酸链霉素、强力霉素、SM_2、TMP、氟哌酸、扑热息痛、咖啡因、可可碱等，下降幅度大的品种有青霉素钠、洁霉素、SM_2、呋喃唑酮、VC、萘碱、青霉素工业盐等。其中VC出口减少6500吨，产量减少6650吨；青霉素工业盐出口减少831吨，产量减少1100吨。SMZ出口受到印度的挑战，1993年我国出口804吨，1997年只有92吨。一些品种的出口优势正在失去。

由于看好中国市场，一是中外合资企业

发展快，二是进口药品增长迅速。大的跨国制药公司都已来华办合资厂，老的中外合资厂外方要扩大股份，新办合资企业外方一般都要控股，占大股，还有独资的。进口药品1996年由于医改试点扩大，公费报销品种目录对高价品种的限制，从而使1997年进口药品金额较上年减少约20%。

股份制有较快发展。截止1997年，有15家股票上市。其中新华制药股份公司并在香港上市。

联合、兼并、重组和发展企业集团有较大进展。累计制药工业已组建企业集团30多个。除原有的华药、东药、哈药、新华、鲁抗、丽珠等外，有武药、宜药、华东、民生、海正(海门)、华中、新谊、广济等。1997年国家要求第一批进入世界五百强的六家企业集团中医药有华北制药集团。企业集团有的是强强联合，如石一药、石二药、河北、恒利联合组成石家庄制药集团，1997年销售收入进入全行业第四名。有工商联合的，如新昌、仙居两个经济效益好的工业企业和浙江省医药公司联合组建浙江医药集团。有商业兼并工业的，如常州医药集团由常州医药站兼并常州制药厂、常州第二制药厂，使常州制药厂扭亏为盈。跨省兼并的有华北制药集团兼并太原制药厂。

破产的企业有安徽合肥药厂和芜湖制药厂，这是两个老国有企业。

1997年销售收入最大的企业是华北(30亿)、南方、新华、石家庄医药集团、杨森、白云山、史克。

产品结构调整和技术创新方面有新进展。一些企业重视产学研结合，加大科研投入。如新华，1997年技术进步项目投入5200万元，新产品产值率达19.35%。名优特独产品更引起重视，中美华东制药集团公司提出“要么唯一，要么第一”的目标，在产品结构调整中取得新成绩。湖北广济药业公司基因工程菌应用于VB_2发酵，使发酵单位提高两倍，发酵时间缩短一半，年生产能力由150吨增至500吨，经济效益由10%提高到40%。鲁抗集团青霉素产率超过1吨/年·M^3，石家庄第一制药厂VC收率达到60%。

申请GMP认证的企业和产品有75家，已有46家（或品种）通过认证，主要是中外合资企业和新办企业，老企业有北京制药厂的注射剂分厂（以上为1998年3月止数字）。1997年全国有110个粉针车间通过国家医药管理局GMP达标验收。

国家计委药品价格管理暂行办法1997年在听取各方面意见后对GMP以倾斜政策，原规定达不到GMP其利润率扣3个百分点改为通过了GMP认证或达标验收，可申报其利润率高若干个百分点。

在1997年产品结构调整中，在半合成青霉素、头孢菌素类、红霉素衍生物等原料药和某些制剂又出现不必要的重复建设，将造成新的产品结构不合理。

1997年1月发布的《中共中央、国务院关于卫生改革与发展的决定》为新时期医药经济的发展指明了方向。深入进行城镇职工医疗保障制度改革，卫生工作重点在农村，建立基本药物、处方药、非处方药分类管理，中央和省两级储备三项制度对制药工业发展至关重要。

在总结1994年起镇江、九江医改试点经验的基础上，1997年试点扩大到57个城市，包括广州、石家庄等大城市。上海市自1995年下半年起实施“总量控制，结构调整”的试点，北京市也自1997年10月起实行。一些城市还实行大病统筹医疗等办法。医改相关的公费报销药品目录，促进了用药和药品生产供应的品种结构调整。进口药、高价药受到限制，普药用量增加，这对国有企业是一种机遇。药品销售和生产增长幅度变慢。零售药品增加，大病去医院，小病到药房逐渐成为一种风尚。

农村卫生工作国家重点抓三项：积极稳妥地发展和完善合作医疗制度，加强农村卫生组织建设，巩固和提高农村基层卫生队伍。除增加农村卫生投入外，建立城市卫生机构对口支援农村的制度，包括卫生下乡的三下乡，把卫生工作作为扶贫攻坚战的重要内容等。在农村药品供应渠道上主要有医药商业网点下伸，通过供销社、卫生院及对地广人稀地区巡回送药等不同办法。农村用药将成为今后医药经济新的增长点。

非处方药管理办法虽未出台，已引起多方面重视，尤其是三资企业行动迅速，如扑热息痛制剂，有强生的泰诺、施贵宝的百服宁、史克的必理通；罗氏、杨森都重视非处方药的发展。

1997 年医药工业总的形势是好的。但也面临新的问题和挑战。主要是：

1. 国际竞争加剧，不仅影响出口，并反映到国内市场上。

2. 参加国际贸易组织为时不远，将进一步受到进口药品冲击，准备尚不足。

3. 经济结构调整任务还很艰巨。

4. 科研开发投入不足。企业尤其是国资企业经济效益差。

5. 地方财政包干，宏观调控乏力，重复建设问题未解决。

6. 贯彻可持续发展方针要求加大力度，制药企业环保欠帐较多，节约资源差距较大。

7. 人才不足。科技人才、经营人才、管理人才均不适应跨世纪发展的要求。

为迎接新世纪的到来，制药工业尚需作很大努力。 （俞观文）

中国医药工业公司 1997 年工作 中国医药工业公司 1997 年工作始终以“改革发展、稳定提高为原则，调整企业结构，发展品种，优化存量资产，压缩费用开支，提高自我经营能力，加强科学管理，采取有效措施，改进薄弱环节，开拓新的经济效益增长点，提高公司整体经济效益”为指导思想，在全体职工的努力下圆满完成年初制定的经济效益目标，而且其它工作也有了突破性的进展：1. 公司建立了自己的制药企业——中冠药业有限公司，同时将生产自己的产品；2. 开办了新的合资企业中国三韦药业有限公司，以及同黑龙江省海伦康泰制药厂组建了中海制药股份有限公司；3. 购置了两处宿舍楼（共计 3900 平方米），职工受益面达到 87.3%；4. 同烟台、连云港、汕头、成都四家参股的联营企业将逐步成为公司新的经济效益增长点；5. 公司新成立的进出口贸易部在不到一年的时间里赢利 22.05 万元，成为公司新的经济效益增长点；6. 公司注册商标及监制系统的设计已开始启动运作；7. 公司承包力度不断加大，承包内涵也不断的扩充，实行资金回归到位，并制定了配套的奖励制度，自我经营已成为公司的主要支柱。

1997 年公司本部销售收入 15525 万元，比去年同期 12988 万元增长 19.5%；实现利润 3525.5 万元，比去年同期 2450.6 万元增长了 43.86%。连同子公司、控股公司销售收入 24388 万元；实现利润 4057 万元，比去年同期 2917 万元增长 39.08%；资产升值保值率 118.13%；回款率达到 102.5%；负债率已降至历史最低点 19.6%。

1997 年公司在认真抓好经营管理等业务工作的同时，不忘抓精神文明建设，加强了党的各项方针政策的学习和贯彻落实，加强对公司职工的思想教育工作，不仅取得良好的经济效益，精神文明建设也取得了可喜的成绩——公司被评为中央国家机关文明单位。 （英　军）

中外合资企业生产经营情况（1997 年） 随着改革开放的不断深化，外商投资不断增加，医药行业外商投资企业已达 1500 多家，总投资约 45 亿美元。其中投资于药品制剂制造类的外资企业已达 870 多家，完成工业总产值 190 亿元，占同行业工业总产值的 20%，实现总销售额 165 亿元，占同行业销售总额的 18.28%，上缴利税 31 亿元，占同行业实现利税 30.77%，从而有力地促进了我国医药总量的增加。中国大冢制药有限公司完成了五期工程的建设，新开发了两个氨基酸品种并上市，从而调整了公司的产品结构，全年销售总额为 9152 万元，实现利润 509 万元，均较上年有所增加。华瑞制药有限公司继续进行二期工程的建设，同时进一步开发国内市场，在竞争对手日益增加的情况下，其脂肪乳仍占国内市场的主导地位，氨基酸和小针的销售也不断增加，全年销售额为 3.4 亿元，实现利润 9000 万元。苏州胶囊有限公司完成了三期工程第 13—16 条生产线的扩建，生产能力达 100 亿粒，成为亚洲最大的药用空心硬胶囊生产厂，并上市了新产品超安宝胶囊 (Supro A)，全年销售额为 2.17 亿元，实现利润 8203 万元。上海施贵宝制药有限公司继续加大市场投入，先后上市了蒙诺、施太可和日夜百服宁等新产品，全年销售额为 7 亿元，但由于巨大的市场投入，实现利润仅 599 万元，为该公司近年来的最低点。西安杨森制药有限公司仍然呈现较为迅猛的发展趋势，数个产品的销售额超亿元，其中吗叮啉的销售额超过 5 亿元，同时上市了普瑞博斯、斯皮仁诺和维思通等新产品，全年销售额达 17.18 亿元，实现利润 4.17 亿元，在行业内处于领先地位。天津史克制药有限公司也取得了很好的经济效益，销售额达 11.11 亿元，实现利润 5.46 亿元。大连辉瑞制药有限公司已呈现出较好的发展势头，进入了第二个盈利年度，虽然有些产品曾受到公费医疗的影响，仍取得较好的经济效益，销售额为 4.5 亿元，实现利润 8000 万元。　（张　健）

全国麻醉药品联合体工作　1997 年，全国麻醉药品联合体配合卫生部、国家医药管理局在我国麻药的发展上做了大量的工作，特别是在原料紧缺的情况下，积极想办法，保证了麻醉药品及其制剂的生产供应。

罂粟的种植是麻药发展的基础。继前几年罂粟品种改良小试，中试成功之后，1996 年采用新方法种植，1997 年正式开始工业化提取，并已作为生产麻药的原料开始使用，解决了原料供应不足的问题。

1997 年是种植改革的第一年，在生产工艺、设备等方面还存在一些问题，生产出的 CPS 原料不稳定，不适宜一些制剂的生产。因此，从国外进口了 1.5 吨 CPS 原料 (CPS 吗啡含量为 75%)，保证了下半年含麻复方制剂的生产供应。

做好麻醉药品、精神药品内部统计工作，加强信息交流。继续搞好麻联体简报及统计简报的编辑发行工作，全年共出版麻联体简报 10 期，麻联体统计简报 8 期。

麻药生产安全一体化工作不放松。强调安全一体化是永恒的主题，各单位要狠抓安全一体化工作的落实，保证麻醉药品在四大环节不出问题。

1997 年 6 月 23 日—26 日召开了全国复方甘草片生产协调会，会议主要就各企业普遍关心的复方甘草片生产计划、原料供应、价格及今后的发展等问题进行了讨论和磋商，达成了一致意见。

配合卫生部、国家医药管理局对现行《咖啡因管理办法》进行修订。对其中一些条款进行了修改、完善和补充，确定了新的购用证明格式，新修订的《咖啡因管理办法》于 1997 年 12 月 1 日发布，1998 年 1 月 1 日起正式执行。

协调麻醉药品价格，保证企业的经济效益。经多方努力，计委基本同意对麻醉药品、精神药品等特殊药品的利润率放宽控制，对于新产品上市前五年利润不受8%和12%的限制。

1997年11月4日—9日组织召开了全国麻醉药品联合体主任会议和全体会议，会上介绍了麻醉药品经营体制改革情况，国产CPS试验生产情况，麻醉药品新品种申报、审批手续及国外的麻药需求情况，探讨和解决了当前生产中存在的一些问题，并对今后的工作进行了安排。（刘　惠）

中国化学制药工业协会1997年工作　中国化学制药工业协会四届一次会长会和四届二次会长会分别于1997年3月下旬在重庆和同年8月中旬在哈尔滨举行。会议听取工作报告和协会财务收支、预算报告，讨论协会工作的重要议题，制订协会工作计划。协会名誉会长、国家医药管理局局长郑筱萸同志专程到哈尔滨参加了协会四届二次会长会并作重要讲话，介绍医药行业经济结构调整进展情况，对协会工作给予了充分肯定，并希望进一步发扬光大。

1997年11月中旬在江西南昌召开协会四届二次理事会。协会理事单位和部分会员单位代表80余人参加了会议。李舜年会长作了“高举十五大旗帜，在促进医药行业发展中加强协会工作”的主题报告。会议邀请国家计委工农产品价格司毕井泉司长专程到会介绍药品价格管理暂行办法实施补充完善工作进展情况并听取意见。会议组织的专题报告有：理事单位中美苏州胶囊有限公司总经理宋振钦先生（外籍）应邀到会作“企业发展战略及如何提高企业竞争力”，理事单位天津药业有限公司董事长师春生作“为振兴民族工业奋力拼搏，地塞米松雄步占领国际国内市场”，会长单位中国医药工业公司副总经理王琢成作“高举邓小平理论旗帜，发展医药工业，在建立社会保障体系中贡献力量”的产销形势报告；协会俞观文副会长结合国家医药管理局长春局长会精神传达医药经济结构调整的指导思想和工业部署等情况。十五大代表、协会副会长、华北制药集团有限责任公司董事长陈贤丰向会议提供了“学习贯彻十五大精神，努力搞好国有企业改革”的书面发言材料。

1997年全国医药工业技术工作年会于4月7月—10日在云南省昆明市举行。来自制药企业、科研单位和省市医药管理部门180多个单位的230余名代表参加了会议。大会主题是：坚持科教兴药，适应两个根本转变的需要，注重依靠内涵求发展，学邯钢，抓增效，推进科技进步和加强管理，促使企业在市场经济中寻求发展和壮大。会上对1996年在生产技术方面作出显著成绩的华北制药集团有限责任公司等24家企业提出口头表扬。会议组织华北制药、山东新华、天津药业、上海华联、杭州民生、云南白药等单位作了经验交流介绍。约请有关专家作专题报告：“制药工业展望”（李以欣）、“从抗生素到微生物药物”（陈代杰）、“合成药物的工艺研究”（周后元）、“新型材料在微囊包衣中的应用”（陈庆华）、“老年用药发展概况”（邓宏中）、“国外半合成抗生素研究开发进展”（陈岱宗）、“云南天然药物的研究与开发”（王作祥）、“实施《国家基本药物》制度，做好国家基本药物生产供应工作”。（俞观文）

协会首次举办的医药市场营销研讨会于1997年9月6日—8日在北京举行，来自十多个省市企业的近百名代表参加了会议。以医药市场营销研讨为主题，通过专题授课、经验交流、体会畅谈等形式取得较好效果。

由中国化学制药工业协会主办台湾区制药工业同业公会和（台湾）大陆台商药业

经贸协会协办的第四次两岸制药产业交流研讨会于1997年6月6日—7日在北京举行。来自台湾卫生署及相关制药企业的10人代表团和大陆方面有关部门负责人、京内外制药企事业单位、地区性制药协会代表计60余人参加了会议。交流研讨会以双方均感兴趣并认为必要的关于GMP实施、验证、规划，进口药品审批，医药分业，药品行销四个问题为主安排专题发言，交流各自的现状及未来发展的趋势。针对专题发言组织了会议座谈和答疑，交流实践经验及各自的认识与见解，沟通双方了解。

由中国化学制药工业协会、中国医药工业公司、日本三井物产株式会社和日本旭化成工业株式会社于7月底联合在北京举办日本旭化成药用辅料科技报告会。”来自部分省市的独资、合资、国有制药企业的代表，科研院所的专家等约150位人参加了会议。有关领导应邀出席了会议。会议邀请日本制剂专家川岛嘉明先生作“日本制剂技术的最新动向”专题报告。有关人士作“微晶纤维素及在制剂中的应用”以及“旭化成药用辅料品种介绍”的专题报告。

应韩国制药工业协会邀请，中国化学制药工业协会首次组成以协会会长、中国医药工业公司总经理李舜年为团长、丽珠医药集团公司、上海第一生化药业公司、北京曙光制药厂负责人以及协会秘书处有关人员为成员的赴韩国访问团一行7人于1997年12月上旬对韩国就民族制药工业的保护与发展等问题进行了参观访问和座谈交流。

协会调研工作以战略品种之一的青霉素及其系列品种的现状及发展趋势为题走访调查了地处江苏、上海、山东、河北（部分）、江西的近十家企业，此项工作将延续至1998年。

协会专业工作机构如统计协作委员会、中外合资企业工作委员会、片剂专业委员会、GMP委员会、环保专业委员会、甾体药物协作委员会、软胶囊制剂交流组及输液、注射剂专业委员会均开展了不同形式各具特色的活动。年内召开了氨基酸专业委员会（筹）会议。

协会工作机构第八次工作会议于1997年5月在福建武夷山举行。主题报告为“务实工作，探索前进，开创协会工作新局面”，回顾工作，提出深化协会工作的思路及建议并在会上展开研讨。（沈贤姬）

中国医药工业科研开发促进会1997年工作

一、为适应医药经济调整，产品结构调整的需要，97年按计划召开了三次医药品种发展趋势研讨会，受到有关领导和与会代表的肯定和好评。

1. 组织召开了“1997年全国药物制剂发展趋势研讨会”；

2. 组织召开了“全国医药品种结构调整研讨会暨医药工业科研开发信息网络成立会”；

3. 召开了“全国抗病毒药物发展趋势研讨会等”。

二、召开了药促会第四届三次理事会，会议完成了以下议程：

1. 听取审议通过了药促会一年来工作报告；

2. 审查通过了药促会一年来财务收支情况汇报；

3. 研究讨论了药促会一些重大问题：如药促会成立十周年庆祝活动、换届及技术市场问题。

同时应新疆医药局要求，组织专家进行了科技信息发布与交流，深受乌鲁木齐市企业欢迎。

三、较好地完成了理事会交办的日常工作

1. 完成了两个会刊出版发行工作。其中“医药工业科研开发信息”由季刊改为双月刊，加快了信息传递速度，并扩大了信息源，增大了信息量，受到会员单位好评。

2. 出版发行简报 11 期。

3. 做了大量咨询服务工作：如新药申报审批、进口药品注册、部分品种调研、科研新品种、新工艺、新技术可供转让品种汇编及国内外产学研相结合方面起到较好促进作用。 （马杏芬）

全国化学原料药、制剂产品技经指标统计交流工作会议 为加强医药产品技经指标统计工作标准化、程序化、科学化管理，推动全行业技经指标统计交流水平的提高，更好地发挥其在市场经济下对医药生产的作用，中国医药工业公司于 1997 年 11 月 11 日在桂林市组织召开了全国化学原料药、制剂产品技经统计交流工作会议，共有 67 个单位的 77 名代表参加了会议。

会上中国医药工业公司的代表对医药行业技经指标统计交流的开展情况及前段工作作了回顾总结，同时安排了华北制药集团有限公司等七个单位的代表，分别进行技经指标统计管理工作的经验介绍，从不同方面介绍该工作对企业管理及提高经济效益中的作用，使与会代表深受启发。大家在分组讨论中，相互交流本单位技经指标统计管理工作的情况，并提出交流中存在的问题，其中武汉制药集团股份有限公司、江西制药有限责任公司的代表进行了现场演示操作本企业制剂技经指标统计软件，获得代表们的一致好评，大家希望行业内能多推广一套类似原料药技经指标统计软件那样适应性强的制剂统计软件。前两年由于种种原因制剂技经指标交流一度中断，本次会议上确定了交流品种、项目和办法，中国医药工业公司决定从九八年恢复制剂技经指标交流工作，继续为广大生产企业服务。

目前，原料药交流品种增加到 100 余种，参加交流的企业和省市医药局、总公司、工业公司已逾 200 家，新增的制剂交流还在此基础上增加数十家制剂生产企业。多年来技经指标交流为医药行业提供了大量信息资料，为企业赶超先进提供了依据，并为企业间开展技术交流、推进技术进步，增加企业经济效益发挥了重要作用。

（曹师越、刘景荣）

1997 年全部化学制药工业企业工业总产值（不变价）前 50 名

1	华北制药集团有限责任公司	303459
2	三九企业集团（深圳南方制药厂）	194461
3	武汉红桃开集团股份有限公司	125079
4	西安杨森制药有限公司	121470
5	山东新华医药集团公司	120898
6	新昌制药股份有限公司	114447
7	河南省驻马店地区制药厂	114076
8	广州白云山企业集团公司	111336
9	哈尔滨制药厂	110928
10	山东鲁抗医药企业集团公司	107176
11	扬子江制药厂	103075
12	珠海丽珠医药（集团）有限公司	98207
13	东北制药总厂	95700
14	河北制药（集团）有限公司	92706
15	齐鲁制药厂	91430
16	石家庄制药集团有限公司	80759
17	海门制药厂	77570
18	中美上海施贵宝制药有限公司	76670
19	中美天津史克制药有限公司	75230
20	河南省南阳普康药业集团有限公司	65695
21	靖江葡萄糖厂	63513
22	恒瑞医药股份公司	61588
23	上海四药股份有限公司	60083
24	广州侨光制药厂	58459
25	永宁制药厂	57378
26	上海三维制药公司	57257
27	上海先锋药业公司	57189
28	兴化制药厂	56657
29	哈尔滨制药二厂	55002
30	新乡制药股份有限公司	54034
31	上海新亚药业有限公司	54016
32	仙居集团椒江制药厂	53937

33	浙江康恩贝集团有限公司	51696
34	北京制药厂	51419
35	广东肇庆星湖生物化学制药厂	51410
36	苏州第六制药厂	50066
37	大连辉瑞制药有限公司	46586
38	仙居药业集团股份有限公司	45285
39	启东盖天力制药股份有限公司	43814
40	西南合成制药总厂	43086
41	张家口制药（集团）有限责任公司	41231
42	天津市天津药业公司	41076
43	上海信谊药业有限公司	38162
44	椒江九洲制药厂	37701
45	福州抗菌素集团有限公司	36673
46	昆明制药股份有限公司	35625
47	石家庄市华曙联合制药厂	35012
48	四川长征制药股份有限公司	34788
49	杭州民生药业集团公司	34326
50	上海第一生化药业公司	33564

1997年全部化学制药工业企业工业总产值（现价）前50名

1	华北制药集团有限责任公司	287454
2	三九企业集团（深圳南方制药厂）	206463
3	西安杨森制药有限公司	169102
4	武汉红桃开集团股份有限公司	159845
5	中美天津史克制药有限公司	124274
6	广州白云山企业集团公司	120075
7	山东新华医药集团公司	108740
8	哈尔滨制药厂	95059
9	山东鲁抗医药企业集团公司	89912
10	中美上海施贵宝制药有限公司	83741
11	河北制药（集团）有限公司	80872
12	东北制药总厂	77321
13	扬子江制药厂	75229
14	珠海丽珠医药（集团）有限公司	68612
15	石家庄制药集团有限公司	60529
16	河南省驻马店地区制药厂	59330
17	齐鲁制药厂	49121
18	靖江葡萄糖厂	47116
19	陕西省西安制药厂	46164
20	新昌制药股份有限公司	46055
21	上海三维制药公司	43959
22	张家口制药（集团）有限责任公司	42897
23	大连辉瑞制药有限公司	42385
24	恒瑞医药股份公司	41420
25	浙江康恩贝集团有限公司	40366
26	哈尔滨制药二厂	39848
27	上海新亚药业有限公司	38077
28	西南合成制药总厂	36802
29	阿斯托拉制药有限公司	36689
30	四川长征制药股份有限公司	36375
31	华瑞制药有限公司	35758
32	北京制药厂	34080
33	杭州民生药业集团公司	34003
34	上海先锋药业公司	33647
35	上海四药股份有限公司	33283
36	河南省南阳普康药业集团有限公司	32892
37	武汉制药厂	32711
38	天津市天津药业公司	32235
39	上海信谊药业有限公司	31364
40	昆明制药股份有限公司	30679
41	四川制药股份有限公司	30678
42	上海华联制药有限公司	29334
43	福州抗菌素集团有限公司	29251
44	石家庄市华曙联合制药厂	28214
45	仙居药业集团股份有限公司	27944
46	上海中西药业股份有限公司	27922
47	海门制药厂	26948
48	湖北广济药业股份有限公司	25408
49	深圳市制药厂	25272
50	河南省华鑫制药厂	25237

1997年全部化学制药工业企业利润总额前50名

1	中美天津史克制药有限公司	54657
2	西安杨森制药有限公司	47874
3	武汉红桃开集团股份有限公司	40113
4	三九企业集团（深圳南方制药厂）	37014
5	华北制药集团有限责任公司	28087
6	扬子江制药厂	17468
7	山东新华医药集团公司	11370
8	大连辉瑞制药有限公司	11177
9	华瑞制药有限公司	10269
10	苏州胶囊有限公司	9651

11	珠海丽珠医药（集团）有限公司	8799
12	南京金陵（集团）有限公司	8792
13	山东鲁抗医药企业集团公司	8018
14	恒瑞医药股份公司	7898
15	河北制药（集团）有限公司	6700
16	西南合成制药总厂	6630
17	海门制药厂	6576
18	河北恒利集团制药公司	6059
19	石家庄市华曙联合制药厂	4235
20	河南省驻马店地区制药厂	4168
21	湖北广济药业股份有限公司	4072
22	沈阳山之内制药有限公司	4034
23	新昌制药股份有限公司	4013
24	诺和诺德生物加工有限公司	4012
25	成都蜀阳企业（集团）有限公司	3973
26	上海四药股份有限公司	3802
27	西南药业股份有限公司	3788
28	佛山康宝顺药业有限公司	3641
29	四川制药股份有限公司	3512
30	桂林集琦药业股份有限公司	3363
31	中外合资通化方大制药有限公司	3172
32	上海中西药业股份有限公司	3144
33	深圳海滨制药有限公司	3130
34	东风药业股份有限公司	3106
35	广州星群（药业）股份有限公司	3025
36	通化神源药业有限公司	2903
37	山东药用玻璃股份有限公司	2758
38	杭州中美华东制药有限公司	2747
39	齐鲁制药厂	2649
40	阿斯托拉制药有限公司	2579
41	北京四环制药厂	2554
42	昆明贝克诺顿制药有限公司	2534
43	北京制药厂	2417
44	山西康宝生物制品股份有限公司	2384
45	浙江康恩贝集团有限公司	2376
46	哈尔滨制药厂	2301
47	陕西省西安制药厂	2300
48	启东盖天力制药股份有限公司	2275
49	河南省华鑫制药厂	2226
50	上海美优制药厂	2117

1997年全部化学制药工业企业销售收入前50名

1	华北制药集团有限责任公司	304893
2	三九企业集团（深圳南方制药厂）	205481
3	西安杨森制药有限公司	171854
4	山东新华医药集团公司	157607
5	广州白云山企业集团公司	137982
6	武汉红桃开集团股份有限公司	126043
7	中美天津史克制药有限公司	111134
8	山东鲁抗医药企业集团公司	93889
9	哈尔滨制药厂	93462
10	珠海丽珠医药（集团）有限公司	90770
11	东北制药总厂	87700
12	中美上海施贵宝制药有限公司	80158
13	河北制药（集团）有限公司	78293
14	石家庄制药集团有限公司	69959
15	河南省驻马店地区制药厂	51447
16	浙江康恩贝集团有限公司	51143
17	靖江葡萄糖厂	48448
18	扬子江制药厂	46536
19	大连辉瑞制药有限公司	46286
20	张家口制药（集团）有限责任公司	43945
21	陕西省西安制药厂	42738
22	齐鲁制药厂	42343
23	北京制药厂	40349
24	恒瑞医药股份公司	39946
25	西南合成制药总厂	37331
26	阿斯托拉制药有限公司	37165
27	哈尔滨制药二厂	36088
28	上海三维制药公司	35220
29	杭州民生药业集团公司	34795
30	新昌制药股份有限公司	34752
31	上海先锋药业公司	34719
32	上海四药股份有限公司	33981
33	华瑞制药有限公司	33701
34	天津市天津药业公司	31817
35	上海信谊药业有限公司	30607
36	上海新亚药业有限公司	30221
37	河南省南阳普康药业集团有限公司	29687
38	四川制药股份有限公司	29516
39	昆山制药总厂	29313
40	福州抗菌素集团有限公司	29273
41	石家庄市华曙联合制药厂	28496
42	上海华联制药有限公司	28469

43	启东盖天力制药股份有限公司	28342
44	武汉制药厂	28324
45	仙居药业集团股份有限公司	28077
46	昆明制药股份有限公司	27171
47	海门制药厂	27072
48	上海中西药业股份有限公司	26240
49	四川长征制药股份有限公司	24959
50	上海罗氏制药有限公司	24868

（中国化学制药工业协会统计协作委员会提供）

北京中北医药开发咨询公司工作 中北医药开发咨询公司是中国医药工业公司的直属子公司，自1993年成立至今，在信息服务、技术开发、技术引进、出口等方面做了很多工作，在企业中享有一定的声誉。

本公司于1996年建立了《中北医药信息网》。它是隶属中国化学制药工业协会和中国医药工业公司的计算机远程通讯 。至今已成为医药行业内信息量大、实用性强、知名度高，已实现与多种信息网互联的交互性信息网络。

网络最具特色的是，创设了“电子医药期刊”，每月两期，及时提供医药政策法规信息，国内医院的用药趋势、药品进口与新药开发动态、国内产销形势、重点品种与大类的发展趋势等很有份量的信息内容。第二个特色是本网络有互联技术支持，按照“互联互通，资源共享”的指导方针，本网可与多种网络互联。目前已互联的有《中国人民解放军军事医学图书馆》、《博迪医药卫生信息网》、《Internet 信箱》。通过互联，网员可以方便地查询《军医图》收集的1200多种中西医学、药物学方面的杂志文摘，接收《医卫》网上的每周国内外新闻。第三个特色是数据库的建立，有“商品动态报价”、“历年批准新药”、“近年进口药品注册证”、“专利与行政保护药品”、“原料药生产与出口”“制剂药品生产情况”、“医药政策法规”、“公费医疗药品”、“企业基本情况”等库可供查询。其他服务项目有“报表服务（仅面向工业企业）”、“
告”等。

本网络自建网以
中、西药工业企业、
个数增长迅速。总之
建立为中国医药工业公司信息咨询
开发的软科学作了较好的贡献。

（高凤兰）

饲料添加剂概况

1．根据国家技术监督局标发（1997）65号“关于做好标准复审工作的通知”文件的有关精神，全国饲料工业标准化技术委员会要求对1990年以前发布的现行饲料工业国家标准进行复审，其中属于医药行业提出的有 V_A、V_B、V_C、V_D 烟酸，叶酸等共计16项国家标准。组织改革厂家及有关系统完成了上述标准的复审工作。

2．1997年全国饲料工业标准化技术委员会年会于9月23日－27日在辽宁省丹东市召开。会上对委员进行了标准编号及审查方面的业务培训，并对饲用螺旋藻粉等八个国家标准和氯化胆碱等三个行业标准进行了审议，提出修改意见。（陈 虹）

食品添加剂概况

1．1997年负责组织、指导东北制药总厂、上海三维制药有限公司分别起草了食品添加剂L－肉碱和抗坏血酸磷酸酯镁的国家标准，并组织有关方面的专家进行了预审工作。

2．全国食品添加剂标准化技术委员会第十八次年会于1997年10月7日－10日在北京召开。会上，评审了食品添加剂新品种18个；扩大使用范围和使用量的品种27个；国家标准9个；行业标准17个。其中由东北制药总厂起草的L－肉碱和上海三维制药有限公司起草的抗坏血酸磷酸酯镁两个品种的食品添加剂国家标准全部通过审查。

（陈 虹）

非处方药物协会 1997 年工作进展

一、协会办事机构自身建设工作

协会领导力量充实。经协会领导研究，1997 年增补部分常务理事和理事。增补的常务理事有：白慧良（国家医药局办公室主任兼国家非处方药领导小组办公室副主任）车明纲（广州医药集团公司董事长）、冷国庆（哈尔滨市医药公司总经理）。增补的理事有：张思民（深圳海王药业有限公司总裁）。

协会名称更换工作获准。在 1996 年 4 月召开的中国大众药物协会二届一次代表大会上，决定将中国大众药物协会更名为中国非处方药物协会；会长由国家医药管理局局长郑筱萸同志担任（法人代表）。1997 年 3 月 3 日民政部正式批准协会更换名称和法人代表的申请。

协会会员队伍扩大。1997 年共发展会员单位 20 个，截止到 1997 年 12 月 31 日，会员单位共 118 个。这些会员单位大部分是在 1996 年重新调整，重新登记后发展的新会员，包括了我国国内主要的非处方药物生产和经营企业（部分中外合资企业）有较大的代表性。

二、搞好信息工作，为会员提供服务

及时、准确、快速地传递国家、行业、会员单位及国际有关非处方药方面的各类信息，是协会的一项重要、经常性工作。中国非处方药物协会于 1997 年初创办了《中国非处方药物协会简讯》。1997 年共出版四期。编辑印发了《世界非处方药物生产商联盟第十二次大会讲演汇编（摘要）》和《非处方药物研讨会资料》。为便于会员单位间互相往来，沟通协作关系，1997 年秘书处组织印发了会员单位通讯录及协会第二届简介。

三、非处方药物分类管理的宣传及培训工作

根据协会工作计划，于 1997 年 5 月 8～9 日、5 月 13～14 日和 6 月 2～3 日分别在南京、成都和北京组织召开了华东、西南（包括湖北、陕西省）和华北（包括河南、甘肃、新疆）地区非处方药物学习研讨会。

国家医药局副局长、协会常务副会长张鹤镛，局办公室主任、协会常务理事白慧良，局科教司司长、协会秘书长胡圣榆，副秘书长周福成处长以及天津中美史克制药公司的郑立新、郝臻杰两位经理，中国药科大学的马爱霞教授，上海医药商业协会唐红英秘书长等分别在会上作报告，受到与会代表充分肯定和欢迎。

由于有关省市医药管理部门协作和企业重视，会议中报告内容也较充实、有针对性，所以以上三个会到会企业较多，收效较好。

与会代表一致反映，通过报告和答疑研讨，使大家不仅对处方药与非处方药基本概念有了进一步认识，对分类管理制度及其相关政策也有了一个比较全面的了解。以便于企业能及时抓住机遇，做好各种准备工作，以适应药品分类管理的改革形势。

四、国际交流与合作

1. 1997 年 4 月 21～24 日在上海，协会与英国 Nicholas Hall 公司联合组织召开了第二次（中国）非处方药国际研讨会。出席本次会议的有来自美国、德国、新加坡、日本、阿根廷、印度、英国、香港和国内企业代表共 40 多人。

应会议邀请，我协会常务副会长张鹤镛副局长、秘书长胡圣榆司长、上海医药局张瑶华副局长、卫生部政策法规司法规处任明辉副处长等分别就我国医药卫生概况、97 年主要任务、中国 OTC 市场展望、上海医药市场、卫生保健制度改革等情况作了报告。

此外，丽珠、南方药厂、深圳中联大药

房的代表也在会上发言，会议安排14个国外报告主要介绍非处方药国际市场发展情况和中国市场的分析(其中部分资料已在我协会简讯上刊登供会员单位学习参考)。

同时会议按协会安排，分别参观了上海信谊药业有限公司、上海第一医药商店、上海第二医学院附属瑞金医院药房等。

2. 积极参加了WFPMM组织的有关活动，开展国际交流，发挥了协会作为WFPMM理事的作用。

1）对WFPMM更名提出书面意见，在征求理事会单位意见后，在1997年6月在布达佩斯理事会上（因故未出席）将协会名称改为“世界自我药物治疗工业”(World-self Medication industry，WSMI)的决定。

2）对协会更改章程可能产生台湾方面加入协会的问题向WFPMM提出了书面意见，表明了协会的立场。　（马杏芬）

军队医药工业概况

概况　一九九七年，军队医药企业认真贯彻党的十四届五中、六中全会和全军后勤工作会议精神，全面实施国家和军队医药行业中长期发展规划，深入开展“转机制、抓管理、练内功、增效益”和学“两钢”活动，狠抓企业改革、努力增收节支，不断开拓市场，军队医药生产经营得到持续、健康稳步发展，取得了较好的经济效益和社会效益。据总政、总后、　炮、国防科委、沈阳、北京、兰州、成都军区八个单位上报的146家（占全军医药企业总数的40%）企业统计，1997年完成产值42.5亿元，实现利税7.1亿元，分别比上年增长19.6%和26%。其中北京军区的企业产值、利润和税金较上年增长较快，分别增长21.86%、69.41%和148.2%。

新药开发　根据国家卫生部药政管理局1997年批准的新药品种公报统计，全军共有39个药品获国家卫生部新药证书或批准文号。其中西药22个，中药7个，生物制品10个。按类别分：一类药2个，二类药9个，三类药8个，四类药18个，五类药2个。

监督管理　紧紧围绕贯彻《国务院关于进一步加强药品管理工作紧急通知》，继续开展整治药品回扣违法行为，规范军队医药企业经营行为，总后生产部和总后卫生部联合发出了《关于继续做好整治药品回扣违法行为工作的通知》，要求各主管部门和医药企业把整治药品回扣工作作为今年治理药品生产经营秩序的一项重点任务，抓好落实。由于各单位和企业措施有力，注重整改和规章制度建设，军队医药企业生产经营秩序进一步好转，药品质量稳步提高，维护了军队的声誉和企业良好形象。

GMP达标　1997年，全军有10家企业粉针剂车间已通过国家GMP达标验收（占全军粉针剂企业的33%，占全国粉针剂达标企业数的7%），它们是：天津华津制药厂、深圳九新药业公司、辽宁三生制药有限公司、哈尔滨白天鹅制药厂、哈尔滨松鹤制药厂、沈阳志鹰制药厂、太原三晋制药厂、西安长城制药厂、湖南衡阳南岳制药厂、成都蜀阳制药厂。另外广州军区南岳制药厂，总后武汉血液制品研究所，沈阳军区沈阳供血站，低温乙醇生产工艺改造通过了国家卫生部验收，恢复了血液制品生产。

同时，天津天使力联合制药公司研制生产的复方丹参滴丸，1997年12月9日，正式通过美国FDA进入新药临床研究的预审，FDA同意该产品在临床设计方案完成后，直接进入美国新药审批程序中的临床Ⅱ－Ⅲ合并试验。这是美国FDA接受中国企业新药研究申请的第一个产品，也是全世界范围内通过 FDA 进行新药临床开发预审的唯一治疗心血管病的中草药，它标志着中国中药的发展取得了历史性的突破。

执业药师　总后医药局组织了全军 80 名医药企业专业技术干部，参加了 1997 年度的全国执业药师考试，14 名考试合格取得了执业药师资格。对 1996 年前取得执业药师资格的 212 人，按执业药师注册有关规定，对符合注册的 182 人进行了注册，注册率为 85%。按照国家人事部和国家医药管理局的要求，对 104 名注册执业药师进行了继续教育培训。

企业集团　军队医药系统内现有 5 个企业集团，继续深化企业改革，不断加大调整力度，积极进行股份制改造，在规模效益上得到新的发展。特别是三九企业集团，积极进行股份制改造，把生产经营与资本经营相结合，1997 年先后兼并 45 家医药企业，通过引入三九机制，多数企业扭亏为盈，取得了可喜经济效益和社会效益。1997 年集团医药企业实现产值 24.89 亿元，实现利税 4.98 亿元。另外南京金陵制药(集团)公司，自成立以来，构筑了一头重科研，一头重市场的“哑铃型”发展模式，积极开拓市场，筹备改制为股份有限公司，1997 年实现销售收入 6.8 亿元，利税 1.4 亿元。

先进企业和个人、名优产品　按照国家医药行业管理部门的统一布置，积极做好军队医药企业的评选推荐工作。北京四环制药厂、福州梅峰制药厂获国家卫生部系统产业先进单位称号；北京军区天使力有限公司总经理闫希军获卫生系统产业先进个人称号。沈阳军区辽阳供血站获全国医药行业安全生产先进单位称号。深圳南方制药厂、成都蜀阳制药厂为全国第三届医药系统先进集体；空军武汉滨湖制药厂厂长邓思清、济南军区明水利民制药厂厂长满其选、北京军区天使力制药有限公司总经理闫希军为全国第三届医药系统劳动模范。

同时，三九集团的 999 牌感冒冲剂（胶囊）、正天丸、注射用头孢曲松钠，四环制药厂的阿姆斯牌华素片，沈阳军区哈尔滨松鹤制药厂的龙光牌胸腺肽注射液被认定为军队医药工业名牌产品。　（张　柱）

制药机械工业概况

行业管理　1997 年围绕着《制药机械管理办法》开展了一系列的行业管理工作。9 月 8 日发布了《制药机械产品生产许可证管理办法》；公布了第一批制药机械实施许可证产品目录；10 月 10 日发布了《制药机械产品生产许可证验收通则》；11 月份对制药机械产品生产许可证审查员进行了培训；年底开始进行许可证的申报工作。

为了客观、准确地评审、评估制药机械产品的技术与质量水平，正确引导药机产品的科研、生产、营销及使用，根据《制药机械管理办法》的要求，于 8 月 23 日正式成立了国家制药机械评审专家委员会。

为加强药机行业的信息交流，增强宏观调控力度，国家医药管理局质量管理司与中国制药装备行业协会共同举办了药机行业统计人员培训班，通过考试，160 名统计人员取得了统计人员资格证书。

生产与销售　1997 年生产药机产品的企业 300 余家，中国制药装备行业协会对 142 家药机企业统计情况如下：

工业总产值（万元）：	86369.80；	比上年增长：	3%
销售收入（万元）：	108298.80；	比上年增长：	7.06%
利税（万元）：	5465.29；	比上年增长：	5.7%
利润（万元）：	1056.24；	比上年增长：	2.02%

全行业60%以上的企业，产值及销售收入比上年度有所增长，亏损企业约15%；主要是大中型国有企业。年销售额超过2000万元的企业10个。

1997年制剂机械、药品包装机械，尤其是片剂、粉针剂机械及泡罩包装机销售情况较好，下半年仅制粒机、压片机、包衣机、混合机就销售3000余台(套)，产值超亿元。

标准与质量 国家医药管理局发布的制药机械行业标准共12项，行业标准编号、名称如下：

YY0260——1997 制药机械产品分类与代码（代替GB7635——87中的65工业专用设备类的制药机械部分）

YY0253——1997 高效包衣机

YY0254——1997 全自动胶囊充填机

YY0255——1997 空心胶囊自动生产线

YY0256——1997 湿法混合制粒机

YY0257——1997 三工位注吹式塑料药瓶机

YY0258——1997 除粉筛

YY0259.1——1997 安瓿洗、灌、封联动机

YY0259.2——1997 安瓿超声波洗瓶机

YY0259.3——1997 安瓿隧道式灭菌干燥机

YY0259.4——1997 安瓿灌装封口机

YY0259.5——1997 安瓿印字机

1997年三季度国家技术监督局对11个药机企业、20种粉针剂设备进行抽查，其中10个企业、19种产品合格，一个企业、一种产品不合格，合格率为95%。

哈尔滨飞机制造公司、北京青云航空仪表厂、上海天祥·健台制药机械有限公司等药机企业通过了ISO9001国际质量标准体系认证。上海天祥·健台制药机械有限公司通过上海市外资委牵头，连同市科委、市经委、市财政局、市外税局等十个市属主管部门联合评审，被确认为“先进技术企业”，这是我国第一家药机企业获得殊荣。

药机行业获1997度国家医药管理局优秀标准化项目名单如下：

项目名称	获奖等级	主要完成单位	主要完成者
YY0234—1—3—1995 抗生素玻璃瓶粉剂生产线	一等	哈尔滨飞机制造公司	马宝纯 徐明堂 付耀群
YY0229—1995 多效蒸馏水机	二等	上海远东制药机械总厂	林筱华 林 云
YY0231—1995 药用玻璃拉管机	二等	哈尔滨飞机制造公司	王树杰 林 超 钟德炎 金贾熙
YY0232—1995 卧式安瓿机	二等	哈尔滨飞机制造公司	赵希芹 唐世文 孙国臣 李瑞芬
YY0233.1—2—1995 立式安瓿生产线	二等	哈尔滨飞机制造公司	杨嵩山 李瑞芬
YY0230—1995 热压式蒸馏水机	三等	宝鸡制药机械厂	严巧娟 吴以强 傅新安

上海远东制药机械总厂的林筱华、中南制药机械二厂的许林荣、哈尔滨飞机制造公司的张贤君被评为1997年度国家管理局标准化先进工作者。

新产品与新技术　SRH500/90 回转水浴式灭菌柜、微机数控螺杆粉剂灌装机、ZPY100 系列旋转式压片机、GZPK100 系列高速旋转式压片机、CFM800 型全自动胶囊充填机、三维混合机等 10 种新产品通过鉴定。

采用标准化、参数化和通用化的概念设计机器结构，是当今压片机技术发展的趋势，尽管一个系列三种规格，但机器内部结构基本相同，零件通用化程度高。

GZPK100 系列全自动高速旋转式压片机是高新技术和高技术标准的产物。实现了规格系列化、结构系列化、控制系列化，完全符合当今压片机的发展趋势。该机的研制成功，使我国压片机的技术水平提高了一大步，该机具有国际先进水平。其简要情况如下：

1. 采用封闭型结构和不锈钢的外壳，使工作室与外部彻底隔离，保证工作室的清洁，不会造成与外界的交叉污染。机器外表整洁美观，表面光滑，无藏污纳垢之处。机械外壳可以全部打开，易于内部清理保养，符合 GMP 要求。

2. 工作室内采用不锈钢以及经特别防腐处理的材料，确保与药物接触部位的干净和无污染。尤其转台表面采用防磨损、防锈的复合材料，耐磨、耐腐、不污染药物，工作室结构合理，无死角。

3. 采用特殊的密封装置以及防异物的装置，有效的防止在机器运动过程中产生异物而造成污染。

4. 采用自动控制系统：

a）采用先进的自动控制系统，可准确地监控整个生产过程，如：转速、产量、片重精度及故障等一系列工作状态。电气系统的设计、制造、安装采用国际 IEC 标准。

b）采用自动计量装置，有助于准确地充填药物，保证药片的重量精度为 1%。

c）采用自动剔除废片装置。

d）采用双室强迫加料系统，保证药物充填均匀一致。

5. 装卸冲具方便。

6. 在机器各个主要部位均设有安全保护装置，保护机器和人身安全。

7. 机器装有吸尘装置，能将工作室内飞扬的尘粒吸收干净。

8. 机器装有自动润滑系统。

（石　青）

医药包装工业概况

1997 年医药包装工作以学习贯彻党的十五大精神，调整工业结构，推进实现两个根本性转变为中心，落实医药行业发展规划和产业政策，加强行业管理和执法监督，为保证医药包材产品质量，满足药品生产、流通、使用环节不断提高的要求，保障人民群众用药安全、有效、方便。对 1000 多家医药包材生产企业按公开、公平原则进行审查换证，共有 628 家企业通过产品质量检验、产品质量保证体系现场评审验收，换取了新证。占应换证企业的 62%。127 家企业因产品质量或质量保证体系一次评审验收不合格被列为整改企业，占应换证企业的 13%，全国共有 251 家企业因产品质量和生产条件不合格等缘因被淘汰，占应换证企业的 25%。同时，淘汰了手工胶囊和铅锡软膏管产品。医药包材产品质量和生产企业整体素质上了一个台阶。

医药包材产品质量情况良好。1997 年，对 689 家医药包材生产企业的 857 个产品，共 2122 批按法定标准（国标、行标、经备案的企标）进行了抽样检测，检测结果 746

个产品（含规格）共1818批一次检验合格，合格率为87%（按产品数计）。109家企业111个产品（含规格）共304批不合格，占被查企业的15.6%，不合格产品企业经整改后复检，不合格企业为2家，占0.2%。

接触药品不洗即用包材产品生产关键岗位洁净度与制药工业同步。1997年医药包材企业换证，对塑料容器、丁基胶塞、胶囊、高分子片（膜、箔、袋）材、铝制软高管、涂膜铝瓶、铝塑组合抗生素瓶盖等产品生产关键岗位提出了净化要求，并进行了现场洁净度测试，共有239家企业相关岗位洁净度测试合格，其中161家为1997年新上净化装置，共投入资金2900多万元人民币。

1997年一季度，国家技术监督局继1996年对药用丁基胶塞进行监督抽查后，又一次对该产品进行全面抽查，全国七家企业产品全部合格。

为积极稳妥加大力度推广应用丁基胶塞，以丁基胶塞与注射用头孢唑啉钠、乳糖红酶素配伍稳定性进行了两个阶段的试验，华北制药厂、哈尔滨制药厂等11家制药厂和6家丁基胶塞生产厂参加了试验工作。试验对影响头孢唑啉钠和乳糖红酶素溶液澄清度因素按敏感程度进行排队，结果依次为：原料药质量因素、丁基胶塞质量因素、储存条件（温、湿度）、放置状态（正、倒置）等。

对注射用青酶素钠、青酶素钾、氨苄青酶素、普鲁卡因青酶素与丁基胶塞配伍稳定性进行了试验。华北制药厂、哈尔滨制药厂、江西东风制药厂等12家粉针生产厂和6家丁基胶塞生产厂参加了试验工作。试验结果：使用国产丁基胶塞替代天然胶塞适合国产上述四种青霉素产品。

国家医药管理局下发“国药质字〈1997〉第404号通知”制药企业使用医药包材情况进行全面检查。重点检查有无使用无证企业生产的包材产品，是否使用国家明令淘汰的包材产品。检查工作按企业自查、省（区、市）检查和国家组织抽查三个阶段进行，山东、四川、浙江、安徽等省（区、市）结合生产企业“合格证”年检和GMP达标验收工作对制药企业提出规范化要求，收到较好效果。不仅对制药企业触动不小，而且对包材产品质量进一步提高和加强包材生产企业管理起到积极推动作用。

医 药 商 业

概况　1997年，是我国历史上重要的一年。香港回归和十五大胜利召开，对国民经济的发展起到了重大的推动作用。全国各地医药商业企业抓住发展机遇，克服困难，积极创新，医药经济呈现出持续增长的良好格局。全国医药商品购销总额同步增长，但四大类发展不平衡。

全年全国国有医药商业药品、医疗器材、化学试剂和玻璃仪器四大类商品购进额为510.06亿元，比上年同期增长9.59%；其中，药品类为469.29亿元，比上年同期增长11.23%；医疗器材类为31.73亿元，比上年同期下降4.56%；化学试剂类6.69亿元，比上年同期下降11.67%；玻璃仪器类2.35亿元，比上年同期下降13.08%。医药商品销售额为609.97亿元，比上年同期增长9.64%；其中，药品类为557.79亿元，比上年同期增长11.72%；医疗器材类为39.39亿元，比上年同期下降6.81%；化学试剂类为9.40亿元，比上年同期下降13.34%；玻璃仪器类为3.39亿元，比上年同期下降14.07%。

从四大类购销结构看，药品类所占比重

持续上升，成为支撑医药市场稳步增长的决定性因素。其主要原因为医院医疗用药继续大幅度增长，居民个人医疗保健支出增加；零售市场呈现出持续快速发展的良好态势。据统计，1997年全国六大类医药商品零售额达85.62亿元，占纯销售额的20%；农村市场潜力很大，销售稳步增长，1997年全国六大类销售中共售给农村医疗单位57.58亿元，比上年同期增长9.30%，显示出农村用药需求蕴藏着极大潜力。

从市场特点分析，社会需求稳步增长；医药零售业以其毛利高、费用低、周转快、效益好、无拖欠等特点，进入快速发展时期；农村市场需求量的潜力，已成为各级医药商业企业经营的一个侧重点；药品市场发展不平衡，地区性差异较大，地处大西北的宁、青、新三省区药品消费水平有了较大幅度的增长；公费医疗制度改革的深入，使药品消费结构发生了变化，合资药发展迅猛，进口药开始下降，国产药平稳增长。

医药经济保持适度快速和相对平稳的运行态势，除了宏观经济的良性循环，也与医药商业企业的主观努力是不可分离的。各地探索建立“全国统一、宏观调控、有序竞争、科学管理”的医药流通新体制，加强企业活力，走规模化、集约化、连锁化、多元化的发展道路。一年来，积极开展了几个方面的工作。

（一）开展调查研究，完善行业管理。上半年，在医药报上开辟的《医药流通体制改革探索》专栏，通过媒介，大量介绍交流了行业和企业改革的经验、作法。中国医药商业协会与国家医药管理局政法司先后对青海、陕西、内蒙、四川、云南五省区进行了实地调研，重点结合西北地区医药流通体制改革及企业改制、改组、改造的实际情况，以及农村药品供应状况，提出了看法和意见，调查情况及时向主管部门领导作了汇报，发挥了行业协会在政府和企业之间的桥梁作用。为加强和规范全国医药商品交易会管理，中国医药商业协会和中国医药（集团）公司制定印发了《全国药品交易会管理暂行办法》、《全国医疗器材商品交易会管理暂行办法》和《全国化学试剂、玻璃仪器商品交易会管理办法》，进一步完善了行业管理制度，全国医药商品交易会管理趋于规范。

（二）巩固医药商品信息网建设，开展市场调研预测。市场经济的繁荣昌盛，要求信息渠道畅通、快捷，各地医药商业企业十分重视和支持信息工作。中国医药商业协会为提高工作效率，修改了信息汇总软件，设计了药品编码对照表，大大减少了各网员单位信息员的工作量，及时汇总，交流了《全国医药商品信息》资料，同时，坚持做好市场调研预测，坚持印发《全国医药市场分析》和《全国医药市场调研材料汇编》；组织优秀商情调研评选工作；统计年报继续保持了连续性和完整性；进行零售物价的测算工作，顺利完成了测算并及时进行了交流反馈。为进一步完善信息网络，协会信息部制定了《全国医药商业计算机网络实施方案》，进行授课培训，组织赴美考察团，学习和借鉴国外医药流通领域先进的现代化管理手段、优良的服务和紧密的商卫关系。

（三）重视质量管理工作，加强企业管理基础工作建设。在市场经济竞争激烈的情况下，严把质量关，确保药品质量安全、可靠对企业至关重要。1997年医药商业GSP达标企业有73家，其中批发企业45家，零售企业28家，经过三年时间，全国已有96家企业实现GSP达标。年内，中国医药商业协会根据国家医药管理局立法工作计划，积极参加新版GSP修改定稿工作；贯彻《医药商品零售企业服务规范》；顺利完成医药商业企业基本情况调查，将1996年全国医药商业销售百强排序结果在《中国医药报》上公布，并将404家医药商业企业的总销售、纯销、利税总额排序情况印刷成册，下发每个报表企业，使企业了解自已在市场中所占份额，也为主管部门研究医药流通体制改革有关政策提供了依据。

（四）根据劳动部要求，配合国家医药管理局劳资部门，组织有关企业对职业定义及职业描述进行了修改定稿工作。三月召开了人事劳动专业委员会年会，总结工作，交流经验、授课辅导、开展研讨。

（庞　莉）

中国医药商业协会第一次会长会议　1997年10月8日，中国医药商业协会在福建省武夷山市召开了第一次会长会议。出席会议的有：国家医药管理局副局长张文周、中国医药商业协会会长石峘、常务副会长王宗龙及各副会长、顾问，福建省医药管理局局长孙大铨等有关同志。会议由王宗龙常务副会长主持。

会议主要围绕医药流通领域如何贯彻党的十五大精神，如何加强行业协会建设，安排好协会1998年重点工作以及分支机构的工作安排和自身建设问题，进行了广泛、认真的研究。

张文周副局长受国家医药管理局局长、中国医药商业协会名誉会长郑筱萸委托，参加了会议并讲了话，他说：现在全国正在贯彻党的十五大精神，行业协会的作用正在研究探索，行业管理职权应是政府部门和行业协会共同参与，政府是主导，行业协会是政府和企业的桥梁纽带，是社会中介组织，是自律性行业管理组织。因此，政府部门职能要转变，国家机构改革的步子要加大，行业协会要找好座标，参照国家经贸委进行行业协会试点方案的六条职能，进一步完善协会建设。

石峘会长简要回顾了今年以来协会的主要工作，提出了1998年工作的初步意见，指出要有重点的开展会员单位共同关心的问题进行调查研究；按照国家经贸委《关于选择若干城市进行行业协会试点方案》的思路精神，加强协会履行职能的能力，促进成立各省市区医药商业协会；加强自身建设，以“发展、完善、规范”为协会发展方向；做好协会各项基础工作，多办实事，努力为会员单位服务。

座谈讨论中，大家畅所欲言，对协会工作和流通领域改革等方面，发表了很好的看法和意见。　（庞　莉）

中国医药商业协会常务理事会议　中国医药商业协会常务理事会议于1997年6月3日在成都召开。参加会议的有19个常务理事单位的30位代表。国家医药管理局原副局长、协会顾问关舟、李晓东等出席了会议。会议由常务副会长王宗龙主持。

石峘会长作了协会上半年工作情况及下半年工作重点的工作报告，介绍了协会主要领导人变更的有关情况；王宗龙常务副会长传达了国务院办公厅国办发[1997]11号关于“清理整顿社会团体意见”的精神，确定了我会法人代表由第一副会长担任，并在协会章程第四章第十三条后增加一句“协会法定代表由会长或会长委托的副会长担任，”根据民政部要求，规范了协会各分支机构的名称；协会顾问杨万顺、沈登乐介绍了协会配合国家医药管理局开展推进流通体制改革调查研究、处方药与非处方药分类管理、医药结构调整、卫生改革和发展的有关情况。　（庞　莉）

中国医药商业协会三届三次理事会议　中国医药商业协会三届三次理事会议于12月7日在上海召开。参加会议的有58个理事单位的74名代表。国家医药管理局原副局长、协会顾问关舟、李晓东等出席了会议。协会会长石峘主持了会议。

会议通过了王宗龙常务副会长所做的协会 1997 年工作情况和 1998 年工作安排意见的报告；按照协会章程规定，审议通过了 55 家新会员入会申请；确认了有关理事变更事宜；信息部介绍了 1997 年医药市场情况并发布了 1998 年医药市场趋势预测。

会上，浙江省医药商业协会、上海市医药股份有限公司分别介绍交流了学习贯彻党的十五大精神。在推进医药流通体制改革中，加强资产重组，优化资源配置，提高资本运营效率，实行强强联合，向集团化、规模化发展的情况和实现形式。广州市医药公司介绍了近两年来，从适应市场竞争要求出发，对企业进行三项重大改革，改造企业管理模式，强化企业内部管理，经济效益持续大幅度递增的经验。（庞 莉）

中国医药商业协会劳动人事协作组 1996 年年会 1997 年 3 月 10 日至 14 日在广州市召开了中国医药商业协会劳动人事协作组 96 年年会。30 家成员单位的 41 名代表出席了会议。

这次会议首先传达介绍了人事部、劳动部 1997 年工作要点。人事工作重点是深化相配套的人事管理体制改革，加强企业领导班子建设及建立健全选贤任能机制，加快整体性人才资源开发；劳动工作重点是“再就业工程”和劳动关系调整、劳动监察工作。

会上总结了第二届劳动人事协作组的工作情况。自 93 年 10 月换届后，三年来，协作组围绕企业人事、劳动用工、分配三项制度改革和学习、贯彻《劳动法》，通过介绍经验、交流研讨，对成员单位的人事、劳动工作的开展起到了推动作用；组织部分成员单位完成了“医药商业工人技术等级标准”的修订工作，已于 1995 年 11 月由国家劳动部颁布施行；通过组织年会和研讨交流会，加强了成员单位间的联系，发展、完善了协作组的组织建设。

上海医药有限公司、大连医药集团公司、常州药业股份有限公司、丽珠医药集团股份有限公司、上海医药集团总公司等五家单位在会上介绍在人事管理、劳动用工、工资分配及建立再就业服务中心，为下岗人员进行转岗培训，实现再就业等方面的作法、经验和体会。

会上还邀请北京计划劳动管理干部学院向东教授就“企业劳动用工、考核与企业劳动人事管理”为题进行了讲座。讲座内容从宏观上介绍了我国劳动人事制度改革情况，又从微观上讲解了企业改革中遇到的一些问题及解决的思路。

此次会议完成了改选换届工作，选举产生了新一届劳动人事协作组组长、副组长，组长为中国医药商业协会秘书长刘晓平，副组长分别是中国医药（集团）公司人事部禹同生、上海市医药有限公司人劳部部长韩亿心、常州药业股份有限公司经理助理李祖安、北京医药站人劳科科长许彩琴、广州市医药公司人保部副部长杨瑞云、中国医药商业协会秘书处庞莉；会议聘协作组顾问门惠萍、王伟迪；会议还讨论修改了劳动人事协作组工作办法；并根据协会分支机构名称规范化要求，提出了协作组拟更名为“中国医药商业协会劳动人事专业委员会”的意向；会议还审议通过吸收 25 家单位为劳动人事协作组成员单位。

最后，会议研究确定了 97 年协作组工作重点：围绕贯彻国家劳动人事工作的宏观政策，结合企业的实际，研究工作中的难点问题；根据企业需要组织开展专业培训，提高人事劳动管理人员的专业素质；坚持每年一次的年会制度，力求通过年会上的交流研讨，对成员单位的工作能够有所促进。

（禹同生）

全国医药商品信息网工作年会 全国医药商品信息网工作年会于 1997 年 6 月 23

日－26日在内蒙区呼和浩特市召开，31个单位的43名代表参加了会议。会议总结了信息网的工作进展情况，发布了全国医药市场信息，交流了各地运用信息为企业经营决策服务的经验体会，表彰了优秀信息员，商讨了计算机联网的有关事宜。

协会信息部为代表准备了内容丰富、翔实的信息资料，包括“1997年上半年全国医药市场分析”、1995年、1996年全国30个省、市、区药品类、医疗器材类纯销售额排序、全国疾病构成情况等资料，通过这些资料，基本上可以了解全国医药商业的购销状况、各地区、各大类药的发展情况等。

全国医药商品信息网是1993年6月在北京成立的，任务是适应市场经济条件下企业对信息的需求，在全国范围内组织部分企业进行药品的销售、库存数据的收集、汇总、分析、反馈等信息服务。信息网现有网员单位75家，其中有一级站5家，省市公司，二级站62家，县级公司8家，这些单位分布在全国各地，汇总后的数据基本上可以反映出全国的药品消费情况。信息网现在的工作主要有两个方面，一是150个品种信息报表，自1993年开始，从当时使用的药品中选择了150个销售量大、能够反映全国用药水平的药品作为调查品种，在全国范围内组织70家医药商业单位进行报送，该报表每半年报送一次，汇总、反馈一期《全国医药商品信息》，目前已汇总、反馈8期。二是20家报送药品全部品种信息的试点工作，1994年4月开始，按照销售额大、计算机基础好、地区分布合适这三项基本原则，在原有70家网员单位中，挑选20家企业进行报送全部品种信息的工作，并为试点企业装备了机器设备等。该资料按季汇总、反馈一期《全国药品销售分析报告》。通过这些资料，可以推算出全国的用药水平，了解全国的生产、消费规模、掌握国产、进口、全资药品的消费比重，为各级领导和广大医药企业了解市场、分析市场、进行经营决策提供了依据，推动了中国医药商业信息工作的发展，为我国医药商业信息体系的建立和发展作出了贡献。

今后信息网的发展方向一是数据增加数量；二是数据质量的进一步提高；三是争取早日通过计算机网络与网员之间传递信息，使网员能上网查询。 （姜修昌）

全国医药商品流转统计年报汇编工作会

由中国医药商业协会组织召开的的一九九六年度全国医药商品流转统计年报汇编工作会议，于1997年4月3日至4月7日在广州市进行。参加会议的有天津、上海、江西、湖北、四川、贵州、青海、哈尔滨、青岛、重庆、中国医药（集团）上海公司、天津公司、广州公司、上海化试公司和北京医药采购供应站共15个单位。会前协会信息部有关同志根据统计制度的总体要求和规定，按照统计数据连续性、完整性和可比性的要求，精心设计了汇编方案。既贯彻落实了统计制度有关规定，又对一些基础数据进行了分组加工，满足了会员单位的不同需求。

多年来该资料对医药行业各级管理部门、生产、经营企业了解全国医药市场的需求、拓宽购销渠道、调查产品结构、进行市场分析预测，提供了有价值的参考，受到了行业和企业的欢迎。

会议期间，代表们还就各地统计信息工作，开展情况进行了交流，探讨。大家一致认为，随着市场经济的发展和企业改革力度的加大，作为信息基础和源头的统计工作，应该得到巩固和加强。要积极探索企事单位尤其是大中型企业，在转制重组及股份制改造过程中进一步加强统计工作的新途径，疏通统计信息的报送渠道。切实加强统计队伍建设，提高统计队伍的整体素质。完善各级

网络组织，不断促进和提高全行业统计工作的开展。（郝　玲）

医药商品质量信息管理　各省、自治区、直辖市，计划单列市及中国医药（集团）公司子公司等27个单位上报1997年医药商品质量信息报表，汇总情况如下：

全国四大类医药商品入库验收共为703387批，查出有质量问题的为2931个品规，金额3437.6万元，占总购进金额0.22%，其中药品入库验收565400批，查出有质量问题的为2418批，金额3251.4万元，占总购进金额0.21%；医疗器械入库验收75635批，查出有质量问题的为355批，金额103.3万元，占总购进金额0.007%。

四大类医药商品在库检查共950258个品规，查出有质量问题的4621个品规，金额3613.45万元，占库存金额0.27%，其中药品在库检查643516个品规，查出有质量问题的为3427个品规，金额2506.4万元，占库存金额0.19%；医疗器械在库检查77503个品规，查出有质量问题的1015个品规，金额138.75万元，占总的库存金额0.01%。

四大类医药商品售后查询，有质量问题的共3266笔，金额716.5万元，占总销售金额0.04%；其中药品有质量问题的为1492笔，金额401.7万元，占总销售金额0.02%；医疗器械有质量问题为1348笔，金额299.3万元，占总销售金额0.02%。

（赵桂芝）

麻醉药品业务工作会　一九九八年麻醉药品、一类精神药品业务工作会议于一九九七年十二月十日至十二日在上海田林宾馆召开。参加会议的领导单位有卫生部药政局特药处、国家医药管理局综合经济司特药处、中国医药（集团）公司特药处、中国医药工业公司计划处、北京医药站麻经部、二十个麻醉药品生产厂家以及二百余家二级经营单位参加了会议。会议上，除召开全体大会传达有关文件精神外，另召开了由北京医药站、生产厂家参加的生产、收购计划衔接会、由二级经营单位参加的丁丙诺啡、芬太尼等产品介绍会；会上还解决了部分查询问题。北京医药站同有关生产厂家共签收购合同价值8678.8万元。同二级经营单位共签订销售合同价值9998万元。

（刘惠兰）

首届中国新药学术研讨会暨1996年优秀论文颁奖会议　由中国药学会《中国新药杂志》举办的“首届中国新药学术研讨会暨1996年优秀论文颁奖会”于1997年5月21日至25日在杭州召开，国家医药管理局科教司胡圣榆副司长及三个主办单位的领导及专家、作者共80多人参加了会议，浙江省卫生厅厅长张承烈、杭州医药管理局副局长支丽芬、浙江省药政局副局长王虎根以及浙江省药学会的领导到会并讲话，对会议的胜利召开表示热烈祝贺。会议由《中国新药杂志》编辑部副主任吴瑞芳主持。

会上，胡圣榆副司长，中国医科大学廖清江教授、国家医药管理局信息中心王普善研究员、《中国新药杂志》编辑部主编余传隆和副主任吴瑞芳分别作了“OTC制度的建立及今后医药市场发展趋势分析”、“研究开发新药的进展与发展趋势”、“现代新药研究开发的特点、对象及其主要途径”、“世界医药发展趋势”和“医药科技论文的撰写方法与要求”的专题报告。

评选180多篇论文中，选出一等奖1名，二等奖2名，三等奖6名，同时评选出1996年在《中国新药杂志》上刊登的优秀论文共12篇，其中一等奖2名，二等奖4名，三等奖6名。

会议围绕国内外开发新品种在临床应用情况及我国新药研究、开发、应用等各方面的经验，新药发展趋势进行广泛的研究与

探讨。（吴瑞芳）

中医药治疗妇科、儿科疾病学术研讨会 1997年12月18日至20日，《中国新药杂志》编辑部与深圳中药总厂在深圳联合举办"中医药治疗妇科、儿科疾病"学术研讨会。这次研讨会是深圳中药总厂跨世纪发展规划会的一个卫星会，参加这次学术会议的代表有130多人，来自全国15个省市的妇科、儿科临床专家及中药制剂生产企业的科技人员。会上对中医、中药治疗儿科、妇科疾病的辩证施治，特别是对恒生牌健儿清解液和龙凤洁身纯临床应用作了广泛交流。

此外，对这次交流论文，经评委进行了反复认真的评议，共评出优秀论文21篇，并为优秀论文的作者颁发了证书和奖励。会议将对我国中药新药的研究开发起到很大的促进作用。（吴瑞芳）

赴青海等五省区进行医药流通体制改革调查 为进一步贯彻中共中央、国务院《关于卫生改革与发展的决定》精神，促进深化医药流通体制改革，实现"2000年人人享有初级卫生保健"和"2000年前完成全国农村供药网络"的目标，中国医药商业协会配合国家医药管理局政策法规司，组成西北、西南、华北流通体制改革调查组，于1997年5月中旬和6月上旬，先后赴青海、陕西、内蒙、四川、云南五省区的九市、两县、十七个企业，分别就医药流通体制改革，推行现代企业制度以及农村药品供应特别是"边、山、老、少、穷"地区的农村药品网点设置，供应渠道，药品保障等问题进行了实地调查。

通过了解五省区医药经济概况和流通体制改革现状，分析了五省区存在的主要问题，一是许多单位对医药流通体制改革的总体思路和流通新模式存在模糊认识；二是医药市场整顿收效甚微，市场竞争依然无序，国有医药商业企业面临强大冲击；三是国有主渠道已丧失主导作用，许多国有医药商业企业机制运转不灵活，亏损严重，一些农村购药渠道十分混乱；四是农村药品供应仍然是一个薄弱环节。同时，还分析了产生上述问题的原因。

调查组提出了几点看法和建议：一是加大"新体制、新模式"的宣传力度；二是关于农村供药体系和网点的设置问题，国家应给予特殊政策予以扶持；三是关于对主渠道的认识问题，从医药流通既承担着灾情、疫情、保障供应的社会责任，又承担着医药经济发展的责任。角度看，在已经 形成的多种所有制结构的流通格局中，应牢牢地坚持国有医药商业企业在流通中的主渠道作用；四是关于医药管理力度问题，必须加强行业管理力度，同时，必须强化医药行业的法制建设；五是关于药品价格管理，亟待深入研究和解决调控和管理的问题。

调查情况向国家医药管理局领导作了汇报，调查报告登载在1997年7月21、24日《医药经济报上》。（刘晓平）

中国医药（集团）公司迁址 中国医药（集团）公司办公及营业场所于1997年6月8日从北京市西城区北礼士路甲38号迁至北京市崇文区永外三元西巷甲12号（天元宫）楼内。为适应市场经济的需要，内部机构设置为办公室、改制办公室、投资合作部、人事部、财务部、总务部、监察室、党委办公室、药品部、特药部、国际贸易部、连锁营销部、新药部、器械化玻部、企管部、信息部、新药杂志编辑部。企管部、信息部、新药杂志编辑部仍在原址办公。

（袁　原）

1996 年全国医药商品主要品种购进、销售、库存统计表

品　　名	单 位	购 进	销 售	年末库存
青霉素针	万支	316319	369969	113409
氨苄青霉素针	万支	60211	69897	28850
链霉素针	万支	15676	16463	10053
庆大霉素针	万支	62306	81975	32050
红霉素片	万片	53879	71778	24924
土霉素片	万片	165661	213054	89056
氯霉素片	万片	35424	44670	23885
盐酸洁霉素针	万支	13827	18362	5957
甲哌力福霉素片	万片	31732	34622	16980
头孢氨苄胶囊	万粒	105386	119108	21639
麦白霉素片	万片	55202	62612	31440
硫酸小诺霉素针	万支	11626	13511	8268
新明磺片	万片	119533	154745	50725
解热止痛片	万片	113196	137132	76007
扑热息痛片	万片	60176	59078	38158
去痛片	万片	126904	159484	65161
布洛芬片	万片	58498	59112	29782
复方氨基匹林针	万支	15025	18536	10564
安痛定针	万支	18590	23359	14234
维生素 B_1 片	万片	247044	310888	134658
维生素 B_2 片	万片	99918	123483	86218
维生素 B_6 片	万片	144282	194794	134998
维生素 C 片	万片	324824	343134	170888
维生素 C 针	万支	43708	53622	26553
异菸肼片	万片	58135	80674	57848
乙胺丁醇片	万片	16041	21183	13431
氟哌酸片	万片	108426	136952	49570
痢特灵片	万片	73824	96017	57397
盐酸黄连素片	万片	80423	95211	52397
安定片	万片	67444	78352	63352
潘生丁片	万片	45083	45292	27160
雷尼替丁胶囊	万粒	33479	35650	20107
葡萄糖输液	万瓶	51752	57408	23367

续表

品　　名	单　位	购　进	销　售	年末库存
右旋糖酐液	百瓶	96123	126309	63312
胰岛素针	百支	30268	37812	15539
人用体温计	百支	98708	121333	100956
血压计(表)	具	447706	458712	294091
医用X光胶片	合	706996	1091827	446307
高倍显微镜	台	4715	5197	3730
手术刀片	百包	28652	34374	32075
手术剪刀	百把	5877	8208	19226
止血钳	百把	6746	10978	14703
普通镊子	百把	18569	22259	26202
蒸馏水器	具	7643	7293	9383
医用胶布	百筒	44352	60246	41442
一次性输液器	百支	995144	1415607	411341
一次性注射器	百支	839177	1011488	274403
纤维内窥镜	套	5434	2652	4656

1996年部分药品销售数量及人均消费一览表

品　　名	规　格	销售数量 单位:万支 (片、粒、瓶)	人均消费	品　　名	规　格	销售数量 单位:万支 (片、粒、瓶)	人均消费
青霉素针	40万单位/支	369969	3.023支	硫酸小诺霉素针	30毫克/支	13511	0.110支
氨苄青霉素针	0.5克/支	69897	0.571支	新明磺片		154745	1.264片
链霉素针	100万单位/支	16463	0.135支	解热止痛片		137132	1.120片
庆大霉素针	4万单位/支	81975	0.670支	扑热息痛片		59078	0.483片
红霉素片		71778	0.586片	去痛片		159484	1.303片
土霉素片	25万单位/片	213054	1.741片	布洛芬片	0.1克/片	59112	0.483片
氯霉素片	0.25克/片	44670	0.365片	复方氨基匹林针		18536	0.151支
盐酸洁霉素针	0.6克/支	18362	0.150支	安痛定针		23359	0.191支
甲哌力福霉素片	0.15克/片	34622	0.283片	维生素B_1片	10毫克/片	310888	2.540片
头孢氨苄胶囊	0.125克/粒	119108	0.973粒	维生素B_2片	5毫克/片	123483	1.009片
麦白霉素片	0.1克/片	62612	0.512片	维生素B_6片	10毫克/片	194794	1.592片

续表

品　　名	规　格	销售数量 单位:万支 (片、粒、瓶)	人均消费	品　　名	规　格	销售数量 单位:万支 (片、粒、瓶)	人均消费
维生素C片	0.1克/片	343134	2.804片	安定片		78352	0.640片
维生素C针		53622	0.438支	潘生丁片		45292	0.370片
异菸肼片	0.1克/片	80674	0.659片	雷尼替丁胶囊	0.15克/粒	35650	0.291粒
乙胺丁醇片	0.25克/片	21183	0.173片	葡萄糖输液		57408	0.469瓶
氟哌酸片	0.1克/片	136952	1.119片	右旋糖酐输液		1263.09	0.010瓶
痢特灵片		96017	0.785片	胰岛素针	400单位/支	378.12	0.003支
盐酸黄连素片		95211	0.778片				

1996年全国26个城市116个药品零售物价、指数统计表

序号	品　　名	规　　格	单位	平均价(元)		价格指数 (以上年为100)	备　　注
				1995	1996		
	总计					105.53	
一	国产药品类					108.10	
1	青霉素针(钠盐)	80万iu	支	0.65	0.70	107.69	包括钾、钠(瓶、支各种规格)及青霉素普鲁卡因针
2	洁霉素针	10×20ml 60万iu易折	盒	14.08	14.94	106.11	包括粉针
3	硫酸链霉素针	100万iu	瓶	0.58	0.73	125.86	包括粉、水针
4	氨苄青霉素针	0.5g	瓶	1.18	1.16	98.31	包括各种规格及干糖浆
5	先锋霉素5号针	0.5g	瓶	6.91	5.80	83.94	
6	庆大霉素针	10×2ml 4万iu	盒	2.38	2.63	110.50	包括各种规格
7	卡那霉素针	10×2ml 50万iu	盒	4.27	4.97	116.39	包括粉、水针及丁胺卡那霉素针
8	红霉素针	30万iu	瓶	1.28	1.45	113.28	包括各种规格
9	土霉素片	100×25万iu	瓶	5.84	6.30	107.88	包括各种规格
10	氯霉素片	100×0.25g	瓶	11.77	13.91	118.18	包括各种规格
11	红霉素片	100×12.5万iu	瓶	20.79	21.36	102.74	包括各种规格
12	乙酰螺旋霉素片	12×0.1g	盒	3.86	3.77	97.67	包括各种规格及肠溶片
13	先锋霉素4号胶囊	12×0.125g	瓶	5.17	6.64	128.43	包括各种规格
14	舒氨西林针	0.75g	瓶	34.13	33.97	99.53	包括各种规格
15	交沙霉素片	12×0.2g×2板	盒	28.63	29.27	102.24	包括各种规格

续表

序号	品　　名	规　　格	单位	平均价(元)		价格指数(以上年为100)	备　　注
				1995	1996		
16	氟哌酸胶囊	24×0.1g	盒	3.67	3.61	98.37	包括各种规格
17	氧氟沙星片	20×0.1g	盒	42.77	34.47	80.59	包括各种规格
18	环丙沙星针	100ml 0.2g	瓶	47.49	25.18	53.02	包括各种规格及片、胶囊
19	复方新诺明片	100×0.48g	片	12.00	12.01	100.08	包括新诺明片及小儿片
20	甲硝唑片	100×0.2g	瓶	4.96	5.75	115.93	包括各种规格
21	痢特灵片	100×0.1g	瓶	2.20	2.29	104.09	包括各种规格
22	黄连素片	100×0.1g	瓶	7.19	7.30	101.53	包括各种规格
23	吡哌酸片	100×0.25g	瓶	12.30	12.68	103.09	包括各种规格及胶囊
24	去痛片	100片	瓶	3.81	4.09	107.35	包括解热止痛片、安乃近片、解热止痛散、扑热息痛片(复方)
25	消炎痛片	100×25mg	瓶	2.04	2.42	118.63	包括各种规格及胶囊、肠溶片
26	布洛芬片	100×0.1g	瓶	3.91	4.07	104.09	包括各种规格及胶囊、肠溶片
27	速效伤风胶囊	10粒	盒	0.86	0.89	103.49	包括各种规格及胶囊、肠溶片
28	安痛定针	10×2ml	盒	1.65	1.81	109.70	包括复方氨基比林针(新方)
29	复方美沙芬片	12片	盒	6.80	4.15	61.03	包括帕尔克、美沙芬
30	环磷酰胺针	5×0.2g	盒	13.08	16.22	124.01	包括片剂
31	喃氟啶片	100×50mg	瓶	17.38	17.12	98.50	包括各种规格及胶囊(复方)
32	5-氟脲嘧啶针	5×10ml 0.25g 易折	盒	7.90	8.06	102.03	包括片剂及复方氟脲嘧啶片
33	维生素 B_1 片	100×10mg	瓶	1.10	1.17	106.36	包括各种规格及针剂
34	维生素 B_2 片	100×5mg	瓶	1.56	1.71	109.62	包括各种规格及针剂
35	维生素 B_6 片	100×10mg	瓶	1.29	1.48	114.73	包括各种规格及针剂
36	维生素C片	100×0.1g	瓶	2.24	2.30	102.68	包括各种规格及针剂
37	浓维生素AD丸	A10000×100's D1000×100's	瓶	3.30	3.51	106.36	包括淡丸及大小丸、滴剂
38	酵母片	100×0.5g	瓶	1.25	1.39	111.20	包括食母生片
39	雷尼替丁胶囊	30×0.15g	盒	8.97	8.74	97.44	包括各种规格
40	西咪替丁片	100×0.2g	瓶	11.13	9.72	87.33	包括胶囊、针剂
41	氢化可的松针	5×20ml 100mg 易折	盒	9.16	10.34	112.88	包括各种规格及片剂
42	地塞米松磷酸钠针	10×2ml 5mg	盒	4.88	4.84	99.18	包括各种规格及地塞米松片
43	丙酸睾丸素针	10×2ml 25mg	盒	5.29	5.43	102.65	包括各种规格
44	催产素针	10×1ml 10iu(合成)	盒	3.96	4.39	110.86	包括各种规格
45	胰岛素针	400iu 10ml	瓶	21.43	21.91	102.24	包括长效

续表

序号	品名	规格	单位	平均价(元)		价格指数(以上年为100)	备注
				1995	1996		
46	强的松片	100×5mg	瓶	4.92	5.02	102.03	包括各种规格
47	黄体酮针	10×1ml 20mg 易折	瓶	3.73	3.78	101.34	包括复方及长效
48	安定片	100×2.5mg	盒	1.14	1.33	116.67	包括舒乐安定片
49	奋乃静	100×2mg	盒	2.54	3.37	132.68	包括氟奋乃静癸酸脂片
50	卡马西平片	100×0.1g	瓶	9.55	9.36	98.01	
51	谷维素片	100×10mg	瓶	4.17	4.54	108.87	
52	扑尔敏片	100×4mg	瓶	1.34	1.36	101.49	包括针剂
53	舒必利片	100×0.1g	瓶	12.58	13.28	105.56	
54	利福平片	100×0.15g	瓶	25.77	29.32	113.78	包括胶囊
55	异烟肼片	100×0.1g	瓶	2.77	2.85	102.89	
56	乙胺丁醇片	100×0.25g	瓶	20.93	21.59	103.15	
57	氨茶碱片	100×0.1g	瓶	2.18	2.56	117.43	包括复方及针剂
58	咳必清片	100×25mg	瓶	1.88	2.14	113.83	
59	复方甘草合剂片	1000片含鸦	瓶	16.76	23.87	142.42	包括不含鸦片
60	复方降压片	100片	瓶	2.47	2.58	104.45	包括罗布麻片
61	潘生丁片	100×25mg	瓶	3.61	3.77	104.43	
62	硝酸甘油片	100片	瓶	1.82	2.24	123.08	包括复方、缓释片、针剂、贴膜
63	硝苯吡啶片	100×10mg	瓶	2.45	2.48	101.22	
64	辅酶A针	10×100iu 易折	盒	4.13	4.69	113.56	包括各种规格
65	肌苷针	10×2ml 100mg 易折	盒	2.99	3.19	106.69	包括片剂
66	葡萄糖大输液	500ml	瓶	3.90	4.07	104.36	包括各种规格葡萄糖及葡萄糖氯化钠
67	右旋糖酐针	500ml	瓶	10.44	11.49	110.06	包括糖、盐各分子量
68	葡萄糖针	5×20ml 25%	盒	2.95	3.11	105.42	包括各种规格
69	氯化钾针	5×10ml 10%	盒	2.16	2.59	119.91	包括各种规格及片剂
70	胃舒平片	120片	瓶	2.38	2.50	105.04	包括各种规格
71	多酶片	100片	瓶	4.25	4.79	112.71	包括各种规格
72	紫药水	20ml	瓶	0.69	0.83	120.29	包括各种规格及红药水、碘酒
73	小儿止咳糖浆	100ml	瓶	1.99	2.33	117.09	包括各种咳嗽糖浆
74	肤轻松软膏	10g	支	0.75	0.82	109.33	包括各种规格
75	氯霉素眼药水	8ml	瓶	0.43	0.49	113.95	包括新霉素、卡那霉素、洁霉素、利福平、消炎、斑马眼药水
76	红霉素眼膏	2g	支	0.40	0.52	130	包括红霉素软膏

续表

序号	品　名	规　格	单位	平均价(元)		价格指数(以上年为100)	备　注
				1995	1996		
二	中外合资企业药品类					110.28	
1	先锋必针	1g	瓶	100.61	105.29	104.65	
2	吗丁啉片	30×10ml	盒	16.79	19.24	114.59	包括混悬剂
3	西比灵胶囊	20×5mg	盒	27.86	31.79	114.11	
4	息斯敏片	10×10mg	盒	10.08	11.53	114.38	
5	达克宁霜	15g	支	8.30	9.48	114.22	
6	康泰克缓释胶囊	10粒	盒	11.14	12.29	110.32	
7	芬必得胶囊	10×0.3g×2板	盒	18.72	21.39	114.26	
8	泰胃美片	20×0.4g	盒	45.80	49.66	108.43	包括各种规格
9	肠虫清片	10×0.2g	盒	10.23	11.10	108.50	包括各种规格
10	脂肪乳剂	500ml 10%	瓶	105.25	115.62	109.85	包括各种规格
11	博列康尼片	20×2.5mg×25板	盒	226.60	280.81	123.92	包括各种规格
12	倍他乐克片	20×50mg×25板	盒	331.41	394.74	119.11	包括各种规格
13	洛赛克胶囊	14×20mg	瓶	240.66	240.60	99.98	
14	施尔康片	30片	瓶	21.15	21.87	103.40	包括金施尔康、小施尔康
15	先锋霉素6号胶囊	24×0.25g	盒	64.56	60.64	93.93	包括各种规格及针剂、口服混悬剂
16	开博通片	20×12.5mg	盒	41.54	45.51	109.56	包括各种规格及复方开博通
17	复方康纳乐霜	5g	支	4.67	5.28	113.06	包括各种规格
18	喘乐宁气雾剂	200次	盒	33.31	35.20	105.67	包括各种规格
19	18-氨基酸针	500ml	瓶	43.06	47.73	110.85	
20	邦迪创可贴	100片	盒	23.34	24.64	105.57	包括各种规格
三	进口药品类					98.70	
1	西力欣针	0.75g	支	70.01	70.00	99.99	包括各种国别及规格
2	复达欣针	1g	瓶	184.02	181.98	98.89	包括各种国别及头孢噻肟针
3	泰利必妥片	100×0.1g	盒	283.50	276.00	97.35	包括各种国别及针、滴耳液、眼膏、眼药水
4	山地明胶囊	50×0.1g	盒	2852.02	2860.00	100.28	包括各种国别及针、口服液
5	脑活素针	5×5ml	盒	186.20	184.08	98.86	包括各种国别
6	枢复宁针	5×4ml 8mg	盒	1588.25	1452.00	91.42	包括各种国别及片剂
7	溴隐停片	30×2.5mg	瓶	196.11	195.00	99.43	包括各种国别及规格
8	干扰素针	300万u	瓶	310.11	310.00	99.96	包括各种国别及规格

续表

序号	品　　名	规　　格	单位	平均价(元)		价格指数(以上年为100)	备　　注
				1995	1996		
9	胃仙U片	30片	瓶	39.77	40.00	100.58	
10	甲基苄肼胶囊	50×50mg	瓶	194.80	190.23	97.65	
11	丝裂霉素针	2mg	支	23.02	23.00	99.91	
12	白蛋白针	50ml 20%	瓶	378.13	383.41	101.40	包括各种国别及规格
13	菌必治针	1g	瓶	167.73	165.82	98.86	包括各种国别及规格
14	淋必治针	2g	瓶	74.51	69.36	93.09	
15	1.6二磷酸果糖针	5g	瓶	109.07	109.76	100.63	
16	优维显针	100ml×0.3g	瓶	882.52	808.36	91.60	
17	欧乃派克针	100ml×0.3g	瓶	883.06	807.00	91.39	
18	消石素胶囊	40粒	盒	36.14	36.68	101.49	
19	卡他灵眼药水	15ml	瓶	28.39	26.50	93.34	
20	速眠安片	100×15mg	瓶	218.21	225.13	103.17	包括针剂

1996年全国26个城市化学药品零售物价指数

城市	指数(%)	城市	指数(%)	城市	指数(%)	城市	指数(%)
北京	110.99	西安	101.65	大连	103.62	合肥	109.15
天津	108.00	重庆	105.79	乌鲁木齐	105.91	杭州	107.78
上海	105.37	福州	104.37	昆明	105.97	郑州	105.40
广州	102.62	哈尔滨	104.89	长春	104.76	兰州	103.28
沈阳	106.74	青岛	104.88	南宁	108.03	石家庄	109.13
南京	109.62	太原	110.00	成都	99.08		
武汉	104.37	南昌	106.48	长沙	106.05		

1996年全国医药商业企业前50名(按销售、利税总额)排序　金额单位:人民币万元

企　业　名　称	销售总额	排序	利税总额	排序
中国医药(集团)公司	316364	1	8620	2
上海市医药有限公司	230898	2	8765	1
广州市医药公司	161849	3	6105	3
上海医药工业销售有限公司	114844	4	4137	6
天津市药材集团公司	91204	5		
杭州医药站股份有限公司	78262	6	2702	10
北京市医药公司	58204	7	2308	16

续表

企　业　名　称	销售总额	排序	利税总额	排序
南京医药股份有限公司	58096	8	3739	7
常州药业股份有限公司	58014	9	2884	9
武汉医药（集团）股份有限公司	57570	10	2271	17
哈尔滨市医药公司	53000	11	3626	8
湖北省医药公司	51313	12	1355	33
宁波医药股份有限公司	50900	13	2524	13
天津太平集团有限公司	44771	14	4762	4
江苏省无锡医药股份有限公司	44239	15	2150	19
浙江医药药材有限公司	43936	16	1088	38
沈阳医药集团公司	41957	17	1423	31
安徽省太和县医药总公司	41240	18		
上海市黄浦区医药公司	41112	19	2148	20
云南省医药公司	40311	20	1846	27
山东省济南医药采购供应站	40265	21	2001	25
山东省济宁市医药（集团）总公司	36214	22	896	47
陕西省医药公司	36127	23		
宁波药材股份有限公司	36032	24	2312	15
北京市西城医药总公司	35035	25	2398	14
大连医药集团公司	33991	26	1860	26
浙江震元股份有限公司	33687	27	1635	29
苏州医药采购供应站	32120	28	848	50
福建省福州医药采购供应站	32078	29	2121	21
福建省厦门医药采购供应站	29596	30	1794	28
嘉兴市医药集团有限公司	29501	31	1086	39
金华市医药公司	29269	32		
北京市医药经济技术经营公司	28482	33	1304	35
重庆医药股份有限公司	27440	34		
山东省青岛医药采购供应站	26457	35		
北京永安医药总公司	26425	36	2567	12
南京华东医药公司	26135	37	2178	18
浙江温州医药商业集团有限公司	25875	38	1301	36
哈尔滨市药材总公司	25563	39	2101	22
成都市医药公司	25246	40		
江苏省吴江市医药总公司	24295	41		

续表

企业名称	销售总额	排序	利税总额	排序
江苏省扬州医药药材总公司	24200	42		
云南省医药医疗器械工业公司	24119	43	1388	32
徐州医药股份有限公司	23448	44		
四川省绵阳药业（集团）总公司	23394	45		
浙江省医药有限公司	23331	46		
鄞县医药药材公司	23165	47	944	45
镇江药业集团	22501	48		
安徽淮南医药集团有限公司	22406	49		
江阴医药股份有限公司	22148	50	1080	41
海南先锋医药有限公司			4275	5
海南际中医药科技开发公司			2657	11
珠海经济特区丽珠医药营销有限公司			2073	23
深圳市医药公司			2027	24
江苏省泰兴市医药公司			1445	30
临沂市罗庄区医药公司			1337	34
北京市中预科医药经营公司			1094	37
浙江省义乌市医药公司			1083	40
浙江省湖州医药采购供应站			1029	42
南宁市医药总公司			1004	43
福州药材采购供应站			966	44
长春医药股份有限公司			899	46
青海省医药有限责任公司			888	48
新疆吐鲁番医药采购批发站			866	49

医疗器械工业

行业概况　根据中国医疗器械行业协会统计年报，纳入1997年年报统计口径的企业共311家，1997年工业总产值（现行价格、新规定）780857.63万元，工业总产值（不变价格、新规定）748030.87万元，产品销售收入729081.37万元，利税总额70357.44万元，亏损企业81家，亏损面占26.05％。

工业总产值现行价格前10名的企业：

江苏宏宝集团公司
生力集团公司
江苏金鹿集团有限公司
杭丽制冷设备有限公司
上海仪表厂
上海强生有限公司
航卫通用电气医疗系统有限公司

哈慈股份有限公司

惠普医疗产品（青岛）有限公司

山东省威海医用高分子制品总厂

产品销售收入前 10 名的企业：

江苏宏宝集团公司

生力集团公司

杭丽制冷设备有限公司

上海仪表厂

上海强生有限公司

航卫通用电气医疗系统有限公司

哈慈股份有限公司

烟台冰轮高压氧舱有限公司

惠普医疗产品（青岛）有限公司

江苏金鹿集团有限公司

利税总额前 10 名的企业：

哈慈股份有限公司

上海强生有限公司

江苏宏宝集团公司

惠普医疗产品（青岛）有限公司

生力集团公司

广东威达医疗器械集团公司

杭丽制冷设备有限公司

江苏金鹿集团有限公司

北京万东医疗装备公司

国营二六二厂

全国医疗器械博览会概况　1.'97 年全国医疗器械（春季）博览会于 1997 年 5 月 12 日至 17 日在河南郑州中原国际博览中心举行。中国医疗器械工业公司总经理王国立同志致开幕词，河南省副省长俞家骅作了热情洋溢的祝词。原卫生部部长钱信忠、国家医药管理局副局长石屾、河南省人大副主任秦科才、河南省政协副主席姚如学、河南省军区副司令于怀谋、郑州市副市长刘振中等同志出席了开幕式。参加开幕式的还有河南省及郑州市各有关部门的领导同志。

参加本届博览会的共有 42 个展团，参展厂商共 1200 家，展地面积二万多平方米，总成交额达 12.4 亿元，成交额在 1000 万元以上的前八名展团有北京（15560 万元）、上海（15540 万元）、救护车（14247 万元）、江苏（11408 万元）、威达（7432 万元）、海南（5270 万元）、中国医疗器械工业公司（4476 万元）、湖北（2650 万元）。从总体上看，市场需求没有大的涨落。从产品分类统计中看，与上年春季博览会相比，加速器、MRI 销售增幅较大。加速器增加 50%，MRI 是 96 年春季会的 21 倍（96 年春季会仅订出一台），但 X-CT、500mAX 线机、200mAX 线机、100mAX 线机、超声诊断设备、病人监护仪等需求量没有大的变化，心电图机在本届博览会的订购量超过了上两次博览会订购量的总和。

2.'97 全国医疗器械（秋季）博览会于 1997 年 10 月 20 日至 24 日在山东省济南市国际博览中心隆重举行，卫生部原部长钱信忠、国家医药管理局局长郑筱萸、山东省省委书记中共中央政治局委员吴官正、山东省省长李春亭以及山东省政府、省委、人大、政协以及各有关部门的领导同志出席了开幕式。开幕式由中国医疗器械工业公司总经理王国立主持，国家医药管理局局长郑筱萸致开幕词，山东省副省长陈抗甫、济南市委书记孙淑义、山东省医药管理局局长孙启松等在开幕式上分别作了讲话。

本次博览会总成交额为 12.16 亿元。各展团成交额在 1000 万元以上的前八名依次是：救护车（28935 万元），序厅（16647 万元），北京（14088 万元），上海（13850 万元），江苏（8411 万元），山东（5261 万元），涉外展团（4291 万元），海南（2400 万元）。从成交的产品看，X 线机和 X-CT 与上届比大体接近，但超声、监护、生化、麻醉、消毒等产品的成交额都低于春季会。而 MRI 由上次会的 21 台跌至零。出现这种情况除了全国性的市场涨落因素外，可能也有地域性因素。救护车在本届会上销势特旺，比上届翻了一翻，每年秋季会救护车订货较好是正常的，因为各省市卫生厅局大体上将来年的需要总量的大部分在今年年末定下来，在第二年的春季博览会上只是补充订货。另外，对汽车（包括救护车）实行强制报废的规定后，加快了救护车更新的步伐。保健产品的销售额也呈上升趋势。

全国医疗器械博览会主要产品销售汇总表见表一。

表1　一九九七年全国医疗器械博览会主要产品销售汇总表

产品名称	春季会(郑州)		秋季会(济南会)	
	销售数量	金额(万元)	销售数量	金额(万元)
医用直线加速器	18	3000	7	1435
核素治疗机(钴60、后装)	20	576.9	26	626
其他各类治疗机(医院用)	269	1912.5	571	7206
MRI	21	5742		
X-CT	12	2490	11	1930
大型医用X线机	8	570	14	916
500MAX线机	247	5045.3	157	5418
400MA,300X线机	99	770.3	97	798
200MAX线机	392	1696.4	320	1425
100MAX线机	348	644.2	196	305
专用X线机	164	317.5	39	202
彩色超声诊断仪	59	538.2	6	435
黑白超声诊断仪	1512	8568.3	363	2904
病人监护仪	1016	7613	262	1330
心电图机	9262	2406.4	1367	890
内窥镜	791	3250.8	349	1686
显微镜	608	406.3	496	1386
生化分析仪	844	3183.7	302	1880
呼吸麻醉机	571	2567.8	239	1169
牙科治疗设备	1617	1679.8	497	1329
医院消毒设备	6943	3482	844	1682
理疗康复保健设备		1335.7	11000	2637
一次性注射,输血、输液器		1628	1700	1211
医用车、床、台、架、灯		4823.1	6200	4137
救护车	1929	14247	3734	28936

我国首批医疗器械企业通过质量认证

我国首批5个医疗器械企业通过质量认证，获得了中国医疗器械产品认证委员会及其中国医疗器械质量认证中心颁发的认证证书。已认证的产品获准使用CMD标志。这5个企业及产品是：(1) 北京航天长峰医疗器械有限公司，产品为心电监护仪、呼吸机、麻醉机。(2) 宁波戴维医疗器械有限公司，产品为婴儿培养箱。(3) 深圳安科高技术有限公司，产品为磁共振成像系统（MRI）、多功能胎儿监护仪、经颅多普勒（TCD）血流分析仪、多参数病人监护仪。(4) 江苏金鹿集团张家港骨科医疗器械厂，产品为髋关节假体。(5) 北京古莎生物材料有限公司，产品为粉状藻酸盐印模材、光固化复合树脂。质量认证的通过表明，上述5个企业已建立并实施符合GB/T19001－ISO9001 或 GB/T19002－ISO9002 标准和 YY/T0287－ISO13485 或 YY/T0288－ISO13488 医疗器械专用要求标准的质量体系。认证的产品按照国家标准和行业标准要求，经检测机构进行抽样检测，各项指标准均达到标准要求，获准在产品的表面或包装上使用我国医疗器械认证标志：CMD标志。上述5个企业通过首批质量体系认证，对推动我国医疗器械工业与国际接轨，全面提高质量，起到积极的作用。

中国医疗器械工业公司组团参加1997年迪拜春季国际博览会　为进一步开拓中东市场、扩大中国医疗器械和医院设备在这一地区的出口量，中国医疗器械工业公司组团参加了于1997年3月5日～11日在阿拉伯联合酋长国举行的1997年迪拜春季国际博览会。本届博览会共占面积一万多平方米，设摊位近900个，参展公司达400余个。参展公司分别来自中国大陆及其香港和台湾地区、土耳其、约旦、伊朗、叙利亚等25个国家和地区。其中，中国展团摊位面积最大，人员最多，参展公司达67个。在中国医疗器械工业公司组团的20个单位中，医疗器械生产企业占13个，进出口公司占5个，药品生产经销企业占2个，共占摊位12个，占中国展团摊位总面积的18%；展品多为医院常规设备、医用耗材、一次性用品、保健用品和药品。本次展览会成交意向合同金额200余万美金，其中转口贸易金额占90%以上，转口地区分别为伊朗、也门、叙利业、埃及、阿曼和欧洲的部分国家。通过本次外展，参展企业向客商展示了中国的产品和自己公司的形象，为今后跟踪合作意向、获得市场信息、制订切实可行的产品出口战略、开拓中东地区医疗产品的市场打下了良好的基础，为中国医疗器械产品走向世界进行了不懈的努力。

中国医疗器械行业协会分支机构理事长、秘书长工作会议　中国医疗器械行业协会分支机构工作会议于1997年3月18日～19日在上海召开。出席会议的有协会副会长罗正亚同志，13个专业分会、专业委员会及省市公司经理工作委员会的理事长（主任）、秘书长、总会副会长苏州医疗器械厂厂长周永耀、上海西门子医疗器械有限公司中方经理张兆进、海鹰企业集团有限责任公司总经理的代表等计32人参加了会议。

罗正亚副会长就1996年协会工作和在当前形势下如何发挥行业协会的作用作了讲话；代理秘书长徐家境传达了全国工经协会召开的'96行业管理论坛的精神；协会技术部丁金茹部长宣讲了国家医药管理局16号局长令和ISO9000系列质量管理体系；协会顾问、上海医疗器械行业协会会长薛伯卿出席了会议并在会上介绍了上海医疗器械集团公司改革的基本思路。与会代表在认真听取了上述发言后，分别交流了各分支机构1996年工作和1997年工作打算，并就协会的地位、作用、发展方向以及当前经济体制改革的形势、存在的问题以及发展趋势进行了研讨。

中国医疗器械行业协会第二届理事会第三次全体会议　中国医疗器械行业协会于1997年9月8日～12日在长沙召开了第二届理事会第三次全体会议，74位代表出席了这次会议。

这次会议的主要议题是通过一些单位介绍经验，相互交流，进一步解放思想，转变观念，抓住机遇，深化改革，探讨医疗器械行业企业改革的途径和模式，推动我国医疗器械工业的健康发展。

大会由副会长罗正亚主持，湖南省人大常委会副主任刘玉娥，湖南省医药管理局局长王啸云、副局长龚安琪出席了会议，他们分别介绍了湖南省及省医药行业的情况；会议审议通过了协会秘书长人选的变更；总结了协会1996年的工作及财务情况。会上，上海医疗器械（集团）有限公司、广东威达医疗器械集团公司、北京万东医疗装备公司、苏州医疗器械总厂、哈慈集团、宁波医疗电子仪器厂和汕头超声仪器研究所等7个单位介绍了他们各自在优化产品结构、资产重组、“改革、改组、改制和加强企业管理”及发展高科技产品、开拓国内外市场方面取得的经验和体会。王国立会长结合医疗器械行业情况就国有企业的改革和发展在大会上作了报告。

会议期间，医电分会、医用冷冻设备专业委员会及保健用品分会筹委会等分别组织召开了小型会议，研究了各自的工作。

广东威达兼并南京天宇　广东威达医疗器械集团公司是全国最早成立的医疗器械企业集团，较早进行了股份制改造并挂牌上市，成为国家科委支持的高新技术企业。为加速我国医疗器械工业的发展，增强市场竞争能力，走大公司、大集团的道路，通过优化资本结构走产权重组和兼并之路实现优势互补，经中国医疗器械工业公司牵线和有关部门批准，广东威达医疗器械集团公司与南京市医药总公司、南京天宇医疗器械总公司重组威达集团南京天宇医疗器械有限公司。兼并之后，威达集团以其资金和高技术产品作为投入，给天宇公司注入新的活力；天宇公司通过存量资产的流动使沉重的债务负担得以解脱；天宇公司的X线机作为威达公司的配套产品，利用威达的商标和销售渠道打向国际市场。企业兼并资金和技术进一步集中到大企业手中，产生新的优势。

第四部分

行业管理与改革

市场管理与调研工作

1997 年医药市场流通工作简况 1997 年，医药市场流通工作取得明显成效。主要是：

一、药品市场经营秩序有所好转

全国共取缔 50 多家药品集贸市场，关闭 20 多家药品集贸市场，参与整顿和规范中药材专业市场 17 家，有 10 多家药品集贸市场正在治理整顿之中。国家医药管理局会同有关部门，先后对重庆市南坪药品集贸市场、广东省湛江药品集贸市场、河南省商丘药品集贸市场、湖北省武汉市汉江药品集贸市场、辽宁省沈阳市南五药品集贸市场、四川省成都市荷花池药品集贸市场等进行取缔或关闭。

对市场经营企业进行整顿，纠正出租转让合格证 1000 多家，纠正个体户挂靠国有企业经营批发的 2000 多家，国有医药企业从药品集贸市场撤出经营摊点 3500 多家。目前，药品经营秩序有所好转。

关于安徽省太和医药总公司及其分公司在药品经营活动中存在的一些问题，国家医药管理局于 1996 年 12 月进行了调查，针对“存在一些不规范和不完善之处，特别是‘柜组’式的经营方式”，发文指出，“一方面不符合国有医药商业企业的发展方向，另方面在实践中也容易产生问题”。鉴于以上情况，责成安徽省医药管理部门按照《药品管理法》和“紧急通知”的有关规定，不断规范其经营行为。

根据周边省市对太和医药总公司及其分公司在经营活动中的一些不规范行为，国家医药管理局会同有关部门组成联合调查组，于 1997 年 8 月对太和进行暗访。针对存在的问题，国家医药管理局在中国《医药报》发表了答记者问，国家医药管理局和国家中医药管理局联合发出明传电报，指出其存在着药品经营秩序混乱，票据管理很不规范，偷漏国家税收，将药品销售给非法的经营单位和个人等问题以及违法吸纳个体户，并已发现假劣药品事件等。责成其按照有关规定，立即进行整改。

二、药品购销中给予、收受回扣等不正之风的势头有所遏制

全国 4000 多家药品生产企业，5000 多家药品批发企业，60000 多家药品零售企业，按照国办发 14 号文件和五部局 127 号文件要求，针对药品购销中的回扣问题进行自查自纠，自查面占企业总数的 95%以上。国家医药管理局会同有关部门，对医药企业进行抽查，抽查面达 30%。据国家工商管理局统计，全国共查出给予和收受回扣 17.4 亿元，回扣不正之风蔓延的势头有所遏制。

三、医药流通体制改革取得新的进展

按照党的十五大精神要求，国家医药管理局及时提出《推进医药流通体制改革意见》和“2000 年农村药品供应方案及实施意见”，坚持以“三个有利于”为标准，积极探索公有制多种实现形式，正确处理整顿、管理与改革、发展的关系，处理好疏与堵的关系，加大了医药经济结构调整，加快医药流通体制改革步伐，促进医药市场组织结构集中化，解决医药市场流通组织结构分散化问题，使我国医药批发企业实现规模化、集团化、集约化、多元化经营。按照平等互利的原则，以参股、控股、兼并、合作等方式发展强弱联合、强强联合，建立跨地区、跨行业、跨所有制及跨国经营的规模化、集约化、多元化经营的企业集团；推动医药零售企业走上连锁化、多样化的道路，促进医药流通组织的集中化，改变医药商业企业多、

小、散、低、乱的状况。同时继续推行总代理、总经销制，发挥和利用现有大企业拥有的已趋完善的市场营销网络优势，走科、工、贸一体化的道路。采取改组、联合、兼并、股份合作制、出售等形式，加快开放搞活国有小型企业。探索建立覆盖全国、连通国外、政府高度规范、中介组织严格自律、入网企业守规的先进的和高度规范的药品电子交易网络。

四、加强对药品法制化、规范化管理

“医药流通管理条例”已列入国务院法制局立法计划，《药品交易会管理办法》已以局长令下发，98年1月1日执行。制定下发了“医药批发企业网点设置规划”、“医药批发企业开办资格审查办法”。开展医药商业GSP达标活动，开展建立“放心药店”活动，下发了“医药零售企业服务规范”。全国药品零售企业悬挂统一标志的工作，受到吴邦国副总理的肯定。（高三章）

国家医药管理局下发关于实施《药品交易会管理办法》有关问题的通知 1997年8月31日，国家医药管理局以第17号局令颁布了将于1998年1月1日开始施行的《药品交易会管理办法》(以下简称“办法”)。该“办法”体现了下列5项原则：

1. 按照统一管理、分级负责的原则，加强国家和省、市、自治区医药管理部门对药品交易会的监督职能；

2. 明确举办药品交易会的审查、批准程序和权限；

3. 对药品交易会举办、管理与服务、参会资格、交易行为等实行系统、有效的管理和监督；

4. 明确交易会主办单位的服务和管理责任，并赋予必要的现场管理权力；

5. 对违规企业或单位必须给予必要和有效的处罚，使“办法”具有足够的约束力。

国家医药管理局就贯彻实施“办法”的有关问题下发了“关于实施《药品交易会管理办法》有关问题的通知”(国药财字[1997]第499号)。通知指出：

1. 各省、自治区、直辖市医药管理部门要认真履行“办法”赋予的职权，尽快明确管理监督药品交易会的职能部门，依据“办法”的规定，制定具体的工作细则和工作程序，对申请主办药品交易会的单位进行严格的资格审查，采取有效措施，严格控制药品交易会举办的次数和收费标准，认真负责地审查参会企业的资格，切实监督管理好本地区的药品交易会和在本地区举办的跨省区域性药品交易会。

2. 通过资格审查和认定的药品交易会主办单位必须按照本办法的规定，制定具体的管理制度及药品交易会纪律，设立管理机构并报药品交易会管理监督部门备案。在主办药品交易会过程中，必须认真履行“办法”规定的各项职责，认真选择会议承办单位，保证药品交易会收费合理、秩序良好。

3. 为了提高全国性药品交易会主办单位的办会工作质量，同时发挥药品交易会主办单位对交易会秩序的管理作用，我局将陆续对申请主办全国性药品交易会的单位进行资格认定，并将资格有效期暂定为5年。“办法”施行后受理第一批主办单位资格申请的截止时间为1998年1月31日。此后的受理资格申请时间暂定为资格有效期的最后一年的1月至3月份。

4. 具体年度的全国性药品交易会主办单位由我局从具备主办资格的单位中确定。全国性药品交易会主办单位的年度会议计划及依据“办法”规定须经国家医药管理局审批的跨省区域性药品交易会必须提前6个月报国家医药管理局审批。上述会议主办单位如选择会议承办单位，必须在会议开始前3个月将承办单位及承办条件，包括会议收费标准、预算，报国家医药管理局审批。

（丁晋垣）

召开全国医药市场管理工作会议　1997年3月，国家医药管理局在杭州召开全国医药市场管理工作会议，全国各省市区医药管理局的领导和市场处的负责同志参加了会议。

会上，总结了1996年贯彻落实国发［1994］53号和国办发［1996］14号文件精神，整顿和规范医药市场工作情况；研究当前医药市场存在的问题及应采取的措施；提出1997年全国医药市场管理工作意见。会议重点研讨了医药商业流通体制改革中遇到的问题以及医药分业的有关问题。讨论《全国农村药品供应网络建设规划与实施方案》，研究如何搞好农村药品供应工作。修订《药品流通管理条例》和《定点药店管理办法》。

石垣副局长在会上发表了重要讲话。他指出：善始善终，坚定不移地把医药市场的治理整顿工作抓紧抓好；积极推进医药商业流通体制改革；抓好国有医药商业企业的规范化管理；依靠当地政府，认真做好各项试点工作。　（高三章）

医药流通体制改革与市场管理座谈会　1997年10月30至31日，国家医药管理局在北京召开了医药流通体制改革与市场管理座谈会。会议研究、讨论了以下几个主要问题：

1. 如何正确处理医药行业特殊性与一般性之间的关系和整顿、管理、改革、发展之间的关系，全面贯彻十五大提出的经济体制改革方针和政策，推进医药流通体制改革的进程，并切实加强对药品市场秩序的管理工作。

2. 在所有制结构和国有经济布局战略性调整时期，国有医药批发业在兼并、联合、资产重组、产权制度及企业制度改革过程中，私营企业可否控股或完全收购国有医药批发企业；小型国有医药批发企业可否实行国有民营、承包、租赁、出售等国家放活小企业的改革措施。

3. 为健全医药流通体系，提高流通效率与效益，可否建立完全由具有合法资格的医药工商企业参加交易活动、高度规范的医药商品批发交易市场及医药商品计算机交易网络。

国家医药管理局局长郑筱萸在会议总结发言中就审时度势，抓住机遇，大胆改革、正确处理特殊性与一般性的关系和正确处理整顿、管理、改革、发展之间的关系，以及医药流通体制改革的重点任务等问题发表了重要意见。　（丁晋垣）

国家医药管理局起草“关于推进医药流通体制改革的指导性意见”　1997年，国家医药管理局将医药流通体制改革工作摆到了突出的地位，给予了高度的重视。为了切实、有效地推进医药流通体制改革工作，在深入、广泛调查和系统的软课题研究基层上，起草了“关于推进医药流通体制改革的指导性意见”（简称“意见”）。“意见”科学地阐明了医药行业与医药商品特殊性与一般性的关系及整顿、管理、改革、发展之间的关系，提出了改革的方针、目标、任务及政策措施。许多业内人士认为，“意见”的改革思路新、动作大，是一个改革的方案、发展的方案。“意见”主要内容：

改革的背景：医药企业已经开始进入分化、重组和战略性调整与变革时期。各级医药主管部门及医药商业企业只有树立危机意识，审时度势，抓住机遇，及时应变，加快医药流通体制的战略性改革，才能走出目前的困境并主动适应今后的环境变化，使医药商业走上持续发展的道路。

改革的方针：通过医药市场组织集中化、市场流通组织体系完善化、市场流通手段现代化和市场机制健全化的战略性变革，解决医药流通领域存在的问题。遵循市场经济原则和市场经济规律、医药市场流通规律，清除市场障碍，打破市场的地区封锁、部门垄断，充分发挥市场机制的作用。坚持整顿、管理与改革、发展并重的原则，正确处理整顿、管理、改革、发展之间的关系，正确处理药品及医药行业特殊与一般的关系。努力调动并依靠企业的改革积极性，各地区、各企业根据各自的实际情况和发展需要，因地制宜地探索和选择适合自己的改革模式，克服一刀切、一阵风等简单划一的形式主义做法。

改革的总目标：医药流通体制改革的总体目标是：建立适应社会主义市场经济条件的宏观调控、科学管理、统一开放、竞争有序的医药流通新体制，做到流通高效、结构合理、规模经济、体系完善、行为规范、优胜劣汰。

主要政策措施：按照党的十五大精神，结合医药行业的实际情况，修改医药行业内自我封闭、障碍改革与发展的政策和规定，在政策上鼓励、支持改革，为改革创造良好的政策环境。

——优先支持各种形式的同业兼并、联合。同时，允许并鼓励医药商业企业打破地区、行业、部门界限和所有制界限组建规模化和规范化的有限责任公司、股份有限公司及集团公司。

——根据抓大放小的国有企业改革方针，鼓励小型医药商业企业联大靠强，允许并鼓励根据不同情况采取改组、联合、兼并、出售等方式促进其健康发展。

——在对经营条件和证照进行依法严格管理的前提下，允许其他行业的企业，包括非国有企业控股国有医药商业企业，或收购破产或经营困难的国有医药商业企业。

——在坚持“合理布局、方便群众”原则下，允许并鼓励知名度高、信誉好的医药商业企业依法在异地设立医药商业零售连锁分店。

——在保障市场供应的前提下，积极鼓励那些在医药商品经营方面扭亏无望的医药商业企业转营他业。

——提倡、支持医药商业企业采用计算机网络沟通生产、经营、使用三者之间供求信息，逐步实现医药商品交易电子化。组织企业进行医药商品采购、仓储、调拨、销售、管理等环节的物流、商流与信息流计算机管理系统研究和推广工作，积极探索建立医药商品交易电子中介系统。　（丁晋垣）

国家六部门《关于全国整治药品回扣违法行为工作情况和意见的报告》　整治药品回扣违法行为，是党中央和国务院统一部署的全国性治理项目。从1996年至1997年，由国家工商行政管理局、卫生部、国家医药管理局、国家中医药管理局、国务院纠正行业不正之风办公室、最高人民检察院六部门共同组织在全国开展药品回扣专项整治工作，历时两年。1998年2月18日，六部门联合向国务院上报了《关于全国整治药品回扣违法行为工作情况和意见的报告》(以下简称《报告》)。《报告》总结了两年来全国药品回扣专项整治工作取得的成效、整治工作开展的情况、存在的主要问题以及今后工作的建议。主要内容概括如下：

一、专项整治工作取得的成效：

首先，大量药品回扣等违法问题被揭露和查处。根据《报告》的统计，截止到1997年10月底，全国参加自查自纠的药品生产销售企业和医疗机构共计117714个，平均自查率达98%，自查出从1993年12月1日以来给予、收受的药品回扣金额17.4亿元，通过自查自纠上交回扣金额3.58亿元；在重点检查和抽查中，全国共检查、抽查药品生产企业和医疗机构48798个。占药品生产销售企业和医疗机构总数的40.5%，重点检查出给予、收受的药品回扣金额4.17

亿元。在专项整治期间，全国共收到举报、投诉6103件，立案调查药品回扣案件4230件。现已结案3363件，涉及回扣金额6.64亿元。从专项整治开始到1997年10月底，全国工商行政管理机构和卫生行政部门共查处制售假冒伪劣药品案件50030件，查处无照或证照不全非法经营药品案件17156件，没收假冒伪劣药品标价1.45亿元，取缔无照经营药品非法经营户14625户，停业整顿2509户，卫生部门吊销许可证301户。工商行政管理机构吊销营业执照552户。

其次，两年来通过各地区、各部门共同努力和扎实工作，已基本摸清了在药品购销活动中给予、收受药品回扣的情况，普遍提高了对药品回扣违法性和社会危害性的认识，初步形成了守法经营的良好社会风气，群众的举报、投诉明显下降，一批药品回扣案件得到严肃查处，回扣的势头得到明显遏制，防范措施逐步建立，行业风气有所好转。专项整治已经取得了明显的成绩，起到了刹风治乱的作用，整治的目标已经基本达到。

二、专项整治工作开展情况：

《国务院办公厅关于继续整顿和规范药品生产经营秩序加强药品管理工作的通知》（国办发（1996）14号）下发后，国家工商行政管理局、卫生部、国家医药管理局、国家中医药管理局、国务院纠正行业不正之风办公室对整治药品回扣违法行为工作十分重视，很快组成全国药品回扣专项检查联席会议（1996年9月最高人民检查院也参加了联席会议），并研究制定了工作方案，对专项检查的组织方式.检查范围和重点、实施步骤等作出了具体安排。全国各地区还相继成立了专项检查领导协调小组；各级专项检查领导小组都注重广泛宣传发动，争取群众参与整治工作；在整治工作中注意把握政策界限，实事求是地处理好检查出的回扣问题；在全面开展自查自纠同时，认真做好重点检查和抽查工作，加大力度狠抓案件的查办；把整治回扣与整顿医药市场相结合，加强整改和建章立制，预防回扣风潮。

三、专项整治工作中反映出的主要问题及其建议：

（一）折扣的财务处理严重不规范，管理制度不健全，建议尽快制定好规范折扣的办法。

（二）药品价格体系不合理，价格管理机制不完善，建议加快改革步伐，完善药品价格管理机制。

（三）低水平重复建设问题突出，药品经营主体和方式较乱，建议加强医药企业的宏观调控和管理，严格审批制度，并对相关企业进行改组整顿。

（四）医疗服务技术收费过低，医疗机构补偿机制不合理，是回扣、折扣风盛行的根源。建议借鉴国际通行作法，结合我国医疗保障制度改革，逐步实行医与药分业，从根本上解决医药回扣和高折扣问题。

四、今后工作建议：

整治药品回扣，规范医药市场秩序，是一项长期、复杂的工作，专项检查只是刹风治标的权宜之计，要根本解决药品回扣问题，还需要深化改革，标本兼治，综合治理。建议从1998年开始，作为以刹风治乱为目标的专项整治告一段落，转入正常监督与执法工作，并采取有力措施防止反弹，同时要深化改革，加强综合治理。

专项整治告一段落后，个部门要继续把整治药品回扣作为本部门的重点工作，各司其职，各负其责，常抓不懈。

（刘丹梅）

全国药品回扣专项检查联席会议关于《1997年整治药品回扣违法行为工作的安排意见》的通知　根据国务院的部署，1997年3月27日国家工商行政管理局、卫生部、国家医药管理局、国家中医药管理局、国务院纠正行业不正之风办公室、最高人民检察院六部门共同组成的全国药品回扣专项检查联席会议通过并下发了关于《1997 年整治药品回扣违法行为工作的安排意见》的通知（工商公字（1997）第 91 号），对 1997 年药品回扣专项整治工作作了具体安排并提出了几点要求。概括如下：

一、具体工作安排：1. 做好自查自纠工作；2. 重点检查和抽查相结合；3. 加大执法力度，集中力量查处案件，特别是查处一批有影响的大要案件；4. 各行业主管部门负责组织好本行业的整改工作；5. 由上述六部委配合国家计委制定好规范折扣的办法；6. 年末派出检查组对全国各地药品回扣专项整治情况进行一次全面检查。

二、几点要求：1. 各有关部门要充分认识开展专项整治工作的重要性；2. 重在行动，抓好落实；3. 注意正反两方面的典型；4. 继续做好宣传工作；5. 各有关部门既要各负其责，又要协调配合；6. 各部门、各地区要加强信息沟通，及时反映情况。

（刘丹梅）

行业规划与经济协调

全国医药经济结构调整会议　国家医药管理局于 1997 年 8 月 20 日至 8 月 22 日在吉林省长春市召开了“全国医药经济结构调整工作座谈会”。参加会议的有各省、直辖市、自治区、计划单列市医药管理部门的负责同志，部分重点医药企业的负责人以及国家计委和国家医药管理局有关司的代表，共 84 人。会议讨论了“化学药品结构调整专项规划（讨论稿）”等九个医药工业结构调整方面的专项材料；吉林、河北、山东三省医药管理局及华北制药集团公司分别介绍了他们在调整经济结构、提高经济效益方面的经验；国家医药管理局郑筱萸局长在会上作了题为“加快医药经济结构调整步伐，增强国内国际市场竞争能力”的报告。

会议对《报告》及有关专项材料进行了认真的讨论，对医药经济结构调整工作的指导思想、总体目标以及今后的具体工作，特别是经济结构调整要树立全国大市场的观念，组织大集团要注重质量，反对搞“拉郎配”等形成了初步共识。　（沈家鹏）

全国医药行业安全生产工作会议　全国医药行业安全生产工作会议于 1997 年 9 月 13 日至 16 日在山西省太原市召开。来自全国 32 个省（区、市）的 135 个单位、157 名代表参加了会议。

会议总结了医药行业“八五”期间安全管理工作的经验和教训；交流了安全管理典型经验和先进技术、方法的论文（76 篇），其中大会发言交流 10 篇；表彰了安全生产先进企业 62 个，先进工作者 65 名，优秀论文 15 篇；研究了医药行业 1998 年安全生产的重点工作。

戴庆骏副局长出席会议并做了题为“强化安全生产管理，促进医药经济发展”的重要讲话。讲话对医药行业“九五”安全生产工作及提高医药经济效益，具有重要的指导意义。

讲话对医药行业“八五”期间安全生产工作进行了科学的总结，实事求是地对行业的安全生产进行评价和分析，肯定了建立、健全规章制度和加强人员培训等方面的成绩，同时也指出了行业安全生产的严峻形势，应引起各级领导足够的重视。

全国医药统计工作会议　国家医药管理局于 1997 年 11 月 19 日至 21 日在广东省深圳市召开全国医药统计工作会议。参加会议的有全国各省（区、市）医药管理部门和部分直属单位的代表 68 人。

会议讨论修订了医药工、商业统计报表制度；研讨了医药工业生产指数试编工作的问题；演示了《全国医药统计信息网》软件。

国家医药管理局戴庆骏副局长在会上作了题为“围绕中心、服务大局、充分发挥统计工作在医药行业改革与发展中的作用”的讲话。《讲话》包括以下三方面内容：对1997年医药统计工作的总结；阐述在市场经济条件下进一步强化行业统计工作的方法；提出1998年医药行业统计工作要点。

《讲话》指出，在市场经济条件下强化行业统计工作要注意：

1. 进一步完善统计信息的传递渠道，明确统计数据的上报原则，确保统计结果在各级部门间及时通畅传递。2. 解放思想、转变观念，不断增强统计的服务功能，使医药统计工作更好地适应新形势的需要。3. 各级领导要切实加强对统计工作的指导。

《讲话》指出，1998年医药行业统计工作要点：1. 探讨医药统计方法制度的改革方案，建立反映医药经济发展中出现的新情况、新问题的指标体系。2. 开展医药工业生产指数试行工作。3. 加快建设《全国医药统计信息网》的步伐。4. 以提高数据质量为中心，建立数据质量控制和评估办法，继续做好各种各期统计报表和年报工作。5. 紧密结合“十五大”提出的经济发展战略的新精神、新举措，加强对大中型企业发展动态的监测，努力做好统计分析研究工作。

会议对戴局长《讲话》和新的《医药工、商业统计报表制度》贯彻实施的相关问题进行了深入讨论，取得了共识。

（边莉娜）

注：此篇中的统计数据待年报数据确认后相应调整。

1997年医药经济运行简况　1997年，医药行业努力加大改革力度，加快企业经营机制转换的步伐，医药经济运行基本保持平稳、持续增长的发展态势。医药工业实现产值和利润同步增长，医药商业经济效益进一步回升。

医药工业情况：

1997年医药工业总产值（1990年不变价）累计完成1424亿元，比1996年增长13%，现价工业总产值累计完成1227亿元，产销率为93.89%，与1996年相比基本持平。分类比较见表1：

从表1可见，化学药品工业等六类工业产值增长态势平稳，制药机械工业产值虽然略呈负增长，但与1996年相比，其下降幅度已减少了近3个百分点；其他工业产值下降幅度最大，主要原因是某些健字号大品种的质量可信度等方面存在问题。

1997年医药工业新产品产值约为98亿元，仅达到医药工业产值的10%。可见目前医药企业尚未有效改变原有传统、单一的产品结构，品种日趋老化。加大对新产品研究开发（从单纯仿制向创新转变）和技术改造的投入，解决企业发展后劲问题已迫在眉睫。

表1　　计量单位：亿元

类　别	工业总产值		
	不变价	比上年同期（%）	现价
全国总计	1424.07	13.33	1226.86
医药工业	1173.04	12.85	960.78
其中：新产品产值			97.76
化学药品工业	988.38	14.48	778.09
医疗器械工业	96.51	14.65	93.21
卫生材料工业	25.6	20.91	26.6
制药机械工业	5.1	－0.28	5.24
中成药工业	247.32	15.40	261.66
中药饮片工业	3.71	31.42	4.42
药用包装材料工业	25.03	9.05	26.54
其他工业	32.42	－23.99	31.1

1997年医药工业销售产值分行业情况见表2：

表2　　　　计量单位：亿元

类别	工业销售产值
全国总计	1151.84
其中：出口交货值	132.57
医药工业	908.02
化学药品工业	734.39
医疗器械工业	87.08
卫生材料工业	24.94
制药机械工业	4.91
中成药工业	239.08
中药饮片工业	4.74
药用包装材料工业	25.28
其他工业	31.42

截止1997年底，全部独立核算医药工业企业共3416个，其中亏损企业1344个，亏损面为39%，与1996年基本持平。工业实现利税144.40亿元，其中利润71.80亿元，分别比1996年增长11%和6%。区域发展不平衡的现象依然存在，全国有七个地区出现汇总性亏损，都是中、西部欠发达地区。全国亏损企业亏损额达33.02亿元，比1996年有上升趋势。主要经济效益指标分析见表3。

表3

指　标　名　称	1997年	1996年
销售利税率（%）	12.84	12.90
工业增加值率（%）	32.11	32.60
人均利税（元/人）	12221	11010
全员劳动生产率（元/人）	33973	30479
工业产品销售率（%）	94.31	94.05

医药商业情况：

1997年商品销售总额为973亿元，比1996年同期增长7.34%；出口额为5.42亿元，比1996年同期增长53.87%；对居民和社会集团商品零售额为569.72亿元，比1996年同期增长6.99%；期末库存198.14亿元，比1996年同期降低4.88%。从出口额的大幅攀升可以看出，医药商业企业采取的奋力开拓国际市场、发展外向型经济这一战略已初见成效。

1997年，医药行业的经济运行在诸多困难存在的情况下，总体上仍取得了“稳中求进、有效增长”的良好成绩。在党的“十五大”关于加快推进国有企业改革这一精神感召下，医药行业应针对自身特点“抓大放小”，培育新的经济增长点，从而推动医药经济的快速、健康发展。　（李　雯）

医药行业享受国家进口设备免税政策的范围

一、国家关于调整进口设备税收政策要点

1. 为进一步扩大利用外资，引进国外先进技术与设备，促进我国产业结构调整与升级。国务院于1997年12月29日发出通知，决定从1998年1月1日起，对下列范围项目：(1)国家产业政策鼓励发展类项目、(2)《外商投资产业指导目录》鼓励类、限制乙类并转让技术的项目、(3)外国政府贷款及各类国际金融组织贷款项目、在投资总额内进口的自用设备，除《国内投资项目不予免税的进口商品目录》与《外商投资项目不予免税的进口商品目录》所列商品外，免征进口环节增值税与关税。

2. 1996年4月1日至1997年12月31日按国家规定程序批准设立的外商投资项目和国内技术改造项目，1995年1月1日到1997年12月31日利用外国政府贷款和国际金融组织贷款项目，由项目单位凭原批准文件到所在地直属海关申请办理免税手续。

1996年3月31日以前批准的技术改造项目在1998年1月1日以后到货的进口设备，项目单位可凭批准的技术改造证明书与进口合同，到项目所在地直属海关换领免税证明。

二、医药行业享受国家进口设备免税政策的范围

1. 国家产业政策鼓励发展的产业、产品与技术

（1）列入国家基本药物目录的药品

（2）重要的出口优势产品

（3）生物工程药品

（4）放射性药品

（5）新型抗肿瘤药品（含抗肝炎药物）及新型心脑血管药

（6）爱滋病及放射免疫类诊断试剂

（7）新型地方病用药

（8）新型解热镇痛药

（9）新型药物制剂及辅料和按GMP生产的药物制剂

（10）医药专用紧缺中间体和新型抗生素

（11）新型生物化学药品系列（含生化诊断试剂）

（12）新型药用包装材料

（13）新型医药和医疗器械

（14）新型卫生材料与敷料

（15）计划生育药物及工具

（16）新型药物的筛选技术与筛选模型

（17）氨基酸新菌种

（18）饲料级生物素

（19）维吉尼亚霉素和泰乐菌素

（20）青霉素盐提纯和纯化

（21）发酵及自动控温系统

（22）大规模用多肽合成、纯化

（23）大规模药用核酸合成、纯化

（24）高产基因工程菌

（25）天然类药物

（26）新型中药研制和开发

2. 鼓励外商投资产业、产品目录

（1）受我国专利保护或行政保护的化学原料药、需进口的医药专用中间体

（2）采用新技术设备生产解热镇痛药

（3）维生素类：烟酸

（4）新型抗癌药物及新型心脑血管药

（5）药品制剂：采用缓释、控释、靶向、透皮吸收等新技术的新剂型、新产品

（6）氨基酸类：丝氨酸、色氨酸、组氨酸等

（7）新型药品包装材料

（8）新型、高效、经济的避孕药具

（9）中成药产品质量控制、改变剂型，包装的新技术、新设备、新仪器

（10）中药有效成份分析的新技术、提取的新工艺、新设备

（11）采用生物工程技术生产的新型药物

（12）新型佐剂的开发应用

（13）肝炎、艾滋病及放射免疫类等诊断试剂生产

（14）具有中频技术、计算机控制技术和数字图像处理技术，幅射剂量小的、80千瓦及以上医用X线机组

（15）电子内窥镜

（16）医用导管

3. 限制外商投资产业、产品目录（乙类）

（1）中药材、中成药半成品及制成品（中药饮片传统炮制工艺技术除外）

（2）毒品前体：麻黄素、伪麻黄碱、麦角新碱、麦角胺、麦角酸等

（3）青霉素G

（4）成瘾性麻醉药品及精神药品的生产（中方控股或占主导地位）

(5) 高技术的疫苗生产（艾滋病疫苗、丙肝疫苗、避孕疫苗等，中方控股或占主导地位）

(6) 国家计划免疫的疫苗、菌苗类及抗毒素、类毒素类（卡介苗、脊髓灰质炎、白百破、麻疹、乙脑、流脑疫苗等的生产）；

(7) 维生素 C 生产

(8) 血液制品的生产

(9) 一次性注射器、输液器、输血器及血袋

(10) CT、磁共振成像装置及医用加速器等大型医疗设备制造

三、医药行业国内投资项目不予免税的进口商品目录 1. PET（正电子断层扫描仪）

2. 脑磁图

3. 眼科准分子激光治疗仪

4. ECT（电子断层扫描仪）

5. 灭菌柜

（陈素红）

《医药工业企业进口设备管理办法》下发 随着社会主义市场经济体制的建立和《全民所有制企业转换经营机制条例》的贯彻执行，为使企业对进口设备管理进一步规范化，充分发挥医药工业企业进口设备的效能，提高企业经济效益，在原《医药工业企业进口设备管理暂行办法》的基础上，经多次征询意见和修改，国家医药管理局制定了《医药工业企业进口设备管理办法》（以下简称“《办法》”），并以“国药综经字［1997］第 68 号”文颁布执行。

《办法》共分十章四十三条。各章要点是：

第一章　总则（共五条）

《办法》制定的依据、目的及原则。

第二章　规划与选购（共四条）

规划与选购的原则、程序、要求及责任。

第三章　检验与索赔（共五条）

进口设备检验与索赔的实施要求。

第四章　安装与调试（共五条）

进口设备安装和调试的程序和要求。

第五章　使用与维护（共四条）

进口设备使用与维护的原则规定。

第六章　备件与检修（共七条）

进口设备备件与检修的管理规定。

第七章　国产化（共三条）

促进进口设备国产化的规定与要求。

第八章　基础管理工作（共三条）

进口设备的档案、资料、统计的要求。

第九章　教育与培训（共三条）

进口设备的管理、操作、维修人员的范围及内容要求。

第十章　附则（共四条）

省级、企业制定实施细则与本《办法》的关系，本《办法》的适用范围、执行日期和解释权。

（林殿佑）

《关于严格控制一次性无菌注射器等产品生产布点的通知》下发 1997 年 7 月，印发“关于严格控制一次性无菌注射器等产品生产布点的通知”（国药综经字［1997］第 266 号）文。国家医药管理局重申：严格控制一次性注射器及一次性输液（血）器新开办企业是我国对一次性产品生产管理的一贯政策。

（芮　军）

《医药行业同品种产品能耗交流实施细则》下发 医药同品种的能耗交流工作，对加强医药行业宏观调控，进行产品结构调整，促进“两个根本性转变”具有重要意义。国家医药管理局结合医药同品种能耗交流工作的实际，在广泛征求意见、多次进行讨论修改的基础上，组织制定了《医药行业同品种产品能耗交流实施细则》，并于 1997 年 6 月以“国药综经字［1997］第 217 号”文颁布执行。

该《细则》共分七章二十四条。各章要点是：

第一章　总则（共三条）

同品种产品能耗交流的作用、程序及内容。

第二章　范围（共二条）

同品种产品能耗交流的范围及其生产企业必备的条件。

第三章　职责（共四条）

同品种产品能耗交流中各级管理部门与各交流单位的职责。

第四章　交流程序（共四条）

同品种产品能耗交流程序的具体规定。

第五章　填表的规定（共五条）

同品种产品能耗交流中填表内容、单位、计算公式及修正系数。

第六章　奖惩（共三条）

同品种产品能耗交流中有关奖惩的规定。

第七章　附则（共三条）

交流的表式及执行日期。

（林殿佑）

《医药工业企业安全生产禁令》颁布　为贯彻“安全第一，预防为主”的方针，防止和减少事故的发生，加强医药工业企业安全生产管理的力度，保证医药生产安全稳定运行，国家医药管理局于1997年12月18日颁布了《医药工业企业安全生产禁令》（国药综经字［1997］第526号），自1998年1月1日起施行。

该禁令适用于医药工业企业（包括制药、医疗器械、制药机械、药用包装材料等生产企业），医药商业企业可参照执行。

安全生产禁令共有十二个方面七十九条：

一、生产厂区通用禁令（六条）

二、易燃易爆危险场所禁令（十条）

三、有毒有害危险场所禁令（四条）

四、建（构）筑物禁令（九条）

五、机电设备禁令（七条）

六、压力容器禁令（四条）

七、气瓶禁令（六条）

八、机动车辆禁令（六条）

九、动火作业禁令（八条）

十、下罐作业禁令（十条）

十一、高处作业禁令（六条）

十二、起重作业禁令（三条）

各省、自治区、直辖市及计划单列市医药管理局或相应的医药管理部门和企业可根据本禁令，结合实际情况制定实施细则。

（吴爱军）

《国家基本药物品种目录》调整　根据《制订国家基本药物目录工作方案》和国家基本药物领导小组的决定，《国家基本药物目录》每两年调整一次。首轮调整工作从1997年上半年开始，经过前期准备、专家初选、征求意见、专家终选、技术规范等程序，到年底全部完成，并于1998年2月20日由四部、局以卫药发［1998］第13号文件公布。

国家医药管理局在工作中既遵循了“临床必须、安全有效、价格合理、使用方便、稳定提高”的原则，又结合国内药品生产企业现状，在一定程度上考虑保护国内特别是国有制药企业利益。对现有生产品种进行调研，征求了各地医药管理部门和有关企业对调整《国家基本药物目录》的意见，组织有关临床、药学、科研、生产方面的专家召开论证座谈会，形成了国家医药管理局对此次调整《国家基本药物目录》的意见，并及时地反馈到国家基本药物各专家组和领导小组各成员。

这次调整共确定调出88个品种116个剂型，调入131个品种238个剂型，调整比例为12.5％，增加品种幅度为6.1％，其中，进口药品有所减少，由原来的101个品种占基本药物的14.3％减少到现在的10个品种占4.8％。

（童应安）

医药工业生产指数试编工作　工业生产

指数法是国家统计局提出的目前比较可行的一种改革工业发展速度的计算方法，也是对短期经济运行分析方法的一次改革，它带来的将是分析思路与分析方法的更新。如生产指数与销售指数、库存指数与订单指数，共同构成一个全面反映经济运行周期变化的完善的指标体系；再如化学药品按大类、中类、小类编制生产指数，可以反映中间需求（原料药）和最终需求；还可以反映制药装备、药品包装的生产情况与药品生产的关系，等等。

工业生产指数法作为工业统计方法改革的一项重大举措，医药行业从1997年开始进行试点试编工作。国家医药管理局为确保试编工作的顺利进行，积极做好各项准备工作。首先，印发了《关于开展用工业生产指数法试算发展速度工作的通知》（国药统字［1997］第71号文），阐述了试编工作的意义，并具体安排了完成各阶段工作的时间进度；其次，对华东地区各省（市）具体负责工业生产指数的工作人员第一期进行了培训，由此医药工业生产指数开始了试编试点工作；再次，针对试点中反映的问题和医药行业的实际情况，及时修订了代表产品目录，编写了《医药工业生产指数》一书，并组织开发了《医药工业生产指数试编程序》和基础资料的计算机汇总程序，同时对全国三十个省（自治区、直辖市）及十四个重点城市的工业统计人员进行了工业生产指数的理论知识及试编医药工业生产指数的具体技术操作的培训。这一切都为医药工业生产指数的试编提供了必要的技术保障，为医药工业生产指数编制工作的顺利开展创造了条件。（黄美珠）

《咖啡因管理规定》修订　1997年卫生部和国家医药管理局共同组织修订了《咖啡因管理规定》（原规定是91年下发的）并以卫药发［1997］第85号文于12月1日正式发布，从1998年1月1日起施行。该规定共分五章，分别为总则、生产、购销、出口和附则。修改后的《咖啡因管理规定》进一步完善了咖啡因购销手续，并建立了购销核查制度，这必将使咖啡因监督管理工作更加完善和严格。（高　峰）

全国二级麻醉药品经营单位整顿与验收

1997年，国家医药管理局、卫生部共同组织各省、区、市医药管理部门和卫生行政管理部门，对全国二级麻醉药品经营单位进行了全面整顿和验收。整顿后，全国共设立288个麻醉药品二级经营单位，其中由中国医药北京采购供应站直接供货的75个，经31个麻醉药品中转站供货的213个。通过整顿和验收，各麻醉药品二级经营单位普遍对仓库进行了维修加固，安装了报警设施，完善了各项安全管理制度等，整顿工作取得了一定成效。

为加强对整顿中新设立的31个麻醉药品中转站的管理，解决当前中转过程存在的突出问题，切实搞好麻醉药品中转供应工作，确保医疗需要，国家医药管理局综合经济司与卫生部药政局联合制订了《麻醉药品中转站考核标准》，并以药综经字［1997］第105号文正式下发，从1998年1月1日起执行。（高　峰）

国家医药管理局加入中国保护臭氧层领导小组　我国为了有效开展保护臭氧层工作，履行《蒙特利尔议定书》的承诺，编制了《中国消耗臭氧层物质逐步淘汰国家方案》，于1992年成立了中国保护臭氧层领导小组，由18个部委成员单位组成，全面指导和协调ODS的淘汰行动。根据国家方案，国家环境保护局（环控［1997］414号）同意国家医药管理局加入中国保护臭氧层领导小组，综合经济司韩立新司长为领导小组成员，张明奇同志为联络员。

（张明奇）

全国医药储备管理工作电视电话会议 1997年10月31日，国家经贸委和国家医药管理局在京联合召开了全国医药储备管理工作电视电话会议。会议由国务院副秘书长李树文同志主持，国务委员彭佩云同志到会并做了重要讲话。

在北京主会场参加会议的领导和负责同志有国家经贸委副秘书长蒋金楚、财政部部长助理金立群、中国人民银行行长助理肖钢、北京市副市长阳安江、国家医药管理局局长郑筱萸和副局长戴庆骏，以及国务院办公厅、民政部、监察部、卫生部、中国气象局、国家地震局、工商银行、国家中医药管理局、新华社、人民日报社、中央电视台等，共70多人。

各省、自治区、直辖市的分管领导及有关厅局的负责同志参加了各地分会场的会议。

会上，蒋金楚同志代表国家经贸委作了讲话，郑筱萸同志代表国家医药管理局作了讲话。上海市蒋以任副市长、湖南省周伯华副省长、四川省敬正书副省长分别就本省、市贯彻落实《国务院关于改革和加强医药储备管理工作的通知》精神作了发言。

（王春雷）

《关于改革和加强医药储备管理工作的通知》下发 1997年7月3日，国务院以国发［1997］23号文件，发布了《国务院关于改革和加强医药储备管理工作的通知》，决定从1997年起，在我国建立和实施中央与地方两级医药储备制度。"通知"要求，在中央统一政策、统一规划、统一组织实施的原则下，改革现行的中央一级储备、静态管理、计划调拨的储备模式，建立中央与地方两级储备、动态管理、有偿调用的新体制。

（王春雷）

五部委联合下发《国家药品医疗器械储备管理暂行办法》 1997年12月23日，国家经贸委、国家医药管理局、财政部、中国人民银行、卫生部五部委以国经贸经［1997］876号文，发布了《关于印发〈国家药品医疗器械储备管理暂行办法〉的通知》。目的是贯彻落实中共中央、国务院关于建立中央与地方两级医药储备制度的决定，切实按照国务院"通知"规定的原则，改革现行的医药储备制度，并采取措施规范和加强医药储备管理工作，确保储备资金不流失，确保储备药械的及时、有效供应。

《暂行办法》共分九章47条。包括制定办法的目的和依据、管理机构的职责、承储企业的条件、储备计划的制定，与下达、储备药械的储运、保管与调度，储备资金的管理，以及对于储备管理工作的监督、检查与奖惩等都做出明确规定。 （王春雷）

企业改革与管理

医药行业现代企业制度试点情况 医药行业现代企业制度试点情况基本上与国家现代企业制度试点工作同步进行。自1994年10月，国家开始现代企业制度试点工作以来，国家医药管理局积极抓住现代企业制度试点的机遇，大胆开拓、积极推进，配合国家百户企业试点工作。在前两年工作的基础上国家医药管理局又及时于1997年11月召开了"医药行业现代企业制度试点工作总结暨上市公司经验交流会"。戴庆骏副局长出席会议并做了重要讲话。

1．试点的基本情况

医药行业现代企业制度试点工作，经历了提高认识，统一思想——实质运作，大胆探索——有所突破，取得初步成效这3个阶段。

医药行业进入国家百户现代企业制度

试点行列的2户企业：中国医药对外贸易总公司和上海三维制药公司。根据在全国20个省、市调查情况，还有近百家医药企业成为省、市现代企业制度试点企业。

医药行业根据行业特点，在国家和地方确定为现代企业制度试点的医药企业、国家确定为“优化资本结构”的18个试点城市中的医药企业，以及局直属企业中选择了具有一定基础和代表性的36个医药企业，组建了“医药行业现代企业制度试点网络”。分别按企业集团、工业企业、商业流通企业三个类型组进行试点。旨在通过网络企业的先行试点，探索和总结出适合行业不同类型国有企业建立现代企业制度的模式、途径和经验，为在全行业全面推行现代企业制度奠定基础。

中国医药对外贸易总公司和上海三维制药公司这两户国家百户现代企业制度试点的医药企业的实施方案，分别在1995年10月和11月通过了方案论证，并开始了实质运作。中国医药对外贸易总公司积极进行了三项制度改革，建立、健全了法人治理结构，经营机制明显转变，经济效益有所提高。上海三维制药厂已经改制为有限责任公司，同时还作为上海实业控股公司的子公司在香港上市。

试点网络36户试点企业中，有半数以上已制定了较规范的试点方案，并已开始实施。华药、东药、新华、鲁抗、上海中西、中国医药公司等试点企业都从建立健全法人治理结构入手，向大集团化方向发展；南京医药、四川绵阳、上海市医药公司等试点企业，积极探索商业流通企业产权制度改革的路子，盘活资产存量，生产经营获得了很大发展。特别是企业集团、商业流通企业两个类型组分别成功地在哈尔滨医药集团和上海市医药公司召开现场研讨会，剖析了医药企业集团和商业流通企业的带有共性的难点问题，摸清了这两类医药企业的“病症”根源，找准了重点、难点问题，寻找到了突破口。

虽然从试点企业数量看，医药行业试点企业只有100多家，但试点的范围涉及到产权制度、治理结构、公司化改造、组建集团等多方面、全方位，其在企业改革方面的推动力是极其深刻的。

2. 试点的初步成效

医药行业的现代企业制度试点工作按照“产权清晰、权责明确、管理科学、政企分开”十六字的科学内涵，在大胆探索、扎实工作、点面结合、重点突破等方面取得了一定成效。

(1) 建立了企业科学的组织制度，公司制框架基本形成。试点企业基本都能按照《公司法》的要求，采取现代公司体制改造老的国有企业组织制度。多数是改制为有限责任公司、股份有限公司等。较多试点企业还按照母子公司管理体制，较大幅度地将二级子公司改造为多元投资主体结构。

(2)在一些难点、重点问题上取得突破。在调整企业负债结构、分流企业富余人员、企业办社会等方面，都有所突破。

(3) 企业组织结构发生较大变化，资本运作实力加强。通过试点，企业资本运作思路更加清晰、力度加大。许多企业进行了兼并、合资、租赁、重组、置换股权等多种方式的资本运作。华药、东药、哈医药进入国家120家试点企业集团；新华成为国家现代企业制度试点“百优企业”中的10家特大型企业之一；网络试点企业中11家成为上市公司，共融资近28亿元。

(4) 试点企业整体实力增强，综合效益有所提高。试点企业中有19家企业进入医药行业50强行列，其中7家进入国家千家重点企业。

从经济效益看，一些试点企业的经济效

益得到大幅度上升，效果十分明显，如哈医药1997年上半年青霉素钠盐产量同比增长34%，产销率提高2.95个百分点；南京医药推进科、工、贸并举，其上市公司的每股收益达到0.30元，一举成为沪市上市公司的榜首。

从资产结构看，试点企业的平均负债率、资产负债率、流动比率、速动比率比试点前都有改善。

从技术改造、技术创新情况看，试点企业普遍增加了技术改造、技术攻关力度，在提高主营产品的科技含量和附加值，增加市场有效供给方面，有了明显改善，为企业增添了发展后劲和新的经济增长点。

3. 试点存在的问题及困难：

从试点进展情况看，试点企业在方案中反映较多的难点问题主要是：

(1)国家关于试点的配套政策出台不理想，原计划出台的12个配套政策只出台了3个。试点中涉及的“产权清晰”的问题，从理论上、政策上都存在很多模糊不清的问题，给操作带来困难。

(2) 企业负担过重。冗员多、历史债务重、企业办社会状况难以改善。由于国家和地方没有配套政策支持，企业很难甩掉包袱，轻装上阵。在《试点方案》中提出的请政府协助解决的这方面问题落实不下去。一些地方政府认为，医药企业效益较好，冗员问题应自行解决，不能推向社会，成为政府的负担。

(3) 企业缺少资本金注入机制，负债率过高，平均在70%以上，尤其商业流通企业负债率更高。企业建立几十年来，大量利税上缴国家，用于企业发展的技改资金及正常生产经营所需流动资金，大部分靠贷款维持，企业所创效益大部被贷款利息抵销。

(4) 政企不分的问题仍然严重存在，特别是在企业集团类型企业中，这个问题较为突出。一些地方政府仍习惯于直接插手企业生产经营活动，甚至直接插手集团子公司的活动，企业很难按照现代企业制度的要求，自主经营、自我发展。

(5)相对于地方政府可以给地方一些支持政策，行业主管部门很难筹出扶持政策，试点推进困难。　　（陈天晓）

医药行业扭亏增盈工作　　国家医药管理局以国药综经字［1997］第221号文发出《关于做好医药行业1997年扭亏增盈工作的通知》。“通知”提出，根据国家经贸委、财政部、中国人民银行、国家统计局联合下发的《关于做好1997年扭亏增盈工作的通知》要求，医药行业1997年扭亏增盈工作要做好以下几点：

1. 全行业要进一步消化增支减利因素，达到年初全国医药管理局长会议上提出的医药工商企业亏损面分别控制在35%和25%以下，亏损额比上年度减少的目标。各地要突出重点，集中力量抓好当年扭亏有望的企业。

2. 要进一步落实扭亏增盈目标责任制，要由主要领导同志负责此项工作，层层签订扭亏增盈责任书，确保完成扭亏增盈工作。

3. 要重点抓好扭亏增盈工作的“两头”，即盈利大户的增盈和亏损大户的扭亏。要集中精力扶持进入国家千家企业的医药企业和50强企业，加强指导并帮助其及时解决生产经营中的困难。

4. 要努力通过“三改一加强”即推动扭亏增盈工作。　　（陈天晓）

社会团体清理整顿工作　　国家医药管理局以国药综经字［1997］第193号发出《关于开展社会团体清理整顿工作的通知》。“通知”提出，根据国务院办公厅转发的民政部关于清理整顿社会团体的通知精神，要在全国范围内对所有社会团体进行一次检查、清理、整顿，加强对社会团体的管理，规范社会团体行为，更好地发挥其在社会主义市场经济中企业与政府之间的桥梁纽带作用。“通知”要求，医药行业对归口管理的21家社会团体的清理整顿工作，要贯彻国务院办公厅文件中提出的“双重”负责的原则，即对社会团体实行业务主管部门、挂靠单位与登记管理机关“双重”负责，从严的原则和统一归口登记的原则。“通知”还规定了这次清理整顿的主要内容和进度安排。为搞好这次清理整顿社会团体工作，国家医药管理局成立了以郑筱萸局长为组长、戴庆骏副局长为副组长，局综合经济司、办公室、财务与市场流通司、机关党委、监察办、人事劳动司共同组成的清理整顿工作领导小组。

（陈天晓）

3家医药企业进入国家第二批试点企业集团　国务院以国发［1997］15号文件，批转国家计委、国家经贸委、国家体改委关于深化大型企业集团试点工作的意见。文件公布了第二批试点企业名单，其中医药行业有：哈尔滨医药集团、三九企业集团、中国北京同仁堂集团。至此，国家已经公布了两批共120个试点企业集团，其中医药行业共有5家，除第二批新批的3家外，第一批试点企业集团中医药行业有华北制药集团和东北制药集团2家。

国务院提出，深化大型企业集团要达到的目标是：

1. 在国民经济的关键领域和关键行业中形成一批大型企业集团，积极发挥大型企业集团在国民经济中的骨干作用。

2. 到本世纪末，大型企业集团母、子公司初步建立现代企业制度，成为“四自”的法人实体和市场竞争主体。

3. 推动生产要素的合理流动和资源的优化配置，联结和带动一批企业的改组和发展，形成规模经济，增强在国内外市场上的竞争力。

4. 提高国有资产的营运效率和效益，确保国有资产的保值增值。

5. 转变政府职能，逐步实现政企分开。促进跨地区、跨行业的经济联合，增强国家宏观调控能力。　（陈天晓）

医药行业15家企业进入“千家企业”行列

经国务院批准，国家经贸委、中国人民银行联合批准了第二批212家“重点国有企业”名单，其中医药行业有11家企业：深圳南方制药厂、靖江葡萄糖厂、漳州片仔癀集团、丽珠医药集团股份有限公司、江西江中制药厂、河北制药集团、中国北京同仁堂集团公司、哈尔滨医药集团公司、山东鲁抗制药企业集团公司、吉林制药集团、天津药业有限公司。至此，国家已经公布了两批共512家重点国有企业名单，其中医药行业共有15家，除第二批的11家外，在第一批300家名单中，有医药企业4家：华北制药集团公司、东北制药集团公司、山东新华医药集团公司、深圳海王集团。根据国务院企业改革工作联席会议决定，国家对“重点联系企业”将实行“有进有出、动态管理”的办法。

根据党的十五大精神，国家要实施“抓大放小”战略，集中力量抓好1000家重点企业和120家企业集团。目前，1000家重点企业共公布了512家。按照国务院规定，这512家重点企业将享受股票发行上市、投资立项等方面的优先政策，并实行主办银行和签订“银企协议”等政策。（陈天晓）

医药企业1997年股票发行上市情况

1. 北京万东医疗装备公司A股股票发行上市

经国家医药管理局和北京市政府商议，决定采取“两家抬”的办法，由国家医药管理局在1995年A股发行计划内下达给北京万东医疗装备公司1000万元股票发行额度，北京市下达给该公司250万元股票发行额度，同时上海市证管办在上海市1995年A股股票发行额度内下达给该公司250万元发行额度，共计1500万元发行规模。经中国证监会批准，北京万东医疗装备公司于1997年4月24日，通过上海证券交易所“上网定价”公开发行股票。此次共发行1350万股社会公众股和150万股公司内部职工股，溢价发行价格8.54元，共募集资金12564万元。

随后，北京万东医疗装备公司于1997年5月5日，召开了股份公司创立大会暨第一届股东大会。

2. 山东新华制药股份公司A股股票发行上市

经中国证监会批准，山东新华制药股份公司于1997年8月7日，在深圳证券交易所上网发行了1250万股A股股票，其中250万股职工内部股占用本次发行额度，上网发行1000万股。此次溢价发行价格3.74元，共募集资金3700万元。山东新华医药股份公司是医药行业第一家A股、H股“双股发行”的公司。1996年12月31日，山东新华制药股份公司H股在香港联交所挂牌上市，发行1.5亿股，溢价发行价格每股1.87元港币，共募集资金2.5亿元人民币。

至山东新华制药股份公司A股股票发行结束，国家医药管理局1995年7000万元A股股票发行额度，全部使用完毕。

3. 天津中新药业集团股份有限公司S股股票发行成功

经国务院证券委批准、中国证监会审核同意，天津中新药业集团股份有限公司S股股票，于1997年6月27日，在新加坡发行上市。这是我国为扩大国际资本市场融通渠道，开通新加坡证券市场后，在新加坡发行上市的第一支中国国有企业的股票。此次发行额度为1亿股，发行价格为每股0.68美元，共募集资金6800万美元。天津中新药业股份公司是1997年1月募集发起设立的，天津市医药集团持有股份公司59%的股份，其中包括天津市第六中药厂、天津乐仁堂制药厂、天津市中药制药厂的全部国有资产，以及中美天津史克制药有限公司、天津华立达生物工程有限公司、天津比埃菲制药有限公司的中方股份。这次S股的发行上市，在新加坡引起很大的重视，认购踊跃，发行成功。S股股票的发行上市，也促进了天津医药企业加速企业资本市场和国际金融市场的接轨，促进了天津医药企业的转机建制。

4. 华北制药集团股份有限公司、三九医药股份有限公司、广州药业集团有限公司、哈尔滨医药股份有限公司获准发行H股

经国务院同意，国务院证券委公布第四批38家境外上市预选企业名单，其中，医药行业又有4家企业榜上有名。这4家企业是：华北制药集团股份有限公司、三九医药股份有限公司、广州药业集团有限公司和哈尔滨医药股份有限公司。这4家企业是继山东新华制药集团股份公司成功发行H股后，医药行业又获准发行H股的一批优势企业。这次发行H股的，是国务院证券委正式批准发行的第四批H股预选企业。

中国证监会在公布第四批预选企业名单时指出，在前三批企业中已有26家在境外上市，其中24家在香港上市，共筹集资金49亿美元。实践证明，国有企业境外上市有利于国有大中型企业开辟利用外资的新渠道；有利于企业转换经营机制、加强管理；有利于促进我国证券市场的规范与发展；有利于维护和保持香港的国际金融中心地位。据介绍，第四批境外上市预选企业，涵盖了多个产业部门和行业部门，既有电力、能源、交通、冶金，又有化工、机械、电子和医药。无论

从地区分布还是行业分布来说，第四批预选企业都更具有代表性，更能反映中国经济的整体发展水平和增长潜能。

目前，华北制药集团股份有限公司、三九医药股份有限公司和广州药业集团有限公司均已进行了紧张的前期准备工作。华北制药集团股份有限公司T股在日本东京上市工作正在全面进行，三九医药股份有限公司和广州药业集团有限公司H股在香港上市工作已经基本准备就绪。

5. 浙江海门药业股份有限公司获准发行B股

经国务院证券委员会审查，并以证委发［1997］73号文件确定，浙江海门药业股份有限公司（筹）为境内上市外资股（B股）的预选企业。这是医药行业获准发行B股的第3家公司。按照《国务院关于股份有限公司境内上市外资股的规定》，该公司接到国务院证券委确定文件后，要按照有关法规要求，进一步做好发行上市的准备工作，在条件成熟时报送中国证监会审核。目前，海门药业股份有限公司的主要发起人浙江海门制药厂已于1997年6月，整体改造成国有独资公司——浙江海正集团有限公司，海门药业股份有限公司更名为海正药业股份有限公司，并经工商登记注册依法成立。发行上市工作正在抓紧进行。

6. 山东鲁抗医药股份有限公司A股股票发行上市

经中国证监会批准，山东鲁抗医药股份公司于1997年2月26日，在上海证券交易所上网发行了8000万股A股股票。此次溢价发行价格为每股6.48元，共募集资金5.1亿元。山东鲁抗医药股份有限公司是国家医药管理局1996年计划发行的第一家A股股票公司。为保证其股票发行成功，国家医药管理局、山东省体改委、济宁市体改委、国泰证券有限公司和山东鲁抗医药股份有限公司派人共同组成了“发行工作领导小组”，全面负责这次股票发行工作。此次融集的资金，有力地促进了山东鲁抗医药股份有限公司的千吨青霉素项目和技术改造项目，使企业获得巨大的发展动力，也是国家医药管理局为扶持重点医药骨干企业做出的重要举措。

华北制药集团有限责任公司被确定为首批全国技术创新试点企业　经国家经贸委国经贸技［1997］547号文件批准，确定6户企业（集团）为首批全国技术创新试点企业：宝山钢铁集团公司、四川长虹电子集团公司、海尔集团公司、北大方正集团公司、江南造船（集团）有限责任公司、华北制药集团有限责任公司。

文件提出，各试点企业要抓紧完善技术创新规划和实施方案，积极有效地开展技术创新工作。有关省、市和行业部门应结合本地、本部门实际情况，采取有效措施，为试点企业营造一个良好的外部环境。通过技术创新试点工作，建立和完善技术创新体系及运行机制，加大产品创新和工艺创新的力度，加快经济结构调整和资源优化配置步伐，加速形成具有国际竞争力、支撑和带动行业发展的大公司和大集团。

（陈天晓）

医药企业实施兼并、破产和职工再就业工作情况　根据国务院《关于在若干城市试行国有企业兼并破产和职工再就业有关问题的补充通知》（国发［1997］10号）的要求，全国企业兼并破产和职工再就业工作领导小组在全国各省、自治区、直辖市上报计划，以及纺织总会、兵器工业总公司、航天工业总公司上报计划的基础上，统筹研究制订了1997年度《全国兼并破产和职工再就业工作计划》。

根据该工作计划，国家医药管理局两家直属企业被批准：中国医药（集团）公司兼并中国医药沈阳采购供应站计划和中国医药天津采购供应站减员增效项目。沈阳采购供应站的兼并项目被获准免除银行利息694万元，分流职工再就业170人，本金7574万元分5年还清，每年还1376万元；天津采购供应站减员增效项目被获准减免银行利息500万元。两项计划，均属于1997年落实项目和1998年的结转项目。

（陈天晓）

技术改造与工程设计

1997年全国医药技术改造工作座谈会 1997年全国医药技术改造工作座谈会于10月分别在西安市、苏州市召开。会议的主要任务是：进一步贯彻落实全国技术改造工作会议精神，总结1997年医药技术改造工作；检查1997年国家下达并在1996、1997两年竣工的医药专项贷款项目及第二批“双加”工程可行性研究报告已论证的限上项目进展情况；衔接1998年技术改造专项贷款项目计划；交流、探讨技术改造管理工作的新思路，新方法。

综合经济司周益成副司长参加并做了“加大医药结构调整力度，加强医药技术改造工作”的报告。报告全面总结了1997年以来医药技术改造工作和计划执行情况，指出了当前医药技术改造工作存在的主要问题，明确了今后一段时期医药技术改造工作的主要任务：

1. 认真学习、深刻领会、准确把握十五大精神，结合医药技术改造实际，进一步明确今后工作的方向和着力点。

2. 贯彻落实全国医药经济结构调整座谈会精神，使技术改造在推动医药经济结构调整进程中发挥更大的作用。

3. 研究市场、选准项目、做好可研、加强管理，努力提高医药技术改造的效益和质量。

4. 进一步拓宽技术改造融资渠道，降低投资风险，加大技术改造投资力度，优化投资结构。

5. 加大中西部地区技术改造投资力度，推动地区医药经济协调发展。

6. 加强“双加”工程跟踪管理，做好“双加”工程阶段性总结。

会议一致认为，医药技术改造要根据我国医药经济发展状况，充分考虑世界医药科学技术加快发展和国际制药大公司加快重组的趋势，着眼于全面提高医药国有企业整体素质和效益，增强医药经济实力和国际竞争力，促进医药经济结构进行战略调整。

（高国彪）

1997医药技术改造计划执行情况 1997年国家共下达医药技术改造项目29个（续建16项，新开13项）。总投资15.09亿元，当年安排投资总额5.859亿元，其中专项贷款4.118亿元，国家补助0.019亿元，企业自筹1.722亿元。在29个项目中“双加”工程18个（限上4个，限下14个），当年投资总额5.074亿元，其中专项贷款3.69亿元，企业自筹1.384亿元；三峡工程项目1个，当年安排投资0.095亿元，其中专项贷款0.07亿元，企业自筹0.025亿元；精密医疗器械国产化项目4个，当年安排投资0.521亿元，其中专项贷款0.358亿元，企业自筹0.163亿元；环保项目6个，当年安排投资0.169亿元，其中国家补贴0.019亿元，企业自筹0.15亿元。

据统计，1997年已完成技术改造投资3.58亿元，占当年投资总额62%，其中完成专项贷款2.41亿元，占专项贷款总额的59%。在16个续建项目中，已建成投产13

项，占续建项数的81%。

1997年对浙江海门制药厂、浙江康裕制药有限公司、浙江新昌制药股份有限公司限上“双加”工程的初步设计进行了审查和批复工作。 (杨淑梅)

1997年医药非经营性基金及自筹投资项目执行情况 1997年医药非经营性基金及自筹投资基本建设项目共9个，其中大中型项目1个（中国药科大学）。共完成投资3730万元，其中非经营性基金投资为3490万元，单位自筹240万元，全年完成投资为计划投资的100%。用于科研教育的投资为2840万元，占计划投资的76%，超过国家计委要求的教育科研投入占50%以上的规定。

1997年共建成5个基本建设项目，如沈阳药科大学的图书综合楼及实验动物房，总建筑面积13160平方米；上海医药工业研究院的合成实验楼，总建筑面积5110平方米；上海医疗器械高等专科学校的教学实习综合楼，建筑面积6230平方米；中国药科大学的学生宿舍3250平方米及中国医药研究开发中心的职工宿舍3407平方米。

(孙秀敏)

《医药工程设计文件质量特性和质量评定实施细则》下发 为统一医药工程设计文件通常应具备的基本质量特性及质量评定标准，根据建设部建设〈1995〉111号《关于印发〈工程设计质量特性和质量评定——指南〉的通知》，国家医药管理局组织制定了《医药工程设计文件质量特性和质量评定实施细则》，以药综经字［1997］第88号文印发，自1997年9月24日起执行。

《关于加强医药工程设计资格管理的通知》下发 根据《医药行业工程设计资格分级标准》（药计字［92］第44号）以及建设部《工程勘察和工程设计单位资格管理办法》建设［91］504号）的要求和建设部的统一部署，国家医药管理局从1992年开始，组织了医药工程设计单位资格认定工作。经过医药设计单位申请、各地方有关部门初审后报国家医药管理局设计单位资格评审组审查，并经全国勘察设计单位资格审定委员会审定后，确认医药工程设计甲级、乙级资格的单位名单。

新的医药工程设计资格认定后，大多数设计单位能按确认的设计资格及设计范围承担医药工程设计任务，在提高设计水平、保证设计质量、提供优良服务方面下功夫，但也发现有的单位越级或超范围设计，有的甚至无证设计，造成了医药工程设计市场混乱和大量的投资损失。

为严格医药工程设计资格管理，规范设计市场行为，创造平等竞争的市场环境，促进医药设计水平的提高，国家医药管理局以国药综经字（97）第389号文发布了“关于加强医药工程设计资格管理的通知”，公布了获得医药工程设计资格的单位名单及设计范围，并就有关事项作出规定。

(陈慧萍)

国家重点基本建设项目——山东鲁抗医药企业集团公司年产千吨青霉素工程进展情况 山东鲁抗医药企业集团公司年产千吨青霉素及系列产品基本建设项目，是国家重点基本建设大中型项目，总建筑面积8.7万平方米，总投资11.18亿元（含日本输出入银行贷款4000万美元）。

主要产品规模：

青霉素G工业钾盐1000吨/年

半合成青霉素系列产品785吨/年

头孢系列产品180吨/年

制剂：片剂6亿片/年、粉针2亿支/年

胶囊2亿粒/年

项目自1995年12月28日开工，到1997年底已建成部分厂房并进行设备安装，具备了试车条件。还建成了大部分公用工程设施，其余工程正全面进行紧张施工，部分机器设备进行了招投标工作。工程进度达到了预期目标。

至1997年底累计完成投资9.6亿元，占总投资的86%。（孙秀敏）

医药信息工作

概况　1997年全国医药信息机构在党的十五大精神指引下，认真贯彻首次全国信息化工作会议精神，贯彻全国医药局长会议精神，围绕全国医药行业的中心任务，进一步加快和深化医药信息机构的改革步伐，面向经济建设主战场，以为领导决策服务、为科技发展服务、为企业进步服务为基本任务，各方面工作都取得了较大的成绩。今年医药信息工作的两个侧重点是网络建设和信息资源建设，各级医药信息机构在这两方面均投入了很大的力量，年初国家医药管理局的全国计算机网络系统——《中国医药信息网》正式开通，宣布了医药信息行业从此进入了现代信息时代，结束了医药信息工作只靠手工书写、书本传递的历史。作为医药信息资源建设工作的重点，全行业的数据库建设采取了统一规划、分工合作、联合建设、加快发展、资源共享的原则，协手对促进医药科技进步和经济发展具有重要意义、医药行业急需的数据库来建设，促进了信息网络和数据库建设的健康、有序的发展，加快了医药信息化的进程。

1997年医药信息记事

中国医药信息网　1997年1月1日，经国家医药管理局批准，财政部、国家科委专项拨款支持，由国家医药管理局信息中心主办，局内各有关部门协办的国家医药网络中心——“中国医药信息网”正式开通。“中国医药信息网”的建立是加快医药信息传递、实现“科教兴药”的战略、完成医药“九五”计划和2010年长远规划所必需，是促进我国医药行业持续、快速、健康发展的重要保证，遵循国务院提出的“统筹规划、国家主导；统一标准，联合建设；互联互通，资源共享”的国家信息化指导方针，国家医药管理局多次发文明确全国医药信息网络建设和数据库建设的统一布局和归口管理的方针，指出医药网络建设要集中统一，要用有限的人力、物力集中力量搞好信息中心的网络。强调：“今后局机关及直属单位的计算机网络和数据库建设工作统一归口信息中心管理，新建网络必须报经信息中心批准。医药局扶持网络建设直接对信息中心，由信息中心再去扶持下面的网络建设。”

中国医药信息网所拥有的数据库和信息量涵盖药品、医疗器械、药学文摘、专利、进出口、包装、国际国内医药信息、经济贸易、科研教育、企业及生产品种各个方面，医药信息量在全国最新、最广、最丰富，深受医药行业内外各界的普遍欢迎和热心关注。其用户已遍及全国26个省、市、自治区，涉及科研、生产、管理、经营单位、大专院校、医院等各级信息机构。年底Internet C级节点硬件开通，为实现医药信息与世界的互联做好了一切准备。

医药数据库暨信息工作座谈会　1997年8月19日至21日，经国家医药管理局同意，国家医药管理局信息中心在北京召开了“医药数据库暨医药信息工作座谈会”，会议就如何加快推进医药信息化建设进程，充分开发利用信息资源，加强医药数据库建设和网络建设及如何加快医药信息服务业的发展等问题进行了研讨，重点对医药数据库建设进行了协调与分工。国家医药管理局7个专业信息中心站、直属高等院校、部分直属单位、部分省级医药信息机构负责人及部分大中型企业的数据库及信息工作的负责同志共 37 人参加了会议。国家医药管理局信息中心主任禹茂章主持会议并作了题为《加强推进医药信息化进程，努力发展医药信息服务业》的讲话。会议认为，医药信息化建设要根据全国信息化工作的总体要求、指导方针、原则、主要任务和目标，统筹规划，加快推进医药信息化建设的进程。大家认为国家医药管理局关于成立国家医药管理局信息化工作领导小组和加强医药信息网络管理，避免网络重复建设的决定十分必要而且非常及时，只有这样医药信息化才能在统筹规划、协调监督和指导下，健康、有序的快速发展。会议针对目前医药数据库建设存在着各自为政、重复建设、力量分散、经费困难、规模小、标准化程度低、数据采集困难、维护更新速度慢、利用率低、市场化与网络化程度低等问题进行了专题研讨。与会者认为，加快医药数据库建设是医药信息化的一个紧迫问题，应积极地采取以下措施：一是在国家医药管理局信息化领导小组的组织下，制定数据库建设统筹规划并筹措建设基金，发挥各方面积极性，加快建设步伐；二是选择对促进医药科技进步和经济发展具有重要意义、医药行业急需的数据库为重点项目，抓紧建设；三是要分工合作或联合建设，避免重复建设；四是要采取措施解决数据库的维护和更新问题；五是局及各级管理部门对下属单位承担的重点数据库建设要予以经费支持；六是数据库要向网络化、商品化、产业化方向发展；七是要统一标准、统一技术体制，保证互联互通；八是要计划地适当引进国外的数据库；九是鼓励根据需要，建设自用库。会议确定了 8 个重点数据库及承建单位。为避免重复，同时明确了 6 个数据库的建设单位。

重点医药数据库及承建单位

数 据 库 名 称	承担建设任务的单位
中国制药企业及产品（原料药和制剂）数据库	国家医药局信息中心
中国医疗器械生产企业及产品数据库	国家医药局信息中心、国家医药局医疗器械行政监督司、中国医疗器械工业公司
药品进出口数据库	国家医药局信息中心
医疗器械进出口数据库	国家医药局信息中心、中国医疗器械工业公司
药品销售动态数据库	中国医药（集团）公司
中国药学文献数据库	国家医药局信息中心
中国医疗器械文献数据库	待定
新药研究开发信息系统——植物有效成份子系统	国家医药局天津药物研究院

避免重复建设的数据库及承担建设任务的单位

数 据 库 名 称	承 建 单 位
医药科技统计数据库	国家医药局天津药物研究院
药品行政保护数据库	华科知识产权咨询公司
医药供求、市场、价格动态库	国家医药局经济信息中心站
药品包装材料生产企业及产品数据库	国家医药局信息中心
医药科技成果数据库	国家医药局信息中心
国内新药数据库	国家医药局信息中心

与会代表同时对加快深化医药信息体制改革的步伐，努力发展医药信息服务业进行了研讨，大家一致认为，会议开得及时，为医药信息化工作明确了方向。

《全国医药信息》工作会暨创刊十周年纪念会议 1997年6月2日～5日，《全国医药信息》工作研讨会暨创刊十周年纪念及表彰会议在上海召开。来自全国的编委、站长、信息员及代表共43人出席了会议。会议由《信息》编委会副主任、国家医药管理局信息中心主任禹茂章主持，上海医药（集团）总公司总裁沈培达致开幕词，编委会主任、国家医药管理局副局长张鹤镛到会并讲话，禹茂章主任作了题为“医药信息化步伐与《全国医药信息》”的报告，他说：十年来，经过大家的共同努力，《信息》取得了较大的成绩，但面对市场经济的大环境和存在的问题，希望各位领导和站长要比以往更为重视与支持本刊的工作，在提高本刊质量、扩大信息源和增加信息报道量、扩大发行量等方面多提意见，共同把《信息》办好。他还就在全球信息化浪潮中，如何推进国家信息化，与国际接轨以及如何办好《信息》提出了看法和意见。会议还对1996年度及1987～1996年十年间的先进单位和个人进行了表彰。张鹤镛副局长为获奖者颁奖。

全国医药商情网年会 1997年6月7日～13日，全国医药商情网年会在蓉城召开，来自全国各地的三十多位代表出席了会议。国家医药管理局信息中心副主任肖岩同志及成都市医药局、成都市医药公司的有关领导到会并做了重要讲话。肖副主任指出：《全国医药商情》这个刊物的特色是及时地收集、刊登国家医药管理局、国家计委等政府部门有关市场、价格方面的政策和文件，直接面向市场，比较直观，它采用刊物与“商情网”相结合的方式，可以说在行业内是独创的。它紧跟时代要求，是市场经济的产物，对行业内医药信息的交流起了很好的作用。《全国医药商情》编辑部常务副主编李振国同志做了工作总结，他在谈到明年工作计划时指出：《商情》要在办好过去特色栏目的基础上，进一步在专题研讨、网刊并存、库刊结合、远程通讯、加快信息交流上下功夫。

信息网络活动

国家医药管理局医药经济信息中心站 1997年11月10日～13日，国家医药管理局医药经济信息中心站在珠海举行了第九届全国医药经济信息发布会。国家医药管理局信息中心副主任肖岩同志到会并做了重要讲话。会上发布了“第82届广交会我医保商品外销态势分析”；“1997年我国医药经济运行情况分析及1998年展望”；“产品结构调整与新药研究开发有关信息”；“血液与造血系统药物国内外进展”；“药价改革对医药市场的影响”等10来项信息。

华北地区医药情报协作网 1997年8月31日～9月2日第八届华北地区情报协作网年会在天津蓟县召开，国家医药管理局信息中心主任禹茂章到会并作了题为“加快推进医药信息化进程”的报告。全国12个省市的代表70余人参加了会议。会议听取了华北网秘书长刘俊英做的工作报告，以及“当前医药市场几个热点问题”、“国内外药物新制剂、新剂型进展”、“国外医药发展现状与趋势”等专题报告。进行了中国医学科学院药物研究所、辽宁省医药工业研究院、山西省医药研究所、天津药物研究院等10余单位的信息和技术成果发布活动。会议还评选出年会《论文集》优秀论文11篇。

上海经济区医药信息协作网 1997年10月18日～21日，上海经济区第十届医药信息协作网大会在福建武夷山召开。大会总结了1996年上海经济区医药信息协作网的工作。廖清江教授等5位专家就调整产品结构、新药开发、医院用药趋势分析等方面作了专题讲座。大会评选出47篇优秀论文,并对论文作者颁发了证书。大会推荐了124项新产品新技术转让项目,代表们进行了广泛的学术、信息交流活动。

药学类规划教材建设情况 自1993年4月出版《药用高分子材料学》以来,普通高等教育药学类规划教材已出版9种,1997年又出版了《有机化合物波谱解析》、《生物药剂学》、《化学制药工艺学》3种。至此,制药类本科教材体系已初步建立。预计在今后几年内,还将陆续出版《工业药剂学》十余个品种。1997年12月,在北京召开了普通高校制药类专业教材评审委员会换届会议,并成立了普通高等药学教育专业教材建设委员会,这将对药学类本科教育的发展起到重要的促进作用。

普通高等专科教育药学类规划教材自1993年底开始组织,至1997年已完成首批理论教材(共17门)的全部编写出版工作。该套教材在教学使用过程中,受到广大师生的好评。1997年4月,普通高等专科教育药学类规划教材建设委员会在武汉召开会议,总结了理论教材的编写出版试验,并安排了配套实验教材(共16门)的编写工作。1997年10月,在长沙召开了普通高等专科教育药学类规划教材建设委员会换届会议。第二届委员会计划在1998年组织编审《临床药物治疗学》、《药事管理学》2本理论教材,开展对已出版的17门理论教材的评估及宣传推广工作,并进一步推动各配套实验教材的编审、出版工作。该配套实验教材将于1998年秋、1999年春分两批出版。

中等专业学校教材(药学类)自1991年组织出版以来,受到了广大药学类中专学校的欢迎,并多次重印。1997年又新出版了《中药炮制学》、《中药制剂学》、《药材商品学》3种,至此共出版了10个品种。1997年6月,在北京召开了中等专业学校教材部分教材修订工作会议,安排了《药物分析》等4门教材的再版修订工作,新版教材按计划应于1998年秋出版。

对外经济技术合作与交流

重要团组互访

一、出访团组

郑筱萸局长访问澳大利亚

应澳大利亚卫生部、制药工业协会、塔斯马尼亚州政府总理及制药企业的邀请,国家医药管理局局长郑筱萸率团于1997年5月7日对澳大利亚进行了为期一周的访问。重点考察了澳大利亚对药品和医疗器械管理的法规,药品价格和公费医疗药品目录的管理。澳大利亚制药工业协会有55家会员生产厂,生产全国处方用药的90%,澳大利亚国内市场的药品年销售额为35亿澳元(约为28亿美元),其中非处方用药占20%。

澳大利亚还是重要的麻醉药生产国,塔斯马尼亚省是世界知名的麻醉药原料生产地,生产世界吗啡生物碱产量的25～30%。塔州的麻醉药指导和控制委员会主席格林先生向代表团介绍了罂粟的种植,加工和生产管理的情况。郑局长还会晤了塔州州政府总理伦德尔先生,并在葛兰素威康公司考察了麻醉药品缓释制剂的生产工厂。

回国途中,郑筱萸局长在香港做短暂停留,检查指导中国医药对外贸易(香港)有限公司、天健国际有限公司等企业的业务开展情况。 (陈星宇)

戴局长率国家医药管理局代表团访问

欧洲

1997年5月12～25日，戴庆骏副局长率国家医药管理局代表团一行五人访问欧洲、对法玛西亚普强公司在瑞典和挪威的生产厂进行了考察，同时还考察了瑞典的阿斯特拉公司和挪威的奈科明公司，拜访了瑞典制药工业协会。此次访问对推动我国与瑞典、挪威医药工业之间的合作起到了积极的作用。（陈兵）

张鹤镛副局长访问欧洲

1997年10月，张鹤镛副局长率团访问意大利、西班牙，考察非处方药的生产和管理体制。与欧洲非处方药协会、西班牙卫生部，及一些生产企业进行了座谈、讨论，重点了解欧洲国家对非处方药品在价格、广告、标签等方面的法规和管理方式，还了解了非处方药的市场和流通情况，以及非处方药在整个医药市场上所占的份额等情况。对于我国正在建立的将处方药与非处方药分类管理起到了较好的借鉴和参考作用。

（陈星宇）

我局组团赴美参加"第18届世界医药博览会"97年10月，根据中国国家医药管理局－美国商务部医药产业合作工作方案（1996～1997年度）的安排，国家医药管理局派代表团一行25人赴美国新奥尔良参加了"第18届世界医药博览会"。期间，代表团还顺访了有关医药企业，就双方所关心的合作问题进行了讨论。（陈兵）

张文周副局长访问欧洲

1997年10月31日～11月15日，国家医药管理局副局长张文周带队一行五人赴法国、意大利就药品流通领域的立法工作进行了考察。

在法国期间，代表团拜会了法国卫生部、医药局、法国制药商协会、法国药品批发商协会及法国最大的药品批发中心（Distripha）。法国的医药管理体制与我国相类似，有许多地方值得我们借鉴。尤其在药价管理方面，政府只对治疗重大疾病如癌症、艾滋病的药品的利润率进行严格控制，其它药品，主要通过市场竞争手段自行调节。访问期间外方就我们感兴趣的问题给予了详细的答复。

在意大利期间，代表团与意大利卫生部、意大利药品零售商协会等政府部门进行了会谈。对意大利药品生产——批发——零售各环节价格、利润率控制有了进一步了解。

此次访问对进一步规范药品流通领域的立法，完善流通领域的法制建设起到了积极的推动作用。（王晓晔）

二、来访团组

1．郑局长会见瑞士罗氏公司董事局执行主席伦伯格先生　8月26日，郑筱萸局长会见了瑞士罗氏公司董事局执行主席伦伯格先生。双方就中国的药价改革、生物技术、Vc等方面的事宜进行了会谈并就有关方面的合作达成了共识。（陈兵）

2．郑局长会见美国美敦力公司执行总裁一行　9月4日，郑筱萸局长会见美国美敦力公司执行总裁一行，就该公司在上海建立生产心脏起搏器的企业交换了意见。郑局长表示美敦力公司来华投资建厂生产该产品是我们鼓励的项目，我们愿意给予支持和帮助。（陈兵）

3．郑局长等会见美国标准公司顾问、前国务卿伊格尔伯格先生一行　9月11日，郑筱萸局长、张文周副局长会见美国标准公司顾问、前国务卿伊格尔伯格先生等一行，就医疗器械产品与我合作事宜进行了探讨，并就产品注册等事宜进行了详细的会谈。（陈兵）

4．郑局长会见美国昆泰公司董事长丹尼斯·格林一行　10月22日，郑筱萸局长会见了美国昆泰公司董事长丹尼斯·格林一行8人。昆泰公司是一家全球性的从事药品及医疗器械生产的研究、咨询服务和销售的跨国公司。郑局长向客人们介绍了几年来我国医药的发展情况。会谈中，双方均表示愿意在今后的科研开发、商业信息服务和人员培训等方面进行合作。 （陈兵）

5．戴局长接见美国默沙东公司亚太区副总裁保罗·贝尔一行　10月16日，戴庆骏局长接见了美国默沙东公司亚太区副总裁保罗·贝尔一行。美国默沙东公司在成立亚太区后，立即派出负责中国事务的高级代表团对我局进行访问，同时也借此机会了解中国医药政策的发展方向，并向国家医药管理局对默沙东的支持表示感谢。戴局长介绍了中国医药行业引导外商投资三原则，并强调，面对世界医药公司在华的激烈竞争，投资要有产品和技术上的优势。 （陈兵）

6．郑局长会见美国辉瑞公司亚太区总裁沙礼士先生一行　10月22日，郑筱萸局长会见了美国辉瑞公司亚太区总裁沙礼士先生及辉瑞中国制药有限公司新任董事长李承毅先生等。郑局长希望今后辉瑞在华的合作更具深度和广度，不仅要有制剂的合作，也应有原料药的合作，特别是原料药上游技术的合作。 （陈兵）

7．郑局长会见美国通用电气公司医疗部总裁伊梅尔特先生一行　11月12日，郑筱萸局长会见了美国通用电气公司医疗部总裁伊梅尔特先生一行。客人介绍了在中国的投资和发展的计划，表达了加强与我局的合作的愿望；郑局长向客人们介绍了国内医疗器械的有关情况，希望美国通用电气公司在中国生产一些中方鼓励生产的产品，进一步加强与国内企业的合作。 （陈兵）

对外经济合作　组织、开展“三资企业产品对医药市场的影响”软课题的研究　根据局统一安排，国际合作司负责组织、实施了“三资企业产品对医药市场的影响”软课题研究，并完成了研究报告。报告在广泛、深入调查的基础上，结合行业情况，分析、比较了“三资”企业产品在城市和农村等不同层次市场、零售药店和医院药房等不同的供应市场以及解热镇痛等重点药品市场所占有份额及其发展情况，情况表明：(1) 三资企业产品的市场份额逐年不断增长，在大、中、小各类城市市场份额已在五分之一左右。在农村市场份额与城市相比尚小，但增长速度很快，已超过城市；(2) 三资企业产品不仅在城市而且在农村、不仅在医院而且零售用药全面进入中国市场；(3) 三资企业产品已经成为解热镇痛类、抗感染类、消化道疾病类及心血管类疾病4类基本用药药品市场增长的主要原因。而该类国产药的市场份额却在逐年递减；(4) 在一些地方，国产药品市场份额减少趋缓，而三资企业产品市场份额仍在增长，出现顶替进口药品市场份额减少部分的趋势。文章还就形成以上情况的原因及应该采取的对策、建议等进行了分析和阐述。 （陈兵）

对“外商投资产业指导目录”（医药行业部分）提出修改意见

国家计委于1997年5月来函，征求我局对修改“外商投资产业指导目录”（医药行业部分）的意见。根据来函及局领导的要求，我司及时组织局内有关部门、协会、企业召开会议，根据医药行业发展的实际情况和利用外资工作的要求，进行充分讨论，研究修改方案，提出了“医药行业外商投资产业指导目录”修改意见，并于7月中旬正式上报国家计委。

国家计委在对我局及其他有关部门的修改意见进行汇总后，已于1998年1月30日正式公布了“外商投资产业指导目录”（1997年12月修订稿），其中医药和医疗器械部分大部分采纳了我局意见。

（李继林）

新开办外商投资药品生产企业资格审查工作　依照《药品生产企业开办资格审查办法》和国家医药管理局局内分工，国际合作司具体承担了新开办外商投资药品生产企业资格审查工作。

《办法》下发一年半以来，新开办外商投资药品生产企业资格审查工作逐步规范化，各省市医药管理部门结合实际情况，对本地区新开办外商投资药品生产企业的开办资格进行了初审和上报。国家医药管理局根据各省市医药管理部门上报的开办资格申请材料和初审意见，按规定对新开办外商投资药品生产企业的开办资格进行了审查。

1997年，国家医药管理局共收到新开办药品生产企业资格审查申请21项，其中存在问题需做重大修改的2项，正在审批当中的有8项，已经批复的11项（详细情况见表一），批复项目投资总额累计1.78亿美元，协议外资额1.25亿美元，总注册外资比70%。　　（王晋岳　王雅雯）

全国整顿维生素C生产及出口经营秩序

90年代以来，全国维生素C生产和出口发展十分迅速，对带动经济发展和扩大出口创汇发挥了积极作用。但1995年开始，由于国际和国内市场约束，生产能力已经出现严重过剩的局面，面临国际市场上来自罗氏集团及其它跨国公司的激烈竞争，致使我国维生素C出口价格大幅度下滑。国务院领导对此十分重视，曾多次批示有关部门尽快研究，提出意见。为整顿维生素C出口经营秩序、优化出口经营队伍，实现出口的规模化经营、提高我国维生素C在国际市场的竞争能力，促进维生素C出口的健康发展，维护国家和企业利益，国家医药管理局与对外贸易经济合作部于1997年11月联合发出通知，从出口和生产两方面进行严格管理。严格限制新建维生素C生产企业（包括外商投资企业），现有维生素C生产企业不再扩大生产能力；对已开工的维生素C生产企业（不包括外商投资企业）实行生产许可证制度。在出口配额分配时体现优胜劣汰的原则，将配额优先分配给经营能力强、出口效益好的企业。通知确定1994年～1996年3年中任何一年出口量达到200吨以上的出口企业具有出口经营资格，第一批有21家企业获得出口经营资格，另有9家企业待国家医药管理局及外经贸部核定后确定其出口经营资格。为加强企业间的协调，要求中国医药保健品进出口商会设立维生素C出口协调小组。重点负责对维生素C出口市场、价格、客户的协调，组织维生素C出口经营企业研究营销策略，及时制定和调整出口协调价格。通知决定，对低价竞销及变相降价的企业，将根据情节轻重，处以扣减出口配额，直至取消维生素C出口经营资格的处罚。　　（范晓东）

表一：已经批复项目基本情况

序号	企业名称	投资总额（万美元）	注册资本（万美元）	中方股份（%）	主要产品
1	浙江济生制药有限公司	600	600	52	氟康唑输液等
2	天津赫素制药有限公司	800	800	35	缓释片剂、透皮软膏等制剂
3	博福-益普生天津制药有限公司	2410	964	10	思密达粉剂等
4	山东中泰天飞制药有限公司	481	241	20	片剂、口服液、软膏等
5	上海信联化学制药有限公司	100	100	50	己酮可可碱原料药等

续表

序号	企业名称	投资总额（万美元）	注册资本（万美元）	中方股份（%）	主要产品
6	上海安替化奥-先锋制药有限公司	2500	1000	40	棒酸及合剂
7	上海中外制药有限公司	2000	1000	32	G-CSF
8	上海卡乐康包衣技术有限公司	140	98	—（合作）	欧巴代水薄膜包衣材料
9	麒麟鲲鹏（中国）生物药业有限公司	2980	2600	30	EPO，G-CSF 等
10	罗氏新亚（上海）维生素有限公司	2283	913.2	50	维生素 E 油、粉
11	罗氏泰山（上海）维生素制品有限公司	2900	1200	30	维生素 A 油、粉

医药产品商品编码得到进一步完善　全国医药产品商品编码缺少细目，近年来又很少修改，已不适应海关统计和监督管理医药品进出口工作的需要。1997 年国家医药管理局向国家关税税则委员会提出建议，对部分医药产品商品编码予以细化，此次细化的医药商品主要涉及磺胺、头孢、青霉素、四环素等原料药和药品制剂。新的商品编码将第 30 章（药品）的税目从头孢类药品由原来 41 个税目增加至 70 个税目，第 29 章中原料药的税目从 76 个增加到 93 个。

（范晓东）

国家调整医药产品进口关税　1997 年 10 月，我国又一次下调了工业品进口关税。此次关税调整，医药产品有小幅下调，其中原料药平均关税从 9.71 下调至 9.46，制剂从 11.23 下调至 9.75，医疗器械从 11.12 下调至 9.61。（范晓东）

中国机电工业与德国西门子公司合作协调委员会召开第 13 次会议　1997 年 12 月 18 日至 20 日在葡萄牙里斯本举行了中国机电工业与德国西门子公司合作协调委员会第 13 次会议。经国务院批准，中方主席、国家计委副主任曾培炎率中方代表团参加了会议，机械、电子、电讯、交通、航天及医疗器械等各专业组负责人参加会议并就各种领域扩大双方合作问题与西门子公司进行了友好坦诚的会谈。医疗器械小组中方组长、国家医药管理局国际合作司副司长常文佐就扩大医疗器械双方合作与西门子公司进行了友好坦诚的会谈，双方回顾了 12 次会议以来各合作项目的进展情况，并就存在的问题交换了意见，最后签署了会议备忘录。（范晓东）

亚太经合组织推进医疗设备及仪器和化工部门提前自由化　1997 年 11 月，在加拿大温哥华召开的亚太经济合作组织（APEC）部长级会议及领导人非正式会议上确定了在 15 个产业积极推进提前实现贸易和投资自由化（EVSL），电讯、鱼、林、珠宝、玩具、能源、环境、化工、医疗设备及仪器等 9 个部门被确定为首批讨论的部门。在这些指定部门内，在 APEC 成员经济体内部，比照 APEC 茂物会议所确定的到 2010/2020 年分阶段实行自由与开放的贸易投资目标进度提前实施自由化，具体体现在一定产品覆盖范围内的关税减让、非关税措施的消除和便利化以及开展经济技术合作。

医疗设备及仪器的提案国为美国、日本和新加坡。提案产品覆盖范围涉及海外关税税则中的下列税号：2844.40，3822，8419.20，8713，8714.20，9018，9019，9021，9022，9023，9024，9025，9026，9027，9028，9030，9031，9032，涉及一百多个税目的产品，其中医疗设备产品包括 2844.40，3822，

8419.20，8713，8714.20，9018，9019，9021，9022 计 54 个税目。

由美国等国提出的化工提案中包括了税则第六类化学工业及其相关工业产品（第 28 章至第 38 章）及第七类中塑料及其制品（第 39 章）的内容，涉及了 1000 多个税目，其中第 30 章为药品，第 29 章中包含化学原料药。除其中第 31 章（肥料）美国等提案国要求零关税外，其他化工产品均按照 WTO 谈判乌拉圭回合中达成的化学品协调关税（CTHA）来执行，即按初级产品和终产品分别实行 0、5.5 和 6.5%的关税。实施时间分别为现行税率 10%以上的在 2004 年采用 CTHA，现行税率在 10%以下的在 2001 年采用 CTHA。

国家医药管理局在广泛征求局内有关部门、专家学者、企业和科研院所意见的基础上，根据国家总体安排，本着积极、稳妥的态度，提出了在一定产品覆盖范围内有条件参加部门提前自由化的工作方案。

（王晋岳）

中美商贸联委会　中美商贸联委会（JCCT）医药产业小组医疗器械专业组第一次会议在北京举行　1 月 22 日至 23 日，中美商贸联委会(JCCT)医药产业小组医疗器械专业组第一次会议在北京举行，双方进行了富有成效的会谈。双方互相介绍了中美两国医疗器械审查的有关规定，并就市场准入相互认可，人员培训与交流互访、合作等进行了深入的讨论。（陈兵）

中美商贸联委会(JCCT)医药产业小组第一次会议在北京召开　5 月 21 日至 22 日，中美商贸联委会医药产业小组第一次全体会议在北京召开。中美双方就中国药价改革、药品行政保护等问题交换了意见，并就 1997～1998 年度将要开展的工作进行了讨论。最后由国际合作司黄纪畔司长代表我局与美方签署了“中国国家医药管理局—美国商务部医药产业合作工作方案(1997～1998 年度)”。（陈兵）

中越签署医药合作计划　1997 年 11 月 29 日至 12 月 4 日，国家医药管理局局长郑筱萸率中国政府医药代表团对越南进行了友好访问。双方共同签署了《中国国家医药管理局和越南卫生部一九九七年～一九九九年医药合作计划》。

1996 年 5 月，郑筱萸局长和越南卫生部副部长黎文传分别代表两国政府在北京签署了《中华人民共和国政府和越南社会主义共和国政府医药合作协定》，为两国医药领域的合作奠定了基础。此次双方签署的是年度合作计划。合作计划全文如下：

中国国家医药管理局和越南卫生部
一九九七年～一九九九年医药合作计划

根据一九九六年五月十日在北京签署的中华人民共和国政府和越南社会主义共和国政府医药合作协定，中国国家医药管理局和越南卫生部（以下简称双方）就签署一九九七年～一九九九年医药合作计划达成一致意见，内容如下：

第一条　资料交流合作

双方同意，互换有关医药方面的资料，首先进行交换有关医药行业管理及法律法规资料。

第二条　技术交流、
团组交流及人员培训

一、双方同意，为促进两国医药界的经贸合作关系，将组团就医药生产技术、装备、产品质量、企业管理等进行考察。

每年互相为对方参加在本国举办的有关医药（含医疗器械）的国际性会议提供信息和便利。

二、双方同意，将为由有关国际组织及第三国提供资助的双方的医药及医疗器械团组的互访，相互交流，研讨及学习等提供便利。

第三条 生产经营合作

为促进两国医药企业建立生产经营合作关系，双方商定，中国国家医药管理局指派中国医药对外贸易总公司，越南卫生部指派越南药品总公司，就生产经营合作事宜进行讨论。目前就河内第一中央制药企业的青霉素粉针生产线的合作事宜进行商讨。

第四条 产品贸易合作

为促进两国医药的发展和满足人民健康的需要，双方同意，鼓励那些有能力、守信誉、产品质量好的医药企业包括药品和医疗器械、制药机械企业按照国家间正规渠道进行贸易合作。双方将对开展贸易活动的有关企业进行资格认证。中国医药企业赴越南进行经贸合作由中国国家医药管理局国际合作司向越南卫生部国际合作司提供认证文件，越南医药企业赴中国进行经贸合作由越南卫生部国际合作司向中国国家医药管理局国际合作司提供认证文件，以保障双方合作的顺利进行。

双方商定，越南卫生部将推荐一家具有医药器械产品进出口职能的公司作为中国医疗器械产品在越南销售的代理，具体事宜将由中国医疗器械工业公司和越南医疗设备总公司进行谈判。

第五条 使用中国进出口银行的信贷

双方商定，为了推动双方医药经贸合作，越南方面指派越南药品总公司负责借款伙伴的推荐工作，并与中国有关单位谈判签署使用贷款的有关各项文件。

第六条 合作方式

一、本合作计划的第一条有关资料交换事，由双方提供清单，彼此认可后提交。

二、本合作计划的第二条互派团组事，本年度暂定互派两个团组，每个团组二至四人，时间为七至十天。其它团组的派出将按照双方合作项目的合同要求落实。

三、本合作计划第三条的生产经营合作，将根据两国法律所签订的合同进行。

第七条 经费结算

一、本合作计划的第一条资料交换所需费用由各自负担。

二、本合作计划第二条第一款互派团组事，派遣一方承担往返机票费用，接待一方支付在本国的食宿交通费用。

本医药合作计划于一九九七年十二月二日在河内签订，一式两份，每份都用中文和越文写成，两种文本同等作准。

（秦晓岭）

两岸制药产业研讨会　1997年6月6日至7日在北京双方又一次举办了两岸制药产业研讨会，回顾了以前多次交流交往的情况，对促进两岸制药业之间的沟通、了解、合资、合作起到了积极的作用。

（赵亚军）

第 五 部 分

各省、自治区、直辖市
计划单列市医药发展概况

北 京 市

综述　1997年是我国历史上非常重要的一年。北京市医药行业的经济工作，在面临市场竞争日趋激化的大环境中，注意突出北京地区特色，发挥首都地区优势，实现了经济的稳步增长，全年工业总产值达353900万元，比96年增长16%，略高于全国医药工业12.5%的增速。其中化学制药实现工业总产值196932万元，比1996年增长24.7%，医疗器械实现工业总产值53103万元，比1996年增长16.7%，中药工业产值68780万元，比1996年增长31.7%。工业销售收入实现305400万元，比1996年增长12.1%。工业产销率达98.2%高于全国平均水平。工业实现利润15300万元，比1996年增长55%，实现利税35400万元比1996年增长42.5%。全市医药商业销售总额完成77亿元，比1996年增长21%，其中纯销售额49亿元，比1996年增长23%，实现利润11963万元，实现利税25816万元。

根据北京市的统一部署，全行业以建立现代企业制度为目标，深化国有企业改革。北京制药厂、万东医疗装备公司和同仁堂集团完成了股份制改造，分别成立了双鹤药业股份公司、万东医疗装备股份公司和同仁堂股份公司。这三家企业的社会流通股在1997年上半年成功上市发行，筹集近8亿元资金。为企业发展带来了绝好的机遇。

医药商业企业改制，也呈现出良好势头，1997年全市医药商业又有13家批发公司改制为有限责任公司。

1997年北京市医药行业以贯彻全国卫生工作会议精神为契机，结合北京地区医药行业特点，认真加强了医药行业法制建设。全行业在市政府的统一部署下支持并参与了城镇基本医疗保险制度改革试点工作。配合基本药物目录修改调整工作，认真进行调查研究，征寻各生产企业意见，积极反映企业的要求，使北京地区的基本药物目录的实施得以落实，并较好地调动了生产企业的积极性。

贯彻国家五部委发布的《国家药品、医疗器械储备管理暂行办法》，直接参与了北京市医药储备领导小组的统一筹划工作，并和市政府有关部门积极协调，顺利落实医药储备资金的工作，使国有医药经营企业在发生灾情、疫情及突发事故时提供及时的医药供应得到保证。

根据国家《执业药师资格制度暂行规定》和市职改办共同组织了北京地区执业药师的培训考试和注册工作。1997年北京地区共办理执业药师注册64人，执业中药师注册77人。1997年全行业共有532人分别取得了高、中、初不同等级的技术职务资格。

随着国家《医药行政处罚程序暂行办法》和《药品生产（经营）企业合格证管理办法》等行政规章的正式实行，组织对符合标准的医药生产企业的GMP达标验收。1997年又有第三制药厂的制剂车间和制药工业研究所的粉针车间通过了GMP达标。为加强医疗器械生产的管理，组织有关企业认真学习《医疗器械产品注册管理办法》，强化了对医疗器械产品的标准审核，1997年有170个医疗器械产品通过了审查认证。继万东公司通过ISO9000标准认证后，1997年医疗器械研究所和长峰医疗器械公司通过ISO9000标准认证。根据国家医药管理局关于药包材生产企业生产许可证换证工作要求，严把换证关，强化对空气净化和消毒程序的审查，通过换证验收，进一步提高了北京市市药包材生产企业的产品质量。

为认真贯彻国家计委下发的《药品价格管理暂行办法》,召开有关生产企业参加的座谈会，积极反映企业的合理要求，协助市物价局制定了《北京市药品价格管理暂行办法》,使全市药品价格管理较平稳地过渡到新的管理体系。

1997 年和市环保局联合下发了《关于加强北京市医药行业建设项目环境保护管理工作的通知》,并明确了市医药管理局的行业环保管理职能及对行业企业建设项目的“三同时”初审权和污染防治设施初验权。这将对行业内企业的环境治理起重要影响。

在继续深入贯彻国务院国发(1994)53号文件和国办发(1996)14 号文件过程中，大力推进流通体制的改革，进一步规范北京的医药市场。组织了对医药工商企业的经营不正之风的检查打击力度，集中力量对一些问题较多的企业进行重点检查，到年底所查 364 件案件中，已办结 341 件，罚设款 409. 76 万元，对有严重违法行为的企业和个人做出了严肃处理。全年共取谛无证照经营药品单位 72 个，对 11 名违法人员进行了处理。

为引导企业依法经营，北京市医药局和卫生部门紧密配合对全市药品生产、经营批发企业的推销人员进行分批集中培训、考核，经资格审查后持证上岗，全年共培训考试合格推销人员 3150 人。经过整顿，使北京医药市场流通秩序得到了明显的改善。

为贯彻《医药商品质量管理规范》在北京市医药经营企业中开展了创建文明服务窗口活动，在北京市 700 个药品零售企业中全面推行《医药商品零售企业服务规范》。结合本市特点，制定了具体的验收《细则》，按《细则》要求，组织专业队伍对全市 468 个专营药店进行了实地验收，年底对已达标的 449 家企业颁发了达标证书，并悬挂了统一的绿十字标识。同仁堂药店和白塔寺药店，被中宣部、国家医药管理局、国家中医药管理局确定为全国医药行业文明示范窗口。1997 年全市医药商业企业推行 GSP 达标工作也有了较大的进展。北京市医药经济技术经营公司大药房、白塔寺药店、同仁堂药店、金象大药房和北京燕京医药公司顺利通过了 GSP 验收。

1997 年北京市医药行业把结构调整做为全年工作的重点，努力把握市场运行的总体态势，根据企业的实际情况，抓住机遇，在结构调整上取得了较大进展。北京制药厂实现了对北京制药工业研究所的托管，初步实现了科研和生产企业的紧密联合；万东公司实施了对手术器械厂的兼并，并根据实现规模经济的要求对杭州电子管厂实行了控股式兼并；北京医疗器械研究所对北京医疗设备三厂实行了托管；第八制药厂和海奇科技联合公司及乐和公司联合组建了海德润制药有限公司；三九集团兼并了北京东风制药厂成立了北京三九万东医药集团；建昊集团兼并了北京温阳制药厂和北京通宝制药厂成立了北京建昊制药有限公司；北京华颖实业集团兼并了北京东北旺制药厂成立了北京华颖超临界药业公司。企业之间的兼并重组实现了向建立现代企业制度过渡中的关键一步，这些新的企业一年来都展现出良好的发展前景。

在国有企业实行兼并重组的大潮中，一批国外知名医药企业也纷纷在北京建厂。1997 年拜尔公司的合资项目已在经济开发区竣工投产；日本第一制药厂投资项目已正式立项；罗纳公司的合资项目正在建设。这一批外资企业进入首都，给北京的医药发展带来了新的活力，同时也形成了对国有企业的巨大压力和挑战。

产品结构调整又有新成果。一批新产品如洛伐他丁、盐酸特拉唑嗪、C型臂及导管床、连体综合床、阿奇霉素相继投放市场，使北京地区的医药产品结构发生了新变化。企业经过结构调整，经济运行质量有所提高，一批国有大中型企业经济效益开始好转。

1997年北京市的医药工作在北京市委、市政府和国家医药管理局的领导下，全行业职工认真学习邓小平理论，联系实际，坚持稳中求进的方针，发展北京市的医药事业，较好的完成了全年的任务。

（王　栋）

金人庆副市长考察北京医药企业　1997年3月11日，北京市常务副市长金人庆视察了实行股份制后股票即将上市的北京制药厂、北京万东医疗设备公司，金副市长听取了两企业上市前的准备工作，并进行了充分的肯定。金副市长说："北京医药经济发展潜力巨大。北京的科技优势、市场优势是其它地区无法比拟的，我对你们充满希望"。同时指出：医药行业抓龙头企业就是要抓好上市公司。通过龙头行业、龙头企业的发展，带动全市工业和行业经济发展。并重申："龙头行业、龙头企业要真正成为龙头、核心是搞好资本运营。从产品经营到商品经营，是第一次飞跃；从商品经营到资本运营是第二次飞跃。"金市长希望上市公司要在资本运营、低成本扩张上起带头、示范作用。　（王　栋）

一批新医药项目投资到位　1997年项目申请，并获批准四个企业建成投产。这四个新医药项目是北京医达药业公司，其主要产品是治疗股骨头坏死的中药，该厂为当年批准，当年建成，总投资3000万元人民币；北京优华药业有限公司，总投资6000多万元，一期工程已建成并准备投产；北京大翔制药有限公司总投资3200万，目前也已竣工验收并准备通过GMP认证；德国拜尔医药保健品有限公司也已竣工验收，一期工程总投资3000万美元。1997年还审批了中林协合制药厂的抗癌药——紫杉醇原料药及注射剂的生产，总投资6000万元。同时审批了北京罗纳普朗克制药有限公司，总投资3000万美元，该项目正在设计中。这些项目的特点是投资大，产品新、起点高，避免了低水平小规模重复生产。这些企业建成后，使北京医药工业迈上一个新台阶。　（王　栋）

北京第二制药厂产品结构调整成效显著

北京第二制药厂是北京地区以生产化学原料药为主的企业，在由计划经济向市场经济转化的过程中，遇到了贷款利率上扬、能源和原材料价格上扬等一系列困难，同时由于技术落后，设备陈旧老化，产品结构不合理，北京第二制药厂资金短缺、潜亏严重。为了在激烈的市场竞争中求生存、求发展，自1995年起北京第二制药厂实施产品结构调整战略。采取总体规划，分步实施，小步快跑，逐年到位的总体实施方案。具体作法：一是扩大优势原料产品生产能力，向规模要效益；二是实现初级产品向高附加值的制剂产品转化；三是研制新品种，向科技含量高要效益。在产品结构调整中，他们坚持科技领先的原则；充分体现科学技术是第一生产力的客观标准。　（王　栋）

北京医药总公司减员增效工作　1997年市医药总公司共有职工23520人，下岗待业人员1600人。分流安置1361人，占下岗人员的85%。北京第二制药厂列为市减员增效减息的试点企业，制药二厂调整人员结构，使职工总数比1996年减少15%，人员近200名，其中109人由总药总公司托管，93人从原企业彻底分离，占参加托管的85%。为制药二厂当年扭亏增盈创造了条件。（王 栋）

搬迁改造力度加大 北京市医药管理局对归口管理的企业进行规划，对一些厂地狭小，生产条件落后，生产工艺水平低的企业通过搬迁改造，把企业规模搞上去，使生产品种增加，工艺条件得到改善。1997年搬迁改造的企业有：北京旭谊轻化工业有限公司迁至大兴县；北京圣永制药有限公司迁至通县；北京石景山药厂迁至大兴县；北京麦威药业有限公司迁至门头沟石龙开发区；北京海康制药有限公司迁至通县；北京益民制药厂、北京中川元制药厂进行原地改造。（王 栋）

教育中心逐步完善 北京市医药总公司教育中心成立一年来，稳步发展。1997年在教学设备上逐步完善，中心各校共建计算机室3个，语言教室1个，电化教室1个，现代化教学设备的完善使教学水平有了很大的提高。今年中心各校通过了市教委和劳动局的教学检查评估，进一步加强两个队伍的建设，中心现有教职工270人，1997年各校招生人数达2000多人，在校生已拥有4000多人。（王 栋）

推行GMP/ISO9000工作 北京市医药总公司械政处在1997年度加强质量管理，举办每年一期的GMP学习班；依据国家医药管理局文件，在北京地区完成了北京第三制药厂、北京制药工业研究所实验药厂（粉针剂）验收；在总公司系统开展ISO9000体系考核工作和培训工作。1997年止相关企业主要领导均已参加了ISO9000培训，北京万东医疗装备公司、医疗器械研究所，航天长峰医疗器械公司等已通过认证；强制执行GB9706安全标准，进行了人员培训，共培训300余人。

（王 栋）

大药房开业 1997年6月28日，北京市医药经营公司大药房正式开业。国家医药管理局局长郑筱萸，副市长胡昭广，市工委书记李舜，卫生部药政局长潘学田，国家中医药局副局长任德全，及市医药局、卫生局的领导等出席了大药房开幕仪式。郑筱萸局长和原卫生部副部长胡熙明为大药房揭牌。

经营公司大药房借鉴国外药房的管理模式和经验，是全国首家实行处方用药与非处方用药分售，非处方用药开架自选的新型药店。大药房的经营品种达5600多种，其中保留了中药传统的加工炮炙方法，增添新药供应，对单味药材进行特殊加工。可对名医处方实行每味饴片单包，并内附说明。大药房饮片专柜采用计算机划价，并有“十八反”“十九畏”识别程序确保处方无误。大药房还有十多名国家级名老中医坐堂应诊，充分方便病患者。大药房是集问药咨询，中医应诊，药品、医疗器械、卫生保健品零售为一体的新型现代化医药零售企业。（刘志民）

医药零售企业服务规范实施 北京市医药管理局根据国家医药管理局《医药商品质量管理规范》(简称GSP达标）的要求，于1997年7月，向全市医药零售企业颁发了《医药零售企业服务规范》。为使《规范》的实行效果更有针对性，结合本市特点制定了具体验收《细则》，并组织专业化队伍对全市468个专营药店进行实地验收，现已有449家企业达标。市医药管理局明确提出：只有“服务规范”达标，才有资格悬挂“绿十字”标志和接受国家医药局《GSP达标》验收。对19家不合格单位，责令限期整改，复验再不合格，吊销医药经营资格。（王 栋）

北京市药店悬挂绿十字标志　1997年6月2日，北京市医药管理局将全国药品零售企业统一标志——绿十字标牌第一个挂在了西单医药器械公司金象大药房门前。同时第一批悬挂绿十字标志的还有同仁堂药店、白塔寺药店。在1997年12月通过贯彻《服务规范》实地验收，对449家达标企业颁发了达标证书，并统一悬挂绿十字标志。这标志着北京市的医药零售企业在经营环境、人员素质、药品质量等方面迈向了一个新的台阶，同时为药品经营企业加速向GSP达标打下了坚实的基础。

（王　栋）

CI导入树立企业形象　北京第三制药厂新建的厂房占地面积12.2万平方米，其设计施工均符合GMP要求，是目前国内一流的现代化企业之一。为树立成熟，进步、积极，开拓的大型制药集团的企业形象，该厂适时地有计划地导入CI，共同实施理念识别（MI）、行为识别（BI）、视觉识别（VI）。目前导入的CI系统已为北京第三制药厂总体布局及装修提供了感性依据，形成了企业生产技术，质量管理及行为管理规范的理论依据之一。CI的设计与实施达到：(1) 北京第三制药厂及“紫竹牌”系列产品知名度的提高。(2) 销售网络得到扩大。(3) 建立了良好的企业形象，产品知名度上升。(4) 建立了独特的生产经营观念和企业文化形象。（王　栋）

用药报销范围实施　从1997年10月3日起，北京市公费医疗、劳保医疗用药报销范围将限定在1156种中西药内。其中西药报销范围753种，中成药报销范围403种。

北京市制订用药报销范围的依据是卫生部、财政部公布的《中、西药用药报销范围》，原则是临床必备、保证供给、安全有效、质量稳定性，价格合理性及药品的可获得性；同类药品疗效基本相同的国产药品与进口药品，国产药品优先；本市与外埠药品，本市药品优先；疗效相同、价格不同的药品，廉者优先。同时，仍保留了一些必需的进口、合资药品。对中草药汤剂，目前尚未规定不予报销的范围。

（王　栋）

北京万东医疗装备股份有限公司股票上市

经国家证券监督管理委员会批准，北京万东医疗装备股份有限公司（筹）股票1997年4月24日上市发行。

万东医疗装备股份有限公司是北京万东医疗装备公司作为独家发起人，经北京市人民政府批准以募集方式设立的股份有限公司，主要业务是进行各种类型医用诊断X射线机的生产、销售和开发，目前其产品国内市场占有率超过60%，其中出口产品已占总产值的30%以上，经济效益居全国医疗器械行业之首。

国家医药局局长郑筱萸和北京市副市长阳安江及有关部门的领导出席了“万东公司”股票上市召开的新闻发布会。

（王　栋）

“双鹤”股票上市发行　经中国证监会批准，北京双鹤药业股份有限公司（筹）A种股票1997年5月18日上市发行，发行总量4700万股，发行价格每股6.69元，主承销机构为南方证券有限公司。

双鹤药业股票发行成功，将募集低成本资金3.1亿元人民币，主要投向奥复星、增效联磺片等名牌产品的规模生产和市场扩张，用于开发生化、生物工程产品、营养保健品等新的经济增长点。

（王　栋）

双鹤药业公布股东大会决议　北京双鹤药业股份有限公司于1997年5月15日召开创立大会暨首届股东大会。会议审议通过如下决议：一、通过发起人用于抵作股款的财产审核决议。二、通过公司股票在上海证券交易所上市的议案。三、选举了第一届董事会董事。四、选举了第一届监事会监事。五、选举乔俊峰为第一届董事会董事长，孙洪译为第一届董事会副董事长。六、聘任张宇为公司总经理。七、经总经理提名，聘任唐兴才为公司财务总监。八、聘任倪军为董事会秘书。九、选举赵宏为第一届监事会召集人。（王　栋）

天　津　市

概况　1997年天津市医药总公司转制为医药集团有限公司，为下一步规范运作奠定了扎实基础。工业总产值全年完成27.2亿元，比上年增长11.52%；工业产销率全年完成102.8%，比上年提高2.8个百分点；工商销售收入全年完成50.44亿元，比上年增长9.8%；实现利润全年完成7.49亿元，较上年增长27.7%。

1. 加大了企业改革与调整工作的力度，在扩大融资渠道，优化资源配置，实施“抓大放小”战略上取得较大进展。

①根据市委、市政府的统一部署，3月28日完成了集团公司的组建工作，这是继1996年7月1日医药局改组为医药总公司后，在全市率先完成全建制改组工作，为今后天津医药行业的发展奠定了基础。

②中新药业股份有限公司通过实行资产重组，在新加坡上市成功。中新公司是在新加坡上市的第一家中国企业，也是我市的第二家境外上市企业。中新公司股票上市后，融入资金5.6亿元，为行业发展打下雄厚的基础。

③完成了6户企业的兼并、合并和一户企业的减员增效工作。一是结合组建医药集团公司核心层企业，完成了工贸集团公司、医药工业销售公司和生化药厂的兼并、合并工作。二是由系统外的公司分别兼并了较困难的3个小企业：医疗器械五厂、医用高子制品厂和胜利药厂。三是经过认真筛选，中药饮片厂成为医药行业第一家享受减员增效政策企业。

④积极盘活土地存量资产，全年共完成4块土地的出让工作。一是高分子制品厂滦水道2274平方米土地出让，获益500万元；二是氨基酸公司睦南道、汕头路两块土地出让，开发商开发后可获2157平方米建筑房产；三是中央制药二厂大同门仓库土地出让给行业内的金谊房地产公司进行开发。

2. 加快实施“嫁、改、调”的步伐，为企业带来活力，增加后劲。

集团公司共有10户大中型企业纳入市“嫁、改、调”改造计划，截至年末完成了8户企业的嫁、改、调改造任务，占计划总数80%。其中嫁接改造3户，即：力生药厂、氨基酸公司、河北药厂；技术改造4户，即中药集团、药业公司、中央药厂、医电公司；调整改造1户，即：生化药厂。从整体上看，改造后企业发展健康、稳定，为医药集团的经济发展作出了重要贡献。

3. 认真转变观念，加强对市场开发工作的指导

为适应集团公司转为实体后进入市场的需要，参照史克公司的作法，集团成立一周后就组建了集团公司的市场部，并积极转变观念，按照市场经济的规律和模式进行了初步的运作。首先，解决了七个方面的认识问题，明确了集团公司市场开拓的方向。即：一要充分发挥工商一体的优势，加快集约化、规模化经营；二要加强对外埠药品进津销售的管理，杜绝伪劣药

品流入本市；三要对重点品种实行总经销、总代理，逐步实施大宗品种统购分销，降低经营费用，提高集团公司整体效益；四要通过合理的明示折让，实现医药卫生协作，扩大地产品销售；五要统一销售政策，规范各工商企业行为，解决内耗，提高集团公司盈利率；六要筛选地产大品种，重新进行市场营销策略研究，发展拳头产品；七要对大宗原辅材料、化工原料实行统一进货，降低采购成本，提高资金及原辅材料利用率。在统一思想的前提下，主要抓了三项工作。一是深入调研，起草了一批规章制度，并着重起草了与卫生部门开展协作的草案。二是对几个重点品种进行了策划，引导企业由传统的市场销售观念向现代市场营销观念转变。三是筹建集团公司的市场营销网络。结合医药集团公司的发展战略，制定了组建集团公司市场网络的方案，其中包括尽快在本市及重点省市筹建办事处的方案及加快医院周围零售网点布设的方案，天津办事处的建设已在运作中。

4. 利用外资成绩突出，资金到位情况良好

1997 年市经委下达的协议利用外资计划 4000 万元，资金到位计划 2500 万美元。经过努力，全年协议外资额完成 9304 万美元，资金到位额完成 8380 万美元，分别完成计划的 2.32 倍和 3.35 倍。吸引外资的三个项目一是博福一益普生天津制药有限公司项目，总投资 2 亿元，法方占 90%的股份，赠中方 10%的干股，医药集团占 4 成。该项目 97 年已取得营业执照并举行了土建开工仪式。第二个项目是中新药业公司融资项目，该项目募集资金 6800 万美元，已全部到位。第三个项目是中英合作天津和杰医疗器械有限公司，总投资 93 万美元，外方占股 89%，中方天津医疗器械厂以现有设备出资占股 11%，按 12% 分红。

5. 努力实行名牌战略，培育拳头骨干产品

97 年医药集团在“技术创新计划”中，共安排培育发展品种 67 种，其中巩固发展的骨干产品 19 种，新增产值 3 亿、利税 4500 万元；待扶持壮大的品种 29 种，至 2000 年可发挥作用，新增产值 5 亿，利税 7000 万元，列入开发计划的 19 种，2000 年完成研究。为促进科研成果转化为生产力，已将 α-2b 干扰素、阿赛松、100 型 B 超、尼达尔、增生平等 5 个产品上报国家科委和国家经贸委，被列入国家重点新产品计划和国家级重点新产品试产计划，阿赛松、复方丹参滴丸列入国家级火炬计划。预计 3—5 年，这些产品将发展成新的拳头骨干产品，成为医药集团新的增长点。

（萨　未）

行业管理　1997 年天津市医药行业管理办公室按照国家医药管理局和国家中医药管理局的部署，努力抓好工商企业的 GMP、GSP 达标和药品、医疗器械、药品包装材料生产经营企业的行业管理及行业监督工作，取得一定的成绩。

1. 开展多种形式的学习培训活动，不断提高各级专业技术人员的法制观念和管理、技术水平。1997 年先后举办了由新开办药品零售企业的法人代表、质检人员等参加的法律法规、GMP 达标、商品知识及养护等培训；生产经营企业化验员、质检员参加的技术培训；企业销售人员参加的市场营销策略培训；药品经营企业 GSP 达标培训；国家医用电器强制性安全标准培训；药包材生产企业换证培训等 7 类 13 项近 2000 人次参加的学习培训。

2. 大力推进实施 GMP 的达标活动。根据国家医药管理局 97 年对粉针剂生产

企业实施GMP达标工作的要求，组织审查员对全市6个计划达标企业逐家进行调研，按照企业的不同现状，分别进行现场整改指导，加快了企业实施GMP达标工作的进度。1997年6个企业在达标改造中共投入资金1030万元，生产能力达2.25亿支/年。6个企业均通过了达标验收。

3. 努力抓好药品批发企业的GSP达标工作。1997年主要抓了中国医药集团天津公司及天津医药集团销售分公司2个批发企业。在抓好学习、培训及现场指导的基础上，还组织有关领导赴外地参观学习，对照检查，狠抓整改。当年中国医药集团天津公司和天津医药集团销售分公司分别投资150万元和100万元改造化验室，添置检测仪器，修建冷库和阴凉库。由于软硬件管理均上了台阶，至年末两个企业都通过了GSP达标验收。

4. 认真审慎地做好药品零售企业的核查、批复工作。根据天津市药品零售企业的分布现状、发展规划和有关政策，并按照总量控制、合理布局、国有企业优先、个体企业从严放慢慎重的原则，1997年审批办理了新开办药店70个，核查办理了迁址、更名、增项药店52个，有效控制了药品零售企业的盲目发展，规划布点日趋合理。

5. 强化了医疗器械管理和行政监督工作。一是以分区划片的方式先后召开了12次工作会，方便了企业，节省了时间。全年生产企业年检105个，商业批发企业年检162个，药品零售企业年检463个。通过年检加快了企业自查整改的进度，促进了产品质量提高，规范了企业市场行为，为加快实施GMP、GSP奠定了基础。二是继续开展了对医疗器械产品的换证工作。根据国家医药管理局对医疗器械采用全国统一的注册识别标记办法的规定，全年为企业已批准上市的661个产品更换了新的注册证书。三是加强了标准化工作。先后制定了《医疗器械标准化管理规定》和《实施办法》，堵塞了非标产品流入市场的销售渠道。全年审查通过了产品标准123项，修订及复审器企业标准200多项，使天津市医疗器械的行政监督管理工作得到加强。

6. 实施了产品许可证和产品注册管理办法。根据国务院工业产品许可证条例的要求，1997年对一些重点产品实施了产品许可证制度，除协助国家医药管理局进行许可证产品的审查外，还对本市的许可证产品进行指导服务，并坚持以科学检测、临床报告为依据，广泛听取专家意见，认真组织评审。一年来，共审查注册合格产品109个，其中：一类产品70个，二类产品24个，三类产品15个。

7. 认真做好对申办医疗器械生产经营企业的审查工作。根据国家医药管理局的要求，并结合本市的具体情况，对申办医疗器械生产经营企业进行了严格审查把关。一年来，共接待咨询500多人次，受理申请105份，已审查批办了102个。对申请生产经营性保健产品的企业，则采取限制发展网点，从严审查的原则，控制了性保健产品生产经营企业盲目发展。

（萨　禾）

药材集团公司企业结构调整　1997年天津市医药集团公司对天津市药材集团公司的企业结构实行了调整。将中药制药厂、乐仁堂制药厂、第六中药厂等三个效益最好、工业基础及品种优势最强的企业调入天津市中新药业集团有限公司。调整后，药材集团的生产经营受到较大影响。工业总产值完成16611万元，比上年增长7.24%；工商销售总额完成128150万元，比上年增长11.1%；实现利润为－3617.2万元，比计划减亏400万元。

1. 加大了对企业和经营者的考核力度。根据1997年企业结构调整和减亏增盈任务重、压力大的实际情况，该公司制定了全面具体的考核指标并与企业工资总额和经营者年收入挂钩考核。明确规定：年终超计划完成主要经济指标的予以重奖，完不成主要经济指标的经营者则予以解聘，至年末，经认真考核有7家企业完成任务较好受到奖励；有11家企业及经营者因部分指标完成不好受到处罚。

2. 抓好规模经营，提高经济运行质量。一是努力发展培育拳头产品，鼓励各工业企业打好自己的拳头产品，14个年销200万元以上的产品都有不同幅度的增长，销售总额达11779万元。其中美伦公司、同仁堂药厂与商业联手开发“速感宁”、“肾炎康复片”取得较好成果。二是努力扩大地产品的销售。成药药材公司积极推销公司所属工业企业生产的药品，全年销售19346万元，比上年增长1.9%。

（萨　未）

天津中新药业公司　天津市中新药业集团股份有限公司是由药材公司与氨基酸公司的部分企业或股权重组而成，成立于1997年5月1日。6月27日该公司股票在新加坡股票交易所挂牌上市，使天津中新药业公司成为首家在新加坡上市的中国企业和天津市继渤海化工集团之后的第二家境外上市公司。此次上市成功发售股票1亿股，筹集资金6800万美元，折合人民币56300万元，扣除上市费用，净筹集资金5.25亿元。使公司净资产由4.1亿元人民币增至9.3亿元人民币，为今后的发展奠定了坚实的物质基础。

1997年该公司完成工业总产值16750万元，销售收入25809万元，实现利润7267.8万元。工作中，重点放在市场开发上。在对现有品种进行分析排队的基础上，选择重点品种进行二次开发。通过筛选，从245个品种中选出42个年销售额超百万元的品种作为重点，加大投入实行开发。其中醒脑降压丸、金芪降糖片、清咽滴丸等几个品种通过进行二次开发，1997年已经收到效果。金芪降糖片销售额超过500万元，醒脑降压丸不仅年销售额超过1000万元，而且填补了几个地区的销售空白。

在注重国内市场开发的同时，该公司还千方百计扩大出口，通过选择代理商扩大国际业务往来，使产品在美国、日本及东南亚的销量稳步增长。由于与日本星火株式会社合作的成功，对方无偿投资500万元用于中新公司的设备改造，提高了产品的生产能力和技术水平，使出口额达200万美元，创近年最好水平。

（萨　未）

太平医药（集团）公司　1997年天津太平医药（集团）有限公司坚持以实现规模经营为重点，扩大经营，搞活流通，市场占有率有新的提高，企业实力有所增强。销售总额完成51927万元，比上年增长36.83%；实现利润完成6487万元，比上年增长80.53%；其中投资收益5067万元，比上年增长131.79%。

1. 下大力量抓好总经销总代理业务。一年来，以公司的实力和良好的商誉为后盾，努力扩大经销品种，使总经销与总代理的品种达到近50种。一是在原有的三个地区总代理品种的基础上，97年又增加了新的代理品种：维脑路通。二是加大总代理总经销品种的进货量。其中血塞通96年进货12万盒，97年增至35万盒；希普辛96年进货12万瓶，97年增至25万瓶。进货量的增加除能享受最低进货价外，还取得较好的经济效益。三是抓住重点品种强化销售，如“思密达”全年销额突破8000万元，已成为总代理品种中的佼佼者。

2. 积极发展零售经营业务。以太平大药房为依托，发展零售连锁经营，其中大港分店已开业，塘沽分店、开发区分店、长江道分店和太平天使药店正在申办中。

3. 加强品种调度，调整库存结构，努力推销呆滞逾量品种。每季进行一次商品排队，调剂余缺品种，减少商品积压，使库存趋于合理。年初排出呆滞逾量商品422种，金额712.61万元，全年共推销117种，金额190.69万元，占全部呆滞逾量商品的26.71%。由于加强了对效期商品的管理，减少了损失，加速了商品的周转。

（萨　未）

河　北　省

概况　1997年是河北省医药经济发展史上极不平凡的一年。由于河北省主导产品与国内外竞争焦点品种相一致，价格上受到猛烈冲击。已持续两年的青霉素、VC价格大战造成全国性的“两素”减产，全国青霉素生产厂家由1996年的14家减少到目前的约6家；25家Vc生产企业中现正常生产的仅剩5—6家，其余均处停产、半停产状况。河北省作为“两素”的生产大省，经受着严峻的考验。面对诸多的不利因素和已趋白热化的市场竞争形势，全省医药行业一是以市场为导向，积极调整产品结构；二是靠科学管理，技术进步，挖潜降耗增强实力；三是转变观念，大力开拓市场，提高市场占有率；四是充分发挥自身技术、规模等优势，运用价格扛杆的作用，采取让利不让市场的策略，实现了“两素”增产，提高了市场占有率。青霉素产量由占全国50%提高到56%；Vc产量由占全国24%提高到近40%。1997年尽管由于价格下滑使两素减少利税5亿元，但总的效益仍比1996年有所增长。

1997年，全省医药工业总产值完成87.3亿元，比上年增长24.3%，高出全国同行业11个百分点；化学原料药完成6.26万吨，其中，24大类化学原料药完成2.29万吨，增长25.04%；两大主导产品青霉素折工业盐完成5528吨，增长0.5%；VC完成7672吨，增长24.94%，两产品占全国总产量的份额已分别达56.4%和39.7%；医药工业增加值完成25.79亿元，同比增长8.7%；医药工业实现利税9.43亿元，较去年同期有所增长；产销率达到98.4%，较去年同期提高5个百分点，比全国同行业高出5个百分点；出口交货值完成13.1亿元，同比增长21.9%；创汇1.6亿美元；出口原料药首次突破万吨，同比增长26.7%；医药商业销售总额完成35亿元，同比增长4.5%；医药商业利税完成6524万元，较去年下降24%；工商利税合计10.09亿元，较去年增长0.9%。

确立“结构调整年”总体思路　河北省医药行业把1997年确定为“结构调整年”，大力推进医药经济结构调整成为全省医药经济工作的重中之重。一年来，全行业围绕这一重点工作，在搞好调查研究的基础上，结合国内外医药发展趋势，制定了《全省医药工业经济结构调整重点实施意见》，各地按照《实施意见》，精心谋划，强力推进，结合本地区实际，明确重点，制订方案和措施，使全省医药经济结构调整取得初步成效。

大集团建设向“四跨”型迈进　继承德组建区域性医药企业集团后，1997年，唐山市通过政府授权经营国有资产，组建了工商一体化的唐山药业集团，并于上半年正式挂牌运营；石家庄市在石家庄制药与河北制药强强联合的基础上，又将石二药、石四药等企业并入石家庄制药集团，于下半年正式挂牌；年末，承德中药集团也正式挂牌；按照省委、省政府的总体部署，华药集团公司、石家庄制药集团公司、张家口制药集团公司实施强强联合，组建华北制药控股集团有限公司的筹备工作也全面展开。一年来，各大集团加强内部管理，进一步理顺了母子公司体制。华药已初步建立起现代企业制度，并被国家经贸委列入全国重点扶持的6家企业之列。华药、石药、承德等企业集团致力于以产品为龙头的专业化重组，理顺内部关系，统一销售队伍，使产品趋于集中，初步解决了多年来产品销售中的内耗状况，充分展现出大集团的优势。1997年，全省医药企业集团已打破了原有单一的区域性、行业性等界限，通过母子裂变、强强联合等多种形式组建的商商、工商、科工贸一体化的大集团已向跨地区、跨行业、跨所有制、跨国经营型集团迈进，部分大型企业集团已初具“四跨”雏型。大型医药企业集团已成为全省医药经济的中坚。

科技兴药战略带动产品结构调整　1997年，全省医药行业实施科技兴药战略，依靠技术创新和技术进步，推进产品结构的调整。一是通过技术攻关使河北省主导产品的主要技术指标显著提高。VC总收率突破60%，比全国平均水平高12个百分点，主要技术指标提前三年完成国家科委、国家医药局确定的“九五”攻关目标；青霉素生产指数提高到0.97吨/年·立方米，制造成本比1996下降约18%；全省18个原料药的152项技术指标有94项优于1996年，其中45项居全国第一。大部分原料药的制造成本均有不同程度下降，根据原料药技术经济指标测算，全年降本增效金额达1.96亿元，为提高我省主导产品的市场竞争力起到了巨大的支撑作用。二是初级产品深加工升值。半合抗关键中间体6-APA、7-ADCA的生产技术已接近国际水平，6-APA的生产规模显著扩大；青霉素工业盐深加工率由96年的13.07%提高到24.21%；VC下游产品的开发已经启动。三是新产品开发见效益。1997年，经省政府的大力支持和有关部门的密切配合，落实了新药开发资金，从而形成了国家拨款、银行贷款、新药资金支持和企业自筹多渠道筹措资金的格局，加大了新药、新产品、新技术研究开发的资金支持力度。全年共开发省级以上新产品27项，推广新产品、新技术2项。清开灵胶囊、阿莫西林、阿齐霉素等新产品已见到效益。四是生物技术产品实现了产业化。通过“校企”联姻，走产学研结合的道路，促进以高新技术为支撑的新产品开发。目前，基因重组乙肝疫苗和GM-CSF已于去年四季度上市，这必将成为全省医药经济新的增长点。

重点项目建设进展顺利　1997年，医药行业在建较大技改项目15个，完成投资6亿元，超额完成全年目标任务。以开发青霉素下游产品为重点的华药半合抗省重点建设项目，年底已基本竣工；生产以产顶进品种凯福隆粉针为主的华药赫司特有限公司建成投产；廊坊开发区协和药业、杰西药业等项目陆续建成投产；投资近5亿元的华药生物技术产品工程项目已具备开工建设条件。这些重点项目的建成投产将对于改善我省医药产业结构、产品结构，增加产品的高科技含量、高附加值和以产顶进，增强市场竞争能力和出口创汇能力起到较大的促进作用。

实施“名牌带动战略”初见成效　1997年，医药行业有华北牌青霉素等6个产品被评为河北省名牌产品；两家企业被评为省质量效益型先进企业；华药被国家医药局推荐为国家级质量效益型企业。通过从品种技术、生产规模、市场占有率及发展前景等方面进行综合分析排队，有31个知名产品列入河北省医药局的《名牌发展规划》，予以重点扶持；在名牌战术上，创新研制一批，扶持发展一批，壮大提高一批，形成了名优、名牌、名牌种子三个梯次的发展格局。名牌带动战略的实施，强化了企业质量意识，调动了企业争创名牌的积极性，有利地促进了医药经济结构调整。

医疗器械、中药行业发展较快 1997年，医疗器械工业坚持巩固发展传统特色产品，努力开发“三高”产品（高技术含量、高附加值、高市场占有率）的总体发展战略，走出了一条高速增长之路。医用车床台架、保健器械、一次性产品和卫生材料等一系列传统特色产品继续保持较高的市场占有率；“集散式病房输液计算机监护系统”、“网络数字脑电地形图仪”等一批新研制开发的科技含量高、附加值高、代表医疗器械发展前沿的产品以崭新的面貌走向市场，并取得良好的经济效益。1997年，全省医疗器械工业总产值增幅达58.42%，利税、利润增幅分别达80.83%和205.79%，呈现出良好的发展态势。

1997年，全省中药工业打破自“八五”以来的徘徊局面，实现高速增长。工业总产值实现7.05亿元，同比增长了37.19%；实现利税7000万元，同比增长33.43%，速度与效益基本同步提高，展现出良好的发展势头。承德中药厂等一批老企业，学邯钢，转变观念，增强市场竞争意识，提高经营管理水平，使老企业走出困境，焕发了青春；神威药业的加盟，不但为中成药行业增添了活力，并一举跃进全国中药50强之列；临西药厂、唐山龙山等一批中小企业，做到了小有活力，小有特色，不但为河北省医药工业增光添彩，在全国同行业中也颇有名气。去年，药材基地建设、中药饮片加工、中成药生产均取得可喜成绩。结合国家专项药材生产扶持资金的落实，重点抓了沽源县甘草、承德与晋县黄芩、景县远志等药材基地的建设，使其呈现出规模化生产的雏型；对饮片加工业制定严格的规范管理制度，狠抓落实，安国饮片加工业的设备改造工作受到国家中医药局的充分肯定；国家中医药局批准立项的全国两种饮片改革模式之一的邯郸颗粒饮片厂项目已通过验收。

资本运营再谱新篇章 1997年，河北省医药行业积极探索资本运营的多种模式；企业由间接融资到兼并、购买和直接融资交替运作的路越走越宽；集团组建也由单一的划转到政府授权经营和多元投资主体等多种形式并举；利用外资由重引进资金向重产品、重技术转变。1997年，华药、保定长天集团分别对秦皇岛药厂和保定制药厂两家亏损企业进行了资产重组；华药跨省兼并了山西太原药厂；年内，石家庄制药集团子公司“中国制药”吸纳河北制药“中抗”公司的资产在香港增资扩股，融进外资2.3亿元；华药股份公司顺利实施增资配股方案，总计募集资金5.4亿元；张家口制药集团公司与世界最大、技术水平最先进的青霉素生产企业—荷兰吉斯特公司合资生产青霉素项目已正式运营，外方现汇投入3000万美元已全部到位，这一合资项目的投产将促进河北省青霉素技术水平的提高。

医药流通体制改革迈出新步伐 推进医药流通体制改革是1997年的重点工作之一。为积极探索商业体制改革，河北省、市医药局领导倾注了很大的精力。1997年，省医药局组织了由地市医药局长及骨干商业企业主要领导参加的学习考察团，赴江苏、浙江、上海、山东先进省市实地考察学习；唐山、邢台、秦皇岛等市局也积极组织，采取走出去、请进来的方法搏采众长、汲取外省市先进经验；11月，省医药局召开全省医药商业改革工作会议，会议提出了全省医药商业改革的指导思想，确立了改革思路，明确了相关政策，并通过了全省医药商业改革工作实施意见。

1997年，河北省医药行业在商业集团建设、企业改制、转换经营机制等方面取得实质性进展。省直医药商业企业组建了河北省医药（集团）公司和省医药药材公司，将原有的5个分散经营企业变为各具特色的2个统一经营主体，壮大了规模，增强了实力。沧州、承德等地商业企业集团靠规模化，集约化经营已取得明显成效。1996年，沧州市把几家亏损企业以资产为纽带联结起来，成立了沧州医药总公司，两年来，不但扭转了342万元的亏损，累计实现利税达669万元，充分体现出规模经营、集约经营、统一管理的优势；年内，唐山医药站还收购了唐山妇幼厂，开创了全省医药商业企业收购兼并工业企业的先例。此外，邢台、保定、衡水等地也在积极谋划组建区域性医药商业企业集团及企业股份制和股份合作制的改制，加快企业经营机制的转换。总之，全省医药商业正朝着统一开放、竞争有序的医药市场体系迈进，大有规模、小有特色的医药商业新格局正在逐步形成。

管理工作加强 1997年，河北省医药行业狠抓企业管理、质量管理、市场管理和行业管理，使管理工作向科学化、规范化、法制化迈进。

一是企业管理向纵深发展。面对原辅材料、能源涨价、产品降价等诸多不利因素，强力推进学邯钢、强管理、增效益的经济效益杯竞赛活动。1997年，全行业通过学邯钢、强管理，挖潜增效2亿元，取得了可喜成效。华药股份公司被省政府评为学邯钢先进单位；省医药局也被评为学邯钢先进厅局。

二是质量管理工作不断加强。全省药品抽验合格率达89.32%，好于1996年，高出外省药品6.61个百分点；4家粉针生产重点企业通过GMP达标验收；全面质量管理活动普遍开展，华药QC小组在北京举行的国际型会议上做QC成果发表。

三是行业管理、市场管理力度加大。4月份，河北省医药管理局会同省工商、卫生等部门联合查处了无极、安国非法制售假阿胶案件，查封了4个制假窝点，查获、销毁约770公斤假阿胶及制假工具；同时，还根据群众举报，查处了个别医药生产企业制售假劣药品事件；为防范非法医药市场死灰复燃，1997年，省医药局先后派员6次到无极明查暗访，8次下安国督导工作，发现问题及时向省政府汇报，并采取果断措施，确保了医药市场健康发展，使河北省成为目前全国医药市场秩序最好的省份之一。同时，配合省有关部门狠抓药品回扣专项整治工作，国家有关部门对河北省药品回扣专项整治工作给予了充分的肯定和表扬。为加强医疗器械经营行业的管理，经各市医药局年检，省医药局抽查，为全省1239个经营企业和44个专项经营单位换发了新的医疗器械经营许可证，为今后规范管理，提高整体素质奠定了良好的基础，国家医药局对此给予了高度评价，认为河北是全国管理力度最大、措施最好的省份。

四是加强物价、财务管理。会同物价等管理部门修改完善了药品价格改革方案，针对药品价格改革中的突出问题，积极向省政府反映，并得到省政府大力支持，把药品价格改革对医药工商企业的影响减少到最低限度。

五是加强医药储备金管理。1997年，在省政府大力支持和相关部门积极配合下，经过省医药局坚持不懈的努力，全省1000万医药储备金已到位，投入储备，在张北、尚义抗震救灾中发挥了重要作用，并制定相关的管理制度，规范了医药储备金的管理。1997年，省医药局对全行业有关执法人员进行了一次强化培训，对化验工实行了上岗考试，继续开展执行药师的培训工作。

加强精神文明建设　一是行业精神文明建设成果喜人。1997年，以想民、爱民、为民为宗旨，以优质、优价和优良服务为主要内容的“百厂千店创三优”活动继续在全行业开展，此项活动赢得了广大人民群众的信任，取得了良好的社会效益。在全省已有84家医药工商企业成为首批“三优”企业的基础上，经各市医药局初选上报，省医药局又评选出第二批“三优”企业68个。“创三优”活动增强了企业质量第一的意识，树立了良好的社会形象。在首批“三优”企业中，石家庄乐仁堂药店荣获“全国文明示范药店”称号，成为全国20家示范店之一；1997年年初，在国家医药局召开的“双先”表彰会上，河北省医药行业有4个先进集体和4名先进个人受到表彰；1996年全国17家GSP达标企业中河北省就有2家，1997年又有2家医药批发企业、1家零售企业的GSP达标工作通过国家级验收。为了让老百姓吃上放心药，在全省医药零售企业悬挂“绿十字”统一标志活动也正在积极推进之中。

二是省、市医药局机关采取多种形势，积极开展创建“三讲”文明机关活动，两个文明建设取得可喜成绩，机关干部职工讲学习、讲政治、讲正气已蔚然成风。

山　西　省

概述　1997年，山西省医药行业的广大干部职工，在中共山西省委、山西省政府的领导下，以香港回归和党的十五大胜利召开为契机，紧紧围绕全省经济工作重点和国家医药管理局对全国医药行业工作的总体安排，不断引深医药企业改革，大力推进医药结构调整，努力创建文明行业，较好地完成了1997年的重点任务。

一、以经济建设为中心，着力培养新的经济增长点，确保山西医药经济的持续发展。经过努力，1997年山西医药经济运行总体平稳，主要经济指标均实现了适度增长，直属工业企业尽管面临许多困难，但经过引深改革，推动联合和转机建制，开始出现了新的变化。1997年，山西医药工业总产值完成153166万元，比1996年增长20.33%，其中省直企业完成32517万元，比1996年增长6.3%；医药工业销售产值完成127105万元，比1996年增长16.95%，其中省直企业完成26335万元，比1996年略有增长；医药商品总销售完成17000万元，比1996年增长8.8%；全省医药工业经济效益有所回升，亏损面、亏损额控制在指标之内，医药商业利税达到了5400万元，连续三年保持了销售、利税同步增长。

二、以调整经济结构为主线，加大改革、改制、改组力度，为实现医药国有大中型企业三年走出困境目标做出了大量基础准备工作。

——实现兼并与被兼并。1997年10月，山西省医药总公司与山西省医药物资供销公司联合兼并了太谷药用玻璃厂，不仅增强了行业配套生产能力，而且低成本扩张资产5000万元；经山西省政府批准，山西省太原制药厂认真落实1997年国家鼓励兼并计划，正式与华北制药集团达成兼并联合协议，采用划转资产，承担债务和注入资金的方式，以求整体救活企业。这一举措在全国医药行业引起较大反响，符合“联大靠强”和鼓励兼并的产业政策，得到了国家医药管理局的支持。

——加快企业改制步伐。1997年，按照山西省医药总公司的统一安排部署，省属医药工商企业在企业改制上有了新的进展。大同第二制药厂、山西中药厂、新绛中药厂先后整体改制为山西云岗药业有限公司、山西广誉远中药有限公司、山西双人药业有限公司。忻州药材公司、忻州医药公司、吕梁医药药材公司、太原医药药材公司和山西省药材公司等完成了改制论证和清产核资工作，力争年底前办理完毕改制手续。

——减人增效，推动职工再就业工作。为加强对山西医药系统职工再就业工作的领导，山西省医药总公司成立了职工再就业工作领导组和再就业培训中心。省直医药工商企业中，到1997年底，已有16个单位建立了再就业服务中心。太原卫生材料厂积极稳妥地进行企业内部改革，按照减员增效的原则，积极稳妥地做好职工下岗和分流工作，分流职工（含内部退养职工）占到全厂职工总数的57%。其它企业在职工下岗分流上，做了许多准备工作。太原医药药材公司、临汾医药药材公司、晋城医药药材公司积极开展多种经营，妥善安置富余人员，增加了收入，稳定了职工队伍。

三、以壮大行业经济为目标，多形式、多渠道、多手段全面加强行业管理。根据山西医药面临的形势和任务，为进一步加强医药政策引导和医药信息沟通工作，山西省医药行业协会于1997年4月8日正式成立；为扩大对外交流与合作，山西省医药总公司成立了山西省医药对外交流服务中心，同时成立了山西贸促会医药分会；经过努力争取，山西省人民政府于1997年12月1日正式授予全省医药管理单位行政执法资格，全省第一批医药行政执法人员经过培训后持证上岗；根据《执业药师资格制度暂行规定》，山西省医药总公司完成了执业药师注册认证工作，同时首次在医药职工中实行“双证”制度（培训证或毕业证和技术等级证书制度）；为强化基础管理工作，山西省医药总公司狠抓了所属工商企业《医药工业生产质量管理规范》（简称GMP）和《医药商业经营质量管理规范》（简称GSP）达标工作。按照GMP和GSP规定的标准，各企业做了大量工作。在自查的基础上，经过申报和国家医药管理局检查验收，山西省医药公司、临汾医药药材公司、朔州医药药材公司成为山西省首批GSP达标企业，山西博康药业有限公司、山西晋新制药总厂、大同第二制药厂粉针剂车间GMP达标。山西省医药总公司按照国家医药管理局的要求，1997年在全省4000余家药品国有零售企业统一悬挂了“绿十字”标志，在近1000家企业悬挂了山西医药行业标志，进一步规范了医药经营秩序。1997年，山西医药科研和教育工作面向适应医药经济发展的需要，取得了新的进展。全省医药行业有5个项目进入1997年国家经贸委中西部优势工程计划，总投资达10770万元，完成“双加”工程省内配套资金1300万元。在山西省有关部门和国家中医药管理局的大力支持下，山西省医药总公司在五寨县和隰县建起万亩中药材生产基地，1997年取得了显著的经济效益。

四、大力宣传和推广临汾地区医药管理局创建精神文明的成功经验，大树医药行业新风。近几年来，临汾地区医药管理局的精神文明创建活动，不仅取得了丰硕的成果，而且创造了成功的经验，受到临汾地区、山西省有关部门的表彰，引起了全省乃至全国医药行业的关注。1997 年 7 月初，山西省医药总公司在临汾召开现场会议，学习和推广临汾地区医药管理局的经验，决定在全省医药系统开展向临汾医药人学习的活动，要求全体干部职工努力做到“五要五树”(要环境卫生、树文明窗口；要规范经营、树职业道德；要实现目标、树敬业精神；要组织纪律、树廉政新风；要稳定团结、树全局观念)。会后，一个创建医药行业精神文明的活动在山西医药系统广泛展开，涌现出许多先进集体和先进个人，受到省和地市各级有关部门和国家医药管理局的表彰奖励。

总之，1997 年山西医药工作在面临许多困难的情况下，经过全行业广大干部职工的共同努力，取得了新的成绩和新的进展。但是全省医药经济结构调整、企业改制改组、医药市场的规范与整顿、重点工业企业的“解困”以及职工下岗分流和再就业工作任务还非常艰巨。山西省医药总公司将在 1998 年全面贯彻党的十五大精神，继续推进“两个根本性转变”，紧紧围绕医药经济结构调整这一中心，引深企业改革，增强竞争能力，稳中求进，稳中求快，促进山西医药工作的协调发展。

（赵玉莲　龚晋文）

胡富国、孙文盛到太原制药厂和山西省医药总公司进行专题调研　1997 年 12 月 4 日上午，中共山西省委书记胡富国和山西省政府省长孙文盛，带领有关部门领导到太原制药厂和山西省医药总公司，就如何搞好山西医药企业进行了专题调研。

胡书记、孙省长在山西省医药总公司听取了总公司王芷芳经理关于全省医药行业深入贯彻党的十五大精神，深化医药企业改革的情况汇报。胡书记指出，在医药这条战线，要着力抓好三项重点工作，一是要卸掉沉重的历史包袱，二是要注意发挥山西的中药材优势，三是要重点抓好太原制药厂和大同制药厂，这样长期抓下去，医药行业就会成为山西的支柱产业，就能为山西三年实现“三个基本目标”做出新贡献。

孙文盛省长对山西医药行业的发展提出了希望。当了解到当前医药行业存在的一些困难时，书记、省长当场指示有关部门，要求解决好山西医用电子仪器厂的产权归属和医药商业企业的库存包袱消化问题。　（赵玉莲）

隰县实施万亩中药材产业化开发　1997 年，山西省隰县医药药材公司充分利用本地的土地资源和劳动力资源优势，建起了万亩中药材生产基地，初步形成了中药材“市场牵龙头，龙头带基地，基地连农户”的产业化开发格局。

隰县地处晋西南边陲，全县荒山面积达 90 多万亩，人均近 30 亩，全县总人口 9.8 万，其中三分之二为农业人口，在一些人口相对比较集中的村镇，都有大量富余劳动力。土地资源丰富和富余劳力多，构成了隰县中药材产业化开发的基本条件。

隰县医药药材公司在实施中药材产业化开发过程中，不仅注重开发的形式和手段，而且注重开发的服务措施和管理机制，因而收到了显著的经济效益和社会效益。在中药材产业化开发的具体形式上，他们把农户作为最基础的生产经营单位，把土地的承包权、使用权逐渐集中，进行适度规模经营。县公司和全县 13 个乡镇、129 个村委、1 万多户农民以及外省、区、县的

280多户农民签定了种植合同，合同写明了各自所应承担的责任和义务，并且全部通过县经营管理局、县司法公证处见证、公证。

在中药材产业开发的科技手段上，隰县医药药材公司1997年共使用旋耕机、拖拉机100余辆，机耕深翻土地2万亩；在收割时使用农用三轮车200辆，农用工具车50辆。还对每亩地投入磷肥50公斤，碳肥50公斤。县公司通过请有关科技专业人员考察论证，总结出“细耕地、精管地；肥无块、肥要深、肥要匀；下种时、深一寸、下籽匀；行距90（公分）、株距70（公分）、亩千株”的种植要诀。去年一年，县公司对1.2万亩中药材面积共施化肥1800吨，使用种子1.2万公斤。他们还经常和县气象局保持联系，及时掌握每月气象情况，并将天气趋势预报打印下发到各作业点管理人员手中。

在中药材的服务措施上，隰县医药药材公司采取了一系列行之有效的办法，协调生产、加工、流通和资金供给各个环节，一是在流动资金严重不足的情况下，通过向公司职工筹资、向银行贷款、向社会拆借等，全年共筹措资金200余万元，全部用于万亩中药材开发；二是在药材种植结束后，公司聘请了一名懂机械加工的技术员，由县公司一名副经理带队，到天津、北京、青岛等地，对火麻仁的深加工技术进行考察，同一些厂家初步达成合作意向，以“药变油”提高效益，生产绿色精炼植物油；三是建立了中药材开发研究中心，负责收集市场信息和资源调查的产业论证，为政府决策提供咨询；四是建立了过硬的服务中心，每个乡镇配备1到2名专职技术人员和兼职技术员，负责中药材产业开发过程中的技术工作。

在中药材产业开发的管理机制上，隰县医药药材公司制定了一整套办法，严格管理，奖优罚劣。一是明确万亩中药材生产基地由公司经理总负责，一名副经理主抓，从公司分流出24名职工，每人负责500亩的种植任务，公司每亩地出80元劳务费，种植中涉及到劳力、畜力和农机等方面的问题，农户解决不了的，由管理人员协调处理；二是在中药材的播种、田间管理和采收三个重要环节，实行领导督查、公司督查室人员督查和乡镇公安人员督查相结合，共出动督查人员120多人、次，有效地防止了土地不实、化肥流失的现象；三是明确奖惩，完成合同任务的农户。每亩奖励5元，完不成的由农户自已承担亏损，管理人员也要负连带责任。

隰县医药药材公司在中药材产业化开发上采取的一系列措施，有效地推动和促进了中药材基地的建设，收到了显著的经济效益和社会效益。1997年，1.2万亩中药材产出60万公斤，产值300万元，获净利100万元。同时，中药材产业化开发还广泛吸收了农村闲散劳力和城镇下岗职工及待业青年，为全县的扶贫开发和小康建设开辟了新途径。如冯家乡辛庄村80多口人，通过劳务输出和土地承包人均获利2000元，18户农户有11户收入超万元。

（赵玉莲）

全国政协医药考察组对山西医药工作进行考察　1997年5月29日，由全国政协委员、原国家医药管理局副局长刘永纲率领的全国政协考察小组一行6人，在山西省政协副主席秦国栋和山西省医药总公司党政领导的陪同下，对一些重点医药单位进行了参观考察。

考察组考察了山西省医药公司的商业运行情况后，对该公司的各项工作表示满意。在随后召开的座谈会上，山西省医药总公司王芷芳经理向考察组汇报了近几年来山西医药市场整顿、医药经济结构调整等方面的情况。在观看完临汾地区医药管理局制作的医药市场整顿专题录像片后，刘永纲同志代表考察组做了总结发言。他说，山西医药行业在贯彻落实全国卫生工作会议、全国医药管理局长会议和全国中医药厅局长工作会议精神上，结合本省的实际情况做了大量工作。首先在药品管理上，狠抓典型，推动了全省工作，为全国树立了榜样。临汾是一方净土，山西从人力、财力和时间上，为净化医药市场，打击各类违法行为付出了代价，并顶住了各方非议，取得了很大成绩，其次，在进一步规范市场和加强药品供应，让人民群众吃上放心药上，山西也先走了一步，创出了经验，如垣曲县医药分业、汾阳县医卫合作等，山西在这方面为全国做出了贡献。第三，山西在整顿医药市场和巩固整顿成果方面做了许多工作，这些都是和国家的要求相符合的，值得各地认真学习和借鉴。

（赵玉莲）

山西省医药总公司跨行业兼并太谷药用玻璃厂　1997年10月8日，山西省医药总公司兼并太谷药用玻璃厂签字仪式在山西省太谷县举行。

太谷药用玻璃厂是利用日本黑字还流贷款200万美元和省地财政、计委、经贸委、建设银行等部门总投资4000万元扩建而成，年产玻璃管5000吨、曲颈易折安瓿10亿支、西林瓿5000万支、口服液瓿5000万支，为华北地区规模最大的一家医药专业制瓶厂。近几年来，由于该厂在市场经济的新形势下，没有稳定的营销渠道，加之扩建和改造耗资巨大，流动资金严重匮乏，企业陷入欲购无款、欲产无料、欲销无路的被动局面，生产经营难以为继。山西省医药总公司对该厂实行跨行业、跨地区兼并后，将进行资产重组，实现优势互补，纳入山西省医药物资供销公司管理，发挥山西医药行业主渠道的优势，促进医用玻璃产品尽早适应医药市场变化。

山西省医药总公司兼并太谷药用玻璃厂后，将享受国家规定的一系列优惠政策，严格执行国家质量标准，加快技术改造，加大市场开发力度，盘活双方资产总量，促进新企业稳步运行。（赵玉莲）

张文周到临汾地区医药管理局检查工作

1997年4月23日，国家医药管理局副局长张文周，在山西省医药管理局副局长姚玮等的陪同下，来到以医药“打假”工作成绩显著而闻名全国的临汾地区医药管理局检查指导工作。

临汾地区医药管理局是全国医药行业的先进典型。近几年来，该局在山西省临汾地区开展了声势浩大的医药“打假”宣传活动，在保证人民群众吃上放心药的同时，坚持以服务农村用药为重点、全方位、有特色地实施了一系列诸如增设零售网点，定期按时送货上门等措施，提高了市场占有率，有效地杜绝了假劣药品流入市场，保护了农民的利益，较好地满足了农村经济发展的需要。张文周副局长在详细听取了临汾地区医药管理局局长崔惠民同志的工作情况汇报并观看了医药市场整顿纪录片和宣传版面后，称赞临汾医药“打假”工作搞得扎实、主动，有力度，有规模。他还为临汾医药局题词“为人民保健康，大无畏除公害”。张文周副局长勉励临汾医药局要继续密切配合当地政府与有关部门合力“打假”，为人民群众安全用药再立新功。

（赵玉莲）

山西博康药业有限公司启步运转　山西省医药行业乃至全省较大的引资项目—山西博康药业有限公司，1997年初正式投产运行，步入良性发展轨道。

山西博康药业有限公司是太原制药厂

与香港中企基金投资管理有限公司的合资合作项目，于1996年10月7日正式成立。经过申报《药品生产企业合格证》、《药品生产企业许可证》和药品生产批准文号，资产转移和清理、人员招聘、定岗动员、税务登记和设备检修等一系列准备工作，1997年初正式投产运行。公司注册资本总额为2322万美元，员工855人，有6个生产车间、1个辅助车间和6个管理部室。

山西博康药业有限公司正式运行后，在生产、经营和内部管理上，做了新的探索。在产品方面，他们加大技术投入力度，改进老产品和开发新产品并重，继续生产“太原”牌半合成抗生素制剂产品。为了克服抗生素耐药菌的出现，公司又推出了一系列“广谱”、“耐酶”和酶抑制剂品种，如爱罗苏注射剂、第三代头孢类抗菌素安迪芬，最新的酶抑制剂舒巴坦纳，最新的口服剂头孢羟氨苄胶囊等。在经营方面，先后招聘了50余名销售人员，经过培训后分赴各地开展工作，很快在西南、西北和华北、华中、华南四大区建立了十几个销售部（点），公司的产品销售看好。在内部管理上，公司建立了一整套严格的管理制度，工作标准和标准化工作程序。公司人员实行聘任制，工资实行岗动薪动，以岗定级的动态岗位工资制。（赵玉莲）

大同第二制药厂改制为山西云岗药业有限公司 1997年6月26日，山西省企业改革领导组正式批准大同第二制药厂改制为山西云岗药业有限公司。

大同第二制药厂是以医药制剂为主要产品的国有中型企业，成立于1982年，现有职工1300余名。建厂以来，为山西医药事业的发展和国家经济建设做出了积极的贡献，资产总额达到1.4亿元。近几年来，该厂引资工作成绩显著，先后成立了两个合资公司，经济效益明显。1996年，包括合资公司在内，大同第二制厂生产总值达到8000万元，实现利税达100万元。为进一步适应市场经济要求，加速实现“两个根本性转变”，山西省医药总公司1997年初确定该厂为医药系统首批建立现代企业制度试点企业。经过一段时间的试验操作运行，各项准备工作就绪，实行公司化改组的条件基本成熟，山西省企业改革领导组批准了该厂的实施方案。

大同第二制厂改制为山西云岗药业有限公司后，由山西省医药总公司行使国家股投资主体职能，并把省级“拨改贷”转为资本金，由山西省计划委员会经济建设投资公司持有。（赵玉莲）

全国医药行业安全生产工作会议在太原召开 1997年9月12日至16日，国家医药管理局在太原召开了全国医药行业安全生产工作会议，全国各省市（区）医药管理局和全国医药行业100多个工业企业的150余名代表参加了会议。

在12日上午召开的开幕大会上，国家医药管理局副局长戴庆骏做了重要讲话。山西省政府副秘书长刘作舟出席了会议，并代表山西省委、省政府和山西省经贸委向大会表示祝贺。山西省医药总公司王芷芳经理也在会上讲了话。

这次会议认真总结了“八五”以来全国医药行业安全管理工作的基本情况，对所面临的严峻形势进行了具体分析。与会代表在认真交流安全管理成果和先进经验的基础上，一致感到在新形势下，安全工作在由传统管理向综合管理的转变中，必须注重以下几点：一是必须充分认识加强医药安全生产管理迫在眉睫；二是必须加强对安全管理的领导，即必须建立或补充完善企业法人代表的安全管理目标责任制，全面落实国务院关于“在机构改革和企业转变经营机制过程中，对安全生产工作只能加强，不能削弱”的要求，建立完善高效的安全管理机构；三是必须扎扎实实抓好安全管理的基础工作，抓好安全管理队伍建设和建立严格的管理制度；四是加强生产现场管理，加大安全检查力度；五是大力推广应用《医药工业企业安全性评价通则》，力争用三年时间，在大型医药企业特别是原料药厂，都能全厂性的应用，并有明显效果，中型企业要在重点车间试点应用。

这次会议对全国医药行业涌现出的安全生产管理先进企业和先进工作者进行了表彰。山东新华药厂、东北制药总厂、华北制药厂等企业还将《医药工业企业安全性评价通则》的成果，以论文形式在会上进行了交流。

会议期间，国家医药管理局副局长戴庆骏，在山西省医药总公司王芷芳经理的陪同下，考察了山西安特制药有限公司、临汾医药药材公司、芮城制药厂等医药工商企业。（赵玉莲）

山西省医药行业协会成立 1997年4月8日，山西省医药行业协会成立大会在太原召开。山西医药行业有关工商企业的60余名代表参加了会议。会议审议并通过了《山西省医药行业协会章程》、《山西省医药行业协会第一届理事会名单》和《山西省医药行业协会行规公约》。会议选举山西省人民政府副省长彭致圭为名誉会长，选举山西省医药总公司经理王芷芳为会长，选举山西省医药总公司副经理姚玮、韩敬和经理助理崔惠民、王卫东为副会长。王芷芳会长在会上作了题为《发挥行业协会作用，振兴山西医药经济》的讲话，对现阶段山西省行业协会的主要任务进行了安排部署。王芷芳会长还向协会聘任的顾问、法律顾问和律师颁发了证书。

山西省医药行业协会成立后，将主要致力于医药行业管理及科学研究，为各级医药管理部门提供信息咨询和决策参谋，协助山西省医药行业管理办公室完成规划、协调、监督、服务的职能。

（赵玉莲）

山西省初步遏制药品购销中收受回扣行为

1997年11月6日至8日，国务院药品回扣专项整治检查组深入山西太原、晋中和阳泉等地检查指导工作，对山西省药品回扣专项整治工作所取得的成绩给予充分肯定。检查组认为，山西执法部门领导高度重视，部门密切协作，群众积极参与，成效非常明显，初步遏制了在药品购销中收受回扣的行为，整治工作步入了全国先进省（市）行列。

中共山西省委常委、常务副省长、山西省药品购销专项检查协调领导组组长刘振华会见了检查组全体同志，并汇报了整治工作情况。按照国务院办公厅[1996]14号文件和国家工商行政管理局公字[1996]127号文件精神，山西省各有关部门密切配合，对发现的药品回扣及制售伪劣药品方面的案件，依法进行了查处。全省139家药品生产企业，1416家药品经营单位，11170家医疗机构、社会办医和个体行业网点进行了自查自纠，共自查出给付、收受回扣4440万元。有关执法机关重点进驻325个生产，经营单位和医疗单位进行检查，对发现的药品回扣违法行为，工商机关立案查处133件，结案154件，收缴罚没款100.7万元；同时查获销售假冒伪劣药品22种，共立案查处销售假冒伪劣药品案件110件，没收伪劣药品标值60.09万元；查处无证和证照不全的药品经营户388户，取缔无照经营户169户，吊销营业执照36户，收缴罚没款14.91万元。山西省检察机关收到举报、投诉40件，其中立案3件，结案3件，涉及违法金额7.6万元，追究刑事责任12人，纪检、监察部门收到举报、投诉99件，共立案查处247件，涉及违纪金额320.57万元，涉及违纪人员269人，其中受到党纪处分18人，政纪处分21人，移送司法机关1件、1人，收缴罚没款16.7万元。卫生行政管理部门查处制售伪劣药品案件405件，查处无证经营800户，取缔800，停业整顿134家，吊销《药品经营企业许可证》17家，没收伪劣药标值349.3万元，收缴罚没款268.1万元。

（赵玉莲）

山西国有药品零售企业统一悬挂“绿十字”标志 根据国家医药管理局的要求，从1997年6月3日太原医药药材公司乐仁堂药店、顺天立药店等药品零售企业首批悬挂“绿十字”标志，到年底，山西共有4000余家国有药品零售企业统一悬挂了“绿十字”标志。

国有药品零售企业悬挂统一的“绿十字”标志，是医药市场治理整顿的主要方面，是国家对药品零售企业实施行业管理的重要手段，是药品零售企业规范经营的显著标志，是方便人民群众购药，公开接受社会监督的重要措施。“绿十字”标志由山西省医药总公司统一制作，并建立了严格的申领审批制度和发放程序。凡持有《药品经营合格证》、《药品经营许可证》和《营业执照》，并且符合《药品管理法》，《医药商品质量管理规范》、《中药商品质量管理规范》、《饮片质量管理办法》、《药品零售企业服务规范》等规范和办法要求的药品零售企业，方可申领悬挂“绿十字”标志。山西4000余家国有药品零售企业都是经过认真考核和严格验收，被批准悬挂“绿十字”标志的。 （赵玉莲）

太原药品采购供应站获集体特等功 1997年“五一”前夕，山西省劳动竞赛委员会为山西省医药公司太原药品采购供应站荣记集体特等功。

山西省医药公司太原药品采购供应站是山西省成立最早的国有药品专营企业。近几年来，通过改革企业内部分配制度，转变经营机制，实行总经销和总代理，该站逐步走上了集约化规模经营之路，建立了遍及山西全省的营销网络，扩大了市场占有率。这个站还通过强化企业内部管理，建立现代化营销手段，加强职工培训教育等一系列措施，内强素质，外塑形象，使精神文明建设和物质文明建设都取得了显著成绩。

从1993年至1996年，太原药品采购供应站的销售总额、上缴利润、人均劳效和人均创利税额连续四年在山西医药行业名列前茅。1996年比1992年销售额翻了两番，达到1007万元；上缴利税翻了两番，达到460万元，销售额和上缴利税占到山西省医药公司所属18个经营单位销售和上缴利税总额的50%以上。1996年，太原药品采购供应站人均劳效超过100万元，人均创利税近5万元。 （赵玉莲）

4种省级医药名牌产品，6种省级优质产品评出 由山西省经贸委组织的1996年山西省级名优产品评选结果于1997年5月中旬揭晓。山西省医药行业有4种产品被评为名牌产品，6种产品被评为优质产品。评为名牌产品的6种产品是：由山西桂龙医药有限公司生产的桂龙牌桂龙咳喘宁胶囊，由长治太行制药厂生产的漳河牌清开灵注射液；由山西安特制药有限公司生产的安特牌果胶铋胶囊；由山西康宝生物制品股份有限公司生产的晋康牌脑复素注射液。评为优质产品的6种产品是：由山西晋新制药厂生产的晋新牌安痛定注射液；由侯马中药厂生产的紫金山牌脑立清丸；由侯马平阳制药厂生产的平阳牌庆大霉素注射液；由山西津华药业有限公司生产的禹门牌盐酸环丙沙星片；由华康药业股份有限公司生产的华青牌养血生发胶囊；由大同星火制药厂生产的华星牌肺宝三效片。（赵玉莲）

医药商业25家企业获“山西省消费者信得过单位”称号 1997年6月18日，山西省消费者协会公布了经省、地、市和县消费者协会组织考核、评议和推荐，省消协评选和审定后获“山西省消费者信得过单位”称号的单位，其中有25家医药商业企业获此荣誉。这25家医药商业企业是：山西省医药公司太原采购供应站、山西省医药公司医疗器械技术服务部、朔州医药药材公司、忻州地区医药公司、忻州地区药材公司批发部、临汾地区医药药材公司、朔州市平鲁区医药药材公司、盂县医药药材公司、沁县医药药材公司、静乐县医药药材公司、河曲县医药药材公司、保德县医药药材公司、偏关县医药药材公司、文水县医药药材公司、灵石县医药药材公司、临县医药药材公司、曲沃县医药药材公司、浮山县医药药材公司、吉县医药药材公司、汾西县医药药材公司、霍州市医药药材公司、翼城县医药药材公司、安泽县医药药材公司、大同医药公司平城药店、晋城市康乐药店。（赵玉莲）

任武贤荣获全国“五一”劳动奖章 1997年“五一”前夕，山西亚宝药业（集团）股份有限公司董事长任武贤荣获全国“五一”劳动奖章。

任武贤1991年担任山西省芮城制药厂厂长，上任不到一年，使一个亏损严重、濒临倒闭的企业起死回生，当年实现利税100万元。在以后的6年中，他大胆改革，科学管理，依靠科技开发新产品，不断调整产品结构，加强广告宣传，提高产品质量，先后开发了宝宝一贴灵、亚宝炎痛等一系列国内独创产品，使企业产值由1100万元、利税100万元猛增到1996年的产值1.05亿元，利税1300万元，经济效益在山西医药工业企业中名列前茅，成为山西省运城地区的明星企业和优势企业。从1996年6月开始，芮城制药厂先后兼并、收购了芮城县云河制药厂、芮城县外贸公司、芮城县植物提取厂，组建了山西亚宝药业（集团）股份有限公司。集团运行后，1997年1至4月完成产值4400万元，实现利税600万元，经济效益在山西医药行业处于领先地位。（赵玉莲）

赵书槐获“山西省杰出青年企业家”称号

1997年5月，共青团山西省委、山西省经济贸易委员会、山西省体制改革委员会联合开展的山西省第九届“杰出青年企业家”和“优秀青年厂长（经理）”评选活动评选结果揭晓，全省共有20人被评选为“杰出青年企业家”，72人被评为“优秀青年厂长（经理）”。山西省忻州地区医药管理局局长、地区药材公司经理赵书槐同志被授予“山西省杰出青年企业家”荣誉称号。

赵书槐同志1995年任职以来，团结和带领全体干部职工，锐意改革，大胆开拓，先后在医药市场整顿、规范药品零售连锁、改善药品市场供应、满足人民群众用药安全有效上做出了显著成绩。忻州地区药材公司1996年和1997年连续两年完成和超额完成各项经济指标，在山西医药商业企业排名第一。（赵玉莲）

内蒙古自治区

概况 1997年内蒙古自治区医药工商企业共有1700余户，其中工业企业81户，商业企业1620户。在职人员约3万多人。

1997年医药工业企业完成工业产值55607万元(1990年不变价);完成工业销售产值61939万元，产销率为94．2%。中成药产量全年完成3757吨，比1996年有较大幅度的增长。1997年，全区医药商业企业全年累计购进60169万元，全年累计销售84346万元。全年经济运行呈现如下特点：

调整产品结构的力度有所加强。面对激烈的市场竞争，医药生产企业普遍进行了产品结构的调整。一方面加大了适销对路产品的生产，停止或压缩了成本高、利润低、市场销售不畅的产品生产；另一方面开发和研制新产品，培育和发展名牌产品的生产与销售，形成新的经济增长点。

销售形势好于生产发展。由于各企业不断调整经营战略，促使生产经营面向市场，企业的营销工作进一步加强。1997年销售增长比生产增长高出4．6个百分点。

制剂生产好于原料药生产。受出口影响，1997年化学原料药出口量下降，从而影响了化学原料药生产的正常进行。相反制剂却因其有服用、携带方便等优点，被消费者看好，产销量均有增长。

存在的问题也不容忽视：

产品结构性矛盾突出。自治区医药产品结构呈现出“两多两少”的特点：老产品多、大路品种多；新产品少、名牌产品少。产品结构调整工作仍需进一步加强。

医药市场较为混乱。突出地表现为无证或证照不全经营的现象严重，各种渠道、各类企业处于无序竞争状态，人民群众的生命安危难以得到应有的保障，诸如回扣等各种不正之风屡禁不止。

企业经营状况不佳。由于资金紧缺，再加上企业在经营机制、产品结构、内部管理、市场营销等方面还存在种种不适应市场经济的症结，企业的经营状况没有根本好转，进而影响了企业经济效益的提高。

医药管理体制改革 1997年2月20日，内蒙古自治区党委113次常委会做出改革内蒙古自治区医药管理体制的决定，即“撤销内蒙古医药总公司，保留内蒙古自治区医药管理局，医药总公司所属企业全部下放所在盟市、旗县管理”。为了贯彻落实自治区党委113次常委会议纪要精神，内蒙古自治区副主席沈淑济、周维德主持召开主席办公会议，研究讨论医药管理体制改革的具体事宜。组成由自治区体改委牵头，经贸委、编办、财政厅、人事厅、劳动厅、审计厅、国资局、医药总公司参加的“医药管理体制改革工作小组”(以下简称工作小组)，具体研究制定医药管理体制改革方案。经过各部门的共同努力，在反复研究、修改并征求各盟市意见的基础上，5月5日工作小组将《内蒙古医药化工（集团）总公司管理体制改革工作方案》正式上报自治区政府。并在充分调查研究的基础上，提出了“关于先行下放呼和浩特、赤峰两市区直医药企业的实施意见”。11月4日，自治区党委书记刘明祖主持召开内蒙古自治区第六届党委第155次常委会议，会议同意将呼和浩特、赤峰两市区直医药企业先行下放。并要求积极创造条件于1998年一季度前后将其余各盟市区直医药企业下放完毕。待企业全部下放后，撤销内蒙古医药化工（集团）总公司，保留内蒙古医药管理局。内蒙古自治区政府于11月15日正式批转“自治区体改委关于先行下放呼和浩特、赤峰两市区直医药企业的实施意见”。内蒙古医药总公司贯彻落实内蒙古自治区党委政府的决定精神，积极主动与各盟市联系接触，于1997年11月18日首批将呼和浩特医药分公司、呼和浩特制药厂、大唐药业有限公司三户驻呼区直医药企业下放呼市政府管理，并于1997年年底前将赤峰、哲盟、全区医药工作会议，总结1996年工作，安排部署1997年工作。

2　　月

4日，卫生部、国家医药管理局同意将呼和浩特医药采购供应站、赤峰医药集团公司确定为内蒙古自治区麻醉药品供应中转站。

20日，内蒙古自治区党委召开六届党委第113次常委会议。会议对内蒙古自治区医药管理体制改革做出决定："撤销内蒙古医药总公司，保留内蒙古自治区医药管理局，医药总公司所属企业全部下放所在盟市、旗县管理。"

26日，内蒙古医药化工（集团）总公司为进一步加强对全区医药企业改革工作的领导，成立了"医药企业改革协调领导小组"，抽调人员组成五个工作小组深入基层，帮助企业协调和解决改革中遇到的困难和问题。

3　　月

2日，内蒙古自治区医药管理局印发《内蒙古自治区中蒙药材"九五"计划和2010年长远规划》。

20日，内蒙古自治区副主席沈淑济、周维德主持召开主席办公会议，研究自治区医药管理体制改革的相关问题。

4　　月

内蒙古通辽制药总厂经过四年研制并取得国家卫生部三类新药证书的新型感冒药氨酚啡林（商品名：菲斯特）正式批量生产。

5　　月

9日，为了严格对麻黄素的管理，内蒙古自治区医药管理局发出"进一步加强麻黄素管理的通知"。

6　　月

2日，内蒙古自治区副主席包文发主持召开主席办公会议，专题研究关闭和转营赤峰牛营子和包头敕勒川中药材市场的问题。

8日，内蒙古自治区政府常务副主席王占主持召开政府常务会议。会议指出要继续抓紧内蒙古医药化工（集团）总公司所属企业的下放工作，企业下放要从促进企业资产重组出发，严格执行产权变更审批制度，要坚持成熟一批下放一批，成熟一个下放一个的原则。

29日至7月1日，内蒙古医药化工（集团）总公司召开全区医药工作汇报会，督查上半年医药工作，要求各级医药企业领导班子在体制改革期间，提高认识，统一思想，努力抓好下半年医药工作，确保全年各项经济指标的完成。

7　　月

15日，内蒙古自治区召开全区第二次整顿药品回扣违法行为工作电话会议，内蒙古自治区医药管理局局长刘显国在会上作了题为《加强管理、建章立制，继续推动全区整治药品回扣工作的深入》的讲话。

15日，全国企业兼并破产和职工再就业工作领导小组下发了1997年度《全国企业兼并破产和职工再就业工作计划》，内蒙古自治区吉兰泰盐化集团公司兼并呼和浩特制药厂被列入《计划》之中。

8　　月

17日，内蒙古自治区医药管理局印发《内蒙古自治区医药经济结构调整工作方案》，对内蒙古自治区医药经济结构的调整做出长期规划。

9　　月

22日，内蒙古医药化工（集团）总公司批复同意通辽制药厂总厂用固定资产6669万元抵偿哲盟工商银行贷款本息6669万元，抵贷后返租经营，以减轻企业债务负担。

10 月

13 日，内蒙古自治区政府副主席沈淑济主持召开主席办公会议，对《吉兰泰盐化集团公司兼并呼和浩特制药厂初步方案》进行了研究讨论。

11 月

4 日，内蒙古自治区党委书记刘明祖主持召开内蒙古自治区第六届党委第 155 次常委会议。会议通过了《关于先行下放呼和浩特、赤峰两市区直医药企业的实施意见》，同意将呼和浩特、赤峰两市的区直医药企业先行下放。并要求积极创造条件于 1998 年一季度前后将其余各盟市的区直医药企业下放完毕。待企业全部下放后，撤销自治区医药总公司，保留自治区医药管理局，认真行使行业管理职能，切实加强对医药市场的行业管理。

6 日，国家三局两部（国家中医药管理局、国家医药管理局、国家工商行政管理局、卫生部、监察部）派员赴内蒙古赤峰地区检查中药材专业市场。

15 日，内蒙古自治区人民政府以内政发（1997）133 号文件批转体改委《关于先行下放呼和浩特、赤峰两市区直医药企业的实施意见》。

18 日，内蒙古医药化工（集团）总公司与呼和浩特市政府举行企业下划交接仪式，将呼和浩特医药分公司、呼和浩特制药厂、内蒙古大唐药业有限公司驻呼三家区直医药企业做为首批下放企业正式下放呼和浩特市政府管理。

12 月

9 日，内蒙古自治区集宁制药厂粉针剂车间通过国家医药管理局粉针剂 GMP 达标验收，成为我区首家通过国家粉针剂 GMP 达标验收的制药车间。

10 日，由国家中医药管理局副局长任德权带队，国家三局两部（国家中医药管理局、国家医药管理局、国家工商行政管理局、卫生部、监察部）领导到内蒙古自治区检查中药材专业市场。自治区副主席包文发主持召开座谈会，就自治区中药材市场整顿情况进行了专题汇报。

18 日，内蒙古自治区赤峰制药厂、赤峰北方联合制药厂、赤峰医药分公司、赤峰丹龙中药制药有限责任公司正式联合组建成立赤峰药业集团公司。

26 日，内蒙古医药化工（集团）总公司批复同意扎兰屯医药站、扎兰屯制药厂分别以固定资产净值 519.3 万元、699.5 万元抵销银行贷款 500 万元、699.5 万元，以减轻企业债务负担。

28 日，内蒙古吉兰泰盐化集团公司兼并呼和浩特制药厂，并挂牌运行。

1997 年内蒙古自治区包头医药站质检科被国家医药管理局评为优秀质量管理小组。

1997 年内蒙古自治区甘旗卡制药厂被评为全国医药系统先进集体。赤峰制药厂党委书记杨良枢被评为全国医药系统劳动模范。

1997 年内蒙古自治区医药化工（集团）总公司干部魏荣宝被评为 1997 年度全区扶贫工作先进个人。

1997 年内蒙古医药化工（集团）总公司为包扶的兴和县白家营乡捐献衣物 3000 余件，价值 1 万多元，捐人民币 6130 元。投资 8 万元，打机井两眼，新修拦洪坝 500 米，架高压线 1050 米，低压线 200 米。

1997 年通辽制药厂被评为全国医药行业安全生产先进企业。

（徐天平）

辽 宁 省

综述 1997年全省医药行业实现工业总产50.47亿元，比上年下降8%；主要门类的化学工业完成产值38.68亿元，下降4.7%，工业销售产值29.38亿元，下降11%，产销率86.9%；全年销售总额25.54亿元，同比下降0.31%。全行业认真贯彻党的十五大精神，努力实现两个根本转变，坚持抓大放小，在医药经济结构调整，深化医药流通体制改革方面取得成效。沈阳抗生素厂等30户企业实行了托管、兼并和出售，重组资产达1.8亿元，鞍山第三制药厂等23户工商企业改制为规范的有限责任公司或股份有限公司；坚持科技兴药战略，建立了4户企业为技术创新示范点，企业技术中心2户，重大新产品10个，技术创新项目3个。“九五”高新技术产业化项目5个。九五期间组织的攻关项目“降纤酶”已获卫生部批准的生产企业12家。11种药品获省优秀新产品奖。行业精神文明建设深入展开，在零售药房推广“三承诺”服务，大连药房等2家药房被评为全国示范药店。东药总厂三车间等4个单位，大连医药集团公司总经理张成海等7人被授予全国医药系统、中医药系统先进集体和劳动模范（先进工作者）称号。

1997年全省医药商业购销稳定发展，六大类商品购进总额20.07亿元，比上年增长2.13%，其中中成药类增长较大，为4.75亿元，增长14.18%；中药材类下降较大，为8233万元，下降10.37%；药品类较平稳，为12.85亿元，下降0.38%。六大类商品销售总额25.54亿元，比上年下降0.31%，其中中药材类下降较大，为1.23亿元，下降12.14%；中成药类增长较大，为5.91亿元，增长9%；药品类仍较平稳，为16.22亿元，下降0.92%。期末库存7.67亿元，比上年下降了5.89%。在独立核算的302户医药商业企业中，有141户亏损，亏损面达46.69%，亏损额为763.2万元，比上年减亏1531万元。

全行业较突出的问题是名牌和规模产品少，流通市场秩序不规范，一部分企业管理滑坡，成本上升，直接影响经济效益。

（卢凤敏）

对外经贸及技术合作 1997年全省医药行业签订利用外资合同5项，协议投资总金额4530万美元，其中利用外资额2580万美元。到1997年末，全省医药工业有“三资”企业91户，总投资额为5.04亿美元，利用外资额2.52亿美元。医药“三资”企业当年完成产值16.7亿元，比上年下降2.3%，占全省当年医药工业总产值的比重为32.3%，当年实现利税2.5亿元，比上年增长42.9%。

1997年全省完成医药出口交货值9.95亿元，比上年下降20.4%，生产出口产品的企业28户，出口品种达70余种。其中化学原料药全年出口4911吨，比上年下降42%，占全省化学原料药总产量的36.5%；医疗器械出口交货值达到6.1亿元，比上年下降4.7%，占全省医药行业当年出口交货值的61.3%。

医药“三资”企业完成出口交货值7.0亿元，比上年下降9.1%，占“三资”企业当年销售产值的39.5%。（张秋实）

质量管理 落实国家医药局、中医药局和省政府关于整顿医药市场，规范经营秩序，努力塑造医药行业优良形象的布署，精心组织开展了全省范围内的创建“放心药店”活动，全年共分两批命名了185户医药企业为“放心药店”，在辽宁日报上予以公告并颁发"放心药店"牌匾，努力推动粉针剂GMP达标，采取举办培训班明确目标要求，讲解和经验交流明确做法，两批初验审查上报7户，全部获得批准；医药GSP达标取得突破。大连市医药集团公司和丹东市医药公司贯彻执行GSP获得检查验收通过，实现了全省医药商业GSP达标零的突破。另有沈阳天益堂药房和大连药房两个企业，在创建"放心药店"和国家文明窗口示范单位活动中，同时按零售企业GSP达标验收细则进行整改，取得显著成效，经检查验收和复查符合达标要求，也获得国家批准；开展群众性质量管理活动，评出省医药行业优秀成果26个，先进成果6个，推荐参加全国及省发布，获国家优秀QC成果1个，中国医药质量协会二等奖2个，三等奖3个，省质量协会二等奖2个，三等奖3个。(徐修田)

化学药品工业　　化学药品工业是辽宁医药行业的主导产业。1997年有工业企业127户，比上年减少9户，占全行业企业总数的54.7%；职工总数5.64万人，占全行业69.6%；固定资产原值45.07亿元，比上年增长34.6%，占全行业80.5%；全年工业总产值（不变价）38.68亿元，下降4.7%，占全行业75.7%；工业销售产值29.38亿元，下降11%，产销率86.9%，下降2个百分点；工业增加值9.49亿元，下降8.7%，占全行业75.7%，产品销售收入34.31亿元，比上年增长5.9%，占全行业72%；实现利税1.53亿元，增长1.3%，占全行业97.4%，利税大户大连辉瑞制药完成1.5亿元，占全行业的95.5%。具有亿元以上经济规模的企业有6户，东北制药总厂9.57亿元，大连辉瑞4.65亿元，朝阳制药厂2.47亿元，东北第六制药厂2.02亿元，沈阳第一制药厂2.2亿元，大连制药厂1.17亿元，6户企业共实现产值22.08亿元，占全行业的43.2%。单品种销售产值超亿元的有4个品种，大连辉瑞生产的先锋铋1.05亿元，洛活喜1.19亿元，东药生产的维生素C1.39亿元，磷霉素钠粉针1.71亿元。化学药品工业完成出口交货值3.5亿元，比上年下降39.4%，主要是受国际市场VC大战价格持续下跌的影响，全年VC出口量减少3300多吨。

（马文慧）

医疗器械工业　　1997年全省医疗器械工业有较大发展，坚持抓大放小，将沈阳、大连、鞍山、丹东、锦州列为重点地区，东大阿尔派、丹东海华公司等15家企业列为重点企业，将经X—CT机、血磁机、内窥镜等20个产品列为重点产品给予重点支持与扶植。据初步统计上述产品已占全省医疗器械生产规模的90%。全省完成工业总产值近8亿元，出口交货值6亿元，占全省医药行业出口交货值60%以上，实现历史的突破；实行医疗器械行政监督也有明显进展。全年审批企业17户，标准备案57份，注册产品27个，审查广告159则。一批高新技术产品进入市场，增加了产品、企业和行业的知名度，在国内外产生了良好影响。企业质量体系建设效果显著。培训ISO—9000—GB/T19000标准审查员40人。12家一次性产品许可证生产企业按年度计划全部通过质量体系考核。全年对沈阳、大连、鞍山等7家企业进行了监督检查，1户企业被停产，3户企业停产整顿，收缴许可证3个，行政罚款1.5万元。为使企业产品推向市场，试办医疗器械交易中心初见成效。省内外上百家企业参展，销售额达2000多万元，为企业创造了一个产品走向市场的窗口。　　（章占武）

医药商业　　1997年全省医药商业企业工作重点是深化医药流通体制改革，加强医药法制建设。在流通体制改革方面：从实际出发，因地制宜地采取了一些有效措施：大连医药集团在资本运营上实行贸工一体化和发展连锁经营，通过兼并联合组建企业集团；丹东通远堡医药公司实行股份合作制，为县级公司改组改制探索了一条新路；盖州市医药公司改变传统经营方式，实行开放式经营；进一步稳定和扩大了农村药品供应。全省医药商业企业由国有企业一统天下的状况开始打破，股份制、有限责任公司、股份合作制企业相继出现。医药企业经济效益较去年有所回升，并呈现出开始走出低谷的势态，全年全省实现企业重组，建立企业集团2个，医药商业零售实现连锁经营2个，药品批发企业改制为有限责任公司的11个。医药法制建设有了良好的开端进一步建立健全了全省医药行政执法体系，制定印发了《辽宁省医药行政执法证件暂行管理办法》，经辽宁省政府法制办审查确定，首批获得医药行政执法主体资格，经培训考核全省共有169名医药行政执法人员获省政府颁发的《辽宁省行政执法证》，为今后规范医药经营秩序，强化医药行政执法打下了良好的基础。

（金　钊）

大　连　市

概况　1997年，大连市医药行业共有医药工业企业76个。其中，制药厂（点）56个，医疗器械厂20个。纳入行业计划统计的医药企业30个，其中，全民所有制企业7个，集体所有制企业9个，外商投资企业11个。年末有职工8557人，有工程技术人员316人，占3.7%。固定资产原值95700万元，其中，生产经营用60300万元；净值66300万元。全市医药行业实现工业总产值130700万元（1990年不变价），与上年持平。现有国有医药商业企业19个，下设独立核算的医药批发经营单位64个，有医药零售门点393个（包括兼营柜台），委托经营单位覆盖到各区、（市）、县的乡镇。全市医药商业全年商品购进总额73100万元，比上年增长39.4%；销售总额为85900万元，增长28.4%。其中，纯销售额66000万元，增长17%；库存为19000万元，增长14.5%。

大连市医药管理局有直属工业企业7个（全民所有制制药企业4个，集体所有制制药企业2个，三资制药企业1个），共有职工4546人，工程技术人员115人，占2.5%。年末固定资产原值25400万元，其中，生产经营用于15900万元，净值16900万元。局直属医药商业企业10个，其中，市级公司4个，区（市）县级公司6个。共有职工2917人。

1997年，全市医药行业及市医药管理局所属医药工商企业生产、经营的主要特点：

1. 医药经济运行质量基本正常。全市医药行业实现工业总产值130700万元，其中，化学药品73600万元，与上年增长5%；医疗器械55400万元，下降12.6%；中成药6300万元，增长16.7%；卫生材料691万元，增长41.6%；药用包装材料1045万元，增长43.2%。产品销售率达105.3%，比上年提高6个百分点。局属工业企业实现工业总产值15000万元（1990年不变价），比上年下降75.7%；销售收入17500万元，下降74.3%；产品销售率为92.5%，下降0.5个百分点；实现工业增加值3300万元，与上年同期持平，工业增加值率17.65%；工业经济效益综合指数34.05%。局属企业总资金利税率为8.82%，降低2.36个百分点；成本费用利润率5.45%，降低0.85个百分点；流动资金周转率1.34次，减慢0.46次；增加值全员劳动生产率为30659元/人；资产负债率59.30%。产品销售率年末不合理资金占有11180万元，其中产成品存货占用1282万元，有亏损企业1个。

局属商业企业全年商品购进总额68000万元，比上年增长41.7%；销售总额80000万元，增长30%；库存18000万元，增长17.1%；销售收入65900万元，增长22.28%；实现利税2535万元，增长11.97%；实现利润467万元，同比下降25%。

2. 经济结构调整步伐加快。全市医药工业企业以改革为中心，在资产流动重组、产权制度改革和组织结构调整方面有了实质性进展。局属大连医药集团兼并了大连制药厂，资产总值由1996年的11900亿元，增加到1997年的86000万元，实现了国有医药工商企业资产优化组合和现代化企业制度机制的转换。大连药材集团大仁堂连锁店兼并了大连中药饮片厂，向科工贸一体化迈出了突破性的一步。系统外企业大连酿酒厂药用酒精车间被沈阳力威制药公司和大连三鼎集团兼并。大连天然药厂以股份制更名为大连宏康制药有限公司；大连金港制药有限公司后石分厂以股份制更名为大连天宇制药有限公司；大连红星石油化工厂药品凡士林车间转让给大连金益化工厂。大连制药厂移地搬迁改造前期工程已开始，新址已选完，环保评估已完成，一期工程设计已起步。

3. 实施外向牵动战略，利用外资成果显著。年初，市医药局制定了《大连市医药行业开办外商投资企业管理办法》，坚持积极、合理、有效利用的方针，加强对外商制药工业企业的引导和管理，做到互利互惠，长期合作，谋求共同发展。截止年末，全市有中外合资合作医药工业企业11个，年实现产值105700万元，占全市医药工业总产值的80.87%；全年实现出口交货值达68000万元。中美合资大连辉瑞制药有限公司已摆脱汇率逆差造成的损失，出现较好的赢利状况。大连欧姆龙医疗器械有限公司的出口交货值占全省医药产品出口的比重多达51.5%，三资企业已成为本市医药经济发展中的重要增长点。

4. 整顿秩序，开拓市场初见成效。遵照省政府《关于进一步整治药品回扣违法行为的通知》精神，市药品回扣专项治理领导小组加大对药品回扣整治工作的力度，在各工业企业自查整改的基础上进行抽查，使企业经营中违法回扣行为有所收敛。

依据国务院关于进一步加强药品管理工作的紧急通知、《辽宁省医药商业“九五”发展规划》和《大连市药品零售企业管理规定》，市医药局下发了“大连市申办药品零售企业审批办法”，修改出台了“九五”期间大连市医药商业发展规划，严格药品批发企业和零售药房的资格审批，控制总量，加大检查和整顿力度，在工商、卫生、技术监督等部门的支持配合下，全年查处或取缔无证、证照不全、出租转让证照等7个违法经营单位。

加强产品营销工作，努力开拓市场。被市政府列为20户市场营销工作重点检查单位的大连中药厂，采用与商家联营总经销的办法，扩大产品销售，仅伤科接骨片1个品种，销售回款额就达1200万元，给企业带来生机。大连制药厂开展“万元销售回款工资费用含量”活动，调动了广大销售人员的积极性。

5. 坚持科技兴药战略，推动产品质量提高。全年共确立新产品试制计划，新产品开发计划共3项，完成新产品鉴定1项。

被列为国家“双加”工程导向性计划的大连制药厂的罗红霉素的开发，年内完成工业化中试，该产品的原料药及片剂已完成投产鉴定，将成为企业发展的一个新的增长点。大连中药厂的小儿肺炎清颗粒完成临床前的各项试验，并开发了腰腿痛丸，除脂生发片和海洋神等新产品。

全市医药产品质量稳定提高，稳定率达100%，大连中药厂的伤科接骨片被评为市名牌产品。大连辉瑞制药有限公司成为中国第一个取得GMP认证的企业。大连医药集团耗资500万元用于内部改造，率先与全国47个商业批发公司达到GSP标准。大连药房首批与全国28个药品零售企业通过国家GSP标准验收。全市有大仁堂连锁店等61个零售企业获辽宁省“放心药房”称号，被授予绿十字标牌灯箱。大连医药集团药品公司还获得全国医药行业优秀QC小组称号。

6. 突出重点，保证农村用药。贯彻《中共中央、国务院关于卫生工作改革与发展的决定》精神，以农村药品供应为重点，适应农村药品市场的变化，保证广大农民用药安全、有效、方便、及时，各县(市)医药公司加快改革农村药品供应组织形式，在充分发挥国有医药商业主渠道作用的同时，市医药行业主管部门制定并实施相关的鼓励性政策，加快农村药品供应网络的建设。全市现有农村国有批发网点43个，其中，供销社17个，乡村零售点6个。

7. 优质服务，树立行业形象。各商业企业采用现代化的市场流通交易方式，提高医药市场流通的效率与效益。尤其是大连药房被誉为全国20家文明示范窗口药房，为大连医科大学建立起了“大学生社会实践基地”和“勤工俭学基地。”在全国第一个出资50万元为大连医科大学建立了“文明大学生奖励基金”。在全国医药流通体制改革与市场管理座谈会上，他们从企业经营各个环节，各个方面着实加强企业文化建设，树立全新形象，提高服务水平和经济效益的经验，受到全国医药行业同行的好评。大连药材集团公司职工张敬邦在全国中医药系统技能大赛中获得中药材鉴别项目第一名，中药知识测验和全能二项获第3名的好成绩。 (王云凤)

吉　林　省

概况　1997年吉林省医药行业职工97767人，专业技术人员10353人，占职工总数的10.53%。医药工业企业232户，其中化学制药企业占34%，中药制药企业占51%，医疗器械、制药机械、卫生材料、药用包装材料等企业占15%。固定资产原值33.87亿元，比1996年增加3.52亿元，增幅10.39%。医药商业批发企业300户，药品零售网点5000多户。

1997年，全省医药经济发展总量和运行质量取得了突破性成就，成为全省工业部门中发展最快的行业之一。

主要经济指标增幅较大。1997年，医药工业完成产值46亿元，实现利税9.38亿元，比1996年分别增长23.2%和74.48%；销售产值完成36.4亿元，产销率达84%；出口交货值达2.6亿元；资金利税率达10.07%，比1996年提高1.46个百分点。医药商业总销9.83亿元，实现利税4898万元，比1996年分别增长10.4%和40.9%。

医药经济结构得到进一步优化。全省医药行业以“97效益攻坚战”为契机，全力推进医药经济的组织结构、产品结构和所有制结构调整。组织结构趋向规模化、集团化，东宝集团、敖东集团成为全省工业企业中的骨干集团企业；吉林制药集团、华康集团、靖宇西洋参集团、吉林省皇封参集团等通过低成本扩张，集团实力得到了增强；吉林远东集团、通化金马集团、长春生物工程制药集团、长春医疗器械集团等新的企业集团已着手运作，国有大中型工业企业在医药经济中的主导地位和拉动作用日益明显。医药产品结构向高科技、高效益、规模化方向发展，白雪山药业等11户企业年产值超亿元，占工业总产值的44%，利税超1000万元的企业有16户，尿毒排析散等90种新产品投产，完成产值8.5亿元，利税2.2亿元，分别占全省医药工业产值、利税的18.5%和24.7%。企业所有制结构形成了国有、集体、私营共存的竞争格局，企业间购并、联合形成趋势。股份制企业显示出强劲的活力，目前医药工业完成股份制改造的28户，其中上市公司6户，共筹集资金29亿元。

扭亏增盈工作取得突破性进展。截止年末，医药工业亏损企业103户，亏损面48.58%，比1996年减少3户，减亏1800万元。医药商业实现利税4898万元，其中利润711万元，扭转了医药商业连续多年亏损的局面。

企业管理向规范化、科学化方向发展。全行业结合推行GMP、GSP工作，深入开展“转、抓、练、增”活动推动了企业管理水平的提高。包括“三资”企业在内的已有占总数35%的制剂车间（厂）进行了GMP改造，长春市医药公司等4户企业通过国家医药管理局GSP达标验收。有4个QC小组被国家医药局评为优秀QC小组，通化金马药业股份有限公司销售部等被评为全国医药系统先进集体，李士玉等3名同志被评为全国医药系统先进工作者和劳动模范。

医药教育事业有较大进展。科技进步取得显著成效。普通药学高等院校和成人大中专药学专业招生人数稳步增长，在岗职工培训率达33%以上。白求恩医科大学新设的药学系本科专业得到了国家有关部门批准，并面向全省招生。科研项目中，有30个项目被列入国家和省级以上科技进步奖。实施固定资产项目8个，完成投资1.8亿元。成立了以长春光机所为技术依托的“吉林省医用激光研究开发中心”，总投资2000万元。

全省医药行业和支柱产业的要求相比还存在一定差距，主要体现在经济总量小，大型企业集团支撑能力不够强，产业关联度小。　（林春秋）

企业股份制改革　吉林省医药企业股份制改革起步早。现有28户企业完成了股份制改造，1997年完成产值18.63亿元，实现利税8.04亿元，企业户数、产值、利税分别占全省医药工业12.07%、40.50%、85.71%，在全省医药经济发展中起着主导作用。股份制企业中，在沪深两地的上市公司6户，是全国医药企业上市公司最多的省份，共募集资金29亿元。上市公司业绩优良，形成了规模效益，表现出较高的成长性。

购并企业，实现低成本扩张是股份制企业实施资产重组过程中的显著特点。仅1997年，通化东宝集团公司兼并了原通化葡萄酒厂，成立了通化葡萄酒股份有限公司，盘活了上亿元资产，当年实现利税5000多万元；通化金马药业股份有限公司收购了深圳恒安药厂，占恒安药厂66.52%的股份；敖东药业股份有限公司收购了安图药厂、中医研究院洮南制药厂，分别成立了长白鹿业股份有限公司和吉林敖东洮南药业股份有限公司；长春高斯达药业股份有限公司收购并控股华孚药业股份有限公司。企业间购并和联合形成了较快的发展态势。

股份制企业紧紧抓住了科技兴企这条主线，科技含量不断提高，开发和建设高科技、高水平、高附加值的生物基因工程项目胰岛素、干扰素、葡激霉、苷必妥等居国内领先水平，抢占了21世纪医药发展中生物工程制药的制高点，初现了股份制企业良好的发展前景。（林春秋）

97效益攻坚战 在“97效益攻坚战”工作中，省医药管理局组成了由局长负责的效益攻坚战领导小组，制定了工作方案，组织调查组定期深入地区、深入企业督查指导方案落实情况，对企业遇到的实际问题，现场诊断，跟踪服务，取得了明显的成效。

效益攻坚战（医药组）指导的通化地区共4户企业。1997年白雪山药业股份有限公司实现利税6880万元，比1996年增长226%；金马药业股份有限公司实现利税9088万元，比1996年增长52.13%；通化葡萄酒股份有限公司由东宝集团公司兼并后，经过技术改造和开发工作，当年实现利税5000万元，成为利税大户；通化白山制药一厂实现利税1924万元，比1996年增长74.95%。（林春秋）

会议简讯 全国医药经济结构调整工作座谈会于1997年8月20日至8月22日在长春召开。国家医药局局长郑筱萸、副局长石晅、戴庆骏、张文周等领导同志出席了会议，吉林省政府副省长刘淑莹、副秘书长鲁安平到会并表示祝贺。各省、自治区、直辖市和计划单列市的医药局局长参加了会议。会上，郑筱萸局长作了“加快医药结构调整步伐，增强国内国际市场竞争能力”的重要讲话；吉林省、山东省、河北省医药局、华北制药集团公司分别介绍了调整医药经济结构，组建医药企业集团的经验；会议围绕着郑筱萸的讲话、全国医药经济结构调整指导意见和典型经验进行了讨论。

会议提出医药经济结构调整的目标是：通过资产重组、兼并破产、技术进步及适当扩大投资，到2000年基本形成以国有大型企业为主体，多种经济成份共同发展，生产集中度较高的企业组织结构，产品结构争取50%以上的医药工业企业有自己的独家产品或独家品牌，新产品与特色产品比重明显增加。（林春秋）

全省医药工作双向电视会议于2月24日在长春双向电视会议中心召开，各市（州）县设立了分会场，由地区、县医药局组织医药企业收看、收听。

省政府副省长刘淑莹、副秘书长鲁安平参加了会议，省医药管理局局长牛淑敏同志作了“同心同德，开拓进取，为实现支柱产业的宏伟目标而努力奋斗”的报告；长春市医药管理局、延边敖东药业（集团）股份有限公司等单位介绍了典型经验。

会议总结了1996年全省医药工作，肯定了成绩，分析了存在的问题，提出了1997年工作的指导思想和工作重点。利用双向电视召开全省医药工作会议尚属首次。（林春秋）

1997年医药生产经营情况表

项　目	单位	1997年	1996年	+，−%
工业总产值	亿元	46.10	37.41	23.20
其中：化学药品工业	万元	203862	162388	25.54
中成药工业	万元	233465	181767	28.44
医疗器械工业	万元	12918	19171	−32.62
卫生材料工业	万元	543	678	−19.91
药品包装材料工业	万元	9573	9639	0.68
制药机械工业	万元	635	534	18.91
化学药品二十四大类产量	吨	10635.43	10734.21	−0.92
1. 抗菌素分装	万瓶	119	1034	−88.49
2. 针剂	万支	16936	18667	9.27
3. 片剂	万片	679596	789611	13.92

续表

项　目	单位	1997年	1996年	+，－%
4. 大输液	万瓶	3039	3012	0.89
5. 胶囊	万粒	58589	51663	13.41
中成药工业总产量	吨	11552	9787	18.63
医药商业销售总额	万元	98300	89013	10.4
其中：国内纯销售	万元	55754	54588	2.13
出口金额	万元	301	681	－55.80
其中：化学药品	万元	59220	51935	14.03
中成药	万元	15751	15505	1.59
工业利税	亿元	9.38	5.37	74.48
商业利税	万元	4898	3849	27.25

（林春秋）

黑龙江省

概况　1997年，黑龙江省医药行业以深化改革为动力，积极推进两个根本转变，全省八大医药生产基地建设全面启动；以提高经济效益为中心，大力推进医药经济结构调整；以加强医药法规建设为依据，努力创建文明行业，精神文明建设迈出新步伐，进一步促进了黑龙江省医药经济持续、健康发展。1997年医药工业总产值完成44.9亿元，比上年增长16.6%；工业增加值完成10.8亿元，比上年增长8%；商业总销售完成25.5亿元，比上年增长8.6%；工商利税实现5亿元，比上年增长16.5%；医药经济发展保持了稳中求进的势头，在全国医药行业的位次排在12位。

（李钧贵　杨元复　王永山）

国有医药企业深化改革　为全面贯彻落实省委七届八次全委（扩大）会议《关于加快国有企业改革与发展的决定》和国家医药管理局《关于推进医药流通体制改革的指导意见》，全省医药行业大力推进组建大集团、大公司战略。哈尔滨医药集团、黑龙江灵泰药业集团、哈慈集团和澳利达集团等企业，通过结构调整和资产重组，集团资产规模得以不断扩大。大力推进国有医药企业产权制度改革和建立现代企业制度。哈尔滨医药股份有限公司、黑龙江灵泰药业股份有限公司、肇东华星制药股份有限公司、哈慈集团股份有限公司初步建立了现代企业制度；哈慈集团股份有限公司继哈尔滨医药股份有限公司之后，成为我省医药行业第二家上市公司；牡丹江市医药管理局充分利用优化资本结构试点城市的有利时机和优惠政策，按照市场经济的基本规律，实施资产重组、机制重塑的“双重战略”，促进企业经营机制转换，搞好资本运营，构筑整体优势；泰华制药厂、完达山制药厂、参美药业公司、佳木斯市药材公司等企业将资产折成股份，由职工一次性买断，实行资产债务共担；一些资不抵债及负债率较高的医药企业采取剥离、分立、破产、兼并等形式进行改革；各地市坚持因地制宜、实事求是的原则，加快国有医药工商企业股份制和股份合作制改造，变单一公有制结构和单一公有制实现形式为多元所有制结构、多种公有制实现形式，实现国有资产战略性重组。

（李钧贵　杨元复　王永山）

黑龙江省药品监督管理条例出台　为加强药品监督管理，保证药品质量和人民用药安全、有效，根据《中华人民共和国药品管理法》、《中华人民共和国药品管理法实施办法》的规定，《黑龙江省药品监督管理条例》出台，并于1997年12月16日，由黑龙江省第八届人民代表大会常务委员会第三十一次会议通过。《条例》共9章72条。凡在本省行政区域内从事药品生产、经营、配制、使用、检验、科研、广告活动的单位及个人，均应执行本条例。各级政府应当加强对本行政区域内药品监督管理工作的领导，组织各有关部门，开展打击制售假、劣药品活动。各级卫生、医药、工商、公安等部门依法做好药品监督管理工作。

药品监督管理加强 1997年省医药管理局对全省药品生产、经营企业，按《药品管理法》和《条例》，依法进行监督管理，防止伪劣药品流入市场。对全省医药生产、经营企业，实行每年核检一次《药品生产企业合格证》和《药品经营企业合格证》，促进医药企业不断提高药品质量。在全省医药商业企业中，积极推行质量、价格、服务“三承诺”，加强市场监督，使假冒伪劣药品无容身之地。在全省医药经营企业统一悬挂“绿十字”灯箱标志，让顾客买到放心的好药。在贯彻执行国家《药品管理法》中，加大了执法力度，严厉打击制、售假劣药品的违法犯罪活动。1997年查处假、劣药品1284起，结案1216起，查结率为94.7%；查处假、劣药品1339种次，总价值达560多万元。

（李钧贵　杨元复　王永山）

药材资源保护工作 黑龙江省野生药材资源保护管理总站从省药材公司分离后，在省医药管理局、省政府法制局、省人大经济委员会等有关部门的领导和大力支持下，依法执行全省野生药材资源保护管理工作，取得较好成效，野生药材资源保护区建设有了新的进展，执法力度进一步加强。

加大执法力度，依法保护野生药材资源。把认真贯彻《黑龙江省野生药材资源保护管理条例》及其《实施细则》，作为野生药材资源保护管理工作的重要内容，在条例、细则颁布十周年宣传活动中，加大宣传力度，利用各种宣传形式，教育群众知法守法，依法保护野生药材资源，依法采挖野生药材，在药材生产、建设中严格执法，做到有法必依、执法必严、违法必究，使全省野生药材资源保护管理工作走上依法管理的轨道。

提请修改《黑龙江省野生药材资源保护管理条例》。依据《中华人民共和国行政处罚法》和国家有关法律要求，对《黑龙江省野生药材资源保护管理条例》进行调整、修改完善工作。省医药管理局成立了修改领导小组，抽调有关专家、学者参与修改工作，通过一年的努力，经与有关部门研讨与协调，已提请省审定。

积极开展执法培训工作，为提高全省各级保护站执法人员素质，规范执法行为，全省举办了二期野生药材资源保护管理行政执法培训班，聘请省政府法制局的法律专家讲授法制法规、行政执法、执法监督、行政复议、行政诉讼等法律，并对国务院《野生药材资源保护管理条例》、《黑龙江省野生药材资源保护管理条例》及其《实施细则》进行讲解。全省20个市县、森工、农垦系统野生药材资源保护管理站共90名执法人员参加了培训，经考试合格，由省政府法制局颁发了《行政执法证》，达到了持证上岗的要求。

制订了野生药材资源保护措施。针对近年来一些无生产经营执照的单位和个人掠夺式采集中药材，严重破坏中药材资源问题，依据《黑龙江省野生药材资源保护管理条例》的有关规定进行教育和处罚。省医药管理局会同省卫生厅、省工商局联合下发了《关于进一步加强对刺五加管理的通知》，规定对刺五加实行定厂、定点生产，同时对刺五加的运输、工业生产、外贸出口的审批由省野生药材资源保护管理总站统一管理。

加强野生药材资源保护区的建设。为

使保护区逐步达到规范化、标准化要求，召开了全省野生药材资源保护区暨防风等药材生产基地建设会议，对林甸、杜蒙、富裕、泰来、肇源、明水、虎林、嫩江等市县建立的野生药材资源保护区和防风等生产基地建设和管理情况进行认真总结，制订具体措施，使保护区建设逐步达到规范化、标准化。

加强基础工作。转发了省政府法制局《关于建立行政处罚情况统计制度的通知》，要求全省各级保护站在认真做好行政处罚统计工作的同时，抓紧制订行政处罚决定制度、重大行政处罚备案制度、行政处罚申诉和检举制度、行政处罚统计制度，进一步搞好行政执法工作。省野生药材资源保护管理总站成立了行政复议小组，由总站的资源管理科负责运作，并经常组织有关人员学习、研讨《行政复议条例》，不断规范行政执法行为。

（李钧贵　杨元复　王永山）

中药材生产向产业化发展　黑龙江省医药管理局大力推动中药材产业化建设，把中药材生产基地建设作为发展医药经济、提高经济效益、开发中药品种、调整产品结构的重要举措。按照省委、省政府建设大农业富民强省的战略部署，省医药管理局制订了《黑龙江省中药材产业化基地建设规划方案》，以中药生产、经营企业为龙头，以中药材产地为基地联合开发中药资源，大力发展中药生产。以省中药联营总公司、省药材公司、省医药保健品进出口公司为龙头企业，在尚志、虎林、密山、伊春、铁力、穆棱6个市县建立农药低残留人参生产基地；以省中药联营总公司、省药材公司、省龙保医药有限责任公司为龙头企业，在杜蒙、林甸、肇源、富裕、泰来、明水6个市县建立防风生产基地；以省龙保医药有限责任公司为龙头企业，在齐齐哈尔、杜蒙、密山、富裕4个市县建立龙胆草生产基地；以哈尔滨中药二厂、省药材公司为龙头企业，在齐齐哈尔、杜蒙、肇源3个市县和河北省怀来县建立黄芩生产基地；以黑宝药业有限公司为龙头企业，在牡丹江、阿城、虎林3个市县建立养熊基地；以北芪神保健品有限公司、黑龙江灵泰药业股份有限公司为龙头企业，在大兴安岭、宁安等地建立黄芪生产基地；以森工、林业部门为龙头，分别在方正、延寿、穆棱、五常4市县建立西洋参生产基地，在尚志、五常、方正、通河、铁力、伊春6个市县建立林蛙养殖生产基地。全方位推动药材基地建设，使中药材生产向产业化方向发展。

（李钧贵　杨元复　王永山）

实施大集团战略的医药龙头企业　实施大集团战略的医药龙头企业——哈尔滨医药集团有限责任公司，是全国医药行业集科工贸为一体的特大型骨干企业，也是国家120个企业集团试点企业之一。根据“精干主业，优化副业，收拢五指，形成拳头，调整经济结构，发展经济规模”的总的改革方针，以提高经济效益为中心，以抓好资本运营、加快结构调整为基础。实现集团公司拥有一个控股上市子公司、12个全资子公司、9个关联公司，固定资产净值11.8亿元。

哈尔滨医药集团股份有限公司组建于1989年5月，当时原哈尔滨市医药管理局所属的31户工商企业都进入了集团股份公司。集团股份公司作为一个混合控股公司，受政府委托经营国有资产，代表国家行使国有股主权。这种以股份维系的企业集团模式，在当时显示出很强的生命力，使原来处于行业管理之下的医药企业，借助集团的调控，促使各企业增量资产的投入和存量资产的流动更加趋于合理，抵御风险的能力有了明显的增强。为使公司股份制运作规范化，对集团股份公司进行了改组分立。首先将集团股份公司改组成两部分：一是在集团股份公司之上成立哈尔滨医药集团公司；二是将集团股份公司更名为哈尔滨医药股份有限公司，由集团公司代表国家持有股份公司的国有股份。再将集团股份公司的资产规模合理地分割为两部分，将效益较好的12户企业保留，取消法人资格，作为股份公司的分公司，这12户企业中的国有资产作为集团公司对股份公司长期投资的股份存在；把其余没有使用股本金条件的19户企业划出，以集团子公司的地位存在。集团股份公司与政府及其对内对外的一切关系，均由新注册的集团公司继承。通过改组分立，集团公司的产权结构、资产结构、组织结构更加趋于合理。

集团公司以适应市场经济新体制和发展集团规模经济为目标，坚持“三改一加强”的方针，通过完善集团化和股份制经营，在医药市场形势极为严峻的条件下，实现了滚动式发展。1997年实现工业总产值25.39亿元、营业收入28.64亿元、利税总额2.41亿元，比集团组建之初分别增长302%、462.7%和204%，固定资产净值比集团组建之初增加了7.5倍。

（李钧贵　杨元复　王永山）

哈尔滨中药二厂重视名牌产品市场　哈尔滨中药二厂是全国中药行业重点企业之一，1997年全年实现工业总产值1.91亿元，销售完成1.37亿元，利税完成4737万元，其中纯利3300万元，1997年固定资产已由1985年的350万元增加到2亿元，人均创产值16.35万元、创利税4.05万元，成为全国工业五百家和行业五十家中效益较好的企业。哈尔滨中药二厂的拳头产品是双黄连粉针，该产品属中药粉针，是中药剂型改革的一次重大突破。产品曾六次荣获国家级质量奖、黑龙江省科技进步一等奖，连续三次被国家中医药管理局定为全国中医院急症科室必备药品。1997年该品种仍创最好效益。该厂重视调整销售人员的知识结构，不断提高销售队伍的文化素质，全厂百余名销售人员中，具有大专以上学历的已占90%以上。

（李钧贵　杨元复　王永山）

中龙制药厂设立企业博士后工作站　黑龙江中龙制药厂根据国家有关企业可以设立博士后工作站的政策，积极申报争取，在省有关部门的支持配合下，经国家博士后工作委员会批准，中龙制药厂于1997年设立了企业博士后工作站。该企业博士后工作站可以面向全国招揽医药方面的博士后人才，为科技兴药提供了人才保证。该厂完成的科技项目肝脾康的实验与临床研究，被评为黑龙江省医药行业科技进步一等奖；另一项心肌泰胶囊的实验研究，被评为黑龙江省医药行业科技进步二等奖。大力开发新产品，促进科技转化为生产力，至1997年开发的三类新药有肝脾康胶囊；四类新药有双黄连片、精制银翘片、北芪五加片、益脑宁片；保健药品有软肝胶囊、肝可复胶囊、利胆舒胶囊、葆春生精胶囊、坤顺胶囊、扶元壮肾胶囊、菊花饮冲剂、大力补冲剂、心肌泰胶囊、前列速愈贴。

（李钧贵　杨元复　王永山）

高效降血脂新药天赐康　黑龙江参美制药有限公司，是黑龙江参美企业集团公司与外商合资建设的生产企业。该公司生产的高效降血脂胶囊天赐康，由北京同仁堂制药厂监制生产，是主治心脑血管疾病的新药。天赐康曾在第二届中国科技之星国际博览会上荣获金奖，并列入高科技火炬计划。天赐康主要以黑龙江大、小兴安岭丰富的野生药材黑加仑为原料，利用现代高科技方法提取有效成分，γ-亚麻酸和α-亚麻酸，为治疗、预防心脑血管疾病开创了广阔前途。

（李钧贵　杨元复　王永山）

新药开发不断出新　哈尔滨制药三厂认真贯彻“科技兴药”的方针，努力实施新产品开发战略，研制成功钙含量高又易于人体吸收的新型钙制剂——葡萄糖酸钙口服液，成为国家卫生部批准的唯一一种液体型补钙制剂。该厂研制的双黄连口服液、双黄连喷雾剂、吗特灵注射液、司乐平片等国家级二类新药一个、四类新药五个。做到了生产一代、开发一代、储备一代，产品更新换代步入良性循环。

（李钧贵　杨元复　王永山）

佳木斯中药厂扭亏增盈　佳木斯中药厂是国家二级企业，全国二十一家重点中成药企业之一，是黑龙江省东部地区最大的中成药生产企业，由于多方面的原因，几年来企业负债改造，历史包袱沉重，产品结构不合理、销售不畅，造成企业连续三年亏损，1995 年亏损 204 万元，1996 年亏损 128 万元。

省、市医药管理局对佳木斯中药厂极为重视，及时调整了领导班子，组织新产品开发，年内投放市场的血栓康胶囊，集预防、治疗、康复脑血栓和脑血栓后遗症于一身。一投放市场，当年销售额 92 万元。根据市场需要，还移植了速效伤风胶囊、维C 银翘片、牛黄消炎片等新品种，重新启动了救尔心胶囊、尿塞通等品种，调整了产品结构，适应了医药市场的变化。目前又有淋立克、胆立宁、胃立舒、宫瘤消等品种立项进行研制，其中有三个品种被列入省科委计划。经过一年的努力，1997 年一举扭亏增盈，实现利润 5.7 万元，比上年同期减亏 133.7 万元。

（李钧贵　杨元复　王永山）

农村用药统一供应　为贯彻国务院、省政府有关文件精神，省医药管理局、省卫生厅联合下发《关于乡及乡以下医疗单位用药由当地国有医药（药材）批发企业统一供应问题的通知》，部署农村用药统一供应，要求各地采取一系列有效措施，大力抓好农村用药统一供应工作。各地党政领导高度重视，有的还成立了农村用药供应领导机构，由当地医药主管部门牵头，卫生、工商、物价、公安等部门配合，组织落实。一年来，全省各地国有医药（药材）批发企业发挥其主渠道作用，不断了解新情况，解决新问题，化解新矛盾，保证农村用药供应持续健康发展。实行农村供药的过程，正是通过服务方式去实现供需关系的过程。在供药的时间、品种、价格等方面，给用户以切实的保证，双方建立起互利互惠、利益均沾的供需关系。农村统一供药在净化农村医药市场方面，也取得了明显成效。

（李钧贵　杨元复　王永山）

三棵树中药材专业市场在整顿中发展

哈尔滨市三棵树中药材专业市场，是我国北方中药材集散地和唯一一处中药材专业市场。为纳入规范化发展轨道，根据国家“三局一部”整顿中药材市场的文件精神，省、市政府组织有关部门组成专门的检查、整顿机构，历经一年多的时间，对其进行了全面检查和整顿。现业已通过国家检查验收。三棵树中药材专业市场在整顿中迅速发展，已具规模。

哈尔滨市三棵树中药材专业市场位于哈尔滨市太平区。市场建筑面积达 27000 平方米，有 30～50 平方米营业室 250 套，有交易大厅 3 处，可安置药材营业摊位 400 户。市场内 8000 平方米综合服务楼，具有各项服务配套设施，并有完善的运输及生活服务条件。市场内有国营企业 20

户，股份制企业10户，集体企业20户，个体私营业者100户。除本省业户外，为发挥国内各大药市之间的互补作用，河北安国、安徽亳州、吉林长白山、梅河口等地业者，也纷纷入市经营。三棵树中药材专业市场年交易总额为5000余万元，年交税费300余万元。市场营运到位后，年交易额可达2亿元以上，可为国家交税费1000万元。

哈尔滨市三棵树中药材专业市场的建立，有利于开发利用我国东北野生药材资源，在三棵树中药材专业市场交易的中药材已达580种之多，约占当今常用中药材的70%，其中地产中药材107种。

哈尔滨市三棵树中药材专业市场，有完善的规章制度，《哈尔滨市三棵树中药材专业市场管理制度》每个业者人手一份。三棵树中药材专业市场的企业和个体工商业者，90%以上业者拿到了培训结业证书。制订了《质量保证体系规范》，建立了《质量检测制度》，以杜绝假冒伪劣中药材进入市场，严禁中西成药、中药饮片、罂粟壳、28种毒性中药材、国家重点保护的42种野生动植物药材及国家法律、法规明令禁止上市的其它药品、药材进入市场。在当地政府和市卫生局的支持下，投资70万元建立了技术先进、设备齐全、服务优良的药材检验所。还建立了中药材标本展品室和中药材专业市场资料室，以帮助广大业者提高鉴别中药材真伪能力，严把质量关。严格中药材专业市场经营企业和个体业者经营资格审查，由哈尔滨市医药办、市卫生局，办理中药材专业市场经营企业和个体业者资格认定审批登记，为核发《药材经营企业合格证》和《药材经营企业许可证》，提供了翔实可靠的认证依据。由市工商局委托太平工商分局核发进入市场经营企业和个体业者《临时营业执照》。为了规范市场经营行为，要求业者做到“九统一”，即：市场内统一牌匾、统一价格标签、统一业者着装、统一胸签、统一计量器具、统一发货票、统一信誉卡、统一进货记录、统一销售记录。

（李钧贵　杨元复　王永山）

医药经营人员持证上岗　根据国家医药管理局颁布的《医药商品零售企业服务规范（试行）》要求，为进一步提高医药经营人员的业务、技术素质，黑龙江省医药管理局决定，从1997年开始，医药零售企业经营人员实行持证上岗制度，全省实行统一教材、统一考试、统一试题、统一发证。经营人员持证上岗，是规范医药商品零售企业经营人员素质、提高企业经营水平的重要举措。省医药管理局组织省医药干校专业教师及有关专家，编写了《全省医药商品零售企业经营人员岗位培训教材》，发给各市、县医药商品零售企业，组织学习和培训。省局在各地、市设考场，实行闭卷考试，专业人员监考，省局派人巡视检查。经省医药管理局严格审核，考试合格者达5900多名，核发了《岗位合格证书》，另有2900多名，符合免试认定条件的职工，直接核发了《岗位合格证书》。全年持证上岗人员达7900多名。对提高医药零售企业经营人员规范化服务水平，起到了积极地促进作用。

（李钧贵　杨元复　王永山）

澳利达医药集团　澳利达医药集团是以经营为主，并具有生产、科研能力的综合性企业集团，拥有19家成员企业。该集团在日益激烈的医药市场竞争中，充分利用国际、国内两个市场，坚持“代理品种求质量、开拓市场靠人才、加速发展讲信誉”的经营之道，实行总代理经销战略，联结起科、工、贸产业链条，加速推进集团企业稳步发展。澳利达医药集团做为国家医药批发企业，拥有熟悉医药商品知识、经验比较丰富的销售队伍。利用自身优势，先后在广州、重庆的制药企业，精心选择了“华佗再造丸”、“美舒咳”等9个品种，获得区域性代理经销权，投放东北市场一举成功。在做好国内厂家品种区域代理业务的同时，积极寻求合作伙伴开展国际贸易，先后与日本、德国、法国和港台地区制药企业建立了业务关系，确定了合作品种，如日本的“麦滋林——S颗粒”、德国的“安普索”及香港天创公司的“青霉素V钾片”等。根本转变了以“品种齐全”为阵地守摊的传统医药经营观念，代之以开放的大市场新观念，扩大经营规模，抢占市场份额，仅澳利达主体企业连续两年销售额均突破亿元大关。

（李钧贵　杨元复　王永山）

文明服务新举措　哈尔滨市药材总公司1997年在坚持“三承诺”（质量、价格、服务）的基础上，进一步拓宽了优质服务领域，文明服务又有新举措。该公司选调8名党员干部和32名技校毕业生，成立免费送药服务中心，投资30万元、购置20台摩托车、4台微机和一批手机、BP机等交通与通讯装备，让哈尔滨市的百姓，足不出户就可以用上放心药、满意药。为保证免费送药高效运转和优质服务，中心全体人员进行了义务送药全过程模拟训练，通过封闭式训练，22名送药员，熟悉全市2600多条街路，8名微机员熟悉药品基本知识和库存情况。中心还制订了《工作标准十不准》、《文明服务用语50句》、《规范服务言行准则》和《不准收小费的规定》等项制度。服务中心的送药人员统一着装，头戴红色头盔，座骑红色摩托车，车上标识着免费送药和服务中心的电话号码，以崭新的想象推向社会，以良好形象昭示顾客。免费送药进一步拓宽了文明服务领域，无论冬夏，不顾风雨，以优质服务赢得顾客，极大地提高了企业信誉，使企业经营蒸蒸日上。哈尔滨市药材总公司1997年全年销售总额3亿元，利润2200万元，分别比上年同期增长14.5%和33.3%，在取得社会效益的同时，也创造了可观的经济效益。

（李钧贵　杨元复　王永山）

上　海　市

上海医药工业总产值突破百亿元　上海医药在争取成为上海市支柱产业，实现跨世纪发展目标的征途上，迈出改制后坚实有力的第一步，1997年完成工业总产值108.1亿元，同比增长18.9%（同口径相比增长20.9%），产销率99.3%，同比增长0.8%，完成医药商业销售总额61.8亿元，增长14.9%；实现销售收入122.8亿元，增长4.5%，实现了年初提出的发展目标。

为推进上海医药经济的快速发展，上海医药发挥品牌优势，强化集约经营，加大拓展市场力度。1997年初，组建的头孢5号兵团，通过统一采购原料、销售价格、开票等“十统一”举措，实施大品种、大兵团、大运作、大市场营销战略，在全国医药行业引起较大反响，在同品种的激烈竞争中，头孢五号兵团充分发挥了集约经营的整体优势，使该产品的全国医药市场占有率提高了3个百分点。上海药材有限公司集中精力加大珍菊降压片等4只重点名牌产品市场，拓展力度，带动了一批沪产中成药在国内市场的销售量。上海医疗器械行业重点组织手术器械的展销，直接与用户医院见面，取得显著成果。

1997年，上海医药按照“有所为，有

所不为”的战略方针，以市场为导向，加快医药产品结构调整，努力“做大、做优、做强”高技术含量、高附加值、高市场占有率的优势产品，形成“名、特、优、新、独”的产品群体。有20多只重点产品增长率超过30%。

加快科研开发是1997年上海医药结构调整的重头戏，共完成43项重点新产品的开发，其中米索前列醇、血管舒缓素、奥美拉唑、氟西汀等均系医疗临床急需的具有市场潜在优势的新产品。（朱　翔）

上海医药降本增效1.6亿元　1997年初，上海医药经济面临近六年来最为严峻的形势，生产增幅速率趋慢，企业经济效益下滑，亏损户数有所增长。

针对困难局面，上海医药（集团）总公司坚持以邓小平同志建设有中国特色社会主义理论为指导，积极推进经济体制和经济增长方式的根本转变，以提高经济效益为中心，加强产品结构、产业结构和企业组织结构调整的力度，以赢得更快的发展速度；加强企业内部管理和科技开发的力度，拓展市场，提高经济运行质量，以赢得更好的经济效益。在总公司系统广泛开展了“学邯钢、找差距、强管理、增效益”活动，动员各企业，结合本单位的经济工作实际，提出降本增效目标和实现目标的具体措施。通过降本增效展示会汇总，各企业提出的降本增效目标达1.6亿元，出现了齐心协力，奋力拼搏，负重奋进的新面貌。主要有三个特点：

一是自我加压、立足点高。许多企业围绕总公司提出的发展目标，为了推进上海医药经济快速发展，自我加压，发展起点高，敢于向更高的经济目标冲刺。

二是目标明确，措施落实。各企业在制定降本增效目标时，都提出了具体的实施措施和抓手，以保证目标的实现。即以抓速度与抓效益相结合、抓产品与抓市场结合、抓改革与抓管理相结合、抓物质文明与抓精神文明相结合及抓好产品销售率、全员劳动生产率、成本费用利润率、净资产收益率、资金回笼率等。

三是管理强化，降本增效。各企业把降本增效与加强内部管理紧密结合起来，促进生产经营健康发展，提高了经济运行质量。

按审计口径计算，总公司实现利润增长了32%。　　　　（朱　翔）

上海医药组建全国最大医药商业企业　1997年，上海医药通过对国有企业实施战略重组，优势企业强强联合，构筑医药商业流通新格局，参与世界医药界竞争，由上海市医药有限公司和上海医药工业销售有限公司联合组建的上海市医药股份有限公司是上海医药商业企业争取跻身世界同行前列的重要标志。这两家商业企业都是医药行业的优势企业。联合后，可在资金实力、企业规模、营销能力、经营管理等方面优势互补，使之比国内其他企业有更强劲的优势和竞争实力。

联合后的医药股份有限公司现共拥有全资公司22家，市外（分）子公司12家，市外销地公司18家，各地办事处36家；控股子公司12家；工业企业5家；参股公司15家；全资药房38家；参股药房6家。1997年，实现销售额43亿元，成为全国最大的商业企业。并通过上市公司的规范运作，增强融资功能，扩大经营规模，实现经济超常规发展。　　　　（朱　翔）

上海中西（集团）有限公司实施跨行业资产重组　1997年5月19日上海中西（集团）有限公司在沪正式成立，这是上海华谊（集团）公司在化工和医药实现重组后深化改革的又一重大举措，也是上海医药（集团）总公司关于资产经营和重组的重大战略部署。

上海中西（集团）有限公司是以化工和医药高科技产业为基础，以资产为纽带，以上市公司融资为渠道，以资产运作为基本手段，以“做大、做强、做优”为目标，集科工贸于一体，实行多元化投资经营的企业集团。集团公司以经营农药、医药、卫生用药为主，兼营兽药、相关化工中间体及其它高科技产品。

该集团公司由上海中西药业股份有限公司、上海九福药业有限公司、亚太农用化学（集团）公司和上海农药研究所等通过资产重组、企业重组和结构调整组建而成，中西（集团）公司将通过资源的优化配置、多元投资、制度创新、管理创新和科技创新，与跨国公司合作，并以整合效应，协同效应，形成一个多功能、综合性的现代企业集团。到2000年净资产争取达到10亿元，销售收入达到44亿元，其中农药销售额达20亿元，医药销售额达12亿元，分别增长5.5倍、4倍、3倍和3.5倍，成为上海第七支柱产业的生力军。

（朱　翔）

国内最大医疗器械“航空母舰”在沪起航

为迎接21世纪的挑战，经上海市经委批准改制，上海医疗器械（集团）有限公司于1997年7月21日成立，并以该公司为核心，组建上海医疗器械集团。

新组建的上海医疗器械集团有核心、控股、参股和契约企业等40余家，现有总资产12亿元，年销售额在13亿元，是目前国内最大的以医疗器械为主业，门类齐全，多元发展，集科、工、商、贸为一体的现代大型企业集团。近年来所开发的高附加值、高档次医疗设备均达到90年代国际水平，其市场份额在50%以上。

到2000年，上海医疗器械的年销售额将达到30亿元。　（朱　翔）

上海味之素氨基酸有限公司在沪成立

中日合资的上海味之素氨基酸有限公司在上海正式成立，合资合同签约仪式于1997年12月22日在沪举行。

由上海医药（集团）总公司、上海市松江经济技术开发建设总公司和日本味之素株式会社及味之素（中国）有限公司合资组建的上海味之素氨基酸有限公司投资总额为2000万美元，注册资本为1200万美元，中方占有40%的股份。

合资公司将按照世界卫生组织的要求，参照GMP的标准，建立以通过美国FDA为目标的、执行GMP药品生产质量管理要求的现代化企业，主要生产可直接配制供静脉注射用的氨基酸原料。

合资企业建在上海松江工业区，占地面积4.4万平方米，建筑面积约1万平方米。该企业将于1999年下半年投入生产，一期工程生产药用氨基酸为800吨/年，其中30%的供出口。　（朱　翔）

交大与上海医药共建研究院　上海交通大学与上海医药（集团）总公司联合建立的生物医学工程及器械研究院1997年12月30日在沪正式成立，这是上海医药（集团）总公司在加快高科技产业化进程，实施产、学、研相结合的重大举措。

据了解，新成立的研究院将利用科研优势，主要对医疗器械尖端技术，组织重大项目、重大关键技术的联合攻关，以推进我们医疗器械产业的快速发展。在成立会上，上海交通大学和医疗器械企业的代表还在二个科研项目合同和三个项目合作意向书上签字。　（朱　翔）

江　苏　省

概况　1997年，全省医药系统内完成工业总产值148亿元，比1996年增长14.7%，高于全省工业生产和全国同行业的平均发展速度，经济总量继续保持在全国同行业中的优势地位。其中，完成工业增加值29.4亿元，增长19.6%；完成工业销售收入112.92亿元，增长9%；工业产销率94.92%，与1996年持平。

全省医药商业完成销售总额94亿元，比1996年增长11.9%，继续保持在全国同行业中的优势地位。

全省医药系统内实现工商利税16.04亿元，比1996年增长36.05%，是全国医药行业效益增幅最大的省份之一，也是近5年来医药行业效益增幅最高的一年。其中，医药工业实现利税12.22亿元，增长41.92%，实现利润5.5亿元，增长64.18%；医药商业实现利税3.81亿元，增长19.81%，实现利润1.63亿元，增长13.19%，占全国同行业实现利润总额的45.3%。

全省医药经济运行质量的提高，不但表现为工业生产、商业销售和经济效益的全面增长，还表现为：经济效益的增幅明显高于工业生产和商业销售的增幅，扭转了多年来医药经济高增长低效益的局面；医药经济的相对效益进一步提高，全省医药工业销售利税率达到10.9%，比1996年提高零点六个百分点；医药商业费用率为13.59%，比1996年下降了零点三个百分点。医药经济集中度进一步提高，全省医药工业产值超亿元的企业已发展到40家，比96年增加9家；商业销售超亿元的企业达到28个，比96年增加2个；工业产值前十名企业的产值占全省医药工业总产值的比例达到34%，商业销售前十名企业的销售总额占全省医药商业销售总额的比重达到44%。5个工业企业利税突破亿元，比96年增加2户；9个商业企业利税突破千万元，比96年增长2户。全省医药工业亏损面为29.5%，比96年下降三个百分点。特别是国有企业，扭亏成效显著，全省国有工业企业由1996年亏损1700万元，扭转为1997年盈利8800万元。

结构调整成效显著　1997年，全省医药行业按照省委、省政府关于把结构调整作为江苏经济第三次发展机遇的要求，坚持以市场为导向，以重点企业、优势产品和新经济增长点为依托，着手对全行业的经济结构进行全局性、战略性调整。在结构调整工作中，以工业结构调整为主线，扎扎实实地开展各项工作。根据省政府关于开展“'97工业结构调整促进年”活动的部署，于年初研究制订了全行业工业结构调整的主要目标、基本思路和主要措施；9月份又专门召开了全行业结构调整工作会议，检查落实各地贯彻落实情况。一年来，全行业的企业组织结构、产品结构调整取得可喜成绩。全省新组建企业集团2家。较早组建的企业集团得到快速健康发展，在全省医药经济中的支撑作用进一步增强。其中，江苏扬子江药业集团顺利升入江苏省省级重点企业集团，其核心企业扬子江制药厂，完成工业总产值10.3亿元，实现利税2.31亿元，利润1.75亿元，雄居全行业榜首。医药企业间资产重组和强强联合的步伐加快，以原连云港制药厂、连云港中金医药包装有限公司和连云港康缘制药有限公司为主体组建的连云港恒瑞集团，97年工业总产值增长23.29%，实现利税突破了亿元大关，比96年增长了1.3

倍。充分显示出大企业、大集团的强者风范。

结合结构调整，全行业在省计经委、省科委和省卫生厅等部门的支持下，加大科技投入的力度，加快科研开发和技术创新的步伐。1997年全省共下达科研开发项目179项，组织评审当年新产品试制、新产品开发、社会发展、国家级重点新产品试产计划和“九五”省科研攻关项目共138项，有2项被确认为国家级新产品，24项确认为省级医药新产品。全省有31个项目获省优秀新产品新技术金牛奖，16个项目获省局级科技进步奖，20个项目获江苏省科技进步奖。其中南京振中生物工程公司的香菇多糖及粉针剂被评为江苏省科技进步一等奖。全省有18个产品和8家企业被确认为高新技术产品和高新技术企业，新产品产值率为19.08%。在抓好技术创新的同时，全行业抓住发展机遇，积极培育和发展名牌产品，抢占市场份额，全省有12个医药产品获江苏省名牌产品称号。一批高新技术产品逐步成长为新的优势产品和拳头产品。产业结构调整方面，在着力抓好主导产业化学药品生产的同时，大力发展中成药工业，并取得长足进步。1997年，全省中成药工业产值和利税分别增长了25.8%和68.7%，居各产业之首。

全行业通过严格控制生产经营企业的布点，积极推行GMP、GSP制度，加大技术改造的步伐，不断提高现有企业的生产技术水平和整体素质。1997年全省共审批技术改造项目24项，组织实施项目17项，总投资3.66亿元。到1997年底，全行业已有5家生产企业通过国家GMP认证，15条粉针生产线和1个无菌原料药车间通过国家GMP达标验收，8个医药批发企业和4家零售药店通过GSP达标验收。其达标企业数和达标企业比例均居全国同行业首位。在这项工作中，苏州市医药管理局领导重视，措施得力，成效显著。目前，该市已有3家企业通过GMP认证，6个企业通过GMP达标验收，1个商业企业通过GSP达标验收，列全省各市榜首。

各项改革继续推进　全行业按照建立社会主义市场经济体制的要求，围绕搞活国有大中型企业和推进现代企业制度的建立为重点，积极探索，大胆实践。1997年全省又有7家企业被列为省级现代企业制度试点单位。企业股份制改造步伐加快，全省已有32家工业企业和16家商业企业完成了“多元化”的资产重组和股份制改造，组建科工贸一体化的企业集团和企业集团公司19家。扬子江药业、恒瑞股份和金陵制药三家企业已被列入1998年A股上市预选企业。全国医药商业系统首家A股上市企业南京医药股份有限公司，盘活资金求发展，积极开拓新的经营领域，培育新的经济增长点，提高集约化经营能力，取得了良好的经营业绩。1997年该公司完成商业总销售7亿元，实现利税6553万元，其中实现利润4206万元，是沪市医药板块经营业绩最好的企业之一。常州药业股份有限公司兼并了常州制药厂，使该公司科、工、贸一体的企业模式得到进一步巩固。被兼并的常州制药厂结束了企业多年亏损的历史，1997年实现利税942万元，其中利润196万元。

医药商业流通体制改革积极向前推进。全省医药商业流通企业，积极探索与市场经济相适应的营销机制和全国总代理、地区总经销、零售连锁化经营的运作方式，并取得初步成果。江苏臣功医药有限公司、华东医药公司、无锡健康药店有限责任公司等单位，通过推行零售连锁化经营，发挥整体优势，取得了良好的经济效益和社会效益。无锡医药股份有限公司通过加强与国内外厂商合作，以寻求全国总代理品种为突破口，积极培育新的经济增长点，1997年该公司实现利润比96年增长了59.6%。武进、江阴等市医药公司通过加强农村医药网点建设，积极巩固本地市场，较好地保证了市场的有效供应，1997年其总销售分别跻身全省同行业十强之列。这些企业为医药流通领域下一步的改革，提供了许多可借鉴的经验，他们的做法也得到了国家医药管理局等部门的充分肯定。

1997年，国家在宏观方面相继推出了一系列改革举措。医药价格改革全面进入实施阶段，公费医疗改革在更大范围内得到开展。这一系列变革，给医药经济的发展带了较大的影响。在这过程中，一方面通过加强与有关部门的联系与沟通，希望得到他们的理解和支持，以争得有利于我省医药经济发展的良好环境；另一方面各级医药主管部门和工商企业，密切关注宏观改革的动向，认真研究在新的条件下加快医药经济发展的新举措，使宏观改革对医药经济的影响减少到最低程度。

基础管理进一步加强　1997年，全省医药行业以搞好监督、抓好质量和管好市场为重点，扎扎实实地开展各项行业管理工作。按照政府赋予的职能，进一步强化了医疗器械的监督管理。全年共受理医疗器械注册申请228项，批准212项；对302个企业的1420个医疗器械产品进行了换证注册，对17家一次性输液（血）器及过滤器生产企业进行了换证验收，对60家一次性输液（血）器生产企业进行了年审。按照国家的有关规定，组织验收审批新开办药品生产批发企业25家。质量管理工作以开展质量教育，进一步提高企业全员质量意识为主要内容，全年共举办各类质量培训班14期，近千名质管人员参加了培训学习。QC小组活动取得丰硕成果，全省有6个QC小组获全国优秀QC小组称号，38个QC小组分别获国家医药局、国家中医药局和省计经委优秀QC小组称号。市场管理在进一步贯彻国务院国发（1994）53号文件和国办发（1996）14号文件精神的基础上，重点抓了依法监督管理，不断规范企业行为和打假治劣工作，与有关部门联合开展了两次全省性的打假活动，使全省医药市场治理整顿成果得到进一步巩固。

全行业的各项基础管理工作得到进一步加强。在去年的医药工作会议上，省局号召全省医药行业深入开展“外学邯钢、春兰、小天鹅，内学扬子江”的活动，在全行业迅速掀起了学先进、找差距、抓管理、求发展的热潮，各地根据本地实际情况，制订相关措施，努力把企业改革、改组、改造和加强管理结合起来，向管理要效益。常州市医药行业以产品为主线，全面加强各项基础管理，全年降本增效1300多万元，为全市医药工业减亏增效起到了积极的作用。

创建文明行业　全行业认真贯彻党的十四届六中全会和党的十五大精神，把精神文明建设放到更加突出的位置，以树立行业新风，培育新时期医药职工崇高的职业道德，创建文明行业为精神文明建设的重点，把零售药店作为创建文明行业的窗口，全面加强精神文明建设。在全省继续开展了向社会公开推出药品“质量、价格、服务”三承诺活动和创建“放心药店”工程活动，以承诺在外、功夫在内，让人民吃上放心药为核心内容的十项服务标准，对零售企业的行为进行规范，为全省2212家零售药店统一悬挂了“绿十字”标志灯箱，以接受社会各界的监督。在这项活动中，常州医药商场、无锡健康药店成绩突出，被国家医药管理局和国家中医药管理局联合授予全国文明示范药店称号。与此同时，全行业还开展了“倡三学”（学理论、学科技、学法律），“讲四职”（职业思想、职业道德、职业纪律、职业技能），“树六优”（优秀班子、优质产品、优良服务、优级管理、优等员工、优美环境）活动，以加强医药行业的职业道德建设。在两个文明建设活动中，全省涌现出一批先进集体和先进个人，扬子江药业集团公司、连云港恒瑞医药股份有限公司、常州药业股份有限公司、启东盖天力制药股份有限公司盖天力车间、徐州医药股份有限公司广济堂药店和李家淼、周永耀、葛宗明、陈建东、顾明亮、季龙宝、沈维钧等5个单位、7名个人，被人事部和国家医药管理局联合授予“全国医药系统先进集体”和劳动模范称号。教育工作在抓好两所中专校硬软件改造，不断提高办学能力的同时，采取多渠道、多层次办学的方法，以强化岗位技术培训和继续教育为重点，不断提高职工队伍素质。思想政治工作在总结十年经验的基础上，紧紧围绕1997年我国政治生活中的两件大事和生产经营实际，积极探索新时期思想政治工作的新思路和新方法，把着力点放在提高全员积极性、创造性，为建设医药强省多作贡献上，使全行业的干部职工始终保持着良好的精神面貌。

（郭桂珍）

南　京　市

概述　1997年南京市医药行业完成工商销售收入22.56亿元，比去年增长27%；其中工业企业8.00亿元，增长28.0%，商业企业12.35亿元，增长25.0%。完成工业总产值10.20亿元，比去年增长27.0%。完成利税2.90亿元，比去年增长87%；其中工业企业1.78亿元，增长160%，商业企业1.13亿元，增长28%。实现利润1.77亿元，比去年增长97.0%；其中工业企业1.13亿元，增长152.0%，商业企业0.64亿元，增长24.7%。全年工业产销率为99%，全面完成各项经济指标。

南京医药股份有限公司主要指标继续位居全省医药商业之首　1997年南京医药股份有限公司充分发挥各分公司作用，坚持品种齐全，质量可靠，价格合理，服务周到的经营策略，开发新品，抓住重点产品的总代理、总经销制，全年实现销售收入5.97亿元，利润4206万元，分别比去年增长16.7%、32.1%，继续位居全省医药商业的榜首，并蝉联江苏省文明单位称号。

南京金陵制药（集团）有限公司利润突破亿元大关　南京金陵制药（集团）有限公司坚持高科技，高速度，高效益，精用人的企业宗旨，大力推进企业由“橄榄型”向“哑铃型”的转变，形成了规模化，网络化经营体系，使品牌产品脉络宁产销两旺，1997年实现销售收入5.8亿元，比去年增长70%，实现利润突破亿元大关，增长119%，蝉联江苏省文明单位称号。

广东威达医疗器械集团兼并南京天宇医疗器械总公司　广东威达医疗器械集团公司兼并重组了南京天宇医疗器械总公司，重组后的企业南京威达天宇医疗器械有限公司已于1997年7月1日正式运行，这次跨地区的兼并使南京天宇医疗器械总公司的资产得到重组，债务得以转移，企业轻装上阵，赢得了新的发展机遇。

确立3102510的工业经济结构调整目标

南京市医药系统切实加快经济结构调整

步伐，在广泛调研，听取意见，征求专家咨询的基础上拟定了《南京市医药经济结构调整实施方案》，确立了“改制改组、发展规模、调整结构、产业升级、外向发展”的方针和3102510的工业经济结构调整目标，即在“九五”末创3个年产值达10亿元的大集团，大公司；10个年产值达亿元的小巨人企业，创2个年产值超亿元的拳头产品，5个年产值超5000万元的支柱产品和10个年产值超3000万元的重点产品，使南京医药行业真正成为南京的新兴支柱产业。

科技兴药，大力开发新品 南京市医药系统1997年新品开发有了新的进展，全年研制开发新品30个，投产新品数29个，新产品产销率达25%，共获得12张新药证书，其中有乳宁冲剂、枳术冲剂、甲孕酮、罗红霉素胶囊、新清宁、软坚口服液、南星止痛膏。

加快实施GMP，GSP达标计划 按《质量振兴计划》的要求，南京市医药系统加大GMP，GSP达标工作的力度，1997年南京振中生物工程公司和南京药科大学生物制药公司顺利通过国家医药管理局粉针剂GMP达标验收。南京医药股份有限公司通过商业GSP达标验收。

我市药品零售企业悬挂《绿十字》标志

1997年4月29日江苏省医药管理局和南京市医药管理局联合在南京市人民政府会议室召开了全省零售药店悬挂“绿十字”标志新闻发布会，结合深化“质量、价格、服务”三承诺和“三信三优”的活动，首批我市就有88家零售药店亮起标有“绿十字”的灯箱，规范职业行为，公开接受市民的监督。

南京同仁堂药店被授予“中国中药名店”称号 南京药业股份有限公司所属南京同仁堂药店是享有盛名的老店，以品种全、质量好、服务优、管理严而被国家中医药管理局确认为首批《中国中华名店》。

非处方药品进人南京超市开架销售 我市积极推行非处方药品进入超市网点开架销售工作，市医药局与市卫生局一起拟定经销目录，举办超市药品营销人员培训班，指定配送中心，设计制作了超市门点的专用标志，使首批100种药品进中央商场股份有限公司和新街口百货股份有限公司所属超市连锁店开架销售，方便了市民“大病上医院，小病上药店”的用药需求。

南京制药厂扭亏工作有新的进展 国有大型企业南京制药厂坚持抓改革促扭亏，实行综合治理。采取分块搞活，强化管理，完善承包，降耗节支，减人增效等途径，在产品销售价格低迷的不利条件下，团结拼搏抓扭亏。1997年实现产值2.4亿元，销售收入1.8亿元，其中出口供货值1.12亿元，全年亏损额为598万元，完成市政府下达的减亏目标，比去年同期减亏近一半。

全市医药系统广泛开展迎香港回归系列活动 南京市医药系统迎香港回归祖国庆祝活动丰富多彩，金陵制药（集团）公司与南京市总工会共同发起向香港市民赠送20万枚国旗徽章。南京医药臣功制药有限公司资助臣功好少年周末，特为香港回归祖国出版《我与妈妈》画册。各企业还分别开展了卡拉OK赛，长跑赛，书画摄影展，演讲比赛及文娱会演，形式生动，颇有新意，展示了南京医药系统职工的精神文明风貌。

南京医药股份有限公司捐建宁岗龙小希望工程教育楼 南京医药股份有限公司干部职工情系老区，资助教育事业，全公司千余名员工自觉捐款20余万元，在江西老区井岗山宁岗县援建宁岗龙小教育楼，并于1997年3月3日铲土培基，当年投入了使用。 （钱鹏飞）

浙　江　省

概况　1997年，浙江医药行业在国家医药管理局和浙江省委、省政府的领导下，按照“大上规模，小创特色”的工作思路，深化改革，调整结构，开拓市场，加强管理，经济实力明显增强，经济效益和运行质量明显提高。全省医药工业总产值148.24亿元，比上年同期增长26.69%，在全国同行中的排名由第三位上升为第二位，其中医疗器械（包括卫生材料、制药机械、药用包装）工业产值达27.57亿元，增长42.65%，名列全国同行第一。医药商业总销售100.36亿元，增长13.8%，在同行中继续名列第二位；医药产品出口交货值24.18亿元，增长45.85%，在同行中名列第一位。医药工商实现利税14.8亿元，增长39.97%，其中：利润8.47亿元，增长42.41%，在同行中名列第一位（工业利润6.53亿元，增长53.15%，在同行中名列第二位；商业利润1.94亿元，增长15.17%，连续四年名列全国同行第一）。

分解、细化培育医药主导产业方案　为有计划、有步骤地推进省政府《培育医药主导产业方案》的落实，省医药局制定、下发了培育方案的实施意见，对全省医药产业在“九五”期间的改革发展、结构调整和资产重组提出了具体目标措施。加强和改造药品制剂和中药工业，人力开发安全高效新药和现代生物药品及光机电一体、智能化医疗器械等高新技术产品，着力培育一批科工贸一体化的大集团大公司和一批具有特色优势的中小企业。打破区域性销售格局，构筑总代理、总经销及跨省、跨国经营的医药流通新体制。对组建大集团、培育大产品、发展大流通、中药上水平、资本上规模、人才上档次等10个主攻点作了进一步分解、细化。一是调整企业组织结构，培育大集团大公司。按照现代企业制度的要求，以“大上规模，小创特色”的思路，培育一批以资本为纽带、跨地区跨行业跨所有制经营的、外向型的大型企业集团和大公司，成为浙江医药发展的产业支柱，以此带动全行业企业组织结构整体优化。二是加快技术进步，优化产品结构。重点改造一批企业，达到GMP要求。重点培育一批属独家生产或少家生产的、科技含量高、出口创汇高、国内市场占有率在20%以上的优势品种，以规模化产品和专利产品以及保护产品支撑整个产业。三是实施总代理连锁化，全面发展大流通。重点建立“高效开放、宏观调控、有序竞争、科学管理”的医药流通新体制，推动医药工商企业按照大市场的要求，发展总代理总经销，逐步形成以资本为纽带的统一管理、统一核算、调批零一体化的母子公司制企业集团和“全国总代理、地区分销商、零售连锁店”分层次的流通格局。四是提高质量改进工艺，加快中药上水平。在品种整理、饮片炮制、剂型改革、栽培技术上下功夫，特别是要针对国际市场的需要和技术要求进行中药开发研究，提高质量和经济效益。五是融资募股增强实力，促进资本上规模。重点是做好优化资本金与负债金的结构、优化资本金内部结构和资本规模结构，加快集团化、集约化、集成化发展。同时，通过多种方式，增加资本金70亿元，以增量带动存量，逐步达到资本优化，为实现“九五”规划目标提供资本金的保证。六是加强企业管理，加快人才培养，全面提高行业素质。

培育措施和项目已全面运作，并收到初步效果。三年来，全省医药工业总产值、医药商业总销售、医药工商利税、工商利润均翻了一番。经济集中度提高，“九五”规划确定重点培育的 11 家工业和 6 家商业大集团大公司，健康发展，素质和竞争力显著提高。目前 11 家工业大企业的产值和利润总量分别占全省工业产值和利润总量的 37%和 83%；6 家商业大企业的商业销售和利润总量分别占全省商业销售和利润总量的 31%和 59%。

以资产重组、制度创新为重点，推进企业深化改革　全省医药企业积极开展企业组织结构调整和资产重组，形成工商、商卫、商商、工工、跨地区、跨行业联合兼并，从各自实际出发进行企业制度创新的热潮，涌现出杭州医药站股份有限公司的国有股授权给杭州华东医药集团公司经营、浙江震元股份有限公司控股绍兴制药厂、义乌市医药有限公司产权出售并流动等一批先进典型。杭州华东医药集团公司和浙江医药股份有限公司被省政府列入重点扶持的 15 家大型企业集团，享受“一厂一策”的优惠政策。一大批企业正在进行股份制、股份合作制改造。到 1997 年底，全行业已有股份有限公司 10 家，其中上市公司 2 家；有限责任公司 89 家；股份合作制企业 39 家；企业集团 12 家。发生企业兼并联合收购 20 多起，涉及资本量达 30 多亿元，其中吸引系统外资本金近 3 亿元，盘活存量资产约 5 亿元。

积极争取股票上市。浙江海正药业股份有限公司已经国务院证券委批准为 B 股上市预选企业，浙江医药股份有限公司上市和湖州天峰制药厂作为发起人之一上市也已基本确定。此外，一批企业采用“借壳上市”等多种形式募集资金扩大增量，都取得显著效果。

依靠科技进步，调整产品结构　一是对一些低值微利亏损产品采取停产或限产，增加了高附加值新产品和优势产品生产销售。36 个“九五”重点培育产品市场占有率有了进一步提高，增幅均在 35%以上，有的甚至达 100%，形成了规模效益。二是加快了出口产品结构调整步伐。压缩了维生素 C、奈普生等出口长线产品生产，增加洛伐司他汀、辛伐他汀、维生素 E、阿佛霉素等出口适销新品种。对安乃近等一些出口下降的产品，依靠科技进步，降低成本，扩大销售。为培育一批出口创汇大户，争取更多产品出口欧美市场，加快了企业出口自营权的申报和 FDA、CE 认证工作。至去年年底，已有 10 家企业取得出口自营权，2 个药品通过了 FDA 认证，2 个医疗器械产品通过了 CE 认证。三是通过加强对生产经营企业合格证管理，促进了生产经营质量保证体系的改善和健全，增强了企业竞争能力。1997 年全省通过 GMP 达标或认证企业 9 家，GSP 达标企业 6 家，2 家医疗器械企业通过 ISO9000 质量认证。医药产品质量稳定提高率达 90.6%，比 1996 年提高 0.6 个百分点；64 个产品被评为“高质量医药产品”，其中 6 个产品已连续三年获此称号；浙江医药股份有限公司的含珠停、浙江海正集团公司的盐酸阿霉素和浙江康恩贝集团公司的天保宁获浙江名牌产品称号。

1997 年，全省获得卫生部新药批文 26 个，其中化学药 20 个，中成药 6 个；一类新药 1 个，二类新药 2 个，浙江医药股份有限公司的半合成抗菌素——爱大霉素获卫生部一类新药证号。120 个医疗器械产品获得市场准入证。省级以上各类医药科技项目达 100 项，其中国家级项目 8 项。省以上批准在建技改项目 16 项，总投资 5.59 亿元，其中：续建 8 项，总投资 2.65 亿元；新开工 8 项，总投资 2.94 亿元。全年完成工作量 1.28 亿元，预计可新增销售产值10.4亿元，利税1.92亿元。浙江永宁制药厂的新型头孢菌素母核活性中间体——3-氯代甲基头孢菌素(7-ACX)，通过省级鉴定，为我国工业化生产第三、第四代头孢菌素奠定了基础。

加强市场开发，拓展医药市场 面对医药市场竞争日益加剧的形势，加强市场开拓，取得了良好效果。多数企业从自身实际情况出发，普遍在扩大营销队伍、提高营销人员素质、增加营销网点上加大投入；有的还在市场调研、市场定位等方面做了大量工作，在开拓国际国内市场、提高市场份额方面又有新的突破。正大青春宝药业有限公司通过改变销售体制，1997年利润达1.05亿元，成为浙江省首家利润超亿元的医药企业。一批商业企业积极探索经营方式的转变，如杭州医药站股份有限公司计划建立总代理销售分公司；温州医药商业集团在对内加快“六统一”的同时，通过兼并丽水地区医药供应站，朝着浙南地区配送中心方向迈进；浙江震元股份有限公司、湖州医药公司等正在实施建立以资本为纽带的分销网络；义乌市医药有限公司等在巩固商卫关系的基础上，加强扩大零售业务和向外、向农村沿伸销售网络。

整治医药市场，加强行业管理 深入开展药品购销回扣违法行为专项整治工作。全省共有3173家药品生产、药品经营（批发）、医疗器械企业和医疗机构进行了自查，同时对其中的828家单位进行了重点检查，共立案调查药品回扣案件66件，已结案处理36案，涉及违法金额7762万元，罚没款297万元；查处制售假劣药品案822件，没收假冒伪劣药品标值1185万元，罚没款193万元。通过一年的专项整治，目前，药品购销中的回扣风已得到初步遏制，专项整治工作取得阶段性成果。

行业管理得到加强，一是推进医药法制建设和工作规范建设，配合省物价局出台了《浙江省医药价格管理暂行办法》，起草了《浙江省医疗器械生产经营管理办法》，已报省政府审议颁布。二是行业协会、学会进行富有成效的工作，充分显示在行业管理中的地位作用，成立了省医疗器械专业标准化技术委员会和省医药包装、制药机械行业专业分会。三是加强信息、咨询工作，成立了省医药信息站，省局连续第四年获全国医药好新闻大赛组织奖，省局承办的《现代应用药学》杂志升格为国家级杂志，更名为《中国现代应用药学》。

加强精神文明建设 全行业以邓小平理论和十五大精神为指针，开展精神文明建设活动。不少企业围绕生产、经营、科研、管理，开展创文明班组活动、创星级班组活动以及评选各类先进活动，开展了岗位练兵、合理化建议、技术比武、劳动竞赛和青年志愿者活动。以创建“文明示范”药店和悬挂绿十字标记作为文明经商的抓手，已有1300多家药店悬挂绿十字标志，诸暨人民药店和宁波四明大药房入选全国20家文明示范药店。“政研会”以职业道德建设为主题积极开展活动，党的建设、廉政建设、机关建设进一步加强。各级工会、共青团等组织开展了丰富多彩的活动。

全省继续开展医药行业不具备规定学历晋升初中级专业技术职务考试，共有1860人报考，合格980人。全省新认定的执业药师64人、执业中药师44人，现共有226人成为注册执业药师、42人成为注册执业中药师。浙江省医药学校被浙江省政府批准为省部级重点中专。

浙江海正集团有限公司（浙江海门制药厂）、浙江医药股份有限公司新昌制药厂、义乌市医药公司、浙江省医药学校4家单位被国家人事部、国家医药管理局授予全国医药系统先进集体称号；杭州九源基因工程有限公司柯传奎、浙江永宁制药厂叶风起、杭州华东医药集团公司李邦良3位同志获全国医药系统劳动模范称号。浙江震元股份有限公司骆洪道获1997年度“全国技术能手”称号。

11号强台风袭击浙江，医药行业奋起抗台救灾 1997年第11号台风于8月18日晚9时30分在浙江省台州温岭登陆，近中心最大风力12级以上，在浙江省境内停留达11个小时。这次台风范围大、强度大、风力大、雨量大，水位高、潮位高，风、雨、潮“三碰头”，使医药行业遭受了前所未有的严重损失。据8月23日的不完全统计，全省医药工商企业房屋淹（进）水面积14.08万平方米，直接经济损失1.62亿元。台州市是浙江的医药大市，是这次台风的登陆地，损失尤为严重，直接经济损失达1.5亿元。全省有67家医药工商企业因厂房、仓库进水，药品、原料、药械受淹，房屋、设备毁坏，水电、通讯中断，遭受不同程度的损失，有7家企业直接经济损失在700万元以上，最严重的一家企业损失达6918万元。

中央有关领导和国家医药局十分关心浙江省医药行业的灾情和抗台救灾工作。正在吉林长春召开全国医药经济结构调整工作座谈会的郑筱萸局长，20日专门发来了慰问电。正在浙江考察工作的中共中央政治局委员、国务委员李铁映，22日下午亲临受灾严重的海门制药厂，亲切慰问正在紧张抢修设备的工人、技术人员。

浙江省医药行业干部职工全力以赴，抗台减灾。全省医药行业在台风中转移职工1221人，无一死亡。灾后药械也及时充分得到了供应。由于灾区广大干部职工努力生产自救，受灾企业及时恢复了生产，保持了经济快速增长。

浙江医药股份有限公司成立 浙江新昌制药股份有限公司、浙江仙居药业集团股份有限公司和浙江省医药有限公司，以新设合并方式成立浙江医药股份有限公司，成为浙江企业跨地区强强联合的破题之作。新公司自1997年5月16日挂牌成立以来，运转良好，初步显示出强强联合的效能。资产一体化合并的本身就显示出3种成效：一是迅速扩大规模，发挥规模优势。新公司总资产8.69亿元，净资产2.88亿元，成为浙江省规模最大的医药企业。二是工贸优势互补和产品优势互补，既降低经营成本，又形成了门类齐全的生产体系，为产品结构调整奠定了良好的基础。三是为建立现代企业制度和“筑壳上市”，创造条件。新公司所属3个分公司生产经营运作正常，总部管理机构逐步构架，同时积极稳妥地开展资本经营，探索到境外办厂，实施对外资本扩张。新公司1997年实现产值16亿元、利税8500万元、利润5781万元，分别比去年增长28%、45%和35%。三家企业实现跨地区、倒旗的强强联合，为我省企业实行跨地区、倒旗强强联合开创了先河，对推动全省医药行业结构调整和重组起到了典型示范作用，省政府专门召开研讨会，对该企业的成功实践作了充分肯定。

浙江震元股份有限公司股票上市 浙江震元股份有限公司是由原绍兴医药采购供应站为主体组建的股份制企业，经中国证监会批准，今年4月在深交所公开发行股票并上市，共发行A股股票2500万股，直接融资1.07亿元。公司以此为契机，按照现代企业制度的要求，以资产为纽带实行强强联合，综合优势创规模效益，出资6500万元兼并绍兴制药厂，建立了浙江震元绍兴制药有限公司。同时，收购了浙江东方制药有限公司，参股浙江诸暨市医药总公司。目前，一个以高科技、高投入、高效益的医药产业为主业，以中药为特色，集产供销一体、科工贸并举，综合经营、全面发展、多门类、综合化的大公司正在形成。

江泽民总书记关心基因工程 1997年7月22日，江泽民总书记在著名遗传学家谈家帧教授关于保护我国人类基因资源、加快我国基因工程药物产业化进程的函和所附杭州九源基因工程有限公司“关于中国基因工程药物研究、产业化政策”的报告上作“人无远虑必有近忧，我们得珍惜我们的基因资源”等批示，并要求国家有关部门“提出解决的办法”。

乔石委员长视察杭州九源基因工程有限公司 1997年10月23日，全国人大委员长乔石在省委书记李泽民、代省长柴松岳、杭州市委书记李金明等领导的陪同下，视察了杭州九源基因工程有限公司，参观了该公司的研究所和代表世界先进水平的仪器设施。公司柯传奎总经理向乔石委员长及省市领导就九源公司的发展和我国基因工程研究进展作了汇报。乔石委员长在视察结束时为九源公司题词：“锲而不舍，追求卓越，创一流基因工程药业”。

（董　耿）

1997年浙江省医药工业主要指标　　单位：万元

项　目	工业总产值		工业销售产值		产品销售收入	利税总额	利润总额
	90价	现行价	现行价	其中：出口交货值			
一、合计数	1482445	958399	905338	246801	845470	114594	65347
其中：化学药品	1079713	598161	560274	196285	555145	69493	39691
中成药	117339	110553	108709	4001	101041	28115	17481
医疗器械	212046	174415	165748	25123	189284	16986	8175

二、主要产品产量

24大类化学原料药17113吨

中成药产量6982吨

1997年浙江省医药商业主要指标　　单位：万元

项　目	商品购进总　额	商品销售总　额	毛利额	经营费用	销售利润	应交税金及附加
一、合计数	875964	1003585	90750	30061	59347	14040
其中：药品类	507401	573667	49564	15567	33418	7997
医疗器械类	29049	33768	3294	1291	2028	603
化学试剂和玻璃仪器类	6621	7278	913	328	546	123
中药材类	77651	97714	13958	5534	8319	1845
中成药类	241370	276090	20025	6631	13013	2973
其它	14872	15068	2996	750	2023	499

二、商业利税总额33419

商业利润总额19379

宁 波 市

概况 截至1997年底,宁波市医药系统共有工商企业153个,其中医药工业140个(药品生产企业15个,医疗器械生产企业92个,药用包装生产企业33个),医药商业批发企业13个,零售网点393个,列入统计口径的43个工商企业拥有固定资产3.95亿元,职工8652人。

1997年,宁波医药行业实施“科教兴药”战略,大力推进医药经济结构调整,加快医药流通体制改革,完成工业总产值8.24亿元,比上年增长32.66%,商业总销售20亿元,比上年增长13.4%,出口交货值3.19亿元,比上年增长208.88%;实现工业利税6066万元,比上年增长14.26%,商业利税7404万元,比上年增长13.21%;工业产品产销率达到92.6%,比上年降低2.32个百分点;完成固定资产投资近6000万元。

各类经济指标的稳步提高,显示宁波市医药经济已取得了“两个转变”的初步成效,但从总体上说,仍存在企业规模小、技术力量不足、资产负债率高、企业间发展不平衡等问题,全市出现4个亏损企业。

深化企业改革 1997年,全市医药工商企业抓住“转机建制”这个突破点,加快改革步伐,为企业注入活力。

加快企业改制。先后有象山医药药材公司与石浦医药药材公司合并组建象山医药药材总公司;余姚医药药材公司归属余姚阳明公司;奉化医药药材公司完成股份制改造;镇海医药药材公司的改制工作也正在进行。

行业内资本向行业外渗透,加强企业的实力。宁波药材股份有限公司投资组建宁波四明山生物制品有限公司,北仑医药药材总公司控股兼并北仑副食品公司,宁波戴维医疗器械公司兼并鹤浦制药机械厂和石浦机械厂,宁波兴亚橡胶厂兼并宁海国营橡胶厂。

吸引行业外资本。宁波联合集团股份有限公司自1994年控股宁波医药站后,1997年又出资控股了宁波亚太生物技术有限责任公司;宁波血液净化设备厂被宁波开发区控股公司控股。

改革促进企业内部管理的加强。许多企业开展了“学邯钢,找差距,强管理,增效益”的降本增效活动,通过制订挖潜节能目标,抓好各项指标,促进了生产经营健康发展,提高了经济运行质量。

细化和落实“九五”发展计划 根据浙政办发〔1996〕301号文《关于培育省医药主导产业的方案》和市政府要求,通过专题调研,结合全市医药行业实际,制订出贯彻“方案”的《实施意见》,使“九五”发展计划进一步细化。

《实施意见》提出本世纪末宁波医药经济的三个发展目标。一是年工业总产值达到20亿元,商业销售达到30亿元;二是企业规模明显增大,争取有五个工业企业销售超亿元,一个商业企业销售超10亿,三个超5亿;三是全市医药工商企业实现税利3亿元以上,基本完成产品结构调整,初步形成以“名、特、优、新、独”为特征的宁波医药产品框架。

为确保《实施意见》的实现,制订了“二三四”工程,即:二大龙头、三大支柱、四大品种,具体做好“四加强、六提高”,即:加强行业管理、加强考核检查、加强技改项目管理、加强信息资源开发利用,提高大产业观念、提高大市场观念、提高融资能力、提高产品档次、提高企业管理水平、提高人才层次，力争医药产业成为宁波市21世纪的重要经济增长点。

加快结构调整　1997年，宁波医药行业通过优化产品结构，加快技术改造，加速新药开发来调整结构，加快发展。全市完成技改投资近6000万元，主要有宁波天衡制药厂的GMP移地改造，宁波制药厂、宁波兴亚橡胶厂、宁波戴维医疗器械公司、宁波血液净化设备厂、慈溪仲嘉医疗器械厂、万联药业有限公司的扩产改造，宁波宗岐氏制药有限公司成为全市第一家通过国家GMP认证的药品生产企业，宁波医药股份有限公司、四明大药房分别成为全市第一家通过国家GSP认证的医药商业批发企业和零售企业。

1997年全市共开发并已获准文号的国家级新药11只，国家级医疗器械产品4只，与大专院校、科研院所协议开发新产品项目21只，宁波天衡制药厂的新药盐酸格拉司琼注射液和宁波血液净化设备厂的BP－21自弹式血泵被浙江省医药管理局评为1997年科技进步二等奖。

招商引资有新突破　宁波血液净化设备厂与意大利贝尔克公司1000万美元的合资项目已于12月份达成协议，外方占75%的股份，生产国内尚无的血液导管，该项目也是至今为止宁波医药行业外商投资最大的一个合资项目。此外，美国莳天营养科技（宁波）有限公司在小港经济技术开发区登记注册，总投资200万美元，主要生产微分子保健营养素。

加强精神文明建设　1997年，全行业认真贯彻党的十四届六中全会和党的十五大精神，把精神文明建设放到更加突出的地位。一是在行业内开展了“倡三学、讲四职、树六优”的精神文明建设系统工程，各企业围绕生产、经营、科研，开展了创文明车间、文明药店、文明班组及树岗位标兵、提合理化建议、劳动竞赛及青年志愿者等活动，取得显著成效。宁波医药股份公司、宁波药材股份公司、鄞县医药药材公司连续三年被评为浙江省医药商业“十佳企业”，天衡制药厂、余姚医药药材公司、宁波医药供销公司被评为1997年度省优秀企业，四明大药房成为全国文明示范窗口。二是加强对专业技术人员的培养管理。1997年评出高级职称5名、中级职称14名、初级职称181名；89名专业技术人员进行了微机培训，并取得了合格证；18名同志获得了医药行业行政执法上岗证；三是开展扶贫济困献爱心活动。据不完全统计，全系统广大干部职工向遭受十一号台风损失的灾区人民、黔西南贫困地区捐献人民币8万余元、衣被1万余件，使灾区人民和贫困山区人民充分体会到社会主义大家庭的温暖。

宁波医药集团总公司组建获准　为适应社会主义市场经济，实行政企分开，1997年11月7日，宁波市委办公厅、市政府办公厅发文批准组建宁波医药集团总公司，由宁波市国有资产管理委员会和市医药集团资产经营公司以1996年底医药总公司（局）所属国有企业和集体企业的帐面净资产为出资额，投入集团进行运作。新成立的医药集团总公司以宁波制药厂为核心企业，以宁波医药股份有限公司和宁波药材股份有限公司为两翼，通过市属工商企业组织结构、产品结构的统一调整，存量资本、增量资产的优化配置，以确保资产的增值保值。　（郎旭霞）

安　徽　省

概况　1997年，安徽医药深化改革，加快医药经济结构调整和医药流通体制改革，不断规范医药市场行为，切实创建文明行业，较好地完成了主要经济指标。

1997年医药工业列入统计范围的企业92家，其中大型企业7家，中型企业20家；分化学药品、医疗器械、卫生材料、药品包装材料、中成药、中药饮片计六个门类。从业人员29288人。固定资产原值14亿元，同比增长3.7%。完成工业总产值39.11亿元，同比增长5.98%，工业产销率93.44%，同比增加0.76个百分点；实现利税14248万元，同比增长36.73%，其中利润1771万元，同比下降17.15%，亏损总额4932万元，同比下降5%。

医药商业企业151家，下属分支批发机构611家，共有商业批发网点762家，零售企业2251家。从业人员24123人。固定资产原值5.9亿元，同比增长10.57%。医药商业总销售38.2亿元，同比增长10.5%；实现利税3279万元，同比增长5.7%，其中利润3122万元，亏损总额5379万元。

出口2.42亿元，同比增长21.9%。

全年开发省级以上新产品60项，其中取得新药证书的一类产品1项，二类1项，三类3项，四类9项。新产品产值5.6亿元，占全省医药工业总产值的14.3%；新产品产值利税率12.3%。

医药经济结构调整工作　一是推动实施跨地区、跨行业兼并、收购、联合。双轮集团兼并了长期停产的涡阳淮中制药厂，三九集团兼并长期亏损的风阳制药厂，天寿集团兼并了广德制药厂，天目山药业集团兼并黄山制药总厂，合肥制药厂破产后被加拿大枫叶公司全额买断收购，泰国东南亚集团有限公司收购华佗国药厂，国祯能源收购安徽生物药厂，安徽国际信托公司兼并合肥卫生材料厂。二是发展企业集团，实行规模经营，已组建的合肥神鹿集团、淮南医药集团、宝宁医药包装集团、芬格欣药业集团、宿州医药集团、阜康医药化工集团呈现良好发展前景。这6家集团的产值占全省医药工业产值的40%，利税占70%。三是加大改制力度。已实行股份制企业，有的走上持续发展的道路。如安徽太和联谊制药厂，宣州精方制药总厂，巢湖正大药业公司，安庆余良卿制药厂等。随着改制深入，股份制已大面积推开，目前全省医药工业已改制挂牌30多家，占总数的20%。

医药流通体制改革进展　一批医药商业企业抓住机遇，勇于改革，推行总代理、总经销经营模式，实行联购分销，强化内部管理，规模化、集约化经营取得成效。合肥市医药公司、合肥医药站、淮南市医药公司、马鞍山市医药公司、安徽省医药公司进入全国医药商业前百强。铜陵市医药公司、金寨县医药公司等在改革与发展中都取得较好成绩。为进一步推动全省医药流通体制改革，召开了全省医药商业工作座谈会，交流经验，分析形势，统一思想，以加快改革步伐。同时重视发展零售业。配合职工医疗保障制度改革，与省医改办联合制订“安徽省定点零售药店管理办法(试行)”，下发芜湖、铜陵、淮北3个试点城市执行。印发了“关于进一步加快零售商业发展的意见”，“关于加强农村药品供应网络建设的意见”。各地采取相应措施，合理地下放一批零售网点，建立委托代批点。凤台、天长、宿松、和县、宣城等县市在开拓农村市场方面取得了较好成绩。

生物医药产业化工程实施　生物医药产业化工程是安徽省委、省政府实施科教兴皖战略的八项科技工程之一。该工程旨在组织实施一批重大生物医药新产品产业化项目，优先发展基因重组α2b干扰素、果糖二磷酸钠、诊断试剂等10余种具有技术优势和一定产业化基础的生物医药产品，尽快形成规模，提高市场占有率；重点培育γ-亚麻酸、基因重组人促血小板生成素和生长激素、基因重组白细胞介素VI等一批具有一定技术基础和良好产业化前景的生物医药新产品，早日投入工业化生产，增强安徽省生物医药产业化发展后劲；着重扶持一批技术先进、管理科学、符合GMP标准的生物医药骨干企业。到2000年，实现年销售收入16亿元，年利税5.5亿元。

工程负责人为安徽省人民政府副省长张平，责任单位为省医药局、省科委、省卫生厅、省经贸委。该工程确定了15个企业的18个产品作为第一批优先发展项目。1996年，安徽生物医药产业产值达42706万元，利税8509万元。

GMP、GSP达标 淮南第六制药厂、安徽安科生物高技术有限责任公司、蚌埠康达生物医药有限公司宿州制药厂、蚌埠第一制药厂4家企业的粉针车间通过GMP达标；安徽省医药公司、合肥市医药公司、合肥医药站、淮南市医药公司4家批发企业获"GSP达标企业"称号；安徽长江大药房、合肥大药房2家企业通过零售企业GSP达标，获"医药商品质量管理全国示范药店"称号。

药品监督检查强化 1997年第三季度，安徽有7个企业15批药品经部检不合格。安徽省人民政府副省长黄岳忠对此作重要批示："产品质量是企业存亡的大事，药品质量直接关系到人命和治疗。这一次抽检不合格的生产企业以及面上的药品生产质量管理要抓紧整治"。安徽省医药管理局对抽查不合格企业实行质量否决权，取消这些企业评先进、创名牌等资格，并召开有省卫生厅、有关地市医药局分管局长、有关企业法人代表参加的专题会议，分析产品不合格原因，制订整改措施。此外，安徽省医药管理局还在1997年抽检了12个地市医药的80批产品，合格率为96.25%，同时进行了中药饮片零售企业质量大检查。

五个产品获安徽名牌产品称号 安徽省名牌战略领导小组审定公布了第三批47项安徽名牌产品，医药行业5个品种榜上有名：淮南第六制药厂的淮新牌注射用果糖二磷酸钠，安徽淮北金蟾药业总公司的金蟾牌华蟾素注射液（口服液、片），巢湖正大药业有限公司的巢湖牌黄莲上清片，安徽阜阳制药厂的佳果牌柠檬酸。

（赵建祥）

福 建 省

医药产销情况 1997年全省医药工业不变价总产值完成22.4亿元，比1996年增长6.4%。其中：化学药品工业不变价产值15.20亿元，比1996年增长5.3%；医疗器械工业不变价产值1.31亿元，比增22.8%；中成药工业不变价产值3.51亿元，比上年下降4.6%；中药饮片工业不变价产值0.20亿元，比降8.1%；药用包装工业不变价产值0.41亿元，比上年增长20.4%。全省医药工业现价总产值完成21.94亿元，比1996年增长3.6%，销售产值完成20.5亿元，比1996年增长7.2%。医药工业产销率为93.4%，比上年提高了3.14个百分点。分经济类型来看，国有工业产值12.8亿元，比上年下降5.1%；集体工业产值1.21亿元，比降9.7%；"三资"工业产值7.31亿元，比增29.5%，"三资"工业继续保持快速增长态势。从产品产量来看，随着医药市场需求的变化，产品产量各品种间有增有降。24大类化学原料药完成1715.76吨，增长7.9%；五大类化学药品制剂中，抗菌素粉针类下降12.7%；水针类增长15.5%；西药片剂类增长21.33%；大输液类增长34.6%；西药胶囊类增长76%；中成药工业产量3703.43吨，增长27.4%；中药饮片工业产量1651.71吨，增长2.3%。医药产品出口交货值完成4.49亿元，下降9.7%；其中化学药品工业2.92亿元，下降7.4%；医疗器械工业0.42亿元，增长12.4%；中成药工业1.01亿元，下降26.7%；中药饮片工业246万元，增长39.1%。从产品出口量看，原料药出口846.45吨，增长39.1%；西药制剂出口量略有增长；医疗器械出口量有所下降；中成药出口量78.8吨，增长2.5%；中药饮片出口量903吨，增长5.6%。

全省医药商业商品购进总额27.27亿元，增长12.9%；销售总额32亿元，增长12.8%；从销售结构看，对居民和社会集团商品零售额20.27亿元，增长13.3%；批发额11.66亿元，增长11.1%；从商品分类看，药品类销售总额18.88亿元，增长19.7%；医疗器械类销售总额1.53亿元，下降5.8%；化学试剂类销售总额1902万元，增长4.3%；玻璃仪器类销售总额423万元，下降11.5%；中成药类销售总额7.37亿元；年末商品库存5.23亿元，增长1.4%。医药工业企业实现利税2.84亿元，下降22.3%；实现利润1.69亿元，下降29.6%。医药商业实现利税10626万元，增长4.3%；实现利润3597万元，增长6%。

企业改革步伐加快　1997年，国有医药企业改革不断向纵深发展，强弱联合，强强联合，以及跨地区、跨行业、跨所有制的兼并重组好戏连台。一是优势企业兼并劣势企业，实现低成本快速扩张。福州福兴医药有限公司要上两条新生产线，扩张急需地盘。它的隔壁福州市合成纤维厂长期亏损，负债累累。市合成纤维厂在寻机“出嫁”，福兴医药有限公司在寻机“娶亲”扩大规模。双方“亲事”8月最终敲定。12月份福州福兴医药有限公司承包了古田（华闽）抗生素总厂。福州抗生素集团公司5月以400万元收购了中外合资企业福州福益医药有限公司的港方股权，帮助福益医药有限公司摆脱困境。三明医药集团与6个县医药公司的松散型关系改变为人财物一条龙的紧密型关系。二是优势企业强强联合，组建集团壮大实力。福州医药站、药材站、医疗器械站三强合一，共同组建了福州同春药业集团，集团受市政府授权营运国有资产，过去3家企业相互刹价竞销损失很大;联合后经营成本下降，效益上升。福州梅峰制药厂与南京金陵制药公司等5家企业联合发起组建南京金陵药业股份有限公司。三是跨所有制、跨行业、跨地区的兼并重组也在进行。年初香港新明集团以327万元收购兼并困难中的沙县制药厂，并帮助其彻底转变了经营机制。5月福建新大陆集团北上兼并建瓯制药厂，迅速注资1000多万元，用于恢复生产等，并利用集团营销优势，把该厂原来几个销售点扩大到覆盖北京、济南、武汉、重庆等10多个地区的经营网络。8月份福建华伦集团从厦门挺进福州，一举收购兼并福州制药厂、福州中药厂。此外，还有永安林业集团股份公司兼并永安药业有限公司，厦门第二化工厂兼并厦门厦瑞医疗器械有限公司，闽东制药厂改组为有9个投资主体的闽东力捷迅药业公司，福州洪山药厂与省技术贸易公司联合，改制成立福建金利药业公司等。通过抓大放小，改组改制，国有医药企业改革实现了较大突破。

医药工业实施十强计划 省医药管理局从调整和优化医药经济结构入手，大力推行医药工业企业十强行动计划，促使全省医药工业企业朝着大公司、大集团方向发展。福建医药经济基础比较薄弱，医药工业经济结构总体上存在着企业结构小型化、产品结构雷同化、市场竞争能力弱、产业升级缓慢等问题。据统计，福建 125 家医药工业企业中，小型企业占 90.5%，系统内亏损企业中 93%为小型企业。事实证明，小企业已越来越难以适应社会化大生产和国内外医药市场竞争的需要。针对这种现象，6 月推出并实施十强行动计划，力图通过抓大放小，带动小企业的改组改造，促进全省医药经济结构朝着合理化和高级化方向发展。医药工业十强行动计划的总体目标是：到 2000 年，十强企业有 1 家销售收入过 10 亿元，2 家达到5～10亿元，3 家达到 2～5 亿元，4 家达到 1～2 亿元，5 家实现集团化改组，资产总额占全省医药工业总额的 80%以上，9 个产品或产品系列创省级以上名牌产品，且十强企业全部通过GMP 认证。为了实现这一目标，省医药管理局采取有效措施，本着“有限目标、集中力量、重点突破”的原则，从政策技术、资金筹措、产品信息、GMP 认证等方面对十强企业给予扶持，为十强企业的改革与发展创造良好的环境。十强企业是实施全省医药工业十强行动计划的主体。他们解放思想，抢抓机遇，根据全省医药工业十强行动计划实施方案提出的目标和任务，纷纷修订企业“九五”期间的各项指标并按年度分解实施计划。十强企业突出资本运作，加大资产流动重组的力度，以资本经营带动商品经营，以商品经营促进资本经营，加速企业低成本扩张和规模升级，走超常规发展之路；根据企业自身的发展方向和产品定位，开发生产有特色的优势品种和专利技术，按照“系列化、规模化、品牌化”的要求，注重老产品的二次开发，不断提高企业名牌产品和拳头产品的内在质量；按“127”工程（企业要用 10%力量搞生产，20%力量搞开发，70%力量搞营销）的要求，以品牌为中心，改革营销方式，调整营销策略，完善市场销售服务网络，保证全省医药经济总的调整目标的顺利实现。十强行动计划的推出，对福州抗生素集团公司、漳州片仔癀集团公司、厦门星鲨实业总公司等十强企业的发展产生了强大的“助推力”。1997 年十强企业不变价工业产值 11.49 亿元，比 1996 年增长 10.8%，占全省医药工业总产值的比重为 51.4%。销售收入 11.15 亿元，占全省医药工业总销售的比重为 57.7%。实现利税 2.4 亿元，占全省医药工业利税总额的比重为 84.7%。十强企业在全行业所起的主导作用进一步增强，并成为推动行业发展的主体力量。

医药科教上新台阶 1997 年，医药行业继续把科教兴药作为事关发展的重要工作来抓。依靠科技进步，大力培植新的医药经济增长点，促进产品结构的调整。企业新产品开发、新技术推广应用、产学研结合等方面取得明显成效。加强了科技管理工作，搞好科技开发项目的立项及跟踪实施。科技开发立项的有：三明制药厂的蕲蛇酶注射液项目被国家计划委员会列为国家工业性实验项目，总投资计划 9600 万元；漳州片仔癀集团与中国中医研究院中药研究所合作开发冠心Ⅱ号项目被国家中医药局列入国家重点新药开发项目；福州福兴医药有限公司的奈替米星注射液等 5 个项目被省经济贸易委员会列入全省新产品开发项目计划；福建天神微生物工程公司的胞必佳冻干针、莆田制药厂的盐酸育亨宾片等2项被省科学技术委员会列入全省重点新产品试制计划项目。三明制药厂的蕲蛇酶注射液和福州福兴医药有限公司的卡那霉素发酵过程溶氧优化控制节能系统等项目被列入省产学研计划项目。安多霖胶囊、荆花胃康胶丸、消瘤胶囊等3个品种获国家卫生部新药证书。新产品投产技术成果鉴定的有:三明制药厂的痛血康、福建顺顺制药联合公司的诺诺感冒片等5项产品通过了省医药管理局组织的新产品投产技术鉴定。泉州恒达制药公司的蚝贝钙片通过了省级科技成果鉴定。省医药局组织了1997年度省科技进步奖的医药项目复审工作，推荐《提高庆黄霉素产生菌耐前体特征的研究》、《蟒蛇胆化学成份及质量研究》评定省科技进步二、三等奖。并认真推广医药新装备、新辅料的应用，积极推进应用电子技术改造传统产业。福州药材站采用了医药商品信息管理系统，被列入省电子振兴项目。同时，加强了医药系统信息网络建设，省医药信息中心开通了与“中国医药信息网”联机服务系统，福州抗生素集团公司等5个制药企业加入了“全国医药科技信息网”。

加大了技术改造力度，以增量投入带动存量的调整。全年完成技改投资工作量8000万元，比1996年增长6.7%。抓好“八五”扫尾、续建项目的竣工验收。抓好漳州片仔癀集团公司车间改造、福州抗生素集团莆田制药分厂新建水针剂和大输液生产线等项目的目标进度。抓好一批对增加行业发展后劲有重大作用的项目储备。

努力搞好医药教育。充分发挥福建医药学校、省医药职工培训中心的基地作用。加强了函授、岗位培训工作，搞好对专业技术人员和管理人员的继续教育、资格教育工作，形成了多层次、多形式、多渠道的教育途径。全年举办了“商品经贸大专证书班”、“中专证书班”、“全省执业药师（中药师）继续教育培训班”、“全省不具备学历晋升初、中级职称理论考试辅导班”等27个，累计培训人员2680人次，576人取得继续教育证书，496人取得了药工证书，211人取得执业药师（中药师）资格证书。

宏观调控能力增强　加大质量管理力度。贯彻国家《质量振兴纲要》，实施国家医药局有关医药行业质量振兴计划，着力于提高全行业人员质量意识，特别是企业法定代表人的质量，从而有效地提高了产品质量档次和质量水平。强化了质量监督，对出现质量问题和存在质量隐患的一些药品生产（经营）企业分别进行严厉查处，责令整改。认真贯彻实施了药品包装生产企业许可证制度，1997年又有16家企业核发了生产许可证，已全部完成了药品包装材料生产企业换发许可证。稳步扎实地推行了GMP、GSP质量认证工作。福州抗生素集团粉针生产车间被评为全国粉针生产线GMP达标单位。福州药材站、邵武医药站、永安市医药公司和福州回春医药商店、福州回春中药店等5家被评为全国GSP达标企业。厦门视明人工晶体有限公司已通过了ISO9000认证审核。三明制药厂的山楂精降脂片通过了美国FDA质量认证，取得进入国际市场“通行证”。新水仙（漳州）药业公司等企业荣获“1997年度福建质量管理先进企业”称号。广泛开展了质量管理QC小组活动，厦门中药厂的御制平安丹等QC小组被评为全国、省优秀（先进）质量管理小组。同时大力推进名牌战略的实施，新水仙（漳州）药业公司的水仙牌风油精和三明制药厂的曲氏牌痛血康被省政府评为福建第三批名牌产品。

医疗器械行政监督管理进一步加强。认真贯彻实施国家医药局第16号令，制定了《福建省医疗器械注册程序》，明确了开办医疗器械企业、产品注册、标准制定的申办程序。着手医疗器械行政管理地方立法工作，起草了《福建省医疗器械管理办法草案》，并报省法制局审议。加强了一次性使用输液器、注射器等实施生产许可证管理的取证企业的监督检查。检查了省内市场销售的境外医疗器械产品，保护国内消费者利益。完成了63个医疗器械产品注册登记工作（其中新产品50个）。完成了2项医疗器械产品省地方标准的起草、审定和34项医疗器械产品企业标准的备案工作。完成了省内3个医疗器械产品的广告审查和省外26个医疗器械产品广告的备案工作。

深化麻醉药品供应体制改革，促进麻醉药品经营管理水平的提高。制定了“福建省麻醉药品中转实施方案》，重点抓了《福建省麻醉药品中转站”的筹建工作。开展了二级麻醉药品供应点的检查验收和经营资格重新确认。贯彻全省禁毒会议精神，重点抓了咖啡因、麻黄素使用单位的购用审查和清查整顿工作。

强化医药安全管理，进一步完善安全生产、经营责任制。开展了以“企业安全生产（经营）管理零缺陷”为目标的第九次夏季“平安杯”竞赛活动，制订了《福建省医药工业（商业）夏季百日“平安杯”竞赛活动安全检查标准》，福州药材站等12个单位被评为省竞赛活动先进集体，同时，定期组织安全检查，查找隐患，促进整改。全年医药行业实现了死亡及重伤率为零的安全管理目标。

药品价格管理得到重视。1997年是医药物价政策改革变动较大的一年。省医药管理局组织医药企业学好国家计划委员会制定的《药品价格管理暂行办法》及《补充规定》，并对医药企业执行新的价格政策进行调研。同时，积极协调配合省物价委员会在相应的职责范围内做好企业药品报价的核定、调整工作。

医药市场管理取得成果　继续整治和规范医药市场秩序。各级医药管理部门与有关部门密切配合，联手行动。全省共查处777件制售假冒伪劣产品案件，查处无证照或证照不全非法经营户569个，取缔388家，100家停业整顿，吊销营业执照8家，没收假劣药品标值191.92万元，罚没款425.72万元，移送司法机关案件11件。整治非法中药材市场工作成绩受到了国家中医药局的表扬。把药品回扣专项检查作为行业规范药品流通秩序工作的主要内容来抓，贯彻《1997全国整治药品回扣违法行为工作意见》，在自查自纠深度上下功夫，全省医药生产、批发企业自查自纠面达100%，国有医药零售单位也进行了自查。对自查自纠以及检查出来的问题，督促有关单位进行整改。根据纠建并举、标本兼治的原则，与有关部门共同为省政府起草了《福建省制止药品回扣规范购销行为的通知》，并以闽政文（1997）254号文进行颁发。该通知对制止药品回扣，维护医药市场经济秩序，加强药品管理，保障人民用药安全有效具有重要作用。

医药流通体制改革稳步推进。随着改革的不断深入，医药商业打破了地区及二、三级站司之间的界限，多元化、多层次的医药流通体系初步形成。医药商业企业规模化、集约化程度有新的提高。产权制度改革逐步展开，福鼎市医药公司试行了股份经营。宁德医药站通过盘活存量资产、以房抵货，使企业面貌有了改变。12月省医药局组织召开全省医药流通体制改革与市场管理会议，提出了医药流通领域改革的总体思路，推动各地进行医药流通体制改革。

精神文明建设取得新成绩 贯彻实施了《福建省医药行业社会主义精神文明建设"九五"规划和2010年初步设想》，已取得了明显成绩。开展了建设放心药店和创建全省文明示范窗口（药店）活动，现已评出8个省文明示范窗口（药店）、76个省放心药店。福州回春医药商店还被国家医药局、中医药局评为全国文明示范窗口。对全省药品零售企业统一悬挂绿十字标志，统一制发药品零售服务卡，现已发放绿十字标志1641面，已悬挂绿十字标志1491面，悬挂率为90.9%，树立了药品零售企业良好形象。福州医药站、厦门星鲨实业总公司鱼肝油厂丸剂车间2个单位获全国医药系统先进集体称号，还有2人获全国医药系统劳动模范称号。医药新闻宣传工作取得显著成效，举办了第七届"顺顺杯"全省医药好新闻竞赛活动，评出获奖作品20篇，其中有4篇获得全国医药好新闻一等、三等奖，省医药局连续五届获全国医药好新闻竞赛组织奖。

（林永兴 唐良忠）

江 西 省

概况 1997年，全省获证生产药品企业178家。其中，化学药品生产企业44家，中成药生产企业39家，中西药兼产85家。医疗器械生产企业79家，药品包装、卫生材料生产企业53家。有大型制药企业8家，中型制药企业21家。医药商业批发企业308家，零售企业1911家。年末工商企业固定资产原值24.3亿元。其中，工业20.76亿元，商业3.56亿元。有医药职工56671人。其中工业38315人，商业18356人。工业职工按行业分布，化学制药19562人，医疗器械3165人，中成药12382人。

1997年全行业围绕实现"两个根本性转变"，以调整结构、开拓市场为重点，进一步解放思想，不畏艰辛，排难而进，扎实工作，医药经济基本实现了稳定增长。全年医药工业总产值完成30.9亿元，比上年增长13.8%；完成医药工业增加值6.3亿元，比上年增长5%；产品产销率达94.5%；外贸出口交货值1.85亿元人民币，比上年下降47.1%；商业总销17.7亿元，比上年增长6.4%；全行业实现利税2.8亿元，比上年下降6.3%。其中实现利润1.28万元，比上年下降10.2%；主要产品质量稳定提高率90%；完成新产品开发102个，新产品产值率达22%。完成固定资产投资6000万元，比上年下降40%。全省中药材种植面积18.5万亩，其中播种面积9.6万亩，林木面积8.9万亩。中药材收购量4.7万公担。

改革与管理 1997年的企业改革，在加快医药国有资产重组方面做了大量工作，促进了国有资产的结构优化。东风药业股份有限公司继1996年上市后，分别购并了上饶制药厂和江西东明药业有限责任公司，使"东风药业"的经营领域由化学制药扩展到了中成药生产领域，并实现了低成本扩张。东风制药有限责任公司作为"东风药业"的控股母公司，继1997年上半年收购了黎明制药厂3000余万元的资产后，9月份又对黎明制药厂实行了整体兼并，使长期亏损的黎明制药厂有望走出困境。江西省医药公司与南昌市医药公司是南昌地区规模最大的国有医药商业企业，为克服"同室操戈"的劣势，发挥规模优势，两家进行资产重组，并联合有关企业组建"江西南昌医药集团"，于年底获得省体改委批准，1998年初正式挂牌运行。重组后的集团核心企业——江西南昌医药集团公司总资产将达2.5亿元，销售额3.6亿元以上，在全国同行排名30位以内。组建了江西东亚药业有限责任公司。以余江制药厂为核心企业，以贵溪制药厂、弋阳制药厂为紧密层企业，于年初组建了“江西天狮中药企业集团”。小型制药企业的改革改制取得突破性进展。如安福、遂川、瑞金、安远、庐陵、铜鼓、抚州等制药厂实行了兼并、租赁、划转、出售、合资合作等各种形式的改制、改组。至年末省医药国有资产经营公司所属40余个国有小型工业企业改制面已达80%以上。下岗分流、减员增效工作开始启动。至1997年末，省医药国有资产经营公司所属企业下岗、转岗分流人员3700多人，占职工总数的9%。江西国药有限责任公司下岗分流职工720多人，使企业扭亏为盈。

招商引资更加主动，全系统先后有10批14人次出国考察学习或进行商务活动，并主动与美国美林公司、台湾国环公司、天良药业公司、润田公司、三株公司等海内外投资者进行了广泛接触、探讨合作。新批准成立2家合资企业(抚州珍视明公司、乐平鑫海公司)，合同外资251万美元，实际进资60万美元。赣南制药厂获得自营进出口权。

经营管理以抓好营销、开拓市场为重点，取得明显成效。省医药局制订了《1997年医药新的增长点计划》和营销月汇报制度，7月份又在庐山召开了以营销培训为主要内容的厂长经理座谈会。各企业在继续加大销售力量的同时，企业领导纷纷走出厂门、省门，亲自上门推销。全年全行业新产品销售完成6亿元。其中系统内3.3亿元，实现销售利润7311万元。单一产品销售收入超1000万元，销售利润超100万元的品种有20余个。金水宝、茶色素、健胃消食片、增智健脑口服液销售额达7000万元以上。当年经江西省名牌战略领导小组认定，又有赣南制药厂的P-转移因子和绿色制药公司的茶色素胶囊获得江西省名牌产品称号。

医药商业经营管理加强，积极学习广州市、深圳市等先进经验，进一步转变经营观念，推行连锁经营、总经销、总代理，走规模经营之路。到年末，全省有8家企业经营总经销、总代理业务，代销品种37个，金额6000万元。鹰潭市、省医药公司以及遂川、永新、赣县等20多个县（市）公司，实行了批零一体化，取得明显效益。为加强基层网点建设、广拓城乡零售市场，新办医药零售网点106家。继续开展“三承诺”活动。经对已经开展“三承诺”活动215家零售企业中的153家的抽查，承诺后比承诺前的销售普遍增长16.9%，利润增长14%。

劳动人事管理得到加强。改进和完善了工效挂钩办法。当年总公司系统新增效益工资总额1191万元，增长率为5.1%。职工人均年工资收入为5387元，比上年年收入增加167元。严格控制招工，停止了从系统外调入职工。但在富余人员多、安置困难的情况下，安排了176名军转干部和退伍战士。接受安排本科生31人、专科生45人、中专生186人、技校生754人。当年评定高级职称24人，中级职称134人。执业药师、执业中药师管理工作步入正常轨道，认定执业药师49人，执业中药师22人。到1997年末，全省共注册登记执业药师194人，执业中药师46人。企业评定工人技师124人，机关事业单位评定高级技师51人，工人技师76人。

医药质量与监督　实施GMP和GSP迈出了可喜的第一步。省医药局把两个达标作为全年质量工作的重点，在提高思想认识的同时，注重硬件和软件建设，经常通报情况，表扬好的、批评差的。经过努力，终于使开展有10余年的GMP达标和开展已有6年时间的GSP达标收到效果。经国家医药管理局审查批准，1997年江西东风制药有限公司、赣南制药厂、裕丰制药厂、东方制药厂4家生产企业粉针首批通过GMP达标；新余市医药公司、赣州医药集团公司、赣州市医药总公司、赣县医药总公司4家经营批发企业首批通过GSP达标。认真开展了以国务院颁发的《质量振兴纲要》为主要内容的宣传教育活动；9月份开展了全省医药质量宣传月活动和“五查一访”活动（即查产品质量、服务质量、质量意识、现场管理、质量损失和访问用户），开展了多层次、多专业的质量培训，共有194人次参加。坚持不懈地开展群众性质量管理小组活动。当年有28个QC成果进行了发表与交流，共创经济效益1168万元，分获一、二、三等奖。其中赣南制药厂P-转移因子等两个成果获国家级优秀QC成果奖。在加强医药产(商)品正常的监督检查的同时，重点进行了全省中药饮片检查评比。5月份由省医药管理局统一组织分别对9个中药饮片厂（加工部）和15个零售药店（门市部）共24个企业进行了交叉检查，南昌、赣州、武宁3个饮片厂（加工部）和铜鼓县青春药店、南昌市青山路药店、泰和县大道国药店评为优胜单位，并获“中药饮片质量信得过企业”称号。省经贸委10项考核指标完成90%，省医药局考核的20种原料药计划完成率90%，与1996年同期比质量稳定提高率为85%；87种制剂计划完成率为73%，与1996年同期比质量稳定提高为55.9%，说明制剂质量指标完成较差。初步建立起一整套以专家评审为主的医疗器械产品标准审查、注册审查和许可证质量体系监督管理的工作程序。至1997年末，全省有医疗器械注册产品：一类51项，二类62项，三类49项。共有7个品种14个企业获得生产许可证36个。为确保药品质量，强化了药、包、材的管理，当年有20余家药包材生产企业换发了许可证。同时要求制药企业一律不得使用无证企业的药包材产品。

坚持不懈地加强医药市场管理。省医药局对新冒出的非法药市及时向省政府汇报，并联合卫生、工商和监察等部门，对存在问题较突出的樟树、新干、南昌、萍乡等地医药市场进行了检查和整顿。明令关闭萍乡市设立的非法药材市场；规范樟树中药材专业市场，制定了发放《合格证》的规定。

科研与教育 医药科研开发围绕产品结构的调整，在特色和优势及市场开拓上下功夫，较好地实现了全行业科技进步与市场的融合，体现在产品结构初步实现了6个转移：一是由原料药向制剂转移。当年全行业研制成功的12个新药，除一个为原料药外，其他11个均为制剂，考核的新增长点58个产品中，原料药占12%，制剂达88%；二是化学药向中成药转移。当年获新药证书和生产批文的新药中，中成药占66%，全省中成药销售产值与化学药的比重由1996年的37.87%上升为1997年的45.34%；三是由一般产品向独家、特色、专利产品转移，形成了一批独家、特色和中药行政保护品种；四是由低水平向高附加值、高技术含量产品转移。中成药剂型已由传统的丸、散、膏、丹为主，发展为以颗粒剂、片剂、胶囊、口服液为主，化学药制剂已进入新的释药系统（DDS），如瑞贝克缓释片、阿斯匹林缓释胶囊等；五是由仿制、买副本向自己研制开发转移。1997年研制成功的新药均属国内首创。其中二类新药2项（奥美拉唑原料和胶囊）、三类新药12项（安克干混悬剂）、四类新药9项，新药个数比上年增加50%；六是由药品向保健品及相关产品转移也有了起步。特别重视了新产品的市场开拓工作。全行业新产品销售二季度比一季度增长72%，利润增长43%；三季度比二季度增长7.8%，利润增长65%；四季度比三季度增长5.8%，利润增长36%。当年技术改造项目7项，其中续建项目4项，新开项目3项，计划投资9670万元，实际完成6000万元。这是“八五”计划以来项目数量和投资完成最少的一年。主要原因是企业存量资产的重组、自筹资金及外部资金匮乏，多数企业在竞争中处于劣势。

职工教育有新的进展。省医药学校和各技工学校增设了专业，稳定了招生规模。全年培训医药质量、医疗器械标准检查及行政监督人员298人次。举办了三期企业领导干部财税知识培训班，培训155人；对681名技校毕业生及医药学校中药专业54名毕业生进行了“双证制”考试考核，合格率为76%。全年全系统共有3754人次参加培训，有效地提高了职工队伍素质。

精神文明建设　根据中共中央《关于加强和改进国有企业党的建设工作的通知》，省医药总公司加强了对所属国有企业领导班子的考核，全年共考核23个，其中调整充实了15个。开展了解放思想大讨论，主要围绕如何优化国有资产结构、优化企业组织结构，优化产品结构而进行，还分片召开了汇报会，对医药改革和发展起到一定推动作用。南昌市黄庆仁栈等13个药店被评定为“全省医药行业文明示范窗口单位”。永新县医药公司、东风制药公司动力分厂溴化锂制冷站荣获全国医药系统先进集体称号，东亚制药公司二车间配料班被中华全国总工会授予“全国五一劳动奖状”集体荣誉称号。丁晨昌、金春华、朱茶萍获全国医药系统劳动模范称号。徐特明和丁晨昌作为江西先进集体和先进个人代表出席了全国医药系统“双先”表彰会。

医药重要事件　元月，省医药总公司按《1996年度目标管理责任制考核办法》，对直属企业责任人进行了考核，有11家企业责任人获奖，其中工业3家，商业8家，奖金最高为15000元。

元月，以余江制药厂为核心企业，贵溪制药厂、弋阳制药厂为紧密层企业，联合有关企业，组建了“江西天狮中药集团”。

元月27日至31日，江西省医药工作会议在南昌召开。会议代表220人。副省长朱英培到会作了重要讲话，要求要扶优扶强，加快医药行业发展。郭月秋总经理作了题为《调整结构、开拓市场、强化管理，加快江西医药经济发展步伐》的工作报告。为适应市场经济，推动“两个转变”，重点研究了如何调整医药经济结构、开拓市场问题，全面部署了1997年的医药工作。

2月，省医药总公司机关购置20台微机，并实行了联网。之后，江西医药信息中心作为二级网员单位，完成了与国家医药局信息中心的电脑主机联通，实现了行业全国联网。12月，又与江西益达电子公司联合，开通了与各直属企业的电子信箱，初步实现了机关办公自动化，提高了工作效率。

4月8日至9日，省医药总公司分南昌、鹰潭、赣州、樟树四个片区组织召开了全省医药企业解放思想讨论会。各企业提出了新形势下加快企业改革和发展的新思路、新对策，增强了克服困难的信心和决心。

4月28日至30日，省医药局在南昌首次召开了全省医疗器械工作会议，108

名代表与会。会议总结交流了多年来江西医疗器械工业发展所取得的成就、经验和教训，要求加大行业结构调整力度，加强器械产品生产质量的行政监督和管理，对加快行业发展进行了总动员。

5月底，江西开始在全省范围内推行零售药店悬挂全国统一的“绿十字”标志。

6月27日，东风药业股份有限公司千吨青霉素污水处理工程竣工，且顺利通过了省环保局验收，各项指标均达到设计要求。该项目投资1048万元，历时6年。其中青霉素污水处理SBR法为目前国内最先进的技术。

7月，江西国药有限责任公司制订了《减员增效方案》，经省企业兼并破产和职工再就业工作协调小组批准后，下岗分流720余人，可免除银行贷款利息1360万元，避免了企业的全面停产，还实现了扭亏为盈。

7月初，安远制药厂行政划转给当地政府管理，完成交接工作，首开省医药国有资产经营公司所属小型制药企业（计40余个）行政划转之先河。

7月17日至20日，省医药总公司在庐山召开全省医药经济工作座谈会。会议改变传统开法，专门邀请中美史克、浙江省医药局、扬子江药业集团、三株药业、汇仁制药、中国药科大学等单位的有关专家、教授讲授市场营销知识和先进的营销经验，与会同志受益匪浅，特别使企业领导转变了思想观念，认识了新形势下市场营销的重要性。

7月27日至8月3日，由省医药总公司副总经理李发昌带队，率领直属工业企业主要领导一行10人赴山东考察学习，真实感受到山东医药工业的惊人变化和山东同行们实干、吃苦、奉献精神，学到了许多宝贵经验。

8月13日，国家医药局国药质字335号文公布了首批50家实施GMP达标企业名单，江西生产粉针剂的东风制药有限责任公司、赣南制药厂、裕丰制药厂、东亚制药厂为首批达标企业。

9月7日至8日，根据国家中医药管理局等二部三局要求，江西省政府派出省医药、卫生、工商和技术监督等部门组成的联合调查组分赴樟树、新干、南昌等地检查整顿中药材专业市场和关闭药品集贸市场落实情况。9月11日受省政府委托，省医药局副局长浦冠新带队专程赴京汇报，这对规范江西医药市场起到积极作用。

9月10日，由江西省医药局组织申报的“面向中小型企业的关键技术攻关——维生素D_2原料、维生素D_2微囊、生产工艺技术及装备的研究”，列入“九五”国家重点科技项目（攻关）计划，获国家财政拨款180万元。项目完成后，能较大提高我国维生素D_2生产水平，对提高国产维生素D_2在国际市场的竞争力具有重要意义。

10月28日至29日，在南昌召开了地市医药公司经理会议，重点研究了党的十五大后江西医药流通体制改革的思路和医药商业面临的市场变化及对策。这也是一次组建“南昌医药集团”的动员会。

国有医药企业与医药合资企业概况

1997年江西国有医药经济尽管保持了一定增长（产值增长4.7%，商业销售总额增长6.4%），有一定的效益（预算内企业实现利税1亿元），但效益滑坡严重，亏损企业增多，亏损额加大，有的企业已全面停产（如国家大型制药企业赣江制药有限公司几乎全面停产），下岗职工增多（全省国有医药企业4万多名职工，近三年将有1万下岗分流）。面对诸多困难，江西国有医药企业振奋精神，以改革、调整促发展，以加强管理渡难关，以强化销售争市场，依靠科技增后劲。特别是抓住机遇调整医药经济结构，取得明显成效。1997年国有制药企业个数比1996年减少20余个，而单个企业的规模在扩大，国有资产超千万元的企业增加了5个。另外，非国有经济成份在整个医药经济中，所占比重上升，由1996年的30%上升为34.71%。但国有医药企业实现的利税仍然占70%，

到1997年末，全省有医药三资企业41家（系统内20家，系统外21家）约占全省医药工业总数的四分之一。其中制药企业36家，非制药企业5家，80%为中药企业。41家三资企业总投资5250万美元，合同引进外资1460万美元，实际利用外资据系统内21家统计共530万美元。系统内20家1997年工业总产值1.5亿元，销售收入1.4亿元。产值为系统内产值的10.3%。21家目前有9家生产经营不正常。

医药统计与信息工作 在统计方面，除及时准确汇总上报全省医药工业、医药商业、工商财务指标的各种月、季、年度报表外，还按国家医药管理局要求，修订了医药商业统计制度，评选先进促进统计工作。1997年有抚州地区医药公司、南昌市医药公司、江西省医药公司被评为商业统计先进集体，九江市医药公司、赣州医药集团公司分获统计分析、统计报表质量单项奖。积极开发利用统计信息。继续按月编写《医药工业生产经营简报》，按季汇总全省主要经济效益指标并进行分析通报，年初汇总编印上年度《江西省医药工商统计资料》发送有关领导和单位。当年编印《江西医药信息》12期9000余册，至当年已编印136期。信息传递开始实现现代化。1997年省医药局机关投资为每个领导和部门配备了一台电脑，机关实现了联网，还与国家医药局信息中心实现了全国联网，能够方便、快速地交换电子邮件和查询有关信息。通过微机联网，每天都可接收大量最新医药信息，从而不定期汇编《医药科技信息快讯》，供领导和机关及企业参阅。

（曾永根）

表1 江西省医药工业主要指标

类别	工业总产值(90)(万元)		利税总额(万元)		主要产品产量(吨)		劳动生产率(元/人年)	
	本年实际	比上年±%	本年实际	比上年±%	本年实际	比上年±%	本年实际	比上年±%
化学药品	160947	2.6	3737	-32	5486	-27.9	12823	1.4
中成药	126684	30.3	18956	6.9	16899	持平	31305	33.5
医疗器械	1317263	5.4	625	-17			11082	11.9
其它	861339	63.5	161	-27			6989	114.7
合计	309416	13.8	23479	-2.7			18533	20.6

表2 江西省医药商业主要指标 单位：万元

类别	商品总销售额		国内总购进		对居民和社会集团的销售		期末库存	
	本年实际	比上年±%	本年实际	比上年±%	本年实际	比上年±%	本年实际	比上年±%
药品类	88390	7.8	65253	6.1	64297	11.8	18505	-0.5

续表

类别	商品总销售额		国内总购进		对居民和社会集团的销售		期末库存	
	本年实际	比上年±%	本年实际	比上年±%	本年实际	比上年±%	本年实际	比上年±%
中药类	78603	7	57465	-1	47437	14.8	23853	1.9
器化玻类	10060	-6.8	7886	3.1	7079	-4.5	4405	7.1
合计	177053	6.4	130604	2.5	118813	11.8	46763	1.3

表3 江西省预算内医药工商企业经济效益指标

类别	实现税利(万元)		销售税利率%		资本金利润率%	上交税利(万元)	上交利润(万元)
	本年实际	比上年±%	本年实际	比上年±%			
医药工业	6130	-17.7	6.73	-13.2	-11.9	4408.8	276
医药商业	4743	-25.5	3.2	-28.5	2.7	4370	453
合计	10873	-21.3				8788.8	729

全年工商利税按调整后口径（不含三株）统计，实现利税10.7亿元，较上年增长15.68%。其中工业利税9.36亿元，利润4.9亿元，分别增长15.96%和11.15%。（隋晓燕）

山东省

概况 全省医药经济发展实现了稳中求进。工业生产运行正常，产销率大幅上升。全年工业总产值完成111.95亿元，同上年基本持平；一批大中型企业产值有较大幅度的增长，据山东新华、鲁抗、齐鲁、东阿阿胶、鲁南制药、青岛中药、烟台二药、山东医用玻璃总厂、潍坊制药总厂等11个企业的统计，增加产值近6亿元，推动全省工业生产增幅提高6.56个百分点。销售产值94.32亿元，增长6.5%；全行业工业产销率大幅度上升，达到99.15%，较上年提高了12.36个百分点。

商业经营形势稳定趋好。全年总销售额达60.07亿元，比上年增长4.96%，其中纯销售额达48.0亿元，增长4.23%；零售额达7.3亿元，增长21.87%，创历史记录。

改革开放实现突破 一是股份制改造使所有制结构得到调整优化，促进了企业机制转换，改善了企业资产构成。到目前为止全行业实行股份制改造的企业有20家，其中工业16家、商业4家。新华、鲁抗、东阿阿胶集团已在沪、深、港发行股票；鲁南制药、青岛中药等7家在省内实行产权交易。据统计，20家股份制企业共融资14.0085亿元，起到了优化资本结构、促进技改和产品开发、盘活存量资产、降低负债率等作用。其中新华、鲁抗和东阿集团负债率已分别降到38.7%、52.9%和39.4%。与此同时，对民营企业从行业管理的角度，对其进行积极地鼓励和帮助，制定了支持、引导、规范的工作方针，使其不断完善、规范、健康发展。

二是“抓大放小”的步伐加快，对国

有企业进行战略性改组取得丰硕成果。1997年上半年，潍坊制药二厂成功地兼并了潍坊制药一厂和三厂，成立了潍坊制药总厂；威海医药从专业生产经营入手组建了工商一体的太阳、人生两大集团。下半年新华兼并了淄博制酸厂等3家企业，鲁抗兼并了菏泽二药。十五大以后，新华和鲁抗两大医药集团的强强联合取得新进展。省领导十分重视，多次听取汇报，方案报省政府已原则批准。青岛医药总公司被国资局列入首批实施国有资产委托运营单位之一，使青岛医药企业改革向前推进了一大步。在放活小的方面，省医药局在7月份出台实行公司制改造、分块搞活、股份合作、国有民营、产权转让、兼并收购等6条意见后，各市地都结合实际进行贯彻，使中小企业改革有了实质性进展。

三是商业流通改革从充分发挥市场机制作用、加快医药经济市场化进程出发，在集约经营、集团化经营方面有较大动作。在深入调查研究、进行试点的基础上，本着治理规模小、经营分散，实行企业集团化、经营集约化、零售连锁化、资产一体化、管理现代化的总体思路，出台了《关于深化全省医药流通改革意见》，提出了以龙头企业为骨干、组建商业集团公司等7条意见。目前全省已有济宁、滨州、淄博、菏泽、临沂、济南等市地建立医药商业集团公司并正式运作，其他市地正在积极筹备。总之，全省医药商业正朝着统一开放、竞争有序的医药市场体系前进。（隋晓燕）

外经外贸工作有声有色 全年出口交货值13.11亿元，比上年同期增长18.95%，占工业总值的11.71%。从出口类别看，原料药为11130多吨，占全省原料药的43.81%，出口总值的58.53%；制剂出口46个品种，计2.4亿元，占出口总值的17.4%；医疗器械及包装材料占1/3。从出口规模看，全省出口的130多个品种中，过100万美元的有28个；出口创汇超千万美元的企业有4家，超过500万美元的7家；自营出口企业13家，出口额可达7亿多元，占全省医药出口交货值的52%。利用外资开始步入由数量速度型向质量效益型转变的轨道。全年新批外商投资项目13项，总投资额为4368万美元，利用外资2000万美元；到目前为止外商投资500万美元以上的医药企业全省有28家，其中1000万美元以上的有2家，齐鲁药厂安替比奥合资项目双方投入3000万美元，现已建成。境外办企业开始启动。山东新华医药集团利用援外贷款在加蓬建立医药企业已动工，省医药行业驻厄瓜多尔代表处已开业运转。（隋晓燕）

科技和技改工作有新进展 科研新产品开发超额完成任务。全年共完成125项，试产120项；新产品创产值25.5亿元；新产品产值率达22.76%，实现利税6.85亿元；列入全省百项工程开发的重点产品，实现年产值过1000万元的37个，过5000万元的15个，过亿元的有7个。重大高新技术的科研项目攻关初见成效。红、白细胞生成素，链激酶和海洋药物聚甘古酯等4个项目有较大进展，一类新药乙氧苯柳胺已投产，介入性医用导管和新药阿格利特被列入国家“九五”攻关项目。产品技术经济指标稳定提高，各企业通过改进工艺、采用新技术，使产品技经指标有较大提高，据统计全行业可因此增收7000多万元。专业研究所充分发挥技术优势，继续走科工贸一体化的路子。全年完成科研项目30多项，转让22项（次），科企联姻进一步巩固，省医工所的工作尤为突出。更值得一提的是省委、省政府批准的“山东省高新技术及产业发展计划”方案中，医药行业被列入主要行业，项目和投资占了全省各行业约1/4，这是一个很大的启动动作。教育工作进一步加强，年度“千万工程”计划按期完成，3期培训中青年干部287名，4401名职工参加的职工中专函授教育进展顺利，岗位培训3.1万人次，继续教育2900人次；学校教育进一步加强，省药材技工学校已通过山东省重点技校考核验收，省医药中专学校进行了年度评估。

基建和技改为结构调整注入新的活力。全年完成投资12.4亿元，比上年增长34.2%，其中省管以上重点项目26个。一大批适应市场需求、技术含量高、设备先进、效益明显的技改项目如齐鲁头孢系列、东阿阿胶集团胶剂车间改造等相继投产发挥效益，可增产值16.38亿元，创利税3.65亿元。 （隋晓燕）

管理工作上台阶　管理工作较好地体现了科学化、规范化、法制化。企业管理工作向纵深发展。全行业实施“管理示范工程”、开展创建“管理示范企业”活动，促进、带动了企业管理的深入开展。鲁抗医药集团作为第三批省管理示范企业创建单位，已通过现场考核。企业管理促进了各项经济指标的完成，全年，万元工业产值能源消耗较上年同期下降14.56%；国有医药工业资本收益率15.22%、成本费用利润率8.2%、销售成本利润率10.14%，分别比上年同期提高1.29、0.16、1.35个百分点；资产负债率下降6.33%；杜绝了各类重大和较大事故。 （隋晓燕）

医药市场整顿工作　医药市场管理进一步加强。先后关闭了菏泽康庄、振兴药市和临沂中药材市场；查处假冒伪劣案件281起，取缔非法经营76户，没收假劣药品货值125.2万元；加大整治药品回扣力度，通过自查自纠，基本遏制了药品回扣蔓延势头，进一步规范了经营秩序。

（隋晓燕）

产品质量稳定提高　质量管理工作通过强化激励机制、落实质量责任，全省杜绝了重大质量事故，省以上监督抽查合格率为96%，仍高于全国平均水平5个百分点，省级考核重点产品质量稳定提高率95%：GMP、GSP推行工作已见成效，粉针生产重点企业已有12家通过GMP验收检查，济南医药站等5家企业通过GSP达标验收；全面质量管理活动普遍开展，评出国家级QC小组2个，省部级QC小组28个，创经济效益1400万元。

（隋晓燕）

行业管理力度加大　一是生化药品的生产经营经省编委批准，纳入医药行业管理，省医药局已制定管理办法下发各市地执行；二是李春亭省长签发、省政府颁布了《医疗器械生产经营管理规定》，省医药局成为执法主体单位；三是加强了《药品生产经营企业合格证》管理工作，通过换发药包材企业《生产许可证》取消27家低水平、小规模企业。 （隋晓燕）

精神文明建设迈出新步伐　全行业以邓小平理论为指针，以十五大精神为内容，积极贯彻重在建设的方针，切实加强了精神文明建设。一是制定下发了“九五”期间《全省医药行业精神文明建设规划》，成立了全省医药行业精神文明建设指导委员会，并积极开展工作，使全省医药行业精神文明建设有纲领、有目标、有措施。二是各级领导正确处理两个文明的辩证关系，把两者有机地结合起来，出现了两个文明一起抓、两个成果一起要的新局面。三是活跃在精神文明建设第一线的政工队伍，充分发挥我党政治工作的优势，在企业思想工作、政治教育、理论学习、加强党建等方面大显身手，对于增强职工凝聚力、保持全行业稳定做出了积极的贡献。在9月份召开的全省医药行业精神文明建设经验交流会上，表彰了一大批精神文明建设的先进集体和先进个人。12月份又召开了企业人才研究交流会，影响广泛。四是反腐败斗争不断深入。全行业各级党委对于反腐败斗争旗帜鲜明、态度坚决，形成了党委统一领导、党政齐抓共管、纪监组织协调、部门各负其责的格局。

（隋晓燕）

山东省医药企业介绍

连年盛开的海上医药之花
——山东长岛医药公司

座落在举世闻名的长山列岛上的长岛医药公司，被誉为是“连年盛开的海上医药之花”。

这个只有30名职工的长岛医药公司，是山东省唯一的一家海岛医药公司。从1993年起就实现了供应无缺货、银行无贷款、资金无拖欠，成为山东医药商业企业一绝；1997年长岛医药公司又创新高，各项指标均创公司历史最高水平：完成销售额874万元，实现利税88.2万元，增长19%，其中利润52万元，人均利润列全省医药商业系统前茅；公司被评为烟台市医药系统先进企业和精神文明先进单位；经理韩传开被授予县级劳动模范称号，被烟台医药局评为优秀思想政治工作者。今年一季度费用下降3.3个百分点，利润增长25%，企业净资产增长17.08%。

长岛医药公司从三个方面进行改革、创新，一是优化组合，减人增效。从精简机构压缩行管人员入手，定岗定员、因事设人，建立高效运转的办事机构，面向经营第一线，出现了人人满负荷工作新局面；合理布局经营机构，按岛上居民需求实际和人口密度，建立批发零售经营网点，并人尽其才，按职工专业特长竞争上岗、优化组合，清退临时工，发挥最佳效应。二是拓宽进货渠道，打破传统的经营方式，改变等客上门的封闭经营作风，积极探索总经销、总代理的路子。他们从传统的计划经济下走出海岛，迅速与市场经济接轨，跻身于激烈的市场竞争之中。先后与广西金嗓子制药厂签订了胶东地区总代理协议，年销售金嗓子喉宝300万元，与福山、龙口、莱州等医药公司联合采取联购联销制；根据公司确立的发挥优势、主动出击、有的放矢、薄利多销的经营指导思想，实施四并重策略：即批发与零售并重，城镇与农村并重，区内市场与区外市场并重，治疗药品与保健药品并重，从而进一步扩大经营空间，为企业经营上规模打下基础。三是承包指标，按销取酬。公司把各项经济指标层层分解，落实到科室、班组和每个职工，并与职工经济利益挂钩，多劳多得，上不封顶，下不保底，完成任务有奖，完不成任务扣发岗位工资，形成了人人身上有指标，千斤重担大家挑的局面。改革，极大的调动了职工们的积极性，企业活力大增，公司从九十年代初年销售额不足200万元、利润6万元发展到现在的近900万元、利润52.1万元，连续9年超额完成利税计划。目前，他们正在酝酿改制，积极创造条件建立股份合作制公司。

长岛医药公司还注重严格的企业管理。一是坚持以人为本，提高职工素质。公司舍得在提高职工文化素质上下功夫，大力支持职工学习科学文化知识，凡是专业对口，经公司领导同意，学习期满拿到毕业文凭或证书者，给予报销全部学习费用，并规定上浮一级工资，仅1997年公司在培养人才上就投资2.5万元；据统计，目前全公司拿到大专学业证书的5人，大学本科证书的2人，正在学习医药函授中专的13人，大专的2人，占在职职工人数的90%。职工素质的提高为严格的企业管理夯实了基础，在传统企业管理经验的基础上，引进了一些现代管理思想、方式和方法，在烟台市医药企业现代化管理优秀成果发布会上，先后发表了《运用市场预测搞好信息反馈》、《ABC管理法在医药商品购销活动中的运用》、《量本利分析法在企业经营中的运用》等三篇论文，都荣获二等奖。二是把资金管理作为企业管理的中心环节来抓，建立健全严格的核算制度。如在库存方面制定库存商业占用考核办法，始终控制在保持两个月左右的销售量，既保证了卫生医疗单位的药品和医疗器械供应，又避免了重复购进和超量购进，最大限度地减少资金占用。在货款回笼方面，建立了货款回收制度，坚持一手钱一手货的原则，并实行货款回收与业务员经济利益挂钩的办法，调动了业务员回款的积极性，全公司目前货款回收率达98%以上，基本上无拖欠。他们还建立了资金调度制度，定期对资金状况进行分析，有效提高资金使用率，做到了银行无贷款，仅此一项每年可节约十几万元。三是精打细算，严格费用开支。他们坚持"压一块、挖一块、活一块、省一块"的原则，加强了对车辆、电话、办公用品等的严格管理，并坚持一支笔审批制度，努力把费用水平降低到最低限度，比全市平均水平低3个多百分点。

（田洪顺）

青 岛 市

概况　青岛市医药总公司有直属企业23个，其中工业企业6个、医药商业企业14个、专业医药工业设计院1个、餐饮服务企业1个、合资企业1个。1997年底，固定资产原值33488万元，净值25230万元；职工7800人，其中各类专业技术人员2159人。

生产经营　1997年，全行业工业总产值完成11.4亿元，比同期增长10.4%，完成工业销售产值9.62亿元，比同期增长9.4%，产销率为98.8%，产品出口交货值完成3.94亿元，增长45%。直属企业完成产值5.45亿元，比同期增长7.25%，完成销售产值4.46亿元，比同期增长7.55%，新产品产值完成3.54亿元，同比增长18.2%，产销率为106.1%，比同期增长1个百分点。

全系统商业总销完成9.88亿元，比同期增长14.8%，商业纯销完成8.1亿元，比同期增长9.4%，完成药品零售额1.27亿元，占纯销的16%，比同期增长20%。

效益总量继续攀升，全系统实现工商利税5595万元，利润5078万元，分别比去年同期增长45%和48%。其中，工业实现利润4054万元，比同期增长61%，商业实现利润1024万元，比同期增长7%。

全行业共完成科研新产品16项，其中获新药证书4个，系统内新产品产值率达到34.3%，新产品奈替料星被评为市技术创新项目和市科技进步一等奖。重点产品对工业发展产生较强的拉动作用，10个重点品种的生产集中度达到60%以上，市场营销力度加大，工业销售人员达到500多人，并探索实行了强化区域市场销售等做法。产品出口实现突破，深海龙胶囊成为青岛医药第一个通过美国FDA认证的产品。商业企业总经销、总代理有新的发展，200多个品种实行了区内、省内及全国部分地区的总代理、总经销。实行了"存货有效率"指标考核，把一年期内的西药和一年半期内的中药、器械定为"有效商品"，加强了库存管理，加快了资金周转。商业零售发展迅速，全市医药零售店达到

215家。

资本运营及“三改一加强”　围绕完善资产运营机制，建立了资产运营监督机构—监事会，总公司还制定下发了《关于禁止企业擅自处置资产的通知》,对管理范围内的资产处置做出了明确规定。

中药公司与海药所在联合的基础上进一步理顺了资产、人事管理关系，先后投入了400多万元,对海药所实施硬件改造。中药公司还被省政府认定为省级企业技术开发中心，在产品开发立项、资金和增值税返还及科教用品减免税等方面享有优惠政策。四月份，按照市府的安排，青岛第三制药厂由海尔集团控股管理，医药总公司占20%的股份。

3月6日，总公司推荐中药公司权证挂牌交易，通过增发股票，增收股本金5100多万元，使企业总股本达4121.85万股，资产负债率达到40%，为进一步发展奠定了良好的基础。

在建立现代企业制度方面，平度公司印刷厂着手进行现代企业制度改造。在调整完善企业内部运行机制方面，胶州公司从县市级公司的实际出发，按照“统一资产、财务、购进、价格、储运管理，放开经营，实现效益和规模不断扩大”经营管理模式，进行了改革调整。“减人增效”工作有新进展，全年，全系统共办理内部退养191人，提前退休12人。中药公司在内部实行了“末尾淘汰法”,对每一位职工进行工作业绩综合评分，干部按10%的比例,工人按5%的比例从末尾淘汰,收到较好效果。

为加强固定资产投资管理，总公司制定了《青岛市医药系统投资管理办法(试行)》,并进行培训。对1996年和1997年的全部建设项目进行检查，并通过市执法检查验收。全年新开工项目5个，完成投资额2600万元，完成技改项目4个，土建竣工验收2个。药材站的中成药技改项目完成厂房建设和设备到货，累计完成投资1200万元。

总公司以抓营销管理和财务管理为中心，坚持“管理与发展并举”和“管理机制与管理方法并举”的原则，继续开展了“管理示范工程达标”活动。并通过采取“抓两头，带中间”、“达标”工作与资产经营目标考核结合起来等措施，较好的推动了工作的开展。有8家企业达到验收标准，其中商业企业5家，工业企业3家。第二药厂实行成本管理、医药站实行“内部银行”、药材站开展“企业整顿”等做法，收到良好效果。

行业管理　1997年，市医药行业管理办公室认真贯彻国家、省医药局关于加强行业管理的有关文件要求，进一步加大了宏观管理和整顿的力度，为推动全市医药经济的快速发展，维护医药市场秩序做了大量工作。

行办在对全行业38个药品生产企业、363药品经营单位和33个医疗器械生产企业发展情况进行充分调查的基础上，结合实施GMP、GSP对有发展前途的高新产品积极扶持，加强专业指导，同时对产品不新、水平不高、达不到GMP、GSP要求的“小”单位，一律不予发证。全年，共对38个生产企业和246个药品经营企业进行了合格证年检，其中对4个生产企业和2个经营单位进行限期整改。

在市场整顿中，密切医药、卫生联系，突出了规范经营，进行了六次联合检查，效果较好。在药品零售店的管理中，按照国家有关规定要求，把保健品的经营列入管理范围，加强了对大中型商店、三星级以上宾馆开办的保健品、药品专柜的管理，规定其进货必须从国有主渠道，并不能扩大经营范围、不能扩大宣传等。1997年，行办被评为青岛市打假先进单位。

严格质量管理，进一步完善质量保证体系。全年没发生医药产品重大质量事故，省级质量监督抽查合格率为98.13%，市级抽查合格率为96.82%，青药公司、第二药厂顺利通过了粉针GMP达标验收。黄海药厂的“改进工艺提高硝苯地平溶出度稳定性”等六个QC小组被国家医药局和中医药局评为优秀QC小组。

对33个医疗器械企业生产的53个品种进行标准登记，加强了行业管理。全年制定审查通过了15个医疗器械产品企业标准、14个新产品市场准入。

适应国家新的药品定价管理办法，进一步加强价格管理。共新定、调地产中西药品36个品种、规格，同时监督执行了114个省管品种和47个国家管品种的价格定价工作。（刘　凯）

河　南　省

概况　1997年，全省医药工业企业193个，其中化学药厂104个，中药厂56个，医疗器械厂11个，卫生材料厂9个，药用包装材料厂9个，制药机械厂1个，其它3个。职工84081人。固定资产原值332977万元。完成工业总产值89.50亿元，比上年增长0.44%，产值在全国同行业居第6位。其中：化学药品完成72.8亿元，同比下降2.91%；中成药完成12.7亿元，同比增长17.04%；医疗器械完成9164万元，同比增长46.69%；卫生材料完成1.40亿元，同比增长14.80%。产销率完成95.90%，同比上升0.23个百分点。出口交货值完成3.4亿元，同比下降2.8%。主要产品产量：24大类化学原料药完成6047吨，比上年下降13.99%；中成药完成16453吨，下降18.79%。列入财务统计的155户医药工业企业实现利税2.3亿元，同比下降26.9%。

全省医药商业共有国有批发企业（含批零网点）1699个，零售网点4000多个。全省国有医药商业职工42656人。固定资产原值8.68亿元。商品购进总额27.94亿元，同比增长4.92%；商品销售总额完成33.97亿元，同比增长2.81%，销售额居全国同行业第8位。实现利税1749万元，比上年增亏1965万元。（赵　翼）

改组改制有所突破　一是列入河南省建立现代企业制度试点单位的华中医药集团、南阳普康药业集团、新谊医药集团，按照现代企业制度的要求，建立了科学的组织管理制度，公司制框架基本形成。二是华中医药集团按照省政府资本运营试点的部署，对省内外的6家企业进行调研论证，制订实施兼并方案。月月舒集团以低代价组建、低成本发展子公司、发展半紧密型企业等形式进行扩张，初步完成了由单一的生产经营向以生产经营为基础的资本运营的转变。华中医药集团、羚锐制药有限公司、众生集团已做好股票发行的前期准备工作，目前正在申请上市。三是在改组改制上加大工作力度。郑州化学制药厂等通过引资改造，走出了困境，启动了生产。周口四方药业等企业实行内部改造，焕发了生机。通过内部改造、引资改造、整体改造、部分改造的中小企业达50%。四是对产品无市场、资不抵债、救治无望的企业，果断兼并或依法破产。已有洛阳民生制药厂等6户企业破产或进入破产法律程序，信阳地区中药厂等8户企业被整体兼并或部分兼并。（赵　翼）

结构调整取得成效　省局在对全省15

个市、地工商企业调研的基础上，制定了“河南医药行业产品结构调整方案”。重点抓了头孢C钠盐、7ACA、月月舒等9个重点技术改造项目的实施和投产，新增产值14亿元，利税2亿元。抓骨干企业和盈利大户。重新确定了26户重点企业，从产品、技术、信息等方面给予重点扶持。26户重点企业仅占全省196户医药企业的13.2%，而产值完成52亿元，利税完成2.59亿元，分别占全省的58.2%和112.7%。抓好优势产品生产，加快新产品开发步伐。庆大霉素、强力霉素、洁霉素、硫氢酸红霉素、环丙氟哌酸、双黄连口服液、骨质增生一贴灵等拳头产品生产都有较大幅度增长，市场占有率大大提高。产业结构有新的改善。中成药产值和利税分别比去年增长15.6%和84%；医疗器械产值和利税分别比上年增长29.40%和13.49%。狠抓了中药材基地建设。封丘二花基地，温县、武陟四大怀药基地，西峡、南召、内乡山萸肉基地，嵩县柴胡基地，栾川连翘基地已初步形成。总结推广了封丘、睢县、固始发展中药材生产经验，得到国家中医药局的充分肯定。对全省37个县21个主要中药材品种进行调查，下拨中药材扶持资金88万元，对药材生产基地进行重点扶持。（赵 翼）

技术创新有新进展 认真贯彻科技是第一生产力的思想，落实国家关于加速医药科技进步的意见，继续深入实施科教兴药战略，提高全省医药职工素质，推进企业技术创新工作。加快新产品开发，全省医药行业有6个产品获得新药证书。向省经贸委推荐众生集团的庆牌双黄连口服液、郑州豫新制药股份有限公司的郑韩牌参茸迈欣康复片等4个产品为97年度河南名牌产品。获河南省科技进步奖15项，其中二等奖3项，三等奖12项。获得省优秀新产品7项。评出河南省医药局科技进步奖6项。申报河南省重大科技攻关项目13项。发布新产品、新技术、新工艺信息400余项。华中医药集团技术中心被认定为省级技术中心。重点推广了FK－1抗生素发酵计算机自动控制系统等10项新技术、新设备，新乡制药有限公司肌苷的产苷率由原来的9‰上升到13～15‰，当年收回全部投资。全省医药行业落实科技拨款项目9项，申请拨款151万元。（赵 翼）

医药教育有新发展 省医药技校进入省部级重点技校。省医药学校、医药技工学校培养中专生326人、技校生284人。继续开展医药工业岗位培训，820人获得岗位培训合格证书。举办了首期执业药师继续教育培训班，103人参加了培训并取得合格证书。全省取得执业药师资格55人。选拔省局级跨世纪学术、技术带头人40名。（赵 翼）

企业管理水平有新提高 深入开展学邯钢活动，在全省医药行业推广华中、普康、宛西、帅克、四方等制药企业学邯钢的经验，完善规章制度，加强现场管理、成本管理，压缩不合理资金占压和开支，降低能源及原材料消耗。全省医药工业万元产值能耗2.31吨标煤，比上年下降2.94%。南阳普康集团公司立足自我，降低生产成本，全年节支3532万元。帅克药业有限公司强化管理，仅管理费一项节约资金200万元。省医药局制定了医药行业企业管理基本要求和实施细则，开展了管理示范活动，有11个企业基本达标，取得较好效果。组织了医药工业企业班组建设成果经验交流，向国家医药局推荐4个先进班组参加全国交流。（赵 翼）

质量管理水平有新的提高 不少企业硬件舍得投入，软件舍得下功夫。河南威奥盛制药有限公司、华星制药厂等6家粉针剂生产企业通过国家医药局的达标验收。许多老企业在资金十分紧张的情况下，根据GMP分期达标的要求对老厂房进行改造。一批企业(车间)硬件达到或接近GMP要求，并健全各项质量管理制度，修订产品工艺规程和岗位操作法，软件管理进一步加强。组织开展了GSP达标活动，平顶山新特药医药公司总店荣获97年度“医药商品质量管理全国示范药店”称号。组织对27个中药工业企业和58个商业企业开展了质量大检查。群众性的质量管理QC小组活动广泛开展。开封制药厂强力公司恒宇QC小组等2个单位荣获国家级优秀QC小组，南阳制药有限公司等22个企业荣获省、部级优秀QC小组，评出省局级优秀QC小组34个，直接增加经济效益6000万元。举办两期质量教育培训班，一百多人参加了化验员培训。（赵　翼）

商业改革步伐加快　1997年，全省医药行业继续狠抓了国务院53号文件、国办发14号文件的贯彻落实，积极配合有关部门搞好医药市场整顿，药品生产经营秩序有所好转。依法关闭了洛阳关林等4个未被国家批准的中药材市场。三门峡桥头等6个药品集贸市场被当地政府取缔。通过检查、指导、完善，禹州中药材市场基本达到规范经营的要求。对国有医药商业个人承包、转让证照、证照不全、挂靠经营等问题进行了认真清理。商丘地区药品批发中心清理出挂靠个体商户76家，商丘市药品批发中心清理出30家。

在学习江浙、山东商业改革的经验基础上，研究制定了河南省医药商业改革的意见。全省医药商业已有6户企业实行有限责任公司，5户企业进行了股份合作制改造。积极发展规模化、集团化经营，以市、地为单位组建医药商业总公司，搞好总代理、总经销和连锁经营，实现规模效益。大力发展零售，扩大经营网点，建立零售网络，特别是注意开发农村市场，全年新办医药批零网点50多个，零售网点100多个。因地制宜学习浙江义乌商卫结合的做法，推广我省新乡、驻马店、信阳等商业改革的经验，走出适合自己特点的发展新路子。济源市、睢县医药公司搞好商卫合作，区内医院、乡镇卫生院、个体诊所用药，全部由国有医药公司统一供应。驻马店在市区实行批发零售业务分开，较好地解决同城一地批发机构重叠问题。临颍县医药总公司实行母子公司体制，积极探索资产运营新方式，经营状况逐步好转，为县级医药商业改革进行了有益的尝试。搞好优质服务，提高服务质量，创建文明窗口，规范药品经营，开展了悬挂绿十字徽标活动，全省悬挂徽标3500多个。

（赵　翼）

依法行政意识增强　1997年，各级医药管理部门普遍重视了医药法规建设。省医药局先后制定了《河南省定点零售药店管理办法》、《河南省绿十字徽标管理办法》、《河南省中西药品生产定点管理办法》、《关于进一步加强麻醉药品、精神药品管理工作的补充通知》等规范性文件。定期开展《药品经营企业合格证》和《药品生产企业合格证》年检工作。全年对18家医疗器械生产企业研制开发的28个产品进行市场准入审查，并核发了“注册证”。对新乡、南阳、开封等市、地一些无标准生产企业和使用无标产品的医疗器械单位进行了处罚。省医药局对《河南省药品经营管理条例》和《河南省医疗器械管理办法》进行了调研论证，上报省有关部门。

按照省政府法制局的统一部署，省医药局组织了全省医药行政执法人员专业法律培训考试。编印了《河南医药行政执法指南》，为行政执法人员依法行政和企业依法生产经营提供了政策依据。全省700余人经培训考试合格，领取《河南省行政执法证》和《河南省行政执法监督证》。

（赵　翼）

精神文明建设取得可喜成果　1997年，省医药局制定了《关于加强全省医药行业精神文明建设实施意见》，在全行业开展了"倡三学、讲四职、树六优"的精神文明建设系统工程。在窗口单位开展文明优质服务活动，在全系统开展价格、质量、服务三承诺及放心药店创建活动，规范服务，提高了服务质量和服务水平。各级医药管理部门和企业普遍重视职业道德教育和法制教育，纠正行业不正之风，加强廉政建设，树立行业新风，"争先创优"活动健康发展。全省医药行业有5个单位、6位同志分别被授予全国医药系统先进集体和先进个人称号，30个单位、100名同志分别被授予全省医药系统先进集体和先进个人称号，11名同志被授予"河南省技术能手"和6名同志被授予"河南省育才奖获得者"荣誉称号。

（赵　翼）

1997年河南省医药工业主要指标完成情况　单位：万元

项　目	年度计划	实际完成	占年度计划%	上年完成	比上年±%
一、医药工业总产值	1000000	895049	89.50	891138	0.44
化学药品	842000	728337	86.50	750198	−2.91
医疗器械	9600	9164	95.46	6247	46.69
卫生材料	14300	14823	103.66	12912	14.80
制药机械	700	702	100.29	666	5.41
中成药	120000	127299	106.08	108766	17.04
中药饮片	2400	1166	48.58	2260	−48.41
药用包装材料	9500	12507	131.65	8636	44.82
其它	1500	1051	70.07	1453	−27.67
二、主要产品产量（吨）					
24大类化学原料药		6074		7031	−13.99
中成药总产值		16453		20261	−18.79

（赵　翼）

1997年河南省医药商业主要指标完成情况　单位：万元

类别＼项目＼完成	商品购进总额		商品销售总额		年末库存	
	本年完成	比上年±%	本年完成	比上年±%	本年完成	比上年±
类值合计	279469	4.92	339762	2.81	97194	7.84
药品	185986	5.58	226161	4.77	53132	6.43
医疗器械	13950	−11.34	17711	−8.20	8455	9.46
化学试剂	2870	−21.65	4079	−17.83	1968	−0.61
玻璃仪器	938	−20.03	1435	−17.15	794	−55.17
中药材	14267	2.45	18643	−8.75	9924	−5.85
中成药	58569	11.63	67478	6.58	22496	26.93
其它	2889	−11.08	4256	−12.28	425	−8.57

（赵　翼）

清理检查了国外器械在湖北境内医院的使用情况，严肃查处了一些违法行为，切实把好医疗器械市场准入注册关口。1997年，湖北省关于医疗器械的行政监督与管理工作，得到了国家医药管理局的表彰。

科研与教育 1997年，湖北省共鉴定医药新产品和科研成果9项，其中，广济药业股份有限公司的核黄素基因工程菌工业化生产工艺，宜昌民康药业公司的血美安胶囊、省医药工业研究所的烟酸诺氟沙星分别获湖北省科委科技进步一等奖和三等奖。

一些科研单位加快医药新产品的开发进度，仅湖北省医药工业研究所1997年就获国家新药证书11个，在研课题达60项，均创该所历史最高纪录。

医药科研新产品的开发，有力地促进了产品结构调整。1997年，列入省科委高新技术产品目录的有57个产品。新产品产值达21.39亿元，比上年净增4.39亿元，全省医药行业高新技术产品产值率超过省科委下达的27%的计划指标。

在医药教育方面，除抓好两所学校即湖北省制药工业学校和湖北省制药工业技工学校的常规教育外，还初步建立了执业药师考前和注册后继续教育培训及注册管理制度。经国家批准，还在省内分别设立了执业药师和执业中药师培训基地。同时，高级技师、岗位技能的培训力度和范围也不断加大，1997年全省医药行业已有2000多人参加教育培训。

医药重要事件

1. 机构调整：1997年1月12日，湖北省机构编制委员会对省医药总公司（医药管理局）调整内设机构作出批复（鄂编发［1997］003号），同意其内部机构调整为：办公室、综合经济处、质量管理处、科技教育处（对外可使用医疗器械行政监督处印章）、人事处、财务物价处、市场管理处。机关党委、纪检（监察）、老干处等机构按有关规定设置。

经过长时间的准备工作，5月3日，湖北省医药总公司（医药管理局）的“三定方案”按照上述批复，全部落实到位。自此，新调整的机构开始进入实质性运转。

2. 调查研究：1997年，湖北省医药管理局组织了两次大型的调查研究。一是就湖北省的药品管理工作，组织省委政策研究室、省人大、省政协、省政府发展研究中心在全省范围内进行了长达一个月之久的调查，尔后又组织这些部门对有关问题进行了深层次的研讨。二是组织各地市医药管理局领导及有关企业赴山东、广东、江苏、浙江进行大规模的调查研究。两次调研取得了预期效果。药品管理工作的调查不仅在全省各地反响强烈，而且受到了省委、省政府以及国家医药管理局的高度重视。省委、省政府的领导已陆续对调研中提出的对策作出批示。

3. 首次湖北省医药法制工作会议：1997年10月28—29日，湖北省医药管理局召开首次全省医药法制工作会议。会议对近几年本省医药法制工作进行了回顾与总结，会议决定将医药法制工作列为各级医药管理部门今后的重点工作，依法行政、依法治药。

4. 悬挂绿十字标识：1997年4月27日，湖北省第一块全国药品零售企业统一的绿十字标志，在黄石市医药公司交通路医药商店挂出。自此，全省2000多家零售药店将根据条件验收，分期分批地在各地陆续挂出全国统一的绿十字标志。副省长周坚卫在揭牌仪式上说，药品是特殊商品，不仅直接关系到人民群众的生命健康安危，也关系社会稳定及经济建设的顺利进行。药品零售企业悬挂统一的绿十字标志，有利于加强药品管理，有利于治理整顿药品流通秩序，有利于药品零售企业服务与质量的提高，有利于医药行业的两个文明建设。省医药管理局局长翁绍许要求各地把悬挂绿十字统一标志与创建“放心药店”、搞好“质量、价格、服务”三承诺工作结合起来，不出售“三无”药品（即无批准文号、无注册商标、无厂名），不出售过期失效药品，让人民吃上放心药，执行国家物价政策，提高服务质量，公开接受社会监督。

5. 中国首例体外培育牛黄在鄂成功：由武汉同济医院研究的中国首例体外培育牛黄科研成果，在 1997 年 12 月 18 日获国家卫生部颁发的国家一类新（中）药证书。12 月 28 日，在武汉生物化学制药厂投产。体外培育牛黄是应用胆红素结石形成的静电效应原理，采用独创的专利技术，在体外形成结石。牛胆汁内培育而成的胆红素结石，为中药原料药。其性状、结构、成份（包括微量元素、氨基酸）含量均与天然牛黄一致。其主要药理成份胆红素 35% 以上，胆酸 12%以上，均达到《中华人民共和国药典》中天然牛黄的标准，并比市售天然牛黄的含量稳定。（李天书）

湖　南　省

概况　1997 年湖南医药经济稳步增长，经济运行质量有所提高。全年完成工业总产值 21.7 亿元，比 1996 年增长 7%；实现销售产值 18.8 亿元，比 1996 年增长 7.4%。其中：化学药品工业产值 13.1 亿元；中成药工业产值 5.9 亿元；医疗器械工业产值 1 亿元；卫生材料工业产值 4420 万元；制药机械工业产值 8241 万元；医药包装工业产值 3295 万元。24 大类原料药产量为 3436 吨；中成药产量为 12356 吨。工业产销率为 88.67%，比 1996 年提高 3.87 个百分点。全省医药工业出口交货值完成 2000 万美元；医药商业销售总额 25.9 亿元，比 1996 年增长 5%。

全省 29 家财政预算内医药工业企业中，盈利企业的盈利额为 6902 万元，比 1996 年增长 45%；亏损企业的亏损额为 4023 万元，比 1996 年下降 1%；企业亏损额占全部企业实现利税比重由 1996 年的 50.1%，下降为 36.9%，下降 13.2 个百分点。

全省医药经济结构调整步伐加快，以企业重组为重点的各项改革迈出了新的步伐。医药工业企业多形式改制全面推开，不同程度地增强了企业活力。株洲千金药业股份有限公司控股湘江制药厂、珠海丽珠药业集团收购岳阳制药二厂、衡阳制药厂加入古汉集团、湘泉酒厂参股洞庭制药厂等等，1997 年全省有 17 家重点医药工业企业实施了改组，展现了良好的发展前景。省医药管理局在广泛调查研究的基础上出台了《湖南医药经济结构调整规划》和《大医药发展战略》，加强了全省结构调整的指导。以长沙九芝堂药业集团为主联合湖南省医药公司等组建的湖南九芝堂药业集团并发行 A 股，做了大量的前期准备工作。湖南常德洞庭制药厂、长沙中康集团公司等几家有优势的企业联合发起组建湖南医药有限公司并发行 B 股的工作，也取得阶段性成果。

全省医药市场秩序好转，流通体制改革开始启动。1997 年，湖南部分地区医药集贸市场再次出现“回潮”现象。在国家卫生部、监察部、医药管理局、中医药管理局、工商行政管理局和湖南省委、省政府的直接干预、湖南省有关职能部门的协调、督促之下，医药市场的“回潮”现象得到初步扭转，市场经营秩序有所好转。湖南省医药管理局为了规范全省国有医药商业企业经营行为，摆脱多年来国有企业困难状况，于1997年11月下旬召开了全省医药流通体制改革会议，并会同省体改委发出《关于印发深化医药流通体制改革意见的通知》，揭开了全省医药流通体制改革的帷幕。在此之前，常德市鼎城区、临澧县药材公司、宁远县药材公司、益阳市医药公司等一批商业企业，实施了股份制改造、连锁经营或零售企业的买断制，经济效益有了大幅度的提高。随着医药流通体制改革的深化，全省医药商业走出困境已经呈现出新的曙光。

医药科研开发得到重视，技术改造工作进展顺利，形成一批新的医药经济增长点。1997年全省6项医药科技攻关项目列入国家和省科技开发计划。其中：中南制药机械二厂水针生产装备的开发研究列入国家“九五”重点科技攻关课题；湖南制药厂固定化青霉素酰、省医工所的盐酸二苯美仑、阿克泰妥；湘江制药厂的奥昔布宁工艺研究和南洋制药厂的葆妇欣颗粒剂等项目列入省科委计划。同年还开发了古汉养生精片、五积散颗粒剂等两项四类新药。安化县黄姜开发又有新的突破，已生产出黄体酮、氢化泼尼松等三个品种并出口。一批企业从市场需要出发，对老产品、老剂型不断改进、推陈出新。全省医药新产品产值达到2.2亿元，科技的开发使越来越多的企业走出困境，带动了区域经济的发展。1997年，全省医药技改在建设项目11个，总投资达1.9亿元。作为国家一期“双加”项目的洞庭制药厂止血芳酸、止血环酸技改工作已基本完成，预定1998年二季度投产，另有7个国家二期“双加”项目也已全面启动。

全省各级医药主管部门根据行业发展趋势和国家产业政策，认真履行管理职能，在强化管理、加快发展上作出不懈的努力。结合湖南实际，稳妥推行医药价格整改，1997年相继出台了《湖南省药品价格目录》、《湖南省制药企业药品价格管理暂行办法》、《湖南省药品明码标价规定》等一系列药品价格整改的规范性文件。当年8月1日和11月5日分两批降低了化学药品、中成药、生物和生化制品共114个品种、243个规格的药品价格，平均降价幅度15%，降价零售金额约2亿元。根据1997年颁发的《湖南省医药工、商统计制度》的有关要求，在全省开展了医药统计质量大检查和劳动竞赛，计算机统计替代人工统计，使统计质量得以明显提高。湖南省列为全国医药工业生产指数试点单位后，基础数据整理工作当年已告完成。医药储备工作落实，省医药管理局编制了5个管理制度和《储备目录》，1997年应到位的1000万储备资金已全额到位。医药管理和监督工作又有新的进展，相继制定了GMP、GSP的“九五”达标计划。1997年有2家粉针剂生产企业通过GMP达标；1家商业零售企业通过GSP验收；全省有9个企业的10个产品获省产品质量奖；3个产品被授予“湖南名牌产品”称号；7家中成药企业的33个品种获国家出口质量注册证书。医药教育工作取得新成就，省医药中专、技校在校生已分别达到1784人和620人；167人获职业药师和职业中药师资格；注册执业药师、中药师已有148人。

1997年，全省医药行业职工认真学习贯彻“十五大”精神，加强了对职工的思想教育，开展了讲职业道德、职业理想、职业纪律、职业技能和树优质产品、优良服务、优秀班子、优级管理、优等员工、优美环境的活动，产生了良好的社会影响。大批先进典型脱颖面出。余克建同志荣获全国“五一”劳动奖章；李武昌、邹立荣、赵礼兰、石巨庄4位同志荣获全国医药系统劳动模范称号；邵阳县药材公司、衡阳制药厂第七车间荣获全国医药系统先进集体称号。零售业是医药行业的“窗口”，1997年全省广泛开展了创“放心药店”和悬挂“绿十字”标志活动，先后有138家零售药店被评为“放心药店”，有1587家零售药店悬挂了“绿十字”统一标志。

1997年我省医药行业稳中求进，在取得成绩的同时，医药经济中一些深层次矛盾没有得到解决，经济整体素质和效益仍然不高，结构不合理矛盾未得到缓解，经济总量偏低，企业和产品都缺乏规模，这些问题有待通过深化改革予以解决。

（张小京）

湖南制药厂自营出口创佳绩 1997年，湖南制药厂实施“出口带动”战略，即以市场为导向，以自营出口作为生产经营新的经济增长点，以出口带动全厂职工思想观念的转变，带动企业管理的加强，带动产品质量的提高。在注重企业整体经济效益的前提下，千方百计扩大出口规模和国际市场份额，除着重抓好拳头产品咖啡因的出口业务外，还着力开发茶碱、氨茶碱、磺胺嘧啶的出口市场。

该厂的出口产品在价格上并没有竞争优势，为此，他们特别注重抓好服务质量以巩固老客户。同时，通过外国驻华的商务机构不断开拓新老客户。1997年，该厂与奥地利、德国、法国等国家的7家贸易公司建立了业务联系，储备了新的客户资源。厂领导意识到自营出口是一个系统工程，离不开全厂的通力配合，为此，提出了“整体协同”的观念，将自营出口工作不仅仅看成是厂外贸部门和外贸人员的工作，而是全厂各部门、各位职工都应做的工作，一切工作都围绕着自营出口而有序进行。由于厂领导的重视，再加分配制度的激励和从严的内部制度的改革、管理，该厂自营出口工作成绩显著。

1997年，该厂实现自营出口创汇476.76万美元，收汇447.02万美元，分别比1996年增长53.8%和54.6%，是长沙市唯一一家自营出口先进企业。在自营出口工作的驱动下，全厂1997年完成工业总产值（90年价）1.55亿元，比1996年增长8.4%；完成利税512万元，超额完成了1997年的主要经济目标，获得全省医药行业“十佳”企业等一系列荣誉称号。

（张小京）

中华国药局——湖南第一家GSP达标企业 1997年11月经国家GSP验收组验收审评，长沙中华国药局一次性被验收评审合格，成为湖南第一家GSP达标企业。

中华国药局创建于1931年，座落在长沙市繁华的黄兴南路上，素以品种齐全，质量上乘，价格准确而享誉于长沙医药零售界，业务覆盖于长沙市场，并服务于全国各地。1997年零售额达1130万元，实现利润45万元。由于社会效益和经济效益均佳，1997年获得一系列的荣誉，还获得“放心药店”称号。

为了达到GSP标准要求，中华国药局组织全店干部职工反复学习国家《医药商品质量管理规范达标企业（零售）验收细则》，分批派员参加湖南省医药管理局举办的GSP学习班，对职工进行了一系列的法制教育，职业道德、质量意识教育，提高职工的思想和业务技术素质，做到人人都能持证上岗。该店坚持“质量求生存，信誉求发展”的方针，以“质量树形象，以形象争市场”的营销策略，向社会推出了“三承诺”，即：售出一味（瓶、合）假药，向顾客赔偿1000元，出现一次违价行为，向顾客赔偿100元；发生一次与顾客争吵，主动道歉并赔偿100元，为确保“承诺”的实施，从经理到营业员逐级签订了责任状，明确了赔偿直接责任，并确定了不同责任的赔偿金额。为确保假药劣药品不出现在中华国药局的仓库及柜台上，该店成立了经理为组长的药品质量管理领导小组，负责药品质量的协调、监督、考核及奖惩，制定了《中华国药局质量管理制度》及岗位责任制，严把商品质量关。与此同时，该店在服务质量上狠下功夫，创办了“共产党员示范岗”、“共青团员示范岗”，充分发挥党、团在服务工作中的先锋模范作用，组织班组之间和营业员之间“优质服务”竞赛活动，并制定服务公约、便民措施，坚持夜间售药、电话咨询、邮寄药品，产生了好的社会效益。

由于该店狠抓了商品质量和服务质量的管理，因此，在国家GSP验收组验收时，各项标准均达到规定要求，成为湖南省第一家医药商业GSP达标企业。

（张小京）

道县厚朴基地建设出现新局面　道县，属于亚热带季风湿润气候带，全县2440平方公里的面积中，山地面积为256万亩，适宜药材的种植和生产，尤其是作为林木药材的厚朴，更具有得天独厚的条件。

道县厚朴生产始于清道光元年(1849)，有着悠久的历史，其品种质量在全国同类产品中独占鳌头，湖南省中医研究所、药检所抽样测定，道县厚朴酚含量要比其它产区的厚朴高出1.7%—4.8%。目前的存土面积达6万亩，产藏量20万公斤，居全国第三位，被列为全国七大厚朴基地之一。

为了建好厚朴基地，开发厚朴生产资源，该县政府成立了由医药、林业、工商、公安、物价、银行、供销等部门组成的厚朴生产领导小组，并将生产及基地建设纳入年度政府目标管理，同时，出台了一批支持厚朴生产的优惠政策和行政措施。厚朴基地建立以来，由当地药材公司牵头组织进行了“厚朴良种选育”、“厚朴地膜点播育苗”、“再生厚朴质量的提高”等10多项科研，并为药农印发《厚朴培植手册》、义务讲课近200人次，还派出常年生产技术指导人员在基地蹲点进行生产技术推广和科学管理，97年推广新技术，新成果10多项。

在抓好基地建设的同时，该县还注重抓好厚朴产前、产中、产后的配套服务工作，逐步建立了“公司＋农户＋厂商＋市场”四位一体的经营格局，以适应瞬息万变的市场经济。

厚朴基地的建立，促进了厚朴的生产与收购，药农们得到了实惠，1997年的人均收入达2500元，比该县人均收入高出800元，药农对进一步建设好厚朴基地，有效高速地发展厚朴生产充满了信心。

（张小京）

广　东　省

概述　1997年，广东医药行业认真贯彻中央经济工作会议和全国卫生工作会议精神和省一系列工作部署，按照小平同志的理论，大胆实践，把握“稳中求进、有效增长”的方针，较好地完成了各项工作任务。全年完成医药工业总产值155.6亿元，医药商业总销售108.8亿元，分别比上年同期增长22.7%和8.3%；工商实现利税20.1亿元，与上年持平，居国内各省市前列。

结构调整初见成效　在推进两个根本性转变的进程中，广东省医药企业组织结构正在发生积极变化，大集团、大企业通过联合兼并、低成本扩张，进一步发展壮大。医药流通领域通过实施连锁经营，改变了传统零售业小而散、各自为政的模式。广州健民、采芝林，深圳一致的连锁经营，经济效益逐步提高。较好地发挥了国有医药商业在市场竞争中的自身优势。产业结构方面，医疗器械工业产值由上年 8.35 亿元，占全省医药工业总产值 6.6%，提高到 17.8 亿元，占 11.4%，净增 9 亿多元；医疗器械工业利润占全部利润的比例由前年的十分之一提高到上年的五分之一，成为广东省医药经济效益重要的增长点。中药产业呈现生产集中度加大的特点，全省列入国家中医药局中成药重点企业“五十强”的广州中一、陈李济、奇星、潘高寿、敬修堂、羊城、佛山一厂、二厂、深圳南方药厂、汕头制药厂等 10 家中成药生产企业合计，工业总产值、工业增加值、利税总额、利润、固定资产，分别占全省中成药工业的 56%、50%、62%、63%和 47%。中药材生产逐步形成基地化建设的新模式，吴川、乐昌、陆河等山区县（市）分别把中药材基地建设与发展三高农业、造林绿化和扶贫造血工程结合起来，初步构架起广东省中药材生产农、工、贸一体化格局。产品结构调整方面，省内生产高附加值产品增加，传统化学合成老产品在原料药中的主导地位，正逐步被一批发酵工程新产品所代替。省内“九五”计划重点发展的β-内酰胺类抗生素、氨基酸、肌苷等品种大幅增长，磺胺类、解热镇痛类产品则大幅度减产或停产。

直接融资渠道拓宽，资金流向趋向合理

在资金紧缺的情况下，各级医药部门和工商企业千方百计拓宽融资渠道，筹措资金发展生产，增加自有资金，降低负债率。对固定资产的投入，从注重铺设新摊子转向企业内部革新挖潜，新办药厂继续降温。1997 年广东省批准医药动工项目 21 个，其中企业技术改造项目与新建药厂基建项目之比为 6：1，投资额分别为 2.39 亿元和 1.19 亿元，首次出现企业技改项目投入成倍超过新厂基建投入。全省医药上市公司由上年的 5 家增加到 6 家，其中境外上市 3 家。由广州医药集团有限公司资产重组后成立的广州药业股份有限公司，其 H 股在香港上市，一次就为企业筹措发展资金 3.1 亿港元；加上盘活国有资产并与社会资产重组，社会上其他资金纷纷流向医药行业，有效地改善了企业的资本结构。据独立核算工业企业主要经济指标显示，流动资金平均余额比上年净增 8 亿多元，有力地促进了医药企业经济机制的转换，也为经济结构调整创造了条件。

大中型骨干企业在经济增长中主导作用明显　在国家扶优扶强的大政方针指导下，省医药局把扶持大中型骨干企业作为去年医药工作的重点来抓，专门召开广东省医药大企业集团座谈会，研究新情况、解决新问题，制订了扶持大集团健康发展的行业政策，努力创造有利于大中型企业发展的外部环境，使大中型医药生产企业发展速度加快，主导作用明显，医药经济集中度日益提高。省内医药大中型企业完成工业产值 104 亿元，比上年同期增长 38.5%，高出全省平均增长水平近 16 个百分点。工业产品产销率达 95.5%，高出全省医药工业产品平均产销率 2.7 个百分点。丽珠医药（集团）公司、广州医药集团有限公司的工业增加值比上年增长超过两成以上，高出省平均水平 10 多个百分点。

企业改革进一步深化，联合兼并步伐加快

1997年广东省各地医药企业的改革进一步深入，各大医药集团利用自身的机制、品牌、知名度和实力，进行跨地区、跨行业、跨所有制联合兼并，实施低成本扩张，培育新的经济增长点。广州白云山制药股份公司在省内外收购兼并了8个制药企业；丽珠企业集团采取参股、控股或合资形式，参与了省内外6个企业的生产经营；三九企业集团在国内12个省（市）兼并了18个医药工商企业。以上这些联合兼并项目，大多数都已产生了预期的效应。顺应改革潮流，各地医药企业改组改制工作不断深入开展。珠江三角洲地区的顺德、南海、三水和深圳等部分县、市医药行业根据自身实际，采取不同形式进行股份制改造，实施资产重组，大胆吸纳不同经济成分的社会资金到医药行业，参与医药经济的建设和发展。除此之外，广州、深圳、汕头、佛山、韶关、湛江等地医药主管部门抓住作为省优化资本结构试点市的优势，帮助企业向政府推荐列入优化资本结构试点，利用国家的政策和资金，促进了医药企业的改革、改组和改造。

科研新产品开发与质量管理工作　过去一年，广东省医药科技工作取得了较好的成绩，科技新产品开发有了较大进展，国家医药局评出科技进步奖27项，广东省共有获奖项目7个，占了全国的四分之一强。从获奖项目来看，一、二、三等奖都有，而且唯一一个达到国际领先水平的一等奖项目OUR旋转式伽玛刀就出在广东省。伴随着医药经济的持续快速发展，质量管理工作得到了进一步加强。围绕贯彻落实国务院颁发的《质量振兴纲要》精神，广东省医药行业切实抓好企业的GMP、GSP达标工作，提高企业软要件、硬件水平。至去年年底，全省制药工业企业通过国家GMP认证的有6家，占全国22家的27.2％；通过粉针剂达标验收的企业11家，占全国110家的10％；商业企业通过GSP达标验收的有8家，占全国105家的7.6％；医药零售方面，按照“全国药品零售企业悬挂统一绿十字标志”要求，全省审批悬挂统一绿十字标志4000个；结合“合格证”年审工作，对全省药包材生产企业进行检查验收，共审批了137家药包材生产厂家换发生产许可证；全面质量管理活动进一步开展，QC小组成果水平进一步提高，1997年获国家和省级优秀QC小组称号30个。

流通体制改革促使经济效益回升　结合去年全国医药工作重点，广东省努力贯彻上级有关部门指示精神，花大力气清理整顿医药市场，关闭了13个药品集贸专业市场，进一步净化和规范医药市场秩序。与此同时，针对医药商业中普遍存在的购进分散、财务分散、管理分散、经营分散等突出问题，研究推出对广东省医药批发、零售企业实行“总量控制，结构调整”，严格控制新开办医药商业企业，鼓励企业之间联合、兼并，支持不同地区、不同所有制的工商、商商之间的强弱联合和强强联合；鼓励医药商业企业开发和培育农村市场；坚决清理、取缔个人挂靠、承包经营等有关的行业政策，下大力气引导企业突破“各自为政、划地为牢”的思想观念和经营模式，引导医药批发企业进行规模化、集约化经营，对国内外名优新特药品实行总经销、总代理；零售企业增加供应网点，实行连锁经营。促进了国有医药商业整体优势的发挥和综合效益的提高，从而使国有医药商业销售增长、利润下降的局面得到扭转。1997年全年，广东省医药商业盈亏相抵实现利润2692万元，增长幅度达到30.55％。

法制建设与依法行政　在全行业的共同

努力下，《广东省医疗器械管理办法》及其《实施细则》的宣传贯彻深入民心，使广东省医药主管部门对医疗器械的依法管理和监督工作逐渐步入常规化、制度化轨道；由省局牵头，在有关部门的积极配合下，《广东省药品包装材料、容器管理办法》经省政府批准以省长令形式颁布实施，使广东省药包材的管理得到进一步规范。这是国内有关药包材的第一部省级政府规章，为保证和提高广东省药品质量提供了有利条件。过去一年，广东省各地医药主管部门，以《药品管理法》、《广东省医疗器械管理办法》、《广东省药品用包装材料、容器管理办法》为武器，与卫生、工商、监察等部门相互配合，认真执法，严肃查处各类违法违规生产、经营药品案件，及时纠正了不法行为，规范了医药市场秩序。1997年11月中旬，广东省医药局还配合了国家医药局查处了深圳、珠海等地非法生产医疗器械的专项行动，为国内省、市医药主管部门依法行政起了示范作用，强化了医药主管部门的行政监督职能。

精神文明建设 广东医药行业认真贯彻落实“两手抓、两手都要硬”的方针，制定了《广东省医药行业1997—2000年社会主义精神文明建设实施方案》；广泛开展了以“为人民服务，树医药新风”为主题的职业道德建设活动，发起了“思想道德文化建设与广东医药实践”征文活动。通过活动，对广大干部职工进行了职业道德、职业责任和职业纪律的教育，提高了医药干部队伍的思想道德素质，倡导了医药行业“敬业、爱业、精业”的新风尚。各地根据全省精神文明建设实施方案，结合自身实际，开展了多种形式各具特色的活动，如广州健民医药连锁店，开展了“四声”“四心”“四服务”活动；采芝林连锁店推出免费为顾客煎煮、炮制中药材的便民措施；深圳一致连锁店坚持“五个一致”的服务规范等，都为广东省医药行业的精神文明建设增添了新的内容。其中健民医药连锁店被国家有关部门和广州市委、市政府授予“文明示范药店”和“广州市文明服务示范单位”荣誉称号。

广东医药存在的困难和问题 一是效益与产值增长不同步，经济运行质量有待提高。1997年广东省医药工业产值、销售比上年有两位数的增长，而实现利税、利润与上年基本持平，亏损面达40%，亏损企业亏损额达22098万元，增亏60%，综合经济效益指数93.54%，下降18.5个百分点。特别是个别大企业集团从上年盈利1亿多元，到去年却亏损6000多万元，对全省医药经济效益的影响很大。总的来说，去年医药经济运行质量和效益，尤其是医药工业的效益不理想。

二是企业管理有待进一步加强。去年广东省医药经济效益不理想，其中一个原因在于企业的内部管理不完善、不严密，特别是财务管理和对企业资金投放的管理，缺乏严谨的制度和科学的决策。不少领导对加强企业管理的重要性、必要性认识不足，管理意识不强。企业管理松弛，效益流失的现象屡见不鲜。

三是企业改革、改制滞后。广东省医药企业的改革、改制在1997年做了一些工作，也见到了一定成效。但是与其他兄弟省比，与省内其他行业比，与上级提出的要求比，还有很大差距，总体来讲进展还比较慢。就拿“抓大放小”来说，广东省提出在三年内实现全面放小的目标，广东省医药行业在这方面动作不大，步子不快，不适应形势发展要求。此外，在建立现代企业制度方面，也需要加快进度。

四是地区发展不平衡。广东省医药工业产值比上年增长二位数，而经济欠发达地区和山区县市医药生产却出现负增长；医药商业呈现全省汇总性效益回升，而省内 21 个地级市中仍有 14 个市出现医药商业盈亏相抵全市性亏损。显示出地区之间的发展差距在继续拉大。

（广东省医药管理局办公室）

广　州　市

概况　1997 年，广州医药行业共有企事业单位 336 家；其中制药企业 80 家；药包材器械制造企业 100 家；中药饮片生产企业 6 家；商业批发企业 146 家；年末职工 3.1 万人；固定资产原值 27.7 亿元，净值 20.13 亿元，全年完成工业总产值（不变价）41.73 亿元，比上年增长 3.9%，年产值超亿元以上的企业有 12 家；工业销售值 40.9 亿元，工业增加值 13.3 亿元，出口产品交货值 2.2 亿元，分别比上年增长 5.2%、持平和下降 0.1%；商业总销售 33.67 亿元，增长 11.34%，全行业实现利税 5.29 亿元，增长 5.5%，其中利润 1.32 亿元，下降 31%，工业利润 0.73 亿元，下降 48%，商贸及其它企业利润 0.59 亿元，增长 4.7%。全员劳动生产率 5.3 万元/人。

1997 年，广州医药加大调整产业、产品、投资结构，抓大放小，加速培育市场，搞活流通。一是发展壮大集团式和连锁经营的规模化经济。广州医药集团有限公司以中成药为支柱把 11 家骨干工商企业组建广州药业股份有限公司并在香港 H 股上市，实现资产经营向国际资本市场迈进。白云山企业集团在成功地兼并 6 家外地企业基础上，又兼并河北石家庄鹿泉制药厂。罗岗制药厂采取出让股权的方式实现资产重组。发展商业连锁经营，国有企业的“采芝林”“健民”“康宁”连锁店规范服务、规范经营、规模效应及规模效益取得较好的效果，天河药品公司也将属下 17 家药店组成“东采”连锁店。二是提高产业技术质量，广州医药集团开发控释制剂、缓释制剂有新突破；白云山药业股份有限公司加速开发头孢系列产品；萝岗制药厂筹建全省最大的治疗性中成药口服液车间。三是企业及产品面向国际市场，推进经营国际化，到 1997 年止全行业有 7 个品种通过美国 FDA 认证，4 个企业通过澳大利亚 TGA 认证，一批工商企业（车间）取得了 GMP、GSP 认证和达标，有 21 个产品取得省市名牌产品称号。投资优化上重视企业 GMP 改造，上新剂型、高附加值品种。山河药业公司投资数千万元与第二军医大学合作开发一类抗癌新药。

加强医药行业法制建设，加强行业管理工作。搞好清平中药材专业市场管理，关闭了违法的黄沙中药材交易市场，打散了增城新塘药品成行成市的状况，完成了省政府关于关闭非法医药市场的任务。各企业进一步认真贯彻国务院办公厅《关于继续整顿和规范药品生产经营秩序，加强药品管理工作的通知》，组织企业开展自查自纠工作。7 月份，向广东省和全国药品专项检查组汇报了广州市医药行业对此项工作的开展情况。同时，完善建章立制，用制度规范和约束企业经营行为，强化营销行为的管理，加强医药市场管理，重新修订了开办药品零售业的条件、程序，规范《药品零售企业合格证》申办、发证和年检审查工作，并对零售企业采取分片管理，医药市场管理走向有序化、程序化。

各企业抓好各项基础管理工作，严格各项管理制度，经过加大企业内部改革，从而达到增产增效益的目标。广州市医药公司、广州市药材公司实现年利润分别增长6.63%和27.05%，全行业有7家企业年利润超千万元以上。中成药企业仍然保持较好的发展势头，年利润占全行业利润的60%。（陈炳华）

深圳市

概况 1997年，深圳市医药工业企业已达100家，其中药品生产企业38家，医疗器械生产企业60家，药品包装材料、容器生产企业2家；新增生产企业13家。医药批发企业85家，零售药店449家。全行业固定资产原值21亿元。全行业员工14400人。医药工业总产值50.3亿元。医药工业销售产值48.1亿元，比上年增长26%。工业增加值32.6亿元。工业总产值超亿元的企业10家。出口交货值2.8亿元，出口交货值超千万元的企业一家。医药工业利税总额9.1亿元，其中利润总额7.8亿元。全市医药批发零售贸易业产品购进总额19.8亿元，其中纯购进7.2亿元。商品销售总额21.9亿元，其中纯销售6.6亿元。年末库存2.7亿元。

深圳市医药工业产值、销售产值、税利居广东省各市县医药工业同类统计的首位。

质量管理达标 深圳市医药行业强化药品生产和经营的质量体系，投入较大的资金，加强硬件和软件建设。太太药业有限公司迁址扩建厂房，投入资金1.2亿元，新建成厂房面积33144平方米；功能食品、片剂、颗粒剂车间通过了广东省医药管理局的验收，已投入使用。海王集团投入建设资金1.5亿元，新建成厂房面积27000平方米；片剂、硬胶囊剂、颗粒剂、口服液剂通过了广东省卫生厅的验收，已投入使用。中联药厂迁址扩建，南方药厂、九新药厂、深圳市制药厂、深圳市中药总厂、深圳法诺制药有限公司、深圳石化塑胶有限公司也对主要剂型或品种依照GMP标准进行改造；改造资金共达1.1亿元。

深圳市制药厂、九新药业有限公司、海滨制药有限公司的粉针生产线通过了广东省医药管理局的GMP达标验收。深圳万乐药业有限公司的粉针生产线经国家GMP验证小组验收合格，已推荐领取GMP达标证书。深圳市9条粉针生产线，有4条通过了强制性的GMP达标验收，为全省医药行业粉针剂达标创造了可贵经验。

在药品流通方面，医药批发企业和连锁药品对照医药商业质量管理规范（GSP）开展了人员培训、仓储扩建、仪器设置、软件编制等工作，服务质量得到了全面提高。深圳中联广深医药股份有限公司和深圳中联大药房于11月分别通过了国家医药管理局和国家中医药管理局的GSP达标验收。在此之前，中联大药房还被国家医药管理局和国家中医药管理局授予“全国文明示范药房”的光荣称号。

开拓海外市场 深圳市医药行业开拓海外市场有突破性进展，几个大企业重点进军美国和俄罗斯市场。南方药厂继该厂的胃泰进入美国之后，该厂的胃泰胶囊、皮炎平软膏、壮骨关节丸又获准进入俄罗斯市场。深圳奥沃国际科技发展有限公司所生产的旋转式伽马刀通过美国政府的审查，获准进入美国；这是我国大型治疗仪器进入美国市场的大突破。为此，国家医药管理局在北京人民大会堂举行“中国旋转式伽马刀获准进入国际市场新闻发布会”，宣传我国医疗器械工业应用高新技术，创新开发大型医疗设备的成果。安科高技术有限公司的医疗器械、太太药业有限公司的功能食品、深圳市制药厂的抗菌制剂出口也都有稳健的增长。

研讨医药行业发展 为了调整产品结构、适应市场竞争，全市医药企业对加强产学研合作，研讨发展战略和专业学术表现了浓厚的兴趣。不少企业都热心协办或赞助全国性的学术会议。安科高技术有限公司协办了“全国超声”、“全国影像”等9个学术会议，深圳市健安医药公司协办了“全国基层医院妇产科”等3个学术会议，太太药业有限公司协办了“放线菌生物学术”等4个专业会议。深圳市医药生产供应总公司、海王星辰健康药店也协办了全国性的医药工商业发展政策研讨会。

（李学松）

广西壮族自治区

概况 广西医药工业分为化学制药、中药制药、医疗器械、医药包装、中药饮片等5个门类。1997年有企业156家，其中列入当年统计口径113家。年末职工人数2.77万人。固定资产原值1.38亿元，净值1.02亿元，资产负债率59.60%。全年完成工业总产值26.26亿元(按90年不变价计算为27.96亿元)比上年增长11.41%；工业增加值9.35亿元；产品销售收入21.42亿元；实现利税2.60亿元，其中利润8731万元；流动资金周转天数329天；全员劳动生产率3.42万元；产品产销率96.77%；资金利税率13.27%；亏损企业50家，亏损总额5348万元。

主要产品产量 全年生产化学原料药和中间体1403.53吨，其中生产二十四大类原料药的16大类37个品种1028.44吨。5大类制剂：抗生素分装7893.70万支，针剂1.04亿支，片剂82.14亿片，大输液2909万瓶，胶囊4.70亿粒。医疗器械，生化分析专用试剂带2431万条，一次性输液器47.39万套。中成药生产13个剂型3.24万吨，其中主要剂型片剂10307.37吨，口服液1160.90吨。

产品出口 医药工业产品出口交货值9376万元，比上年下降32.37%，其中化学药品4859万元，中成药4338万元，中药饮片17万元，医疗器械162万元。

科技质量 年内医药工业加强科技进步力度，抓紧结构调整工作。新产品医用氧气，新工艺甘露醇等7个产品通过自治区医药管理局技术鉴定。新增4个三类新药，6个四类新药。妇血康等7个产品列入1997年国家科委重点新产品，共退税100万元。无瘾镇痛药圆叶娃儿藤研究列入国家科委新产品开发计划，获首期开发费20万元。桂林西瓜霜及西瓜霜润喉片获国家科技进步三等奖，天和骨通贴片获广西科技进步二等奖；必康含片等3个品种获广西科技进步三等奖。蛤蚧定喘胶囊等2个产品获广西新产品优秀成果奖。获研制推广科技成果有功人员重奖的品种有金嗓子喉宝为一等奖，获奖金88.4万元；天和骨通贴片、易拉罐龟苓膏为二等奖，分别获奖金41.43万元、41.03万元。年内医药工业新产品产值率22.75%。1997年医药工业宣传、学习、贯彻《质量振兴纲要》和积极推行GMP工作，桂南制药集团公司粉针剂车间通过了GMP达标验收。桂林西瓜霜等3个产品获广西名牌，西瓜霜口喉宝等18个产品获广西优质产品。桂林三金药业集团公司郁金香QC小组等12个小组获广西医药局优秀QC小组，玉林制药厂胶囊QC小组获国家中医药局优秀QC小组。源安堂制药厂肤阴洁、万发林2

个品种获国家中医药局出口中药产品质量注册证书。1997年对持有药品生产企业合格证单位201家进行年检，有169家参加年检并获通过，年检合格率为84.1%。

企业改革　医药工业企业有9家进行改制，桂林集琦股份有限责任公司A股上市，融资2.8亿元。桂林三金药业集团和天和制药厂推行股份合作制。梧州制药集团公司兼并梧州制革厂，收购梧州罐头食品总厂，实现了低成本扩张。桂林制药厂与桂林二药厂合并组建桂林制药集团公司。广西半宙制药集团公司继续推行、完善现代企业制度。

精神文明　年内广西金嗓子药厂江佩珍、桂林天和制药厂锅炉班欧阳润华被评为全国医药系统劳动模范。桂林三金集团、广西源安堂等12个企业被评为1997年度广西医药行业先进单位。

医药经济运行特点：(1)年内全区医药工业经济总量增长速度回落2.3个百分点。(2)大中型企业在经济增长中起主导作用，1997年年产值1000万元以上的企业39个完成25.2亿元，占91.07%。其中产值超亿元的有桂林三金集团等8个企业完成14.8亿元，占52.9%。(3)产销率为96.77%，增加2.4个百分点；资产负债率为59.60%，减少7.8个百分点。

存在问题：亏损企业50个，亏损额5348万元，比上年增亏1546万元。《广西药品价格管理暂行办法》出台，规定药品出厂价格中药品广告费（包括推销费、宣传费）的比例不得超过定价成本的10%，严重影响了新、名、特、优药品的市场开发，也影响民族医药工业与三资药厂的竞争力。

广西医药商业分药品、医疗器械、玻璃仪器、化学试剂、中成药、中药材等六大类。1997年有医药商业企业5963家，其中批发企业（网点）463家（自治区医药管理局直属二级医药批发企业13家），零售药店5500家。按列入1997年统计口径的批发企业278户统计，年末职工人数1.34万人，其中下岗职工343人。固定资产原价4.85亿元，净值3.69亿元。全年完成商品购进总额16.42亿元（不含税），比上年增长5.63%。商品销售总额18.54亿元（不含税），上升3.75%。全区销售超亿元企业有南宁市医药总公司，柳州市医药总公司，比上年减少1家。费用3.02亿元，上升1.83%。税金（含应缴增值税、销售税金及附加）5182万元，增长11.20%。利润总额979万元，首次出现医药商业汇总性亏损。独立核算亏损企业86户，亏损面30.94%，比上年增加0.58%，亏损额2282万元，上升122.20%。

医药六大类商品购销总额（含税）：药品类购进8.48亿元，销售10.44亿元；医疗器械类购进5997万元，销售7593万元；化学试剂类购进1389万元，销售1835万元；玻璃仪器类购进669万元，销售887万元；中成药类购进5.06亿元，销售6.13亿元；中药材类购进1.25亿元，销售1.81亿元。

职工培训：年内进行南宁医药站、梧州药材站高级工试点培训工作，有21名学员取得高级技术等级证书，评出优秀学员3名，优秀教员3名，优秀教务工作者1名。举办了高级工培训班，招收学员216名。完成了第二期中级工培训，706名学员取得中级技术等级证书，占参训人数95.9%，表彰了17个先进单位，41名先进学员，23名先进教师，23名先进教务工作者。

创建文明行业活动：1997年2月，成立了广西医药行业精神文明建设指导委员会，3月自治区医药管理局制订颁发了《广西医药行业贯彻六中全会精神，创建文明行业实施意见》，全行业开展倡“三学”、讲“四德”、树“六优”活动和抓好“窗口”（即“放心药店”）建设，年内已有160家“放心药店”挂牌。柳州医药总公司李端玉同志被评为全国医药系统劳动模范，南宁医药有限责任公司被评为全国医药系统先进单位。柳州医药总公司、北流医药总公司、田林医药总公司等12个单位被评为广西医药行业先进单位。

存在问题：年内医药商业实绩欠佳。（1）商品销售增长3.71%，销售成本增长4.69%，流通费用增长1.83%，亏损额比上年增长122.20%。因此，医药商业首次出现全行业汇总性亏损。（2）企业应收帐款3.14亿元，增长7.9%。应付帐款4.12亿元，增长7.01%，仍然应付大于应收，医药商业坐支医药工业资金经营，形成新的连环债。（3）企业资产负债总额10.19亿元，比上年增加8.05%，负债率70.41%，比上年增加1.11个百分点，企业负担沉重。

“桂林三金集团”改制股份合作制 桂林三金药业集团97年职工575人，实现产值3.24亿元，销售收入3.46亿元，利税7934.59万元，分别比上年增长23.3%、29.4%和28.10%，居广西医药工业首位，在全国同行业名列前矛。“三金人”居安思危，深化改革，迎接挑战。10月份经桂林市人民政府批准，开始运作股份合作制，12月改制方案完成并被批准。经桂林国资局评估净资产为1.19亿元，其中地方国有资产9500万元，经批准职工安置费占1000万元，职工一次性付款优惠40%，其余5100万元按员工在企业的责任，作用、贡献大小科学合理设置股权。员工人均9万股，中层以上干部是员工的2—12倍，不得超过15倍，企业法人占10%，实行“精英治厂、能上庸下、重用能人、以人为本”的人本制度，奉行“忠诚、和谐、正直”的团队精神。

“金嗓子”品牌效益显著 柳州金嗓子制药厂年内完成销售收入15269万元，利税3306万元，分别比上年增长158.49%和156.48%。建厂三年，金嗓子喉宝单一品种销量大、效益好、发展速度快，均创同行业最好水平。该厂创制了一个名牌产品“金嗓子喉宝”，它为糖含片，口感细腻无异物感，克服了一般含片的粗躁口感，使之在含片市场大战中鹤立鸡群；加大塑造品牌形象资金投入，年内各种广告费用3000万元，在中央、地方电视台，广播电台、报纸等进行立体宣传；出资800万元创办了广西金嗓子足球学校；捐资100万元修造二座人行立交金嗓子桥。真有金嗓子响彻云霄之势；注意抓企业内部管理，职工培训，严格生产工艺，保证产品质量稳定，使金嗓子永不衰退。

新工艺甘露醇获准投产 南宁木薯技术开发中心承担的国家火炬计划项目新工艺甘露醇项目于1997年12月18日通过自治区科委鉴定并获准生产，该项成果利用蔗糖加氢折分甘露醇。形成年生产能力250吨，折分收率19.69%。专家认为项目工艺成熟、成本低廉、原料来源丰富、质量符合中国药典（95版）规定，生产成本比传统工艺从海带中提取降低30%。该项技术为国内首创。

南宁中西药厂误生产毒品案 南宁中西药厂原副厂长何其忠等误为境外毒贩以生产兽药为名生产苯丙胺类兴奋剂即“摇头丸”，10月初被南宁市公安局侦破，缴获“摇头丸”36036粒，苯丙氨粉（制摇头丸的原料）13510克，作案嫌疑犯莫观昌、余光庆、余鸿基等6人拘捕归案。该厂于4月至7月还非法生产复方甘草片被南宁市卫生局查处，罚没成品 8 万瓶。前者违反国家医药管理局、国家中医药管理局关于“药品生产（经营）企业合格证管理办法”第十二条第一款和第八款规定，后者违反《药品管理法》第二十二条、第三十三条第二款，广西区医药管理局以桂药质字 1997 年 34 号文向自治区人民政府报告收回该厂“药品生产（经营）企业合格证”。

颁布《广西壮族自治区药品生产经营管理条例》（以下简称《条例》） 自治区八届人大常委会第三十次会议于 9 月 24 日通过了《条例》，并公布施行。该条例共五章四十七条。这是全国第一部地方性药品生产经营管理法规。为了宣传贯彻好《条例》，97 年 10 月 24 日自治区医药管理局、自治区法制局在南宁举办了实施《条例》的新闻发布会，原自治区人大常委副主任何彬、原自治区人民政府副主席袁正中，自治区医药管理局局长沈兆熊出席了会议并作了重要讲话，11 月 12 日自治区医药管理局召开了医药行业学习、贯彻《条例》会议，会上邀请了自治区法制局专家宣讲有关法律知识。11 月 20 日自治区医药管理局、自治区法制局在南宁举办了第一期医药行业行政执法人员培训班，经考试 240 人取得了执法人员培训合格证。《条例》的颁布，对规范广西药品生产经营秩序、保证药品质量、保障人民群众用药安全、有效，具有重要意义。

南宁市医药总公司改制促发展 南宁市医药总公司经南宁市政府批准成立了“南宁医药有限责任公司”，注册资金 2601.75 万元，其中国有资产股 2038 万元，占 78.33%；职工股 447.75 万元，占 17.21%；职工出资入股率为 96.78%；社会法人股 116 万元，占 4.46%，由柳州市医药总公司，柳州医药站，桂林三金药业集团公司，广西万通制药有限责任公司、广西区人民医院等商家、厂家、医疗单位注资。该公司依法制订了公司章程，依法设置机构，选举产生了董事会，监事会，职工持股理事会等机构。公司贯彻“以人为本转机建制，立足市场勇于竞争，品种、质量、服务取胜，‘多快好省’有效经营”的基本经营策略，以转机建制为突破口，抓住机遇，苦干实干实现有效经营、有效管理。1997 年该公司完成销售总额 20448 万元，实现利润 351 万元，税金 422 万元，继续名列广西医药商业首位。

北流整顿药品市场，保证财税收入 年内北流市医药管理局协同有关部门整顿规范药品市场，严厉打击违法经营活动初见成效，表现在北流市药品管理工作逐步走向正规化轨道；有效遏制了违法经营活动；较好发挥了医药企业主渠道作用；群众对药品管理的重要性有了较好的认识；药品经营业主服从行业管理意识有所提高。1997 年北流市医药总公司完成销售额 2252 万元，增长 43.81%，完成税利 119 万元，增长 56.59%，增长速度均处全行业前列。该县的做法是：(1) 争取政府重视理顺部门关系齐抓共管北流医药市场，向市政府提出强化医药市场管理增加市财税收入的建议。市政府三次带头组织医药、卫生、公安、税局等九个部门单位对医疗卫生、个体药店、供销社等全面督查，保证了北政发（1996）6 号、44 号文件规定有关单位向国有医药主渠道购药任务的完成。(2) 各单位统一认识联合拔掉违法经营钉子户，1997 年 3 月中旬医药、卫生等 11 个部门对华钦中西药店等违法户进行了查处，查交偷漏税款 29 万元，扣留违法经营药品 40 万元，取缔无证经营药店 4 个，对 105 个药品经营和使用单位分别给予警告、罚款、没收药品等处罚。(3) 贯彻《广西药品生产经营管理条例》行使执法管理权力，通过培训学习，1997年12月5日由19个有文化、懂业务、责任心强、政治素质好的人员组成执法队伍持证上岗，加强巡查，为净化北流医药市场行施《条例》赋予的执法权力。（吴国兴）

海南省

概况 1997年，是海南建省10周年。全省有医药工业企业55家，比1987年增加50家；固定资产原值6.6亿元，比1987年增加53倍。全年完成医药工业总产值14.3亿元（90年不变价），比上年增长20.5%，比1987年增长30倍；实现工业增加值5.1亿元，比上年增长18.6%；产品销售收入12.5亿元，比上年增长21.7%，比1987年增长23倍；利税完成0.73亿元，比上年下降57%，比1987年增长9.8倍。1997年，全省医药批发企业290家，全年完成销售额5.1亿元，比上年下降5%。

企业改革与发展 海南海药实业股份有限公司的股权结构调整取得实质性进展。在海口市政府的支持下，该公司23.3%的国家股已转让给济南轻骑集团，1.19亿元转让股金已全部到位，企业的经营状况已有所好转。海南三叶制药厂利用海口市作为“优化资本结构”试点城市的优惠政策，兼并了海南农垦印刷厂和农垦橡胶厂，扩大了业务，其中印刷厂已扭亏为盈。生产医用氧气的海口氧气厂作为海口市股份合作制试点企业，已完成股份合作制改制工作，组建了海口气体有限责任公司，公司运转正常。此外，保亭七指岭制药厂等9家医药工业企业也完成了产权转让和资产重组工作，盘活了存量资产，加快了经济结构的调整。

海南建省后，医药行业利用特区实行所得税“免二减三”等税收优惠政策，加大投资力度，使医药企业从5家发展到55家。固定资产原值从1218万元增至6.6亿元。固定资产的不断投入和新企业的陆续建成投产，成为“八五”和“九五”初期医药经济的主要增长点。医药行业已成为“九五”期间海南经济发展战略的“八大支柱产业”之一。1997年医药工业总产值、利税在全国同行业排序分别为第20位和24位。

技术改造 全年技术改造项目8项，总投资4.74亿元。其中竣工投产2项，总投资0.66亿元；续建项目3项，总投资0.88亿元；新开工在建项目1项，总投资1.7亿元；筹建项目2项，总投资1.5亿元。海南海药实业股份有限公司年产96万瓶紫杉醇注射液的“双加”工程项目被列入国家97年度项目计划；海南养生堂药业有限公司、海南亨新药业有限公司厂房搬迁改造竣工投产，完成固定资产投资0.62亿元，海南真情药业有限公司羊胎素新建项目年底进入试产调试阶段。

1997年的技术改造力度比1987年大大增强，投入是1987年194.3倍，增强了企业的发展后劲，增加了固定资产存量，提高了医药行业整体水平，使医药企业逐步达到《药品生产质量管理规范》即(GMP)的要求（1997年海南海药实业股份有限公司海口制药厂粉针车间通过了GMP达标验收），产品质量不断得到提高，增强了产品市场竞争力。同时，为保障人民群众用药安全、有效起到了重要的作用。

新产品开发 实施国家医药管理局提出的“科技兴药”战略，加强技术创新，调整和优化产品结构，增强企业发展后劲，是医药行业必须坚持的方向。全年共开发新产品12个，比1997年增加10个。海药实业股份有限公司的醋氨己酸锌胶囊及生白素，海南万州制药厂的保肾康片和海南碧凯药业公司的曼舒林及保妇康栓等产品被列入省级重点新产品开发项目。其中，海南海药实业股份有限公司的醋氨己酸锌胶囊和海南碧凯药业公司的曼舒林被列入国家级重点新产品试产计划。

建省以来，医药行业开发新产品共94个。其中具有海南特色的产品是海南制药厂利用本地资源独家生产的贯黄感冒冲剂，海南海药实业股份有限公司利用本地资源独家生产的枫蓼（肠胃康）冲剂及独家生产的红宝—太圣胶囊，以及海灵制药厂独家生产的噻吗灵粉针等。这些新产品投入市场后，产生了很好的经济效益和社会效益，如海南三叶制药厂的抗生素类药物强必林、安比先、阿莫西林、青霉素V钾片及消化系统类药物奥美拉唑等，单品种年销售额达1000万元以上；海富制药有限公司的抗生素类药物再林颗粒剂年销售额在7000万元以上；海南亚洲制药有限公司的快克胶囊（抗感冒药）年销售额近亿元；海南曼克星制药厂的（抗真菌感染药）氟康唑胶囊年销售额在1000万元以上；海南养生堂药业有限公司的保健药品龟鳖丸、朵尔胶囊平均年销售额在1.5亿元以上；海灵药厂的噻吗灵粉针年销售额达4000万元以上。

质量管理　国家对医疗器械产品实行市场准入审查注册。海南波丽曼实业有限公司的特乐保健套和洋浦通海进出口贸易公司的多功能不育症治疗仪分别获得试产注册；海南金基医疗卫生制品有限公司的无纺医用纱布和海南嘉乐实业有限公司的医用水刺无纺纱布分别获得准产注册。

出口中药产品质量管理进一步完善。1997年，海南博大药业有限公司的龙胆风湿胶囊、月月安胶囊、仙草风湿胶囊、槐角胶囊、风痛安胶囊、黄帝圣安胶囊、苦瓜素胶囊等7个中药产品，海南养生堂药业有限公司的龟鳖丸、朵尔胶囊2个中药保健品，海南凤凰国际药业有限公司的增高丸（男用、女用）、补肾强身胶囊、麝香风湿胶囊、麝香接骨胶囊、复方虫草止咳膏等6个中药产品，海南天夫制药有限公司的天夫膏分别获得3年期的出口中药产品质量注册证。

教育培训　1997年，共有49人报名参加了全国执业药师（中药师）统考，39人参加了考试，其中8人获得执业药师（中药师）资格，占参加考试人数的20.5%。

其他　为适应改革开放和建设社会主义市场经济的需要，贯彻党的十四届三中全会提出的“发挥行业协会、商会等组织的作用”，作为“培育和发展市场体系”内容的精神，在省工业厅的支持下，成立了海南省医药行业协会。

（王　琨　陈迅曙）

四　川　省

概况　1997年，四川省共有医药工业企业183个，比1996年增加12个，职工49323人，其中工程技术人员占14.68%，年末固定资产原值30.99亿元，增长18.69%，固定资产净值23.25亿元，增长21.35%。化学制药工业77个（同期78个），职工22996人；医疗器械工业16个（同期13个），职工7148人；中药工业（含中药饮片）72个（同期66个），职工15246人；药用包装材料工业14个（同期9个），职工3767人。国有经济64个；集体经济36个；三资企业32个；股份制经济企业42个；其它经济工业企业9个。大型企业14个，中型企业29个，小型企业140个。

1997年，全省医药商业按自然网点统计有3263个，其中：批发企业522个，零售2741个。批发企业中，国有经济396个，集体经济57个，股份制经济61个，其它经济8个；市属87个，县属404个，县以下31个。零售企业中，国有经济242个，集体经济351个，其它经济2148个；市属557个，县属791个，县以下1393个。职工总数28960人，其中批发企业16987人，零售11973人。

生产经营完成情况　1997年，全省医药工业生产、销售、经济效益稳步增长，全年实现工业总产值57.83亿元，较去年同期增长30%，居全国第九位。实现销售产值51.43亿元，较去年同期增长30%（详见附表1）。

附表1：

1997年四川省医药工业生产完成情况

名　称	单位	1997年比1996年 实际	±%
一、工业总产值(90价)		578263	30%
其中：化学药品工业	万元	271593	14%
医疗器械工业	万元	12158	－2.2%
中药工业	万元	277886	54%
药用包装材料	万元	15332	29%
二、工业销售产值	万元	514270	30%
其中：化学药品工业	万元	212563	9.5%
医疗器械工业	万元	12281	26%
中药工业	万元	271926	53%
药用包装材料	万元	15485	25%
三、出口交货值	万元	34906	－12%
其中：化学药品工业	万元	33213	－16%
医疗器械工业	万元		
中药工业	万元	1693	386%
药用包装材料			
四、工业增加值	万元	212895	5%
其中：化学药品工业	万元	65332	－31%
中药工业	万元	139060	31%
五、主要产品产量			
（一）化学原料药	吨	9237	－25%
其中：抗感染类药	吨	1718	－6.6%
解热镇痛类	吨	1024	8.5%
维生素	吨	484	持平
心血管类	吨	17	－88%
呼吸系统类	吨	59	11.3%
消化系统类	吨	257	－48%

（二）主要中成药产品产值

品种名称	单位	1997年产值(现价)
地奥心血康	万元	50639
洁尔阴洗液	万元	21950
中汇川黄液	万元	11026
三勒浆	万元	10536
风湿液	万元	7045
抗病毒冲剂	万元	6825
通泰胶囊	万元	6026
松龄血脉康	万元	5980
迪康儿感冲剂	万元	5655
一清胶囊	万元	5203
鼻渊舒口服液	万元	5118
脂必妥片	万元	5034

1997年，全省独立核算医药商业实现商品销售25.70亿元，上升2.4%。商品销售净收入（扣除销售折扣及折让）25.50亿元，其中：医药（药品、医疗器械、化学试剂、玻璃仪器等）19.30亿元，中药（中药材、中成药）6.20亿元，分别较去年同期增加2.4%、3.4%和下降1.2%。全年发生经营费用2.1亿元，管理费用2.1亿元，财务费用1.3亿元，合计支出5.5亿

元，与上年持平，占商品销售收入的21.4%，增加0.5个百分点。盈亏相抵后，全行业亏损10134万元，亏损企业195户，亏损面55%。

经济效益 1997年，全省医药工业取得了较好的经济效益。全年实现利税88055万元，其中利润50363万元（抵亏后），分别较同期增长29.50%和34.20%，有15户企业利润超千万元，其利润合计49336万元，占全省利润总额的97.96%（详见附表2、表3）

附表2

1997年四川省医药工业
主要经济效益指标完成情况

指　　标	单位	1997年	较1996年±%
产品销售收入	万元	461559	25.6%
产销率	%	88.4%	−1.5个百分点
实现利税	万元	88055	29.50%
其中利润	万元	50363	34.20%
百元固定资产			
净值实现利润	%	29.2%	+2个百分点
销售利税率	%	19.1%	+0.6个百分点
全员劳动生产率	元/人	43665	2243元/人
资产负债率	%	49.7%	−9个百分点

附表3

1997年医药工业利润超千万元企业名单

企　业　名　称	1997年实现利润(万元)
中科院成都地奥制药公司	20838
雅安三九药业有限公司	5196
成都蜀阳企业（集团）有限公司	3973
成都康弘制药有限公司	3559
四川制药股份有限公司	3512
中国中医研究院中汇制药公司	2345
成都迪康制药公司	2285
成都恩威制药有限公司	2177
华西医科大学制药厂	2013
四川华美制药有限公司	1400
四川美大康药业有限公司	1303
四川华联制药有限公司	1267
四川蜀乐药业股份有限公司	1015
四川科创制药公司	1012
卫生部成都生物制品研究所制药厂	1000

技术改造 1997年四川省医药行业坚持以科技进步和结构调整相结合，促进技术改造工作，全年完成中央、地方技改投资总额2.5亿元。列入国家一期“双加”重点建设项目已如期完成。列入国家二期“双加”项目的四川天府药业股份有限公司技改项目，总投资2574万元，1997年5月全面启动，当年新建锅炉房、配电房和一条口服液生产线，日产口服液10万支。中国中医研究院中汇制药公司投资2亿元的新建科研生产基地于1997年8月试车。所有设备运行良好，动力车间，提取车间，颗粒剂车间一次试车成功。西南华神药业公司异地技改项目5300万元，全年已完成投资2800万元；德阳华康药业有限公司投资1200万元，10个月建成年产2000万瓶大输液生产车间并投入批量生产。

管理与改革 1997年，四川省医药行业按照党的十五大精神，大胆探索公有制的多种实现形式，积极稳妥地推进企业改革。在坚持“抓大放小”和“多兼并、少破产”的原则基础上，先后组建了成都恩威集团公司、成都地奥制药集团、成都蜀阳企业（集团）有限公司、泸州宝光药业集团有限公司等一批有一定影响和实力的集团公司，实现了产品的规模经营，扩大了名牌产品的市场占有率，取得了较好的经济效益。全省医药行业1997年改制49户，其中医药工业30户，医药商业19户。在改制企业中，破产5户，其余44户实行了改、转、并、卖等多种形式的企业改革，明晰了产权关系，避免了国有资产流失。通过这些改革和资产重组，共盘活国有资产6.8亿元，比1996年翻了一番。

科研与教育　1997年四川省医药行业获得各类科技扶持发展资金600余万元。紫杉醇注射液等9个项目被列入省科委重点科技项目。盐酸洛美沙星等3项新产品被列入国家科委重点新产品开发计划；列入省经贸委重点新产品研制计划28项。四川长征制药股份有限公司、四川太极制药有限公司和四川天府药业有限公司等3家企业被省经贸委确认为四川省企业技术中心，得到经费资助共41万元。

为加速全省新药研究与开发的步伐，推动医药支柱产业的发展，省政府成立了《四川省新药研究与开发协调领导小组》，该小组的成立，将有力地促进四川新药开发的步伐。1997年全省获卫生部批准生产的新药共30个，其中：西药原料和制剂16个，中药14个。

组织高频电离子手术治疗仪等6项科技成果的鉴定，4项医药科技项目获四川省科技进步奖，其中华西医科大学制药厂的国产三相避孕片获二等奖；小儿感冒颗粒、风热清口服液、MF—多源频谱治疗仪等3项目获三等奖。

1997年，四川省医药教育为适应医药经济发展，继续努力提高职工素质，加快人才培养步伐，以岗位培训为中心的多层次医药职工教育工作蓬勃开展，编制下发了中药营业员、中药制剂、医药营业员、药物制剂等4个工种的岗位培训教学计划，建立了这4个工种岗位统考的试题库，全年共培训，考核发放高、中、初级技术工人等级证书2393个，成人中专录取新生476人。

全年有314人报名参加执业药师、执业中药师的资格考试，其中121人参加了考前培训，94人考试合格，获得执业药师、执业中药师资格。组织注册执业药师162人参加了执业药师的继续教育。

质量管理与监督　大力推行药品生产质量管理规范，努力提高我省药品生产经营企业质量管理水平。按照国家医药管理局推行GMP“九五”计划安排，组建了GMP指导性专家评审组，对省内23家医药生产企业新建或扩建技术改造项目设计方案进行了GMP指导性审查；将成都市医药公司、西昌医药站、资阳市医药公司等3家医药商业企业列为全省推行GSP试点单位，并通过了国家医药管理局的达标验收；受国家医药管理局委托，组织对四川制药股份有限公司、成都天台山制药股份有限公司、成都蜀阳制药厂等3家企业的粉针生产线进行了GMP达标验收，以上6家企业已分别获得国家医药管理局颁发的GSP、GMP证书；组织举办了两期全省制药企业GMP达标培训班，培训企业管理人员300余人；继续开展了制药企业质检机构认证工作，加强了对新建制药企业质检机构的建设。

头孢噻肟钠、氨基酸注射液系列、阿米卡星、乐脉颗粒、盐酸四环素、抗病素冲剂等6个产品被评为四川省名牌产品。

为加强医疗器械行政监督管理工作，积极推行质量认证工作，组建了中国医疗器械质量认证中心四川办事处。

1997年全省共审评注册医疗器械产品82个，其中，一类35个、二类31个、三类16个。

医药重要事件　5月22日，四川省省长宋宝瑞视察成都地奥制药集团时指出：地奥要运营资本和资产重组，以新的经济增长点营造新优势。

5月26日，四川省省委书记谢世杰同

志视察了四川省长征制药股份有限公司，并听取公司领导的汇报。

6月2日，四川省医药管理局召开四川省药品经营企业统一使用绿十字标志新闻发布会。统一使用绿十字标志，是全省医药行业加强社会主义精神文明建设，创建“放心药店”活动的重要内容之一，也是进一步整顿规范药品经营秩序，打击制售假劣药品违法犯罪行为的重大举措。

6月4日，四川省医药公司成功地举办了1997年下半年度全国药品供应交流会。来自全国医药大中型工商企业及解放军、武警医药业务主管部门的代表约2万人会聚成都，进行洽谈交流。时隔12年后又在成都召开的这次药品交易会，推动了我省医药事业的发展，提高了四川的知名度。

6月9日，中共四川省委、四川省人民政府在川委发［1997］27号文中确定化学医药工业为四川省国民经济跨世纪发展战略中的支柱产业之一。四川省委、省政府决定，巩固和提高化学原料药工业，充分利用生物技术，积极开发新产品；大力发展中药工业和医药保健品；积极开发先进适用的医疗器械；组建一批医药企业集团，增强市场竞争能力。

7月30日，四川省乐山制药厂破产经营性资产拍卖大会在乐山举行。成都中西投资发展有限公司以2420万元整体收购四川省乐山制药厂。

10月10日，四川省政府批准成立了“四川省新药研究与开发协调领导小组”，该小组的成立，将加速全省新药研究开发的进度，增添全省医药产业发展的后劲，对壮大四川医药支柱产业起到重大的促进作用。

10月16日，国家医药管理局局长郑筱萸一行来川考察指导医药工作，在参观了成都蜀阳制药厂等两家企业后，郑筱萸局长就四川医药经济发展发表了重要讲话。（陈　锦）

成　都　市

概况　1997年，成都医药行业在市委、市政府的领导下，以推进“两个根本性转变”为目标，以深化企业改革和资产重组为重点，全面加强行业管理，狠抓新产品开发和技术改造，强化招商引资力度，实现了成都医药经济的稳步增长。

全行业完成工业总产值36亿元，同比增长38.46%，实现利税6.2亿元，同比增长9.8%，医药工业出口值完成1.7亿元。

全行业商业完成总销售9.3亿元，同比增长4.2%；商业亏损2674万元。

1997年产值上亿元利税过千万的企业由96年的10户增加到11户，他们是：

企业名称	产值（亿元）	利税（万元）
中科院成都地奥制药公司	5.6	26606
四川制药股份有限公司	3.1	4359
成都恩威制药公司	2.3	5985
卫生部成都生研所	2.2	3124
中汇制药公司	1.4	4291
成都药业有限责任公司	1.4	1717
成都康弘制药公司	1.2	4061
成都蜀阳制药厂	1.2	4511
四川华美制药公司	1.1	2403
成都迪康公司	1.1	909
四川科伦大药厂	1	220

大力调整结构，推进经济体制转轨　在企业组织结构调整方面，开展了建立现代企业制度的试点工作，按照“产权清晰、权

责明确、政企分开、管理科学”的要求，对四川制药厂和成都制药二厂实行规范的公司制改革，四川制药厂于1993年改建为四川制药股份有限公司，其股票于1996年12月在上交所上市，1997年9月又经市政府同意将四川制药股份有限公司国家股授权全兴酒厂持有和经营。成都制药二厂于1996年12月改建为成都药业有限责任公司（国有独资公司），1997年9月又进入新组建强强联合的成都岷江控股集团有限公司。资产重组工作按照“鼓励兼并、规范破产、下岗分流、减员增效”的要求，由成都通德公司兼并了成都制药三厂，由国防科工委中国远望（集团）总公司兼并了成都制药一厂，成都制药四厂并入了成都技改投资公司，成都制药五厂进行股份合作制改造正在上报之中。商业企业的资产重组工作也在进行之中，多方洽谈，寻找出路，努力搞活企业。

在产品结构调整方面，按照“扶优扶强”的原则，从上百个企业和上千个产品中筛选出10户重点企业和10个支柱产品和拳头产品进行重点扶持。目前已有11户企业产值上亿元，利税过千万，1997年，四川省第三届名牌产品评选，成都市占4个，四川制药股份有限公司的盐酸四环素、华西医科大学制药厂的乐脉颗粒、四川光大制药有限公司的抗病毒冲剂、成都制药四厂的丁胺卡那霉素。这是省上从1995年开始，经过两年多的工作才评选出来的，是狠抓名牌产品战略的结果。目前全市青霉素钾盐产量占全国总产量的1/9，扑炎痛原料药及片剂、丁胺卡那霉素生产规模在全国名列前茅。植物提取原料药芦丁产量居全国第一。四川制药股份有限公司已列入全国大型医药工业企业40强。四川制药股份有限公司、中科院成都地奥制药公司、成都恩威制药公司、华西医科大学制药厂、卫生部成都生物制品研究所、成都药业有限责任公司、成都蜀阳制药厂、四川光大制药有限公司已列入四川省医药工业企业20强。

推进科技进步，转变经济增长方式 在技改方面，重点抓了立项的前期准备工作。四川制药股份有限公司的二期“双加”工程，四川华美制药有限公司的三勒浆扩产改造工程、成都迪康制药公司的扩产改造工程、成都康弘制药有限公司的技改工程、四川科伦大药厂的大输液扩产及GMP改造工程、成都通联药业的建设项目，已完成了立项；有的已完成了可行性研究。上述项目的总投资5.2亿元，项目建成达产后，将新增产值29亿元，新增利税6.1亿元。四川制药股份有限公司一期“双加”工程、成都制药四厂的丁胺卡那扩产工程、中汇制药公司的技改工程、成都制药三厂的制剂改造工程等在建项目进展顺利，在建项目总投资2.2亿元，资金基本到位，市要求97年完成1.16亿元，实际完成1.24亿元。

在科研方面，根据国家医药管理局“国药器监字（96）第6号”、“国药器监字（96）第70号”文有关精神，在1996年的基础上，对全市140余家医疗器械生产企业的产品继续进行市场准入审查换证，截止目前，共审查上报180个产品，已换证136个产品，新取证8个产品。全行业工业企业用于新药品种研制开发投资已达3000万元，研制开发新药及中间体13个，已投产新产品7个，其产值达23506万元，利税4813万元，新产品、新技术推广应用项目7项，新增综合效益480万元。许多企业在技术进步方面做了大量工作，取得了较好成绩。其中较突出的有：四川制药股份有限公司在不断提高乙酰螺旋霉素发酵单位的基础上，又对乙酰化工艺进行了探索，并取得突破，通过改进，使乙酰螺旋霉素总收率提高了10%，创综合经济效益70万元。他们还狠抓管理、革新挖潜，使多个品种的发酵单位及收率都有提高，与去年同期相比，青霉素发酵单位及收率分别提高3.83%和0.7%，多创综合效益26.96万元；青霉素钠盐发酵单位及收率分别提高4.41%和4.91%，多创综合效益191.9万元；盐酸四环素发酵单位提高1.03%，收率提高4.28个百分点，多创综合效益50.76万元。成都药业有限责任公司的扑炎痛在连年提高的基础上，1997年又有提高，与1996年同比由79.03%提高到80.19%，多创综合效益34.56万元。成都制药四厂丁胺卡那霉素总收率继续提高，与1996年同比提高了1.09个百分点，新增综合效益92万元。成都联益机制胶囊有限责任公司投资480万元，安装了我国目前先进的全自动机制胶囊生产线，于1997年5月初建成，填补了成都市全自动机制药用硬胶囊生产的空白。全面投产后，可年产硬胶囊20亿粒，产值可达3500万元，利税可达750万元。成都迪康制药公司在小儿感冒颗粒剂的生产中，采用了无糖及包埋新技术，在不减少药品含量的基础上，大大降低了含糖量，使原每袋12克降到6克，同时还解决了口感问题，使少儿易于接受，并创综合效益150万元。纳入成都市医药局考核的企业危险废物处置率均达到80%以上。

夯实基础，加强管理　在财务管理方面，圆满完成了1996年工商企业的财务决算、产权登记年报、年检，国有资产保值增值考核、年报等工作；下达了目标责任书；布置了1997年集体企业清产核资工作，已完成集体企业户数清理工作，将进行资产清查、产权界定、资产重估等工作；按照市政府的要求，布置了会计基础达标工作，计划在1997年至2000年间完成此项工作。

在做好财务管理基础工作的同时，成都市还积极引导企业开展学邯钢、降成本、增效益、减亏损活动。在扭亏工作中，局领导和企业领导实行了责任制，各亏损企业以市场为导向，筛选适销对路的产品进行生产，并在产品的剂型、包装上更新改造，严格控制原材料采购价格，重视回款工作，收到了较明显的成效，使企业亏损得到了遏制，有的减少了亏损。

在质量管理方面，开展了第二批质检机构等级认证工作，共对37个药品生产企业的质检机构进行了等级认证，其中经评审达A级1个，B级19个，C级17个，同时对9个已认证企业进行了复查，合格6个，待整改3个；召开了成都医药行业第十七次QC成果发表会，经评审，获市医药行业优秀QC小组称号4个，获先进称号的4个，QC成果创经济效益234.1万元；开展了药品零售企业“绿十字”标志发放工作。召开了市属医药商业企业和19个区市县医药局“绿十字”标志发放会议，制订了发放办法和要求，开展了宣传和试点工作，目前第一批200个“绿十字”标志发放工作已基本完成。成都市医药局还根据国家中医药局关于开展中药质量大检查的要求，结合质检机构认证和日常管理工作，对61个工商企业的中药材、饮片、中成药进行了质量检查，设立了“3.15国际消费者权益日”投诉站，开展了医药法规宣传，接受投诉6起，收到人民来信2封，均作了解释和处理；成都市医药局还根据国家、省医药局的要求，积极组织了8个粉针剂和无菌原料药生产企业开展了GMP达标验收工作，组织市医药公司等2个企业开展了GSP达标试点工作，现有3家企业通过了粉针剂GMP达标验收，1家企业通过了GSP达标验收。重点产品质量稳定提高率达100%，完成了市政府下达的质量目标。对各药品经营企业的"进、存、销"严格把关，共查8224批次（品种、规格），对93批次（品种、规格）有质量问题的药品分别作了处理，防止了不合格药品流入市场。

在生产流通方面，汇总编报了1996年度医药工商统计年报、设备能源年报；分解下发了1997年医药行业生产经营主要经济目标计划，进行了制药设备自查、抽查工作；组织了节能节水宣传活动；汇总编报了进入《国家基本药物目录》的中成药、化学药品申报表；继续在医药商业企业中开展了优质服务竞赛活动。

在劳资安全管理方面，成都市医药局继续贯彻实行"劳动法"，坚持"安全第一，预防为主，防消结合，防治结合"的方针，继续贯彻"谁主管、谁负责"的原则，狠抓安全生产工作，生产经营上未发生大的事故。

加强精神文明建设　1997年，是我国历史发展中十分重要的一年。在这一年里，成都市医药局坚持以邓小平建设有中国特色社会主义理论为指导，坚持党的基本路线和基本方针，紧紧围绕我国恢复对香港行使主权和党的十五大的胜利召开这两件举世瞩目的大事，认真开展了各项宣传思想工作，为医药经济的发展提供了有力的思想保证和良好的舆论环境。①坚持不懈地用邓小平理论武装广大党员、干部和职工，推动用科学理论武装人的工作向深度和广度发展。②认真学习宣传党的十五大精神，促进医药经济持续健康发展。③以香港回归祖国为契机，广泛开展多种形式的爱国主义宣传教育活动，进一步激发了爱国热情，振奋了精神。④进一步加大了经济宣传的力度，认真开展了学理论、转观念、促进两个根本性大转变的学习讨论。⑤加强改革、发展中的宣传思想工作和政研会工作，保持企业的稳定。⑥进行以"三讲"为主要内容的党性党风教育，不断提高领导干部的素质。⑦开展了"三五"普法教育和依法治理工作。⑧积极开展"三优一学"创建文明城市的竞赛活动。

职工教育：全行业全面完成了市上下达的职教目标，为提高企业整体素质，为医药事业的发展起到了保证作用。

加强了企业党建工作。①建立完善了党建工作目标责任制，明确了责任人，落实了具体的组织实施机构，制定了企业党建工作年度计划；②坚持了中心组学习制度、民主生活会制度和创"四好"班子活动；③建立健全了有关规章制度。如《领导干部收入申报制度》、《领导干部廉洁自律规定》、《重大问题请示报告制度》等；④加强了新党员的组织发展和入党积极分子的培养教育工作。市属企业申请入党的364人，被列为入党积极分子的149人，发展新党员54人；⑤加强了后备干部队伍建设，对后备干部进行了系统培训，建立了后备干部档案；⑥已完成对企业领导班子的考核工作。

在党员中开展了以"三讲"为主要内容的党性党风党纪教育和"学理论、学党章"活动。广大党员积极参加，参学党员1375人，党员参加培训64期，培训党员骨干92人，其中县处级以上干部16人。组织传达十五大精神，组织处以上干部专题学习、讨论，组织领导班子学习，拓宽思路解放了思想。

成都市医药局进行了领导干部廉洁自律自查自纠工作，召开了专题民主生活会；应参加民主生活会162人，实际参加160人，补课2人，自查自纠面达到了100%；开展了来信、来访、举报问题的查处工作。到目前为止，共收到群众来信37件（重复

19件)，受理18件，已办结17件，正在调查处理1件;开展了党风政纪教育工作，组织党员干部学习《廉政准则》、《中国共产党纪律处分条例》、《领导干部报告个人重大事项的决定》等有关规定，党员干部受教育面达90%以上；在建章立制方面，成都市医药局组织了1996年下半年领导干部廉政档案填报工作，开展了1993年以来反腐败斗争情况统计工作，开展了中纪委关于党政机关厉行节约、反对奢侈浪费若干规定贯彻情况统计工作。

成都市医药局继续抓了落实老干部政治待遇的工作，坚持了老干部看文件的制度，定期或不定期的向老干部通报生产经营情况，坚持了领导干部定期或不定期的走访、慰问老干部的制度。继续抓了离退休人员的生活待遇问题，由于各级领导重视，千方百计保住"两费"，目前尚未发现拖欠离退人员离退休费和医药费的问题。继续开展了适合老同志特点的活动，分期分批组织他们休养、参观、旅游。老干工作荣获市直机关工委先进集体称号。

成都市医药局始终把社会治安综合治理作为精神文明建设的重要内容，坚持抓落实责任制，坚持抓保证作用，为确保一方平安做出了贡献。

"七·一"前，各企业还组织职工开展了"庆七·一，迎回归"活动。

（李　维）

重　庆　市

医药经济运行质量与效益显著提高　医药行业紧紧抓住重庆设立直辖市的历史机遇，着力推进结构调整，推进资本运作，堵住经济滑坡势头，出现扭亏为盈的良好态势，经济运行的质量与效益显著提高。

全年完成工业总产值28.12亿元，同比增长7.83%，其中：原料工业总产值略有下降，与同期相比下降3.38%，制剂工业和中药工业总产值升幅较大，制剂工业同比上升16.83%，中药工业同比增长43.4%；实现工业增加值4.9亿元，同比增长9%；产品销售收入21.2亿元，同比增长12.4%；实现利税2.1亿元，同比增长172.88%；实现利润总额6411万元，同比增长222.25%，上缴税金1.3亿元，同比增长19.88%，其中预算内工业企业实现利税总额6607万元，比去年同期净增6727万元；实现利润1157万元，比去年同期净增达6776万元。医药商业实现销售11.68亿元，同比增长19.5%；上缴税金1987万元，同比增长7.11%。

企业改组和下放小企业取得新突破　重庆中药股份有限公司向太极集团转让国有股，组建大型中药企业集团的工作已接近完成；西南合成制药总厂实施了对西南制药二厂兼并，合并重庆制药九厂的条件已经成熟，以西南合成为核心的化学制药集团正在形成；重庆医药股份有限公司对重庆化学试剂玻璃仪器公司和重庆医药保健品公司的兼并式重组顺利实现，组成了我国西部地区最大的医药商业集团，初建的集团公司销售规模扩大，效益明显上升，销售收入和利税分别比去年同期增长49%和35%。根据"抓大放小"的要求，年内下放小企业和县级医药商业公司46户。

抓企业领导班子建设，培养使用年轻干部

年内对18个单位98名领导干部进行了考核，考核后调整班子15个，调整干部41名，提拔充实到领导班子的优秀年轻干部18人。

和平药房推行连锁经营　年内重庆医药股份有限公司推出了和平药房连锁店40

家。和平药房连锁店实行包括统一店容店貌，统一配送，统一服务标准等内容在内的“九统一”，实施包括24小时售药，服务备水，缺药登记，函购邮寄药品在内的一系列便民措施，创造了很好的社会效益和企业效益。（陈一平　黄　灿）

贵州省

概况　1997年贵州省医药行业认真贯彻党的十五大精神，围绕全年工作重点，以提高经济效益为中心，以深化企业改革为突破口，大力推进“两个根本性转变”，认真开展医药行业的各项工作，努力提高全行业经济增长的质量和效益，取得了一定的成绩。

——1997年医药经济运行平稳、稳中有升。

1997年全省医药工业总产值完成143782万元，比上年108279万元增长38.57%，其中，中成药工业产值完成109699万元，比上年79261万元增长38.4%，占全省医药工业总产值的76.29%，医药工业销售产值完成103904万元，比上年80915万元增长28.41%；产销率为75.70%；医药工业增加值完成52171万元；医药商品销售收入完成50795万元，比上年增长7.07%。

——推进两个根本性转变，企业改革步伐明显加快。

1997年全省医药行业以改革为动力，以转换企业经营机制为突破口，积极探索企业改革的路子，特别是党的十五大召开后，全省医药行业改革的步伐明显加快。

六盘水市医药事业局对所属国有企业采取联合、股份制合作，兼并等多种形式进行全面改革，通过改革，逐步壮大企业的实力和规模。贵州神奇制药有限公司与贵州汉方制药有限公司等一些具有一定实力和规模的企业也积极运作股份制改造方案，向集团化、规模化迈进。凯里市药品公司、凯里制药厂已初步完成股份制改造。

——立足资源优势，大力发展特色经济。

自省委省政府作出大力发展绿色产业的决定后，全省各地把发展中药材生产作为绿色产业的主要项目来抓，各级药材公司积极培育中药材基地建设。1997年全省38个药材公司提出了发展中药材基地的规划和设想，经省地两级部门审核，省绿色产业办已批准银杏项目8项，并为绿色产业深加工配套的制药工业项目11项，争取到绿色产业项目资金8600万元。

——规范药品零售企业，提高服务质量。

1997年全省医药零售企业按照国家医药局的统一要求和部署，结合《医药商品零售企业服务规范》的要求，认真清理和规范，并在贵阳、铜仁、都匀等地进行悬挂全国统一的医药零售企业绿十字标志。1997年全省已有97家药品零售企业通过了整顿验收，达到了悬挂全国统一的绿十字标志的要求。率先在全省悬挂了全国统一的绿十字标志。

——实施科技兴药战略，提高质量意识。

1997年全省医药行业根据“科技兴药”的战略方针，不断强化科技意识，注重新产品开发，不断提高产品技术含量。1997年全省共引进开发“愈酚伪麻胶囊”“脑得生胶囊”“克拉霉素胶囊”等国家四类以上新药十余项，新产品产值完成17386万元。在贵州省优秀新产品评比中，全省医药行业中有11个新产品获得省级优秀新产品奖。有3个品种列入国家级重点新产品计划。在实施科技兴药，不断提高产品质量的前提下，积极参与争创名牌活动，经贵州省经贸委、贵州省技术监督局组织专家评价推荐，全省医药行业有6个企业的10个产品获得了1997年贵州省名牌产品。

——扩大开放，加大医药行业招商引资力度。

大力发展外向型经济，扩大开放，加大医药行业招商引资力度是贵州省医药经济的主要增长点和着力点。1997年为迎接“5·28”贵阳新机场通航暨97贵州投资贸易洽谈会的召开，贵州医药行业组织部分医药工业企业在投资贸易洽谈会上参展，与国内外客商广泛接触。在“97贵州投资贸易洽谈会上”共与外商鉴定合同4项，总投资732万美元，合同利用外资337万美元，收到较好效果。

（李温洲　王英伟）

六枝医药站兼并贵州省医药公司　六枝医药采购供应站位于贵州西部的六盘水市六枝特区是全国优化资本结构试点城市之一。该站始建于1970年10月，前身是六枝特区医药公司，八十年代后期改为六枝医药采购供应站。

该站在计划经济向市场经济过渡时期，经过自身的努力，年销售额已突破5500万元，年利润已达280万元，净资产已达1226万元。

贵州省医药公司始建于1952年，是一家具有47年历史的老国有医药流通企业。该公司在计划经济时期担负着系统行业管理，全省医药商品的调拨、储备任务。随着我国经济体制改革的不断深入，在计划经济向市场经济转轨过程中，该公司许多深层次的矛盾不断暴露出来，使经济效益受到一定影响。

根据中央进一步搞活国有大中型企业的方针政策，贵州省医药管理局决定将六枝医药站与贵州省医药公司实行强强联合。经贵州省经济贸易委员会批准，1997年12月六枝医药采购供应站对贵州省医药公司实行兼并。通过兼并重组，使原来的两个医药商业企业真正形成资产一体化，规模集约化的大型医药商业流通企业。

（李温洲　王英伟）

贵州凯里制药厂改制　贵州凯里制药厂是贵州省以生产输液产品为主的国有医药生产企业。为适应社会主义市场经济的需要，促进企业经营机制的转换，1997年12月经凯里市深化企业改革领导小组批准，贵州凯里制药厂改制为贵州省凯里制药有限责任公司。公司性质为股份合作制。注册资本（总股本）为100万元，共5000股，其中职工个人股2500股，计50万元，由职工以现金方式认购；量化股1250股，计25万元，按2∶1量化；职工基金会持股1250股，计25万元。

改制后的凯里制药有限公司职工个人按200元为一股，普通员工最低每人按15股认购，多购不限。董事会成员按最低每人30股认购；监事会成员按最低每人20股认购；董事长、经理最低按60股认购。职工以现金方式一次性交清。公司接纳原企业的全部在册职工认股，对自愿放弃购股的职工，不能进入凯里制药有限责任公司，不保留其原有身份。改制后企业承担原企业离退休人员的工资福利待遇。

（李温洲　王英伟）

贵州医药行业创十项名牌产品　1997年贵州省医药行业围绕实现“两个根本性转变，实施名牌战略，积极参与国内、国际市场竞争，在不断提高产品质量的前提下，积极参与争创名牌活动。经贵州省经济贸易委员会、贵州省技术监督局组织专家评价推荐，贵州省名牌产品审定领导小组审核，在全省9个行业、168个企业申报的248个产品中，全省共评出118个贵州省名牌产品。贵州神奇制药有限公司生产的“神奇牌止咳露”，贵州益康制药有限公司生产的“益康牌全天麻胶囊”“益康牌杜仲胶囊”，贵阳中药厂生产的“强力牌杜仲壮骨丸、强力牌妇科再造丸，强力牌止喘灵气雾剂，强力牌天麻灵芝口服液”；贵州德祥制药有限公司生产的“德祥牌乙肝散”；贵阳中信现代药业有限公司生产的“CITICP牌咽立爽滴丸”；贵州安顺地区制药厂生产的“百灵鸟牌强力银翘片”等6个企业生产的10个产品获得了“1997年贵州名牌产品”荣誉。

（李温洲　王英伟）

贵州医药行业非公有制经济发展迅速　改革开放以来，贵州医药行业有了快速发展，在“大医药”的指导思想下，贵州医药行业形成了投资主体多元化，医药行业非公有制经济得到了快速发展。1997年贵州省医药行业内医药工业企业已发展到221户，其中，全民所有制企业52户，中外合资企业24户，民营企业145户。在医药工业固定资产投资方面，全省医药工业固定资产投资累计完成8.39亿元，其中：全民所有制医药工业企业累计完成投资3.3239亿元，占39.62%；中外合资医药工业企业累计完成投资0.92亿元，占10.97%；民营医药工业企业累计完成投资4.51亿元，占49.46%；在医药工业产值完成情况上，1997年全省医药工业完成产值14.3782亿元，其中非公有制企业产值占80%以上。在已确定的贵州医药行业重点企业排名中，贵州神奇、贵州汉方、益康、信邦、安富等工业企业无论在产值，利税等方面还是在市场，品种，技术含量方面，非公有制企业均名列前茅。非公有制医药工业企业已成为贵州医药行业的主力军，在医药经济中占有主导地位。

（李温洲　王英伟）

贵州省医药设计院成立　为适应贵州省医药行业发展的需要，经国家医药管理局批准成立贵州医药设计院并于1997年12月30日正式挂牌成立。

贵州省医药设计院是在贵州省化工设计院的基础上成立的。贵州省化工设计院始建于1958年，已有四十年的设计资历，是贵州省唯一具备医药工程设计资格的设计单位。1994年取得了化学工业和建筑工程两项甲级设计资格，1993年经贵州省建设厅批准取得医药工业乙级设计资格，承担了医药行业许多项目的设计，其中投资千万元以上的医药项目达11项。

贵州省医药设计院的成立，打破了贵州省医药行业完全依赖省外规划设计的被动局面，标志着贵州省医药体系的进一步完善。　（李温州　王英伟）

贵州信邦制药有限公司GMP标准生产线奠基　贵州信邦制药有限公司GMP标准生产线于1997年12月28日在罗甸县龙坪镇举行奠基典礼。该生产线总投资8785.47万元，建设规模为年产银杏天宝10亿片，益心舒胶囊4000万粒，六味安消胶囊6000万粒，总占地面积69.7亩，建设期为两年。GMP标准生产线建成投产后，可实现年产值65692.62万元，年均利润10490.11万元，年均税金19329.48万元。　（李温洲　王英伟）

贵州省医药零售企业悬挂“绿十字”标志

根据国家医药管理局的统一要求和部署，结合国家医药管理局颁布的《医药商品零售企业服务规范》，1997年贵州省医药管理局制定了《贵州省医药零售企业悬挂全国统一的医药零售企业绿十字标志的试行规定》，并在贵阳市率先推行，按照悬挂绿十字标志的规定，对贵阳市47户零售企业进行了整顿验收，颁发了全国统一的绿十字标志。1997年全省已有97户医药零售企业通过了验收，悬挂了全国统一的绿十字标志。　　（李温洲　王英伟）

贵州省医药产业规划作调整　根据“国家九十年代产业发展政策纲要”，《贵州省国民经济社会发展“九五”计划和2010年远景目标纲要》，以及《关于大力发展绿色产业的决定》和《贵州省医药行业“九五”计划和2010年长远规划》等文件精神，对贵州省医药产业结构和发展战略进行调整，使行业与全省经济配套发展。

产业发展方向：

〈1〉到2002年，贵州省医药工业整体素质基本达到国家九十年代总体要求，全省医药经济总量在省内占有一定比重，中药及其制剂产品产量在全国名列前茅，实现以创新产品为主，创仿相结合的战略转移，初步完成现代医药企业制度建设。

〈2〉2002—2010年，全省医药工业整体水平力争成为全国有影响的省份之一。全面建立起“统一、开放、竞争、有序”的现代医药生产新体系，使全省医药产业在全国占有一定的地位，在中药材种植与加工、中成药制剂、生物工程药品，部分化学合成药品、药用包装材料（容器）、医疗器械等医药工业方面蓬勃而起，在全国享有一定声誉。

〈3〉医药工业经济效益必须逐步提高，逐步改变医药行业长期产值增长而产值利税率和资金利税率下降的局面，产品集中生产度明显提高，医药经济由产值增长速度型向企业组织结构、产品结构合理化效益型转变。

医药产业发展“九五”计划和2010年远景目标：

〈1〉医药工业总产值到2002年达30亿元以上，年均增长25%。2010年达68.55亿元—77.95亿元，年均增长8%—10%。

〈2〉医药商业销售额到2002年达7.5531亿元—8.4323亿元；年均增长8%—10%。

〈3〉医药工商利税到2002年达10.2亿元，年均增长15%．到2010年达21.95亿元—26.84亿元，年均增长8%—10%。

〈4〉医药产品出口创汇到2002年达到5000万美元，到2010年达到2.5亿美元。

医药产业发展生产力总体布局

〈1〉医药产业五大类生产能力到2002年分别达到抗生素分装1亿粒/年；水针2.5亿支/年，片剂60亿片/年，大输液5000万瓶/年，胶囊30亿粒/年。

〈2〉化学原料药总产量到2002年达5000—6000吨以上。

〈3〉中药材种植生产面积到2002年达150万亩。（其中非耕地135万亩，耕地15万亩）年均增长8.15%。

〈4〉固定资产投资“九五”期间计划安排10.151亿元。

〈5〉其他医药制剂生产能力相应发展。

（李温洲　王英伟）

安全生产达标　1997年贵州省医药行业各级管理部门按照全省安全工作的统一部署，认真贯彻落实国家安全生产方针，狠抓安全工作的责任落实。全省医药行业定期开展安全检查，不放过任何不安全隐患，特别是对重点部位和要害部门强化安全措施，防患于未然。与各级部门签定安全责任书，不断强化安全意识，使全省医药行业安全生产工作收到了良好的效果。在全省评出的18个安全生产工作达标单位中，贵州省医药管理局被评为1997年度安全生产达标单位，受到贵州省人民政府的表彰。　　（李温洲　王英伟）

省医药管理局扭亏增盈工作受表彰　1997 年贵州省医药管理局认真贯彻国务院和省人民政府关于深入进行扭亏增盈工作的意见，积极推动企业开展“学邯钢、抓管理、增效益”活动，努力增加盈利，减少亏损。在与省政府签定 1997 年扭亏增盈责任书中，对贵阳制药厂限亏目标 1010 万元。为努力做好贵阳制药厂的减亏工作，对贵阳制药厂采取开展生产自救，减员增效，分片搞活，带资承包等多种形式来努力减轻企业负担。通过努力，1997 年贵阳制药厂实际亏损 654 万元，减亏 356 万元，减亏 35.24%。使贵阳制药厂亏损下滑的局面得到了有效遏制，减亏工作取得了初步成效，受到贵州省人民政府的通报表彰。

（李温州　王英伟）

国家中医药管理局西南片区中药材生产会议在贵阳召开　1997 年国家中医药管理局加大对西南地区中药材主产区的倾斜，对西南地区中药材生产项目、资金、品种加以宏观指导和投入。1997 年 8 月国家中医药管理局西南片区中药材生产会议在贵阳召开，来自西南地区六省区的医药管理部门的负责人，中药材公司的负责人及重点药材基地的负责人等 70 余人参加了会议。国家中医药管理局副局长任德权率有关部门负责人亲自参加会议。

会上，任德权副局长对贵州省大力发展中药材资源优势引起省委省政府的高度重视和支持感到非常高兴，指出：贵州是全国中药材主产区，品种数达 4290 种。但在众多的品种中，许多品种不仅贵州产其他省份也有，这样优势的体现必须从农本、重金属残留、气候条件及工业污染情况来加以比较，去体现自身的优势所在。会议期间，任德权副局长认真听取了贵州省发展中药材生产情况的汇报，并到正安、织金、普定等中药材生产基地进行实地考察。对贵州省因地制宜、公司加农户发展地道中药材基地建设和野生变家种的引种项目的发展予以了高度评价，表示要进一步加大对贵州发展中药材生产品种、项目、资金的投入和倾斜，支持贵州大力发展中药材生产。

（李温洲　王英伟）

贵州省医药工业企业四户产值突破亿元　1997 年贵州省医药工业以 38.57%的速度高速增长，全省医药工业总产值突破 14 亿元。贵州神奇、贵州信邦、贵州益佰、贵州安顺制药厂 4 户企业的产值均突破亿元。在产值突破亿元的 4 户医药工业企业中，贵州神奇、信邦、益佰 3 户企均为贵州省医药工业“135 工程”重点企业，按照启动“135 工程”时鉴定的目标进度要求，贵州益佰，贵州信邦均已超额完成目标任务，受到了贵州省医药管理局的通报嘉奖。

（李温州　王英伟）

云　南　省

概况　1997 年全省医药经济运行质量稳步提高。完成工业总产值 13.4 亿元，同比增长 11%；工业销售产值 12 亿元，产销率为 87%，同比持平；实现利税 1.9 亿元，利润 0.99 亿元，同比增长了 19.3%，高于全省平均增长速度。医药商业销售 25.4 亿，同比增长 10%；实现利税 0.94 亿，利润 0.33 亿元，同比持平。全省几个连续数年亏损的中型企业，开始出现转机，下滑趋势得到相应遏制。1997 年医药经济运行的又一特点是生产集中度进一步提高，从医药工业看，产值突破亿元大关的企业增至 3 户——昆明制药厂，贝克药厂和滇虹药厂。产值超过 3000 万元的企业有 12 户，它们的工业产值之和已近 8 亿元，约占全省医药企业总产值的60%。医药商业经营规模化势头强劲。省医药公司实现了在较高基础上第十个年头销售和利税的同步增长。总销售突破5亿元（不含税）同比增长30%，雄居全省榜首，是全国医药商业销售平均增幅的2倍；实现税利2387万元，同比增长29%，利润1135万元，也为全省医药商业之最。省属6个公司销售总额已超过全省医药销售总额的50%，为满足全省药品供给作出了重要贡献。

医药经济结构调整取得新进展。以企业改制、组建地区性集团、建立科工贸一体化的企业集团及资产重组等经济结构调整工作在各地稳步展开。国有医药中小型商业企业改制，从大理州医药管理局率先推开，该局通过所辖祥云县医药公司改为股份合作制的实践为突破口，总结并推广他们成功的经验，指导和帮助南涧、巍山等八个县公司和州公司的改制工作，给企业注入了新的活力，使全州医药经营出现了购销两旺的好势头。玉溪地区医药管理局以地区医药公司为核心企业，以资产为纽带，各县公司为子企业组建了玉溪医药集团有限责任公司。丽江地区医药公司和楚雄州医药公司也相继改制为有限责任公司，向建立现代企业制度迈出了可喜的一步。云南白药集团运作一年来，在理顺和落实云南白药生产经营“五统一”方面，进行了大量卓有成效的工作，取得了明显的经济效益，在白药产量较1996年减少40%的情况下，三家子公司仅云南白药（瓶装）一个品种实现利润比1996年增加200%以上。较好地发挥了名牌效益。同时，他们以名牌产品为龙头，面向市场，狠抓产品结构调整，把各自具有特色又适销对路的产品推向市场，使以名牌产品为龙头的集团优势开始显现出来。与云南白药集团股份有限公司同被列为全省首批40家重点培育大企业大集团的昆明制药股份有限公司，出现新的发展机遇，他们制定并开始实施了组建企业集团的计划，通过控股、参股、收购、兼并、投资设立等方式，把多个医药工商企业连接在一起，形成以资产为纽带具有多种经济成分，多元化产权结构，以母子公司为主体的多层次经济法人实体，以发挥整体优势和规模效益。他们已通过资产运作，对宾川县医药公司实行首家控股，为实现工贸一体迈出了第一步。白药和昆药两家股份制企业1997年的利润占了云南医药集团有限公司所属7户工业企业的88.3%，占该集团公司全部工商企业的58%。充分显示了新的经济体制和企业机制给企业带来的生机与活力。近年崛起的小型民营企业滇虹药厂，以拳头品种皮康王获得了可观的经济效益。该厂的人才、实力和科学管理吸引了外资，组建了中美合资滇虹药业有限公司，实现了企业低成本扩张，实力和市场营销都得到增强和扩大，97年产值突破亿元大关，成为全省医药工业经济中一支重要力量。

1997年，医药经济资产重组也十分活跃，一批经营不善，经济状况较差的企业通过资产转移、兼并、被控股等方式，实现了资产的新组合，为企业今后的发展创造了条件。

坚持技术进步，加速新产品开发。1997年全省医药工业企业投入基建技改资金达3.64亿元，其中用于技改资金3.02亿元，占总投资的83%，且绝大多数用于GMP改造。昆药公司、云白药公司、施普瑞药厂、南疆药厂等十多个企业按GMP标准改造的生产厂房、车间大部分已竣工投产。以滇港合作积大制药有限公司11月通过国家医药局的GMP达标验收为起点，成为全省唯一的GMP达标车间，实现了该项工作在省内零的突破。云白药公司和贝克诺顿制药有限公司为企业的GMP认证做了大量基础工作，特别是硬件和软件上的准备，并请国内专家作了咨询，进行了内部试认证。他们的目标是争取一步到位，直接申请认证。

1997年有14个新药研制开发成功。它们是昆药公司开发的6个高附加值新产品美侬、安必新、血防灵、络泰、双宝和健生灵投产面市；云白药公司开发的新药利儿康获卫生部新药证书生产批文，其它还有康舒，珍奇舒络口服液、云南白药痔疮膏；昆明中药厂的暖胃舒乐颗粒、舒肝胶囊、感冒消炎胶囊及颗粒；省药物所的胆炎清片等，或已获得临床、生产批文，或已通过省级评审。

继续搞好合资合作。全年有三家中外合资企业开业投产，他们是中日合资云南云隆药业有限公司，是由省药物所与日本隆祥产业株式会社共同投资1000万元，中日各占50%的合资企业，主要从事天然药物、药品、中药材、保健品、化妆品等产品的研究开发及生产销售；以生产具有国际先进水平的18种氨基酸输液和脂肪乳输液为主的中瑞合资昆明康普莱特制药有限公司。这是昆药公司的第二个合资企业；还有就是中美合资滇虹制药有限公司。同时，昆药公司的第三个合资企业—滇港合资昆明雅阁臣药业有限公司也于8月8日正式签约。该公司的两个国际合作项目——与国际最大的跨国医药公司瑞士诺华公司共同开发的新药复方蒿甲醚片合作项目已全面付诸实施；与法国罗纳·普朗克公司合作开发的蒿甲醚针剂国际市场项目也得到进一步发展，1997年提前两个月完成出口任务。省药材公司积极探索开拓国内外市场的路子，努力扩大销售和市场占有率。该公司成立的中药饮片车间，加工生产了适合国内外市场需要的中药饮片61万公斤，其中包括131个精加工饮片近2万公斤，已获准出口英国。三七、茯苓等品种也已出口日本及东南亚地区。该公司还与文山的三七农户建立起了公司加农户的试验基地，并引进日本技术，种植无公害三七初见成效。

在取得成绩的同时，还必须清醒地看到，还存在许多困难和问题，诸如：医药产品结构的调整步伐缓慢，新产品增量较小，低水平重复现象仍在继续；地区之间医药经济的差距正在扩大，边疆地区的医药企业发展速度变缓；亏损企业的数量还在增加；应收帐款仍呈增长趋势；重生产重销售、轻管理的思想依然存在等。因此，必须进一步解放思想，深化改革，紧紧抓住几个带根本性的问题，认真加以解决，才能使全省医药经济有实质性的发展。

六个医药产品被确认为首批云南名牌产品

全省有78个产品，以其获得社会公认、产品质量好、服务上乘、信誉卓著、市场占有率高、经济效益好，而被省实施名牌战略领导小组确认并公告为首批云南名牌产品。其中医药行业的共有4家企业的6个产品，为云南白药集团股份有限公司的“云丰”牌云南白药系列产品、“云丰”牌宫血宁胶囊；昆明制药股份有限公司的“昆明”牌蒿甲醚注射液，“昆明”牌血塞通注射液；昆明中药厂的“云昆”牌感冒消炎片；云南金泰得制药总公司的“双富”牌三七总甙（片剂、冲剂）。

云南医药生物产品开发方兴未艾 云南是我国名闻遐迩的资源大省，资源总量居全国第6位，尤其是生物资源，素有“植物王国”“动物王国”和“药材之乡”的美誉，拥有中药资源5050种，约占全国品种数的一半以上，其中药用植物有4758种，蕴藏量近10亿公斤，其资源品种和数量均居全国首位，同时还拥有达1250多种的民族药。

近些年来，代表云南医药工业前沿水平的医药生物技术异军突起，甲肝疫苗，脊髓灰质炎疫苗等的研究生产，植物细胞组织培养等医药生物技术均在全国处于领先水平。从药用动物中开发出的蛇毒、熊胆、蚂蚁、蜂等动物系列产品以及细胞色素C、核糖核酸、胸腺肽、转移因子、干扰素等医药生物产品已批量投产，显示出较好的市场前景。云南生物资源开发所显出的巨大潜力，已引起了省委，省政府的高度重视，重点培育生物资源开发产业，使之成为云南四大经济支柱之一，已被列在全省“九五”计划及2010年远景目标中。于1995年4月开始在全省实施的“18项生物资源开发工程”(简称“18工程”)，天然药物和保健药物的开发，占有相当位置。由云南施普瑞有限公司承担的螺旋藻产业化项目的正式启动为序幕，揭开了“18工程”中天然药物和保健药物开发研制的新篇章。经国家科委，中科院、云南省有关部门连续10年的攻关，已开发出施普瑞胶囊（片）新药，且投入批量生产。产品覆盖全国市场，成为京、穗及西南地区各大医院升白首选药物。生产加工的螺旋藻干粉成为国际市场的紧俏货。该公司从1992年5月起步，创办了施普瑞制药厂，年产胶囊400万合，冲剂100万瓶，使原料通过深加工增值10倍以上，利税连年翻番。1996年该公司又自筹并贷款4500万元，在云南永胜县程海湖建起了我国规模最大、唯一的天然螺旋藻生产基地，可年产千吨螺旋藻干粉。

首批零售药店悬挂绿十字　根据国家医药管理局要求，省医药行业管理办公室结合本省实际情况，采取先国营、后集体、个体的做法，以管理水平、服务质量俱佳，硬件条件较好较规范并具有较好示范作用的国营零售药店为先导，通过自查、抽查和严格审查，8月19日在省会昆明市为80余家国营零售药店，如百年老店福林堂以及延寿堂、百宝丹等悬挂了“绿十字”统一标志。全省17个地、州、市，4500多个持证、照零售药店，也将参照昆明市的做法逐步推开此项工作。

云南蜂产品获六项国际奖　10月17日至26日在日本东京召开的第四届国际蜂疗保健品博览会上，昆明保健药厂的云南花粉片、前列康分别获得金奖和银奖。这是云南参展团中以准字号药品参展而获双奖的唯一企业。同时获奖的还有昆明云蜂制药厂的三类新药蜂胶牙泰（银奖）、昆明热作所蜂业部的蜂产品红景天蜂王浆（金奖）、蜂王浆龟鹿精（银奖）和云南弥勒新哨蜂业公司的蜂产品高原蜂宝（金奖）。

这次博览会，共有来自亚、非、欧、澳四大洲的600多名代表，参展产品百多个，分设金银奖各18个。中国分获的金银奖各8枚中，云南各占3枚，也即云南参展的6个产品全部获奖，显示了云南蜂产品开发的潜力。

云南白药集团组建一年成效显著　全年完成工业总产值9503万元，销售收入1.49亿元，实现利润0.33亿元。其中母公司云南白药集团股份有限公司，销售收入突破亿元大关，同比增长27.8%，实现利润同比增长6.7%，创历史最好纪录。子公司大理公司扭亏为盈利60万元，文山和丽江公司实现利润86万元和141万元，分别较96年翻三番及创历史最好水平。以名牌产品为龙头，进行经济结构调整的集团优势已经显现出来。为此，这个集团进行了大量卓有成效的工作：

——在进一步认真贯彻落实《公司法》和中央、省有关文件，基本建立起民主、科学决策机制和先进管理机制的基础上，他们首先紧紧抓住集团发展战略的研究和中长期发展规划的制定。把1997年至2010年分为三个阶段，并确定了相应发展目标：第一阶段从1997年至2000年，实现销售收入3亿元，利税0.84亿元；第二阶段从2000年至2005年，销售收入达3.8亿元，利税1.65亿元；第三阶段从2005年至2010年，销售收入达13亿元，利税达3.3亿元。围绕这个目标进行分解，集团要求每个公司都制定本企业的中长期发展规划和措施，确保这一大目标的实现。

——一年来围绕理顺和落实云南白药生产经营“五统一”即：“生产计划统一、批准文号统一、商标统一、质量统一和销售统一”，重点抓好质量统一方面。丽江、大理、文山三个子公司，在母公司云白药集团公司的支持和帮助下，按照其提供的白药生产工艺、质量标准操作规程和管理文件，严格组织生产。组织包括母公司在内四家企业负责质量和技术管理的干部，历时17天开展对各企业白药产品和工艺质量的逐一审核，针对存在问题，研究制订整改措施。有效地推行了质量审核制度。

——加大技改投入，引进先进设备，提高产品质量。母公司投资约2200万元，按GMP标准新建综合车间，并对制剂一车间和原料前处理工段进行改造，均已投入使用或基本完工。三家子公司也先后投资191万元，从国内外购进了一批先进设备及仪器，用于更新包括生产、质量检验、仓储等在内的设施设备。

经过共同努力，三家子公司生产的白药质量明显提高，基本达到“云丰”牌云南白药的质量标准，确保了名牌产品的质量。在白药产量较96年减少40%的情况下，三家子公司仅云南白药（瓶装）一个品种实现利润较96年增长了200%以上。云南白药的名牌效益开始发挥。

——与此同时，云南白药集团以名牌产品为龙头，面向市场，狠抓产品结构调整加大新产品开发力度，并把各自独具特色又适销对路的产品推向市场。97年母公司开发的新药利儿康获卫生部新药证书，康舒、珍奇舒络口服液和云南白药痔疮膏通过省卫生厅民族药评审。同时把宫血宁、热毒清、附片口服液和其它白药制剂等一批疗效确切、市场前景良好的产品作为扩大生产的重点，使其产值占整个企业产值50%左右，而形成规模效益，取得较显著的成效。三家子公司也确定了自己的主导产品，努力开拓市场，提高市场占有率。

崛起中的民营医药企业　创建于1993年底的民营企业滇虹天然药物厂，建厂第一年就创产值1000万元，实现利税200万元，实现了当年建厂、当年投产，当年见效益。到1997年实现产值突破亿元，销售收入7000万元，税利2000多万元；人均创利税10万元。在不到四年的时间里，该厂固定资产和流动资金累计增长近200倍。并以人才、实力和科学管理吸引了外资，组建了中美合资滇虹药业有限公司，实现了企业低成本扩张。一跃而成为全省医药工业经济中一支重要力量。他们成功的经验是：

有一个灵活高效的经营管理机制。这家企业创建之初就是按照市场经济模式建立的股份制企业。实行董事会领导下的总经理负责制。管理人员采用聘用制、用工合同制；工资与产量、质量、效益密切挂钩；经营手段、方式以及分配等均按照新体制要求运行。

有一个懂经营、会管理、乐于奉献、积极开拓的领导班子。班子成员全部由高级工程师、教授组成，主要领导董事长周家礽和总经理汪伯良都是高级工程师，原先都分别为某两个药厂的总工程师。

有一支素质较高，工作勤奋的员工队伍。这个企业认为，市场经济是产品竞争的经济，更是科技与人才竞争的经验。他们通过推行重视科技、尊重人才、鼓励创新、论功行赏等政策广罗人才，建立起高素质、高水平的员工队伍。仅1997年一年就四次公开向社会招聘经营管理，技术人才。同时，还与全国一流的专家、教授和研究院、所挂钩，争取他们的指导帮助或进行新产品新项目联合开发。对生产工人除加强技术培训外，还对那些工作积极，有突出贡献者予以重奖回报。现在这个企业250名员工中，高级工程师9名，中层以上管理人员都具有大学以上学历；管理人员70%具有大专学历。

有一个科技兴厂，重视新产品开发的建厂宗旨。建厂初期，在经历了一个短暂的产品开发的探索后，避开蜂涌而上的植物药提炼、保健制品开发风，独辟蹊径，针对皮肤病这种常见病多发病，在“复方酮康唑霜膏”处方的基础上创新，开发出“复方酮康唑乳膏”即皮康王正式生产。建厂第一年就实现利税200万元。此后，以皮康王为龙头产品，年年开发，年年有新产品，逐步形成了独具滇虹特色的“康王”系列产品，即皮肤疾病的克星“皮康王”，治疗骨质增生新型特效药“骨康王”，治疗脂溢性皮炎和头皮屑的“康王洗剂”、治疗痤疮特效药“痤康王”。正在研制开发的，还有治疗妇女痛经、小儿佝瘘病、妇女更年期综合症等方面的新药。同时，该公司还以严格的质量把关，使产品的有效性和安全性达到100%。四年来，皮康王上市销售超数千万瓶，从未出现质量问题，市场抽验合格率年年100%。

依靠科技进步，大搞技术设备引进和技术改造。几年来先后投资近500万元更新检测、生产设备，建成了先进的三条包装生产线，并在省内首家采用国家技术监督局和中国消协推广的“自检折封保护胶带”全新防伪标识技术。

有一个适应市场经济需要的营销网络。该公司在深入市场调研和掌握了市场规律和动态后，结合自身实际摸索出了一套各地办事处的总体营销策略，即建立一支有上百人营销人员、遍布全国的32个办事处（分公司）。并通过宏观调控和宽松政策引导，规范全国市场网络管理；通过限定区域销售、统一价格等措施规范公司产品在全国的销售管理。使产品能及时畅通安全地供应市场，同时还确保了较高的回款率。这种营销体制同时还肩负着市场信息、动态的搜集和反馈，以及售后服务，销售宣传等责任，为企业的生产经营决策起到了较好的参谋作用。与此同时，他们还不失时机地展开对国外市场的开拓，通过多次考察和交往，已和东南亚的多个国家建立了联系，为下一步产品进入国际市场奠定了基础。

积大公司首家通过粉针GMP达标验收

1997年11月，滇港合作昆明积大制药有限公司成为省内医药行业首家通过粉针GMP（药品质量管理规范）达标验收的药品生产企业。 （李铁军）

陕　西　省

概况　截止1997年底，陕西省共有医药工业企业170个：其中国有企业92个；股份制企业10个；集体企业50个；中外合资企业18个。全省医药工业企业职工总人数33054名，其中工程技术人员3334名。医药商业企业2290个：批发企业690个；零售企业1600个。全省医药商业企业职工总人数36000名，其中技术人员3743名。全省医药工、商企业固定资产原值15亿元，固定资产净值10.5亿元。医药工、商业共实现利税7.6473亿元（工业7.5亿元，商业利润1473万元）。

医药经济增长速度居全省各行业之首。1997年，陕西省医药行业是全省各行业中经济增长速度最快、效益最好的。共实现医药工业总产值35亿元（1990年不变价），增长26%；现价为43亿元，增长28.64%；工业销售产值40.25亿元，增长29.19%；工业增加值15.6亿元，增长30%；产销率93.5%，与上年持平；实现利税7.5亿元，增长34%；创纯利润5.1亿元，增长37.8%；各项指标均高于全国平均水平。超额完成了1997年初提出的产值、利税、纯利润同步增长25%的目标。也超额完成了从1994年到1997年用三年时间实现全省医药工业总产值、利税和纯利润翻一番的预定目标。

购销概况。1997年，陕西省共有医药商业公司124个，其中省级公司16个，地市级公司13个，县级公司95个。全年医药商业购进总额22.5亿元，较上年同期增长27.05%；商品销售总额25.8亿元，较上年同期增长23.20%；其中药品类销售总额19.1亿元，较上年同期增长27.68%；商品期末库存5.4亿元，较上年同期增长21.15%；实现商业利润1473万元。

医药行业管理概况。企业改革取得突破性进展。7户医药大、中型骨干企业完成改制；新组建股份有限公司15户，其中金花股份有限公司在沪上市，融资3亿元。资产重组进程加快，兼并企业12户，拍卖3户，破产1户。民营医药科技企业蓬勃发展，成为全省医药产业发展的生力军。

一批优势产品的市场占有率得到扩大。企业注重提高产品的科技含量，注重运用现代营销方式开拓市场，使优势产品在全国的知名度迅速提高。西安制药厂的“利君沙”，西安三宝双喜集团的”“荣发养颜宝”，咸阳步长制药公司的“脑心通”等单个品种，去年销售额全部超过3亿元。西安东盛集团的“维奥欣”，仅开业半年就实现销售产值5000万元。

医药商业企业发展连锁经营的营销方式。1997年，陕西省首批两个医药零售连锁经营试点单位已正式挂牌营业。

医药行业管理与改革　1997年元月24至25日，陕西省经贸委在西安万寿宫酒店召开了全省医药工作会议。会议传达了全国医药局长会议和全省经贸工作会议精神，提出了1997年全省医药行业的八个工作重点：①加大改革力度，以改革促发展；②搞好抓大放小；③按照全国企业兼并破产工作会议确定的三条路（即：兼并、破产、减员增效）解决危困企业存在的问题；④实施大公司集团战略；⑤加大市场开发力度，狠抓产品结构调整；⑥切实开展学邯钢活动，加强企业管理；⑦继续深入开展医药整顿，推动医药流通体制改革；⑧加强行业精神文明建设，创建文明行业。

1997年4月10日至11日，陕西省医药办在西安万寿宫酒店召开了全省医药发展工作座谈会，这次会议全面分析了陕西省医药行业的现状、存在的问题和奋斗目标，并提出需要政府解决的问题和给予的优惠政策。在此基础上形成《关于加速陕西医药产业发展的实施意见》上报省政府待批。

1997年3月27日，陕西省经贸委在西安怡悦宾馆召开了全省药品物价改革工作座谈会。会议传达了全国药品物价改革工作会议精神，部署了全省药品价格改革工作。成立了“全省药品价格协调办公室”统一平衡全省药品价格，较好的协调了过渡阶段企业的利益，有利于价格改革的平稳过渡。

1997年4月3日至4日，陕西省经贸委与陕西省纠风办、陕西省卫生厅、陕西省工商局在西安八一宾馆召开了全省医药市场治理整顿工作会议。会议总结了1996年医药市场治理整顿工作，对1997年的工作做了部署，重点是：自查自纠，建章立制。

医药重要事件 1997年3月13日，陕西怡悦大药房连锁店正式挂牌营业，该连锁店是全省二家医药商业企业连锁化经营试点之一。

1997年4月25日至27日，中国医药报第十三届驻地记者会议在陕西省眉县太白度假村召开，参加会议人员60余人，国家医药局张文周副局长出席了会议，陕西省经贸委张海南主任给大会发来了贺信，陕西省医药办作为东道主参加了会议。

陕西省西安制药厂名牌产品“利君沙”，单品种销售收入全年突破3.5亿元，创历史最好记录，市场占有率达92%以上。

陕西省西安制药厂 陕西省西安制药厂是陕西省50强优势企业之一，该厂生产的维生素B2和红霉素获得“国家银质奖”；琥珀酸乙脂红霉素获陕西省新产品科技成果奖；D异VC钠获第五届全国食品添加剂生产应用展示会金奖。四环素是美国FDA认可的产品，并获国家医药局优质产品奖。特别是利君沙年销售额3亿元以上，是享誉全国的陕西名牌产品。

1997年，陕西省西安制药厂推行“外圆内方”战略，对外加强市场开发，销售网络遍及全国，并且已在美国建立了自己的公司，使产品走出国门；对内对生产进行严格管理，12项技术经济指标超本厂历史最好水平，多项指标名列全国同行业前茅，工业总产值比上年增长45.28%；销售收入比上年增长62.94%；利润总额比上年增长275.2%；利税总额比上年增长154.57%；人均收入比上年增长23.56%。

西安制药厂对镇江制药有限责任公司实施跨地区控股经营，实现51%控股，开创了东西部医药大中型企业资产重组集团化规模之先河。

1997年中，西安制药厂被评为全国医药系统先进集体；厂长吴秦同志被评为省人大代表，吴秦同志还和张惠芳同志被评为省级劳模。

陕西汉江制药有限公司 陕西汉江制药厂创建于1970年5月。当时其主要产品有四咪唑、左旋咪唑等。1980年，企业与比利时杨森公司以补偿贸易的形式签定了引进世界卫生组织首选驱虫药物C型甲苯咪唑的生产技术和设备，开创了国内原料药生产对外合作的先例。

进入九十年代，企业推行GMP管理，实现与国际医药界的市场、管理、技术、产品四接轨，成为我国化学原料药实施国际GMP达标管理的典范。

1996年，陕西汉江制药厂作为试点单位，初步完成了现代企业制度改革试点工作。如今的陕西汉江制药有限公司已成为目前国内最大的驱虫原料药生产基地，跻身全国医药行业综合百强企业之列，并成为陕西省出口创汇大户。 （马军战）

甘 肃 省

概况 1997年，甘肃医药行业职工人数21063人，纳入统计的企业61个，拥有固定资产71362万元。其中工业企业有37

个，职人数9799人，固定资产41597万元；商业企业24个，商业全系统从业人员11264人，商业营业场所和自有仓库面积各30多万平方米，零售网点596个，商业固定资产29765万元，科研教育方面，有省药物研究所和医药职工中专学校各一所。

甘肃医药集团公司是甘肃医药行业中集工商科教为一体的大型企业集团，有工业企业12个、商业二级批发企业18个，医药职工中专学校一所，拥有固定资产39384万元，职工8800人，1997年工业总产值25178万元（1990年不变价，下同），比上年增长（以下简称“增长”或“下降”）16%；商业总销售44725万元，增长16.7%。

1997年，甘肃医药工业完成总产值60713万元，增长18.3%。总产值构成中：化学药品工业28269万元，增长6.3%；医疗器械工业4530万元，下降1.5%；卫生材料工业811万元，增长17%；中成药工业14986万元，增长7.9%；中药饮片工业147万元；药用包装工业2541万元，增长14.3%；其他工业9429万元，增长182.5%。

化学原料药总量完成1787吨，下降16.6%，其中二十四大类统计品种611吨，下降1.1%。化学药品五大类制剂产量为：抗菌素分装1766万瓶，下降29.6%；针剂11795万支，下降6%；片剂25.1亿片，下降5.3%；大输液2086万瓶，增长6.6%；胶囊11899万粒，增长34.4%。化学医药中间体131吨，增长27.2%。药用淀粉产量16041吨，增长87.3%。医疗器械及卫生材料主要产品产量为：各种病床1168台，压力蒸汽消毒设备93台，医用橡皮膏11.28万筒，医用绷带14.30万卷，脱脂药棉22.39吨，脱脂纱布106万米。中成药总产量3428吨，增长33.7%。

1997年，医药商业购进总额73703万元，增长3.9%，总购进构成中，药品类46853万元、医疗器械类2577万元、化学试剂类281万元、玻璃仪器类145万元、中药材类10903万元、中成药类12944万元。医药商业销售总额93150万元，增长1.1%，总销售构成中，药品类57600万元、医疗器械类3208万元、化学试剂类558万元、玻璃仪器类266万元、中药材类14847万元、中成药类16671万元。

1997年，甘肃医药工业实现销售收入48918万元，增长9.2%，产品销售率为94.6%；甘肃医药集团公司实现销售收入21898万元，增长0.4%，产品销售率为87.4%。甘肃医药工业增加值完成21290万元，增长35.5%；甘肃医药集团公司工业增加值完成7738万元，增长17.4%。

1997年，甘肃医药工商企业实现利税2273万元，增长43.4%，其中工业959万元，增长9.5%；商业1314万元，增长85.3%。

1997年，甘肃医药对外贸易出口交货值为4200万元，其中化学原料药出口1014万元，中成药出口2716万元，中药材出口470万元。

企业管理　1997年，甘肃医药企业把狠抓现场、强化管理作为管理工作的主导思想，积极开展“转机制、抓管理、练内功、增效益”活动，使企业管理水平上了一个台阶。一是全面推行了目标责任制管理，建立了考核目标和奖惩办法，使各单位工作目标明确、责任分明，并强化监督，定期考核，取得了较好的效果；二是认真抓了成本管理工作，突出以学邯钢为重点，实行成本倒推方法，事先确定目标，事中加强控制，事后及时分析，实现了医药工业销售成本率比上年降低1.04个百分点的目标。同时，各企业结合成本管理工作，加强了对设备、环保、安全、能源等方面的管理，为企业正常生产经营提供了保障；三是质量管理工作加强。1997年，各企业认真贯彻落实甘肃省实施质量振兴纲要计划，认真开展全面质量管理活动，保持了医药质量的稳定和提高，全年医药工业质量稳定提高率达到100%，质量计划完成率达93.3%。开展了群众性的QC活动小组，有9个企业的11个QC小组进行了全系统的成果发表，3个分别获国家和省级优秀QC小组称号。各企业GMP、GSP达标活动不断推向深入，兰州制药厂粉针车间已通过省级GMP达标验收并上报，兰州医药站顺利通过国家组织的GSP达标认证；四是开展了规章制度的健全和完善，针对市场经济条件下企业管理的需要，各企业都健全完善了内部管理的各项规章制度，切实做到了"有章可循，违规必究"，使企业管理工作走上规范化的轨道。

科技进步　1997年，重点抓了新产品的开发和新技术的推广工作，向科技进步要效益。全年医药新产品产值完成4000万元，新产品产值率达到10%以上，比上年提高了两个百分点。组织企业申报新产品开发和技术创新项目共34项，其中完成新产品开发25项，甘肃省药物研究所开发的元胡止痛滴丸即将获得国家四类新药证书；西北合成药厂皮炎平软膏和兰州制药厂的头孢氨苄胶囊获甘肃省1997年度新产品新技术成果奖；平凉制药厂中药戒毒新药康灵片列入甘肃省重点支持的产业化项目，给予扶持资金30万元；兰州中药厂海桂愈疡胶囊已落实技术开发专项贷款50万元。技术改造方面，重点抓了行业"八五"技改项目后评估核查工作和达产达标工作，安排了4个项目竣工验收的准备并上报。同时也重点抓了兰州制药厂一次性软包装输液生产线、天水医药玻璃厂优质玻璃输液瓶生产线、佛慈集团中药技改等三个"九五"重点项目的实施进度。此外还抓了"陇货精品"的选育工作，列入甘肃省"陇货精品"项目3项，贞芪扶正系列产品被列入"陇货精品"培育项目，给予扶持资金60万元，佛慈制药厂老字号浓缩丸系列品种被授予"陇货精品"称号。

企业改革　1997年是甘肃医药改革力度较大的一年，也取得了显著成效。一是组建甘肃医药集团公司核心企业，按现代企业制度的组织原则和程序，把兰州制药厂和兰州医药站改组为集团公司核心企业，下设生产部、产品营销部、商品营销部和财务部，实现集团公司经济体制和运行方式上的转变；二是成立佛慈中药集团，佛慈中药集团是甘肃省政府组建的十大企业集团之一，兰州中药厂和平凉制药厂已确定为加入该集团的成员单位，通过集团组建，实现优势互补，形成竞争上的合力；三是积极推行现代企业制度改革试点，天水药业公司改革试点方案经过认真的调研和论证，现已经甘肃省政府批准并实施；四是推进企业重组，积极引导企业打破行业界限、地区界限和所有制界限，以兼并参股等方式实现企业重组，省药物研究所被新地公司以承担债务的方式整体兼并，改组为有限责任公司。西峰制药厂以参股方式同庆阳地区水土保持开发公司合作成立有限责任公司。临夏州医药公司对永靖和积石山两个县公司成功地实施了兼并，实现了企业低成本扩张。甘南制药厂和甘南州医药公司合并后，实现了生产经营一体化，提高了经济效益。此外，临夏州医药公司、兰州药材站第三经营部、张掖医药站保健品经营部、岷海制药厂、独一味制药有限公司及武都制药厂等一批企业已采取多种形式进行了改革，盘活了资产，取得了较好的效果；五是成立甘肃绿叶医药连锁有限责任公司，率先在兰州地区进行医药零售连锁经营，走出了甘肃医药零售现代化规范化发展的可喜一步；六是甘肃医药全系统内全面推行了岗位技能工资制度改革，按劳划岗，按岗取酬，打破了分配上的平均主义和大锅饭，调动了职工积极性。

培训与教育 1997年，甘肃省医药管理局根据市场经济的要求，组织了多层次、多渠道的职工培训和教育，据统计，参加职称评定前培训、领导干部管理知识培训、企业质量管理人员培训、财务管理人员培训，执业药师考前培训及职工再就业培训等共16期，参加人数近2000人，占到职工总数的9%以上，使各类相关人员的业务素质得到明显提高。落实法制宣传教育，组织行业内全体干部参加的社会主义法制建设基本知识考试两次，成绩优良率均在95%，企业员工遵纪守法的自觉性明显提高。省医药中专学校办学条件逐步改善，招生面已扩大到新疆、青海、宁夏等省区。

市场整顿与管理 1997年，甘肃各级医药主管部门在当地政府的领导下，积极配合卫生、工商等行政部门，对医药市场深入进行了整顿。一是针对医药市场的混乱情况和一些回潮现象，深入持久地打击非法经营活动，在打击药品非法经营的活动中，各地坚持检查不放松，查处不手软，震慑了各种非法购销行为，全省共查处非法经营企业384个，查获游医药贩318人次，没收或暂控各类有问题药品4768种(批)，标值100多万元；二是按照全省第二次整治药品回扣违法行为电话会议精神和甘肃省整治药品回扣联席会议的统一部署，在抓好行业内部自查自纠的同时，分三路到六个地（市）进行了专项检查，甘肃省医药管理局还参与了省政府《关于制止药品回扣规范购销行为的若干规定》的起草修改工作。通过专项检查，规范了药品折扣让利行为；三是加强了对医药企业的管理，结合《合格证》的年检工作，对药品生产经营企业的经营状况、质量状况等普遍进行了考核，查处非法经营企业27户，停业整顿的有7户，收回《合格证》的有2户。同时加强了对药品零售企业的管理，按国家医药管理局颁发的《药品零售企业绿十字标志管理办法》，普遍对零售企业进行了检查和考核，给符合条件的500多个药店悬挂了“绿十字”标志，并着手制订了零售企业网点规划，对零售企业按规划布点，按程序审批，按制度年检，零售企业的管理已步入正轨；四是加强了医疗器械的行政管理和监督，进一步加强了产品注册、质量体系认证、广告审查和质量监督，全年完成产品注册13个，广告审查78个，对一些大宗的医疗器械品种进行了统检或抽检，检查了103个单位、165批次，并将检查结果及时作了通报；五是加强了医药规章制度建设，1997年，省政府确认了甘肃省医药管理局的行政执法主体资格，培训了人员。甘肃省医药管理局还制定了《药品生产经营企业合格证管理办法》、《医疗器械管理暂行办法》、《药品批发经营网点规划实施方案》等行政性规章文件，并陆续下发执行，这些工作为依法行政、依法管理、依法整顿奠定了基础。

市场营销 1997年，各企业通过全方位、多层次苦争市场、强化营销，取得了工商业销售较高速度的增长。在主要措施上，一是组织工商企业积极参加全国药交会和兰交会等大型综合性专业性的商贸活动，捕捉信息、超前决策，及时调整生产经营，扩销促销。在天津交易会和兰交会期间，成功地组织了甘肃医药精品展，提高了甘肃医药产品的知名度；二是组织重点企业抓好名优新特产品的市场开发，如兰州制药厂贞芪扶正胶囊和武威制药厂的祖师麻膏药已分别打开了销路，兰州制药厂贞芪扶正胶囊销售可达400万元以上，比上年翻一番；三是搞好医药工商企业的产销衔接工作，鼓励和支持商业企业搞好省内医药产品的销售，做到就地生产，就近销售，降低销售费用，同时促进工业生产；四是发挥甘肃医药集团公司的整体优势，强化集约化生产经营，通过对省内名、优、新、特产品的调查研究，编制了《甘肃医药集团公司产品销售目录》，共纳入9个企业33个品种，促进了地产品的销售。

中药材　1997年，甘肃省医药管理局完成了全国重点中药材品种之一当归的调查研究，同时配合兄弟省区做了大黄、党参、黄（红）芪、甘草的调查研究。调查结果显示，甘肃省当归年种植面积在12万亩左右，产量在1100—1400万公斤之间，主要分布在甘肃岷县、渭源、宕昌、漳县、临洮等县区，甘肃当归年产量占全国90%以上，供应全国市场90%和对外出口80%左右。其它品种生产情况为大黄2.4万亩、产量270万公斤，党参11万亩、产量1040万公斤，黄（红）芪3万亩、产量200万公斤，甘草年产量230万公斤，甘草已经在甘肃西部和中部地区开始人工种植。

精神文明建设　1997年是甘肃医药行业精神文明创建活动成效较为突出的一年，各企业都结合“学理论、学党章”活动，在深化理论学习和认真开展对照检查的基础止，重点抓了党员学习总结和整章建制工作。企业领导班子年轻化、知识化程度进一步提高，政治素质和工作责任心有了较大加强，班子团结协作、开拓进取精神普遍增强。同时开展了多种形式的知识竞赛、岗位练兵、技能培训和创先争优等活动，增强了企业员工的凝聚力和向心力。在精神文明建设中，涌现了一批先进单位和先进个人，临夏州医药公司、兰州制药厂综合车间被评为全国医药系统先进集体，酒泉医药公司仇玉祥同志和定西制药厂吴忠同志评为全国医药系统劳动模范。　（张福林）

青　海　省

深化国有企业改革，促进企业制度创新

1997年，企业改组、改制、改造步伐加快，为全省医药企业快速发展奠定了基础。在青海制药厂与青海省医药物资公司合并的基础上，为支持两个企业的迅速发展，并有一个良好的外部环境，在省政府的规划下，省医药管理局大力支持上述两个企业与青海“三普”国有资产部分进入青海省投资控股公司，为进一步组建科、工、贸医药集团打下了基础。

本着“三个有利于”精神，对青海第三制药厂资产进行了剥离改造。1996年底，青海省医药管理局主动与海南利秦工贸公司接洽，经双方企业协议，以海南利秦工贸公司出资买断青海第三制药厂净资产580万元的80%，进行控股改造，于1997年3月份组建了大地药业有限责任公司，原债仅、债务由青海第三制药厂全部承担。新公司通过近一年的运作，产值已逾千万元。这次大胆的改制行动，是在经历了承包、租赁、兼并、股改等四次失败之后的一次成功偿试，新公司全部接收了在职职工，使一个负债160%、已濒临绝境的企业资产得到了盘活。

为了加强青海省中、藏药材建设，保持药材资源有较好的储备，在国家中医药管理局的大力支持下，青海“大黄”项目

专项资金50万元已到位，依托省药材公司和玉树州医药公司，为发展青海省地道中药材基地打下了一定的基础。

青海省药材公司和青海第三制药厂合并，组建了青海省医药药材发展有限责任公司并同珠海鑫光集团和西安市鑫安公司通过半年的考察论证，签订了兼并协议书并上报医药局和省经贸委。循化县医药公司制定了“先售后股”的改制方案，经县有关部门的审批，现已开始实施。湟源县、共和、乐都、互助等小型医药商业企业公司开始搞方案，抓改革，目前湟源县医药公司已完成了企业股份合作制的改造，有的公司已进入了前期准备工作或进入报批阶段。

积极推进科教兴药战略　为促进青海省中、藏药资源开发与利用，以省医药管理局为行业主管部门，与有关单位共同发起组建了青海中、藏药发展促进会，并于1997年11月召开了创立大会。该会广泛团结了医药、卫生、科研等单位的中藏药专家，组建了三个专家委员会，为全省中、藏药事业的发展出谋划策。绿色等民营药物研究所和格尔木制药厂等有关单位联合开发了锁阳、大黄、红景天、罗布麻等系列产品，其中锁阳胶囊、锁阳口服液、大黄茶、红景天胶囊已获准字号批文。七十味松石丸等11个品种申报获得了新药保护，三普红景天、乙肝健、雄鸡牌封装虫草获得青海省名牌产品。青海制药厂“亿万工程”完成年度1125万元任务，整个技改项目接近尾声，三普完成了613万元年度技改任务，已全部完成1400万元的一期技改项目。藏药厂完成138万元技改任务。全年总计完成1916万元的改造任务，超额完成了省上下达的1500万元技改任务。受国家医药管理局委托省医药管理局组织完成了对青海制药厂粉针车间GMP的达标验收工作，并获国家医药管理局批准。省藏药厂的四个品种还通过了美国FDA的审查，获准进入美国市场。

顺利完成了1997年度执业药师资格认证、注册工作等工作，完成了对全省医药企业初级专业技术职称评定、在职人员技术资格认定等工作，有884人次得到了继续教育。

医药经济运行速度有所增长，效益有所下降　1997年全省医药工商企业在国家宏观经济向好，微观经济环境仍不太理想的情况下，取得了一定的成绩，医药工业总产值达1.84亿元，比上一年增长7.92%，产销率达90%以上；全省商业完成总销售4.62亿元，比上年增长0.98%；全省医药实现工商利税4166万元，比去年下降31.85%。

继续规范医药市场、深化流通体制改革

全省各地继续贯彻国发（94）53号和国办发(95)14号文件精神，遵照国务院、国家医药管理局、国家中医药管理局及省人民政府的总体部署，进一步整顿医药市场，取得了成效。

年初，青海省医药局为加大反回扣风的整治力度，积极汇同省有关部门对全省35家医药工商企业和32家医疗机构进行抽查。在抽查过程中广泛采取了“一听、二谈、三查、四看”的方式，共听取专项汇报53次，找群众谈话308人次；自查回扣款245万元，收缴回扣款40万元，罚款25万元，查处折扣赠送小汽车一辆。通过专项检查，初步遏制了回扣风。通过整顿关闭了一批无证经营的药店和私人批发窝点。在整顿的同时还积极扶持了果洛州的商业网点一个，填补了该州医药商业网点的空白。指导各州、县增设了一批农牧区零售药店，为确保农民群众用药及时、安全、有效起到了积极作用。

进一步强化药品的特殊性管理，完成了医药工商企业的年检工作。根据国家医药管理局统一管理办法，加强了药品零售企业的管理工作，结合青海省情况修定了《青海省零售药店管理办法》，草拟了《青海省公费医疗定点零售药店的管理办法》，并与医管、体改等部门完成了首批定点药店的选定工作。组织实施了全省药品零售企业绿十字标识的悬挂工作。截止 1997 年底，全省首批 60 家药品零售企业已悬挂了全国统一的绿十字标志。

医药价格改革工作随着市场经济的发展不断地深化。1997 年对 104 个品种及规格的化学药品、中成药品价格进行了调整，并为企业上报了 5 个中央管理的药品价格，对我省的医药经济的健康发展起到了积极作用。

精神文明建设正向纵深发展 1997 年，全省医药行业各级党组织和广大干部职工坚持用邓小平理论武装思想，用青海高原精神教育职工。各基层党组织通过多层次、多种形式教育职工。各基层党组织通过多层次、多种形式的学习和宣传教育，把学习逐步引向深入。

在全省医药行业颁布实施了《九七年度加强精神文明建设的实施意见》。在全行业开展了“倡三学、讲四职、树六优”的精神文明建设系统工程，各单位普遍开展了向英雄模范人物学习活动，大大激发了干部群众爱党、爱国、爱青海、爱岗敬业、奉献社会的热情。

根据党中央《关于做好国有企业领导班子考核建设工作的通知》，对局直属国有企业领导班子进行了考核、调整、充实、加强。同时局党委作出了“关于省医药管理局系统开展反腐败斗争，加强党风廉政建设的工作安排”，促进了全系统反腐倡廉和精神文明建设工作。

1997 年，省医药管理局机关作风进行了整顿，成立了整顿机关作风领导小组和办事机构，通过学习、动员、自查自纠、建章立制、归类整改等四个阶段的扎实工作，机关工作效率得以提高。省医药管理局公务员转体工作在年内完成。（马国威）

宁夏回族自治区

概况 1997 年 7 月，宁夏回族自治区人民政府办公厅以“宁政办发（1997）60 号文件”批准并下发了《自治区医药总公司（医药管理局）机构改革方案》（三定方案）。再次明确了区医药局的管理范围和主要职责。批准设立：办公室（与党委办公室合署办公）、人事教育处、政策法规与市场管理处、计划统计处、财会物价处、科技质量处、企业管理处等 7 个处室，负责全区医药行业的管理工作。

1997 年底，全区共有医药工业企业 28 个（含医药系统内 4 个）。按经济类型分，国有经济企业 14 个、股份制经济企业 11 个、集体经济企业 3 个；按行业性质分，化学制药生产企业 8 个、中成药生产企业 4 个，其余为小型医疗器械、卫生材料、医药保健品和甘草制品厂。以上生产企业可生产原料药 14 种 1150 吨/年，药物制剂 10 个剂型 247 个品种 21000 吨/年，中成药 11 个剂型 139 个品种 500 多吨/年，生化药 18 个品种 200 吨/年，中药饮片 10011 吨。全自治区共有县级以上医药商业企业 43 个。医药区级公司 4 个，城市级公司 1 个，县级公司 38 个。医药科研单位 1 个。全自治区医药系统共有在职职工 4100 人，其中各类专业技术人员 1168 人。

1997 年，全自治区医药工业总产值完

成 1.77 亿元（不变价），其中系统内完成 1.5 亿元；工业销售产值完成 1.36 亿元，产销率为 99.03%。1997 年全自治区系统内医药工业实现利税 1171 万元，其中实现利润 462 万元，完成自治区人民政府下达扭亏增盈任务指标的 118.5%。全自治区系统内医药工业企业无亏损户。

1997 年全自治区医药系统内商业企业商品销售总额完成 3.39 亿元，完成年计划的 101.8%。实现利税 1996 万元，其中盈利企业盈利 756 万元，医药商业亏损企业 2 户，比 1996 年减少 1 户。商业企业盈亏相抵后实现利润 573 万元，完成自治区人民政府下达的扭亏增盈任务指标的 108.11%，比 1996 年净增利润 84 万元。

1997 年全系统内医药工商企业实现利税 3167 万元，同比增长 29.5%，比自治区人民政府下达扭亏增盈指标增长 24.5 个百分点，其中实现利润 1035 万元，同比增长 47.1%，净增利润 328.8 万元，完成自治区政府下达扭亏增盈任务指标的 108.11%。从 1995 年至 1997 年连续三年荣获自治区人民政府授予的扭亏增盈先进单位称号。

医药市场治理整顿　1997 年，宁夏医药管理局根据国务院 3 号文件，宁夏区人民政府 134 号文件、国务院办公厅 14 号文件精神，依法行政，配合有关部门继续加大全区医药市场治理整顿力度，狠刹药品购销业务中的回扣让利之风。据统计，一年来共查处销售伪劣药品案 198 起，查处非法经营药品户 323 家，其中取缔 274 家，停业整顿 31 家，并对伪劣药品进行了罚没处理。另对全区经营和应用麻醉药品、精神药品的医院、药店和个体诊所进行了检查和重点抽查，收缴了非法经营和使用的罂粟壳、罂粟籽和国家严格管理的二类精神药品三唑仑、氨酚待因、苯巴比妥等品种，有效的遏制了伪劣药品的泛滥，净化了医药市场。

为了狠刹药品购销业务中的回扣等不正之风，由区医药局、工商局、卫生厅、检察院联合组成专项检查小组，对全区药品生产、经营企业和医疗单位进行了专项检查。全区 309 家医疗单位、26 家药品生产企业和 46 家药品经营企业都认真进行自查自纠。全区共立案查处药品回扣案件 33 起，涉及违法金额 443 万元。罚没款 36 万元。各有关单位对专项检查中发现的问题及时加以整改，制定完善了各种规章制度，加强了管理，堵塞了漏洞，取得了狠刹药品回扣风的阶段性成果。

企业改革　继 1996 年企业组织结构调整后，1997 年又按照改革、改造、改组相结合的办法，将宁夏区医药公司下属新城医药分公司和新市区医药分公司实行合并；将宁夏泾源县医药药材公司交宁夏隆德县医药药材公司托管；将宁夏固原县医药分公司并入固原医药药材公司；宁夏区器化玻公司兼并了宁夏区医药公司银川分公司后，成立了宁夏区器械药品公司；将宁夏中药贸易中心、银川中药饮片厂、银川市新市区药材分公司按照建立现代企业制度的原则改制改组为“宁夏中药贸易有限责任公司”，并兼并了多年亏损的宁夏区药材公司。

加强企业领导班子考核建设　区医药局党委根据宁夏区党委组织部等四部委“宁组通 20 号”文件的要求，组成企业领导班子考核小组，对全区系统内医药工商企业党政领导班子进行了全面的考核。考核内容涉及领导班子的德、能、勤、绩，以及企业的党建、精神文明建设、廉政建设等，并对企业的财务状况、库存产品状况进行了摸底分析。据考核结果显示，系统内工商企业党政领导班子中好的和比较好的占被考核企业总数的65%左右，差的企业占8%。区医药局党委对考核差的、明显不适应工作的班子及时做了调整。

宁夏医药产业被列入宁夏经济发展六大支柱产业之一 宁夏医药经济的发展，受到了自治区党委和政府的高度重视。自治区国民经济和社会发展“九·五”计划和《2010年远景目标纲要》中把宁夏医药产业列为新的优势产业和新的经济增长点，自治区党委七届七次全委（扩大）会决定把宁夏医药工业发展成为自治区的支柱产业。为达到这一目标，宁夏医药行业制定了五年发展规划，主要内容是：要充分利用自治区政府给予的各项优惠政策，紧紧抓住国家加快中西部地区发展的历史机遇，解放思想，转变观念，开拓思路，走内涵型扩大和对外开放、外延扩大相结合的路子，加大改革力度，加快医药经济结构调整。积极拓宽融资渠道，多方吸引资金。通过结构调整，资产重组，逐步走出一条以公有制为主体，多种经济成份共同参与、基本合理的企业组织结构和产品结构，实现超常规、跳跃式的发展。到2002年，全区医药工业总产值达到16亿元，利税达到2.24亿元，全区有7个企业产值超亿元。重点发展苦豆子系列、麻黄系列、四环素系列、枸杞系列、甘草系列产品，形成宁夏医药的特色，使宁夏医药经济发展为集“科研技术先导型，质量品种效益型、规模经济合理型”的自治区支柱产业。

新疆维吾尔自治区

概况 1997年自治区医药工业总产值（90年不变价）完成4.46亿元，较上年增长17%，工业增加值完成1.3亿元，较上年增长9.7%，医药工业销售产值完成4.2亿元，较上年增长9%，工业产销率达到87%，较上年下降5个百分点；医药商业总销售（含税）完成14亿元，较上年增长10%，其中纯销售11亿元，较上年增长13%，工商企业实现利税1.1亿元，较上年增长54%，其中，工业实现利税3500万元，较上年增长252%，商业实现利税7500万。

1997年各医药企业围绕两个根本转变，积极推进“三改一加强”，探索建立现代企业制度，进行存量调整与重组及所有制结构，温宿县麻黄素厂对阿克苏中药厂实施了跨地区、跨部门兼并；和硕麻黄素厂按照《公司法》进行了股份制改造；昌吉州、市两家医药公司按照有限责任公司形式合并改制已进入实施阶段；哈密地区医药公司、新疆医药联营公司的改制工作正在进行之中，克州医药公司正在依法实行破产。医药行业实施名牌战略初见成效，截止1997年，医药行业共有“新疆”牌麻黄素、“天山”牌甘草酸单铵盐、“特丰”牌加佳钙口服液、“华世”牌阿胶钙口服液4个产品被自治区评为“新疆名牌”产品，1997年4种产品产值达1.6亿元，占全区医药工业总产值的35%，实现利税共计3090万元。

医药商业更加注重调、批、零一体化协调发展，医药零售业发展迅猛，农牧区市场进一步开拓，一批大型医药商业企业的规模化优势逐渐显示，1997年，乌鲁木齐市医药总公司、新疆医药工贸公司，新疆新特药民族药公司、新疆医药公司4家企业和喀什、昌吉两地州的商业总销售都突破1亿元，其中，新特药民族药公司成为我区医药工商企业中首家利税超千万元的利税大户。此外还有一批企业也呈现快速增长势头，新疆医药总公司业务部、克

拉玛依市医药公司、石河子市医药公司等企业的销售和利税大幅度增加，增幅分别达到20%和18%以上。（刘新星）

医药新产品、新科技成果 1997年医药企业共开发医药、医疗器械新产品5个，获得省部级科技进步奖2项，其中，新疆制药厂研制开发的胃尔康、胃尔宁、扑尔息痛伪麻黄碱三个新药获得国家三类新药证书，新特变贝斯电子仪器设备有限公司开发的MJ－3型电子灭菌器、新疆人福医疗设备公司开发的RUT－960超声扫描心脑血管治疗仪获得医疗器械新产品注册批准号。新疆医药公司的“计算机医药商品分析系统”和新疆特丰制药厂的“加佳钙口服液”两项科技成果获得国家医药管理局1997年度科技进步三等奖。1997年新产品产值率达10.24%，较上年增长2个百分点。（董兴阑）

医药基建技改项目 1997年全区医药行业共完成新疆中油医疗用品有限公司建成投产、乌鲁木齐制药厂甘草酸扩产、新疆制药厂片剂、针剂包装线改造等七个项目，完成投资3193万元，此外，在全区医药行业“九五”技术改造项目中，有6个项目经中国国际工程咨询公司医药专家组的实地考察论证，其中，新疆制药厂片剂车间改扩建、新疆特丰制药厂改扩建、新疆维吾尔药厂改扩建三个项目被国家经贸委第一批列入国家“中西部优势工程”专项规划。（董兴阑）

“放心药店”建设 1997年，自治区医药管理局把“放心药店”创建活动，作为加强医药行业精神文明建设和“纠风塑形”的一项重要内容，制定下发了《全区医药行业创建“放心药店”安排实施意见》和《新疆维吾尔自治区医药管理局“放心药店”检查验收细则》，对全疆的“放心药店”创建活动和推行“质量、价格、服务、计量”社会公开承诺制度进行了全面安排部署，并分别对乌鲁木齐、喀什、阿克苏、巴音郭楞州、昌吉州五地州市的30余家申请“放心药店”验收的医药零售企业进行了检查验收，其中，乌鲁木齐市医药大厦医药部、新疆医药公司中心药店、新疆新特药民族药公司新华北路药店、乌鲁木齐市医药经营部健民药店、阿克苏地区医药零售公司医药总店和第二分店、喀什地区医药公司解放北路医药商店、喀什市医药公司解放路医药门市部、昌吉州医药公司第一药店、昌吉市医药公司健康路第二门市部和北京路中心药店共11家医药零售企业通过验收，颁发了自治区医药管理局统一制作的“放心药店”牌匾，成为我区首批“放心药店”。（董兴阑）

医药零售企业悬挂统一“绿十字”经营标志 为了加强对药品零售企业的规范化管理，保障人民群众用药安全、有效、方便、及时，根据国家医药管理局关于在全国药品零售企业悬挂统一“绿十字”经营标志的安排部署，自治区各级医药管理部门对于具备合法经营资格、经营行为规范的药品零售企业分期分批悬挂了统一“绿十字”经营标志，并按照《国家医药管理局“绿十字”标志管理办法》的规定实行动态管理，截止1997年底，全区共有800余家药品零售企业悬挂了“绿十字”经营标志。（刘志俊）

医药市场管理 贯彻落实全国整治药品回扣违法行为工作第二次电视电话会议精神和国家六部局办《关于1997年整治药品回扣违法行为工作的安排意见》，突出整治重点，增大工作力度，规范市场行为，明确三个重点和四个政策界限，全区医药工商企业自查自纠面达100%，自治区及各地州市医药管理部门抽查面达30%，全区共自查出宣传费收入1029.14万元，支出

777.04 万元；折扣折让收入 777.96 万元，支出 2007.67 万元，并对上述款项的使用情况进行了清理和规范，会同有关部门对违规行为进行了处罚。开展了对全区农村牧区医药零售网点调查工作，制定了加强农牧区药品供应工作的实施意见，要求到“九五”末期，乡镇和兵团团场等人口集中地网点覆盖面达 45%，到 2010 年达到 90%以上，对于边远或人口稀少地区，由地州县医药企业延伸布点或委托布点，以满足农牧区和兵团团场各族群众的用药需求。（刘志俊）

全国医药（中医药）系统先进集体和先进个人 1997 年乌鲁木齐市医药公司、农七师医药站被评为全国医药系统先进集体，新疆制药厂朱升祥、农四师医药公司王振良两位同志被评为全国医药系统劳动模范，在全国医药系统“双先”表彰大会上受到国家医药管理局表彰。新疆中药总厂被评为全国中医药系统先进集体，受到国家中医药管理局表彰。（董兴阑）

扭亏增盈工作 1997 年，全区 6 户预算内工业企业盈亏相抵后，亏损 191 万元，较上年减亏 384 万元，完成自治区人民政府所下达的目标任务的 168.6%，其中预算内直属医药工业企业减亏 200 万元，增盈 50 万元；亏损企业亏损额由上年 744 万元减为 392 万元，减亏 89.8%；盈利企业盈利额由上年 169 万元增为 201 万元，增盈 18.9%，较好地完成了自治区人民政府下达的扭亏增盈目标。其中，新疆制药厂、新疆中药总厂、乌鲁木齐中药饮片厂、伊犁州中药厂完成了自治区医药管理局下达的扭亏增盈目标，新疆制药厂同时完成了自治区人民政府确定的减亏 300 万元的目标，亏损额由上年的 654 万元减为 279 万元，减亏 375 万元。全区预算内医药商业企业实现利润 2302 万元，较上年增长 19.6%，完成目标利润额的 110.2%；亏损企业亏损额 476 万元，较上年增亏 58.7%，盈利企业盈利额 2778 万元，较上年增盈 24.9%，其中，新疆新特药民族药公司、新疆医药公司、新疆医药联营公司、乌鲁木齐市医药局、昌吉州医药局、克拉玛依市医药局、塔城地区医药局、阿克苏地区医药局、和田地区医药局完成了自治区医药管理局下达的扭亏增盈目标。

（董兴阑）

行业纠风工作 1997 年自治区把医药行业确定为纠正行业不正之风 14 个重点行业之一，自治区人民政府与自治区医药管理局签定了纠风目标责任书。为此，自治区医药管理局坚持实施“一把手工程”，成立了以局长任组长、党委副书记和纪检委书记任副组长，局机关处室领导和部分企业领导为成员的纠正行业不正之风领导小组，并与各地州市医药管理局层层签定了纠风目标责任书，各地州市和直属企事业单位也建立健全了由党政一把手任组长的纠风工作组织领导机构，设立了以纪检监察部门、工会、职代会为牵头单位的纠风办公室，聘请人大、政协、卫生、工商等部门的同志担任行业纠风义务监督员，形成了以职代会、纠风义务监督员组成的纠风民主评议机构，重点从以下六个方面开展工作：一、强化政治思想教育，不断提高对反腐纠风工作重要性和紧迫性的认识；二、加强对药品生产经营的监督管理，继续狠刹药品、医疗器械购销活动中的回扣风；三、加强党风廉政建设，提高领导干部勤政廉政的自觉性；四、反对奢侈浪费，狠刹公款吃喝玩乐歪风；五、加强职业道德建设，推进行业精神文明建设，积极开展以“倡三学、讲四职、树六优”为主要内容的纠风塑形活动，大力开展以创建“放心药店”为主要内容的文明示范窗口单位建设活动；六、转变机关职能和工作作风，提高办事效率和服务质量。经过全行业上下的共同努力，基本完成了纠风责任目标，经自治区纠风办检查验收，自治区医药管理局获得了自治区纠风良好单位称号。

（董兴阑）

第六部分

医药质量与监督

全国医药质量工作座谈会 1997年1月，国家医药管理局在上海召开了全国医药质量工作座谈会。全国有29个省、自治区、直辖市及5个计划单列市医药管理部门的质量管理处或医药包装和制药装备处负责人、解放军总后医药管理局和特邀单位的代表出席了会议。国家医药管理局副局长张鹤镛同志到会并作了题为“认真贯彻《质量振兴纲要》，加强医药行业质量管理”的讲话。

张鹤镛同志在讲话中总结了1996年质量工作在加强行业管理，加速医药法规建设；依法进行质量监督管理；加强标准、计量基础管理；加强质量体系管理，加快推行GMP、GSP和开展质量认证；树先进、立标兵、培养人才、提高人员素质等五个方面的完成情况。指出了1997年质量工作要紧跟形势，服务大局，抓住根本，开拓进取，紧紧围绕两个根本转变来抓质量、围绕依法加强行业监督管理来抓质量、围绕大力创建精神文明来抓质量。树立质量兴国、质量兴业的思想，认真学习和宣传《质量振兴纲要》，制定医药行业质量振兴计划，让医药行业成为文明行业，让人民吃上放心药，为医药经济的健康发展再立新功。

会上，质量管理司提出了1997年医药行业质量工作计划和主要工作安排；上海、山东、广东、安徽、江苏等医药管理局的代表汇报交流了本地区加强质量管理工作和医药包装、制药装备行业管理工作的经验；质量管理司有关处介绍了医药标准化、医药包装和制药装备近期工作情况。

会议对1997年粉针剂GMP达标工作安排、《制药机械管理办法实施细则》提出了贯彻意见；对《医药商品质量管理规范(GSP)》(修改稿)、《开办药品包装用材料、容器生产企业管理办法》(讨论稿)等办法和行政规章进行了认真讨论，并提出了修改意见和建议。

会议组织参观了上海市医药行业推行GMP、GSP较有成效的部分制药企业和医药经营单位。 (陈燕萍)

全国医药标准化工作座谈会 1997年9月16日至19日，国家医药管理局在哈尔滨市召开了全国医药标准化工作座谈会。参加会议的有省市医药管理部门、医药标准化技术归口单位、标准起草单位等共55个单位，63名代表。国家医药管理局张鹤镛副局长出席会议并做了题为“新形势下努力做好医药标准化工作”的讲话，国家技术监督局标准化司李风文副司长到会并讲话。

张鹤镛副局长的讲话从分析形势入手，引导大家正确认识标准化工作面临的新形势；阐述了标准化在法制经济、贸易竞争、宏观调控、国内外市场衔接中的重要位置；分析了标准化在提高医药产品质量、调整医药经济结构、提高产品开发能力等方面所起的技术基础作用；回顾了医药标准工作近十年来取得的成绩，指出了存在的问题和困难；明确了今后标准化工作的主要任务。

会上，湖北、辽宁、武汉、上海、山东等医药管理部门，归口单位及企业的代表汇报交流了本地区、本单位开展标准化工作的经验，收到了互相学习、启发，共同提高的效果。

会议对《医药标准化管理办法实施细则》(征求意见稿)进行了认真的讨论，代表们一致认为，该实施细则将对规范医药标准制修订工作程序，强化医药标准化工作的管理起积极的促进和指导作用。

(陈燕萍)

医药产品质量国家监督抽查结果 1997年，国家技术监督局组织对10种医药产品进行了国家监督抽查工作，全年4个季度共抽查152家企业、185个品种，抽查合格企业107家、合格产品131种，全年抽查合格率为70.8%，比1996年下降2.6个百分点。具体抽查结果见下表：

季度	抽 查 品 种	抽查企业数	合格企业数	抽查产品数	合格产品数	抽样合格率%
1	丁基橡胶抗生素瓶塞	7	7	12	12	100
	微波治疗设备	14	12	15	13	96.7
2	氦氖激光血管内照射治疗仪	18	8	18	8	44.4
	X射线图像增强器电视系统	6	6	6	6	100
3	超声治疗设备	13	10	14	11	78.6
	手提式压力蒸汽消毒器	21	11	22	12	54.4
	抗生素粉针剂生产设备	11	10	20	19	95
4	高频手术器	12	3	24	6	25
	一次性使用输血器			5	5	100
	一次性使用输液器	50	40	49	39	79.6

（陈燕萍）

医药标准化奖励 1997年，经国家医药管理局评审，共评出国家医药管理局优秀标准化项目21项，标准化先进工作者18名。具体获奖名单如下：

获1997年度国家医药管理局优秀标准化项目奖名单

项 目 名 称	获奖等级	主 要 完 成 单 位	主 要 完 成 者
GB/T16292～16294－1996 医药工业洁净室（区）悬浮粒子、浮游菌和沉降菌测试方法	一等	上海医药局药品测试所	步伯荪、纪炜、顾锋、沈建华、唐小珍、钱周、徐进庆
GB/T15261－94 超声仿人体组织材料声学特性的测量方法	一等	中国科学院声学研究所	熊大莲、牛凤岐、冯若
YY0234.1～3－1995 抗生素玻璃瓶粉剂生产线	一等	哈尔滨飞机制造公司	马宝纯、徐明堂、付耀群
YY/T0210－95 药用中间体7－氨基－3－去乙酰氧基头孢烷酸	一等	哈尔滨制药厂	宋泰奎、许汝淳
YY0229－1995 多效蒸馏水机	二等	上海远东制药机械总厂	林筱华、林云
YY0231－1995 药用玻璃拉管机	二等	哈尔滨飞机制造公司	王树杰、林超、钟德炎、金雷熙
YY0232－1995 卧式安瓿机	二等	哈尔滨飞机制造公司	赵希芳、唐世文、孙国臣、李瑞芬
YY0233.1～2－1995 立式安瓿生产线	二等	哈尔滨飞机制造公司	杨嵩山、李瑞芬

续表

项目名称	获奖等级	主要完成单位	主要完成者
GB16174.1—1996 心脏起搏器第1部分：植入式心脏起搏器	二等	国家医疗器械质量检测中心	杨永军、朱克兴
GB15810—95 一次性使用无菌注射器	二等	邢台医用塑料器械厂	赵金钟、张宝印、刘志存、苏艳红、毛桂巧
TT0242—1996 医用输液、输血、注射器用聚丙烯专用料	二等	齐鲁石化公司树脂加工应用研究所、山东检测中心	滕谋勇、骆红宇、张爱华、王晶
YY/T0188.3—1995 药品检验操作规程 第3部分：化学原料药杂质检查法	二等	东北制药总厂	李玉秋、黄秋寅、唐奎山、孙利丽
YY0238—1996 药用辅料 甲基纤维素	二等	泸州化工厂	张卫民、石波、薛增雄、陈德绪
YY0239—1996 药用辅料 乙基纤维素	二等	泸州化工厂	张卫民、石波、薛增雄、陈德绪
YY0230—1995 热压式蒸馏水机	三等	宝鸡制药机械厂	严巧娟、吴以强、傅新安
GB9706.8—1995 医用电气设备心脏除颤器和心脏除颤监护仪的专用安全要求	三等	国家医疗器械质量检测中心	钱虹、周为理
YY/T0244—1996 口腔材料生物试验方法 短期全身毒性试验：经口途径	三等	北医口腔材料检测中心	林红、刘文一、贺铭鸣
YY/T0188.1—1995 药品检验操作规程 第1部分：药品检验操作通则	三等	北京第二制药厂	杨淑英、俞坚净
YY/T0188.6—1995 药品检验操作规程 第6部分：药品生物测定法	三等	河北药品质量检测站	于伯英、廖淑云、陈玉川、梁梅、孙卫
YY0207—95 药用辅料 L—酒石酸	三等	石家庄市第一制药厂	董振国、刘力娜、王振国
YY0208—95 药用辅料 乙二胺	三等	石家庄市第一制药厂	董振国、刘力娜、贺立红、徐向阳

获1997年度国家医药管理局标准化先进工作者奖名单

姓名	申报单位
钱　虹	国家医疗器械质量检测中心
潘铭乔	北京医疗器械质量检测中心
佟小波	北京医疗器械研究所
苏　勤	河北药品质量检测站
沈怡韵	上海医用缝合针厂
王庆荫	北京万东医疗装备公司
崔士铮	北京万东医疗装备公司
林筱华	上海远东制药机械总厂
许林荣	中南制药机械二厂
张贤君	哈尔滨飞机制造公司
郭展鹏	湖南省医疗器械质量监督检验授权站
腾谋勇	齐鲁石化公司树脂加工应用研究所
高明仙	海鹰企业集团有限责任公司
董振国	石家庄第一制药厂

许濡淳　哈尔滨制药厂

王福恭　湖北省宜昌市医药管理局

韩　越　北京市医药管理局

陈光建　湖南省医药管理局科技质量处

（陈燕萍）

《医药标准化管理办法实施细则》发布　国家医药管理局于 1997 年 12 月 3 日以国药质字［1997］第 506 号文件发布了《医药标准化管理办法实施细则》。该细则是根据国家医药管理局令第 7 号《医药标准化管理办法》及国家有关标准工作的规定，结合医药标准化工作存在的实际问题，经广泛征求意见后修改完成的。该细则分医药标准化工作范围、职责，标准制修订工作程序，标准的实施与监督等共五章五十二条。

（陈燕萍）

《化学药品（原料、制剂）分类与代码标准》发布　由国家医药管理局牵头，与卫生部、总后勤部卫生部联合起草并完成的 YY0252－1997《化学药品（原料、制剂）分类与代码》标准于 1997 年 12 月 9 日以国药质字［1997］第 518 号文件联合发布，自 1998 年 3 月 1 日起试行。

该标准是由药品生产、经营、使用、监督管理等方面专业人员组成的联合起草工作组根据国家标准 GB7635－87《工农业产品（商品、物资）分类与代码》及国内药品生产、流通、使用等方面的实际需求，参考国内外药品分类特点，经几年时间的反复研究，并在确定了各项基本原则的基础上编制完成的。它全面系统地收载了 1949－1996 年卫生行政部门批准生产和进口的化学药品、生物制品、制剂辅料等一万余种药品品种，并按类别、原料或制剂、规格划分，做到了一物一码。为便于广大用户使用此标准，正确检索药品名称，该标准不仅确定和收载了药品的正名（即法定名称和英文名称），也收集了四万多条药品的异名（即常用名称、商品名称、通俗名称等），以满足不同用户的查询和对照使用。该标准是目前规范国内药品分类代码体系，统一药品分类代码语言，实现药品信息处理和交换及药品信息资源共享的一个标准代码系统，它将对药品生产企业、经营单位、临床医院、科研机构、医药院校、监督管理部门的计算机应用和管理，以及统一数据传输产生重要的作用。该标准的特点是分类明确、品种齐全、层次清晰、使用方便，不仅给今后相关新药品种的问世留有足够的码位空间，也为不同方面在特殊管理中需要进一步延拓细化提供了统一的分类基础，体现了标准的统一性、科学性和实用性。　（陈燕萍）

全国大中型制药企业质量工作经验交流会

1997 年 7 月 10 日至 14 日，国家医药管理局在大连组织召开了全国大中型制药企业质量工作经验交流会。张鹤镛副局长出席会议并作了题为“认真贯彻质量振兴纲要，努力提高医药工业整体水平”的重要讲话。

会议总结交流了制药企业质量工作先进经验：华北制药集团有限责任公司介绍了在新的市场经营活动中坚持以质量为中心的经营管理的成功经验；山东新华制药股份有限公司介绍了对重点供应商进行质量审计的经验；北京双鹤药业股份有限公司注射剂分厂介绍了全面推行 GMP，提高管理水平，通过药品 GMP 认证的经验；西安杨森制药有限公司介绍了供户质量管理的经验等。会上，美国辉瑞公司作了公司内部、外部、总部的质量审计，中国药品生物制品检定所介绍了药品的质量保证和质量控制、质量检验新技术、新方法等内容的报告。质量管理司叶瑛瑛副司长作了会议总结，并提出几点要求：加强质量管理，严格执行各项规章制度；提高监督抽查合格率，大集团、大公司要对子公司严格要求，严格按工艺规程生产、投料，严格按内控标准出厂，重视留样观察，保证储存期产品合格；要重视信息工作等。参加经验交流会共有68个企业，76名代表。 （王者雄）

全国粉针剂实施GMP达标工作 1997年，各省、自治区、直辖市医药管理部门根据国家医药管理局制定的《医药行业实施GMP“九五”计划》、《药品生产企业（车间）实施GMP达标验收管理办法》和《实施药品生产质量管理规范指南和检查评审细则》的要求，也制定了本地区的实施计划，做了大量的培训、检查、评审等组织实施工作。制药企业也积极准备，创造条件争取尽快到达GMP标准。

经各省、自治区、直辖市医药管理部门对本辖区的粉针剂（含冻干粉针剂，下同）生产企业实施GMP达标工作严格检查评审，并经国家医药管理局分两批审核分布，截止到1997年12月22日已有110个企业粉针剂生产车间GMP达标（两批粉针剂GMP达标企业名单见附件）。另有5家粉针剂生产企业：山西祁县曙光制药厂、吉林柳河长青制药有限公司、吉林集安制药有限公司、山东蓬莱制药厂、湖南长沙制药厂不申请GMP达标，经所在省医药管理局同意在《药品生产企业合格证》中注销粉针剂型。

通过粉针剂GMP达标验收工作，促进了制药企业加强质量管理，增强质量意识，保证产品质量，增强参与国际市场竞争能力，增加社会效益和经济效益。国家计委最近对GMP达标的剂型产品可以申请单独定价的激励政策，进一步提高了全行业制药企业实施GMP的积极性。

1997年，在粉针剂GMP达标验收检查工作中，上海、江西、山东、江苏、山西等省、市医药管理局GMP达标工作认真、规范，组织工作做得比较好，使本地区粉针剂GMP达标工作行动快，达标率较高。

据31个省、自治区、直辖市医药管理部门统计，全国有粉针剂生产企业319家。对其中264家粉针剂生产能力分析；在1亿支以上的有35家，占粉针剂生产企业总数的11%；5000万—1亿支的有31家，占9.7%；1000—5000万支的有81家占25.4%；1000万支以下的有117家，占36.7%。

两批GMP达标的110个粉针剂生产企业中，中外合资企业31个，占28.2%，国有企业79个，占71.8%，有74个粉针剂生产车间，44个冻干粉针剂生产车间。110家企业粉针剂年生产能力94.8亿支，1996年实际产量64.8亿支，分别占全国总数的70.2%、88.9%（据统计，全国319家粉针剂生产企业1996年生产能力为135.1亿支，实际产量72.9亿支）。

据不完全统计，全国制药企业用于粉针剂GMP改造已投入资金7.1亿元，并计划投入资金7.7亿元。

按照国家医药管理局“关于药品生产企业（车间）GMP达标验收工作有关规定的通知”（国药质字［1997］第473号）要求，国家医药管理局重申：

对于在1997年未达到GMP标准或不申请GMP达标的药品粉针剂生产企业（车间），由所在省医药管理部门对其按1997年度《药品生产企业合格证》粉针剂年检不合格处理。

（一）对于具备整改条件的药品粉针剂生产企业，由省级医药管理部门责令其限期整改，整改期限不超过一年。各省级医药管理部门应加强监督检查，督促整改。

（二）对于不具备整改条件或限期整改后经检查仍未达到GMP标准的粉针剂生产企业，省级医药管理部门应在其《合格证》生产范围中注销粉针剂型。

各省、区、市医药管理部门应继续抓好

本地区粉针剂GMP达标验收检查工作，决不能放松要求、降低标准，同时要积极鼓励、帮助、指导企业落实达标整改计划，争取在整改期限内达标。（王者雄）

粉针剂实施GMP达标企业名单

北京市　北京第三制药厂
北京制药工业研究所实验药厂
天津市　天津南华制药有限公司
天津市氨基酸公司人民制药厂
天津华立达生物工程有限公司
天津太河制药有限公司
天津市生物化学制药厂
国营天津华津制药厂
河北省　华北制药股份有限公司
张家口市制药总厂
石家庄市第一制药厂
石家庄市第二制药厂
华北制药集团北元有限公司
山西省　山西博康药业有限公司
山西晋新制药总厂
山西大同第二制药厂
太原市三晋制药厂
山西泰盛制药有限公司
内蒙古区　内蒙古集宁制药厂
辽宁省　东北制药总厂
沈阳第一制药厂
沈阳星港制药有限公司
沈阳三生制药股份有限公司
辉瑞制药有限公司（中国，大连）
沈阳志鹰制药厂
沈阳药科大学制药厂
黑龙江省　哈尔滨制药厂
哈尔滨白天鹅制药厂
哈尔滨里亚哈尔生物制品有限公司
哈尔滨松鹤制药厂
哈尔滨制药二厂
哈尔滨制药三厂
哈尔滨加滨药业有限公司
上海市　上海新亚药业股份有限公司
上海乔源生物制药有限公司
上海四药股份有限公司科发药厂
中美上海施贵宝制药有限公司
上海长城生化制药厂
上海第一生化药业公司上海第一制药厂
上海第一生化药业公司上海生物化学制药厂
上海先锋药业公司
上海华联制药有限公司
江苏省　苏州中化药品工业有限公司
普强苏州制药有限公司
南京振中生物工程有限公司
江苏江安制药有限公司
吴江市制药厂
常州金远药业制造有限公司
江苏金丝利药业有限公司
苏州东瑞制药有限公司
扬州一洋制药有限公司
华裕（无锡）制药有限公司
连云港正大天晴制药有限公司
苏州益良药业有限公司
苏州第六制药厂
江苏海宏制药有限公司
南京药大生物制药有限公司
浙江省　杭州民生药业集团公司（杭州民生制药厂）
杭州中美华东制药有限公司
浙江金华制药厂
杭州杭康生物药业有限公司
浙江永宁制药厂
浙江省医学科学院制药厂
杭州澳亚生物技术有限公司
安徽省　安徽淮南市第六制药厂
安徽安科生物高技术有限责任公司
蚌埠第一制药厂
蚌埠康达生物医药有限公司宿州制药厂
福建省　福州抗生素集团有限公司
江西省　江西东风药业股份有限公司
江西赣南制药厂
江西南昌裕丰制药厂
江西东方制药厂
山东省　山东蓬莱华泰制药有限公司

青岛第二制药厂
齐鲁制药厂
济南第二制药厂
山东鲁抗医药企业集团公司
青岛制药股份有限公司
济南制药厂
山东天达药业有限公司
山东德州制药厂
青州尧王制药有限公司
山东沂蒙新华制药厂
青岛第三制药厂

河南省	河南威奥盛制药有限公司
	河南新乡华星药厂
	焦作市第二制药厂
	河南新郑市三星制药厂
	河南东方制药厂
	河南帅克药业有限公司
湖北省	湖北黄石亨迪制药有限公司
	荆州市第二制药厂
	湖北省潜江市中生制药有限公司
湖南省	衡阳南岳制药厂
广东省	深圳市制药厂
	深圳九新药业有限公司
	广州南新制药有限公司
	广州天心药业股份有限公司
广西区	广西桂南制药集团有限责任公司
四川省	成都天台山制药有限公司
	成都蜀阳制药厂
	四川制药股份有限公司
重庆市	重庆药友制药有限公司
	西南药业股份有限公司
	重庆制药七厂
云南省	昆明积大有限制药公司
陕西省	西安制药厂
	陕西长城制药厂
宁夏区	宁夏制药厂

无菌原料药实施 GMP 达标企业名单

江苏省	苏州东瑞制药有限公司（头孢哌酮钠）
广东省	广州白云山制药股份有限公司广州白云山化学制药厂（头孢噻肟钠、头孢硫脒、头孢曲松钠）
重庆市	重庆药友制药有限责任公司（氨苄西林钠）

原料药、片剂、硬胶囊剂、颗粒剂、小容量注射剂实施 GMP 指南和检查评审细则发布　根据《药品管理法实施办法》第二十六条之规定和国家医药管理局《医药行业实施 GMP“九五”计划》，国家医药管理局组织有关单位，依据我国《药品生产质量管理规范》(1992 年修订)，并参照世界卫生组织《药品生产质量管理规范》(1992 年修订）部分条款，分别制定了原料药、片剂、硬胶囊剂、颗粒剂、小容量注射剂实施 GMP 指南和检查评审细则，印发各省、自治区、直辖市医药管理部门组织施行。（王者雄）

《药品生产企业（车间）实施 GMP 现场检查评审工作程序》发布　为了更好地贯彻实施《GMP 达标验收管理办法》和国药质字[1995] 第 515 号文件，规范 GMP 达标验收、检查工作，国家医药管理司制定印发了《药品生产企业（车间）实施 GMP 现场检查评审工作程序》，从检查组人员组成、制定检查工作方案、现场检查工作程序、检查评审报告等方面做以具体规定和要求。

（王者雄）

国家医药管理局 GMP 检查员培训班
10 月 27—11 月 1 日，质量管理司在上海举办国家医药管理局 GMP 检查员培训班。邀请美国 FDA 高级检查员施存博士结合大容量注射剂、口服固体制剂、无菌原料药和小容量注射剂生产现场对局 GMP 检查员 27 人进行培训，效果很好，得到了各位检查员和相关企业的欢迎和充分肯定。

检查员们一致认为这次培训班采取现场教学，不仅企业选型合理，既有制剂厂，又有原料药厂，既有老企业，又有新建企业，而且做到重点突出，直观易学，起到示范教学作用。

检查员们共同体会是：

1. 不少同志以前片面强调硬件建设，

认为GMP达标就是花钱，通过此次培训班学习大家一致认为除了必要的硬件建设外，更主要的是在软件上下功夫。

2. 以前GMP检查太死板、太教条，起不到应有的作用。通过此次培训学习，学会了好的检查方法，对可能产生的偏差抓住不放，一查到底，使企业管理工作不断完善，保证产品质量万无一失，这样才能起到GMP检查验收的真正目的。

3. 目前，企业在实施GMP工作中，验证工作是最薄弱环节，今后应该加强。

4. 主讲老师施存博士工作作风好，他尊重事实、重依据，发现问题同大家共同研究探讨，值得我们检查员学习。

（王者雄）

大输液GMP培训班 根据国家医药管理局的《医药行业实施GMP“九五”计划》和国药质字[1996]第367号文的精神，质量管理司于1997年分别在北京、上海、无锡举办了四期大输液GMP培训班。来自全国各地的476名学员分别参加了培训。培训班邀请了国内实施GMP工作的专家华瑞制药有限公司质量保证部邓海根、曹雨震和西南药业公司钱应璞等授课，与会学员经过四天紧张而充实的学习，顺利地完成了培训。

在培训中，质量管理司叶瑛瑛副司长较系统地介绍了国内外GMP发展现状和国家医药管理局实施GMP的“九五”计划，以及所要采取的措施，并结合大容量注射剂实施GMP指南和检查评审细则的具体条款，逐条进行了详细的讲解，同时结合实例讲了具体做法，为今后工作指明了思路。邓海根、曹雨震和钱应璞等专家介绍了国内外GMP实施情况，并结合自己在工作中的实际经验，较详尽地讲解了大输液生产、厂房设施、检验方法、除菌过滤的验证，并有大量实例来具体说明，内容详尽充实，使各位学员在了解国际先进水平和自己所处地位的同时，也明确了今后工作发展的方向以及具体的操作程序。

此培训班具有如下特点：

1. 授课者有较强的理论基础和丰富的实践经验，因而能够理论与实践相结合，简洁明了地介绍实际工作中的重点和难点。

2. 授课内容有较强的系统性。由于授课教师之间相互联系，使授课内容更趋完整，并能够相互补充，相互完善。

3. 生产厂家普遍较重视。参加培训班有厂级领导和技术、质量、设备等配套部门人员。

4. 此次培训内容充实。每天授课时间长达8小时，还组织晚间讨论，并分别现场参观北京制药厂、上海长征制药厂、无锡华瑞制药有限公司，既有理论又有实践。

（王者雄）

《药品生产质量管理规范选编（二）》出版

质量管理司组织有关人员编译并出版了《药品生产质量管理规范选编（二）》，其主要内容有：国际贸易中药品质量证明制度、制药企业检查、用无菌工艺生产灭菌药品、非肠道用药冻干制剂检查、灭菌药品工艺检查、人用和兽用药品申请是提交灭菌工艺验证文件的指导原则、生产过程（工艺）验证总则、药品质量控制实验室检查、药品质量控制微生物实验室检查、清洁程序验证检查、药品工艺档案（DMF）、提交药品和生物制品稳定性文件、鲎试剂测试法作为细菌内毒素检测的验证等。本书还收载了国际标准化组织（ISO）卫生保健品的灭菌、验证及常规控制要求、湿热灭菌、美国药典（XXⅢ版）中的细菌内毒素试验和营养品生产管理规范以及马来西亚、澳大利亚、印度、新西兰等国的药品生产质量管理规范。

本书收载的有关药品生产质量管理规范指南，多属于指导性文件，是国外医药管

理机构（组织）和制药企业经过多年实施药品生产质量管理规范的实践中总结出来的行之有效的方法。（王者雄）

《药品质量分等考核管理办法》发布 产品质量分等考核工作国家技术监督局历来都很重视，要求各行业和省、市抓好分等考核工作。国家医药管理局今年组织修订并发布《药品质量等级品标准（第一册）》，要求各省、市在向同级技术监督部门报送的基础上，每半年向国家医药管理局报送一次本地等级品率考核情况，以了解整个医药行业药品质量等级情况。今后又向各地征求第二批分等品种意见，待明年组织制订。

（王者雄）

加强对抽验不合格企业整改监督检查工作

1996年卫生部对药品生产企业抽验，有22个省（区、市）66个药厂生产的9个西药品种96批次不合格。国家医药管理局于1997年元月13日发出内部传真电报，责成有关省（区、市）医药管理部门对上述不合格产品和企业监督整改。国家医药管理局同时排出两个检查组分赴有关省了解检查工作开展情况。已有22个省（区、市）都按照国家医药管理局的要求认真进行了整改，从组织和制度方面采取了措施，情况有较大改观。经过限期整改，今年二季度卫生部对前几次抽验不合格品种进行跟踪抽验，共抽了49个药厂31种西药145批次，其中5个药厂生产的5个品种17个批次不合格，抽验合格率为87.67%，整体合格率有所上升。（王者雄）

1996年GSP达标企业授牌 国家医药管理局在1997年1月全国医药管理局长会上，为1996年GSP达标企业授牌，同时为企业所在省的与会局长授了光荣花。GSP达标企业代表受到国务院副总理吴邦国同志的接见。1996年GSP达标企业有：

北京市医药经济技术经营公司
哈尔滨市医药公司
吉林省吉林市药材公司
河北省唐山医药采购供应站
河北省石家庄医药药材股份有限公司
杭州医药站股份有限公司
浙江震元股份有限公司
南京医药股份有限公司
江苏健桥医药总公司
上海医药工业销售公司
中国医药上海化学试剂采购供应站
山东省医药公司
河南省医药公司
广州市医药公司
中国医药广州采购供应站
福建省福州医药采购供应站
云南省宣威医药采购供应站

（王志萍）

GSP推行工作研讨会 1997年3月，国家医药管理局质量管理司在海口市召开了全国大型医药经营企业推行GSP工作研讨会。全国17个省、自治区、直辖市和计划单列市医药管理部门和72个医药经营企业的123名代表出席了会议。国家医药管理局副局长张鹤镛同志到会并讲话。张鹤镛同志在讲话中回顾并总结了医药行业实施GSP工作成绩及存在的问题；强调要落实医药行业实施GSP“九五”计划，推动医药经营企业实施GSP工作健康发展；对1997年推行GSP工作提出具体要求：一是工作重点转向大型医药零售企业GSP达标试点工作。二是进一步提高对推行GSP工作的认识，到2000年底，仍不符合GSP合格要求的医药经营企业将不予换证。三是各省（区、市）医药管理部门要切实加强实施GSP的统筹规划和组织落实工作。使其进入到有组织、有计划、有步骤的全面实施阶段。与会代表认真学习了张鹤镛副局长的讲话，听取了有关企业开展GSP达标工作的经验介绍，座谈了按照《医药商品质量管理规范达标企业（批发）验收细则》进行整改的体会及尚存在的问题。对1997年GSP达标工作安排意见和《GSP达标企业（零售）验收细则（讨论稿）》进行讨论，并提出修改意见。

（王志萍）

《医药商品质量管理规范达标企业（零售）验收细则（试行）》印发　国家医药管理局于1997年4月27日印发了《医药商品质量管理规范达标企业（零售）验收细则（试行）》，此细则内容包括：管理职责、人员与培训、设施与设备、进货与验收、陈列与储存、销售、服务七部分共35项，其中有5项为重点项。当各部分及重点项得分率均达到90%，则为GSP达标。各部分得分率为60%，重点项得分率为70%则为符合GSP合格要求。　（王志萍）

国家级GSP审查员聘任工作　为加强国家级GSP评审员队伍建设，根据国家医药管理局"关于印发1997年医药商品质量管理规范达标企业工作安排的通知"（国药质字［1997］第163号文），国家医药管理局于6月举办了国家级GSP评审员培训班，各省、自治区、直辖市医药管理部门共推荐73人，经过培训、考试及考核合格的59名，被聘为第一批国家级GSP评审员；聘任在职的国家级药品经营企业合格证评审员29人为第二批国家级GSP评审员。

（王志萍）

《1997年医药商品质量管理规范达标工作安排》印发　根据1997年全国医药管理局长会议，全国医药质量工作会议精神、医药行业实施GSP"九五"计划和张鹤镛副局长在全国大型医药经营企业GSP工作研讨会上的讲话精神，质量管理司对1997年GSP达标工作目标、达标计划的报送、达标企业验收标准、初审、推荐、验收、审定和评审员队伍建设等工作进行了具体的安排，并于1997年4月份行文印发。

（王志萍）

绿十字标志管理办法（试行）印发　为加强绿十字标志管理，维护绿十字标志的严肃性，国家医药管理局组织制定了《绿十字标志管理办法（试行）》，并于1997年6月印发。该办法共五章19条，主要内容包括：总则、绿十字标志的制作与发放、绿十字标志的使用、绿十字标志的监督管理、附则等。该办法自发布之日起实行。（王志萍）

1997年73家企业GSP达标　根据《医药行业实施GSP"九五"计划》及1997年重点工作安排，国家医药管理局在1995年、1996年两年开展GSP达标验收试点工作的基础上，继续在医药经营企业中开展GSP达标工作。1997年初有25个省（区、市）上报计划GSP达标企业97个，经过省（区、市）医药管理部门初审推荐，国家医药管理局GSP验收小组验收，国家医药管理局GSP达标企业审定小组审定，有22个省（区、市）的73家企业（其中医药批发企业45家、医药零售企业28家）被分别授予1997年"医药商品质量管理规范达标企业"和"医药商品质量管理全国示范药店"称号。73家GSP达标企业如下：

获1997年度"医药商品质量管理规范达标企业"称号的企业名单

北京市燕京医药公司
天津市医药集团有限公司销售分公司
中国医药（集团）天津公司
秦皇岛医药采购供应站
任丘市医药药材公司
山西省医药公司
山西省朔州医药药材公司
山西省临汾医药药材公司
丹东市医药公司
大连医药集团公司
长春市医药公司
吉林远东药业集团股份有限公司
上海杨浦医药药材总公司

江苏华康医药集团有限公司
江阴医药股份有限公司
苏州医药采购供应站
徐州医药股份有限公司
浙江医药药材有限公司
浙江温州医药商业集团有限公司
宁波医药股份有限公司
龙泉市医药药材公司
安徽淮南医药集团有限公司
安徽省医药公司
安徽省合肥医药采购供应站
安徽省合肥市医药公司
福州药材采购供应站
福建省永安市医药公司
福建省邵武医药采购供应站
赣州市医药总公司
赣县医药集团公司
赣县医药总公司
江西省新乡市医药公司
山东省济南医药采购供应站
山东潍坊医药集团股份有限公司高密公司
烟台市医药公司莱州公司
山东省淄博医药采购供应站
山东省枣庄医药采购供应站
深圳中联广深医药股份有限公司
成都市医药公司
资阳市医药有限公司
四川省西昌医药采购供应站
西安飞龙医药股份有限公司
甘肃医药集团兰州医药采购供应站
青海省医药有限责任公司
宁夏新药特药公司

获 1997 年度“医药商品质量管理全国示范药店”称号的企业名单

北京市西城医药总公司西单金象大药房
北京市医药经济技术经营公司大药店
北京市西城医药总公司白塔寺药店
石家庄乐仁堂
大连药房
沈阳医药股份有限公司天益堂药房
吉林市义和谦大药房
长春市医药公司长春医药商店
哈尔滨市医药公司新药特药商店
哈尔滨市医药公司奋斗医药商店
哈尔滨市医药公司中央大药房
上海思强大药房
上海市第一医药商店
上海金龟大药房
江阴市三八医药商店
无锡市健康参药店
常州医药商场
诸暨市人民药店
宁波医药股份有限公司四明大药房
合肥大药房
安徽长江大药房
福州医药站回春医药商店
福州回春药业有限公司回春中药店
平顶山市新药特药总店
长沙市中华国药局
深圳中联广深医药股份有限公司中联大药房
广州市医药公司健民医药连销店
兰州医药采购供应站医药商场

（王志萍）

《药品生产（经营）企业合格证管理办法》印发　为深入贯彻执行国务院“关于进一步加强药品管理工作的紧急通知”（国发［1994］53 号）精神，整治药品生产经营秩序，规范对药品生产（经营）企业《合格证》的管理，国家医药管理局和国家中医药管理局在 1992 年两局联合发布的《药品生产（经营）企业合格证管理办法（试行）》的基础上，根据现行的有关法律，法规及有关文件的规定，制定了《药品生产（经营）企业合格证管理办法》并于 1997 年 8 月 11 日印发。该办法自印发之日起实行。　（王志萍）

全国质量效益型先进企业名单　经中国医药质量管理协会推荐中国质量管理协会认真研究，核定了 1996 年度全国质量效益型先进企业为 96 家。

医药行业质量效益型先进企业为三家：

华北制药集团有限责任公司
山东鲁抗医药企业集团公司
北京四环制药厂（地方推荐）

另根据全国质量效益型先进企业评选管理办法中关于“对连续三次获得全国质量效益型先进企业称号者，授予‘全国质量效益型先进企业特别奖’”的规定，1996年度有16个企业获“特别奖”。

华北制药集团有限责任公司获得“特别奖”

优秀质量管理小组

1. 全国优秀质量管理小组

由中国质量管理协会、中华全国总工会、中国科学技术协会、共青团中央主办的全国第十九次质量管理小组（简称QC小组）代表会，于1997年8月30日至9月1日在北京国际会议中心召开。会上表彰全国优秀QC小组1037个，其中医药行业11个（名单附后）。

2. 国家医药管理局优秀质量管理小组

中国医药质量管理协会于1997年5月21日至23日，在广东省汕头市召开了1996年度全国医药质量管理小组（QC小组）成果发表交流会，评选出国家医药管理局优秀QC小组124个（名单附后）。

1996年度医药行业“全国优秀QC小组”名单

常州药业股份有限公司	决策QC小组
新华医药集团有限责任公司	TMP原料成本攻关QC小组
张家口制药总厂103车间	氨苄QC小组
石家庄第二制药厂	粉针烘箱改造QC小组
华北制药股份有限公司106车间	四环素菌种选育QC小组
东北制药总厂三车间	二成盐QC小组
桂林三金药业集团公司	郁金香QC小组
上海化学试剂公司	GSP达标QC小组
江苏金鹿集团有限公司六车间	短、平、快QC小组
中国医药（集团）上海公司	耕耘QC小组
开封制药厂强力公司	恒宇QC小组

（王皆如）

1996年度国家医药管理局优秀QC小组名单

（排名不分先后）

单位名称	QC小组名称
天津药业有限公司	107车间氟脱溴QC小组
天津市氨基酸公司人民制药厂	水针车间灌封QC小组
天津市氨基酸公司津北生化制药厂	九车间QC小组
华北制药股份公司	106车间四环素菌种选育QC小组
华北制药集团有限责任公司	四分公司质检部QC小组
石家庄市第一制药厂	二车间头孢羟氨苄QC小组
石家庄市第二制药厂	烘箱改造QC小组
石家庄四药股份有限公司	机动处QC小组
河北省张家口市制药总厂	103车间氨苄QC小组
河北省定州市制药厂	大输液QC小组
石家庄医药药材公司	乐仁堂药店QC小组
河北省医药公司新药分公司	仓储QC小组
唐山医药站	第一药品公司QC小组
山西晋新制药总厂	三车间QC小组
山西省芮城制药厂	质检科质保QC小组
山西太行制药厂	中药车间QC小组
包头医药站	质管科QC小组
锦州市医药公司新特药批发站	储运科QC小组
辽宁锦州市制药五厂	四车间双唑泰栓QC小组
东北制药总厂	三车间二成盐QC小组

单位名称	QC小组名称
东北制药总厂一分厂	P－Na无菌粉车间无水乙醇QC小组
东北制药总厂一分厂	P－Na合成车间环氧工段苯乙胺QC小组
大连医药集团公司	药品分公司QC小组
吉林省舒兰合成药厂	生产处QC小组
吉林省贝克药业有限公司	制剂车间QC小组
吉林延边敖东药业(集团)股份有限公司	口服液一车间QC小组
吉林制药股份有限公司	八车间加热炉QC小组
哈尔滨制药厂	一车间头孢唑啉QC小组
哈尔滨制药厂	四车间活性酯QC小组
哈尔滨市医药公司	GSP达标QC小组
哈尔滨市医药商业总公司药品公司	计算机网络管理QC小组
哈尔滨市医药公司	泰华西大药房QC小组
中国医药(集团)上海公司器材分公司	扩大进口销售QC小组
中国医药(集团)上海公司	耕耘QC小组
中国医药(集团)上海化学试剂公司	GSP达标QC小组
上海市医药有限公司市郊分公司	仓储部QC小组
上海二维制药有限公司	VC转化QC小组
上海四药股份有限公司	舒巴坦纳QC小组
上海先锋药业公司	苯唑西林钠QC小组

单位名称	QC小组名称
上海光电医用电子仪器有限公司	一极棒QC小组
江苏金鹿集团公司	六车间“短、平、快”QC小组
江苏省金坛市制药厂	合成一车间安络血QC小组
常州市第二制药厂	洛美沙星QC小组
恩华药业集团徐州第三制药厂	二车间酰化物QC小组
江苏省泰兴市制药厂	输液QC小组
常州药业股份有限公司	决策QC小组
常州药业股份有限公司	第二QC小组
无锡医药股份有限公司	运输分公司运输QC小组
无锡医药股份有限公司	新特药公司营业股QC小组
杨州医药站	大德生药店QC小组
徐州医药股份有限公司	第一QC小组
徐州医药股份有限公司	广济堂药店QC小组
江苏新沂市医药总公司	质检科第一QC小组
南京制药厂	盐酸普鲁卡因QC小组
南京第二制药厂	酮康唑车间QC小组
南京金陵制药(集团)有限公司南山分厂	脉胳宁前提取QC小组
南京医药股份有限公司	医药商场QC小组
杭州民生药业集团公司	102车间QC小组
杭州中美华东制药有限公司	三车间E936QC小组
杭州医药站股份有限公司	药品分公司第二QC小组

单位名称	QC小组名称	单位名称	QC小组名称
浙江仙居药业集团股份有限公司	龙精制QC小组	河南开封希百寿药业有限公司	希药QC小组
浙江海门制药厂	抗五车间发酵QC小组	河南南阳制药有限公司	菌种选育QC小组
浙江海门制药厂	抗一车间发酵工段QC小组	河南信阳制药厂	膏剂车间QC小组
安徽省阜阳制药厂	柠檬酸系统QC小组	焦作市康力药业股份有限公司一分厂	提炼车间QC小组
安徽省淮北制药厂	片剂车间QC小组	河南省华中医药集团公司驻马店地区制药厂	105车间QC小组
福州抗生素集团有限公司	102车间提炼QC小组	河南平顶山华利制药厂	输液分厂QC小组
福州抗生素集团有限公司	101车间霉菌室QC小组	河南濮阳医药采购供应站	站QC小组
江西制药有限责任公司	一分厂提炼工段QC小组	平顶山市医药集团新特药公司	质检科QC小组
江西赣江制药有限责任公司	十一车间碱转化QC小组	平顶山市医药集团医药公司	质检科QC小组
江西东风制药有限责任公司	环保处QC小组	郑州医用材料厂	质管科QC小组
江西赣南制药厂	VD2QC小组	湖北黄石市亨迪制药有限公司	提取车间无菌室QC小组
江西国药有限责任公司	九车间盐酸土霉素QC小组	湖北省医药公司新特药采购供应站	质检QC小组
江西制药有限责任公司	一车间提高产品质量QC小组	武汉药品采购供应站	质检QC小组
山东新华医药集团有限责任公司	TMP原料成本攻关QC小组	武汉制药(集团)股份有限公司	二车间分析QC小组
青岛黄海制药厂	综合车间缓释片QC小组	湖南制药厂	茶碱钠盐QC小组
山东鲁抗医药企业集团公司	研究所颗粒QC小组	湖南岳阳康神药业集团有限公司	四车间QC小组
济南鲁药集团总公司	一车间QC小组	珠海丽珠集团丽宝生物化学制药有限公司	灌封QC小组
山东省淄博市医药采购供应站	质量管理QC小组	广东湛江吉民药业股份有限公司	神农镇痛膏QC小组
青岛医疗器械采购供应站	仓储QC小组	汕头万年青制药(集团)公司	《消炎利胆片》保名牌QC小组
河南开封制药厂强力公司	恒宇QC小组	广东康宝药业有限公司	联合攻关QC小组
河南焦作市化学制药厂	复方丹参注射液QC小组	广东博罗先锋药业集团有限公司	头孢拉定口服干混悬剂QC小组

单 位 名 称	QC小组名称	单 位 名 称	QC小组名称
广州明兴制药厂	四车间清开灵针半成品QC小组	西南药业股份有限公司	输液车间葡萄糖注射液QC小组
广州星群(药业)股份有限公司	二车间自动颗粒包装机QC小组	西南合成制药股份有限公司	五车间精左QC小组
广州光华药业股份有限公司	装配品QC小组	重庆大新药业股份有限公司	大输液QC小组
广州市医药公司	新特药批发部QC小组	云南省宣威医药采购供应站	综合商场QC小组
广州市医药公司医疗器械批发部	进货组QC小组	昆明南疆制药厂	二车间QC小组
桂林三金药业集团公司	郁金香QC小组	昆明制药股份有限公司	原料车间提高质量创效益QC小组
广西桂林天和制药厂	胶布车间QC小组	陕西省西安制药厂	八车间红霉素提炼QC小组
成都蜀阳制药厂	冻干室QC小组	陕西汉江制药有限公司	702车间QC小组
四川天府药业股份有限公司	口服液QC小组	西安飞龙医药股份有限公司	质检中心QC小组
成都制药四厂二分厂	分析室生测QC小组	深圳南方制药厂九新药业有限公司	合成车间缩合QC小组
成都制药四厂四分厂	硫酸卡那霉素QC小组	哈尔滨白天鹅制药厂	生化车间QC小组

第七部分

医药科研与教育

医药科研工作

全国医药科技工作座谈会 1997年全国医药科技工作座谈会于4月14日至19日在湖南张家界市召开。全国各省、自治区、直辖市及计划单列市医药管理局和相应的医药管理部门、解放军总后医药管理局、国家医药管理局直属科研、教学单位及有关医药企事业单位共168名代表参加了会议。会议的主要内容是：贯彻全国医药局长会议精神，总结1996年医药科技工作，研究如何推动实施“科教兴药”战略，部署1997年医药科技工作。

国家医药管理局副局长张鹤镛出席了会议，并作了重要讲话，在全面总结1996年医药科技工作的基础上，提出了1997年的工作重点，一是要积极稳妥地深化科技体制改革，按照“稳住一头、放开一片”的原则，以调整结构，分流人才，转变机制为重点，优化医药科技结构，形成合理的科技力量布局和合理的科技资源配制，充分发挥科技对医药经济发展的促进作用；二是要大力推进医药行业技术创新工作，强化行业技术创新意识，着眼于社会的需求和产业的发展，加强对技术创新的宏观调控，研究制定有利于技术创新的政策、措施和实施方案；三是要加强产品、技术开发，促进产品、技术结构的调整，要加强新药研究，重视国家基本药物和非处方药的研究开发，尽快发布新的国家级化学医药、药物制剂、医疗器械新产品指南；四是要加强科技成果管理，促进科技成果的转化，强化知识产权保护意识；五是要提高医药行业队伍素质，加速高层次人才培养，全面启动以培养、造就跨世纪的学科和工程技术带头人为目标的医药行业“十、百、千人才工程”；六是要加强调查研究和宏观管理工作，并要强调加强医药科技工作中的精神文明建设。

会议邀请了中国药科大学廖清江教授、中国医科院医学信息研究所杨国忠研究员、国家医药管理局胡圣榆副司长、医药经济信息中心站陶剑红副主任分别就新药研究开发、非处方药管理、医疗器械及其要素发展分析和医药市场产品结构等做了专题报告，全面分析了国内外医药工业发展的特点和趋势走向，对药品、医疗器械研究和开发将有重要的指导作用。

会议期间国家医药管理局科技教育司向与会代表专题汇报了“九五”期间和97年医药科技重点工作和预期目标。河北省医药管理局、上海医药工业研究院、广州市医药工业研究所、苏州医疗器械厂、上海华联制药公司、浙江海门制药厂、湖南洞庭制药厂等单位在会上作了经验介绍。

会议共同学习了国家科委、国防科工委、中国科协、中国科学院、中国工程院发出的《深入学习贯彻党的十四中全会精神，切实加强科技界社会主义精神文明建设——致科技界的倡议书》，并提出了响应《倡议书》的意见，要求医药科技界认真学习《倡议书》中提出的各项倡议并付诸行动，并结合医药行业的特点，积极开展倡“三学”（学理论、学科技、学法律）、讲“四职”（职业理想、职业道德、职业纪律、职业技能）、树“六优”（优秀班子、优秀服务、优秀管理、优等员工、优美环境）活动，共创文明行业。最后，由国家医药管理局科技教育司司长王明学作了会议总结。

（林渌蔼）

第三届中美工程技术研讨会 由国家经贸委、国家外国专家局和美国美洲中国工程师学会联合举办的第三届中美工程技术研讨会于1997年10月20日—24日在京召开。

本届研讨会的宗旨是：解决国有大中型企业的工程技术问题，利用国际、国内两种资源，推动企业的技术进步与技术创新，增强企业的竞争能力。研讨会以我国国有大中型企业和企业集团发展中所提出的工程技术问题为重点选题，在微电子与光电子、计算机与软件、通讯、能源、机械制造与自动化、医药与生物工程、化工、石化、冶金、环保等10个产业领域开展研讨。

医药与生物工程组由18位中方专家和6位美方专家组成，组长单位是国家医药管理局，该局科技教育司副司长胡圣榆为中方组长，美国马里兰大学陈桂恒博士为美方组长。美方专家在会前，分别参观了华北制药集团及上海信谊药业，在企业与工程技术人员开展技术交流与研讨，在北京研讨会期间，双方专家就生物技术药物、药物制剂、制药工业环境保护等问题进行了讨论，美方专家还解答了企业提出的生产技术上的实际问题，收到较好的效果。最后，美方专家对中国医药的发展提出了政策性的建议和具体可行的技术方案。（见附件）

附件：

中美工程技术研讨会建议书
（医药与生物工程部分）

一、前言

医药乃维系国民健康的重要项目，每个国家都有严格的管理，尤其先进国家的规定更为严格，如果中国要提升制药水平，进军世界，一定要注意品质及创新，美方针对这两个问题，提供如下建议。

二、政策性的建议

（一）提高品质：国内药厂多，规模小，每家药厂品种多，但销量少，建立全面的cGMP非常不容易，要改造现有药厂的设备是非常不经济的，建议由国家辅导，在国内建立一两个世界水准的cGMP的示范药厂，其目的是发展几个特别有潜力的药品，专门打开世界市场，不在国内竞争，由国家辅导，专案处理，给国内其他药厂作示范，证明打开国际市场的可能性，才能引起国内药厂的兴趣，促进良性循环。

（二）发展有创意的产品，首先要注重知识产权的建立，有知识产权或是专利权就是宝，就可以在世界市场做买卖，建议与国内联盟，建立一个在海外的资讯中心，这个中心应提供国内各项资讯，其中应包括：

1. 提供正确的国外药物批准的法规；

2. 国外的市场动向及研究方向；

3. 人才的联系与培训；

4. 外国的专利资讯和替国内药厂向国外办理专利申请；

5. 代表国内向外国进行技术转让及谈判；

6. 帮助国内药品向国外的申请（包括原料药、专利过期药、新药、新剂型、中药等等），目前国外，尤其是美国FDA，申请药品的简单化及透明化以及法规的松绑是中国药品进军美国及世界最良好的时机。

三、具体可行的技术方案

（一）新药（包括中药提纯的新药）及新剂型的开发模式

因为新药及新剂型的开发投资大，风险高，宜采用日本模式，所谓“日本模式”就是新药研究到某一程度，即采取技术转让及策略联盟的方法，由合作伙伴分担风险，但共享成果，这个方法日本极为成功，亚洲发展中国家，如韩国、印度以及一些东欧小国和阿拉伯小国都已采取这个模式进军美国，中国绝不能落于人后。至于新药开发方面，中国最可行的方向是建立新药筛选中心及组合化学中心，提高新药研究的技术。

（二）中药（单方或复方）

以建立药效的证明为主，“健康食品”的型式为短期的策略，一定要能开拓外国销售渠道，领导潮流，才能在国外与日本、德国一争长短，长期计划应以发展有知识产权的药品为目标。

（三）生物工程

目前国内产品多为仿效外国早期产品，缺乏竞争能力，应以研究中国独特性的疾病及技术为主（如中国遗传基因鉴定等等），开发有知识产权的药品，要推动生物工程药品的发展，应建立具有国际水准的生物工程药品的分析中心，以加速产品开发及品质的保证。

（四）环保工程

对三废（废气、废水、废渣）的处理，应加强药厂与药厂及药厂与科研教育单位的交流与合作，增加效益，善用资源。

（五）原料药

国内已具一定规模，应继续鼓励扶持，增加品种。

（六）专利过期的普通名药

应鼓励普通名药往国外申请，接受FDA的挑战并改善，进而推动国内cGMP的提升，作为新药、新剂型及生物工程药品的踏脚石，进军世界。

（林渌菡）

全国医药科技统计工作会议 由国家医药管理局科技教育司主持的1997年度全国医药科技统计工作会议于11月17日至19日在杭州召开，全国31个省、自治区、直辖市、计划单列市及国家医药管理局直属科研、教学单位的代表参加了会议。会议总结了1996年度医药科技统计工作的基本情况并部署了1997年的医药科技统计工作，对1996年度医药科技统计工作获奖单位进行了表彰。山东省、江苏省和浙江省的代表在会上就如何做好年报的组织工作和报表审核工作介绍了经验。 （张象麟）

附：

1996年度医药科技统计工作评奖结果

一等奖：三名

山东省医药管理局

江苏省医药管理局

浙江省医药管理局

二等奖：三名

北京市医药总公司

上海市医药管理局

重庆市医药管理局

三等奖：四名

湖南省医药管理局

天津市医药管理局

河北省医药管理局

广东省医药总公司

（张象麟）

1996年度医药行业科技统计数据填报概况

1996年的数据采集工作，共收到41个省、区、市768个具有科技开发能力机构的数据（贵州省和西藏区的数据未报），今年全部数据均为超级汇总，数据汇总概况如下：

1. 机构概况：统计机构总数为768个，其中独立研究院所63个，高等院校10所，特大型企业6个，大型企业147个，中型企业364个，小型企业172个，83.45%的企业设有技术开发机构。统计数据反映了医药行业科技活动的概况。

2. 人员情况：统计人员总数为570882人，其中专业技术人员120054人，占职工总数的21.03%，从事科技活动的人员38350人，占专业技术人员的31.94%，从事课题研究的人员18432人，占从事科技活动人员的47.82%。

具有高级职称的人员为7573人，占专业技术人员的6.31%，中级职称人员为29360人，占专业技术人员的24.46%、初级职称人员为66430人，占专业技术人员的55.33%。

具有博士、硕士学历的1789人。占专业技术人员的1.49%，大专以上学历的67086人，占专业技术人员的55.88%。

3. 课题情况：全年在研课题3850项；其中，基础性研究121项，占课题总数的3.14%，应用研究770项，占20%，试验发展1458项、占37.87%，生产试制与设计1013项，占26.31%，技术推广示范与服务70项，占1.82%，生产性活动406项，占10.57%。课题计划投资517169万元，当年经费支出 1993.2 万元。

4. 科技经费情况：全年科研机构、高等院校和企业办的独立研究开发机构科技经费为 109167.5 万元，其中政府拨款 17426.4 万元，占科技经费的 15.96%，企业拨款 12927.3 万元，占 11.84%，事业收入 53941.6 万元，占 49.41%。

企业用于技术开发、技术引进、技术改造的经费为 354049.7 万元，其中政府拨款 5085.1 万元，占 1.4%；专项贷款 51711.6 万元，占 14.61%，企业自有资金 130146.7 万元，占 36.76%。

5. 新产品开发情况：全年开发国家级、省级新产品 1016 项，产值为 1268138.1 万元，占产品总值 7723363.8 万元的 16.42%。

（张象麟）

1996 年全国医药行业科学技术统计各类机构数据上报概况

省、市	单位类型							
	合　计	特大型企业	大型企业	中型企业	小型企业	独立院所	非独立院所	高等院校
合　计	768	6	147	364	172	63	2	10
北京市	25	0	3	12	3	4	1	0
天津市	41	1	3	19	16	2	0	0
河北省	23	1	8	9	4	1	0	0
山西省	13	0	1	6	4	2	0	0
内蒙自治区	11	0	1	6	4	0	0	0
辽宁省	41	0	11	18	6	5	0	1
沈阳市	16	0	4	8	3	1	0	0
大连市	2	0	0	1	1	0	0	0
吉林省	22	0	3	8	1	8	0	2
长春市	2	0	1	1	0	0	0	0
黑龙江省	18	0	6	9	0	3	0	0
哈尔滨市	10	0	4	6	0	0	0	0
上海市	79	2	12	34	24	6	0	1
江苏省	88	0	20	41	21	5	0	1
浙江省	37	0	8	19	7	3	0	0
宁波市	14	0	0	2	12	0	0	0
安徽省	14	0	4	8	1	1	0	0
福建省	10	0	2	4	2	1	0	1
厦门市	4	0	0	3	0	1	0	0
江西省	9	0	7	1	0	1	0	0
山东省	69	2	11	29	25	2	0	0
青岛市	10	0	1	5	4	0	0	0
河南省	26	0	4	17	4	1	0	0
湖北省	16	0	7	6	0	2	1	0

续表

省、市	单位类型							
	合计	特大型企业	大型企业	中型企业	小型企业	独立院所	非独立院所	高等院校
武汉市	9	0	3	5	0	1	0	0
湖南省	24	0	2	16	5	1	0	0
广东省	51	0	13	32	3	3	0	0
广州市	21	0	7	10	2	2	0	0
深圳市	5	0	1	4	0	0	0	0
广西壮族自治区	25	0	3	14	6	1	0	1
海南省	3	0	1	1	1	0	0	0
四川省	33	0	4	21	3	2	0	1
成都市	16	0	2	11	3	0	0	0
重庆市	18	0	5	6	6	1	0	0
贵州省	0	0	0	0	0	0	0	0
云南省	8	0	2	3	2	1	0	0
西藏自治区	0	0	0	0	0	0	0	0
陕西省	9	0	2	3	2	1	0	1
西安市	4	0	0	2	2	0	0	0
甘肃省	8	0	0	2	2	2	0	1
青海省	3	0	0	2	0	1	0	0
宁夏回族自治区	4	0	1	0	2	1	0	0
新疆维吾尔自治区	5	0	1	2	1	1	0	0

表一、医药行业职工及科技人员

1. 按单位类型分类

1996 年　　单位：人

	机构数（个）	职工总数	专业技术人员	从事科技活动人员	从事科技项目人员	从事生产活动人员
合计	768	570882	120054	38350	18342	419578
特大型工业企业	6	33368	4225	1186	397	29307
大型工业企业	147	239417	48378	13964	6751	184265
中型工业企业	364	233529	47631	12839	5844	165561
小型工业企业	172	50191	9845	2800	1299	37020
独立研究开发机构	63	9262	6157	4979	3043	3196
非独立研究开发机构	2	318	83	32	28	132
高等院校	10	4203	3584	2338	862	81
其他	4	594	151	212	118	16

1996年

2. 按医药专业技术领域分类

单位：人

	机构数（个）	职工总数	专业技术人员	从事科技活动人员	从事科技项目人员	从事生产活动人员
合计	768	570882	120054	38350	18342	419578
化学药品	415	399710	82706	25852	12181	298184
医疗器械	97	43804	7837	3476	1688	29907
制药机械	13	7184	1483	500	255	5390
医用包装材料	11	7151	814	305	209	5624
卫生材料	10	4364	631	198	75	3056
中药	186	90753	21791	5452	2347	63750
其他	36	17916	4792	2567	1587	13667

1996年

3. 按省、市、自治区地域分类

单位：人

	机构数（个）	职工总数	专业技术人员	从事科技活动人员	从事科技项目人员	从事生产活动人员
合计	768	570882	120054	38350	18342	419578
北京市	25	16070	4214	1162	573	9447
天津市	41	25265	5300	1822	1161	16157
河北省	23	37640	6072	1493	622	32627
山西省	13	12001	2231	276	146	8495
内蒙古自治区	11	8298	1710	214	89	4882
辽宁省	41	43301	8084	5432	1899	29833
沈阳市	16	26262	3760	3393	1378	18161
大连市	2	838	115	36	23	656
吉林省	22	15505	3747	1329	646	10219
长春市	2	3226	616	70	15	1765
黑龙江省	18	19073	3947	511	225	14982
哈尔滨市	10	13938	2960	351	163	10772
上海市	79	44399	9923	4731	2295	30077
江苏省	88	62877	12299	4913	2102	48373
浙江省	37	28197	5551	1691	996	22306
宁波市	14	3105	518	184	118	2539
安徽省	14	9105	1824	327	211	6972
福建省	10	8600	2201	844	363	5260
厦门市	4	1912	356	115	76	1398
江西省	9	13961	2664	689	375	11596
山东省	69	56374	11954	2399	1174	45381

续表

	机构数（个）	职工总数	专业技术人员	从事科技活动人员	从事科技项目人员	从事生产活动人员
青岛市	10	4876	1270	270	120	3931
河南省	26	20434	3285	926	447	15122
湖北省	16	19618	4768	891	535	13766
武汉市	9	9567	2019	474	248	6359
湖南省	24	19548	4376	807	344	13358
广东省	51	27234	5513	2157	1107	21261
广州市	21	12260	2829	1016	464	8725
深圳市	5	479	185	137	995	0
广西壮族自治区	25	13058	2947	491	251	10213
海南省	3	1386	490	51	32	1005
四川省	32	22411	5739	1987	1024	16363
成都市	16	11334	2737	905	502	7913
重庆市	18	15928	3754	728	363	11519
贵州省	0	0	0	0	0	0
云南省	8	3910	1098	213	121	2420
西藏自治区	0	0	0	0	0	0
陕西省	9	5921	1594	379	156	4142
西安市	4	1146	177	71	22	878
甘肃省	8	3963	898	684	402	1939
青海省	3	1645	417	274	122	1218
宁夏回族自治区	4	1353	280	83	53	893
新疆维吾尔自治区	5	1629	436	56	34	1228

表二、医药行业科技经费投入及来源

1. 按单位类型分类

1996 年　　　　　　　　　　　　　　　　　　　　　　单位：人

	专业技术职称				受教育程度				
	合　计	高级	中级	初级	博士	硕士	大学	大专	中专
合计	120054	7573	29360	66430	155	1634	30417	34880	32073
特大型工业企业	4225	418	1049	1992	1	58	1742	1044	949
大型工业企业	48378	2414	10783	25581	3	216	12312	14257	11750
中型工业企业	47631	2079	10554	28056	23	243	9154	13829	13664
小型工业企业	99845	431	2237	5916	3	41	1719	2916	3266
独立研究开发机构	6157	1083	2284	2247	18	330	2437	1613	1138
非独立研究开发机构	83	7	16	49	0	1	21	27	25
高等院校	3584	846	1566	1182	90	559	1928	615	397
其他	151	295	871	1407	17	186	1104	579	824

1996 年

2. 按医药专业技术领域分类

单位：人

	合　计	专业技术职称			受教育程度				
		高级	中级	初级	博士	硕士	大学	大专	中专
合计	120054	7573	29360	66430	155	1634	30417	34880	32013
化学药品	82706	5074	19338	44711	107	1004	20926	23702	20965
医疗器械	7837	478	2000	3488	2	56	1563	2434	1661
制药机械	1483	77	390	737	0	2	240	472	396
医用包装材料	814	40	238	459	0	4	221	319	185
卫生材料	631	15	129	434	0	0	49	163	216
中药	21791	1012	4965	13279	20	164	4638	6128	6835
其他	4792	877	1382	2300	26	404	2780	1662	1755

1996 年

3. 按省、市、自治区地域分类

单位：人

	合　计	专业技术职称			受教育程度				
		高级	中级	初级	博士	硕士	大学	大专	中专
合计	120054	7573	29360	66430	155	1634	30417	34880	32013
北京市	4214	215	893	1707	3	74	781	815	924
天津市	5300	447	1250	3102	9	61	1450	1414	1846
河北省	6072	385	1398	3031	2	56	2626	1481	1223
山西省	2231	157	722	1050	0	7	407	598	739
内蒙古自治区	1710	61	552	1102	0	3	371	451	535
辽宁省	8084	805	2416	5622	48	159	2178	3098	2175
沈阳市	3760	414	1256	3166	1	21	1211	1938	1099
大连市	115	11	34	58	0	2	25	41	8
吉林省	3747	334	1069	2094	5	100	1046	1030	982
长春市	616	51	193	316	0	0	135	100	147
黑龙江省	3947	231	1319	2114	1	25	1317	1459	896
哈尔滨市	2960	155	991	1541	1	22	1097	1004	656
上海市	9923	616	3011	4897	10	172	2573	3632	2061
江苏省	12299	764	2424	7399	28	260	2788	3271	3496
浙江省	5551	238	1054	3300	0	43	1548	1648	1445
宁波市	518	31	115	286	0	3	185	103	133
安徽省	1824	69	361	1228	0	5	289	558	696
福建省	2201	201	644	1213	2	82	614	402	562
厦门市	356	17	92	229	1	10	159	89	61
江西省	2664	83	347	991	0	7	409	550	489
山东省	11954	576	2135	6334	2	77	2653	3425	4311
青岛市	1270	105	277	744	0	14	449	397	313

续表

	合计	专业技术职称			受教育程度				
		高级	中级	初级	博士	硕士	大学	大专	中专
河南省	3285	96	677	1889	1	2	372	1084	976
湖北省	4768	213	942	2160	0	33	640	1249	1348
武汉市	2019	88	465	1093	0	13	271	791	593
湖南省	4376	138	1075	2776	0	21	700	1510	1277
广东省	5513	337	1394	3199	3	104	1305	1345	1834
广州市	2829	115	719	1807	0	26	506	804	1034
深圳市	479	57	243	117	12	92	251	121	84
广西壮族自治区	2947	144	745	1789	0	8	735	830	914
海南省	490	34	65	137	2	8	151	72	48
四川省	5739	487	1545	2604	18	114	1480	1777	1198
成都市	2737	246	802	1361	9	48	849	987	528
重庆市	3754	264	926	2382	0	12	1442	1114	675
贵州省	0	0	0	0	0	0	0	0	0
云南省	1098	88	543	1526	0	9	411	332	155
西藏自治区	0	0	0	0	0	0	0	0	0
陕西省	1594	127	403	448	2	10	403	479	204
西安市	177	18	51	64	1	0	37	97	37
甘肃省	898	141	409	424	5	39	438	267	209
青海省	417	64	116	234	1	22	131	96	96
宁夏回族自治区	280	6	32	55	0	0	10	1	23
新疆维吾尔自治区	436	31	132	189	0	0	80	141	77

表三、医药行业研究开发机构科技经费投入及来源

1996 年　　1. 按单位类型分类　　单位：千元

	科技经费合计	政府拨款	企业拨款	贷款	事业收入
合计	1091675	174264	129273	249772	539416
特大型工业企业	73879	7000	32670	29400	4809
大型工业企业	138980	4710	53331	61790	19149
中型工业企业	144780	12719	28762	38400	64899
小型工业企业	24165	60	4270	10620	9215
独立研究开发机构	654760	110689	9568	109562	424941
非独立研究开发机构	899	0	0	0	899
高等院校	48037	35968	672	0	11397
其他	6175	3118	0	0	4107

1996 年　　　　2. 按医药专业技术领域分类　　　　单位：千元

	科技经费合计	政府拨款	企业拨款	贷款	事业收入
合计	1092725	174264	129273	249772	539416
化学药品	714187	109042	110200	187619	202466
医疗器械	112374	16938	2477	8750	71052
制药机械	144780	0	374	0	112000
医用包装材料	253	0	100	0	0
卫生材料	0	0	0	0	0
中药	66909	11701	15747	3587	23731
其他	54222	36583	375	49816	130167

1996 年　　　　3. 按省、市、自治区地域分类　　　　单位：千元

	科技经费合计	政府拨款	企业拨款	政府专项贷款	银行贷款	事业收入
合计	1091675	174264	129273	34980	214792	539416
北京市	55145	7873	1573	1500	8000	36199
天津市	38482	8940	4594	0	0	24948
河北省	83621	8350	33868	7100	27000	7303
山西省	4589	976	1673	0	0	1940
内蒙古自治区	1725	0	305	0	0	1420
辽宁省	68592	26236	5530	1000	19000	16826
沈阳市	33382	910	4324	1000	19000	8148
吉林省	165145	5863	2388	0	54380	102514
长春市	730	0	730	0	0	0
大连市	0	0	0	0	0	0
黑龙江省	6234	1935	1200	0	3000	99
哈尔滨市	0	0	0	0	0	0
上海市	185488	32423	35263	500	57336	59966
江苏省	52501	30798	6472	200	2150	12881
浙江省	21303	2564	567	0	1007	17165
宁波市	0	0	0	0	0	0
安徽省	1366	646	0	0	0	720
福建省	9292	2722	1140	0	4500	930
厦门市	7534	2468	300	0	4230	536
江西省	3495	840	2025	0	0	630
山东省	25230	2733	7222	300	0	14975
青岛市	2307	919	1081	20	10	277

续表

	科技经费合　计	政府拨款	企业拨款	政府专项贷款	银行贷款	事业收入
河南省	69256	907	1441	11200	80	55628
湖北省	18988	2393	1943	0	800	13852
武汉市	3233	543	1693	0	0	997
湖南省	2667	1196	989	100	0	382
广东省	83905	13678	5922	12100	22500	29705
广州市	52504	7738	3950	12100	20400	8316
深圳市	0	0	0	0	0	0
广西壮族自治区	12836	50	4473	100	3719	4494
海南省	1800	0	1800	0	0	0
四川省	21138	5945	2862	0	450	12931
成都市	3356	40	1812	0	450	1054
重庆市	12034	1068	0	0	4620	6346
贵州省	0	0	0	0	0	0
云南省	2542	1924	618	0	0	0
西藏自治区	0	0	0	0	0	0
陕西省	5510	1711	3694	0	0	105
西安市	184	0	164	0	0	20
甘肃省	118355	2071	30	60	1510	114684
青海省	8566	6226	0	800	0	1540
宁夏回族自治区	300	0	300	0	0	0
新疆维吾尔自治区	1729	809	0	0	500	420

表四、医药行业新产品开发项目概况

1996 年　　1. 按单位类型分类　　单位：千元

	项目数	年产值	利　润	出　口	科研支出	生产投入
合计	1016	12681381	3182866	445998	536636	1325498
特大型工业企业	24	3454107	1727029	3412	98273	151623
大型工业企业	274	4642870	647775	293211	220379	523841
中型工业企业	500	4032459	717588	136202	169693	522757
小型工业企业	188	487304	79057	13145	39781	99840
独立研究开发机构	28	62271	11417	0	7460	21937
非独立研究开发机构	0	0	0	0	0	0
高等院校	2	2370	0	28	1050	5500
其他	0	0	0	0	0	0

1996 年　　2. 按医药专业技术领域分类　　单位：千元

	项目数	年产值	利　润	出　口	科研支出	生产投入
合计	1016	12681381	3182866	445998	536636	1325498
化学药品	628	7282424	1092822	389921	319331	775486
医疗器械	139	642512	71570	43301	36440	110167
制药机械	28	33594	4019	365	8144	25399
药用包装材料	5	88678	3298	3000	2105	20142
卫生材料	12	11288	1672	5946	627	1580
中药	197	1167324	282570	3465	75039	268244
其他	7	3455561	1726915	0	94950	124480

1996 年　　3. 按省、市、自治区地域分类　　单位：千元

	项目数	年产值	利　润	出　口	科研支出	生产投入
合计	1016	12681381	3182866	445998	536636	1325498
北京市	17	165891	57801	365	9367	22343
天津市	21	197991	56564	21999	8659	16079
河北省	23	111773	16942	872	5878	32683
山西省	10	8717	2029	0	2070	784
内蒙古自治区	9	4934	1254	0	900	2400
辽宁省	65	228591	94800	0	34746	83831
沈阳市	36	147384	95538	0	31982	42472
大连市	0	0	0	0	0	0
吉林省	11	129108	80720	0	7666	8580
长春市	0	0	0	0	0	0
黑龙江省	22	85764	2772	0	9556	10692
哈尔滨市	17	56234	2571	0	6876	8255
上海市	205	1394391	168112	75672	46743	66860
江苏省	90	813355	157045	73087	46304	111901
浙江省	104	2705869	216921	119081	37386	241732
宁波市	31	67140	8941	4281	6995	5293
安徽省	13	111701	20678	57511	3083	20845
福建省	6	28996	5131	59	14565	3106
厦门市	5	5114	5678	429	714	1874
江西省	12	90938	11621	12010	1591	36224
山东省	110	4092259	1881459	7501	164084	355079
青岛市	23	117288	19140	0	9877	42448

续表

	项目数	年产值	利　润	出　口	科研支出	生产投入
河南省	27	971512	57874	2200	16663	85950
湖北省	14	31684	2714	9025	6062	1395
武汉市	6	8342	2128	0	1662	400
湖南省	36	100948	9908	274	19003	24781
广东省	59	387153	66467	1862	25964	70316
广州市	20	59580	15329	1812	5075	12511
深圳市	8	173496	71826	2000	11803	4879
广西壮族自治区	41	307298	51194	37255	4740	21534
海南省	6	33490	9701	0	10510	20000
四川省	9	111016	59553	14197	1828	13052
成都市	2	52770	11370	0	300	10230
重庆市	1	1000	8000	0	500	1000
贵州省	0	0	0	0	0	0
云南省	11	12102	9425	60	902	1016
西藏自治区	0	0	0	0	0	0
陕西省	9	144148	24916	1813	27656	7120
西安市	5	45302	64	1813	300	120
甘肃省	14	35123	4022	0	376	10121
青海省	0	0	0	0	0	0
宁夏回族自治区	4	2094	217	490	310	80
新疆维吾尔自治区	0	0	0	0	0	0

表五、医药行业企业经济概况

1996 年

1. 按单位类型分类

单位:千元

	总产值	新产品	销售收入	出　口	资　金	资产原值	实现利税	新产品	上缴利税
合计	77233638	14630941	60120074	8627272	51286875	38914217	12924694	3874918	3985533
特大型工业企业	7513682	3534181	7561756	757496	6225034	3474018	6456719	1911658	1123684
大型工业企业	28048849	4531581	25381985	4650899	21343804	19130281	2535068	845358	1205493
中型工业企业	37244914	5660979	24116009	3058582	21224931	14320964	3583465	1005950	1469798
小型工业企业	4201622	860891	2778046	159245	2354245	1689809	321866	105242	167644
独立研究开发机构	164058	36733	226234	957	62579	255205	17405	5188	13592
非独立研究开发机构	5057	0	4427	7	9198	3356	524	0	0
高等院校	4460	2370	1192	86	1792	1083	—75	11	20
其他	41990	4206	42297	0	60208	36316	8929	1511	4556

1996 年

2. 按医药专业技术领域分类

单位:千元

	总产值	新产品	销售收入	出　口	资　金	资产原值	实现利税	新产品	上缴利税
合计	77233638	14630941	60120074	8627272	51286875	38914217	12924694	3874918	3985533
化学药品	57716207	7769408	42112158	7799995	35897991	29523176	8282193	1384331	2183612
医疗器械	3088202	882433	2898018	450424	2317453	1909606	324681	59711	183407
制药机械	258459	40763	299622	3445	285335	219969	19166	7088	14788
药用包装材料	673984	96400	691685	47717	347639	530547	123987	25992	33543
卫生材料	227015	17272	209125	35016	192111	131196	31938	2691	17689
中药	10668460	1936470	8925641	265309	9069446	5643030	2141621	478744	776951
其他	4585654	3888195	4969322	25366	3168634	947147	1996002	1916361	772829

1996 年

3. 按省、市、自治区地域分类

单位：千元

	总产值	新产品	销售收入	出口	资金	资产原值	实现利税	新产品	上缴利税
合计	77233638	14630941	60120074	8627272	51286875	38914217	12924694	3874918	3985533
北京市	1238833	341177	1266696	109653	863887	894543	106660	62089	94224
天津市	12778962	517828	2714285	281977	1989741	1612363	774394	79670	170713
河北省	5092262	267010	5058140	817840	4598555	3938532	4727028	37670	371202
山西省	353870	2777	254231	3997	436982	543388	620	673	15968
内蒙古自治区	327721	7797	311396	250	275756	202338	13148	2502	18651
辽宁省	2164163	559689	1935631	419002	2346265	2301766	—25949	72942	36880
沈阳市	1627136	472723	1511685	407520	1650904	1612501	—13086	67397	20176
吉林省	1277328	259577	1074806	52878	1226799	906725	365738	115887	75126
长春市	60020	0	46796	4150	30549	50502	—4474	0	2268
大连市	51101	44106	63057	0	50442	52479	11636	7298	7577
黑龙江省	2335507	164064	2091074	409140	1633958	1954380	221301	114747	49635
哈尔滨市	1988640	131690	1798820	210040	1256355	1005483	285703	112999	42683
上海市	8384914	1914288	7094851	997293	4890490	2563552	633648	244287	382803
江苏省	7272815	1289013	5910230	1149443	3569899	3463565	521890	187123	273032
浙江省	4810652	1624358	4560301	642428	3043758	2116317	535151	318665	202012
宁波市	296987	68578	270158	46477	209577	130965	27952	13904	16656
安徽省	755942	120171	623929	121702	1401456	539116	6409	14710	22156
福建省	592945	36796	526284	246322	283951	331229	14730	6890	14103
厦门市	196391	3944	188937	0	188278	81732	25496	335	15346
江西省	881391	86181	738424	234073	809793	907181	56619	7634	50641
山东省	8371802	4267683	7855751	607558	6151676	3494005	2535990	2103657	997955

续表

	总产值	新产品	销售收入	出口	资金	资产原值	实现利税	新产品	上缴利税
青岛市	418438	117388	390475	530	336780	244401	29618	10633	16443
河南省	1945719	477971	1431150	4000	1157485	974934	148791	36669	102206
湖北省	1308501	194448	1165594	127669	972091	2301441	191576	28934	112177
武汉市	918784	44109	753483	65815	515334	511857	80715	8183	27330
湖南省	1096876	130948	1040042	75367	863387	971293	99999	15982	84010
广东省	4207885	514719	3852582	124451	4781185	2451944	479787	84312	269704
广州市	1873621	154438	1896488	113971	1425642	1195863	241280	25697	138405
深圳市	529151	237824	493377	13393	443426	253620	101616	54638	8610
广西壮族自治区	1470612	324580	998930	62044	1034556	830162	210958	76136	105671
海南省	420455	128279	403177	0	245742	247474	30440	3000	8252
四川省	3006851	559091	2821810	385060	2299075	1476862	558739	111656	182340
成都市	1998891	407584	1639343	228861	1483193	888920	443204	75118	113229
重庆市	1247624	88007	1245088	410925	755283	808294	—31426	13708	44550
贵州省	0	0	0	0	0	0	0	0	0
云南省	524983	99642	452363	16068	268197	212792	97161	14109	35159
西藏自治区	0	0	0	0	0	0	0	0	0
陕西省	1899507	132566	1532834	2730	1290415	601387	440352	30580	82568
西安市	59230	33720	47829	286	40306	52331	—5679	5728	2452
甘肃省	184240	36078	250881	8787	152939	175090	—673	3811	4134
青海省	107801	0	92602	0	74283	65476	18344	0	13052
宁夏回族自治区	102533	2173	91333	4595	80058	49092	7655	448	6027
新疆维吾尔自治区	1527911	1693	1267282	1233675	2501440	1086696	866	175	93784

表六、医药行业企业技术活动概况

1. 按单位类型分类

1996 年　　　　单位：千元

	技术开发	上级拨款	专项拨款	自有资金	技术引进	上级拨款	专项贷款	自有资金	技术改造	上级拨款	专项贷款	自有资金
合计	1461659	53417	251993	1047538	378707	230	15330	218467	1737231	800	251993	70084
特大型工业企业	321483	7000	2400	279746	0	0	0	0	158370	0	2400	0
大型工业企业	570906	15811	127324	402319	77603	0	2000	75431	958251	0	127324	26207
中型工业企业	463032	27000	94454	297522	265623	150	8210	126754	510193	800	94454	33806
小型工业企业	79750	90	26715	45279	24869	0	5120	5750	110417	0	26715	8651
独立研究开发机构	23914	2616	1100	20998	10612	80	0	10532	0	0	1100	1420
非独立研究开发机构	224	0	0	224	0	0	0	0	0	0	0	0
高等院校	900	900	0	0	0	0	0	0	0	0	0	0
其他	1450	0	0	1450	0	0	0	0	0	0	0	0

2. 按医药专业技术领域分类

1996 年　　　　单位：千元

	技术开发	上级拨款	专项拨款	自有资金	技术引进	上级拨款	专项贷款	自有资金	技术改造	上级拨款	专项贷款	自有资金
合计	1461659	53417	251993	1047538	378707	230	15330	218467	1737231	800	251993	70084
化学药品	954047	41503	218499	584311	85989	50	7000	74185	1231960	650	218499	54778
医疗器械	74426	3855	16600	52685	15902	0	0	2373	36040	0	16600	1435
制药机械	16886	10	100	16774	0	0	0	0	2790	0	100	604
药用包装材料	2097	20	0	2142	0	0	0	0	16371	0	0	30
卫生材料	3180	30	0	2850	400	0	0	0	800	0	0	815
中药	187842	6133	16494	167869	122338	100	8330	28822	328200	150	16494	11002
其他	223181	1866	300	220907	154078	80	0	113087	121070	0	300	1420

1996 年

3. 按省、市、自治区地域分类

单位：千元

	技术开发	上级拨款	专项拨款	自有资金	技术引进	上级拨款	专项贷款	自有资金	技术改造	上级拨款	专项贷款	自有资金
合计	1461659	53417	251993	1047538	378707	230	15330	218467	1737231	800	251993	70084
北京市	18245	2121	5150	10974	480	0	0	480	51	0	5150	40
天津市	26001	1404	4299	18494	13529	0	0	0	3273	0	4299	170
河北省	199704	7600	8550	150105	2202	0	2000	146	105109	0	8550	4257
山西省	3478	10	1500	1968	0	0	0	0	1718	0	1500	350
内蒙古自治区	1391	4030	1700	1361	0	0	0	0	48	0	1700	0
辽宁省	58112	5306	40100	11504	184	0	0	110	93470	0	40100	798
沈阳市	50646	2650	39800	7254	174	0	0	100	88900	0	39800	264
大连市	408	0	0	408	0	0	0	0	0	0	0	20
吉林省	86302	880	11500	73272	24012	80	0	23932	19301	0	11500	2420
长春市	730	0	0	730	0	0	0	0	0	0	0	0
黑龙江省	28179	6100	3300	15549	8405	0	0	8405	45840	0	3300	1308
哈尔滨市	22174	5600	2800	13544	8155	0	0	8155	45840	0	2800	1308
上海市	186290	1919	63955	120497	26901	0	0	26485	39789	0	63955	1462
江苏省	100979	12358	25440	46443	1600	0	0	1600	134083	0	25440	9945
浙江省	63023	600	5900	50218	157976	0	1000	115665	140173	0	5900	20209
宁波市	4725	0	200	4525	100	0	50	50	1990	150	200	550
安徽省	8148	1470	2015	3933	800	50	0	700	9562	0	2015	755
福建省	9150	730	280	3580	0	0	0	0	6729	0	280	0
厦门市	5470	160	4510	5300	0	0	0	0	0	0	4510	0
江西省	12036	317	0	3919	0	0	0	0	88079	0	0	0
山东省	273728	1467	554	270175	28098	0	7130	20798	356959	0	554	10167

续表

	技术开发	上级拨款	专项拨款	自有资金	技术引进	上级拨款	专项贷款	自有资金	技术改造	上级拨款	专项贷款	自有资金
青岛市	73516	40	43210	23768	0	0	0	0	71406	0	43210	550
河南省	20347	1535	3450	13161	16200	0	5000	11200	71754	0	3450	9180
湖北省	7906	1315	800	4505	0	0	0	0	31040	0	800	80
武汉市	4866	510	0	2285	0	0	0	0	3260	0	0	0
湖南省	10547	100	100	12862	85383	0	0	377	64071	0	100	180
广东省	97526	1550	8530	56681	8221	0	0	3623	61467	0	8530	4042
广州市	23534	360	6430	15875	1613	0	0	1515	33263	0	6430	2290
深圳市	23267	0	7000	21247	0	0	0	0	1050	0	7000	0
广西壮族自治区	15792	970	300	12632	220	0	70	130	20890	0	300	220
海南省	0	0	0	2040	0	0	0	560	0	0	0	0
四川省	58968	1290	350	53738	4386	100	80	4196	156168	650	350	1080
成都市	49267	540	250	44737	0	0	0	0	95292	0	250	565
重庆市	19729	70	9200	11290	0	0	0	0	161233	0	9200	1380
贵州省	0	0	0	0	0	0	0	0	0	0	0	0
云南省	2514	0	0	2554	0	0	0	0	6756	0	0	231
西藏自治区	0	0	0	0	0	0	0	0	0	0	0	0
陕西省	29539	15	0	29524	0	0	0	0	252	0	0	100
西安市	50	0	0	50	0	0	0	0	252	0	0	0
甘肃省	9835	60	100	9567	10	0	0	10	120	0	100	0
青海省	569	0	0	569	0	0	0	0	0	0	0	0
宁夏回族自治区	80	0	0	80	0	0	0	0	36350	0	0	300
新疆维吾尔自治区	275	0	0	215	0	0	0	0	0	0	0	0

表七、医药行业科学研究与技术开发项目概况

1996 年

1. 按单位类型分类

	项目数（项）	投资额（千元）	政府（千元）	贷款（千元）	自筹（千元）	投入人员（人）	甲类人员（人）
合计	3850	5171690	76883	353800	1042677	19923	11985
特大型工业企业	43	176016	4000	17000	80607	274	78
大型工业企业	730	991906	12840	157594	309781	5463	2636
中型工业企业	1311	3320361	29365	140151	455835	8093	4520
小型工业企业	428	221966	463	32432	74263	2325	1755
独立研究开发机构	992	407060	18531	6409	106280	2714	2084
非独立研究开发机构	1	150	0	0	150	5	5
高等院校	283	52792	10828	205	15203	975	830
其他	62	1439	856	9	558	72	75

1996 年

2. 按医药专业技术领域分类

	项目数（项）	投资额（千元）	政府（千元）	贷款（千元）	自筹（千元）	投入人员（人）	甲类人员（人）
合计	3850	5171690	76883	353800	1042677	19923	11985
化学药品	2218	2181929	55569	272579	589421	11746	6638
医疗器械	96	218808	3065	28640	186363	1674	944
制药机械	38	32516	10	350	30016	169	77
医用包装材料	9	12575	320	8160	2566	231	27
卫生材料	21	6022	30	12	1136	55	32
中药	777	2552098	6394	41353	154091	4915	3524
其他	391	167742	11495	2706	79084	1133	743

1996 年

3. 按省、市、自治区地域分类

	项目数（项）	投资额（千元）	政府（千元）	贷款（千元）	自筹（千元）	投入人员（人）	甲类人员（人）
合计	3850	5171690	76883	353800	1042677	19923	11985
北京市	197	71423	2695	4414	15743	477	388
天津市	196	100101	2400	3300	81741	1078	571
河北省	75	232634	4780	28687	45450	460	341
山西省	41	12398	50	2700	2989	122	80
内蒙古自治区	25	10805	310	1590	3352	86	59
辽宁省	289	194646	7321	17550	53795	1564	824
沈阳市	104	66876	700	10000	13182	741	354
大连市	4	460	0	0	384	12	6
吉林省	121	80742	3373	10095	17143	690	423
长春市	8	218	0	0	218	14	4
黑龙江省	38	55399	6130	7570	39276	501	301

续表

	项目数（项）	投资额（千元）	政府（千元）	贷款（千元）	自筹（千元）	投入人员（人）	甲类人员（人）
哈尔滨市	22	36734	5600	4000	36556	458	263
上海市	506	340679	12603	44696	88554	2018	991
江苏省	464	341825	6661	25180	50881	1447	1039
浙江省	258	213693	2212	9056	70375	1046	411
宁波市	57	40730	0	100	5623	143	76
安徽省	64	75886	0	29900	30461	400	265
福建省	40	41571	1292	4780	3104	270	128
厦门市	33	4410	55	580	971	121	104
江西省	68	85222	96	4950	43845	337	188
山东省	253	230449	1535	7989	83962	864	494
青岛市	32	67118	290	7010	6191	162	113
河南省	61	147413	10300	60400	68070	693	208
湖北省	98	36152	95	106	10067	1282	939
武汉市	34	10882	0	0	7296	1050	759
湖南省	79	30872	310	812	14299	342	195
广东省	257	256589	9230	27791	70607	1773	938
广州市	118	73969	1280	13448	28088	645	284
深圳市	19	25090	0	2000	6499	6499	181
广西壮族自治区	111	25099	1080	200	9650	476	226
海南省	9	15400	700	4500	10200	181	162
四川省	204	2276334	1578	11550	171559	1220	758
成都市	81	2214231	170	10400	34238	501	340
重庆市	59	70521	380	9200	11977	319	195
贵州省	0	0	0	0	0	0	0
云南省	51	8265	22	1913	6473	123	93
西藏自治区	0	0	0	0	0	0	0
陕西省	33	9475	97	10	2211	112	70
西安市	2	650	0	0	544	16	8
甘肃省	86	2774	1261	1109	9498	339	193
青海省	5	2930	0	0	92	52	52
宁夏回族自治区	10	62800	0	24000	7480	1082	1054
新疆维吾尔自治区	7	1785	27	62	155	14	9

1996年

4. 按课题来源分类

	项目数（项）	投资额（千元）	政府（千元）	贷款（千元）	自筹（千元）	投入人员（人）	甲类人员（人）
合计	3858	5171690	76883	353800	1042677	19923	11985
国家级计划	329	584160	25954	72518	98367	1985	1312
国务院各部委局及中科院科研计划	211	232868	7978	26387	44319	1212	668
各省、自治区、直辖市计划	697	520573	19806	102589	116463	3081	2039
本单位自选课题	2312	3712592	22277	139575	726137	12627	7386
外单位委托研究课题	187	41264	115	605	17823	494	322
其他	114	80233	753	12126	39568	524	249

1996年

5. 按研究开发的合作关系分类

	项目数（项）	投资额（千元）	政府（千元）	贷款（千元）	自筹（千元）	投入人员（人）	甲类人员（人）
合计	3850	5171690	76883	353800	1042677	19923	11985
与中科院研究所合作	62	77509	6345	7460	17198	426	299
与其他研究院、所合作	584	890346	10434	196696	238201	3618	2195
与高等院校合作	315	2647278	9245	31381	131402	3166	2306
与大中型工业企业合作	167	83584	3750	590	20976	552	361
与其他企业合作	150	123359	2065	11731	37226	722	342
与国外合作	61	121624	4035	22800	58517	365	210
本单位独立研究	2354	1171591	39199	70812	513029	10330	5907
其他合作形式	105	44982	145	8210	15051	744	364

1996年

6. 按项目的专业技术领域分类

	项目数（项）	投资额（千元）	政府（千元）	贷款（千元）	自筹（千元）	投入人员（人）	甲类人员（人）
合计	3850	5171690	76883	353800	1042677	19923	11985
化学合成	664	713226	17199	48022	194772	3918	2198
软课题	49	8614	348	2400	4185	123	97
天然药物	187	67491	5838	2690	20348	956	436
制剂	1154	665377	21830	98696	256945	4938	2911
中药	716	2487570	8046	25616	122255	4731	3408
医疗器械	329	177836	3095	8640	53188	1523	795
制药器械	55	33875	210	350	21457	217	110
药用包装材料	10	11329	4	8160	2226	32	18
卫生材料	14	26463	20	18012	8035	85	28
其他	172	979909	20293	141214	359266	3399	1984

1996年

7. 按课题活动类型分类

	项目数（项）	投资额（千元）	政府（千元）	贷款（千元）	自筹（千元）	投入人员（人）	甲类人员（人）
合计	3850	5171690	76883	353800	1042677	19923	11985
基础研究	121	27185	3978	7930	9000	425	344
应用研究	770	332338	21803	37997	106721	4146	3092
试验发展	1458	1256899	30669	81552	403797	6808	3935
生产试制与设计	1013	891984	16933	147100	291504	5176	2646
技术推广示范与服务	70	13812	109	1705	4639	149	102
生产性活动	407	2649462	3390	73516	226376	3219	1866
其他	11	10	1	4000	640	0	0

1996 年

8. 按研究开发的阶段类型分类

	项目数（项）	投资额（千元）	政府（千元）	贷款（千元）	自筹（千元）	投入人员（人）	甲类人员（人）
合计	3850	5171690	76883	353800	1042677	19925	11985
实验室研究阶段	1306	765623	32184	43182	223956	4532	3173
中间试验阶段	805	806369	16883	100691	187234	5296	3211
生产技术开发阶段	708	944716	17954	109419	396521	4686	2747
推广应用阶段	710	2556461	8706	94217	196680	4660	2301
其他	321	98521	1156	6291	38286	748	551

表八、医药行业科技成果获奖概况

1996 年

1. 按单位类型分类

	项目数	专利状况		成果效益		经济效益（千元）
		申请专利	批准专利	合同数	合同金额（千元）	
合计	658	31	31	964	121193	8463495
特大型工业企业	11	0	0	0	0	7890
大型工业企业	142	8	10	47	7128	3470777
中型工业企业	260	11	10	743	64410	2299998
小型工业企业	80	2	3	15	2270	65471
独立研究开发机构	120	5	4	153	45825	2559180
高等院校	43	5	3	6	1560	60179
其他	2	0	1	0	0	0

1996 年

2. 按医药专业技术领域分类

	项目数	专利状况		成果效益		经济效益（千元）
		申请专利	批准专利	合同数	合同金额（千元）	
合计	658	31	31	964	121193	8463495
化学药品	406	20	11	867	111538	7205803
医疗器械	79	0	12	15	180	296219
制药机械	9	2	0	4	490	236
医用包装材料	4	0	0	0	0	2240
卫生材料	2	1	0	0	0	300
中药	110	4	6	21	4405	244897
其他	48	4	2	57	4580	713800

3. 按省、市、自治区地域分类

	项目数	专利状况		成果效益		经济效益（千元）
		申请专利	批准专利	合同数	合同金额（千元）	
合计	658	31	31	964	121193	8463495
北京市	21	3	0	15	470	9175
天津市	15	0	1	1	50	345635
河北省	16	0	1	1	600	133021
山西省	1	0	0	0	0	0
内蒙古自治区	2	0	0	0	0	0
辽宁省	54	0	7	51	7930	127761
沈阳市	24	0	6	32	400	73286
大连市	1	1	0	0	1150	17700
吉林省	11	0	1	3	1250	33282
长春市	0	0	0	0	0	0
黑龙江省	6	2	0	2	50	33850
哈尔滨市	4	1	0	0	0	9850
上海市	128	6	2	30	5600	759372
江苏省	85	1	3	66	7160	135402
浙江省	22	1	1	6	2525	95009
宁波市	1	0	1	0	0	0
安徽省	5	0	0	0	0	8343
福建省	7	0	0	1	40	5920
厦门市	3	0	0	0	0	0
江西省	9	1	1	2	450	72088
山东省	69	1	0	19	6490	236496
青岛市	11	0	0	0	0	87389
河南省	25	1	5	657	55070	158100
湖北省	15	0	0	7	800	61541
武汉市	2	0	0	0	0	91
湖南省	11	1	0	0	0	44755
广东省	54	2	4	10	5818	2928008
广州市	25	0	1	2	1050	5920
深圳市	0	0	0	0	0	0
广西壮族自治区	11	1	1	58	740	77801
海南省	8	0	0	0	0	178000
四川省	40	3	2	31	6050	1798404
成都市	22	1	0	1	0	75994
重庆市	2	0	0	2	18000	21984
贵州省	0	0	0	0	0	0
云南省	3	3	0	0	0	0
西藏自治区	0	0	0	0	0	0
陕西省	3	0	0	0	0	900
西安市	0	0	0	0	0	0
甘肃省	14	4	1	2	950	1093514
青海省	0	0	0	0	0	0
宁夏回族自治区	0	0	0	0	0	0
新疆维吾尔自治区	1	0	0	0	0	45

1996 年

4. 按获奖成果项目来源分类

	项目数	专利状况		成果效益		经济效益（千元）
		申请专利	批准专利	合同数	合同金额（千元）	
合计	658	31	31	964	121193	8463495
国家级计划	61	5	3	13	23650	778129
国务院各部委局及中科院科研计划	43	4	6	531	44460	182093
各省、自治区、直辖市计划	110	4	6	40	10357	419197
本单位自选课题	395	14	15	364	40641	7028527
外单位委托研究课题	49	4	1	16	2085	55549

1996 年

5. 按获奖成果专业技术领域分类

	项目数	专利状况		成果效益		经济效益（千元）
		申请专利	批准专利	合同数	合同金额（千元）	
合计	658	31	31	964	121193	8643495
化学合成	117	5	3	697	90289	3405912
软课题	15	0	0	0	0	314
天然药物	25	5	1	4	330	713504
制剂	208	7	6	121	16019	686792
中药	107	7	3	23	4641	1306080
医疗器械	72	0	12	9	180	289316
制药器械	15	2	4	32	610	257
药用包装材料	5	0	0	0	0	2037
卫生材料	4	5	2	78	9124	2059283

1996 年

6. 按获奖成果活动类型分类

	项目数	专利状况		成果效益		经济效益（千元）
		申请专利	批准专利	合同数	合同金额（千元）	
合计	658	31	31	964	121193	8463495
基础研究	22	1	0	0	0	260
应用研究	118	8	3	41	9891	890586
试验发展	184	8	8	151	41314	2367116
生产试制与设计	140	2	11	435	37130	578112
技术推广示范与服务	34	2	1	268	23134	199624
生产性活动	160	10	8	69	9724	4427797

1996 年

7. 按获奖成果的结果形式分类

	项目数	专利状况		成果效益		经济效益（千元）
		申请专利	批准专利	合同数	合同金额（千元）	
合计	658	31	31	964	121193	8463495
产品	517	26	27	225	44434	7903515
工艺	58	3	0	13	18820	455020
材料	5	0	0	655	54570	76250
生产试验设备	6	1	4	32	400	0
论文专著	45	1	0	2	5	0

1996 年

8. 按获奖成果的获奖类型分类

	项目数	专利状况		成果效益		经济效益（千元）
		申请专利	批准专利	合同数	合同金额（千元）	
合计	658	31	31	964	121193	8463495
国家级奖	32	2	2	47	10798	4914443
国务院部门奖	51	2	2	382	32220	326663
省自治区直辖市奖	130	6	13	247	41370	2203577
省自治区直辖市专业局奖	104	7	7	190	22780	385927
本单位奖	59	5	1	6	1775	31544
其他	282	9	6	92	12250	601341

表九、医药行业各类机构科技活动概况（按省、市、自治区地域分类）

1996 年

1. 职工人数

单位：人

	合计	特大型企业	大型企业	中型企业	小型企业	独立院所	非独立院所	高等院校
合计	570882	33368	239417	232621	50191	9262	318	5111
北京市	16070	0	6616	7790	626	691	264	0
天津市	25265	922	6078	13170	4415	680	0	0
河北省	37640	16346	14596	5389	1233	76	0	0
山西省	12001	0	4874	5844	1159	124	0	0
内蒙古自治区	8298	0	3350	3997	951	0	0	0
辽宁省	43301	0	29788	10337	1407	536	0	1233
沈阳市	26262	0	21013	4912	319	18	0	0
大连市	838	0	0	493	345	0	0	0
吉林省	15505	0	6247	5980	700	1882	0	696

	合 计	特大型企业	大型企业	中型企业	小型企业	独立院所	非独立院所	高等院校
长春市	3226	0	3022	204	0	0	0	0
黑龙江省	19073	0	13585	5384	0	104	0	0
哈尔滨	13938	0	10045	3893	0	0	0	0
上海市	44399	1487	16530	18866	6329	918	0	269
江苏省	62877	0	25394	28209	7645	366	0	1263
浙江省	28197	0	8727	16246	2819	405	0	0
宁波市	3105	0	0	1223	1882	0	0	0
安徽省	9105	0	4445	4305	316	39	0	0
福建省	8600	0	4129	2848	515	124	0	984
厦门市	1912	0	0	1868	0	44	0	0
江西省	13961	0	13311	560	0	90	0	0
山东省	56374	14613	16812	16491	8118	340	0	0
青岛市	4876	0	173	3291	1412	0	0	0
河南省	20434	0	3991	14645	1749	49	0	0
湖北省	19618	0	14278	4884	0	402	54	0
武汉市	9567	0	5270	4229	0	68	0	0
湖南省	19548	0	4830	13125	1428	165	0	0
广东省	27234	0	11237	14677	859	461	0	0
广州市	12260	0	4594	6652	614	400	0	0
深圳市	1447	0	390	1057	0	0	0	0
广西壮族自治区	13058	0	4573	6978	1299	171	0	37
海南省	1386	0	850	481	55	0	0	0
四川省	22411	0	7900	12771	608	565	0	215
成都市	11334	0	3089	7637	608	0	0	0
重庆市	15928	0	9122	4586	2024	196	0	0
贵州省	0	0	0	0	0	0	0	0
云南省	3910	0	1930	1359	550	71	0	0
西藏自治区	0	0	0	0	0	0	0	0
陕西省	5921	0	3912	1754	0	227	0	28
西安市	1146	0	0	1146	0	0	0	0
甘肃省	3963	0	0	2269	885	264	0	386
青海省	1645	0	0	1436	0	209	0	0
宁夏回族自治区	1353	0	888	0	434	31	0	0
新疆维族自治区	1629	0	861	308	428	32	0	0

1996 年

2. 从事科技活动人数

单位：人

	合 计	特大型企业	大型企业	中型企业	小型企业	独立院所	非独立院所	高等院校
合计	38350	1186	13964	12787	2800	4979	32	2338
北京市	1162	0	270	385	39	378	14	0
天津市	1822	26	502	574	187	533	0	0
河北省	1493	684	566	131	45	67	0	0
山西省	276	0	64	99	34	79	0	0
内蒙古自治区	214	0	41	123	50	0	0	0
辽宁省	5432	0	3646	1001	51	284	0	450
沈阳市	3393	0	3100	251	33	9	0	0
大连市	36	0	0	11	25	0	0	0
吉林省	1329	0	126	149	10	568	0	476
长春市	70	0	59	11	0	0	0	0
黑龙江省	511	0	289	151	0	71	0	0
哈尔滨市	351	0	244	107	0	0	0	0
上海市	4731	65	1366	2155	489	626	0	30
江苏省	4913	0	1434	1683	711	288	0	797
浙江省	1691	0	661	767	127	136	0	0
宁波市	184	0	0	68	116	0	0	0
安徽省	327	0	126	150	19	32	0	0
福建省	844	0	597	121	24	74	0	28
厦门市	115	0	0	78	0	37	0	0
江西省	689	0	604	7	0	78	0	0
山东省	2399	411	745	665	369	209	0	0
青岛市	270	0	33	179	58	0	0	0
河南省	926	0	116	713	60	37	0	0
湖北省	891	0	501	176	0	196	18	0
武汉市	474	0	285	159	0	30	0	0
湖南省	807	0	110	549	79	69	0	0
广东省	2157	0	1016	796	46	299	0	0
广州市	1016	0	422	305	30	259	0	0
深圳市	185	0	11	174	0	0	0	0
广西壮族自治区	491	0	69	290	70	55	0	7
海南省	51	0	35	11	5	0	0	0
四川省	1987	0	291	1073	32	347	0	215

续表

	合计	特大型企业	大型企业	中型企业	小型企业	独立院所	非独立院所	高等院校
成都市	905	0	57	816	32	0	0	0
重庆市	728	0	383	128	97	120	0	0
贵州省	0	0	0	0	0	0	0	0
云南省	213	0	112	39	8	54	0	0
西藏自治区	0	0	0	0	0	0	0	0
陕西省	379	0	180	100	0	76	0	23
西安市	71	0	0	71	0	0	0	0
甘肃省	684	0	0	140	21	52	0	312
青海省	274	0	0	98	0	176	0	0
宁夏回族自治区	83	0	44	0	22	17	0	0
新疆维族自治区	56	0	26	3	6	21	0	0

1996 年

3. 科技经费支出

单位：千元

	合计	特大型企业	大型企业	中型企业	小型企业	独立院所	非独立院所	高等院校
合计	3731053	455005	1363739	1063129	180139	542859	44097	43447
北京市	60109	0	8470	7520	217	43431	105	0
天津市	53087	943	7945	13261	2112	28826	0	0
河北省	282796	86460	172591	20783	786	2176	0	0
山西省	6855	0	1673	2267	16	2899	0	0
内蒙古自治区	1413	0	1158	125	130	0	0	0
辽宁省	176327	0	77536	35827	4613	10519	22910	22910
沈阳市	107834	0	70800	32344	4490	200	0	0
大连市	408	0	0	128	280	0	0	0
吉林省	205420	0	1820	15771	0	161965	900	900
长春市	730	0	730	0	0	0	0	0
黑龙江省	73483	0	63951	7572	0	1960	0	0
哈尔滨市	65868	0	63551	2317	0	0	0	0
上海市	336088	6352	166213	62479	13635	87357	26	26
江苏省	299902	0	106254	122777	23531	13046	17147	17147
浙江省	367851	0	95351	219990	29309	23201	0	0
宁波市	7105	0	0	1720	5385	0	0	0
安徽省	19185	0	6533	11120	166	1366	0	0
福建省	20048	0	15116	1979	30	2403	260	260

续表

	合　计	特大型企业	大型企业	中型企业	小型企业	独立院所	非独立院所	高等院校
厦门市	1664	0	0	1664	0	0	0	0
江西省	99338	0	97880	0	0	1458	0	0
山东省	678168	361250	159024	74674	66639	16581	0	0
青岛市	30273	0	17834	9419	3020	0	0	0
河南省	108947	0	13420	92242	1880	1405	0	0
湖北省	51366	0	33649	2051	0	14321	545	0
武汉市	5969	0	3855	1685	0	429	0	0
湖南省	24349	0	3051	18985	768	1545	0	0
广东省	224894	0	20593	134176	605	69520	0	0
广州市	112541	0	5981	51037	205	55318	0	0
深圳市	28802	0	2057	26745	0	0	0	0
广西壮族自治区	43094	0	11599	20493	1889	8213	0	0
海南省	2600	0	0	2600	0	0	0	0
四川省	224409	0	84467	116480	3254	15812	1473	1473
成都市	130088	0	29217	97617	3254	0	0	0
重庆市	194234	0	127790	38352	17152	10940	0	0
贵州省	0	0	0	0	0	0	0	0
云南省	10249	0	7148	200	477	2424	0	0
西藏自治区	0	0	0	0	0	0	0	0
陕西省	29891	0	29101	790	0	0	0	0
西安市	302	0	0	302	0	0	0	0
甘肃省	23914	0	0	335	365	12706	731	731
青海省	8634	0	0	569	0	8065	0	0
宁夏回族自治区	35205	0	31355	0	3850	0	0	0
新疆维族自治区	945	0	160	35	30	720	0	0

1996年　　4. 科研课题项目数　　单位：项

	合　计	特大型企业	大型企业	中型企业	小型企业	独立院所	非独立院所	高等院校
合计	3850	43	730	1311	428	992	1	283
北京市	197	0	21	55	13	87	1	0
天津市	196	15	17	49	19	96	0	0
河北省	75	6	26	19	13	11	0	0
山西省	41	0	2	8	8	23	0	0

续表

	合 计	特大型企业	大型企业	中型企业	小型企业	独立院所	非独立院所	高等院校
内蒙古自治区	25	0	9	11	5	0	0	0
辽宁省	289	0	62	56	27	41	0	103
沈阳市	104	0	38	36	22	8	0	0
大连市	4	0	0	2	2	0	0	0
吉林省	121	0	12	25	1	43	0	40
长春市	8	0	8	0	0	0	0	0
黑龙江省	38	0	12	18	0	8	0	0
哈尔滨市	22	0	11	11	0	0	0	0
上海市	506	11	77	189	78	142	0	7
江苏省	464	0	77	133	36	125	0	89
浙江省	258	0	62	121	25	50	0	0
宁波市	57	0	0	11	46	0	0	0
安徽省	64	0	10	28	7	19	0	0
福建省	40	0	4	10	10	14	0	2
厦门市	33	0	0	18	0	15	0	0
江西省	68	0	29	3	0	36	0	0
山东省	253	11	69	72	50	51	0	0
青岛市	32	0	3	20	9	0	0	0
河南省	61	0	11	34	4	12	0	0
湖北省	98	0	40	19	0	39	0	0
武汉市	34	0	17	17	0	0	0	0
湖南省	79	0	12	53	6	8	0	0
广东省	257	0	62	132	9	54	0	0
广州市	118	0	37	51	7	23	0	0
深圳市	19	0	4	15	0	0	0	0
广西壮族自治区	111	0	17	54	23	14	0	3
海南省	9	0	6	1	2	0	0	0
四川省	204	0	25	96	6	51	0	16
成都市	81	0	9	66	6	0	0	0
重庆市	59	0	19	14	10	16	0	0
贵州省	0	0	0	0	0	0	0	0
云南省	51	0	16	18	1	16	0	0
西藏自治区	0	0	0	0	0	0	0	0
陕西省	33	0	9	10	0	9	0	5

续表

	合 计	特大型企业	大型企业	中型企业	小型企业	独立院所	非独立院所	高等院校
西安市	2	0	0	2	0	0	0	0
甘肃省	86	0	0	8	16	4	0	18
青海省	5	0	0	5	0	0	0	0
宁夏回族自治区	10	0	2	3	1	4	0	0
新疆维吾尔自治区	7	0	1	1	1	4	0	0

1996 年　　5. 科研成果获奖项目数　　单位：项

	合 计	特大型企业	大型企业	中型企业	小型企业	独立院所	非独立院所	高等院校
合计	658	11	141	260	80	120	0	43
北京市	21	0	0	4	0	17	0	0
天津市	15	0	4	4	4	3	0	0
河北省	16	9	2	3	1	1	0	0
山西省	1	0	1	0	0	0	0	0
内蒙古自治区	2	0	0	2	0	0	0	0
辽宁省	54	0	21	11	0	15	0	7
沈阳市	24	0	20	4	0	0	0	0
大连市	1	0	0	0	1	0	0	0
吉林省	11	0	1	2	1	7	0	0
长春市	0	0	0	0	0	0	0	0
黑龙江省	6	0	2	4	0	0	0	0
哈尔滨市	4	0	2	2	0	0	0	0
上海市	128	0	19	60	31	18	0	0
江苏省	85	0	12	29	4	25	0	15
浙江省	22	0	11	5	5	1	0	0
宁波市	1	0	0	0	1	0	0	0
安徽省	5	0	2	3	0	0	0	0
福建省	7	0	2	1	0	4	0	0
厦门市	3	0	0	1	0	2	0	0
江西省	9	0	7	0	0	2	0	0
山东省	69	2	14	23	20	10	0	0
青岛市	11	0	0	8	3	0	0	0
河南省	25	0	2	21	1	1	0	0
湖北省	15	0	14	0	0	1	0	0

续表

	合 计	特大型企业	大型企业	中型企业	小型企业	独立院所	非独立院所	高等院校
武汉市	2	0	2	0	0	0	0	0
湖南省	11	0	0	9	1	1	0	0
广东省	54	0	17	32	0	5	0	0
广州市	25	0	15	7	0	3	0	0
深圳市	8	0	0	8	0	0	0	0
广西壮族自治区	11	0	0	7	3	0	0	1
海南省	4	0	4	0	0	0	0	0
四川省	40	0	1	22	3	1	0	10
成都市	22	0	1	18	3	0	0	0
重庆市	2	0	1	0	0	1	0	0
贵州省	0	0	0	0	0	0	0	0
云南省	3	0	3	0	0	0	0	0
西藏自治区	0	0	0	0	0	0	0	0
陕西省	3	0	1	0	0	2	0	0
西安市	0	0	0	0	0	0	0	0
甘肃省	14	0	0	1	0	3	0	10
青海省	0	0	0	0	0	0	0	0
宁夏回族自治区	0	0	0	0	0	0	0	0
新疆维吾尔自治区	1	0	0	0	1	0	0	0

1996 年

6. 总产值

单位：千元

	合 计	特大型企业	大型企业	中型企业	小型企业	独立院所	非独立院所	高等院校
合计	77233638	7513682	28048849	37244914	4201622	164058	5057	4460
北京市	1238833	0	517643	646393	54559	6175	5057	0
天津市	12778962	68006	615878	11963652	131426	0	0	0
河北省	5092262	2796738	1863390	402795	29339	0	0	0
山西省	353870	0	94545	231475	26374	1476	0	0
内蒙古自治区	327721	0	202886	100309	24526	0	0	0
辽宁省	2164163	0	1763396	366238	23045	11484	0	0
沈阳市	1627136	0	1378710	243343	5083	0	0	0
大连市	51101	0	0	1952	49149	0	0	0
吉林省	1277328	0	524920	612498	39600	100310	0	0
长春市	60020	0	60020	0	0	0	0	0

续表

	合　计	特大型企业	大型企业	中型企业	小型企业	独立院所	非独立院所	高等院校
黑龙江省	2335507	0	1949977	385530	0	0	0	0
哈尔滨市	1988640	0	1678830	309810	0	0	0	0
上海市	8384914	377654	3856511	2553816	1594647	2286	0	0
江苏省	7272815	0	3081605	3683454	507756	0	0	0
浙江省	4810652	0	1592099	2988455	230098	0	0	0
宁波市	296987	0	0	96945	200042	0	0	0
安徽省	755942	0	362970	376462	16510	0	0	0
福建省	592945	0	398824	164952	29169	0	0	0
厦门市	196391	0	0	196391	0	0	0	0
江西省	881391	0	868519	12872	0	0	0	0
山东省	8371802	4271284	2002622	1571186	526710	0	0	0
青岛市	418438	0	12560	310608	95270	0	0	0
河南省	1945719	0	697681	1168487	79551	0	0	0
湖北省	1308501	0	1022454	275627	0	1020	0	0
武汉市	918784	0	673579	245205	0	0	0	0
湖南省	1096876	0	324090	703885	68901	0	0	0
广东省	4207885	0	1638567	2512782	56536	0	0	0
广州市	1873621	0	761995	1061270	50356	0	0	0
深圳市	529151	0	154450	374701	0	0	0	0
广西壮族自治区	1470612	0	329704	1023450	99959	1339	0	4460
海南省	420455	0	263395	149870	7190	0	0	0
四川省	3006851	0	861006	1995015	108840	0	0	0
成都市	1998891	0	494571	1395480	108840	0	0	0
重庆市	1247624	0	782880	397331	67413	0	0	0
贵州省	0	0	0	0	0	0	0	0
云南省	524983	0	274450	214259	36274	0	0	0
西藏自治区	0	0	0	0	0	0	0	0
陕西省	1899507	0	1793396	106111	0	0	0	0
西安市	59230	0	0	59230	0	0	0	0
甘肃省	184240	0	0	119800	46900	17540	0	0
青海省	107801	0	0	107801	0	0	0	0
宁夏回族自治区	102533	0	81272	0	19933	1328	0	0
新疆维吾尔自治区	1527911	0	80265	1415741	31905	0	0	0

7. 新产品产值

单位：千元

	合 计	特大型企业	大型企业	中型企业	小型企业	独立院所	非独立院所	高等院校
合计	4630941	3534181	4531581	5660979	860891	36733	0	2370
北京市	341177	0	231185	97793	11907	292	0	0
天津市	517828	0	185652	305284	26892	0	0	0
河北省	267010	43986	182547	38505	1972	0	0	0
山西省	2777	0	0	0	2262	515	0	0
内蒙古自治区	7797	0	0	3884	3913	0	0	0
辽宁省	559689	0	517225	36126	2038	4300	0	0
沈阳市	472723	0	457255	13430	2038	0	0	0
大连市	44106	0	0	0	44106	0	0	0
吉林省	259577	0	44190	207887	7500	0	0	0
长春市	0	0	0	0	0	0	0	
黑龙江省	164064	0	112234	51830	0	0	0	0
哈尔滨市	131690	0	111590	20100	0	0	0	0
上海市	1914288	79446	1013371	572464	247837	1170	0	0
江苏省	1289013	0	370755	800925	117333	0	0	0
浙江省	1624358	0	474252	107658	42448	0	0	0
宁波市	68578	0	0	16463	52115	0	0	0
安徽省	120171	0	23075	97096	0	0	0	0
福建省	36796	0	34950	1194	652	0	0	0
厦门市	3944	0	0	3944	0	0	0	0
江西省	86181	0	84526	1655	0	0	0	0
山东省	4267683	3410749	330932	432087	93915	0	0	0
青岛市	117388	0	9659	58367	49362	0	0	0
河南省	477971	0	66682	411289	0	0	0	0
湖北省	194448	0	145877	38811	0	9760	0	0
武汉市	44109	0	5298	38811	0	0	0	0
湖南省	130948	0	17315	96083	17550	0	0	0
广东省	579047	0	167037	411335	675	0	0	0
广州市	154438	0	52308	101455	675	0	0	0
深圳市	173496	0	103256	70240	0	0	0	0
广西壮族自治区	324580	0	80195	214805	24054	3156	0	2370
海南省	128279	0	121089	0	7190	0	0	0
四川省	559091	0	14559	446486	93840	0	0	0
成都市	407584	0	0	313744	93840	0	0	0

续表

	合　计	特大型企业	大型企业	中型企业	小型企业	独立院所	非独立院所	高等院校
重庆市	88007	0	39553	45486	2968	0	0	0
贵州省	0	0	0	0	0	0	0	0
云南省	99642	0	49381	49926	335	0	0	0
西藏自治区	0	0	0	0	0	0	0	0
陕西省	132566	0	98846	33720	0	0	0	0
西安市	33720	0	0	33720	0	0	0	0
甘肃省	36078	0	0	9636	8902	17540	0	0
青海省	0	0	0	0	0	0	0	0
宁夏回族自治区	2173	0	1048	0	1125	0	0	0
新疆维吾尔自治区	1693	0	1693	0	0	0	0	0

国家医药管理局化药部分科研项目十年评估情况　受国家医药管理局委托，天津药物研究院于 1997 年 6 月完成了对 1985 年～1995 年国家医药局化学药品部分科研项目的十年后评估工作。评估结果如下：

从 1985 年－1995 年国家医药局化学药品部分科研立项共计 598 项，其中“七·五”攻关专题 104 项，“八·五”攻关专题 92 项，局控项目 402 项，涉及全国 177 个单位，有研究单位 49 个，大专院校 19 个，企业 109 个，拨出科研经费 6000 万左右。基础研究和Ⅰ、Ⅱ类新药开发有 284 个专题，占全部立题数的一半，所拨科研经费占全部拨款数的 47％。

这十年中我国有 106 个新药上市，为临床用药提供了许多疗效好的换代产品和新剂型，同时新产品仅 1995 年一年产值和利税分别达 10.5 亿元和 1.17 亿元以上，创造了较好的经济效益。研究单位所获新产品转让费与投入经费基本平衡，约 6000 万元，大大支持了研究单位科研工作的开展。

（卢爱英）

我国医药现代生物技术科研和产品开发现状调研工作　为了更好地促进我国现代医药生物技术的发展，特别是医药生物技术的产业进程，创造一个良好的发展环境，为到 2000 年和下世纪初制定发展战略和政策提供依据，国家医药管理局对局系统的企业、研究院所、高等院校的医药现代生物技术研究现状和产业化状况进行了调研，收到 71 个单位的调研表，对国家医药管理局系统的生物技术研究开发现状有了较全面的了解。

根据调查统计，国家医药管理局系统内涉及生产或研究开发生物技术产品的主要企业有 98 个，已投入生产的品种共 15 个，产值近 20 亿。进行开发研究的有 18 个产品，并于 1997 年底或 1998 年上半年陆续投入试产和生产。　（卢爱英）

国家技术创新优秀项目和先进管理工作者受国家经贸委表彰　国家经贸委 3 月份在甘肃召开全国技术创新工作会议。会上表彰一批国家技术创新优秀项目和先进管理工作者，国家医药管理局科教司推荐的山东省鲁南药厂生产的“氯唑沙宗”项目被评为国家技术创新优秀项目，包锦芝同志被评为

优秀管理工作者。（卢爱英）

1998年国家医药管理局科研试制计划编制

1997年7月11日国家医药管理局科教司下达了《关于申报"1998年国家医药管理局药品、医疗器械科研试制计划"项目的通知》（药科字［1997］第78号），明确提出了选项原则：①实施"科教兴国"战略，落实"国家医药管理局关于加速科学技术进步意见"提出的510、520计划内容，结合各专业"九五"科技发展规划的要求进行编制。②计划项目重点通过创新药物研究、新产品、新技术、新工艺、新材料的应用及引进消化吸收以促进调整医药产品结构。并对制药工业、制药装备、医药包装和医疗器械各专业提出选项重点和申报要求。

截止到10月中旬，共收到25个省市研究院所、高等院校、企业的142份项目申请书，经过组织专家评审，确定40项（化学制药、制药装备27项、医疗器械13项）列入1998年国家医药管理局科研试制计划。

（王澍仁）

国家医药管理局医疗器械工程技术研究中心筹建工作 1997年10月10日和10月12日，国家医药管理局科技教育司分别以"药科函字［1997］第124号"和"药科函字［1997］第125号"文批准筹建"国家医药管理局激光医疗仪器工程研究中心"和"国家医药管理局介入医学金属材料和相关器械工程研究中心"。

"国家医药管理局激光医疗仪器工程研究中心"的依托单位是北京市仪器仪表工业总公司所属北京光电技术研究所，"国家医药管理局介入医学金属材料和相关器械工程研究中心"的依托单位是中国有色工业贸易集团公司所属北京鑫泉记忆合金研究中心和北方工业大学。

年内该两中心已完成包括确定组织机构、起草章程、落实各项运行条件及近期工作计划等在内的全部筹建工作，并已开始按计划开展工作。（王澍仁）

一批新型医疗器械项目被批准列入国家级计划 由中日友好医院、北京思迈公司申报，国家医药管理局科教司推荐的"电化学治癌仪及应用技术"项目，被国家经贸委批准列为1997年第一批技术创新计划中的国家产学研工程高技术产业化项目。国家经贸委、财政部1997年9月18日以"国经贸技［1997］606号文"正式下达计划任务，并拨款100万元予以支持。

由广东科美思集团医用电子仪器厂申报，国家医药管理局科教司推荐的"ECG-11D单道数字式心电图机"被国家科委批准列为1997年度国家重点新产品计划。国家科委于1997年9月正式下达了任务计划，并拨款30万元予以支持。项目编号为744046468001。（王澍仁）

"光纤内窥镜及光纤酸溶法工艺"列入攻关滚动计划通过专家论证 国家医药管理局科技教育司于1997年6月25日在北京组织召开了由兵器工业总公司所属长春光学精密机械学院申报的"九五"国家科技攻关滚动计划"光纤内窥镜及光纤酸溶法工艺的开发研究"项目的专家论证会。

"光纤内窥镜及光纤酸溶法工艺的开发研究"原是"八五"国家重点科技攻关计划专题，"八五"期间在材料配方、排丝工艺、单丝酸溶玻璃涂敷等技术上有较大进展，但在断丝和暗丝指标方面还存在一定差距，在制管工艺和拉丝技术上，还有不少难关。在论证会上，专家们一致认为继续进行此项研究非常必要，而且经论证认为实现最终考核目标是完全可能的，同意推荐为"九五"攻关滚动计划。国家医药管理局科技教育司根据专家的意见，于1997年8月将该滚动专题的合同上报国家科委，同年10月31日国家科委正式批复该专题作为滚动计划列入

“九五”国家科技攻关计划。(王澍仁)

“介入性诊疗技术及相关器械的应用研究”项目正式列人“九五”国家科技攻关计划　国家医药管理局科技教育司和卫生部科技教育司于1997年1月2日联合下发了《关于进行“九五”国家科技攻关计划“介入性诊疗技术及相关器械的应用研究”项目专题招标的通知》(药科字［1997］第3号),同时下达了该项目的“专题招标指南”。

“专题招标指南”共分四个部分。第一部分:心血管病介入诊疗技术研究;第二部分:脑血管病介入诊疗技术研究;第三部分:肿瘤及其他介入诊疗技术研究;第四部分:介入性诊疗技术的相关器械研究。前三部分的招标、评标工作由卫生部负责,第四部分的招标、评标工作由国家医药管理局负责。

截止到1997年3月15日,第四部分共收到27份标书。

1997年4月15日至16日,国家科委、卫生部、国家医药管理局在北京组织了由10位专家组成的专家评审组进行了初审,审查确定9个项目的投标单位参加复审。

1997年4月28日至29日国家科委、卫生部、国家医药管理局在北京组织了由7位专家组成的专家评审组进行了9个项目的复审,投标单位到现场答辩,最终确定了3个专题的中标单位:

1. X射线血管数字影像系统的研究开发,中标单位:中国科学院遥感应用研究所、北京万东医疗装备公司;

2. 介入医学导管的研究开发,中标单位:山东省医疗器械研究所、暨南大学、佛山医用导管有限公司、上海医用诊察仪器厂;

3. 介入导管材料的研究开发,中标单位:天津泌尿外科研究所。(王澍仁)

国家新药研究基金1997年度立项项目开始实施　由国家医药管理局新药研究管理中心负责组织实施的国家新药研究基金1996年共受理包括化学创新药物、生物技术药物、海洋药物、生化药物、新药物制剂和中药等类别申请项目共215项,按照《国家新药研究基金暂行管理办法》经形式审查、初审、复审,最后立项资助36项,于1997年开始启动实施。此外,根据新药基金滚动资助的管理原则,经中期检查评估,有18项已完成阶段合同计划、进展良好的在研项目也在本年度给予滚动资助。另外,国家医药管理局新药研究青年专项基金与国家新药研究基金同时受理,本年度共有10项获得资助。　(王兰明)

中国新药研究与开发策略研讨会　为促进我国新药研究与开发事业的发展,纪念国家新药研究基金设立十周年,国家医药管理局新药研究管理中心于1997年12月2日至3日在北京召开了“中国新药研究与开发策略研讨会”。国务院和有关部委领导人宋健、彭珮云、吴阶平、朱光亚、张文康、张存浩、齐谋甲、郑筱萸、戴庆骏、张鹤镛、张文周等题词,宋健为大会发来了贺信,王光英与全体代表合影留念。该研讨会系统总结并充分肯定了新药研究基金设立十周年来所取得的显著成绩,对获得国家医药管理局新药研制奖的新药基金项目进行了表彰和奖励;并邀请来自科研、教学、生产、营销等领域的有关专家就当前中国条件下新药研究与开发的途径与策略进行专题报告和广泛、深入的研讨,这对促进面临严峻形势的我国新药研究与开发事业必将起到有力的推动作用。来自国家经贸委、国家科委、国家新药研究与开发协调领导小组各成员单位、国家新药研究与开发协调领导小组顾问组和常务专家委员会的领导同志和知名专家、中国科学院、中国工程院医药领域院士、医药领域高等院校、科研单位、制药企

业负责人、新药基金项目负责人及其他从事新药研究开发的科研人员和管理人员约420多人参加了本研讨会。（王兰明）

第二届全国医药新产品、新技术展示交易会

1997年9月26—28日，在青岛召开了“第二届全国医药新产品、新技术展示交易会”。本次展示交易会由国家医药管理局、国家中医药管理局主办，山东医药管理局、全国医药技术市场协会承办，青岛市医药总公司协办。

这是近年来全国规模最大的一次医药新产品、新技术交易会。来自全国医药企业、科研院所、医药管理部门450个单位的669名代表参加会议。其中，山东、黑龙江、安徽等8个省医药管理局派副局长带队，组团参加会议。国家医药管理局张鹤镛副局长、国家中医药管理局于生龙副局长等领导出席会议。山东省韩寓群副省长给大会发了贺信。

大会共征集可供转让项目和难题招标1209项；邀请了侯云德院士等10位国内著名专家作了专题学术报告；50家科研单位在大会上作了可转让信息发布；45家医药生产科研单位进行了科技成果展示；为便于会议代表利用有限的时间充分交流，全国医药技术市场协会编制了《第二届全国医药新产品、新技术展示交易会科技项目汇编》和《专题报告集》，在会场设置了多媒体信息查询系统和信息走廊。会议交流内容丰富，涉及化学药、中成药、中药材、医疗器械、生物工程等多项领域。据不完全统计，达成科技成果转让850项(次)，意向转让金额3.2亿人民币。（李　宏）

膜技术研究推广中心成立　经国家医药管理局批准，1997年8月18日国家医药管理局膜技术研究推广中心在中国科学院大连化学物理研究所成立。（以下简称“中心”)。

该中心挂靠大连化学物理研究所，原有的人事关系、经费渠道不变，财务管理相对独立。中心发展以后转为独立的经济实体。中心可独立开展业务工作，由国家医药管理局科技教育司和大连化学物理研究所共同领导，接受国家医药管理局的行业管理和业务指导。建立该中心的宗旨是充分利用大连化学物理研究所在膜技术方面优势，积极推广先进的膜技术在医药行业上的应用，吸收国内外先进的相关技术，积极为医药企业服务，加速科技成果转化，为提高医药工业技术水平作出贡献。（李　宏）

97'北京国际海洋资源开发利用和海洋技术设备展览会　随着科学技术的迅速发展，海洋在人类社会发展中起着越来越重要的作用。海洋是解决人类面临的人口、资源和环境三大难题的重要途径之一，21世纪将是海洋开发利用的新世纪。第49届联合国大会决定1998年为国际海洋年。为进一步加快海洋资源开发，展示和宣传我国改革开放以来在海洋资源利用和海洋技术开发方面所取得的成就，深入了解国际海洋资源开发利用和技术、设备的发展情况，拓展国际间的合作与交流，迎接1998国际海洋年，国家计委、国家科委、国家海洋局在1997年11月25日至30日在北京举办了《97'北京国际海洋资源开发利用和海洋技术设备展览会》。这是我国首次在涉海领域举办的大型展览活动，搞好这次活动对进一步开发利用我国海洋资源和技术创新，推动我国海洋经济的发展有着重要意义。

国家医药管理局承担《海洋药物与海洋保健品》展区的组织工作。展区设在综合馆内，占地60平方米。由中科院南京地理与湖泊研究所、武汉健民制药厂、山东省海洋药物研究所、青岛华海制药厂、南京金陵制药厂、青岛华仁医药公司、深圳海王同爱制药公司七家单位的16种海洋药物和海洋保健品组成。国家医药管理局局长郑筱萸，原国家医药管理局局长齐谋甲分别为展区题写了“发展海洋药物，造福人类健康”和“开发海洋药物，发展医药经济”的题词。展览会于11月25日上午10：00开幕，邹家华副总理为展览会剪彩。齐谋甲局长出席开幕式，郑筱萸局长与戴庆骏、张鹤镛、张文周副局长参观了展览。《海洋药物与海洋保健品》展区在这次展览会上受到大会组委会和其他展团的高度评价，普遍认为已达到国际展览的水准。获得组委会颁发的“最佳设计奖”、“组织奖”和“贡献奖”。

（李　宏）

医药行业重大技术巡回推广活动　在浙江省医药局和广东省医药局的积极配合下，国家医药管理局科技教育司组织了菌种选育发酵优化技术、真空刮膜转鼓蒸发器、提高难溶性药物生物利用度技术等11项新的重大技术及设备。1997年5月27日至6月4日在浙江、广东进行了医药行业重大技术巡回推广活动，与会企业反映这些重大技术先进实用，两省局也感到巡回技术推广活动对省局工作也是一个很大支持。巡回推广活动受到了科研单位、生产企业及省局的一致好评。（李　宏）

全国科技成果推广先进集体、先进个人受表彰　1997年，国家科委对全国科技成果推广先进集体、先进个人进行表彰。上海华康药用辅料应用技术开发公司被评为全国科技成果推广先进集体。国家医药管理局杜丛之、上海医药工业研究院宋显洪、国家医药管理局控制工程中心梁学贤被评为全国科技成果推广先进个人。（李　宏）

医药科技成果鉴定项目　1997年有27项科技成果通过了国家医药管理局组织的科技成果鉴定（鉴定项目见附表）

（杜丛之）

1997年度科技成果鉴定项目

序号	鉴定项目	研制单位	批　号
1	JS-140型胶塞清洗灭菌干燥机	上海医药工业研究院、上海房屋设备工程公司沪西工程处、华北制药集团有限责任公司河北北元药业有限公司	国药鉴字（1997）第001号
2	提高难溶性药物生物利用度研究	沈阳药科大学	国药鉴字（1997）第002号
3	活体血栓模型的建立对抗血栓新药的筛选	浙江大学	国药鉴字（1997）第003号
4	重组人粒细胞集落刺激因子研制和产业化	杭州九源基因工程有限公司	国药鉴字（1997）第004号
5	天年素医用功能敷料	天年高科技国际企业公司、中国人民解放军第一军医大学	国药鉴字（1997）第003号
6	铜蒸汽激光治疗机	中科院电子所、北京科电微波电子公司	国药鉴字（1997）第005号
7	金蒸汽激光治疗机	中科院电子所、北京科电微波电子公司	国药鉴字（1997）第006号
8	CTS-180便携式线阵超声显象诊断仪	汕头超声仪器研究所	国药鉴字（1997）第007号
9	CTS-280凸阵线阵超声显象诊断仪	汕头超声仪器研究所	国药鉴字（1997）第008号
10	CTS-285便携式凸阵/线阵超声显象诊断仪	汕头超声仪器研究所	国药鉴字（1997）第009号

续表

序号	鉴定项目	研制单位	批　号
11	医用诊断X线机电性能检测成套仪表	辽宁省医疗器械研究所	国药鉴字（1997）第010号
12	XD－1型多功能摄影X线机	辽宁省医疗器械研究所	国药鉴字（1997）第011号
13	医用冷冻箱类温度检测系统	辽宁省医疗器械研究所	国药鉴字（1997）第012号
14	单组份麦迪霉素 A_1 产品的开发研究	沈阳药科大学	国药鉴字（1997）第013号
15	盐酸奥昔布宁及其片剂	天津药物研究院	国药鉴字（1997）第014号
16	奥拉西坦	天津药物研究院	国药鉴字（1997）第015号
17	盐酸噻氯匹定	天津药物研究院	国药鉴字（1997）第016号
18	尼美舒利及其片剂	天津药物研究院	国药鉴字（1997）第017号
19	盐酸丙卡特罗原料药及片剂	天津药物研究院	国药鉴字（1997）第018号
20	五单硝酸异山梨酶及其片剂	天津药物研究院	国药鉴字（1997）第019号
21	盐酸艾司洛尔（酯洛尔）的研究	山东省医药工业研究所	国药鉴字（1997）第020号
22	小型全自动生化分析仪关键技术及产品开发	浙江大学、杭州西子（集团）公司医疗仪器厂	国药鉴字（1997）第021号
23	医药卫生信息网	成都医药采购供应站	国药鉴字（1997）第022号
24	药物离子导入法和某些增渗剂并用对药物透析性的影响	沈阳药科大学	国药鉴字（1997）第023号
25	松果腺的生理功能及褪黑素药理作用的系统研究	沈阳药科大学	国药鉴字（1997）第024号
26	BJ-4医用驻波电子直线加速器	北京医疗器械研究所	国药鉴字（1997）第025号
27	新药“肛泰”的研究	山东烟台荣昌制药有限公司	国药鉴字（1997）第026号

科学技术奖励　1997年医药系统获国家级科学技术进步奖9项，其中二等奖3项，三等奖6项。

1997年国家医药管理局科技教育司从45项科技进步奖推荐项目中评选出国家医药管理局局级科技进步奖、杰出优秀著作奖27项，其中　等奖1项，二等奖6项，三等奖20项。（获奖项目见附表）。

（杜丛之）

局级科学技术进步奖

1997年10月评定

（一）获奖科技成果项目

一等奖

1. OUR旋转式伽玛刀

　　完成单位：深圳市沃发医学新技术发展有限公司

　　完成者：宋世鹏　苏以翔　王传柱　王豫生　刘光武　周然华　谢　敏　戴能雄　宋　军

二等奖

2. 青霉素钠盐结晶新工艺

　　完成单位：华北制药集团有限责任公司

　　完成者：张寿南　杨明远　张金银　钟建西　于伯周　姚素珍　李庆伟

3．抗肿瘤药依托泊甙合成新工艺

完成单位：国家医药管理局上海医药工业研究院

完成者：马维勇　张椿年　王志光　戴启明　张国兰　兰维德　方　勇

4．头孢氨苄缓释胶囊与其生产线的建立

完成单位：上海医药工业研究院
药物制剂国家工程研究中心
上海现代制药有限公司

完成者：侯惠民　贺　芬　徐信昌　徐　瑛　吴志明　钱明英　龚　忠

5．ASG—340 图象存取和通讯系统

完成单位：深圳安科高技术有限公司

完成者：毕亚雷　赵　廷　陈　莹　尹　宏　符炳杰　沈华清　王艺元

三 等 奖

6．速溶多维饲料添加剂

完成单位：上海延安制药厂

完成者：陈顺保　钱惠娣　徐美香　陆一心　邵　文

7．利用虫草头孢发酵废液培养木霉的研究

完成单位：浙江省中药研究所

完成者：赵培洁　许炫玉　陈卫辉　叶理勋

8．头孢克洛胶囊

完成单位：山东新华医药集团有限责任公司

完成者：王立新　孙家范　张国栋　刘爱民　曹吉慧

9．头孢氨苄（福林）泡腾片

完成单位：广州光华药业股份有限公司

完成者：许　健　黄晓文　黄菲利　汪宗仁　郑如文

10．甲苯磺酸舒他西林原料药及其片剂

完成单位：深圳海滨制药有限公司

完成者：宗秀华　何文明　黎永明　傅雪琦　羊　盛

11．比沙可啶及其片剂工艺研究

完成单位：中国药科大学制药有限公司

完成者：张奕华　侯秀清　邹光武　黄赐福

12．双氯芬酸钠缓释胶囊

完成单位：中国医科大学
黑龙江省医药工业研究所
中国药科大学制药有限公司

完成者：张钧寿　刘晓放　骆虹山　谭晓梅　邹光武

13．佳加钙口服液

完成单位：新疆医药学院特丰制药厂

完成者：陶　亮

14．血栓康胶囊

完成单位：佳木斯中药厂

完成者：张启星　史春胜　姜荣志　王　辉　杨景红

15．西梭霉素的研制

完成单位：国家医药管理局福建省微生物研究所

完成者：程振泰　陈久信　林　玲　廖爱芳　高悟岩

16．第二代医用透明质酸钠

完成单位：上海其胜生物材料技术研究所
上海其胜生物制剂实业公司

完成者：顾其胜　王文斌　吴　苹　顾海萍　李清海

17．CS101 型牙科综合治疗机

完成单位：上海齿科医械厂

完成者：赵金荣　秦闻界　章瑞康　冯文志　杨企元

18．氦氖激光血管内照射治疗仪通用技术条件（YY0284—1996）

完成单位：浙江省医疗器械研究所

完成者：李光旭　韩坚城

19. 压缩机制冷式基因扩增仪

完成单位：珠海黑马医学仪器有限公司

完成者：张家林　吴学如　荣建成

20. ASU—128D 经颅多普勒血流分析仪

完成单位：深圳安科高技术有限公司

完成者：王筱毅　王艺元　朱儒良　张春晓

21. SYA100/500 型大输液生产自动线

完成单位：中南制药机械一厂

完成者：罗国强　王昌礼　王国华　苏如锋

22. 计算机医药商品分析系统

完成单位：新疆医药公司

完成者：孙爱武　薛　龙　冯玉霞

23. HC—1022 血液细胞分析仪

完成单位：深圳迈瑞电子有限公司

完成者：冯再金　周　翔　党福喜　郭宏凌　戴　铮

24. 麻醉机、呼吸机关键部件和关键技术的开发研究

完成单位：上海医疗设备厂

完成者：陆　弘　俞根土　顾宏奎　冯伟杰　詹　敏

（二）科技著作

二 等 奖

25.《国外药品商品名辞典》

完成单位：国家医药管理局信息中心　中国医药科技出版社

完成者：禹茂章　余德一　黄宏星　陈章义　蒋光祖　余传隆　陈少强

26.《动物活性成分化学》

完成单位：沈阳药科大学　天津科学技术出版社

完成者：张豁中　温玉麟

三 等 奖

27.《有机光谱分析》

完成单位：中国药科大学

完成者：张正行　冯　芳　杭太俊　张月如

1997 年药品行政保护审批情况　1997 年，药品行政保护办公室共收到来自日本（5 件）、英国（2 件）、法国（2 件）、美国（4 件）、瑞典（1 件）的申请 14 件。1997 年批准的行政保护申请 14 件。

1997 年批准的行政保护项目

序号	公司名称	授权保护范围	授权日
1	礼来日本有限公司	甲磺酸培高利特（Pergolide Mesylate）及协良行（Celance）片剂	1997 年 1 月 14 日
2	意大利 Mediolanum 公司	盐酸芦氟沙星（Rufloxacin Hydrochloride）及 QARI 片剂	1997 年 1 月 14 日
3	德国赫斯特公司	巴特芬（Batrafen）指（趾）涂剂	1997 年 2 月 3 日
4	礼来日本有限公司	尼扎替丁（Nizatidine）	1997 年 4 月 7 日
5	意大利 BioResearch 公司	腺苷蛋氨酸—SD_4 及 Transmetil 片剂	1997 年 4 月 10 日
6	瑞士汽巴—嘉基公司	帕曲膦酸二钠五水合物及阿可达（Aredia）粉针剂	1997 年 4 月 30 日
7	日本赫斯特公司	非洛地平（Felodipine）	1997 年 4 月 30 日
8	日本大冢制药株式会社	瑞巴匹特（Rebamipide）及 Mucosta 片剂	1997 年 5 月 5 日
9	日本武田药品株式会社	伏利波糖（Voglibose）及倍欣（Basen）片剂	1997 年 6 月 10 日
10	英国杨森—Cilag 有限公司	利培酮（Risperidone）及维思通（Risperdal）片剂	1997 年 6 月 25 日

续表

序号	公司名称	授权保护范围	授权日
11	英国杨森—Cilag 有限公司	维思通（Risperdal）口服液	1997年6月25日
12	日本盐野义制药株式会社	氟氧头孢钠（Flomoxef Sodium）	1997年10月5日
13	日本盐野义制药株式会社	氟吗宁（Flumarin）冻干粉针剂	1997年10月5日
14	法国利博福尼制药公司	力平脂（Lipanthyl）微粒化胶囊剂	1997年12月26日

（徐艳娜）

《“九五”国家重点技术开发项目指南》编写　根据国家经贸委的要求，为了使国家重点技术开发项目计划更加具有宏观导向性，使各部门和地区在选择和申报国家重点技术开发项目时有据可依，国家医药管理局科教司参与组织编写了国家经贸委《“九五”国家重点技术开发项目指南》。其中有医药部分的化学医药重点产品的关键生产技术、现代医药生物技术、药物制剂关键技术三个项目内容。医疗器械部分有光学内窥镜、可靠性技术、数字化技术、超声探头技术、电生理仪器、放疗设备六大类及相关的开发内容。并委托上海医药工业研究院和中国生物医学工程学会组织专家对编写内容进行了论证，报国家经贸委后得到认可。11月18日国家经贸委在北京召开了“九五国家重点技术开发指南”新闻发布会，共有166项重大关键技术，涉及18个行业。

（卢爱英）

《国家级化学医药、药物制剂、医疗器械新产品开发指南》（第三辑）编写工作　国家医药管理局科技教育司于1997年3月26日在北京召开了第三辑《国家级医疗器械新产品开发指南》（下简称“指南”）的编辑工作会。会议邀请了行业内骨干企业、研究单位及部分管理部门的20个单位的代表参加。会议主要内容是总结前两辑“指南”的编写、发行工作，明确本辑“指南”的编写原则、组织方式及编写提纲，落实了工作进度安排。在本辑“指南”的编写组织工作中，参照医疗器械分类标准，结合行业的具体状况，将“指南”划分为21个专业类别进行编写。

各类别编写专家在充分调查研究、查阅文献的基础上，通过组织分类专家的初审、修订，已完成了20多万字的论证材料和近80项推荐优先发展产品。

同时，科技教育司于1997年6月在上海召开了第三辑《国家级化学医药新产品开发指南》和第二辑《国家级药物制剂新产品开发指南》的工作会，确定了本辑“指南”的编写内容，要求进度和工作单位。化学医药新产品开发指南确定了20大类药品，由15个单位承担；药物制剂新产品开发指南确定了9大类，由11个单位承担。目前大部分初稿已完成，预计在1998年2季度可以发布。　（王澍仁　卢爱英）

药理实验、药理实验动物饲养中级技术工人培训班　1997年7月4日到11月20日在上海组织举办了“药理实验、药理实验动物饲养中级技术工人培训班”，这次培训班共有28人参加，这是国家劳动人事部和国家医药管理局联合发布“药理实验、药理实验动物饲养工工人技术等级标准”后，我国第一个通过培训、考核、颁发药理实验、药理实验动物饲养中级工岗位培训结业证书和中级工技术等级证书的培训班。

参加这次培训班的学员经过系统的学

习，通过考核，达到药理实验、药理实验动物饲养工工人技术等级标准的要求，合格后除发给国家医药管理局培训班的岗位培训结业证外，并颁发上海市劳动局认可的中级工技术等级证书，这次培训班由上海市医药局的医药处和上海医药（集团）总公司人力资源部联合举办，具体工作委托上海市质量管理协会和上海医药工业研究院承办。

这次培训班从开始筹备至培训结束的全过程，都是在国家医药管理局科教司和国家医药管理局实验动物管理委员会办公室的直接领导和关怀下进行的，科教司林渌菡处长参加了结业典礼，胡圣榆司长发来了书面讲话，对培训班取得圆满成功表示祝贺。

（罗改焕）

医 药 教 育

全国高等专科学校药学专业第二届教材建设委员会成立　全国高等专科学校药学专业教材建设委员会第一届委员会于1993年成立，现已任期届满。为了继续做好高等专科药学教材建设工作，国家医药管理局科教司聘请了第二届委员会委员，并于1997年10月27日—10月29日，在湖南长沙召开了全国高等专科学校药学专业教材建设委员会换届会议暨第二届委员会会议。公布的新一届委员名单是：

主任委员：苏怀德
常务副主任委员：张大禄
副主任委员：戴增先
委员：张德志　毛季琨　王　英　姚文兵
韦玉先　李春来　尹　舲　刘泽蒲
于新蕊　黄泰康

此次会议上还修订了普通高等学校药学类专科教材建设委员会工作规则及国家医药管理局规划教材编审，出版工作规则。

（李　琳）

普通高等药学教育专业教材建设委员会成立　为了进一步贯彻〈中国教育改革和发展纲要〉精神，深化高等药学教育教学改革，配合国家教委有效地完成〈高等药学教育面向21世纪教学内容和课程体系改革计划〉任务，做好教材建设工作，国家医药管理局科教司组织成立了普通高等药学教育专业教材建设委员会，委员由全国各有关高等药学院校的专家、教授（共13人）组成：

主任委员：苏怀德　教授
副主任委员：吴春福　教授
陈国豪　教授
委员：平其能　教授
崔福德　教授
彭师奇　教授
张志荣　教授
朱景申　教授
张万年　教授
孙荣奇　教授
姚文兵　副教授
叶德泳　副教授
张　珩　副教授

于1997年12月20—21日在北京医科大学药学院召开了成立大会暨第一次工作会议。

（张修淑）

华东理工大学制药工程学院正式挂牌成立

华东理工大学制药工程学院于1997年9月24日在华东理工大学举行挂牌仪式，国家教委、国家医药管理局、上海市教委的有关领导出席仪式并为仪式揭了牌，这标志着华东理工大学制药工程学院正式成立。该学院的办学方向是面向医药行业，培养从事新药研究的中试放大和制药企业工程方向的高级专门人才。

（江德元）

1996年全国医药职工教育情况　经对全

国27个省市进行统计（缺海南、云南、西藏）1996年全国医药系统职工1313285人，其中工人1012855人，占职工总数的77%；干部300435人，占职工总数的23%。

一、全员培训情况

参加过各级各类培训人数达433452人，占职工总人数的33.01%，基本与上年持平。毕结业人数365090人。其中参加岗位培训367512人；参加高等教育学习的有20711人，比上年多811人；参加中专教育学习的有16841人；参加高中学习的有4582人；参加初中以下学习的有992人。接受岗位培训的人数有367512人，占参加学习职工总人数的84.79%，比上年下降了1.65个百分点。

二、干部培训情况

在统计的300435名干部中，参加过各级各类业务培训和文化学习的人为110071人，占干部总人数的37%，比上年下降3个百分点。参加岗位培训学习的有74902人，占干部学习总数的68.04%，参加高等教育学习的有8804人，占干部参加学习人数的8%，参加中专教育学习的有3172人，占干部参加学习人数的3%，参加继续教育学习的有22814人，占干部参加学习人数的20.73%。

在300435名干部中，党政干部8683人，企业管理干部92281人，专业技术干部175009人，其他干部24462人。

三、工人培训情况

统计工人总数为1012850人，参加各类业务培训和文化学习的共323381人，占工人总数的32%。其中参加岗位培训的有292610人，占工人参加学习人数的90.48%；参加高等教育学习的有11907人，占工人参加学习人数的3.5%。

四、职教机构，经费情况

统计有专职教师1845人，占职工总人数的0.01%。各类职工学校186所，其中职工高校7所，职工中专学校（班）39所，职工学校140所。共计校舍面积262096m²，人均0.40m²。实际支出教育经费9019.09万元，占工资总额的1.62%。

1997年全国医药职工教育情况　经对全国28个省市进行统计（缺海南、云南、西藏），1997年全国医药系统职工1213638人，其中工人933946人，占职工总数的76.95%；干部279692人，占职工总数的23.05%。

一、全员培训情况

参加过各级各类培训人数达392784人，占职工总人数的32.36%，与上年相比略有下降。毕结业人数358185人。参加岗位培训323269人，其中参加资格培训98990人，占参加学习职工总人数的25.20%；参加高等教育学习的20812人，比上年多101人；参加中专教育学习的14734人；参加高中学习6589人，参加初中以下学习2092人。

二、干部培训情况

在统计的279692名干部中，党政干部8390人，企业管理干部74222人，专业技术干部173599人，其他干部23481人。参加过各级各类业务培训和文化学习的干部为109684人，占干部总人数的39.21%，比上年增加2.5个百分点。其中参加岗位培训的70745人，占干部学习人数的64.50%，比上年下降了4个百分点；参加高等教育学习的9668人，占干部参加学习人数的8.81%；参加中专教育学习的3410人，占干部参加学习人数的3.11%。

三、工人培训情况

统计工人总数为933946人。其中班组长78318人。技术工人738349人，其中高级技师354人，技师8305人，高级工198380人，中级工322296人，初级工

177818人，学徒工31186人。技术工人以外的其他工人195597人。

参加各级各类业务培训283100人，占工人总人数的30.31%，其中参加岗位培训的252524人，占工人参加学习人数的89.20%；参加高等教育11144人，占工人参加学习人数的3.93%；参加中专教育11342人，占工人参加学习人数的4.01%。

四、职教机构、经费情况

专职教师1724人，占职工总人数的0.14%。各类职工学校149所，其中职工高校（班）13所，职工中专学校（班）31所，职工学校107所。共计校舍面积229715m²，人均0.18m²。实际支出教育经费23935万元，占工资总额的2.65%。（林　姗）

医药技工学校教材出版　根据中国教育改革和发展纲要要求，国家医药管理局科教司自1996年以来，已全面组织全国医药行业技工学校计划、大纲、教材的编写工作，已出版发行《新编抗生素工艺学》、《医药职业道德》、《有机合成工艺学》、《制药化工过程及设备》、《药事法规简明教程》等技校用教材。

为满足教学需要，在统编教材出齐之前，国家医药管理局科教司还推荐了一批校际间协作编写的教材，主要有：《药物商品学》（林秀卿主编）、《药剂学》（邓汝妹、张象楠主编）、《医药商业企业经营管理学》（杨文章主编）、《医药工业企业经营管理学》（杨文章主编）、《现代医药市场营销学》（杨文章主编）。

此批教材的编写出版，大大缓解了目前医药技工学校教材紧缺的局面，对提高教学质量，起到了一定的促进作用。

（林　姗）

注册执业药师继续教育工作　根据《执业药师资格制度暂行规定》和《执业药师继续教育管理暂行办法》中关于执业药师继续教育将作为再次注册时的必要条件、执业药师每年脱产参加继续教育时间不得少于40学时和执业药师继续教育内容由国家医药管理局指定的要求，国家医药管理局制定并公布了1997年执业药师继续教育内容（国药科字［1997］第152号文）。继续教育内容分别就：

1997年度执业药师继续教育的原则；

1997年度国家医药局指定继续教育内容；

1997年度执业药师继续教育参考内容做了说明。　（吴阎云　杨建军）

审批公布第二批执业药师培训中心　执业药师培训中心是国家指定的执业药师培训和继续教育基地。根据《执业药师培训中心设置、管理暂行办法》（国药科字［1995］第100号）的规定，首批执业药师培训中心已于1996年组建公布（13个）后，为进一步扩大执业药师培训中心在全国的设点范围，以适应执业药师考试、培训、继续教育工作的需要，国家医药管理局执业药师培训专家组，对首批申报未获批准，但经过改进基本符合执业药师培训中心条件的单位，重新进行了资格审查，批准组建第二批执业药师培训中心（11个）：

河北省执业药师培训中心

内蒙古自治区执业药师培训中心

江西省执业药师培训中心

四川省执业药师培训中心（下设四川省医药学校、华西医科大学两个培训点）

陕西省执业药师培训中心

青海省执业药师培训中心

甘肃省执业药师培训中心

国家医药管理局培训中心执业药师培训中心

山西省执业药师培训中心

河南省执业药师培训中心

新疆维吾尔自治区执业药师培训中心

（下设乌鲁木齐、石河子两个培训点）

（吴阊云 杨建军）

国家医药管理局医药专业技术人员继续教育科目指南公布 根据国家人事部的要求，国家医药管理局制定了化学制药、药物制剂2个专业工程师层次的继续教育科目指南。经局审查通过，已正式公布并实施。

（吴阊云 杨建军）

1997年执业药师资格考试基本情况 根据人事部提供的软盘数据库，1997年执业药师资格考试共报名5512人，实际参加考试的3430人，参考率为62.23%，考试合格人数为929人，合格率为27.08%。其中，考4个科目情况：报考人数为4956人，实考人数为3037人，参考率为61.28%，合格人数为744人，合格率为24.5%。考2个科目情况：报考人数为556人，实考人数为393人，参考率为70.68%，合格人数为185人，合格率为47.07%。

1997年报名考试与合格情况与1996年比较：报名人数减少1611人，约为1996年报名人数的三分之二；参考率比1996年增加1个百分点；合格人数比1996年减少79人，但合格率比1996年增加3.5个百分点。（4科目考试合格率也比1996年高出1个百分点。）在考试要求、题型、题量、难度和时间都不改变（于96年基本一致）而考试合格分数线有所提高（专业知识合格线提高3分）的情况下，1997年的考试情况要比1996年有很大进步，应该认为是比较好的。

1997年单科成绩与1996年比较：专业知识1（药理与药分部分）及格率（58分以上）为34.99%，平均分为49.34分，最高分为92分；其及格率比1996年的（55分及格）低3.6个百分点，若1997年的按55分计算，则比1996年高出2.7个百分点；平均分比1996年高出12.6分。专业知识2（药剂与药化或生药部分）及格率（55分以上）为34.63%，平均分为47.56分，最高分为88分；其及格率比1996年（55分）低11.71个百分点，平均分低1.87分。药事管理与法规科目及格率（60分）为42.31%，平均分为55.47分，最高分为88分；其及格率比1996年高出5.30个百分点，平均分高出2.22分。综合知识与技能科目及格率（60分）为59.52%，平均分为61.50分，最高分为96分；其及格率比1996年高出23.85个百分点，平均分高出9.26分。

1997年执业药师资格考试分省市情况：合格率高于全国平均值的有12个省市，大部分处于东南地区，最高是浙江省，为51.49%，其余为上海、福建、江苏、四川、北京、湖北、广东、重庆、湖南、河北和安徽。三北地区报名人数少，及格率也低，西藏没有报考人员。（详见附表一）

1997年报名考试人员学历情况：报名人员中研究生毕业的占6.38%，本科毕业的占41.51%，大专毕业的占20%，中专毕业的占14.65%；合格人员中研究生毕业的占32.5%，本科毕业的占33.7%，大专毕业的占18.5%，中专毕业的占17.6%。

1997年报名考试人员专业情况：报名人员中相同专业的人员占60.1%，相近专业的占18.0%，不同专业的占2.4%，未知专业占22.4%；其考试合格的人员中相同专业的占57.59%，相近专业的占15.50%，不同专业的占1.5%，未知专业的占25.40%。相同专业的考试人员合格率为28.1%，相近专业的考试人员合格率为24.7%，不同专业的考试人员合格率为26.9%，未知专业的考试人员合格率为20.9%。（详见附表二、三）

（吴凯云 杨建军）

附表一　　**1997年执业药师资格考试基本情况**

序号	地区	合计				
		报考人数	实考人数	合格人数	参考率	合格率
1	浙江	354	202	104	57.06	51.49
2	上海	292	214	94	73.29	43.93
3	福建	106	71	29	66.98	40.85
4	江苏	366	163	63	44.54	38.65
5	四川	227	150	51	66.08	34.00
6	北京	286	178	59	62.24	33.15
7	湖北	254	179	57	70.47	31.84
8	广东	474	286	86	60.34	30.07
9	重庆	75	37	11	49.33	29.73
10	湖南	156	83	24	53.21	28.92
11	河北	262	202	57	77.10	28.22
12	安徽	207	135	37	65.22	27.41
★13	合计	5512	3430	929	62.23	27.08
14	新疆兵团	18	15	4	83.33	26.67
15	贵州	54	34	9	62.96	26.47
16	江西	151	102	24	67.55	23.53
17	天津	139	99	23	71.22	23.23
18	黑龙江	115	77	16	66.96	20.78
19	山西	69	45	9	65.22	20.00
20	新疆	93	66	12	70.97	18.18
21	解放军	29	17	3	58.62	17.65
22	青海	37	23	4	62.16	17.39
23	宁夏	37	23	4	62.16	17.39
24	辽宁	308	218	36	70.78	16.51
25	山东	533	337	55	63.23	16.32
26	广西	67	44	7	65.67	15.91
27	河南	147	84	13	57.14	15.48
28	海南	38	26	4	68.42	15.38
29	陕西	175	100	15	57.14	15.00
30	内蒙	69	51	6	73.91	11.76
31	云南	112	65	7	58.04	10.77
32	甘肃	77	46	4	59.74	8.70
33	吉林	185	58	2	31.35	3.45
34	西藏	0	0	0		

附表二

1997年执业药师资格考试人员学历情况

学历	合计			
	报名数	实考数	合格数	合格率
研究生	352	203	66	32.51
本科	2288	1426	481	33.73
专科	1102	682	126	18.48
中专	808	444	78	17.57
高中	73	30	0	0.00
初中	8	2	0	0.00
未知	881	643	178	27.68
合计	5512	3430	929	27.08

1997年执业药师资格考试人员专业情况

附表三

学历	相同专业			
	报名数	实考数	合格数	合格率
研究生	201	126	50	39.68
本科	1486	926	320	34.56
专科	805	510	98	19.22
中专	615	326	64	19.63
高中	13	10	0	0.00
初中	6	1	0	0.00
未知	29	4	3	75.00
合计	3155	1903	535	28.11
学历	相近专业			
	报名数	实考数	合格数	合格率
研究生	123	59	11	18.64

续表

学历	相近专业			
	报名数	实考数	合格数	合格率
本科	590	363	114	31.40
专科	170	100	12	12.00
中专	89	57	6	10.53
高中	6	1	0	0.00
初中	1	1	0	0.00
未知	11	1	1	100.00
合计	990	582	144	24.74
学历	不同专业			
	报名数	实考数	合格数	合格率
研究生	3	2	1	50
本科	56	31	9	29.03
专科	47	24	3	12.50
中专	22	8	1	12.50
高中	3	2	0	0.00
初中	1	0	0	
未知	2	0	0	
合计	134	67	14	20.90
学历	未知专业			
	报名数	实考数	合格数	合格率
研究生	25	16	4	25
本科	156	106	38	35.85
专科	80	48	13	27.08
中专	82	53	7	13.21
高中	51	17	0	0
初中	0	2	0	0
未知	839	638	174	27.27
合计	1233	878	236	26.88

第 八 部 分

医 药 统 计 资 料

1997年独立核算工业企业主要经济效益指标分析(一)①

地区	企业亏损面(%)	百元固定资产原价实现的总产值(元) 现价	百元固定资产原价实现的总产值(元) 90不变价	百元固定资产原价实现的利税(元)	经济效益综合指数	总资产贡献率(%)	资本保值增值率(%)
全国总计	**39.84**	**156.76**	**181.68**	**18.41**	**1.02**	**11.36**	**128.89**
北京市	31.50	112.04	110.05	15.66	1.06	9.25	219.36
天津市	30.61	171.57	148.80	56.73	2.36	59.22	−63.13
河北省	27.70	112.79	121.99	12.92	1.06	10.25	156.13
山西省	46.53	106.16	117.57	1.24	0.54	4.01	130.22
内蒙自治区	39.13	95.47	93.10	1.45	0.55	6.49	129.21
辽宁省	57.07	83.82	90.05	2.82	0.58	3.61	122.64
吉林省	48.58	125.95	134.47	26.35	1.23	12.08	169.78
黑龙江省	40.94	112.73	126.48	12.26	0.97	12.67	120.04
上海市	24.74	220.52	260.75	10.73	0.89	7.21	142.93
江苏省	29.63	172.51	243.54	20.85	1.10	14.27	121.59
浙江省	19.35	207.96	324.01	23.54	1.25	14.23	124.82
安徽省	34.09	167.20	230.11	2.99	0.68	6.00	87.46
福建省	41.80	179.65	185.40	24.27	1.08	13.20	117.53
江西省	49.11	131.98	149.01	11.31	0.80	8.14	107.12
山东省	32.57	175.33	206.24	26.75	1.16	13.97	139.18
河南省	42.39	162.62	251.91	7.84	0.78	7.23	102.13
湖北省	47.65	200.82	217.99	25.78	1.20	16.25	150.93
湖南省	49.30	97.75	98.55	5.26	0.72	6.86	173.70
广东省	33.48	182.41	194.06	21.34	1.15	9.40	115.72
广西自治区	46.30	188.89	201.01	18.79	0.94	10.07	136.23
海南省	36.84	183.75	162.63	15.64	1.12	7.46	91.06
四川省	41.92	179.20	180.92	28.59	1.28	15.28	193.61
贵州省	50.00	189.96	198.42	12.26	0.79	6.68	164.85
云南省	39.68	207.17	200.29	23.65	1.08	12.67	118.42
陕西省	41.11	235.32	198.84	53.66	1.56	27.86	127.70
甘肃省	44.12	122.53	111.36	1.73	0.53	5.62	80.95
青海省	60.00	96.91	84.15	18.51	1.21	7.62	499.85
宁夏自治区	10.00	203.49	214.10	17.38	0.98	11.00	153.59
新疆自治区	48.39	111.44	102.89	14.75	0.97	7.86	113.78
重庆市	50.00	136.17	149.14	16.54	1.08	14.22	241.87

1997年独立核算工业企业主要经济效益指标分析(一)②

地区	企业亏损面(%)	百元固定资产原价实现的总产值(元) 现价	90不变价	百元固定资产原价实现的利税(元)	经济效益综合指数	总资产贡献率(%)	资本保值增值率(%)
化学药品工业	**40.61**	**143.08**	**181.10**	**13.94**	**0.95**	**9.75**	**112.51**
北京市	26.09	141.81	144.95	13.37	1.02	6.97	182.52
天津市	22.22	186.22	163.34	65.80	2.69	124.64	−149.72
河北省	29.63	108.73	119.50	12.73	1.08	9.89	156.83
山西省	48.44	100.43	118.83	0.00	0.53	3.31	134.79
内蒙自治区	40.00	92.99	91.54	1.20	0.55	6.60	129.47
辽宁省	59.17	74.40	85.12	3.41	0.61	4.10	126.92
吉林省	46.15	100.46	117.79	11.42	0.90	9.64	171.93
黑龙江省	44.74	105.45	122.83	6.00	0.78	9.65	98.04
上海市	24.32	216.71	276.48	4.73	0.87	4.98	156.56
江苏省	27.73	166.80	261.62	20.62	1.11	14.08	120.14
浙江省	22.47	208.43	379.66	21.20	1.24	13.44	111.54
安徽省	40.00	155.39	228.49	−0.94	0.59	4.48	80.86
福建省	47.27	172.58	201.89	13.26	0.89	10.05	108.91
江西省	61.54	85.25	114.06	2.65	0.63	3.73	104.58
山东省	32.50	135.26	180.62	13.78	0.93	9.09	136.05
河南省	42.57	168.46	281.38	6.51	0.76	6.46	81.13
湖北省	44.62	200.82	214.12	29.68	1.39	19.21	147.64
湖南省	53.85	80.79	95.92	2.55	0.68	5.73	204.21
广东省	34.74	175.32	204.00	17.58	1.13	7.96	109.90
广西自治区	44.44	141.60	155.15	15.49	0.96	8.21	179.69
海南省	42.86	137.70	117.22	12.76	1.13	6.23	86.73
四川省	42.03	137.19	157.45	11.10	0.90	8.38	136.21
贵州省	56.25	71.28	93.37	−10.04	0.08	−3.78	97.21
云南省	46.15	226.54	231.92	20.80	1.08	13.68	134.58
陕西省	47.83	225.11	175.82	54.51	1.54	25.09	115.58
甘肃省	50.00	84.53	77.87	−1.10	0.44	3.70	95.70
青海省	50.00	90.73	83.32	17.77	0.92	10.48	143.25
宁夏自治区	0.00	241.48	271.13	21.91	1.11	12.19	164.91
新疆自治区	42.86	102.21	100.04	14.85	1.04	7.79	111.15
重庆市	41.67	116.54	141.04	6.74	0.73	6.27	136.31

1997年独立核算工业企业主要经济效益指标分析(一)③

地　　区	企业亏损面(%)	百元 固定 资产 原价			经济效益综合指数	总资产贡献率(%)	资本保值增值率(%)
		实现的总产值(元)		实现的利税(元)			
		现　价	90不变价				
医疗器械工业	**35.60**	**184.89**	**194.66**	**18.79**	**1.01**	**10.27**	**157.75**
北 京 市	38.46	100.69	91.29	8.60	0.85	5.97	224.44
天 津 市	33.33	119.93	176.86	10.70	0.84	8.34	127.94
河 北 省	20.83	166.63	183.49	16.55	0.86	10.80	76.90
山 西 省	60.00	52.89	51.14	0.64	0.33	1.96	55.05
辽 宁 省	29.41	213.57	197.32	14.82	0.95	7.95	131.98
吉 林 省	63.64	135.40	134.54	36.84	1.31	8.10	125.21
黑龙江省	53.33	172.20	172.50	71.84	2.08	21.68	109.19
上 海 市	29.73	203.42	191.83	16.79	0.80	9.05	114.52
江 苏 省	24.24	198.66	191.82	17.11	0.97	11.62	134.31
浙 江 省	17.65	323.27	393.03	24.96	1.41	12.56	186.04
安 徽 省	16.67	266.43	278.94	15.71	0.84	12.74	69.98
福 建 省	37.50	115.37	113.53	3.58	0.72	4.48	110.07
江 西 省	40.00	129.97	194.86	9.24	0.70	8.01	87.74
山 东 省	33.33	143.63	166.60	16.30	1.14	11.50	220.73
河 南 省	50.00	93.59	91.03	3.59	0.73	3.47	332.47
湖 北 省	57.89	103.29	106.96	−2.52	0.49	2.09	205.21
湖 南 省	45.00	81.58	80.85	−9.62	0.03	0.96	68.22
广 东 省	22.92	291.47	297.95	42.96	1.56	13.28	198.35
广西自治区	71.43	80.68	116.66	5.96	0.68	7.40	105.74
四 川 省	61.54	64.41	63.65	−1.66	0.38	3.87	163.82
贵 州 省	28.57	41.52	37.94	0.99	0.53	0.87	156.56
陕 西 省	60.00	24.43	24.34	−3.61	−0.05	−2.39	67.16
甘 肃 省	20.00	103.78	109.75	3.41	0.81	7.06	169.98
重 庆 市	80.00	38.74	42.81	−9.79	0.18	−3.86	342.53

1997年独立核算工业企业主要经济效益指标分析(一)④

地区	企业亏损面(%)	百元固定资产原价实现的总产值(元) 现价	90不变价	百元固定资产原价实现的利税(元)	经济效益综合指数	总资产贡献率(%)	资本保值增值率(%)
卫生材料工业	**42.40**	**215.77**	**216.13**	**13.63**	**0.83**	**9.72**	**121.19**
北京市	0.00	52.47	35.62	3.27	0.51	1.76	100.14
天津市	0.00	56.57	31.40	5.97	0.59	3.45	101.62
河北省	50.00	214.00	143.02	10.28	0.61	3.99	60.09
山西省	50.00	68.43	45.94	1.41	0.39	1.34	132.63
辽宁省	100.00	57.80	38.31	−27.04	−0.77	−13.51	54.69
吉林省	66.67	147.36	90.00	0.99	0.44	3.76	101.95
黑龙江省	100.00	48.00	31.72	−4.31	0.16	0.99	24.85
上海市	0.00	394.59	267.18	162.06	2.26	39.93	142.32
江苏省	85.71	555.93	571.20	−1.57	0.90	9.05	33.51
浙江省	15.38	134.85	139.63	10.54	0.88	11.48	110.61
安徽省	33.33	94.31	172.19	2.26	0.67	2.23	69.45
福建省	33.33	181.56	110.47	15.86	0.70	7.42	106.12
江西省	100.00	34.72	20.84	−11.39	−2.06	−4.88	−1,438.08
山东省	45.45	170.16	179.34	−1.32	0.49	2.32	95.35
河南省	44.44	232.62	218.32	−8.35	0.49	−1.01	99.17
湖北省	46.15	305.97	374.42	9.10	0.86	8.14	221.73
湖南省	66.67	86.27	82.91	−12.92	−0.09	−6.81	183.89
广东省	0.00	168.36	125.74	18.81	0.90	9.67	104.41
广西自治区	20.00	394.96	358.68	56.66	1.31	20.91	118.55
四川省	50.00	189.62	141.66	−9.48	0.49	−2.59	115.30
贵州省	50.00	239.46	116.96	4.88	0.37	2.05	87.78
云南省	0.00	683.33	683.33	54.32	0.64	6.26	115.53
陕西省	33.33	129.59	137.50	1.15	0.57	2.28	39.48
甘肃省	50.00	94.57	52.72	−0.84	0.30	2.14	98.99
新疆自治区	0.00	215.43	107.15	21.24	0.77	6.96	90.66
重庆市	50.00	137.93	113.99	4.41	0.60	3.93	89.72

1997年独立核算工业企业主要经济效益指标分析(一)⑤

地　区	企业亏损面(%)	百元固定资产原价实现的总产值(元) 现价	90不变价	实现的利税(元)	经济效益综合指数	总资产贡献率(%)	资本保值增值率(%)
制药机械工业	**55.81**	**98.75**	**95.53**	**−1.02**	**0.41**	**3.11**	**106.10**
北京市	0.00	224.47	209.02	15.47	0.72	5.04	102.17
天津市	100.00	52.27	36.02	0.12	0.38	2.99	117.41
辽宁省	66.67	79.49	69.88	3.95	0.50	3.33	102.58
吉林省	50.00	52.21	48.76	−9.11	0.03	−3.57	206.02
黑龙江省	0.00	208.90	208.50	29.63	0.94	13.81	64.73
上海市	100.00	462.19	472.37	−14.81	0.45	4.99	72.61
江苏省	66.67	367.71	314.63	23.13	1.07	7.56	39.86
浙江省	0.00	199.38	196.79	19.33	1.98	13.90	908.62
江西省	100.00	51.77	38.51	−9.51	−0.30	−4.37	67.40
山东省	33.33	74.32	78.14	6.66	0.59	6.25	88.55
河南省	0.00	116.59	105.20	9.73	0.77	10.62	44.40
湖北省	66.67	73.14	83.82	−4.77	0.22	1.90	80.00
湖南省	62.50	85.83	83.85	1.93	0.45	5.09	118.52
广东省	50.00	44.06	41.99	−0.77	0.37	0.39	92.50
陕西省	66.67	32.78	28.97	−33.69	−1.51	−15.14	−97.53
重庆市	100.00	49.88	49.53	−10.69	−0.17	−1.77	63.87

1997 年独立核算工业企业主要经济效益指标分析(一)⑥

地区	企业亏损面(%)	百元固定资产原价实现的总产值(元) 现价	百元固定资产原价实现的总产值(元) 90不变价	百元固定资产原价实现的利税(元)	经济效益综合指数	总资产贡献率(%)	资本保值增值率(%)
中成药工业	**40.28**	**191.82**	**183.51**	**34.40**	**1.22**	**15.57**	**163.97**
北京市	25.00	86.16	78.44	24.98	1.11	12.13	195.86
天津市	23.08	160.16	122.94	56.20	2.08	27.13	526.21
河北省	26.67	189.29	186.40	18.44	1.05	12.65	150.10
山西省	44.00	146.38	113.24	7.12	0.56	6.38	105.55
内蒙自治区	33.33	130.49	115.09	4.89	0.60	5.61	125.92
辽宁省	55.56	95.54	85.49	−3.27	0.24	1.54	106.92
吉林省	48.65	151.35	152.61	43.45	1.66	14.33	176.54
黑龙江省	27.91	149.44	153.73	29.84	1.49	20.62	192.60
上海市	16.67	248.30	242.51	28.26	1.02	11.41	118.28
江苏省	35.71	154.40	145.90	21.11	0.91	11.64	121.17
浙江省	24.00	187.63	199.15	45.60	1.43	20.96	116.44
安徽省	37.50	192.55	250.48	7.79	0.75	6.64	94.03
福建省	41.38	191.05	136.81	62.70	1.69	20.76	129.42
江西省	45.00	270.76	251.68	37.66	1.09	16.09	113.73
山东省	28.26	163.16	152.25	38.00	1.44	18.01	133.76
河南省	38.46	162.63	197.57	19.05	1.10	11.76	231.86
湖北省	43.48	199.06	213.65	29.47	1.16	15.76	143.76
湖南省	42.86	145.05	111.24	17.75	1.02	11.32	166.74
广东省	37.31	179.24	152.62	26.32	1.09	12.74	106.50
广西自治区	48.61	212.55	225.46	19.57	0.91	10.60	110.97
海南省	20.00	551.48	525.22	38.67	1.58	31.69	212.48
四川省	38.81	275.23	250.54	61.76	1.79	22.02	238.50
贵州省	46.25	322.41	322.36	35.53	1.20	13.03	181.10
云南省	40.00	168.99	144.64	24.68	1.05	10.51	106.62
陕西省	26.67	614.91	585.66	156.20	2.46	60.42	226.28
甘肃省	57.14	228.21	199.08	24.60	0.92	9.65	100.46
青海省	50.00	126.20	95.39	27.04	3.13	5.26	1,984.28
宁夏自治区	20.00	117.99	85.76	7.17	0.63	7.09	132.35
新疆自治区	58.33	157.62	128.32	16.34	0.80	8.62	122.79
重庆市	44.44	237.64	219.95	56.97	221.01	111.72	177,645.97

1997年独立核算工业企业主要经济效益指标分析(一)⑦

地区	企业亏损面(%)	百元固定资产原价实现的总产值(元) 现价	百元固定资产原价实现的总产值(元) 90不变价	百元固定资产原价实现的利税(元)	经济效益综合指数	总资产贡献率(%)	资本保值增值率(%)
中药饮片工业	**37.25**	**168.34**	**134.93**	**6.57**	**0.76**	**6.02**	**117.19**
北京市	25.00	1,034.17	785.72	27.83	1.09	10.38	159.23
天津市	100.00	98.34	8.31	0.67	0.63	3.18	118.10
山西省	0.00	211.09	169.53	16.35	0.78	7.56	105.15
辽宁省	0.00	26.44	26.44	6.29	0.68	5.08	101.58
吉林省	0.00	0.00	0.00	−49.01	#DIV/0	−6.00	111.53
上海市	11.11	396.51	446.39	22.53	0.90	8.12	97.96
江苏省	33.33	71.88	64.28	9.26	0.96	7.56	168.47
安徽省	50.00	8,310.34	7,120.69	220.69	0.72	8.93	99.56
福建省	57.14	215.97	180.33	−1.22	0.67	0.78	115.54
江西省	0.00	1,082.72	1,082.72	73.09	0.87	10.51	103.13
河南省	33.33	92.52	90.99	13.81	1.36	7.84	138.91
湖北省	50.00	93.84	52.36	4.99	0.78	3.64	249.55
湖南省	0.00	191.40	166.18	18.00	0.78	10.06	88.36
广西自治区	0.00	328.47	367.06	30.26	0.90	13.93	77.49
四川省	50.00	140.52	85.77	−45.15	0.19	4.54	−20.73
贵州省	80.00	31.17	30.03	0.57	0.54	0.28	88.27
云南省	50.00	129.87	94.36	0.10	0.45	2.91	102.65
青海省	100.00	24.71	6.62	−36.91	−1.26	−4.88	108.39
新疆自治区	100.00	109.52	25.34	−2.43	0.56	5.65	134.58

1997 年独立核算工业企业主要经济效益指标分析(一)⑧

地区	企业亏损面(%)	百元固定资产原价			经济效益综合指数	总资产贡献率(%)	资本保值增值率(%)
		实现的总产值(元)		实现的利税(元)			
		现价	90 不变价				
药用包装工业	**35.46**	**96.90**	**91.31**	**10.41**	**0.93**	**12.34**	**149.46**
河北省	14.29	67.14	51.73	7.27	3.31	90.95	1,217.58
山西省	50.00	194.47	170.13	24.94	1.29	23.77	146.42
辽宁省	83.33	38.40	35.68	−14.56	3.00	−4.22	2,726.32
吉林省	50.00	241.81	193.89	19.53	0.78	10.93	100.51
黑龙江省	33.33	56.42	54.36	5.56	1.36	40.28	295.00
上海市	33.33	154.75	145.04	0.76	0.42	1.99	38.46
江苏省	12.50	124.27	122.08	34.93	1.77	29.35	132.64
浙江省	14.29	72.16	64.31	8.79	1.33	23.56	229.10
安徽省	0.00	197.87	195.73	20.28	1.08	14.38	114.65
福建省	25.00	214.53	155.88	19.06	0.87	13.54	110.49
江西省	50.00	105.60	109.16	5.74	0.82	19.76	47.21
山东省	42.86	100.39	96.17	13.66	1.06	10.45	151.48
河南省	75.00	59.56	63.28	−8.64	0.07	1.02	137.60
湖北省	62.50	149.06	158.32	6.46	0.75	9.68	136.02
湖南省	25.00	182.31	159.27	16.51	1.03	22.96	193.22
广东省	40.00	33.81	30.62	−8.69	−0.12	−3.82	110.81
广西自治区	0.00	132.57	153.66	13.21	1.03	11.08	179.52
四川省	33.33	81.79	73.20	20.09	1.48	26.03	400.93
贵州省	75.00	68.78	54.89	−5.99	−0.00	−24.50	322.86
云南省	0.00	55.42	44.10	14.55	0.91	15.24	−11.36
陕西省	33.33	42.00	36.54	−12.52	−0.50	−2.79	188.77
甘肃省	25.00	71.34	53.74	9.25	0.87	9.33	125.56
新疆自治区	100.00	21,000.00	13,860.00	−1,880.00	0.04	−5.68	52.57
重庆市	25.00	93.06	111.26	14.86	0.95	12.43	138.14

1997 年独立核算工业企业主要经济效益指标分析(一)⑨

地区	企业亏损面(%)	百元固定资产原价实现的总产值(元) 现价	百元固定资产原价实现的总产值(元) 90不变价	百元固定资产原价实现的利税(元)	经济效益综合指数	总资产贡献率(%)	资本保值增值率(%)
其他工业	**39.62**	**394.21**	**410.52**	**74.12**	**1.61**	**26.71**	**151.30**
北京市	66.67	67.50	77.41	6.86	0.70		
天津市	50.00	123.85	40.49	22.16	1.17	18.03	145.25
辽宁省	57.14	264.70	231.19	27.79	0.82	9.88	119.93
黑龙江省	57.14	27.35	26.38	−1.14	0.47	−0.02	197.81
江苏省	0.00	332.78	543.54	16.89	0.78	7.57	105.43
浙江省	0.00	136.35	117.53	13.42	0.73	7.89	135.42
福建省	0.00	573.03	641.36	75.71	2.26	19.95	124.69
山东省	0.00	875.57	935.78	192.78	2.01	36.59	138.38
河南省	0.00	344.62	332.58	28.49	1.10	21.03	206.15
湖北省	100.00	316.46	742.62	−2.95	0.51	−0.34	150.38
湖南省	50.00	56.49	64.58	2.57	0.57	9.70	42.86
广东省	57.14	250.99	210.09	51.48	1.46	17.70	29.50
广西自治区	50.00	135.98	72.78	7.97	0.82	9.91	165.29
云南省	0.00	792.57	875.45	107.24	2.82	61.25	264.50
甘肃省	50.00	2,114.19	1,939.98	−192.51	0.23	4.16	−14.44
重庆市	100.00	89.89	57.33	−11.71	0.08		

1997年独立核算工业企业主要经济效益指标分析(二)①

地　　区	资　产 负债率 (%)	流动资产 周转率 (%)	成本费用 利润率 (%)	全员劳动 生产率 (元/人)	产　品 销售率 (%)	工　业 增加值率 (%)
全国总计	**64.73**	**1.09**	**6.50**	**39,691**	**94.52**	**33.06**
北　京　市	58.40	0.92	5.39	45,636	91.92	49.97
天　津　市	232.87	0.96	29.57	45,306	102.88	40.90
河　北　省	67.72	1.14	6.95	38,683	98.55	30.57
山　西　省	70.31	0.85	−4.13	15,643	89.91	30.35
内蒙自治区	74.88	0.86	−5.06	9,648	96.04	21.13
辽　宁　省	69.28	0.73	−1.58	16,423	89.74	25.91
吉　林　省	59.50	0.56	19.01	27,607	84.68	38.67
黑龙江省	78.98	1.01	5.47	28,043	92.61	29.88
上　海　市	74.70	1.30	0.34	42,970	99.49	20.96
江　苏　省	62.85	1.51	6.09	42,601	95.34	27.60
浙　江　省	60.32	1.49	7.29	74,587	94.46	31.11
安　徽　省	82.14	1.09	−2.16	28,881	92.26	27.50
福　建　省	52.49	1.29	9.08	37,917	92.88	34.19
江　西　省	71.35	1.00	3.87	18,884	94.47	23.00
山　东　省	58.57	1.32	9.23	40,925	99.17	30.36
河　南　省	76.58	1.03	1.29	28,777	95.09	28.73
湖　北　省	64.08	1.55	9.13	34,654	92.70	37.10
湖　南　省	63.56	0.97	−1.69	20,561	89.23	36.80
广　东　省	57.59	0.90	7.18	87,289	95.69	38.66
广西自治区	60.00	1.09	4.26	36,928	97.04	35.83
海　南　省	58.33	1.83	3.01	93,371	89.31	30.24
四　川　省	49.78	1.13	12.24	46,570	89.59	36.80
贵　州　省	69.25	0.92	0.12	34,532	75.66	38.21
云　南　省	56.77	1.14	6.40	59,738	83.49	45.11
陕　西　省	60.46	1.35	16.12	54,976	93.57	53.21
甘　肃　省	74.35	1.02	−4.81	19,302	85.91	35.14
青　海　省	39.98	0.35	7.69	16,298	88.77	32.24
宁夏自治区	75.14	1.31	3.56	29,852	96.66	33.27
新疆自治区	66.46	1.11	8.37	34,039	91.37	39.49
重　庆　市	61.45	1.07	4.51	20,770	106.34	24.78

1997 年独立核算工业企业主要经济效益指标分析(二)②

地　　区	资　产 负债率 (%)	流动资产 周转率 (%)	成本费用 利润率 (%)	全员劳动 生产率 (元/人)	产　品 销售率 (%)	工　业 增加值率 (%)
化学药品工业	**67.86**	**1.13**	**4.88**	**40,262**	**95.32**	**29.05**
北　京　市	59.76	0.96	4.65	57,484	92.65	46.72
天　津　市	−105.58	1.03	34.36	60,513	103.48	39.97
河　北　省	67.10	1.12	7.17	44,437	99.26	30.32
山　西　省	69.03	0.92	−4.95	16,088	91.29	28.84
内蒙自治区	73.82	0.92	−5.58	10,472	97.49	21.89
辽　宁　省	67.88	0.76	−0.88	19,532	86.44	28.31
吉　林　省	68.00	0.75	6.09	18,590	84.84	27.88
黑 龙 江 省	87.64	1.06	−0.03	24,823	94.31	24.58
上　海　市	71.81	1.28	−1.10	52,024	98.90	17.24
江　苏　省	64.72	1.45	5.67	49,316	96.35	27.28
浙　江　省	60.64	1.57	6.62	80,826	93.57	26.79
安　徽　省	85.60	1.11	−4.37	26,128	92.12	24.00
福　建　省	66.07	1.27	3.27	33,191	91.97	29.00
江　西　省	73.74	1.04	−0.69	15,103	98.41	18.29
山　东　省	58.61	1.23	4.46	34,183	99.84	25.46
河　南　省	78.11	1.11	0.80	33,989	95.97	28.15
湖　北　省	61.43	1.85	12.50	43,841	91.26	39.38
湖　南　省	66.68	0.93	−3.61	18,321	87.42	28.42
广　东　省	59.34	0.88	5.26	101,000	95.56	34.00
广西自治区	46.33	1.00	7.73	27,242	92.40	29.71
海　南　省	57.06	1.53	3.29	110,417	87.40	37.89
四　川　省	60.27	1.14	4.24	33,624	89.60	27.63
贵　州　省	90.81	0.83	−16.50	2,668	84.45	5.99
云　南　省	65.47	1.27	4.33	56,914	84.01	38.77
陕　西　省	52.36	1.43	20.24	40,421	96.16	35.37
甘　肃　省	74.69	1.00	−7.77	17,174	89.22	35.60
青　海　省	62.26	1.02	6.05	15,638	109.18	28.92
宁夏自治区	77.89	1.54	4.33	41,636	99.05	33.47
新疆自治区	68.35	1.13	10.62	36,880	92.49	37.39
重　庆　市	60.93	1.07	0.23	14,827	120.13	14.65

1997 年独立核算工业企业主要经济效益指标分析(二)③

地　　区	资　产 负债率 (%)	流动资产 周转率 (%)	成本费用 利润率 (%)	全员劳动 生产率 (元/人)	产　品 销售率 (%)	工　业 增加值率 (%)
医疗器械工业	**58.94**	**1.11**	**6.68**	**34,395**	**96.51**	**36.64**
北 京 市	51.70	0.67	3.68	22,319	93.61	45.70
天 津 市	55.72	1.11	5.47	19,104	91.37	30.57
河 北 省	81.68	1.42	4.55	12,669	96.39	22.45
山 西 省	91.63	0.34	−5.35	3,302	91.07	26.64
辽 宁 省	66.32	2.00	4.77	10,192	118.25	8.57
吉 林 省	62.49	0.18	29.73	22,804	83.29	34.41
黑龙江省	21.79	0.67	50.78	49,853	95.64	48.16
上 海 市	74.23	1.03	1.71	20,861	102.60	26.08
江 苏 省	55.48	1.71	5.04	23,385	89.34	25.57
浙 江 省	61.10	1.63	4.14	114,826	95.03	50.00
安 徽 省	84.40	1.12	2.86	18,446	96.10	40.90
福 建 省	24.07	1.62	−1.39	48,063	91.99	36.55
江 西 省	69.79	0.95	2.58	10,458	92.77	24.99
山 东 省	64.39	1.34	8.25	24,203	97.31	30.65
河 南 省	39.99	0.51	−1.38	11,055	90.46	33.73
湖 北 省	54.77	1.24	−9.45	9,793	96.63	32.82
湖 南 省	83.07	0.57	−18.91	6,759	84.35	34.92
广 东 省	51.97	1.05	14.77	104,191	96.24	48.59
广西自治区	52.53	1.11	−2.38	35,790	92.86	54.77
四 川 省	69.16	0.57	−11.21	11,011	98.11	43.00
贵 州 省	61.23	1.15	−4.01	7,228	97.00	55.41
陕 西 省	92.85	0.42	−20.15	2,316	93.30	16.12
甘 肃 省	55.02	1.59	−0.28	23,748	87.19	24.11
重 庆 市	81.18	0.60	−23.95	380	104.38	1.49

1997年独立核算工业企业主要经济效益指标分析(二)④

地　　区	资　产 负债率 (%)	流动资产 周转率 (%)	成本费用 利润率 (%)	全员劳动 生产率 (元/人)	产　品 销售率 (%)	工　业 增加值率 (%)
卫生材料工业	**67.98**	**1.45**	**1.94**	**14,953**	**96.43**	**21.11**
北 京 市	71.92	0.41	0.21	4,627	105.69	25.30
天 津 市	84.89	0.62	0.00	4,220	117.86	65.65
河 北 省	63.20	1.66	0.33	6,708	90.01	26.68
山 西 省	48.01	0.91	−5.38	316	98.09	1.65
辽 宁 省	73.20	0.80	−44.07	11,652	73.22	8.87
吉 林 省	72.44	0.61	−4.38	9,258	79.87	39.04
黑龙江省	98.65	0.75	−13.09	1,924	94.81	16.12
上 海 市	53.45	1.42	35.80	68,832	97.94	36.25
江 苏 省	94.86	3.78	−2.42	7,608	97.02	5.73
浙 江 省	71.32	1.87	3.42	536	99.91	0.63
安 徽 省	91.65	0.64	−1.97	55,625	84.42	64.28
福 建 省	51.16	1.58	0.58	7,373	98.68	36.30
江 西 省	79.80	0.89	−26.65	875	99.76	10.31
山 东 省	66.33	1.13	−4.25	13,394	88.47	29.26
河 南 省	75.93	1.79	−5.78	7,438	94.02	16.99
湖 北 省	64.75	1.38	−0.46	14,791	96.90	20.61
湖 南 省	65.70	0.61	−26.55	12,604	108.01	46.20
广 东 省	44.71	1.06	4.89	45,319	89.25	40.99
广西自治区	63.25	1.60	7.11	61,864	104.32	40.51
四 川 省	86.74	0.97	−8.02	41,088	87.21	64.97
贵 州 省	55.03	1.14	−6.97	7,990	88.40	55.39
云 南 省	46.36	1.01	0.57	7,947	112.29	27.28
陕 西 省	89.83	1.07	−0.72	13,004	106.69	67.39
甘 肃 省	61.96	0.80	−7.69	2,438	76.93	31.65
新疆自治区	80.66	0.64	6.85	9,689	93.76	31.08
重 庆 市	83.21	1.24	−1.25	7,896	93.26	10.41

1997 年独立核算工业企业主要经济效益指标分析(二)⑤

地　　区	资　产 负债率 (%)	流动资产 周转率 (%)	成本费用 利润率 (%)	全员劳动 生产率 (元/人)	产　品 销售率 (%)	工　业 增加值率 (%)
制药机械工业	**71.02**	**0.79**	**−7.42**	**12,553**	**92.41**	**34.36**
北京市	68.98	0.60	1.47	35,580	98.17	48.03
天津市	54.99	1.09	−9.44	8,181	106.35	62.62
辽宁省	73.82	0.57	−1.39	5,923	89.63	28.14
吉林省	48.99	0.49	−20.71	7,839	88.68	47.28
黑龙江省	79.46	1.92	0.08	35,464	99.81	74.34
上海市	74.22	0.91	−8.81	24,858	104.51	35.39
江苏省	70.27	3.53	6.39	21,389	93.52	34.40
浙江省	53.03	0.97	9.00	29,441	83.18	25.72
江西省	85.95	0.26	−27.11	1,639	75.87	13.63
山东省	78.02	0.68	−0.08	11,729	85.33	54.77
河南省	61.75	1.17	5.90	13,638	82.90	37.49
湖北省	78.81	0.83	−13.59	9,359	92.06	23.74
湖南省	66.88	0.60	−7.27	14,922	100.25	53.20
广东省	54.50	1.30	−7.53	14,706	81.27	31.64
陕西省	106.92	0.36	−67.12	701	101.35	7.16
重庆市	84.19	0.52	−25.50	7,255	87.62	27.43

1997年独立核算工业企业主要经济效益指标分析(二)⑥

地　　区	资产负债率(%)	流动资产周转率(%)	成本费用利润率(%)	全员劳动生产率(元/人)	产品销售率(%)	工业增加值率(%)
中成药工业	**58.33**	**0.92**	**11.51**	**44,873**	**91.11**	**44.58**
北　京　市	64.10	0.97	6.38	44,557	92.12	60.87
天　津　市	39.06	0.70	25.67	37,257	103.81	48.24
河　北　省	71.39	1.39	6.34	26,777	93.14	35.39
山　西　省	76.37	0.57	−2.02	14,669	78.88	37.85
内蒙自治区	83.47	0.51	0.67	4,069	81.41	13.43
辽　宁　省	74.87	0.29	−10.75	11,952	77.82	31.16
吉　林　省	53.08	0.49	34.68	37,868	83.86	47.16
黑龙江省	64.86	1.05	19.25	35,693	85.36	42.83
上　海　市	91.67	1.69	0.40	46,649	102.08	40.66
江　苏　省	65.24	0.94	4.81	29,473	93.16	44.14
浙　江　省	56.85	1.14	17.90	47,726	98.33	34.18
安　徽　省	71.85	1.02	−0.13	38,389	91.19	32.35
福　建　省	35.25	1.08	31.43	42,725	97.08	50.06
江　西　省	65.44	0.96	10.19	28,285	90.83	27.01
山　东　省	60.89	0.85	19.99	51,625	89.88	49.54
河　南　省	74.75	0.78	7.96	23,233	92.94	33.88
湖　北　省	69.61	1.16	9.11	36,436	94.17	39.84
湖　南　省	53.74	1.23	5.51	38,808	89.67	47.34
广　东　省	54.69	0.82	8.68	58,876	99.50	45.09
广西自治区	68.10	1.10	2.68	41,356	98.27	37.54
海　南　省	68.86	2.87	2.50	51,751	93.12	14.98
四　川　省	39.51	1.15	21.43	85,978	89.23	45.72
贵　州　省	57.02	0.95	8.85	64,919	73.53	44.90
云　南　省	46.52	0.91	9.75	57,397	84.89	57.44
陕　西　省	61.68	1.46	13.95	144,410	88.62	87.21
甘　肃　省	62.31	0.93	9.76	21,396	84.98	29.37
青　海　省	26.97	0.10	17.89	19,201	39.38	42.92
宁夏自治区	64.92	0.73	−0.26	9,728	85.66	32.34
新疆自治区	56.48	1.13	1.75	30,336	88.97	48.83
重　庆　市	58.61	1.10	11.88	33,097	85.91	40.01

1997年独立核算工业企业主要经济效益指标分析(二)⑦

地区	资产负债率(%)	流动资产周转率(%)	成本费用利润率(%)	全员劳动生产率(元/人)	产品销售率(%)	工业增加值率(%)
中药饮片工业	**68.99**	**1.69**	**0.07**	**13,500**	**104.03**	**20.28**
北京市	79.84	2.41	0.32	40,272	99.80	21.81
天津市	64.65	1.91	−2.09	1,777	100.76	30.92
山西省	95.09	0.79	1.48	1,947	160.13	6.80
辽宁省	47.85	0.85	3.78	16,047	103.14	54.12
吉林省	40.35	0.16	1.53	#DIV/0	#DIV/0	#DIV/0
上海市	74.70	2.19	1.38	21,240	105.05	12.47
江苏省	66.73	1.78	2.12	17,971	134.13	35.87
安徽省	83.73	1.24	−0.16	5,621	106.22	13.61
福建省	58.92	2.48	−2.91	14,667	92.24	21.96
江西省	65.71	2.24	0.47	7,115	121.64	14.52
河南省	59.89	0.38	33.11	1,567	101.04	2.67
湖北省	42.89	1.59	1.16	−9,118	121.39	−37.22
湖南省	68.73	1.20	4.42	14,684	68.24	35.12
广西自治区	66.10	2.13	0.75	17,615	101.18	28.09
四川省	101.06	1.07	−19.56	3,603	196.03	29.88
贵州省	81.06	1.36	−2.34	975	119.41	9.46
云南省	57.33	1.01	−7.29	25,379	89.07	34.48
青海省	70.00	0.37	−64.18	−3,974	5.74	−80.00
新疆自治区	77.92	0.83	−2.89	7,263	75.18	30.35

1997年独立核算工业企业主要经济效益指标分析(二)⑧

地区	资产负债率(%)	流动资产周转率(%)	成本费用利润率(%)	全员劳动生产率(元/人)	产品销售率(%)	工业增加值率(%)
药用包装工业	**74.14**	**1.16**	**4.05**	**15,956**	**95.24**	**33.27**
河北省	76.84	1.07	2.60	12,389	95.45	31.20
山西省	77.26	1.63	9.38	17,219	99.17	42.87
辽宁省	98.92	0.54	-29.70	1,234	99.61	17.71
吉林省	77.67	1.18	0.21	15,749	99.50	37.50
黑龙江省	60.96	0.92	0.80	9,575	97.56	26.84
上海市	95.83	0.63	-4.83	17,537	91.53	27.84
江苏省	38.10	1.96	23.65	49,921	94.78	44.92
浙江省	59.10	1.68	6.56	30,556	90.64	40.96
安徽省	82.61	1.29	8.32	23,443	95.89	29.66
福建省	59.66	1.85	1.38	9,788	97.77	24.78
江西省	94.56	1.12	-0.15	8,573	98.47	25.00
山东省	74.93	1.17	8.69	24,765	97.65	45.22
河南省	88.41	0.58	-20.73	3,865	80.02	18.19
湖北省	68.70	1.23	-2.23	20,384	98.21	43.21
湖南省	43.85	1.29	2.71	6,429	100.08	24.33
广东省	74.72	1.09	-26.24	1,979	91.01	2.18
广西自治区	62.27	1.38	7.76	13,692	98.98	39.68
四川省	66.87	1.39	9.43	-3,913	88.15	-12.57
贵州省	89.81	0.75	-19.26	9,520	71.05	19.05
云南省	101.25	2.30	2.98	980	112.30	2.57
陕西省	105.32	0.34	-47.64	8,294	96.78	43.34
甘肃省	71.25	1.10	5.88	10,793	96.25	41.15
新疆自治区	84.81	0.51	-11.65	4,429	57.14	24.29
重庆市	69.48	0.95	6.15	14,441	111.06	36.98

1997 年独立核算工业企业主要经济效益指标分析(二)⑨

地　　区	资　产 负债率 (%)	流动资产 周转率 (%)	成本费用 利润率 (%)	全员劳动 生产率 (元/人)	产　品 销售率 (%)	工　业 增加值率 (%)
其他工业	**51.01**	**1.89**	**12.69**	**73,119**	**96.18**	**29.41**
北 京 市	33.40	0.87	6.90	66,040	77.22	52.67
天 津 市	69.46	1.60	9.58	11,168	101.19	43.62
辽 宁 省	54.98	1.04	4.76	13,287	98.23	41.76
黑龙江省	86.46	0.64	−8.30	8,892	100.35	26.92
江 苏 省	72.56	1.43	1.02	19,251	98.81	25.27
浙 江 省	57.53	0.76	3.57	9,080	92.79	13.65
福 建 省	32.70	2.72	12.11	258,467	85.27	27.25
山 东 省	45.70	2.32	15.04	114,373	105.23	25.16
河 南 省	71.36	1.84	1.47	3,202	103.87	9.11
湖 北 省	121.57	0.65	−9.97	28,864	93.33	32.80
湖 南 省	103.28	1.49	−10.65	16,190	133.73	48.28
广 东 省	75.37	1.48	17.33	96,499	41.47	48.90
广西自治区	54.23	2.11	−1.24	6,176	94.22	26.61
云 南 省	43.26	2.00	12.90	222,979	69.44	40.91
甘 肃 省	106.81	0.96	−17.08	38,913	74.67	47.67
重 庆 市	139.17	0.92	−19.22	5,932	87.40	43.24

1997 年医药工业企业单位数

分　　组	企业单位数(个)	分　　组	企业单位数(个)
总　计	4910	中成药工业合计	1343
在合计中:大中型企业	3774	在合计中:大中型企业	1096
国有经济企业	2191	国有经济企业	623
集体经济企业	1393	集体经济企业	264
股份制企业	410	股份制企业	174
“三资”企业	875	“三资”企业	264
其他经济	41	其他经济	18
化学药品工业合计	2065	中药饮片工业合计	103
在合计中:大中型企业	1384	在合计中:大中型企业	101
国有经济企业	1099	国有经济企业	65
集体经济企业	440	集体经济企业	18
股份制企业	163	股份制企业	5
“三资”企业	345	“三资”企业	14
其他经济	18	其他经济	1
医疗器械工业合计	743	药用包装材料工业合计	289
在合计中:大中型企业	648	在合计中:大中型企业	241
国有经济企业	226	国有经济企业	72
集体经济企业	337	集体经济企业	165
股份制企业	34	股份制企业	12
“三资”企业	145	“三资”企业	39
其他经济	1	其他经济	1
卫生材料工业合计	185	其他工业合计	118
在合计中:大中型企业	155	在合计中:大中型企业	97
国有经济企业	47	国有经济企业	37
集体经济企业	93	集体经济企业	47
股份制企业	6	股份制企业	6
“三资”企业	37	“三资”企业	28
其他经济	2	其他经济	0
制药机械工业合计	64		
在合计中:大中型企业	52		
国有经济企业	22		
集体经济企业	29		
股份制企业	10		
“三资”企业	3		
其他经济	0		

1997 年工业总产值①

计量单位:万元

地　　区	企业单位数(个)	合计(不变价格)	化学药品工业	医疗器械工业	卫生材料工业
全国总计	**3,411**	**14,299,390**	**9,719,963**	**998,736**	**260,964**
北　京　市	127	292,558	167,329	35,273	668
天　津　市	49	272,297	204,869	23,232	171
河　北　省	148	871,667	768,903	20,911	2,200
山　西　省	101	157,920	136,014	787	715
内蒙自治区	23	44,893	41,218	—	—
辽　宁　省	205	504,326	383,703	57,867	3,020
吉　林　省	212	456,449	203,074	12,918	543
黑 龙 江 省	149	445,202	329,902	25,205	943
上　海　市	97	995,134	783,223	93,442	19,062
江　苏　省	189	1,481,310	1,209,398	135,246	44,615
浙　江　省	186	1,465,449	1,069,975	212,047	33,835
安　徽　省	88	354,942	234,572	5,773	6,352
福　建　省	122	227,584	153,163	15,542	656
江　西　省	112	309,412	160,947	13,172	399
山　东　省	175	1,117,362	600,668	82,877	10,988
河　南　省	184	838,775	691,550	6,581	14,403
湖　北　省	170	693,777	436,767	9,829	88,191
湖　南　省	142	215,495	130,005	10,045	4,420
广　东　省	227	1,551,069	1,026,176	210,550	8,348
广西自治区	108	277,632	74,933	4,071	14,357
海　南　省	19	105,260	67,425	—	—
四　川　省	167	569,511	269,573	10,122	1,037
贵　州　省	130	142,119	29,688	915	489
云　南　省	63	153,762	91,076	—	111
陕　西　省	90	378,392	217,507	4,072	1,804
甘　肃　省	34	55,550	26,042	5,595	452
青　海　省	5	8,371	6,289	—	—
宁夏自治区	10	17,748	15,561	—	—
新疆自治区	31	43,287	34,850	—	312
重　庆　市	48	252,139	155,564	2,665	2,875

1997 年工业总产值②

计量单位:万元

地　　区	制药机械工业	中成药工业	中药饮片工业	药用包装材料工业	其他
全国总计	**52,319**	**2,654,366**	**26,828**	**241,810**	**344,404**
北 京 市	1,200	65,643	2,899	—	19,547
天 津 市	499	41,856	454	—	1,216
河 北 省	—	68,613	—	11,040	—
山 西 省	—	16,171	229	4,005	—
内蒙自治区	—	3,676	—	—	—
辽 宁 省	5,102	49,236	255	1,677	3,465
吉 林 省	635	229,730	0	9,549	—
黑龙江省	520	83,753	—	3,789	1,090
上 海 市	5,233	61,461	13,950	18,762	—
江 苏 省	6,049	30,940	2,054	49,725	3,283
浙 江 省	9,548	117,338	—	13,040	9,665
安 徽 省	—	82,979	413	24,853	—
福 建 省	—	36,680	1,750	3,575	16,219
江 西 省	195	126,679	382	7,638	—
山 东 省	1,043	140,745	—	31,654	249,388
河 南 省	702	116,121	1,166	7,944	309
湖 北 省	7,324	142,047	250	9,193	176
湖 南 省	8,241	58,317	820	3,295	352
广 东 省	2,696	279,792	—	6,458	17,049
广西自治区	—	181,900	370	1,653	348
海 南 省	—	37,835	—	—	—
四 川 省	—	276,643	246	11,889	—
贵 州 省	—	109,514	179	1,335	—
云 南 省	—	47,317	1,185	884	13,189
陕 西 省	1,293	146,764	—	6,951	
甘 肃 省	—	12,894	—	1,915	8,652
青 海 省	—	2,067	15	—	—
宁夏自治区	—	2,187	—	—	—
新疆自治区	—	7,846	211	69	—
重 庆 市	2,039	77,623	—	10,918	456

1997 年按经济类型分组的工业总产值①

计量单位:万元

地区	合计		国有经济		集体经济	
	企业单位数(个)	现价	企业单位数(个)	现价	企业单位数(个)	现价
全国总计	**3,411**	**12,337,825**	**1,586**	**5,736,688**	**837**	**1,641,901**
北京市	127	297,840	63	228,692	31	28,543
天津市	49	313,974	29	139,647	8	5,024
河北省	148	805,905	89	683,261	46	101,887
山西省	101	142,590	60	79,506	19	12,875
内蒙自治区	23	46,035	20	42,308	3	3,728
辽宁省	205	469,420	80	224,011	67	52,284
吉林省	212	427,506	105	129,183	43	28,019
黑龙江省	149	396,802	73	141,984	19	11,201
上海市	97	841,622	53	500,862	10	21,568
江苏省	189	1,049,303	91	400,733	60	347,431
浙江省	186	940,574	55	252,388	53	228,839
安徽省	88	257,913	46	148,316	22	48,164
福建省	122	220,527	43	123,304	28	19,063
江西省	112	274,057	78	152,998	18	34,690
山东省	175	949,901	73	257,665	61	115,556
河南省	184	541,485	97	384,487	50	79,558
湖北省	170	639,118	69	171,391	58	139,883
湖南省	142	213,733	58	116,644	46	16,238
广东省	227	1,457,968	89	750,377	46	157,253
广西自治区	108	260,896	63	178,852	28	26,020
海南省	19	118,932	6	28,760	2	8,175
四川省	167	564,096	53	197,460	34	80,158
贵州省	130	136,054	37	24,006	39	29,909
云南省	63	159,040	34	44,855	11	19,865
陕西省	90	447,815	56	183,943	19	15,748
甘肃省	34	61,123	25	45,762	2	616
青海省	5	9,641	3	7,370	—	—
宁夏自治区	10	16,868	5	15,083	—	—
新疆自治区	31	46,886	18	31,257	5	5,399
重庆市	48	230,200	15	51,583	9	4,206

1997年按经济类型分组的工业总产值②

计量单位:万元

地区	股份制经济		三资经济		其他经济	
	企业单位数（个）	现价	企业单位数（个）	现价	企业单位数（个）	现价
全国总计	**342**	**1,930,111**	**626**	**2,912,284**	**20**	**116,841**
北京市	9	4,968	24	35,637	—	—
天津市	1	1,585	11	167,718	—	—
河北省	7	15,305	6	5,452	—	—
山西省	5	16,719	17	33,490	—	—
内蒙自治区	—	—	—	—	—	—
辽宁省	13	12,697	44	180,428	1	0
吉林省	31	197,897	31	72,265	2	142
黑龙江省	25	209,266	32	34,351	—	—
上海市	4	65,289	29	252,839	1	1,063
江苏省	13	111,919	25	189,219	—	—
浙江省	28	164,687	47	248,835	3	45,824
安徽省	9	34,728	10	25,738	1	966
福建省	6	5,060	45	73,100	—	—
江西省	1	20,246	15	66,122	—	—
山东省	22	240,104	17	328,744	2	7,832
河南省	16	26,064	20	47,556	1	3,821
湖北省	20	273,134	23	54,710	—	—
湖南省	18	60,972	19	18,575	1	1,304
广东省	6	39,888	84	492,085	2	18,365
广西自治区	5	43,534	10	9,184	2	3,307
海南省	3	24,136	7	24,463	1	33,398
四川省	41	173,074	37	112,585	2	818
贵州省	24	29,018	30	53,121	—	—
云南省	11	54,699	7	39,621	—	—
陕西省	5	12,199	10	235,926	—	—
甘肃省	3	5,213	4	9,533	—	—
青海省	2	2,270	—	—	—	—
宁夏自治区	3	1,385	1	400	1	0
新疆自治区	3	3,072	5	7,159	—	—
重庆市	8	80,983	16	93,429	—	—

1997 年按企业规模分组的工业总产值③

计量单位:万元

地　　区	大型		中型		小型	
	企业单位数(个)	现价	企业单位数(个)	现价	企业单位数(个)	现价
全国总计	**314**	**6,184,986**	**651**	**3,214,238**	**2,446**	**2,938,600**
北京市	10	146,751	18	64,559	99	86,531
天津市	12	234,590	17	65,096	20	14,288
河北省	20	644,528	24	63,459	104	97,918
山西省	2	8,750	9	43,406	90	90,434
内蒙自治区	1	15,839	6	15,200	16	14,996
辽宁省	15	219,804	37	125,525	153	124,092
吉林省	6	128,215	36	137,035	170	162,256
黑龙江省	10	214,462	24	90,416	115	91,924
上海市	21	496,295	33	259,225	43	86,102
江苏省	26	479,138	45	359,840	118	210,325
浙江省	26	482,219	45	275,215	115	183,140
安徽省	10	83,698	18	74,288	60	99,926
福建省	4	71,425	9	49,664	109	99,438
江西省	8	68,338	21	148,118	83	57,600
山东省	21	669,163	49	157,240	105	123,499
河南省	13	213,579	47	191,721	124	136,186
湖北省	9	281,799	34	147,304	127	210,016
湖南省	12	103,104	20	48,802	110	61,827
广东省	41	808,946	68	475,353	118	173,669
广西自治区	7	113,404	12	50,691	89	96,800
海南省	4	30,857	4	55,429	11	32,647
四川省	13	262,451	29	134,260	125	167,385
贵州省	—	—	5	37,109	125	98,945
云南省	2	40,877	9	30,687	52	87,475
陕西省	7	234,950	9	26,867	74	185,998
甘肃省	4	18,045	9	27,254	21	15,824
青海省	—	—	2	9,119	3	522
宁夏自治区	—	—	1	11,502	9	5,366
新疆自治区	2	10,616	5	16,193	24	20,077
重庆市	8	103,144	6	23,661	34	103,395

1997 年工业增加值

计量单位:万元

地区	工业增加值(生产法)								
	合计	其中							
		化学药品工业	医疗器械工业	卫生材料工业	制药机械工业	中成药工业	中药饮片工业	药用包装材料工业	其他工业
全国总计	**4,078,269**	**2,230,716**	**347,517**	**54,995**	**18,586**	**1,237,023**	**6,787**	**85,363**	**97,282**
北京市	148,822	76,474	17,782	249	619	43,888	832	—	8,978
天津市	128,412	93,353	4,815	202	453	26,306	1,660	—	1,623
河北省	246,388	212,119	4,264	878	—	24,657	—	4,470	—
山西省	43,277	33,150	217	18	—	7,911	19	1,962	—
内蒙自治区	9,725	9,166	—	—	—	560	—	—	—
辽宁省	121,617	94,949	5,370	404	1,633	17,146	138	320	1,657
吉林省	165,311	48,283	4,473	347	322	107,454	−33	4,466	—
黑龙江省	118,570	69,606	12,118	230	387	34,870	—	1,056	304
上海市	176,428	105,856	25,847	10,206	1,812	25,587	1,545	5,574	—
江苏省	289,599	210,344	35,814	2,488	2,432	14,453	824	22,736	508
浙江省	292,583	157,374	87,203	206	2,488	37,789	—	5,993	1,531
安徽省	70,931	38,289	2,255	2,236	—	20,634	66	7,451	—
福建省	75,401	37,964	5,773	391	—	25,644	460	1,219	3,949
江西省	63,020	22,007	2,195	69	36	36,811	56	1,847	—
山东省	288,381	114,505	21,903	3,050	543	74,729	—	14,942	58,708
河南省	155,554	116,569	2,282	2,608	292	32,383	32	1,360	29
湖北省	237,116	161,308	3,115	14,857	1,517	52,721	−167	3,740	25
湖南省	78,663	31,116	3,539	2,125	4,488	35,997	332	918	149
广东省	563,695	299,866	100,080	4,582	895	148,157	—	155	9,961
广西自治区	93,470	20,315	1,542	6,404	—	64,377	93	566	173
海南省	35,964	30,014	—	—	—	5,950	—	—	—
四川省	207,598	64,905	4,405	902	—	138,936	120	−1,670	—
贵州省	51,982	1,358	555	555	—	49,178	18	318	—
云南省	71,749	34,491	—	30	—	31,752	562	29	4,885
陕西省	238,264	98,509	659	1,146	105	134,382	—	3,463	—
甘肃省	21,478	10,064	1,275	257	—	4,341	—	1,046	4,495
青海省	3,108	1,981	—	—	—	1,174	−46	—	—
宁夏自治区	5,612	4,639	—	—	—	973	—	—	—
新疆自治区	18,516	13,313	—	195	—	4,706	276	26	—
重庆市	57,033	18,830	36	362	563	33,556	—	3,377	309

1997 年工业销售产值

计量单位:万元

地区	企业单位数(个)	合计	在工业销售产值构成中(现价)							
			化学药品工业	医疗器械工业	卫生材料工业	制药机械工业	中成药工业	中药饮片工业	药用包装工业	其他工业
全国总计	**3,411**	**11,661,868**	**7,319,982**	**915,510**	**251,238**	**49,981**	**2,527,871**	**34,820**	**244,391**	**318,076**
北京市	127	273,783	151,667	36,420	1,039	1,265	66,422	3,808	—	13,162
天津市	49	323,011	241,706	14,393	363	770	56,604	5,411	—	3,764
河北省	148	794,252	694,411	18,305	2,964	—	64,897	—	13,676	—
山西省	101	128,206	104,934	741	1,044	—	16,489	457	4,540	—
内蒙自治区	23	44,212	40,819	—	—	—	3,393	—	—	—
辽宁省	205	421,280	289,905	74,061	3,336	5,202	42,819	263	1,798	3,897
吉林省	212	361,994	146,943	10,828	710	603	191,061	0	11,849	—
黑龙江省	149	367,496	267,090	24,064	1,353	520	69,497	—	3,837	1,134
上海市	97	837,316	607,152	101,665	27,573	5,351	64,237	13,017	18,322	—
江苏省	189	1,000,355	742,936	125,129	42,130	6,612	30,503	3,081	47,978	1,986
浙江省	186	888,476	549,660	165,748	32,649	8,047	108,707	—	13,260	10,405
安徽省	88	237,959	146,950	5,299	2,937	—	58,169	512	24,092	—
福建省	122	204,829	120,410	14,529	1,064	—	49,726	1,933	4,810	12,357
江西省	112	258,906	118,375	8,150	663	199	123,779	465	7,275	—
山东省	175	942,058	449,090	69,527	9,223	846	135,567	—	32,266	245,540
河南省	184	514,894	397,347	6,121	14,430	645	88,838	1,198	5,983	333
湖北省	170	592,464	373,822	9,172	69,836	5,884	124,636	544	8,500	70
湖南省	142	190,711	95,721	8,550	4,967	8,457	68,185	644	3,775	412
广东省	227	1,395,147	842,745	198,229	9,976	2,299	326,960	—	6,491	8,447
广西自治区	108	253,171	63,189	2,614	16,493	—	168,516	335	1,411	613
海南省	19	106,221	69,227	—	—	—	36,995	—	—	—
四川省	167	505,368	210,443	10,049	1,211	—	271,164	790	11,711	—
贵州省	130	102,940	19,139	971	885	—	80,535	222	1,188	—
云南省	63	132,785	74,740	—	124	—	46,929	1,453	1,248	8,291
陕西省	90	419,030	267,782	3,815	1,814	1,482	136,404	—	7,733	—
甘肃省	34	52,508	25,223	4,613	624	—	12,561	—	2,446	7,041
青海省	5	8,557	7,477	—	—	—	1,077	3	—	—
宁夏自治区	10	16,305	13,727	—	—	—	2,578	—	—	—
新疆自治区	31	42,838	32,932	—	588	—	8,575	684	60	—
重庆市	48	244,796	154,419	2,517	3,244	1,800	72,051	—	10,141	624

1997 年按经济类型分组的工业销售产值

计量单位:万元

地　　区	合　　计		国有经济		集体经济	
	企业单位数（个）	现　价	企业单位数（个）	现　价	企业单位数（个）	现　价
全国总计	**3,411**	**11,661,868**	**1,586**	**5,492,017**	**837**	**1,516,364**
北 京 市	127	273,783	63	212,414	31	25,974
天 津 市	49	323,011	29	140,511	8	4,977
河 北 省	148	794,252	89	674,725	46	99,728
山 西 省	101	128,206	60	72,359	19	12,045
内蒙自治区	23	44,212	20	40,686	3	3,526
辽 宁 省	205	421,280	80	189,778	67	40,466
吉 林 省	212	361,994	105	106,595	43	23,270
黑龙江省	149	367,496	73	130,470	19	10,240
上 海 市	97	837,316	53	502,888	10	21,499
江 苏 省	189	1,000,355	91	384,821	60	317,868
浙 江 省	186	888,476	55	246,360	53	210,633
安 徽 省	88	237,959	46	136,398	22	44,856
福 建 省	122	204,829	43	119,168	28	16,965
江 西 省	112	258,906	78	143,382	18	34,224
山 东 省	175	942,058	73	256,485	61	107,613
河 南 省	184	514,894	97	367,872	50	77,180
湖 北 省	170	592,464	69	155,114	58	136,494
湖 南 省	142	190,711	58	107,014	46	15,447
广 东 省	227	1,395,147	89	728,665	46	143,334
广西自治区	108	253,171	63	174,529	28	24,582
海 南 省	19	106,221	6	29,121	2	7,456
四 川 省	167	505,368	53	181,632	34	71,450
贵 州 省	130	102,940	37	20,812	39	21,043
云 南 省	63	132,785	34	41,240	11	14,704
陕 西 省	90	419,030	56	166,238	19	14,147
甘 肃 省	34	52,508	25	39,960	2	555
青 海 省	5	8,557	3	7,886	—	—
宁夏自治区	10	16,305	5	14,874	—	—
新疆自治区	31	42,838	18	29,628	5	4,943
重 庆 市	48	244,796	15	70,395	9	11,148

1997 年按经济类型分组的工业销售产值

计量单位:万元

地　区	股份制经济		三资经济		其他经济	
	企业单位数(个)	现　价	企业单位数(个)	现　价	企业单位数(个)	现　价
全国总计	**342**	**1,783,667**	**626**	**2,762,077**	**20**	**107,743**
北　京　市	9	4,503	24	30,893	—	—
天　津　市	1	1,260	11	176,263	—	—
河　北　省	7	14,697	6	5,102	—	—
山　西　省	5	14,729	17	29,074	—	—
内蒙自治区	—	—	—	—	—	—
辽　宁　省	13	11,177	44	179,860	1	0
吉　林　省	31	166,574	31	65,377	2	178
黑龙江省	25	200,132	32	26,653	—	—
上　海　市	4	65,051	29	246,951	1	928
江　苏　省	13	112,029	25	185,637	—	—
浙　江　省	28	152,655	47	236,904	3	41,925
安　徽　省	9	32,909	10	23,104	1	692
福　建　省	6	5,525	45	63,173	—	—
江　西　省	1	21,020	15	60,280	—	—
山　东　省	22	240,032	17	330,628	2	7,301
河　南　省	16	22,243	20	44,006	1	3,594
湖　北　省	20	251,986	23	48,870	—	—
湖　南　省	18	53,247	19	13,727	1	1,276
广　东　省	6	36,250	84	470,342	2	16,556
广西自治区	5	41,487	10	9,715	2	2,859
海　南　省	3	18,253	7	19,836	1	31,557
四　川　省	41	157,336	37	94,072	2	878
贵　州　省	24	16,097	30	44,987	—	—
云　南　省	11	49,315	7	27,526	—	—
陕　西　省	5	9,117	10	229,527	—	—
甘　肃　省	3	2,982	4	9,012	—	—
青　海　省	2	671	—	—	—	—
宁夏自治区	3	1,183	1	248	1	0
新疆自治区	3	2,484	5	5,783	—	—
重　庆　市	8	78,726	16	84,527	—	—

1997年按企业规模分组的工业销售产值

计量单位:万元

地区	大型		中型		小型	
	企业单位数（个）	现价	企业单位数（个）	现价	企业单位数（个）	现价
全国总计	**314**	**6,018,085**	**651**	**3,018,990**	**2,446**	**2,624,793**
北京市	10	136,705	18	60,220	99	76,859
天津市	12	244,298	17	65,033	20	13,680
河北省	20	642,079	24	61,140	104	91,032
山西省	2	8,067	9	40,811	90	79,328
内蒙自治区	1	16,359	6	14,416	16	13,437
辽宁省	15	193,925	37	125,620	153	101,735
吉林省	6	122,444	36	116,272	170	123,278
黑龙江省	10	207,753	24	82,244	115	77,499
上海市	21	491,150	33	257,806	43	88,360
江苏省	26	457,705	45	343,413	118	199,238
浙江省	26	461,476	45	252,341	115	174,660
安徽省	10	79,269	18	70,349	60	88,341
福建省	4	68,622	9	43,090	109	93,117
江西省	8	66,266	21	139,044	83	53,596
山东省	21	682,825	49	146,794	105	112,440
河南省	13	205,951	47	182,506	124	126,437
湖北省	9	265,172	34	130,079	127	197,213
湖南省	12	92,666	20	46,055	110	51,990
广东省	41	777,063	68	449,674	118	168,410
广西自治区	7	113,043	12	49,025	89	91,104
海南省	4	26,146	4	52,711	11	27,365
四川省	13	240,052	29	123,453	125	141,863
贵州省	—	—	5	34,622	125	68,317
云南省	2	37,452	9	27,473	52	67,860
陕西省	7	231,557	9	23,915	74	163,557
甘肃省	4	16,784	9	24,796	21	10,928
青海省	—	—	2	8,149	3	409
宁夏自治区	—	—	1	11,568	9	4,737
新疆自治区	2	11,077	5	14,413	24	17,349
重庆市	8	122,184	6	21,958	34	100,654

1997 年按经济类型分组的出口交货情况

计量单位:万元

地　　区	合　　计	国有经济	集体经济	股份经济	三资经济	其他经济
全国总计	**1,495,099**	**705,513**	**282,445**	**189,259**	**303,746**	**14,136**
北　京　市	27,424	26,608	191	0	625	—
天　津　市	35,003	20,413	102	0	14,489	—
河　北　省	131,480	119,119	12,361	0	0	—
山　西　省	8,152	5,297	2,334	0	522	—
内蒙自治区	39,171	39,171	0	—	—	—
辽　宁　省	99,524	28,455	561	500	70,008	0
吉　林　省	26,000	12,010	483	6,580	6,896	31
黑龙江省	15,724	1,022	477	13,818	407	—
上　海　市	114,488	83,126	1,284	13,083	16,995	0
江　苏　省	209,259	92,390	93,591	2,875	20,403	—
浙　江　省	244,518	73,500	80,135	25,878	51,067	13,938
安　徽　省	24,321	16,228	85	3,941	4,067	0
福　建　省	44,923	35,283	2,837	0	6,804	—
江　西　省	18,580	11,653	6,031	896	0	—
山　东　省	130,471	17,124	15,694	54,145	43,508	0
河　南　省	28,561	26,265	269	209	1,819	0
湖　北　省	93,390	21,134	54,161	9,231	8,864	—
湖　南　省	11,444	5,924	2,513	2,338	670	0
广　东　省	75,116	27,928	3,413	4,332	39,443	0
广西自治区	9,355	5,374	545	2,426	971	40
海　南　省	127	0	0	0	0	127
四　川　省	34,763	2,571	216	25,558	4,418	0
贵　州　省	1,763	883	114	0	766	—
云　南　省	6,439	0	0	4,894	1,544	—
陕　西　省	8,846	8,086	362	0	398	—
甘　肃　省	3,730	1,014	0	0	2,716	—
青　海　省	119	119	—	0	—	—
宁夏自治区	4,835	4,764	—	0	71	0
新疆自治区	14,353	6,778	3,757	705	3,113	—
重　庆　市	33,221	13,278	931	15,851	3,161	—

1997年工业部门商品零售额

计量单位:万元

地区	合计	其中				
		化学药品工业	医疗器械工业	卫生材料工业	制药机械工业	中成药工业
全国总计	**1,398,067**	**798,670**	**147,353**	**11,570**	**7,893**	**409,529**
北京市	37,209	20,625	7,456	13	585	3,939
天津市	25,515	8,880	1,232	0	22	15,381
河北省	32,410	31,843	0	0	—	567
山西省	19,844	19,296	0	0	—	548
内蒙自治区	8,560	8,560	—	—	—	0
辽宁省	109,325	95,436	2,502	0	787	9,799
吉林省	74,254	21,005	157	0	62	53,030
黑龙江省	62,599	22,375	19,568	0	45	20,597
上海市	164,033	128,056	19,602	229	599	7,783
江苏省	152,527	131,578	13,973	58	667	4,689
浙江省	138,859	62,563	44,020	1,325	2,120	26,977
安徽省	23,242	15,904	1,983	1,334	—	3,454
福建省	18,149	12,404	4,635	0	—	349
江西省	35,533	21,548	0	0	0	13,502
山东省	151,866	70,388	24,832	500	0	52,546
河南省	17,297	15,156	0	0	0	2,141
湖北省	22,509	18,515	1,043	0	394	2,558
湖南省	24,936	12,582	200	290	2,574	9,290
广东省	24,740	19,540	232	553	0	4,416
广西自治区	59,756	14,345	1,598	7,268	—	36,545
海南省	6,763	6,763	—	—	—	0
四川省	92,805	9,985	4,100	0	—	78,720
贵州省	17,377	0	0	0	—	17,377
云南省	17,913	13,991		0	—	2,908
陕西省	17,727	1,422	0	0	38	16,266
甘肃省	552	481	8	0	—	23
青海省	8,600	388	—	—	—	8,212
宁夏自治区	5,445	5,209	—	—	—	236
新疆自治区	1,691	662	—	0	—	1,029
重庆市	26,030	9,169	213	0	0	16,648

1997年化学药品十四大类制剂产量汇总表①

地　　区	冻干粉针（万瓶）	粉针剂（万瓶）	注射液（万支）	缓释控释片（万片）
全国总计	**37,473**	**964,776**	**5,561,660**	**45,248**
北京市	417	6,273	333,866	2,769
天津市	4,359	1,570	—	1,026
河北省	1,411	289,204	79,094	—
山西省	17	12,327	197,007	797
内蒙自治区	—	383	14,735	—
辽宁省	1,823	39,484	9,537	958
吉林省	273	119	16,936	—
黑龙江省	322	161,038	21,822	—
上海市	7,977	41,908	122,882	2,781
江苏省	3,862	14,902	435,246	1,624
浙江省	540	2,818	237,180	3,514
安徽省	8,162	89,689	1,664,560	10,987
福建省	17	7,412	43,151	—
江西省	130	48,318	41,644	1,879
山东省	305	106,025	121,608	5,972
河南省	—	9,369	681,095	—
湖北省	256	15,543	69,652	60
湖南省	257	19	43,959	—
广东省	2,192	18,433	52,889	4,623
广西自治区	75	5,963	9,701	—
海南省	—	—	—	3,993
四川省	1,050	20,469	56,262	197
贵州省	—	5,068	69,854	2,147
云南省	76	1,677	48,848	—
陕西省	2,245	46,609	935,600	4,911
甘肃省	—	1,767	11,795	—
青海省	72	863	59,773	183
宁夏自治区	—	2,172	3,273	—
新疆自治区	1,635	1,663	143,277	820
重庆市	0	13,692	36,414	0

1997年化学药品十四大类制剂产量汇总表②

地　　区	片剂（万片）	输液（万瓶）	胶囊剂（万粒）	滴剂（万支）	颗粒剂 万袋(包)
全国总计	**24,967,448**	**136,639**	**3,079,906**	**524,267**	**257,640**
北京市	493,324	1,140	32,079	31	3,479
天津市	455,680	1,980	154,308	—	29
河北省	1,439,395	10,546	130,331	9,477	62,380
山西省	1,029,154	3,380	184,439	311	8,015
内蒙自治区	217,718	1,709	11,923	—	—
辽宁省	987,973	4,250	228,079	761	1,014
吉林省	679,596	3,039	58,589	40	7
黑龙江省	682,187	6,906	92,068	—	1,404
上海市	1,443,864	2,445	192,262	1,606	828
江苏省	2,353,425	18,929	219,122	491,550	13,730
浙江省	1,179,835	5,054	276,772	788	7,771
安徽省	239,320	—	—	—	—
福建省	465,291	3,443	272,154	220	1,952
江西省	499,595	7,699	14,416	1,804	1,533
山东省	1,931,541	10,999	104,071	1,708	6,323
河南省	3,737,805	15,674	205,622	717	35
湖北省	766,629	10,189	51,076	6,691	12,421
湖南省	402,259	4,410	30,951	168	17,167
广东省	3,005,832	4,196	572,062	5,859	89,159
广西自治区	522,731	1,001	40,065	128	7,174
海南省	10,497	516	6,113	—	749
四川省	978,481	9,137	82,432	2,067	13,542
贵州省	8,144	0	—	—	—
云南省	416,352	4,022	27,109	225	6,328
陕西省	46,925	—	—	—	—
甘肃省	242,854	2,086	11,658	—	
青海省	1,231	—	—	—	—
宁夏自治区	68,293	482	497	—	196
新疆自治区	2,251	—	—	—	—
重庆市	659,266	3,406	81,708	116	2,404

1997 年化学药品十四大类制剂产量汇总表③

地　　区	膏霜剂 万支(瓶)	栓剂 (万粒)	气雾剂 (万瓶)	口服液体 (万瓶)	外用液体 (万瓶)
全国总计	**61,582**	**19,403**	**780**	**39,416**	**18,012**
北京市	6	395	2	231	—
天津市	7,454	—	—	—	377
河北省	2,878	2,007	—	578	53
山西省	3,037	66	5	639	6
内蒙自治区	—	—	—	—	—
辽宁省	1,158	4,030	—	540	594
吉林省	51	61	—	325	—
黑龙江省	36	67	12	14,307	744
上海市	6,332	1	124	3,988	—
江苏省	2,792	644	—	1,053	4,906
浙江省	1,546	55	4	2,635	157
安徽省	—	—	—	—	—
福建省	2,487	233	0	888	3,699
江西省	1,913	—	—	3	397
山东省	2,775	138	410	414	93
河南省	6,531	—	12	697	49
湖北省	54	7,864	—	162	593
湖南省	—	100	—	483	526
广东省	22,392	2,196	66	5,727	5,188
广西自治区	0	—	—	2,270	73
海南省	—	—	—	31	—
四川省	108	1,504	—	394	553
贵州省	—	—	—	—	—
云南省	17	33	—	3,936	4
陕西省	—	—	—	—	—
甘肃省	15	—	—	—	—
青海省	—	—	—	—	—
宁夏自治区	—	—	—	—	—
新疆自治区	—	—	—	—	—
重庆市	0	9	145	115	0

1997年二十四大类化学原料药产量汇总表

计量单位:吨

No.	产 品 名 称	产 量
	24大类化学原料药总计(生化药除外)	359,137.00
其中:	单列品种	140,024.00
1	抗感染类	53,556.00
2	解热镇痛药	44,848.00
3	维生素类药	29,203.10
4	抗寄生虫病药	3,580.00
5	计划生育及激素类药	780.00
6	抗肿瘤药	25.00
7	心血管系统用药	1,873.00
8	呼吸系统用药	2,809.00
9	中枢神经系统用药	7,838.00
10	消化系统用药	12,607.00
11	泌尿系统用药	2,632.00
12	血液系统用药	1,892.00
13	调节水,电解质,酸碱平衡药	9,564.00
14	麻醉用药类	424.00
15	抗组织胺类药及解毒药	153.00
16	生化药(亿单位)	10,153.00
17	消毒防腐及创伤外科用药	19,810.00
18	五官科用药	38.00
19	皮肤科用药	1.00
20	诊断用药	223.00
21	滋补营养药	983.96
22	放射性同位素	0.00
23	制剂用辅料及附加剂	22,989.00
24	其它化学原料药	3,280.00

1997年全部独立核算工业企业主要指标(一)①

计量单位:万元

按工业总产值现价分组	企业单位数(个)	利润总额	利税总额	应交所得税	应交增值税
全国工业合计	**3,411**	**703,667**	**1,449,227**	**163,829**	**670,823**
1亿元及以上	275	745,683	1,204,354	129,064	412,536
5千万—1亿元	264	52,939	160,487	15,862	97,996
3千万—5千万元	259	20,850	73,421	8,172	47,722
1千万—3千万元	865	−27,263	62,141	8,302	80,083
5百万—1千万元	560	−41,480	−20,555	1,717	18,522
1百万—5百万元	823	−35,506	−22,000	735	11,425
50万—1百万元	158	−7,580	−6,257	−67	1,096
10万—50万元	125	−3,996	−3,440	9	517
10万元以下	82	22	1,076	35	928
化学药品工业合计	**1,544**	**332,315**	**748,263**	**89,434**	**375,484**
1亿元及以上	172	402,068	671,297	73,034	242,242
5千万—1亿元	168	6,324	69,212	6,967	58,105
3千万—5千万元	140	2,546	29,219	5,437	24,058
1千万—3千万元	439	−26,119	17,587	3,349	39,011
5百万—1千万元	234	−24,379	−16,737	538	6,936
1百万—5百万元	294	−19,778	−14,967	187	4,272
50万—1百万元	39	−1,702	−1,434	−90	209
10万—50万元	31	−1,331	−1,198	2	123
10万元以下	27	−5,314	−4,716	9	528
医疗器械工业合计	**441**	**57,140**	**96,382**	**5,951**	**35,509**
1亿元及以上	20	53,438	67,451	3,586	12,571
5千万—1亿元	18	7,298	13,621	873	5,881
3千万—5千万元	18	5,138	8,233	129	2,915
1千万—3千万元	88	−1,301	8,428	814	8,957
5百万—1千万元	66	−2,200	1,129	331	2,934
1百万—5百万元	149	−2,729	−558	172	1,737
50万—1百万元	34	−1,836	−1,620	14	182
10万—50万元	34	−442	−348	7	78
10万元以下	14	−225	45	25	256

1997 年全部独立核算工业企业主要指标(一)②

计量单位:万元

按工业总产值现价分组	企业单位数(个)	利润总额	利税总额	应交所得税	应交增值税
卫生材料工业合计	**125**	**4,276**	**16,453**	**1,886**	**10,862**
1 亿元及以上	6	7,694	13,719	1,094	5,244
5 千万—1 亿元	4	1,166	2,233	373	967
3 千万—5 千万元	11	1,131	2,599	138	1,344
1 千万—3 千万元	31	−4,142	−2,300	172	1,702
5 百万—1 千万元	22	−814	99	83	854
1 百万—5 百万元	38	−483	222	27	625
50 万—1 百万元	7	−121	−64	0	37
10 万—50 万元	2	−61	13	0	63
10 万元以下	4	−95	−67	0	26
制药机械工业合计	**43**	**−3,634**	**−561**	**341**	**2,757**
5 千万—1 亿元	2	79	513	168	396
3 千万—5 千万元	4	515	1,019	28	459
1 千万—3 千万元	8	−3,362	−2,050	78	1,176
5 百万—1 千万元	9	110	579	59	420
1 百万—5 百万元	18	−962	−609	7	305
50 万—1 百万元	1	−10	−9	0	1
10 万元以下	1	−4	−4	0	1
中成药工业合计	**1,013**	**267,195**	**497,633**	**51,482**	**207,231**
1 亿元及以上	68	232,693	375,197	38,740	129,232
5 千万—1 亿元	60	37,394	68,074	6,842	27,274
3 千万—5 千万元	69	10,964	28,194	1,934	15,689
1 千万—3 千万元	258	6,169	34,195	3,310	24,944
5 百万—1 千万元	189	−10,712	−3,678	431	5,990
1 百万—5 百万元	244	−9,917	−5,923	214	3,216
50 万—1 百万元	53	−3,175	−2,573	10	550
10 万—50 万元	42	−2,019	−1,801	0	220
10 万元以下	30	5,799	5,948	0	115

1997年全部独立核算工业企业主要指标(一)③

计量单位:万元

按工业总产值现价分组	企业单位数(个)	利润总额	利税总额	应交所得税	应交增值税
中药饮片工业合计	**51**	**32**	**1,306**	**171**	**1,114**
5千万—1亿元	1	−115	36	0	138
3千万—5千万元	1	70	169	26	93
1千万—3千万元	7	242	621	47	344
5百万—1千万元	10	214	434	41	194
1百万—5百万元	16	−149	256	58	339
50万—1百万元	9	−177	−141	0	23
10万—50万元	6	−55	−37	0	17
10万元以下	1	1	−32	0	−33
药用包装材料工业合计	**141**	**9,133**	**27,567**	**3,855**	**16,726**
1亿元及以上	5	12,885	18,450	2,440	5,235
5千万—1亿元	8	767	5,211	410	3,774
3千万—5千万元	13	−36	2,872	359	2,624
1千万—3千万元	27	612	4,099	417	3,312
5百万—1千万元	25	−3,706	−2,600	168	1,001
1百万—5百万元	46	−944	−148	61	694
50万—1百万元	6	−252	−180	0	40
10万—50万元	6	−54	−39	0	11
10万元以下	5	−140	−98	0	36
其他工业合计	**53**	**37,211**	**62,184**	**10,709**	**21,140**
1亿元及以上	4	36,904	58,240	10,169	18,013
5千万—1亿元	3	26	1,586	229	1,461
3千万—5千万元	3	522	1,115	121	540
1千万—3千万元	7	637	1,562	115	637
5百万—1千万元	5	7	219	66	194
1百万—5百万元	18	−544	−273	9	236
50万—1百万元	9	−307	−236	0	55
10万—50万元	4	−34	−29	0	4

1997年全部独立核算工业企业主要指标(一)④

计量单位:万元

按利税总额分组	企业单位数(个)	利润总额	利税总额	应交所得税	应交增值税
全国工业合计	**3,368**	**723,077**	**485,249**	**163,827**	**667,814**
1亿元及以上	312	278,009	511,695	73,928	210,699
5千万—1亿元	220	81,064	168,470	20,601	78,497
3千万—5千万元	194	137,519	212,214	22,164	67,411
1千万—3千万元	383	130,117	256,732	25,673	114,712
5百万—1千万元	286	49,534	123,367	9,534	65,784
1百万—5百万元	759	49,203	158,278	10,010	98,201
50万—1百万元	326	4,437	23,273	951	16,544
10万—50万元	565	−227	14,951	759	13,496
10万元以下	323	−6,578	−3,732	208	2,470
化学药品工业合计	**1,522**	**347,928**	**761,065**	**89,432**	**372,988**
1亿元及以上	190	138,048	277,529	42,513	127,163
5千万—1亿元	111	24,298	72,191	9,838	41,662
3千万—5千万元	85	65,507	99,870	12,114	31,047
1千万—3千万元	188	69,444	142,474	14,996	66,786
5百万—1千万元	142	31,128	76,319	4,799	40,331
1百万—5百万元	353	22,132	79,488	4,353	51,637
50万—1百万元	140	1,870	10,126	352	7,426
10万—50万元	202	−485	5,658	293	5,673
10万元以下	111	−4,014	−2,590	175	1,263
医疗器械工业合计	**437**	**58,007**	**97,012**	**5,951**	**35,305**
1亿元及以上	19	13,469	17,243	610	3,352
5千万—1亿元	15	7,502	10,078	10	2,235
3千万—5千万元	23	16,051	20,528	1,758	4,166
1千万—3千万元	39	10,814	18,647	1,653	7,152
5百万—1千万元	27	1,944	7,253	548	4,869
1白力—5百万元	101	8,130	18,088	1,079	9,190
50万—1百万元	43	665	3,084	140	2,046
10万—50万元	97	358	2,446	148	1,788
10万元以下	73	−926	−355	6	507

1997年全部独立核算工业企业主要指标(一)⑤

计量单位:万元

按利税总额分组	企业单位数(个)	利润总额	利税总额	应交所得税	应交增值税
卫生材料工业合计	**124**	**4,324**	**16,481**	**1,886**	**10,842**
1亿元及以上	14	−6,171	−5,331	0	784
5千万—1亿元	7	5,993	9,208	764	3,201
3千万—5千万元	4	−330	−268	0	56
1千万—3千万元	10	2,008	4,099	383	1,436
5百万—1千万元	7	1,383	2,992	417	1,469
1百万—5百万元	16	1,356	3,716	239	2,145
50万—1百万元	16	295	1,066	51	672
10万—50万元	34	−51	951	32	924
10万元以下	16	−158	48	0	155
制药机械工业合计	**42**	**−3,056**	**−94**	**341**	**2,659**
1亿元及以上	5	−3,448	−2,534	11	827
3千万—5千万元	2	−313	−244	0	63
1千万—3千万元	7	−698	−603	3	87
5百万—1千万元	2	498	668	168	155
1百万—5百万元	6	872	1,862	128	897
50万—1百万元	7	107	512	25	356
10万—50万元	13	−75	245	6	275
中成药工业合计	**1,002**	**269,201**	**499,475**	**51,482**	**207,080**
1亿元及以上	75	98,903	165,563	19,761	59,875
5千万—1亿元	79	47,908	81,401	9,979	31,195
3千万—5千万元	71	53,053	85,514	7,244	28,972
1千万—3千万元	120	42,878	81,792	7,589	34,958
5百万—1千万元	83	13,346	30,065	2,955	14,857
1百万—5百万元	228	13,128	45,170	3,436	28,701
50万—1百万元	90	1,267	6,392	266	4,382
10万—50万元	170	−10	4,400	227	3,752
10万元以下	86	−1,273	−822	25	388

1997年全部独立核算工业企业主要指标(一)⑥

计量单位:万元

按利税总额分组	企业单位数(个)	利润总额	利税总额	应交所得税	应交增值税
中药饮片工业合计	**50**	**180**	**1,438**	**171**	**1,099**
5千万—1亿元	2	−63	−33	2	26
3千万—5千万元	1	−72	−62	0	10
1千万—3千万元	1	−201	−145	0	28
5百万—1千万元	5	−173	−154	0	17
1百万—5百万元	9	488	906	98	380
50万—1百万元	8	170	517	39	307
10万—50万元	14	34	414	32	346
10万元以下	10	−3	−5	0	−15
药用包装材料工业合计	**140**	**9,166**	**27,595**	**3,855**	**16,722**
1亿元及以上	7	5,944	8,962	1,448	2,918
5千万—1亿元	5	−4,462	−4,312	8	134
3千万—5千万元	6	1,881	3,863	916	1,832
1千万—3千万元	10	2,573	4,509	369	1,805
5百万—1千万元	13	1,348	5,783	528	3,747
1百万—5百万元	33	2,191	6,971	512	4,388
50万—1百万元	17	−87	1,240	58	1,194
10万—50万元	28	−24	625	17	568
10万元以下	21	−199	−47	1	136
其他工业合计	**51**	**37,328**	**62,277**	**10,709**	**21,118**
1亿元及以上	2	31,264	50,262	9,586	15,780
5千万—1亿元	1	−112	−63	0	45
3千万—5千万元	2	1,741	3,013	132	1,264
1千万—3千万元	8	3,300	5,959	680	2,461
5百万—1千万元	7	59	441	121	338
1百万—5百万元	13	906	2,078	165	864
50万—1百万元	5	150	337	20	161
10万—50万元	7	25	211	4	169
10万元以下	6	−4	40	1	38

1997 年全部独立核算工业企业主要指标(一)⑦

计量单位:万元

按固定资产原价分组	企业单位数(个)	利润总额	利税总额	应交所得税	应交增值税
全国工业合计	**3,411**	**703,667**	**1,449,228**	**163,829**	**670,823**
1 亿元及以上	132	370,805	645,285	81,566	245,236
5 千万—1 亿元	211	193,802	344,420	33,840	138,445
3 千万—5 千万元	223	30,620	99,551	11,562	61,112
1 千万—3 千万元	805	82,424	240,272	23,112	143,846
5 百万—1 千万元	601	12,354	59,502	6,511	41,813
1 百万—5 百万元	998	18,199	57,551	6,634	34,613
50 万—1 百万元	193	−1,053	3,654	470	3,841
10 万—50 万元	154	−1,359	43	123	915
10 万元以下	94	−2,124	−1,050	12	1,001
化学药品工业合计	**1,544**	**332,315**	**748,263**	**89,434**	**375,484**
1 亿元及以上	103	242,903	434,587	56,951	171,838
5 千万—1 亿元	141	68,868	161,220	12,779	84,931
3 千万—5 千万元	121	3,114	35,647	6,504	29,443
1 千万—3 千万元	416	13,641	74,620	8,325	55,018
5 百万—1 千万元	284	5,175	26,575	2,802	19,193
1 百万—5 百万元	367	73	15,550	1,812	13,815
50 万—1 百万元	46	−400	651	226	853
10 万—50 万元	39	−536	−140	35	321
10 万元以下	27	−522	−447	0	71
医疗器械工业合计	**441**	**57,140**	**96,382**	**5,951**	**35,509**
1 亿元及以上	6	16,697	24,139	1,604	6,744
5 千万—1 亿元	18	22,292	28,996	1,374	6,051
3 千万—5 千万元	13	3,055	6,969	492	3,656
1 千万—3 千万元	78	14,206	24,167	1,242	9,050
5 百万—1 千万元	71	−538	4,175	478	4,271
1 百万—5 百万元	145	1,221	6,837	632	5,005
50 万—1 百万元	49	149	895	99	645
10 万—50 万元	35	140	190	23	9
10 万元以下	26	−81	14	8	78

1997 年全部独立核算工业企业主要指标(一)⑧

计量单位:万元

按固定资产原价分组	企业单位数(个)	利润总额	利税总额	应交所得税	应交增值税
卫生材料工业合计	**125**	**4,276**	**16,453**	**1,886**	**10,862**
1 亿元及以上	1	2	536	0	482
5 千万—1 亿元	1	6,900	9,844	764	2,944
3 千万—5 千万元	7	−471	1,014	275	1,294
1 千万—3 千万元	24	−2,010	1,856	510	3,531
5 百万—1 千万元	20	335	1,902	223	1,022
1 百万—5 百万元	53	−457	1,079	102	1,377
50 万—1 百万元	6	38	99	9	50
10 万—50 万元	9	−43	98	1	125
10 万元以下	4	−18	25	3	36
制药机械工业合计	**43**	**−3,634**	**−561**	**341**	**2,757**
5 千万—1 亿元	3	−603	61	75	607
3 千万—5 千万元	3	−2,546	−2,191	0	306
1 千万—3 千万元	6	−128	865	194	901
5 百万—1 千万元	12	−378	159	15	484
1 百万—5 百万元	16	25	518	55	429
50 万—1 百万元	2	−1	31	1	29
10 万元以下	1	−4	−4	0	1
中成药工业合计	**1,013**	**267,195**	**497,633**	**51,482**	**207,231**
1 亿元及以上	15	67,309	117,761	10,608	45,325
5 千万—1 亿元	36	98,719	143,250	18,570	40,802
3 千万—5 千万元	63	25,277	50,724	3,598	22,016
1 千万—3 千万元	245	55,471	132,681	12,167	70,945
5 百万—1 千万元	187	5,239	20,784	2,679	13,638
1 百万—5 百万元	331	16,576	30,286	3,704	11,798
50 万—1 百万元	62	−414	2,100	108	2,015
10 万—50 万元	49	−988	−367	48	298
10 万元以下	25	6	414	0	394

1997 年全部独立核算工业企业主要指标(一)⑨

计量单位:万元

按固定资产原价 分　　组	企业单位数 (个)	利　润 总　额	利　税 总　额	应　交 所得税	应　交 增值税
中药饮片工业合计	**51**	**32**	**1,306**	**171**	**1,114**
5 千万—1 亿元	1	－115	36	0	138
1 千万—3 千万元	3	232	414	74	167
5 百万—1 千万元	7	63	377	25	281
1 百万—5 百万元	16	－16	324	35	300
50 万—1 百万元	12	－165	－23	25	103
10 万—50 万元	7	32	101	12	56
10 万元以下	5	1	76	0	68
药用包装材料工业合计	**141**	**9,133**	**27,567**	**3,855**	**16,726**
1 亿元及以上	5	9,779	14,666	2,366	4,638
5 千万—1 亿元	10	－1,760	1,486	277	2,949
3 千万—5 千万元	13	1,418	5,909	565	3,927
1 千万—3 千万元	27	－416	2,891	404	3,013
5 百万—1 千万元	14	66	807	53	672
1 百万—5 百万元	51	301	1,860	188	1,341
50 万—1 百万元	12	－234	－95	1	127
10 万—50 万元	7	－12	52	0	59
10 万元以下	2	－9	－9	0	0
其他工业合计	**53**	**37,211**	**62,184**	**10,709**	**21,140**
1 亿元及以上	2	34,115	53,596	10,038	16,209
5 千万—1 亿元	1	－499	－474	0	24
3 千万—5 千万元	3	772	1,480	128	470
1 千万—3 千万元	6	1,428	2,779	196	1,221
5 百万—1 千万元	6	2,392	4,722	237	2,251
1 百万—5 百万元	19	477	1,097	105	549
50 万—1 百万元	4	－27	－4	1	18
10 万—50 力元	8	49	109	4	45
10 万元以下	4	－1,497	－1,120	0	352

1997 年全部独立核算工业企业主要指标(一)⑩

计量单位:万元

按职工年平均人数分组	企业单位数(个)	利润总额	利税总额	应交所得税	应交增值税
全国工业合计	**3,411**	**703,667**	**1,449,228**	**163,829**	**670,823**
1 万人及以上	2	22,950	42,813	8,781	18,066
5 千人—1 万人	7	79,030	132,574	7,933	46,594
3 千人—5 千人	15	32,051	76,610	12,247	39,402
1 千人—3 千人	209	186,056	363,270	41,198	160,682
5 百人—1 千人	417	237,321	436,558	55,012	182,976
1 百人—5 百人	1,671	131,235	348,257	35,272	193,497
50 人—1 百人	608	13,199	37,019	2,341	21,144
10 人—50 人	405	2,356	8,984	777	5,480
10 人以下	77	−532	3,143	269	2,982
化学药品工业合计	**1,544**	**332,315**	**748,263**	**89,434**	**375,483**
1 万人及以上	2	22,950	42,813	8,781	18,066
5 千人—1 万人	5	60,368	99,784	4,335	34,073
3 千人—5 千人	13	−947	19,157	2,661	18,605
1 千人—3 千人	146	89,008	204,128	25,639	104,318
5 百人—1 千人	225	136,880	247,599	33,253	104,226
1 百人—5 百人	770	16,361	111,538	13,305	82,540
50 人—1 百人	240	5,383	16,390	1,101	10,127
10 人—50 人	117	2,654	5,730	349	2,509
10 人以下	26	−342	1,124	10	1,020
医疗器械工业合计	**441**	**57,140**	**96,382**	**5,951**	**35,509**
1 千人—3 千人	14	13,920	25,154	2,153	10,230
5 白人—1 十人	35	6,909	13,255	431	5,678
1 百人—5 百人	207	33,138	50,547	2,844	15,739
50 人—1 百人	75	2,421	4,671	400	2,099
10 人—50 人	93	846	2,036	93	1,067
10 人以下	17	−93	720	29	696

1997 年全部独立核算工业企业主要指标(一)⑪

计量单位:万元

按职工年平均人数分组	企业单位数(个)	利润总额	利税总额	应交所得税	应交增值税
卫生材料工业合计	**125**	**4,276**	**16,453**	**1,886**	**10,862**
1 千人—3 千人	5	—327	1,286	24	1,424
5 百人—1 千人	18	—1,818	366	369	1,576
1 百人—5 百人	58	7,218	14,668	1,445	7,038
50 人—1 百人	20	—97	520	10	543
10 人—50 人	21	—547	—256	38	259
10 人以下	3	—154	—132	0	21
制药机械工业合计	**43**	**—3,634**	**—561**	**341**	**2,757**
1 千人—3 千人	4	—2,571	—1,853	34	660
5 百人—1 千人	5	—1,172	—125	66	930
1 百人—5 百人	23	414	1,518	199	993
50 人—1 百人	8	—302	—127	39	147
10 人—50 人	1	6	13	3	6
10 人以下	2	—10	13	0	21
中成药工业合计	**1,013**	**267,195**	**497,633**	**51,482**	**207,231**
5 千人—1 万人	2	18,662	32,790	3,598	12,521
3 千人—5 千人	1	253	6,075	0	5,359
1 千人—3 千人	22	88,384	128,385	11,553	36,317
5 百人—1 千人	117	94,857	170,118	20,536	67,646
1 百人—5 百人	527	59,419	143,618	14,749	76,203
50 人—1 百人	209	5,326	13,822	670	7,068
10 人—50 人	117	—288	1,322	190	1,290
10 人以下	18	583	1,501	187	828

1997年全部独立核算工业企业主要指标(一)⑫

计量单位:万元

按职工年平均人数分组	企业单位数(个)	利润总额	利税总额	应交所得税	应交增值税
中药饮片工业合计	**51**	**32**	**1,306**	**171**	**1,114**
5百人—1千人	1	—115	36	0	138
1百人—5百人	9	85	598	74	433
50人—1百人	23	399	925	69	476
10人—50人	16	—359	—295	20	48
10人以下	2	23	42	8	18
药用包装材料工业合计	**141**	**9,133**	**27,567**	**3,855**	**16,726**
1千人—3千人	16	—2,246	5,067	1,343	6,619
5百人—1千人	14	1,735	4,754	337	2,532
1百人—5百人	62	9,755	17,038	2,102	6,876
50人—1百人	20	146	599	37	418
10人—50人	25	—224	20	1	168
10人以下	4	—33	90	35	114
其他工业合计	**53**	**37,211**	**62,184**	**10,709**	**21,140**
3千人—5千人	1	32,746	51,377	9,586	15,438
1千人—3千人	2	—112	1,103	452	1,114
5百人—1千人	2	46	555	19	251
1百人—5百人	15	4,845	8,732	552	3,675
50人—1百人	13	—76	219	16	266
10人—50人	15	267	413	83	133
10人以下	5	—506	—215	2	263

1997年全部独立核算工业企业主要指标(二)①

计算单位:万元

按工业总产值现价分组	所有者权益	固定资产原价	流动资产年平均余额	工业增加值
全国工业合计	**7,168,598**	**7,870,752**	**10,393,585**	**4,078,269**
1亿元及以上	4,194,868	3,766,599	5,532,110	2,513,718
5千万—1亿元	1,003,742	1,207,857	1,393,242	589,547
3千万—5千万元	559,481	682,374	869,913	311,516
1千万—3千万元	847,361	1,249,460	1,446,040	491,246
5百万—1千万元	217,171	473,628	513,199	119,288
1百万—5百万元	196,039	371,006	473,505	64,906
50万—1百万元	13,555	51,200	53,794	827
10万—50万元	17,773	26,726	32,061	−431
10万元以下	118,609	41,903	79,720	−12,348
化学药品工业合计	**4,029,261**	**5,367,127**	**6,210,502**	**2,230,716**
1亿元及以上	2,548,575	2,959,799	3,746,713	1,473,627
5千万—1亿元	634,912	875,535	863,559	329,157
3千万—5千万元	302,681	404,986	459,297	149,478
1千万—3千万元	382,039	682,503	710,444	229,589
5百万—1千万元	80,868	235,331	215,012	41,953
1百万—5百万元	55,444	161,196	161,185	16,738
50万—1百万元	3,971	13,299	15,097	−226
10万—50万元	3,289	9,455	7,006	−875
10万元以下	17,483	25,024	32,190	−8,727
医疗器械工业合计	**630,383**	**513,055**	**803,557**	**347,517**
1亿元及以上	287,771	163,794	297,486	208,740
5千万—1亿元	64,009	63,849	116,183	45,955
3千万—5千万元	62,073	39,209	93,234	13,780
1千万—3千万元	128,747	116,495	162,719	51,704
5百万—1千万元	34,404	44,693	56,259	15,378
1百万—5百万元	35,664	62,640	58,323	13,616
50万—1百万元	7,321	16,058	8,876	−172
10万—50万元	7,348	4,731	5,383	28
10万元以下	3,046	1,585	5,095	−1,511

1997 年全部独立核算工业企业主要指标(二)②

计算单位:万元

按工业总产值现价分组	所有者权益	固定资产原价	流动资产年平均余额	工业增加值
卫生材料工业合计	**88,294**	**120,745**	**151,608**	**54,995**
1 亿元及以上	21,813	30,192	35,701	24,928
5 千万—1 亿元	8,192	10,749	14,162	7,649
3 千万—5 千万元	25,813	19,342	39,397	8,814
1 千万—3 千万元	17,787	35,336	34,696	4,934
5 百万—1 千万元	11,576	14,582	16,390	4,775
1 百万—5 百万元	3,533	7,389	8,698	4,138
50 万—1 百万元	—60	1,652	1,217	46
10 万—50 万元	204	378	553	94
10 万元以下	—562	1,126	795	—383
制药机械工业合计	**34,437**	**54,768**	**57,682**	**18,585**
5 千万—1 亿元	8,517	3,939	11,374	3,420
3 千万—5 千万元	5,842	8,442	10,172	4,642
1 千万—3 千万元	12,064	30,435	23,884	5,612
5 百万—1 千万元	4,156	5,561	5,161	3,133
1 百万—5 百万元	3,776	6,264	6,901	1,758
50 万—1 百万元	57	122	128	22
10 万元以下	25	6	63	—1
中成药工业合计	**2,064,832**	**1,446,464**	**2,764,494**	**1,237,023**
1 亿元及以上	1,171,144	514,240	1,266,274	696,847
5 千万—1 亿元	254,948	184,569	331,437	175,919
3 千万—5 千万元	140,190	161,539	224,900	108,717
1 千万—3 千万元	262,417	326,265	457,755	186,287
5 百万—1 千万元	73,659	126,385	191,339	47,234
1 百万—5 百万元	57,229	94,971	210,467	22,050
50 万—1 百万元	1,342	15,547	24,584	1,035
10 万—50 万元	6,128	10,933	17,579	174
10 万元以下	97,775	12,015	40,158	—1,241

1997 年全部独立核算工业企业主要指标(二)③

计算单位:万元

按工业总产值现价 分　　组	所 有 者 权　益	固 定 资 产 原　价	流动资产年平均 余　　额	工　　业 增加值
中药饮片工业合计	**15,851**	**19,882**	**27,374**	**6,787**
5 千万—1 亿元	2,816	5,461	2,838	1,660
3 千万—5 千万元	1,130	1,013	1,974	168
1 千万—3 千万元	3,442	3,457	6,230	2,177
5 百万—1 千万元	2,940	3,032	6,542	1,686
1 百万—5 百万元	4,203	5,350	7,349	1,123
50 万—1 百万元	726	855	1,187	—29
10 万—50 万元	326	649	938	36
10 万元以下	269	66	317	—33
药用包装材料工业合计	**124,699**	**264,813**	**201,738**	**85,363**
1 亿元及以上	39,006	49,082	56,591	32,205
5 千万—1 亿元	27,835	58,817	42,476	18,481
3 千万—5 千万元	17,531	44,228	31,439	19,538
1 千万—3 千万元	20,114	45,730	35,951	7,368
5 百万—1 千万元	8,691	40,945	18,594	4,248
1 百万—5 百万元	10,514	22,152	14,534	4,023
50 万—1 百万元	130	1,266	706	—125
10 万—50 万元	303	514	344	77
10 万元以下	574	2,081	1,102	—452
其他工业合计	**180,842**	**83,895**	**176,631**	**97,282**
1 亿元及以上	126,560	49,492	129,344	77,371
5 千万—1 亿元	2,513	4,939	11,214	7,307
3 千万—5 千万元	4,222	3,616	9,501	6,379
1 千万—3 千万元	20,752	9,239	14,362	3,575
5 百万—1 千万元	878	3,100	3,902	881
1 百万—5 百万元	25,676	11,043	6,049	1,459
50 万—1 百万元	68	2,401	2,000	276
10 万—50 万元	175	66	259	35

1997年全部独立核算工业企业主要指标(二)④

计算单位:万元

按利税总额分组	所有者权益	固定资产原价	流动资产年平均余额	工业增加值
全国工业合计	**1,135,842**	**7,764,181**	**10,283,455**	**4,068,532**
1亿元及以上	2,173,189	2,488,934	3,138,617	1,152,849
5千万—1亿元	787,914	725,260	1,250,485	425,154
3千万—5千万元	946,838	624,767	989,991	478,984
1千万—3千万元	1,141,600	1,127,069	1,403,821	670,319
5百万—1千万元	690,075	805,685	961,311	377,770
1百万—5百万元	941,315	1,317,749	1,700,201	673,425
50万—1百万元	160,350	242,974	316,117	120,956
10万—50万元	213,682	302,715	379,900	130,558
10万元以下	80,878	129,030	143,011	38,518
化学药品工业合计	**1,006,571**	**5,282,585**	**6,135,027**	**2,232,276**
1亿元及以上	1,294,630	1,952,792	2,132,346	708,314
5千万—1亿元	410,987	490,413	777,775	191,243
3千万—5千万元	482,581	382,293	488,285	234,618
1千万—3千万元	705,657	778,885	845,085	381,358
5百万—1千万元	433,944	536,156	597,772	245,088
1百万—5百万元	460,664	800,316	899,186	334,707
50万—1百万元	74,493	134,504	159,077	55,493
10万—50万元	98,306	139,201	161,277	56,447
10万元以下	45,308	68,026	74,224	25,008
医疗器械工业合计	**628,853**	**506,894**	**799,213**	**347,580**
1亿元及以上	93,882	64,833	99,356	28,504
5千万—1亿元	49,836	50,030	59,539	50,904
3千万—5千万元	114,639	62,256	137,973	74,614
1千万—3千万元	102,721	83,268	127,495	55,928
5百万—1千万元	92,283	66,656	86,854	28,274
1百万—5百万元	108,098	98,675	186,794	76,007
50万—1百万元	17,369	18,406	28,555	12,373
10万—50万元	31,993	45,907	54,540	16,602
10万元以下	18,032	16,861	18,107	4,375

1997年全部独立核算工业企业主要指标(二)⑤

计算单位:万元

按利税总额分组	所有者权益	固定资产原价	流动资产年平均余额	工业增加值
卫生材料工业合计	**88,585**	**120,261**	**151,199**	**55,005**
1亿元及以上	18,036	28,582	22,649	5,671
5千万—1亿元	14,965	10,858	18,674	9,595
3千万—5千万元	13	1,503	1,122	391
1千万—3千万元	8,793	6,214	14,705	10,012
5百万—1千万元	12,082	23,873	19,774	9,387
1百万—5百万元	18,129	25,450	33,514	5,458
50万—1百万元	9,894	9,064	11,215	5,620
10万—50万元	7,128	11,418	27,215	8,382
10万元以下	−454	3,300	2,331	490
制药机械工业合计	**33,559**	**50,899**	**54,691**	**18,111**
1亿元及以上	7,857	19,477	17,829	4,423
3千万—5千万元	268	1,519	1,524	360
1千万—3千万元	968	2,741	2,784	299
5百万—1千万元	5,731	2,953	7,101	1,630
1百万—5百万元	10,744	15,352	15,971	5,105
50万—1百万元	2,296	2,346	4,555	2,580
10万—50万元	5,695	6,511	4,928	3,715
中成药工业合计	**2,056,177**	**1,436,155**	**2,738,442**	**1,226,565**
1亿元及以上	633,024	346,708	705,425	328,704
5千万—1亿元	317,227	152,226	384,124	174,189
3千万—5千万元	338,760	158,389	342,779	154,245
1千万—3千万元	254,120	202,380	365,818	201,108
5百万—1千万元	123,213	124,560	208,697	74,511
1百万—5百万元	279,993	291,257	487,788	211,401
50万—1百万元	42,329	54,113	91,100	36,899
10万—50万元	58,472	80,771	112,307	38,368
10万元以下	9,038	25,749	40,404	7,140

1997 年全部独立核算工业企业主要指标(二)⑥

计算单位:万元

按利税总额分组	所有者权益	固定资产原价	流动资产年平均余额	工业增加值
中药饮片工业合计	**15,828**	**19,593**	**27,192**	**6,733**
5 千万—1 亿元	389	1,613	2,450	391
3 千万—5 千万元	15	112	673	80
1 千万—3 千万元	−151	64	313	99
5 百万—1 千万元	313	504	963	−30
1 百万—5 百万元	5,519	5,343	8,296	2,021
50 万—1 百万元	3,511	2,986	5,765	1,769
10 万—50 万元	4,679	7,021	6,648	2,744
10 万元以下	1,554	1,951	2,084	−341
药用包装材料工业合计	**124,934**	**264,694**	**201,603**	**85,289**
1 亿元及以上	30,651	49,891	48,049	18,285
5 千万—1 亿元	−4,888	19,385	7,139	−1,305
3 千万—5 千万元	8,608	17,946	14,631	8,425
1 千万—3 千万元	13,374	17,184	19,981	1,945
5 百万—1 千万元	21,342	45,856	36,026	17,163
1 百万—5 百万元	34,638	72,119	46,868	30,754
50 万—1 百万元	8,142	18,975	12,501	5,085
10 万—50 万元	6,201	10,552	11,170	3,499
10 万元以下	6,866	12,786	5,239	1,438
其他工业合计	**181,336**	**83,101**	**176,088**	**96,973**
1 亿元及以上	95,109	26,650	112,964	58,949
5 千万—1 亿元	−601	735	784	136
3 千万—5 千万元	1,955	749	3,004	6,252
1 千万—3 千万元	56,118	36,333	27,641	19,570
5 百万—1 千万元	1,167	5,127	4,125	1,748
1 百万—5 百万元	23,529	9,236	21,786	7,972
50 万—1 百万元	2,316	2,581	3,348	1,139
10 万—50 万元	1,207	1,334	1,814	801
10 万元以下	536	356	623	407

1997年全部独立核算工业企业主要指标(二)⑦

计算单位:万元

按固定资产原价分组	所有者权益	固定资产原价	流动资产年平均余额	工业增加值
全国工业合计	**7,168,598**	**7,870,752**	**10,393,585**	**4,078,269**
1亿元及以上	3,009,531	3,388,162	4,018,491	1,336,704
5千万—1亿元	1,583,052	1,496,912	1,845,253	779,055
3千万—5千万元	658,861	860,421	1,006,877	371,019
1千万—3千万元	1,198,928	1,409,219	1,986,844	953,632
5百万—1千万元	321,954	427,704	724,938	290,710
1百万—5百万元	361,983	269,505	693,389	286,494
50万—1百万元	23,528	14,134	64,255	32,680
10万—50万元	10,458	4,435	37,497	17,885
10万元以下	304	259	16,042	10,089
化学药品工业合计	**4,029,261**	**5,367,127**	**6,210,502**	**2,230,716**
1亿元及以上	2,113,753	2,834,469	3,073,222	964,031
5千万—1亿元	817,624	1,016,032	1,072,228	440,278
3千万—5千万元	324,637	470,837	571,891	207,039
1千万—3千万元	501,629	731,966	866,310	370,932
5百万—1千万元	145,833	205,367	338,591	116,354
1百万—5百万元	116,572	103,933	253,042	114,408
50万—1百万元	5,896	3,295	20,187	8,533
10万—50万元	2,258	1,170	10,710	3,639
10万元以下	1,060	59	4,322	5,503
医疗器械工业合计	**630,383**	**513,055**	**803,557**	**347,517**
1亿元及以上	166,208	114,753	151,756	43,670
5千万—1亿元	192,906	124,398	165,115	98,124
3千万—5千万元	50,286	47,273	86,546	17,212
1千万—3千万元	128,976	134,286	228,756	108,847
5百万—1千万元	41,215	49,787	66,027	27,780
1百万—5百万元	41,639	37,927	83,092	43,644
50万—1百万元	6,371	3,602	13,739	4,654
10万—50万元	2,367	931	7,505	2,990
10万元以下	415	98	1,021	596

1997年全部独立核算工业企业主要指标(二)⑧

计算单位:万元

按固定资产现价分组	所有者权益	固定资产原价	流动资产年平均余额	工业增加值
卫生材料工业合计	**88,294**	**120,745**	**151,608**	**54,995**
1亿元及以上	4,801	14,634	6,647	2,708
5千万—1亿元	11,240	5,285	13,414	9,341
3千万—5千万元	24,302	24,633	19,542	10,333
1千万—3千万元	28,684	48,823	58,266	8,267
5百万—1千万元	10,021	12,732	34,114	10,541
1百万—5百万元	8,895	13,889	17,128	11,858
50万—1百万元	299	448	988	266
10万—50万元	268	288	1,432	1,250
10万元以下	−215	14	77	432
制药机械工业合计	**34,437**	**54,768**	**57,682**	**18,585**
5千万—1亿元	9,104	18,829	13,644	2,147
3千万—5千万元	2,867	12,343	8,283	1,452
1千万—3千万元	13,078	11,653	20,701	6,946
5百万—1千万元	5,491	8,698	8,873	5,301
1百万—5百万元	3,573	3,074	5,549	2,495
50万—1百万元	299	166	570	246
10万元以下	25	6	63	−1
中成药工业合计	**2,064,832**	**1,446,464**	**2,764,494**	**1,237,023**
1亿元及以上	572,412	306,630	621,984	233,443
5千万—1亿元	498,735	248,308	521,663	211,929
3千万—5千万元	209,765	242,822	263,297	121,605
1千万—3千万元	489,611	421,472	764,050	432,557
5百万—1千万元	105,214	131,268	252,985	111,616
1百万—5百万元	173,657	89,885	296,047	97,597
50万—1百万元	9,472	4,630	23,596	16,484
10万—50万元	4,569	1,397	14,581	9,058
10万元以下	1,398	52	6,290	2,734

1997年全部独立核算工业企业主要指标(二)⑨

计算单位:万元

按固定资产现价分组	所有者权益	固定资产原价	流动资产年平均余额	工业增加值
中药饮片工业合计	**15,851**	**19,882**	**27,374**	**6,787**
5千万—1亿元	2,816	5,461	2,838	1,660
1千万—3千万元	3,352	3,763	4,656	33
5百万—1千万元	4,408	5,729	6,584	2,148
1百万—5百万元	4,066	3,878	8,457	1,256
50万—1百万元	770	849	2,938	880
10万—50万元	312	187	1,339	302
10万元以下	126	16	561	508
药用包装材料工业合计	**124,699**	**264,813**	**201,738**	**85,363**
1亿元及以上	33,841	71,021	41,850	24,941
5千万—1亿元	27,416	73,354	54,857	15,809
3千万—5千万元	27,484	50,401	43,826	10,810
1千万—3千万元	22,724	46,113	32,265	19,343
5百万—1千万元	4,749	10,058	9,445	4,657
1百万—5百万元	7,923	12,710	16,793	8,083
50万—1百万元	292	910	1,703	1,324
10万—50万元	234	242	849	369
10万元以下	36	4	150	26
其他工业合计	**180,842**	**83,895**	**176,631**	**97,282**
1亿元及以上	118,516	46,655	123,033	67,913
5千万—1亿元	23,212	5,246	1,494	−232
3千万—5千万元	19,520	12,111	13,492	2,568
1千万—3千万元	10,874	11,144	11,840	6,707
5百万—1千万元	5,024	4,065	8,320	12,314
1百万—5百万元	5,658	4,209	13,280	7,153
50万—1百万元	128	235	532	293
10万—50万元	450	222	1,081	277
10万元以下	−2,540	10	3,559	290

1997 年全部独立核算工业企业主要指标(二)⑩

计算单位:万元

按职工年平均人数 分　组	所有者 权益	固定资产 原价	流动资产年平均 余额	工业 增加值
全国工业合计	**7,168,598**	**7,870,752**	**10,393,585**	**4,078,269**
1 万人及以上	332,183	444,027	455,212	117,666
5 千人—1 万人	584,009	342,302	858,365	256,450
3 千人—5 千人	443,362	533,979	578,544	173,812
1 千人—3 千人	2,132,634	2,279,877	2,634,316	1,013,476
5 百人—1 千人	1,217,216	1,675,621	2,362,237	985,605
1 百人—5 百人	1,960,366	2,184,705	2,853,448	1,331,258
50 人—1 百人	356,825	285,363	408,046	152,862
10 人—50 人	88,525	87,223	198,710	52,220
10 人以下	53,478	37,655	44,707	14,919
化学药品工业合计	**4,029,261**	**5,367,128**	**6,210,502**	**2,230,716**
1 万人及以上	332,183	444,027	455,212	117,666
5 千人—1 万人	412,475	263,173	612,288	196,088
3 千人—5 千人	336,207	486,708	370,891	91,568
1 千人—3 千人	1,360,042	1,706,098	1,862,694	618,876
5 百人—1 千人	491,044	1,058,507	1,337,874	551,017
1 百人—5 百人	914,189	1,213,422	1,334,823	564,416
50 人—1 百人	142,091	146,360	166,469	67,088
10 人—50 人	33,729	33,786	52,897	19,551
10 人以下	7,300	15,047	17,354	4,445
医疗器械工业合计	**630,382**	**513,055**	**803,557**	**347,517**
1 千人—3 千人	180,328	153,788	183,426	98,481
5 百人—1 十人	60,440	100,014	122,657	70,814
1 百人—5 百人	327,116	205,402	405,355	149,487
50 人—1 百人	34,247	27,402	51,665	15,476
10 人—50 人	21,495	17,595	29,279	11,627
10 人以下	6,757	8,854	11,176	1,631

1997 年全部独立核算工业企业主要指标(二)⑪

计算单位:万元

按职工年平均人数分组	所有者权益	固定资产原价	流动资产年平均余额	工业增加值
卫生材料工业合计	**88,294**	**120,745**	**151,608**	**54,995**
1 千人—3 千人	19,071	26,983	17,820	9,444
5 百人—1 千人	11,412	28,664	49,955	14,632
1 百人—5 百人	49,030	50,573	72,596	23,817
50 人—1 百人	6,434	6,601	6,318	4,742
10 人—50 人	2,573	6,998	4,280	1,982
10 人以下	—226	926	639	377
制药机械工业合计	**34,437**	**54,768**	**57,682**	**18,585**
1 千人—3 千人	5,308	20,192	19,587	2,948
5 百人—1 千人	12,117	16,849	14,918	5,282
1 百人—5 百人	15,306	15,501	20,521	9,227
50 人—1 百人	1,308	1,982	2,157	915
10 人—50 人	300	144	204	56
10 人以下	98	100	296	159
中成药工业合计	**2,064,832**	**1,446,464**	**2,764,494**	**1,237,023**
5 千人—1 万人	171,533	79,130	246,077	60,362
3 千人—5 千人	9,157	20,621	98,106	23,536
1 千人—3 千人	518,981	245,681	433,125	242,983
5 百人—1 千人	607,628	423,699	792,398	327,740
1 百人—5 百人	564,231	577,419	929,130	504,810
50 人—1 百人	156,129	75,263	155,734	58,724
10 人—50 人	24,307	20,181	102,218	14,842
10 人以下	12,866	4,470	7,706	4,026

1997年全部独立核算工业企业主要指标(二)⑫

计算单位:万元

按职工年平均人数分组	所有者权益	固定资产原价	流动资产年平均余额	工业增加值
中药饮片工业合计	**15,851**	**19,882**	**27,374**	**6,787**
5百人—1千人	2,816	5,461	2,838	1,660
1百人—5百人	5,195	5,795	9,453	2,710
50人—1百人	6,481	7,147	11,701	1,758
10人—50人	998	1,365	3,101	414
10人以下	361	115	281	245
药用包装材料工业合计	**124,699**	**264,813**	**201,738**	**85,363**
1千人—3千人	31,274	107,129	100,762	31,298
5百人—1千人	14,942	37,194	31,805	13,857
1百人—5百人	66,312	99,317	55,166	35,427
50人—1百人	7,784	14,550	9,161	2,970
10人—50人	3,396	4,293	3,494	2,055
10人以下	991	2,331	1,349	−244
其他工业合计	**180,842**	**83,895**	**176,631**	**97,282**
3千人—5千人	97,998	26,650	109,547	58,708
1千人—3千人	17,630	20,004	16,902	9,446
5百人—1千人	16,817	5,232	9,793	602
1百人—5百人	18,986	17,277	26,403	21,363
50人—1百人	2,352	6,058	4,842	1,190
10人—50人	1,729	2,861	3,237	1,693
10人以下	25,330	5,813	5,907	4,281

1997年国有经济独立核算企业主要指标(三)①

计量单位:万元

按工业总产值现价 分　组	工业总产值 (不变价、新规定)	工业总产值 (现价、新规定)	工业销售产值 (现价、新规定)	全部职工年平均人数 (人)
全国工业合计	**12,337,825**	**14,299,390**	**11,661,868**	**1,190,861**
1亿元及以上	7,308,022	8,196,275	7,078,402	385,748
5千万—1亿元	1,850,535	2,404,290	1,705,546	174,579
3千万—5千万元	1,008,006	1,241,745	905,687	122,993
1千万—3千万元	1,523,742	1,749,362	1,391,318	268,417
5百万—1千万元	405,693	452,157	360,605	112,339
1百万—5百万元	226,322	239,756	199,717	99,225
50万—1百万元	11,666	11,763	12,468	12,537
10万—50万元	3,764	3,942	5,652	7,758
10万元以下	75	101	2,474	7,265
化学药品工业合计	**7,679,232**	**9,719,962**	**7,319,982**	**701,293**
1亿元及以上	4,916,330	5,868,622	4,770,463	277,285
5千万—1亿元	1,173,933	1,760,691	1,093,751	116,228
3千万—5千万元	547,384	772,680	495,136	67,118
1千万—3千万元	786,463	1,008,689	730,515	141,521
5百万—1千万元	170,372	213,229	154,297	52,677
1百万—5百万元	81,037	91,892	71,249	37,973
50万—1百万元	2,771	3,110	2,906	3,754
10万—50万元	924	1,033	1,492	1,578
10万元以下	17	17	173	3,159
医疗器械工业合计	**948,583**	**998,736**	**915,510**	**106,380**
1亿元及以上	517,434	537,856	504,598	21,481
5千万—1亿元	126,670	144,769	117,060	10,234
3千万—5千万元	67,305	70,004	62,103	5,882
1千万—3千万元	146,751	151,815	146,408	27,815
5百万—1千万元	47,434	49,266	44,395	14,022
1百万—5百万元	39,172	41,597	35,557	20,569
50万—1百万元	2,699	2,329	2,900	3,730
10万—50万元	1,104	1,082	1,047	2,279
10万元以下	15	18	1,442	368

1997年国有经济独立核算企业主要指标(三)②

计量单位:万元

按工业总产值现价 分　组	工业总产值 (不变价、新规定)	工业总产值 (现价、新规定)	工业销售产值 (现价、新规定)	全部职工年平均人数 (人)
卫生材料工业合计	**260,535**	**260,964**	**251,238**	**36,838**
1亿元及以上	106,597	104,272	103,858	6,698
5千万—1亿元	30,050	25,097	29,198	3,300
3千万—5千万元	42,586	55,795	41,045	6,890
1千万—3千万元	54,198	53,924	51,229	10,840
5百万—1千万元	16,121	13,916	15,268	4,362
1百万—5百万元	10,309	7,520	9,886	3,521
50万—1百万元	588	373	571	544
10万—50万元	82	65	152	86
10万元以下	3	3	30	597
制药机械工业合计	**54,085**	**52,319**	**49,981**	**14,322**
5千万—1亿元	12,850	12,808	11,703	1,223
3千万—5千万元	14,896	13,369	13,843	2,752
1千万—3千万元	15,955	16,581	15,046	6,204
5百万—1千万元	5,954	5,305	5,547	1,659
1百万—5百万元	4,374	4,210	3,788	2,395
50万—1百万元	54	43	49	81
10万元以下	2	2	6	8
中成药工业合计	**2,774,601**	**2,654,366**	**2,527,871**	**263,728**
1亿元及以上	1,418,178	1,317,727	1,356,234	65,650
5千万—1亿元	425,951	391,993	378,998	30,206
3千万—5千万元	269,496	271,910	232,550	31,773
1千万—3千万元	452,179	454,336	383,782	68,085
5百万—1千万元	134,560	140,951	111,362	31,582
1百万—5百万元	69,186	71,838	57,388	26,240
50万—1百万元	3,832	4,220	4,423	3,275
10万—50万元	1,189	1,334	2,453	2,976
10万元以下	30	56	682	3,041

1997年国有经济独立核算企业主要指标(三)③

计量单位:万元

按工业总产值现价分组	工业总产值(不变价、新规定)	工业总产值(现价、新规定)	工业销售产值(现价、新规定)	全部职工年平均人数(人)
中药饮片工业合计	**33,470**	**26,828**	**34,820**	**4,030**
5千万—1亿元	5,370	454	5,411	790
3千万—5千万元	3,009	3,400	2,945	93
1千万—3千万元	10,845	10,584	10,432	623
5百万—1千万元	8,640	7,750	9,199	734
1百万—5百万元	4,813	3,981	5,998	1,244
50万—1百万元	626	517	605	247
10万—50万元	167	141	229	265
10万元以下	0	0	0	34
药用包装材料工业合计	**256,595**	**241,810**	**244,391**	**50,415**
1亿元及以上	76,690	74,505	73,653	7,265
5千万—1亿元	53,092	47,992	52,200	11,090
3千万—5千万元	50,925	45,563	47,678	7,855
1千万—3千万元	43,262	41,546	41,160	10,617
5百万—1千万元	19,254	18,442	17,710	6,595
1百万—5百万元	12,716	13,089	11,190	5,958
50万—1百万元	432	447	447	485
10万—50万元	217	221	212	492
10万元以下	7	6	140	58
其他工业合计	**330,724**	**344,404**	**318,076**	**13,855**
1亿元及以上	272,793	293,293	269,596	7,369
5千万—1亿元	22,618	20,486	17,226	1,508
3千万—5千万元	12,404	9,025	10,387	630
1千万—3千万元	14,089	11,887	12,745	1,812
5百万—1千万元	3,358	3,298	2,827	708
1百万—5百万元	4,716	5,628	4,662	1,325
50万—1百万元	664	723	566	421
10万—50万元	81	66	66	82

1997 年国有经济独立核算企业主要指标(三)④

计量单位:万元

按利税总额 分　　组	工业总产值 (不变价、新规定)	工业总产值 (现价、新规定)	工业销售产值 (现价、新规定)	全部职工年平均人数 (人)
全国工业合计	**12,257,797**	**14,207,189**	**11,591,819**	**1,174,077**
1 亿元及以上	3,386,805	3,627,818	3,265,272	276,901
5 千万—1 亿元	1,251,601	1,409,239	1,202,899	102,345
3 千万—5 千万元	1,243,120	1,377,557	1,183,533	82,476
1 千万—3 千万元	2,000,130	2,346,092	1,854,248	155,814
5 百万—1 千万元	1,241,244	1,474,937	1,195,225	119,401
1 百万—5 百万元	2,203,487	2,819,099	2,049,018	253,567
50 万—1 百万元	410,114	540,660	379,155	66,337
10 万—50 万元	403,450	471,020	357,396	81,862
10 万元以下	117,846	140,767	105,072	35,374
化学药品工业合计	**7,619,167**	**9,645,812**	**7,264,443**	**688,877**
1 亿元及以上	2,369,890	2,623,424	2,304,704	189,411
5 千万—1 亿元	740,832	929,872	721,112	62,376
3 千万—5 千万元	689,716	844,658	649,817	44,232
1 千万—3 千万元	1,225,412	1,584,458	1,151,633	97,584
5 百万—1 千万元	851,444	1,110,858	818,573	71,371
1 百万—5 百万元	1,258,851	1,862,457	1,179,991	144,014
50 万—1 百万元	216,420	341,233	201,407	31,886
10 万—50 万元	193,924	256,127	171,527	30,816
10 万元以下	72,678	92,725	65,679	17,187
医疗器械工业合计	**946,385**	**996,271**	**913,173**	**105,394**
1 亿元及以上	73,321	70,420	72,636	10,997
5 千万—1 亿元	136,877	135,431	128,735	7,819
3 千万—5 千万元	168,871	190,102	176,082	8,979
1 千万—3 千万元	171,624	185,503	151,476	14,467
5 百万—1 千万元	84,063	93,544	88,801	11,505
1 百万—5 百万元	215,661	222,018	206,556	24,276
50 万—1 百万元	35,693	37,559	33,147	8,024
10 万—50 万元	45,525	47,306	42,751	13,937
10 万元以下	14,751	14,389	12,989	5,390

1997 年国有经济独立核算企业主要指标(三)⑤

计量单位:万元

按利税总额 分　　组	工业总产值 (不变价、新规定)	工业总产值 (现价、新规定)	工业销售产值 (现价、新规定)	全部职工年平均人数 (人)
卫生材料工业合计	**260,535**	**260,964**	**251,238**	**36,838**
1 亿元及以上	30,032	37,535	27,808	7,587
5 千万—1 亿元	27,203	19,400	25,840	1,680
3 千万—5 千万元	1,442	705	1,026	622
1 千万—3 千万元	30,033	25,885	29,375	2,500
5 百万—1 千万元	36,900	35,900	36,699	3,736
1 百万—5 百万元	85,681	91,059	84,306	9,791
50 万—1 百万元	19,279	17,611	18,251	3,523
10 万—50 万元	26,422	29,174	24,546	5,989
10 万元以下	3,544	3,695	3,388	1,410
制药机械工业合计	**52,184**	**50,428**	**48,442**	**13,643**
1 亿元及以上	12,514	13,520	12,069	5,021
3 千万—5 千万元	895	941	897	732
1 千万—3 千万元	1,451	1,232	1,212	833
5 百万—1 千万元	7,784	7,619	6,401	559
1 百万—5 百万元	18,019	16,951	17,453	3,535
50 万—1 百万元	4,966	4,473	4,619	1,064
10 万元—50 万元	6,554	5,693	5,793	1,899
中成药工业合计	**2,759,700**	**2,641,308**	**2,518,122**	**261,453**
1 亿元及以上	615,597	581,550	554,951	49,865
5 千万—1 亿元	340,875	319,836	321,782	27,128
3 千万—5 千万元	349,711	309,025	332,935	22,478
1 千万—3 千万元	503,094	475,295	462,754	34,322
5 百万—1 千万元	204,165	181,278	190,566	22,101
1 百万—5 百万元	520,008	529,763	460,808	56,869
50 万—1 百万元	101,676	110,781	90,643	15,616
10 万—50 万元	104,120	110,253	86,762	23,498
10 万元以下	20,455	23,528	16,922	9,576

1997 年国有经济独立核算企业主要指标(三)⑥

计量单位:万元

按利税总额分组	工业总产值(不变价、新规定)	工业总产值(现价、新规定)	工业销售产值(现价、新规定)	全部职工年平均人数(人)
中药饮片工业合计	**33,355**	**26,770**	**34,662**	**4,004**
5 千万—1 亿元	1,808	957	1,708	210
3 千万—5 千万元	342	316	176	38
1 千万—3 千万元	237	97	646	105
5 百万—1 千万元	385	315	367	160
1 百万—5 百万元	9,945	10,266	10,288	758
50 万—1 百万元	6,702	6,272	7,271	852
10 万—50 万元	13,263	7,943	13,490	1,494
10 万元以下	673	603	717	387
药用包装材料工业合计	**256,461**	**241,688**	**244,286**	**50,345**
1 亿元及以上	46,710	47,361	42,639	7,474
5 千万—1 亿元	3,445	3,289	3,134	2,969
3 千万—5 千万元	21,723	21,403	21,500	5,075
1 千万—3 千万元	20,803	23,103	20,698	3,747
5 百万—1 千万元	52,395	43,706	49,715	9,279
1 百万—5 百万元	75,161	68,941	72,194	12,215
50 万—1 百万元	19,794	17,428	19,404	4,736
10 万—50 万元	11,789	11,538	10,556	3,570
10 万元以下	4,641	4,919	4,447	1,280
其他工业合计	**330,010**	**343,949**	**317,452**	**13,523**
1 亿元及以上	238,741	254,009	250,465	6,546
5 千万—1 亿元	562	454	587	163
3 千万—5 千万元	10,420	10,407	1,102	320
1 千万 3 千万元	47,477	50,519	36,455	2,256
5 百万—1 千万元	4,109	1,718	4,105	690
1 百万—5 百万元	20,161	17,644	17,423	2,109
50 万—1 百万元	5,583	5,304	4,413	636
10 万—50 万元	1,853	2,986	1,972	659
10 万元以下	1,103	908	930	144

1997 年国有经济独立核算企业主要指标(三)⑦

计量单位:万元

按固定资产原价 分　组	工业总产值 (不变价、新规定)	工业总产值 (现价、新规定)	工业销售产值 (现价、新规定)	全部职工年平均人数 (人)
全国工业合计	**12,337,825**	**14,299,390**	**11,661,868**	**1,190,861**
1 亿元及以上	4,312,636	4,898,563	4,203,634	287,700
5 千万—1 亿元	2,382,346	2,670,354	2,312,609	194,367
3 千万—5 千万元	1,246,785	1,552,350	1,164,014	136,430
1 千万—3 千万元	2,641,187	3,171,782	2,443,742	295,764
5 百万—1 千万元	858,097	1,006,673	748,923	126,328
1 百万—5 百万元	747,391	848,288	661,527	119,588
50 万—1 百万元	81,149	81,564	68,941	14,307
10 万—50 万元	44,320	44,683	38,814	9,631
化学药品工业合计	**7,679,232**	**9,719,963**	**7,319,982**	**701,293**
1 亿元及以上	3,378,480	3,985,004	3,282,727	228,614
5 千万—1 亿元	1,571,349	1,922,125	1,526,689	132,460
3 千万—5 千万元	734,432	1,043,970	689,220	76,936
1 千万—3 千万元	1,234,676	1,766,033	1,145,909	149,277
5 百万—1 千万元	409,898	546,715	360,580	57,555
1 百万—5 百万元	308,135	406,909	279,440	45,534
50 万—1 百万元	23,663	27,107	19,328	5,158
10 万—50 万元	10,388	11,872	9,609	3,429
10 万元以下	8,212	10,226	6,481	2,330
医疗器械工业合计	**948,583**	**998,736**	**915,510**	**106,380**
1 亿元及以上	149,694	157,274	139,738	9,762
5 千万—1 亿元	232,230	232,296	234,610	16,919
3 千万—5 千万元	48,228	52,095	46,913	7,800
1 千万—3 千万元	308,298	339,013	296,207	29,867
5 百万—1 千万元	77,113	82,388	74,786	16,396
1 百万—5 百万元	111,583	114,756	104,425	20,267
50 万—1 百万元	12,414	12,331	10,846	3,248
10 万—50 万元	6,556	6,087	5,833	1,269
10 万元以下	2,468	2,495	2,154	852

1997年国有经济独立核算企业主要指标(三)⑧

计量单位:万元

按固定资产原价分组	工业总产值(不变价、新规定)	工业总产值(现价、新规定)	工业销售产值(现价、新规定)	全部职工年平均人数(人)
卫生材料工业合计	**260,535**	**260,964**	**251,238**	**36,838**
1亿元及以上	11,129	13,704	10,954	1,345
5千万—1亿元	23,053	15,391	21,900	366
3千万—5千万元	65,378	74,338	61,746	4,861
1千万—3千万元	75,876	75,221	75,592	14,126
5百万—1千万元	43,742	40,377	42,091	8,027
1百万—5百万元	35,388	36,772	33,287	6,431
50万—1百万元	786	431	773	269
10万—50万元	3,953	3,437	3,916	881
10万元以下	1,231	1,293	979	532
制药机械工业合计	**54,085**	**52,319**	**49,981**	**14,322**
5千万—1亿元	8,700	9,166	7,867	3,207
3千万—5千万元	4,983	5,144	4,435	2,827
1千万—3千万元	19,364	18,799	18,361	[illegible]
5百万—1千万元	15,214	13,808	13,982	[illegible]
1百万—5百万元	5,450	5,084	4,980	[illegible]
50万—1百万元	371	317	350	75
10万元以下	2	2	6	8
中成药工业合计	**2,774,601**	**2,654,366**	**2,527,871**	**263,728**
1亿元及以上	467,500	418,954	457,749	33,431
5千万—1亿元	489,910	444,296	466,803	29,686
3千万—5千万元	330,575	320,465	302,636	33,333
1千万—3千万元	924,406	899,620	833,766	87,257
5百万—1千万元	264,470	275,718	225,215	35,541
1百万—5百万元	238,185	236,635	193,663	35,760
50万—1百万元	35,975	35,083	29,893	4,336
10万—50万元	18,158	18,132	14,172	2,770
10万元以下	5,421	5,464	3,974	1,614

1997 年国有经济独立核算企业主要指标(三)⑨

计量单位:万元

按固定资产原价分组	工业总产值(不变价、新规定)	工业总产值(现价、新规定)	工业销售产值(现价、新规定)	全部职工年平均人数(人)
中药饮片工业合计	**33,470**	**26,828**	**34,820**	**4,030**
5 千万—1 亿元	5,370	454	5,411	790
1 千万—3 千万元	3,580	3,767	4,329	332
5 百万—1 千万元	8,327	7,531	7,926	711
1 百万—5 百万元	8,155	8,287	8,524	1,055
50 万—1 百万元	4,627	3,407	5,122	553
10 万—50 万元	2,451	2,530	2,514	331
10 万元以下	960	852	993	258
药用包装材料工业合计	**256,595**	**241,810**	**244,391**	**50,415**
1 亿元及以上	55,760	54,992	54,110	7,503
5 千万—1 亿元	51,439	46,344	48,996	10,939
3 千万—5 千万元	53,186	50,234	50,921	9,744
1 千万—3 千万元	52,643	48,042	50,105	9,883
5 百万—1 千万元	14,608	14,698	13,345	4,173
1 百万—5 百万元	24,661	23,810	23,269	7,050
50 万—1 百万元	2,677	2,354	2,134	615
10 万—50 万元	1,511	1,262	1,445	459
10 万元以下	112	75	67	49
其他工业合计	**330,724**	**344,404**	**318,076**	**13,855**
1 亿元及以上	250,073	268,635	258,356	7,045
5 千万—1 亿元	296	281	334	0
3 千万—5 千万元	10,003	6,105	8,144	929
1 千万—3 千万元	22,344	21,287	19,473	1,597
5 百万—1 千万元	24,726	25,439	10,998	937
1 百万—5 百万元	15,834	16,034	13,941	1,699
50 万—1 百万元	636	535	497	53
10 万—50 万元	1,302	1,363	1,325	492
10 万元以下	5,509	4,725	5,008	1,103

1997年国有经济独立核算企业主要指标(三)⑩

计量单位:万元

按职工年平均人数 分　　组	工业总产值 (不变价、新规定)	工业总产值 (现价、新规定)	工业销售产值 (现价、新规定)	全部职工年平均人数 (人)
全国工业合计	**12,337,825**	**14,299,390**	**11,661,868**	**1,190,861**
1万人及以上	364,775	399,159	360,042	30,190
5千人—1万人	691,014	688,522	674,191	45,753
3千人—5千人	724,030	831,355	725,579	59,188
1千人—3千人	3,292,817	4,086,867	3,180,122	323,550
5百人—1千人	3,075,007	3,492,691	2,956,884	282,675
1百人—5百人	3,579,673	4,130,849	3,246,357	392,682
50人—1百人	430,644	487,080	366,481	43,549
10人—50人	136,965	141,515	116,734	12,926
10人以下	42,900	41,351	35,479	348
化学药品工业合计	**7,679,232**	**9,719,963**	**7,319,982**	**701,293**
1万人及以上	364,775	399,159	360,042	30,190
5千人—1万人	573,631	575,417	565,926	33,100
3千人—5千人	435,286	529,203	423,223	48,737
1千人—3千人	2,342,171	3,143,247	2,267,254	227,274
5百人—1千人	1,912,643	2,417,944	1,838,129	153,172
1百人—5百人	1,768,499	2,309,757	1,625,323	186,950
50人—1百人	213,345	268,260	182,987	17,561
10人—50人	52,851	59,374	44,722	4,123
10人以下	16,032	17,602	12,376	186
医疗器械工业合计	**948,583**	**998,736**	**915,510**	**106,380**
1千人—3千人	285,847	292,385	280,286	24,179
5百人 1千人	198,059	199,698	192,451	24,500
1百人—5百人	372,295	408,453	361,163	49,544
50人—1百人	51,719	57,578	45,211	5,256
10人—50人	31,777	32,691	28,311	2,885
10人以下	8,884	7,932	8,089	16

1997年国有经济独立核算企业主要指标(三)⑪

计量单位:万元

按职工年平均人数分组	工业总产值(不变价、新规定)	工业总产值(现价、新规定)	工业销售产值(现价、新规定)	全部职工年平均人数(人)
卫生材料工业合计	**260,535**	**260,964**	**251,238**	**36,838**
1千人—3千人	71,625	85,901	71,148	7,860
5百人—1千人	67,448	71,105	64,150	12,457
1百人—5百人	104,259	86,252	100,261	14,437
50人—1百人	10,310	11,915	10,003	1,427
10人—50人	5,834	4,776	5,063	657
10人以下	1,060	1,016	613	0
制药机械工业合计	**54,085**	**52,319**	**49,981**	**14,322**
1千人—3千人	9,554	9,733	8,866	5,104
5百人—1千人	14,465	14,689	14,292	3,370
1百人—5百人	27,603	25,509	24,387	5,258
50人—1百人	2,009	1,984	1,966	550
10人—50人	199	201	191	32
10人以下	257	202	280	8
中成药工业合计	**2,774,601**	**2,654,366**	**2,527,871**	**263,728**
5千人—1万人	117,383	113,105	108,265	12,653
3千人—5千人	55,401	52,764	56,816	4,965
1千人—3千人	462,410	443,129	437,869	31,130
5百人—1千人	824,771	738,203	793,857	78,040
1百人—5百人	1,145,794	1,145,492	996,226	118,569
50人—1百人	123,187	119,357	96,828	14,759
10人—50人	35,323	33,826	28,359	3,482
10人以下	10,331	8,490	9,652	130

1997 年国有经济独立核算企业主要指标(三)⑫

计量单位:万元

按职工年平均人数 分　组	工业总产值 (不变价、新规定)	工业总产值 (现价、新规定)	工业销售产值 (现价、新规定)	全部职工年平均人数 (人)
中药饮片工业合计	**33,470**	**26,828**	**34,820**	**4,030**
5 百人—1 千人	5,370	454	5,411	790
1 百人—5 百人	8,439	8,054	9,348	1,180
50 人—1 百人	15,358	14,105	15,783	1,609
10 人—50 人	3,263	3,214	3,139	443
10 人以下	1,040	1,001	1,139	8
药用包装材料工业合计	**256,595**	**241,810**	**244,391**	**50,415**
1 千人—3 千人	99,083	88,605	96,959	25,384
5 百人—1 千人	47,919	47,676	44,404	9,104
1 百人—5 百人	94,745	91,577	89,389	13,567
50 人—1 百人	10,149	9,601	9,629	1,487
10 人—50 人	4,255	4,000	3,511	873
10 人以下	445	351	498	0
其他工业合计	**330,724**	**344,404**	**318,076**	**13,855**
3 千人—5 千人	233,343	249,388	245,540	5,486
1 千人—3 千人	22,128	23,868	17,741	2,619
5 百人—1 千人	4,333	2,922	4,190	1,242
1 百人—5 百人	58,041	55,756	40,259	3,177
50 人—1 百人	4,566	4,280	4,075	900
10 人—50 人	3,462	3,432	3,438	431
10 人以下	4,851	4,758	2,833	0

1997 年化学药品工业按产值(现价)排序前 500 家①

No.	企业名称	总产值(万元)	No.	企业名称	总产值(万元)
1	华北制药集团有限责任公司	287,453.60	39	浙江横店集团康裕制药有限公司	39,716.00
2	济南三株药业有限公司	233,343.00	40	上海新亚药业有限公司	38,077.40
3	三九企业集团(深圳南方制药厂)	206,463.00	41	中国通化东宝实业集团公司	37,390.00
4	西安杨森制药有限公司	169,102.40	42	西南合成制药总厂	36,802.20
5	武汉红桃开集团股份有限公司	159,844.80	43	阿斯托拉制药有限公司	36,689.00
6	中美天津史克制药有限公司	124,274.00	44	江苏利康集团公司	36,577.00
7	广州白云山企业集团公司	120,075.00	45	四川长征制药股份有限公司	36,375.00
8	山东新华医药集团公司	108,740.20	46	华瑞制药有限公司	35,758.00
9	哈尔滨制药厂	95,059.00	47	深圳太太药业有限公司	35,002.10
10	山东鲁抗医药企业集团公司	89,912.00	48	正大青春宝药业有限公司	34,534.90
11	中美上海施贵宝制药有限公司	83,741.10	49	北京制药厂	34,079.80
12	河北制药(集团)有限公司	80,872.00	50	杭州民生药业集团公司	34,002.60
13	东北制药总厂	77,321.00	51	上海先锋药业公司	33,647.10
14	扬子江制药厂	75,228.90	52	吉林延边敖东集团股份有限公司	33,462.00
15	深圳日宝来福磁性健康用品公司	73,459.10	53	海南养生堂药业有限公司	33,398.00
16	四川太极制药有限公司	72,670.00	54	上海四药股份有限公司	33,283.40
17	珠海丽珠医药(集团)有限公司	68,612.00	55	河南省南阳普康药业集团有限公司	32,892.00
18	中科院成都地奥制药公司	64,221.50	56	武汉制药厂	32,711.00
19	石家庄制药集团有限公司	60,529.00	57	天津市天津药业公司	32,235.00
20	河南省驻马店地区制药厂	59,330.10	58	上海信谊药业有限公司	31,363.60
21	上海市药材有限公司	55,401.10	59	昆明制药股份有限公司	30,679.20
22	江苏宏宝集团公司	55,305.00	60	四川制药股份有限公司	30,678.00
23	新昌合成化工厂	55,213.50	61	桂林三金药业集团公司	29,699.00
24	西安三宝双喜制药厂	53,797.00	62	江苏金鹿集团有限公司	29,607.00
25	咸阳步长制药有限公司	53,290.00	63	上海华联制药有限公司	29,333.60
26	生力集团	52,750.00	64	福州抗菌素集团有限公司	29,251.40
27	齐鲁制药厂	49,121.00	65	杭丽制冷设备有限公司	28,832.60
28	靖江葡萄糖厂	47,116.00	66	江中制药厂	28,792.80
29	陕西省西安制药厂	46,163.80	67	广东太阳神集团有限公司	28,408.80
30	浙江医药股份有限公司新昌制药厂	46,054.50	68	石家庄市华曙联合制药厂	28,214.00
31	中国北京同仁堂集团公司	44,713.10	69	湖南省长沙九芝堂药业集团公司	27,970.00
32	欧姆龙(大连)有限公司	44,256.00	70	浙江医药股份有限公司仙居制药厂	27,943.50
33	上海三维制药公司	43,959.20	71	上海中西药业股份有限公司	27,921.60
34	张家口制药(集团)有限责任公司	42,897.00	72	浙江海门制药厂	26,948.00
35	大连辉瑞制药有限公司	42,385.00	73	武汉健民药业股份有限公司	25,708.80
36	恒瑞医药股份公司	41,420.00	74	成都恩威制药有限公司	25,706.00
37	杭州西泠制冷电器有限公司	40,157.00	75	贵州神奇制药有限公司	25,700.00
38	哈尔滨制药二厂	39,848.00	76	湖北广济药业股份有限公司	25,407.60

1997年化学药品工业按产值(现价)排序前500家②

No.	企业名称	总产值(万元)	No.	企业名称	总产值(万元)
77	深圳市制药厂	25,271.70	115	上海同仁药业有限公司	18,814.60
78	河南省华鑫制药厂	25,237.00	116	湖南岳阳康神药业集团股份公司	18,772.70
79	鲁南制药股份有限公司	25,170.10	117	深圳迈瑞电子有限公司	18,500.00
80	汇仁制药有限公司	24,727.40	118	广西桂元赖氨酸有限责任公司	18,266.00
81	河北恒利集团制药公司	24,651.00	119	牡丹江制药厂	18,257.00
82	上海罗氏制药有限公司	24,467.00	120	漳州片仔癀集团公司	18,243.60
83	吉林新源玉米开发有限公司	24,262.00	121	广州侨光制药厂	18,161.00
84	浙江永宁制药厂	24,208.00	122	浙江九洲制药厂	17,979.00
85	西南药业股份有限公司	24,132.30	123	通化金马药业股份有限公司	17,448.00
86	河南东方制药厂	23,642.80	124	苏州立达制药有限公司	17,439.00
87	启东盖天力制药股份有限公司	23,220.00	125	哈尔滨制药六厂	17,238.00
88	苏州胶囊有限公司	23,176.00	126	海南三叶制药厂	17,000.00
89	上海强生有限公司	23,052.60	127	吉林省敦化华康集团	16,957.00
90	卫生部成都生物制品研究所	22,985.10	128	浙江康乐集团有限公司	16,853.50
91	扬州制药厂	22,775.00	129	深圳奥沃国际科技发展有限公司	16,739.70
92	哈慈股份有限公司	22,294.00	130	卫生部北京生物制品研究所	16,729.50
93	惠普医疗产品(青岛)有限公司	22,190.50	131	上海延安制药厂	16,560.80
94	山东东阿阿胶股份有限公司	22,174.30	132	重庆药友制药有限责任公司	16,539.70
95	台山市化学制药厂	22,029.00	133	泸州宝光药业集团有限公司	16,529.90
96	浙江海力生集团有限公司	21,137.60	134	神威药业股份有限公司	16,446.70
97	杭州中美华东制药有限公司	20,789.80	135	顺德市顺峰药业有限公司	16,367.00
98	东风药业股份有限公司	20,246.20	136	全成电子<宁波>有限公司	16,354.70
99	成都蜀阳企业(集团)有限公司	20,076.80	137	北京第三制药厂	16,344.20
100	上海第六制药厂	20,050.00	138	哈尔滨中药二厂	16,242.00
101	南京金陵(集团)有限公司	20,045.00	139	广西金嗓子制药厂	16,195.00
102	上海第一生化药业公司	19,926.60	140	鹤峰县八峰民族化工制药厂	16,188.20
103	健康药业(中国)有限公司	19,906.40	141	正大天晴制药有限公司	16,135.00
104	广州潘高寿药业股份有限公司	19,832.00	142	昆山制药总厂	16,073.00
105	广州中药一厂	19,802.60	143	广东康美药业有限公司	15,960.00
106	山东药用玻璃股份有限公司	19,641.00	144	赤峰制药厂	15,839.10
107	深圳海滨制药有限公司	19,364.00	145	秦皇岛市抚宁葡萄糖厂	15,676.00
108	广东肇庆星湖生物化学制药厂	19,343.00	146	安徽省阜阳制药厂	15,293.00
109	吉林制药股份有限公司	19,230.00	147	上海申兴制药厂	15,210.30
110	广州星群(药业)股份有限公司	19,201.90	148	北京四环制药厂	15,159.10
111	广西梧州制药(集团)股份有限公司	19,122.20	149	广州光华药业股份有限公司	15,044.00
112	南京制药厂	18,982.00	150	哈尔滨制药三厂	14,971.00
113	河南省开封制药厂	18,972.00	151	涟水县制药厂	14,967.60
114	石家庄市二药企业集团	18,948.00	152	广州奇星药业有限公司	14,949.00

1997 年化学药品工业按产值(现价)排序前 500 家③

No.	企　业　名　称	总产值(万元)	No.	企　业　名　称	总产值(万元)
153	南京第二制药厂	14,892.00	191	桂林集琦药业股份有限公司	12,675.00
154	东北第六制药厂	14,873.00	192	健力宝(漳州)饮料有限公司	12,651.90
155	鸿邦电子(深圳)有限公司	14,791.00	193	广东省台城制药厂	12,625.00
156	淮南市第三制药厂	14,709.00	194	湖南制药厂	12,622.60
157	仙桃市医用敷料厂	14,610.40	195	上海美优制药厂	12,564.70
158	焦作市第一制药厂	14,597.90	196	广州陈李济药厂	12,530.20
159	大连制药厂	14,527.00	197	上海中华制药厂	12,498.90
160	江西制药有限责任公司	14,506.10	198	成都康弘制药有限公司	12,492.00
161	青岛中药股份有限公司	14,396.00	199	广州羊城药业股份有限公司	12,491.50
162	深圳万基制药有限公司	14,349.50	200	华营葡萄糖厂	12,466.40
163	中国中医研究院中汇制药公司	14,300.00	201	山东金泰集团股份有限公司	12,443.00
164	威海医用高分子制品总厂	14,252.00	202	上海强生制药有限公司	12,426.70
165	武汉田田金龙药业有限责任公司	14,122.50	203	武汉华珍医药保健品有限公司	12,400.00
166	五洲药厂	14,101.50	204	潍坊制药二厂	12,388.00
167	广恩和制药有限公司	14,068.00	205	珠海天年高科技国际企业公司	12,371.10
168	广西源安堂制药厂	14,033.20	206	武进制药厂	12,360.00
169	昆明贝克诺顿制药有限公司	13,952.80	207	成都迪康制药公司	12,300.00
170	河南康泰制药集团公司	13,853.00	208	佛山市制药二厂	12,281.00
171	沈阳第一制药厂	13,819.00	209	北京万东医疗装备公司	12,208.00
172	蚌埠康达生物医药有限公司	13,705.00	210	海南椰岛股份有限公司	12,170.30
173	成都地奥制药公司广汉分厂	13,685.70	211	晋新制药总厂	12,020.70
174	浙江康莱特药业有限公司	13,628.40	212	深圳海王公司长春分公司	12,000.00
175	汕头经济特区驼滨制药厂	13,600.00	213	重庆制药七厂	11,865.70
176	广州敬修堂(药业)股份有限公司	13,466.00	214	上海玻璃厂	11,831.40
177	厦门美华制药有限公司	13,473.30	215	烟台第二制药厂	11,803.00
178	四川蜀乐药业股份有限公司	13,228.10	216	烟台荣昌制药有限公司	11,678.80
179	厦门星鲨实业总公司	13,181.60	217	常熟市医药化工厂	11,676.00
180	广州绿十字药业有限公司	13,175.90	218	淄博医用器材有限公司	11,563.00
181	卫生部长春生物制品研究所	13,095.00	219	来安县医药玻璃总厂	11,552.00
182	东方制药厂	13,025.20	220	宁夏制药厂	11,501.90
183	江苏省黄海制药厂	13,022.00	221	湖北制药厂	11,498.90
184	通化玉金药业股份有限公司	13,002.00	222	众生制药厂	11,491.00
185	绍兴制药厂	12,889.00	223	淮南市第六制药厂	11,480.00
186	山西康宝生物制品股份有限公司	12,850.00	224	广州何济公制药厂	11,424.90
187	宛西制药厂	12,827.00	225	河南羚锐制药有限公司	11,401.90
188	桂林制药厂	12,800.60	226	海南海药实业股份有限公司	11,347.00
189	汕头金石制药总厂	12,702.00	227	广州天心(药业)股份公司	11,339.00
190	漯河华颖药业有限公司	12,687.70	228	杭州默沙东制药有限公司	11,294.20

1997年化学药品工业按产值(现价)排序前500家④

No.	企业名称	总产值(万元)	No.	企业名称	总产值(万元)
229	广西玉林制药厂	11,252.00	267	北京第二制药厂	10,323.40
230	石家庄市栾城医药化工厂	11,225.00	268	成都制药四厂	10,292.30
231	唐山市冀东制药厂	11,208.00	269	北京费森尤斯医药有限公司	10,266.60
232	湖北安达成药业有限公司	11,178.00	270	哈尔滨天工企业集团有限公司	10,248.00
233	广西半宙制药(集团)有限责任公司	11,172.40	271	贵州信邦制药有限责任公司	10,202.00
234	绍兴市新建染织厂	11,129.00	272	云南白药股份有限公司	10,197.60
235	仙药集团椒江制药厂	11,116.10	273	重庆大新药业股份有限公司	10,163.60
236	佛山市制药一厂	11,094.10	274	桂林天和制药厂	10,157.00
237	湖北省崇阳县医疗卫生用品厂	11,070.70	275	深圳海王药业有限公司	10,069.00
238	天津天使力联合制药公司	11,066.50	276	承德市中药厂	9,982.00
239	湖北千里马药业股份有限公司	11,064.70	277	台州市东港医药化工厂	9,948.50
240	雅安三九药业有限公司	11,052.00	278	上海衡山药业有限公司	9,928.10
241	成都制药二厂	11,015.80	279	广东彼迪药业有限公司	9,926.00
242	国营华中制药厂	10,997.00	280	广东石岐制药厂	9,771.30
243	上海第九制药厂	10,978.20	281	中国大冢制药有限公司	9,770.70
244	北京市双桥制药公司	10,933.40	282	沈阳抗生素厂	9,741.00
245	郑州市新郑制药厂	10,860.00	283	芮城制药厂	9,737.30
246	大连 JMS 医疗器具有限公司	10,858.00	284	杭州天目山药业股份有限公司	9,714.10
247	浙江亚东制药公司	10,852.50	285	吉林省力源药业股份有限公司	9,702.00
248	朝阳制药厂	10,785.30	286	浙江双鸽集团有限公司	9,680.20
249	福建省三明制药厂	10,748.70	287	广西南宁制药企业集团公司	9,669.20
250	潜江市氨基酸厂	10,734.80	288	上海旭东海普药业有限公司	9,654.70
251	贵州益佰制药有限公司	10,728.20	289	河南省平原制药厂	9,650.90
252	沈阳飞龙保健品有限公司	10,587.00	290	苏州第六制药厂	9,611.00
253	巴斯夫(沈阳)维生素有限公司	10,581.00	291	武汉市滨湖制药厂	9,601.00
254	广东威达医疗器械集团公司	10,554.80	292	中策公司	9,596.00
255	天津市第六中药厂	10,540.00	293	青岛海天制药厂	9,545.00
256	四川华美制药有限公司	10,536.00	294	江西第三制药厂	9,514.00
257	吉林省延吉市玻璃总厂	10,490.00	295	东亚药业有限责任公司	9,501.30
258	青岛第二制药厂	10,461.00	296	诺和诺德生物加工有限公司	9,496.00
259	黄石亨迪制药有限公司	10,446.80	297	天津市力生制药厂	9,472.00
260	河北省安国制药厂	10,444.50	298	广东省广宁县葡萄糖厂	9,469.10
261	常州制药厂	10,411.00	299	深圳安科高技术有限公司	9,452.00
262	黑龙江完达山制药厂	10,391.00	300	海南亚洲制药有限公司	9,446.00
263	丹阳市光学元件厂	10,390.00	301	绿色制药有限公司	9,406.40
264	天津市氨基酸公司	10,363.50	302	昆明滇虹药业有限公司	9,323.00
265	佛山康宝顺药业有限公司	10,332.00	303	汕头超声仪器研究所	9,320.80
266	石家庄四药股份有限公司	10,332.00	304	芬格欣药业(集团)公司	9,259.00

1997年化学药品工业按产值(现价)排序前500家⑤

No.	企 业 名 称	总产值(万元)	No.	企 业 名 称	总产值(万元)
305	兰州佛慈制药厂	9,192.20	343	四川光大制药有限公司	8,057.80
306	武汉第四制药厂	9,182.40	344	台州市椒江医药化工厂	8,039.10
307	山东新华医疗器械厂	9,175.30	345	天津武田药品有限公司	8,034.00
308	上海葡萄糖厂	9,172.20	346	天津乐仁堂制药厂	8,018.00
309	衡阳制药厂	9,099.80	347	浙江新光制药厂	7,996.90
310	广东华天宝药厂	9,050.00	248	白云山正清制药股份有限公司	7,981.10
311	陕西汉江制药有限公司	9,020.70	349	仙桃市卫生材料厂	7,962.60
312	镇江制药厂	9,009.30	350	无锡中药厂	7,960.00
313	四川美大康药业有限公司	8,993.80	351	石家庄市第一橡胶厂	7,959.30
314	衡阳中药实业股份有限公司	8,984.00	352	福建省古田抗菌素厂	7,947.10
315	江苏苏中制药厂	8,874.70	353	兴化制药厂	7,919.50
316	广州明兴制药厂	8,810.70	354	深圳卫武光明生物制品厂	7,897.20
317	石家庄市葡萄糖厂	8,775.00	355	金华制药厂	7,892.00
318	无锡市第七制药厂	8,702.60	356	云南省腾冲县东方红制药厂	7,890.00
319	焦作市卫生材料厂	8,635.80	357	广西桂南制药集团公司	7,885.70
320	哈尔滨世一堂制药厂	8,614.00	358	焦作市第二制药厂	7,801.00
321	浙江康恩贝股份有限公司	8,612.90	359	上海禾丰制药有限公司	7,749.40
322	成都通联药业有限公司	8,611.00	360	山东沂蒙新华制药厂	7,736.00
323	南通天字味精有限公司	8,561.00	361	温州神力集团有限公司	7,730.00
324	广州南新制药有限公司	8,516.00	362	四川省内江制药厂	7,716.30
325	四川联益－史菲尔制药有限公司	8,509.50	363	上海天平制药厂	7,710.20
326	四川科创制药有限公司	8,502.00	364	天津哈娜好医材有限公司	7,703.00
327	天津达仁堂制药厂	8,457.00	365	湖北潜江制药股份有限公司	7,660.60
328	河南省新乡华星制药厂	8,456.70	366	天津市中央制药厂	7,648.00
329	天津太河制药有限公司	8,425.60	367	北京万辉药业集团	7,616.20
330	江西国药有限责任公司	8,405.50	368	广东省台山市新宁制药厂	7,580.90
331	吉林省舒兰合成药厂	8,402.00	369	西安京西制药厂	7,551.20
332	洪城制药厂	8,367.40	370	上海申隆制药厂	7,545.20
333	河南援生集团公司	8,340.00	371	新疆制药厂	7,539.90
334	淮南市中联药业有限公司	8,310.00	372	湖北省湘云制药厂	7,518.00
335	武汉马应龙药业股份有限公司	8,304.80	373	济生制药厂	7,500.00
336	上海齿科器械厂	8,213.70	374	华西医科大学制药厂	7,468.70
337	上海长征制药厂	8,194.50	375	山西博康药业有限公司	7,422.90
338	常州第二制药厂	8,126.00	376	河北葡萄糖厂	7,421.60
339	赣南制药厂	8,110.90	377	深圳中联制药厂	7,385.70
340	南通制药总厂	8,096.00	378	广西浦北制药厂	7,363.10
341	株洲千金药业股份有限公司	8,065.30	379	金水宝制药有限公司	7,320.60
342	郑州豫新制药股份有限公司	8,061.60	380	霸州长城医用设备厂	7,296.00

1996年化学药品工业按产值(现价)排序前500家⑥

No.	企　业　名　称	总产值（万元）	No.	企　业　名　称	总产值（万元）
381	陕西秦宝(集团)有限公司	7,247.90	419	天津市新新药业公司	6,542.00
382	杭州市胡庆余堂制药厂	7,209.60	420	河南淅川制药集团有限公司	6,538.80
383	绍兴振德医用敷料有限公司	7,204.90	421	哈尔滨制药四厂	6,538.00
384	陕西东盛药业股份有限公司	7,178.80	422	苏州第二制药厂	6,529.00
385	广东环球制药有限公司	7,153.00	423	集成药厂	6,524.30
386	艾西恩制药有限公司	7,110.00	424	陕西咸阳五〇五医药保健品公司	6,510.70
387	安徽联谊制药厂	7,102.00	425	河南省泌阳制药厂	6,503.60
388	西门子医疗器械有限公司	7,100.80	426	四川奇力制药有限公司(成都分厂)	6,491.20
389	山东淄川制药厂	7,095.60	427	四川医药包装股份有限公司	6,429.00
390	苏州第四制药厂	7,082.00	428	无锡县医用仪表厂	6,402.00
391	苏州第五制药厂	7,072.50	429	通化康威药业有限公司	6,381.00
392	锦州制药一厂	7,005.00	430	广东省新会市制药厂	6,355.00
393	西南制药一厂	7,003.20	431	湖州合成药厂	6,348.00
394	河南省平顶山市制药厂	6,983.00	432	清远新北江制药股份有限公司	6,347.20
395	福建省古田药业有限公司	6,967.10	433	上海第十五制药厂	6,343.60
396	昆明中药厂	6,942.10	434	山东天达药业有限公司	6,340.50
397	南通玻璃有限公司	6,936.00	435	福兴制药有限公司	6,340.10
398	云南盘龙云海药业有限公司	6,933.00	436	云南汉德技术发展有限公司	6,324.00
399	湖南洞庭药业股份有限公司	6,932.40	437	丹东制药厂	6,309.50
400	上海医疗设备厂	6,897.30	438	沈阳山之内制药有限公司	6,276.00
401	湖北中天亨迪药业有限公司	6,879.20	439	苏州医疗器械厂	6,267.00
402	重庆北碚玻璃仪器总厂	6,874.10	440	沈阳市红旗制药厂	6,266.00
403	新乡制药股份有限公司	6,864.00	441	广州卫生材料厂	6,247.00
404	广东省汕头制药厂	6,860.10	442	芜湖市第三药厂	6,208.00
405	青海制药厂	6,848.30	443	昆明积大制药有限公司	6,204.90
406	青岛泰东制药有限公司	6,832.30	444	黑龙江省庆安制药股份有限公司	6,179.00
407	四川西南华神药业股份有限公司	6,827.00	445	兴化市药用玻璃总厂	6,176.30
408	青岛华钟制药有限公司	6,809.00	446	海南海富制药有限公司	6,166.00
409	浙江一新制药股份有限公司	6,785.40	447	先灵(广州)药业有限公司	6,162.10
410	曼秀雷敦(中山)药业有限公司	6,780.70	448	湖北宜药集团有限责任公司	6,119.00
411	上海黄河利亚制药有限公司	6,762.20	449	长春市康达医用器具有限公司	6,098.00
412	海南省海灵制药厂	6,720.40	450	四川华联制药有限公司	6,095.90
413	贵州汉方制药有限公司	6,718.50	451	湖北丹江安泰激素有限责任公司	6,065.50
414	杭州赛诺菲民生制药有限公司	6,714.10	452	深圳万和制药有限公司	6,028.10
415	兰州制药厂	6,621.00	453	浙江黄岩新华医药化工厂	5,999.00
416	广州花城制药厂	6,592.00	454	积美实业(深圳)有限公司	5,994.30
417	广州制药厂	6,589.20	455	沈阳中药厂	5,969.00
418	赤峰北方联合制药厂	6,566.20	456	江苏国泰医药包装集团公司	5,951.00

1997年化学药品工业按产值(现价)排序前500家⑦

No.	企 业 名 称	总产值(万元)	No.	企 业 名 称	总产值(万元)
457	北京第四制药厂	5,936.80	479	沈阳克达制药厂	5,638.00
458	广东省梅州市梅州制药厂	5,911.70	480	山西太行制药厂	5,631.30
459	上海奈科明制药有限公司	5,891.10	481	西安博爱制药有限责任公司	5,626.40
460	临海市华海化工有限公司	5,886.00	482	山东福胶集团有限责任公司	5,622.00
461	上海手术器械厂	5,884.00	483	四川兴达制药有限责任公司	5,570.80
462	上海九福药业公司	5,871.20	484	阿洛卡医用有限公司	5,538.60
463	淮南四达药业有限公司	5,853.00	485	广东省江门制药厂	5,533.00
464	常熟医药集团公司	5,845.00	486	广东省中山市沙溪制药厂	5,526.90
465	广州众胜药厂	5,827.00	487	芜湖华东玻璃厂	5,518.00
466	合肥神鹿集团公司	5,809.00	488	仙药集团三分厂	5,512.00
467	上海淮海制药厂	5,803.70	489	河南省焦作市化学制药厂	5,507.80
468	河南利华制药有限公司	5,797.20	490	成都中药厂	5,505.70
469	北京中医药大学药厂	5,788.10	491	广州百特医疗用品有限公司	5,504.00
470	烟台中策药业有限公司	5,755.60	492	安徽省淮北生化制药厂	5,502.00
471	南京大学制药厂	5,751.00	493	浙江天一堂药业公司	5,489.30
472	苏州第一制药厂	5,749.00	494	四川省宜宾药业有限责任公司	5,464.40
473	广东省石龙华南制药厂	5,748.10	495	上海福达制药有限公司	5,428.00
474	苏州雷允上药业集团	5,719.00	496	新疆特丰制药厂	5,426.80
475	安徽省皖北制药厂	5,690.00	497	佳木斯制药厂	5,426.00
476	广东制药厂	5,672.00	498	福州制药厂	5,425.30
477	新沂县制药厂	5,664.00	499	临泽淀粉厂	5,398.00
478	安徽东南药业有限责任公司	5,660.00	500	天津市中药饮片厂	5,370.00

1997年化学药品工业按销售收入排序前500家①

No.	企　业　名　称	销售收入（万元）	No.	企　业　名　称	销售收入（万元）
1	华北制药集团有限责任公司	304,893.30	39	杭州民生药业集团公司	34,795.00
2	济南三株药业有限公司	253,602.30	40	浙江医药股份有限公司新昌制药厂	34,752.00
3	三九企业集团(深圳南方制药厂)	205,481.00	41	上海先锋药业公司	34,719.00
4	西安杨森制药有限公司	171,853.60	42	桂林三金药业集团公司	34,566.00
5	中国北京同仁堂集团公司	171,491.40	43	中国通化东宝实业集团公司	34,519.00
6	上海市药材有限公司	170,061.60	44	咸阳步长制药有限公司	34,210.00
7	山东新华医药集团公司	157,606.60	45	上海四药股份有限公司	33,981.10
8	广州白云山企业集团公司	137.982.10	46	华瑞制药有限公司	33,700.80
9	武汉红桃开集团股份有限公司	126,043.30	47	天津市天津药业公司	31,816.80
10	中美天津史克制药有限公司	111,134.30	48	吉林延边敖东集团股份有限公司	31,805.00
11	四川太极制药有限公司	105,931.90	49	深圳太太药业有限公司	31,654.60
12	山东鲁抗医药企业集团公司	93,889.10	50	海南养生堂药业有限公司	31,556.80
13	哈尔滨制药厂	93,462.40	51	新昌合成化工厂	30,939.00
14	珠海丽珠医药(集团)有限公司	90,769.60	52	西安三宝双喜制药厂	30,647.00
15	东北制药总厂	87,699.50	53	上海信谊药业有限公司	30,607.00
16	河北制药(集团)有限公司	78,293.20	54	上海新亚药业有限公司	30,221.10
17	深圳日宝来福磁性健康用品公司	70,548.30	55	武汉健民药业股份有限公司	30,008.50
18	石家庄制药集团有限公司	69,958.50	56	湖南省长沙九芝堂药业集团公司	29,774.20
19	中美上海施贵宝制药有限公司	64,170.40	57	河南省南阳普康药业集团有限公司	29,686.90
20	欧姆龙(大连)有限公司	53,783.00	58	四川制药股份有限公司	29,515.80
21	中科院成都地奥制药公司	53,451.80	59	昆山制药总厂	29,312.50
22	河南省驻马店地区制药厂	51,446.70	60	福州抗菌素集团有限公司	29,273.20
23	江苏宏宝集团公司	48,594.00	61	石家庄市华曙联合制药厂	28,495.90
24	靖江葡萄糖厂	48,447.70	62	上海华联制药有限公司	28,469.40
25	扬子江制药厂	46,535.50	63	杭丽制冷设备有限公司	28,436.10
26	大连辉端制药有限公司	46,286.00	64	启东盖天力制药股份有限公司	28,342.00
27	张家口制药(集团)有限责任公司	43,944.60	65	武汉制药厂	28,323.60
28	陕西省西安制药厂	42,738.20	66	浙江医药股份有限公司仙居制药厂	28,076.60
29	齐鲁制药厂	42,343.30	67	昆明制药股份有限公司	27,171.30
30	生力集团	42,341.10	68	浙江海门制药厂	27,071.50
31	北京制药厂	40,349.00	69	浙江横店集团康裕制药有限公司	26,603.40
32	恒瑞医药股份公司	39,946.00	70	上海中西药业股份有限公司	26,240.10
33	杭州西泠制冷电器有限公司	38,073.10	71	江中制药厂	24,971.00
34	西南合成制药总厂	37,331.40	72	四川长征制药股份有限公司	24,959.20
35	阿斯托拉制药有限公司	37,165.30	73	上海罗氏制药有限公司	24,868.00
36	哈尔滨制药二厂	36,088.20	74	汇仁制药有限公司	24,825.90
37	正大青春宝药业有限公司	35,661.00	75	河南省华鑫制药厂	23,926.00
38	上海三维制药公司	35,220.30	76	西南药业股份有限公司	23,555.20

1997年化学药品工业按销售收入排序前500家②

No.	企业名称	销售收入（万元）	No.	企业名称	销售收入（万元）
77	江苏利康集团公司	23,374.10	115	海南三叶制药厂	17,370.20
78	吉林新源玉米开发有限公司	23,160.00	116	深圳奥沃国际科技发展有限公司	17,342.40
79	广东太阳神集团有限公司	22,966.10	117	上海第六制药厂	17,166.30
80	河南东方制药厂	22,800.00	118	湖南岳阳康神药业集团股份公司	16,864.60
81	卫生部成都生物制品研究所	22,721.90	119	赤峰制药厂	16,847.30
82	浙江永宁制药厂	22,637.70	120	上海延安制药厂	16,607.80
83	哈慈股份有限公司	22,216.00	121	广东肇庆星湖生物化学制药厂	16,589.20
84	贵州神奇制药有限公司	21,960.30	122	顺德市顺峰药业有限公司	16,463.10
85	苏州胶囊有限公司	21,950.70	123	全成电子（宁波）有限公司	16,328.20
86	上海强生有限公司	21,900.10	124	广西桂元赖氨酸有限责任公司	16,250.90
87	惠普医疗产品（青岛）有限公司	21,607.90	125	成都恩威制药有限公司	16,165.80
88	东风药业股份有限公司	21,467.10	126	浙江康乐集团有限公司	16,124.80
89	吉林制药股份有限公司	21,331.00	127	广州侨光制药厂	15,905.00
90	南京金陵（集团）有限公司	20,995.00	128	成都康弘制药有限公司	15,808.30
91	扬州制药厂	20,913.00	129	广东康美药业有限公司	15,600.00
92	牡丹江制药厂	20,512.10	130	诺和诺德生物加工有限公司	15,531.20
93	山东金泰集团股份有限公司	20,382.20	131	重庆药友制药有限责任公司	15,505.20
94	健康药业（中国）有限公司	20,169.20	132	鸿邦电子（深圳）有限公司	15,419.60
95	江苏金鹿集团有限公司	19,932.00	133	石家庄市二药企业集团	15,325.70
96	漳州片仔癀集团公司	19,876.30	134	广州光华药业股份有限公司	15,321.30
97	广西梧州制药（集团）股份有限公司	19,686.50	135	广西金嗓子制药厂	15,268.80
98	广州中药一厂	19,545.50	136	神威药业股份有限公司	15,184.30
99	鹤峰县八峰民族化工制药厂	19,354.60	137	秦皇岛市抚宁葡萄糖厂	15,149.20
100	广州潘高寿药业股份有限公司	19,175.40	138	广州奇星药业有限公司	15,074.00
101	上海第一生化药业公司	10,072.50	139	深圳迈瑞电子有限公司	15,000.00
102	山东东阿阿胶股份有限公司	18,956.90	140	深圳海滨制药有限公司	14,888.20
103	哈尔滨制药六厂	18,956.60	141	成都地奥制药公司广汉分厂	14,865.60
104	广州星群（药业）股份有限公司	18,921.60	142	吉林省敦化华康集团	14,764.00
105	上海同仁药业有限公司	18,825.00	143	湖北广济药业股份有限公司	14,708.90
106	浙江九洲制药厂	18,800.40	144	北京四环制药厂	14,650.70
107	鲁南制药股份有限公司	18,613.00	145	涟水县制药厂	14,598.20
108	杭州中美华东制药有限公司	18,510.10	146	青岛中药股份有限公司	14,572.40
109	深圳市制药厂	18,283.40	147	安徽省阜阳制药厂	14,451.50
110	成都蜀阳企业（集团）有限公司	18,183.40	148	南京第二制药厂	14,235.00
111	南京制药厂	18,138.00	149	通化金马药业股份有限公司	14,186.00
112	山东药用玻璃股份有限公司	18,082.40	150	上海强生制药有限公司	14,168.10
113	河北恒利集团制药公司	17,928.00	151	卫生部长春生物制品研究所	14,133.10
114	浙江海力生集团有限公司	17,801.30	152	五洲药厂	14,088.00

1997 年化学药品工业按销售收入排序前 500 家③

No.	企　业　名　称	销售收入（万元）	No.	企　业　名　称	销售收入（万元）
153	正大天晴制药有限公司	13,840.00	191	株洲千金药业股份有限公司	11,578.20
154	北京万东医疗装备公司	13,723.50	192	华营葡萄糖厂	11,558.00
155	哈尔滨中药二厂	13,697.20	193	绍兴制药厂	11,504.50
156	众生制药厂	13,653.40	194	广州何济公制药厂	11,485.50
157	大连制药厂	13,625.30	195	天津天使力联合制药公司	11,424.90
158	淮南市第三制药厂	13,586.80	196	仙药集团椒江制药厂	11,375.80
159	江西制药有限责任公司	13,336.70	197	重庆制药七厂	11,337.30
160	哈尔滨制药三厂	13,309.40	198	深圳万基制药有限公司	11,189.30
161	中国中医研究院中汇制药公司	13,290.00	199	广东威达医疗器械集团公司	11,130.00
162	东北第六制药厂	13,256.80	200	汕头金石制药总厂	11,059.60
163	威海医用高分子制品总厂	13,192.40	201	成都迪康制药公司	11,040.00
164	湖北省崇阳县医疗卫生用品厂	13,181.70	202	宛西制药厂	11,035.00
165	沈阳第一制药厂	13,073.60	203	大连 JMS 医疗器具有限公司	10,999.60
166	苏州立达制药有限公司	13,048.10	204	昆明贝克诺顿制药有限公司	10,969.00
167	广州敬修堂（药业）股份有限公司	12,888.90	205	广州天心（药业）股份公司	10,964.20
168	广州陈李济药厂	12,859.00	206	上海申兴制药厂	10,860.50
169	卫生部北京生物制品研究所	12,816.50	207	杭州默沙东制药有限公司	10,829.50
170	四川蜀乐药业股份有限公司	12,736.20	208	湖北制药厂	10,679.40
171	河南康泰制药集团公司	12,641.00	209	石家庄市栾城医药化工厂	10,643.30
172	浙江康莱特药业有限公司	12,428.40	210	蚌埠康达生物医药有限公司	10,596.60
173	武汉华珍医药保健品有限公司	12,244.90	211	健力宝（漳州）饮料有限公司	10,563.00
174	佛山市制药二厂	12,234.70	212	常州制药厂	10,488.00
175	上海中华制药厂	12,215.00	213	宁夏制药厂	10,482.60
176	广州羊城药业股份有限公司	12,125.00	214	天津市第六中药厂	10,448.80
177	河南省开封制药厂	12,108.50	215	绍兴市新建染织厂	10,440.00
178	云南白药股份有限公司	12,078.50	216	上海玻璃厂	10,410.10
179	广州绿十字药业有限公司	12,057.50	217	厦门美华制药有限公司	10,386.10
180	桂林制药厂	12,040.80	218	东方制药厂	10,350.30
181	烟台荣昌制药有限公司	12,007.00	219	丹阳市光学元件厂	10,315.80
182	厦门星鲨实业总公司	11,994.70	220	通化玉金药业股份有限公司	10,315.00
183	汕头经济特区驼滨制药厂	11,800.00	221	北京市双桥制药公司	10,300.00
184	上海美优制药厂	11,784.70	222	石家庄四药股份有限公司	10,244.70
185	淄博医用器材有限公司	11,747.30	223	广西玉林制药厂	10,236.00
186	仙桃市医用敷料厂	11,701.60	224	唐山市冀东制药厂	10,228.00
187	武汉田田金龙药业有限责任公司	11,676.50	225	巴斯夫（沈阳）维生素有限公司	10,216.00
188	泸州宝光药业集团有限公司	11,624.70	226	天津市氨基酸公司	10,199.80
189	武进制药厂	11,604.00	227	河北省安国制药厂	10,180.60
190	湖南制药厂	11,597.60	228	晋新制药总厂	10,168.00

1997 年化学药品工业按销售收入排序前 500 家④

No.	企业名称	销售收入（万元）	No.	企业名称	销售收入（万元）
229	成都制药二厂	10,158.60	267	桂林天和制药厂	8,899.00
230	哈尔滨天工企业集团有限公司	10,087.00	268	广州明兴制药厂	8,834.80
231	湖北安达成药业有限公司	10,079.60	269	焦作市卫生材料厂	8,761.50
232	江西第三制药厂	10,070.50	270	北京费森尤斯医药有限公司	8,738.60
233	青岛第二制药厂	10,062.70	271	淮南市第六制药厂	8,720.40
234	朝阳制药厂	10,055.80	272	北京第三制药厂	8,688.00
235	广东华天宝药厂	10,036.30	273	杭州市胡庆余堂制药厂	8,682.00
236	湖北千里马药业股份有限公司	9,997.90	274	烟台第二制药厂	8,657.80
237	吉林省延吉市玻璃总厂	9,887.00	275	杭州天目山药业股份有限公司	8,632.80
238	重庆大新药业股份有限公司	9,785.70	276	天津达仁堂制药厂	8,622.70
239	珠海天年高科技国际企业公司	9,744.20	277	潍坊制药二厂	8,590.80
240	海南椰岛股份有限公司	9,700.00	278	上海齿科器械厂	8,559.80
241	上海衡山药业有限公司	9,679.90	279	江苏苏中制药厂	8,506.60
242	天津市力生制药厂	9,596.90	280	衡阳制药厂	8,500.30
243	福建省三明制药厂	9,588.60	281	四川华美制药有限公司	8,500.00
244	中策公司	9,576.10	282	东亚药业有限责任公司	8,478.10
245	国营华中制药厂	9,524.00	283	深圳海王药业有限公司	8,447.60
246	郑州市新郑制药厂	9,515.50	284	广州南新制药有限公司	8,440.80
247	潜江市氨基酸厂	9,477.70	285	广西南宁制药企业集团公司	8,438.00
248	镇江制药厂	9,467.10	286	南通制药总厂	8,435.00
249	上海第九制药厂	9,418.40	287	桂林集琦药业股份有限公司	8,426.90
250	苏州第六制药厂	9,406.00	288	河南省新乡华星制药厂	8,411.10
251	广恩和制药有限公司	9,402.40	289	河南省新乡市新辉制药厂	8,411.10
252	承德市中药厂	9,392.90	290	焦作市第二制药厂	8,343.90
253	广东彼迪药业有限公司	9,379.00	291	广州花城制药厂	8,339.90
254	台州市东港医药化工厂	9,376.00	292	常熟市医药化工厂	8,322.20
255	佛山市制药一厂	9,334.30	293	浙江亚东制药公司	8,316.70
256	陕西汉江制药有限公司	9,319.30	294	沈阳抗生素厂	8,294.40
257	天津乐仁堂制药厂	9,286.30	295	南通天字味精有限公司	8,237.00
258	山西康宝生物制品股份有限公司	9,242.70	296	台州市椒江医药化工厂	8,142.30
259	广东石岐制药厂	9,237.10	297	武汉第四制药厂	8,090.30
260	浙江双鸽集团有限公司	9,233.00	298	洪城制药厂	8,051.60
261	深圳安科高技术有限公司	9,198.80	299	青海制药厂	8,046.20
262	中国大冢制药有限公司	9,151.60	300	吉林省舒兰合成药厂	8,034.50
263	上海旭东海普药业有限公司	9,080.20	301	海南亚洲制药有限公司	8,003.60
264	雅安三九药业有限公司	9,009.10	302	仙桃市卫生材料厂	7,996.80
265	芮城制药厂	9,000.70	303	山东新华医疗器械厂	7,984.90
266	江苏省黄海制药厂	8,968.00	304	上海长征制药厂	7,984.50

1997年化学药品工业按销售收入排序前500家⑤

No.	企业名称	销售收入（万元）	No.	企业名称	销售收入（万元）
305	沈阳飞龙保健品有限公司	7,964.00	343	山东天达药业有限公司	7,263.30
306	上海禾丰制药有限公司	7,962.10	344	苏州第五制药厂	7,259.20
307	金华制药厂	7,912.40	345	沈阳山之内制药有限公司	7,250.90
308	佛山康宝顺药业有限公司	7,892.00	346	青岛泰东制药有限公司	7,232.90
309	武汉马应龙药业股份有限公司	7,870.90	347	青岛海天制药厂	7,229.00
310	漯河华颖药业有限公司	7,858.90	348	江西国药有限责任公司	7,218.20
311	北京第二制药厂	7,858.40	349	霸州长城医用设备厂	7,203.00
312	华西医科大学制药厂	7,827.90	350	重庆北碚玻璃仪器总厂	7,194.20
313	无锡中药厂	7,794.00	351	新疆制药厂	7,170.50
314	上海天平制药厂	7,763.90	352	艾西恩制药有限公司	7,158.40
315	郑州豫新制药股份有限公司	7,748.30	353	河南省平顶山市制药厂	7,142.50
316	四川省内江制药厂	7,730.00	354	天津武田药品有限公司	7,140.80
317	石家庄市第一橡胶厂	7,723.0	355	兴化市药用玻璃总厂	7,085.50
318	台山市化学制药厂	7,721.50	356	吉林省力源药业股份有限公司	7,074.00
319	天津太河制药有限公司	7,693.10	357	广州第十一橡胶厂	7,057.40
320	兴化制药厂	7,653.80	358	兰州佛慈制药厂	6,920.40
321	成都制药四厂	7,646.30	359	焦作市第一制药厂	6,915.10
322	四川省长江制药厂	7,622.90	360	上海医疗设备厂	6,900.00
323	四川美大康药业有限公司	7,618.40	361	绍兴振德医用敷料有限公司	6,867.00
324	四川省塑料厂	7,618.40	362	新乡制药股份有限公司	6,847.10
325	常州第二制药厂	7,618.00	363	广东省广宁县葡萄糖厂	6,833.20
326	天津哈娜好医材有限公司	7,600.70	364	金水宝制药有限公司	6,808.70
327	淮南市中联药业有限公司	7,531.40	365	青岛华钟制药有限公司	6,784.60
328	锦州制药一厂	7,512.50	366	北京万辉药业集团	6,745.90
329	南通玻璃有限公司	7,509.00	367	曼秀雷敦(中山)药业有限公司	6,743.00
330	海南海药实业股份有限公司	7,507.70	368	广东省汕头制药厂	6,718.50
331	天津市中央制药厂	7,496.30	369	哈尔滨制药四厂	6,690.70
332	浙江康恩贝股份有限公司	7,488.70	370	上海黄河利亚制药有限公司	6,667.80
333	河南省平原制药厂	7,477.60	371	东风制药有限责任公司	6,646.20
334	河北葡萄糖厂	7,476.00	372	上海申隆制药厂	6,607.00
335	武汉市滨湖制药厂	7,460.30	373	上海葡萄糖厂	6,560.50
336	无锡市第七制药厂	7,457.40	374	兰州制药厂	6,548.40
337	广西桂南制药集团公司	7,456.10	375	福建省古田药业有限公司	6,537.70
338	芜湖华东玻璃厂	7,432.90	376	赤峰北方联合制药厂	6,518.10
339	山东淄川制药厂	7,372.20	377	上海手术器械厂	6,517.20
340	河南羚锐制药有限公司	7,351.30	378	苏州第二制药厂	6,505.40
341	赣南制药厂	7,307.70	379	哈尔滨世一堂制药厂	6,480.20
342	山东沂蒙新华制药厂	7,300.30	380	先灵(广州)药业有限公司	6,452.50

1997年化学药品工业按销售收入排序前500家⑥

No.	企业名称	销售收入（万元）	No.	企业名称	销售收入（万元）
381	天津市新新药业公司	6,445.70	419	安徽联谊制药厂	5,676.70
382	黄石亨迪制经有限公司	6,441.80	420	厦门鼎炉实业总公司	5,619.30
383	四川华联制药有限公司	6,381.10	421	烟台中策药业有限公司	5,601.50
384	广东省新会市制药厂	6,379.00	422	苏州第一制药厂	5,590.00
385	温州神力集团有限公司	6,352.00	423	福兴制药有限公司	5,565.40
386	集成药厂	6,327.20	424	山东福胶集团有限责任公司	5,560.70
387	四川西南华神药业股份有限公司	6,318.50	425	成都通联药业有限公司	5,538.70
388	昆明中药厂	6,310.00	426	海南海富制药有限公司	5,520.60
389	四川光大制药有限公司	6,305.80	427	上海医疗器械厂	5,503.30
390	贵州遵义化工厂	6,286.20	428	西安京西制药厂	5,487.30
391	淮南四达药业有限公司	6,247.90	429	常熟医药集团公司	5,486.90
392	北京第四制药厂	6,243.60	430	临海市华海化工有限公司	5,479.00
393	苏州第四制药厂	6,230.00	431	西门子医疗器械有限公司	5,462.10
394	上海淮海制药厂	6,195.30	432	陕西咸阳五〇五医药保健品公司	5,453.20
395	四川科创制药有限公司	6,145.80	433	苏州中化药品工业有限公司	5,436.80
396	云南省腾冲县东方红制药厂	6,140.00	434	上海福达制药有限公司	5,423.50
397	上海第十五制药厂	6,126.70	435	常州四药制药有限公司	5,423.00
398	广东环球制药有限公司	6,096.00	436	天津市中药饮片厂	5,409.60
399	浙江迪耳药业有限公司	6,053.90	437	四川联益－史菲尔制药有限公司	5,387.60
400	深圳卫武光明生物制品厂	6,049.10	438	深圳海王公司长春分公司	5,362.70
401	积美实业(深圳)有限公司	6,008.60	439	广州百特医疗用品有限公司	5,344.00
402	黑龙江省庆安制药股份有限公司	5,978.00	440	苏州医疗器械厂	5,332.00
403	昆明滇虹药业有限公司	5,952.50	441	绿色制药有限公司	5,316.80
404	广州众胜药厂	5,933.90	442	沈阳中药厂	5,309.50
405	衡阳中药实业股份有限公司	5,911.10	443	湖南洞庭药业股份有限公司	5,270.60
406	河南援生集团公司	5,897.80	444	巢湖正大药业有限公司	5,266.70
407	贵州汉方制药有限公司	5,895.60	445	南京大学制药厂	5,258.00
408	广州制药厂	5,892.50	446	济南永宁制药股份有限公司	5,210.80
409	福建省古田抗菌素厂	5,884.30	447	无锡市中药饮片厂	5,194.90
410	广东华通医疗器械发展总公司	5,865.70	448	四平市化学制药厂	5,187.80
411	中山市小榄制药厂	5,863.40	449	长春市康达医用器具有限公司	5,172.00
412	广东制药厂	5,843.00	450	广州萝岗制药厂	5,169.30
413	湖州合成药厂	5,816.10	451	广州兴华制药厂	5,144.30
414	江苏国泰医药包装集团公司	5,771.10	452	浙江黄岩新华医药化工厂	5,141.50
415	广州卫生材料厂	5,707.20	453	赣江制药有限责任公司	5,136.40
416	上海奈科明制药有限公司	5,702.80	454	新沂县制药厂	5,136.00
417	合肥神鹿集团公司	5,697.20	455	清远新北江制药股份有限公司	5,127.00
418	河南利华制药有限公司	5,697.20	456	佳木斯制药厂	5,117.30

1997年化学药品工业按销售收入排序前500家⑦

No.	企　业　名　称	销售收入（万元）	No.	企　业　名　称	销售收入（万元）
457	安徽省皖北制药厂	5,113.60	479	上海卫生材料厂	4,845.40
458	桂林市第二制药厂	5,109.10	480	福州制药厂	4,844.60
459	陕西东盛药业股份有限公司	5,104.80	481	哈尔滨制药厂分厂	4,831.50
460	天津中药制药厂	5,069.60	482	阿洛卡医用有限公司	4,826.90
461	汕头超声仪器研究所	5,067.00	483	黄石市皂素厂	4,812.40
462	西安正大药业有限公司	5,044.20	484	河南省焦作市化学制药厂	4,794.90
463	湖北宜药集团有限责任公司	5,026.70	485	西南制药一厂	4,784.30
464	福建福光集团公司	5,024.30	486	长春长生实业股份有限公司	4,783.90
465	山西博康药业有限公司	5,006.30	487	来安县医药玻璃总厂	4,777.00
466	潍坊第四制药厂	5,006.00	488	宜昌民康药业有限公司	4,756.40
467	上海医用仪表厂	5,005.90	489	昆明积大制药有限公司	4,748.60
468	福州梅峰制药厂	4,996.40	490	黑龙江澳利达制药有限公司	4,735.30
469	杭州赛诺菲民生制药有限公司	4,993.00	491	通化神源药业有限公司	4,700.00
470	徐州第三制药厂	4,983.00	492	青岛黄海制药厂	4,695.00
471	湖北省福人制药厂	4,975.50	493	通化康威药业有限公司	4,692.00
472	武汉第二制药厂	4,968.80	494	济生制药厂	4,688.40
473	上海童涵春堂中药饮片厂	4,967.80	495	黑龙江完达山制药厂	4,687.00
474	西北合成药厂	4,953.20	496	广西源安堂制药厂	4,684.30
475	海南省海灵制药厂	4,946.00	497	平湖制药厂	4,664.40
476	临泽淀粉厂	4,924.90	498	湖南省湘云制药厂	4,645.00
477	芬格欣药业(集团)公司	4,904.10	499	上海静安中药制药厂	4,615.70
478	苏州第三制药厂	4,898.00	500	衡水市制药厂	4,593.00

1997年化学药品工业按利税总额排序前500家①

No.	企　业　名　称	利税总额（万元）	No.	企　业　名　称	利税总额（万元）
1	中美天津史克制药有限公司	70,432.00	39	深圳日宝来福磁性健康用品公司	7,440.00
2	西安杨森制药有限公司	63,591.90	40	天津中新药业集团股份有限公司	7,242.20
3	武汉红桃开集团股份有限公司	54,961.50	41	启东盖天力制药股份有限公司	6,839.00
4	济南三株药业有限公司	51,377.40	42	阿斯托拉制药有限公司	6,688.30
5	华北制药集团有限责任公司	45,967.40	43	河北恒利集团制药公司	6,672.00
6	三九企业集团(深圳南方制药厂)	44,540.10	44	中美上海施贵宝制药有限公司	6,643.60
7	中科院成都地奥制药公司	26,605.50	45	雅安三九药业有限公司	6,517.80
8	西安三宝双喜制药厂	23,850.90	46	山东东阿阿胶股份有限公司	6,191.20
9	扬子江制药厂	23,052.60	47	上海市药材有限公司	6,075.00
10	中国通化东宝实业集团公司	23,031.00	48	河南省驻马店地区制药厂	6,048.30
11	0				
12	华瑞制药有限公司	18,103.40	50	广州白云山企业集团公司	5,890.70
13	山东新华医药集团公司	17,162.30	51	陕西省西安制药厂	5,632.80
14	正大青春宝药业有限公司	15,842.00	52	武汉健民药业股份有限公司	5,596.60
15	大连辉瑞制药有限公司	15,070.00	53	青岛中药股份有限公司	5,466.90
16	吉林延边敖东集团股份有限公司	15,043.00	54	西南药业股份有限公司	5,338.70
17	珠海丽珠医药(集团)有限公司	14,630.90	55	广州中药一厂	5,330.70
18	山东鲁抗医药企业集团公司	13,786.80	56	成都蜀阳企业(集团)有限公司	5,250.50
19	中国北京同仁堂集团公司	13,014.00	57	烟台荣昌制药有限公司	5,157.10
20	深圳太太药业有限公司	12,884.70	58	浙江医药股份有限公司新昌制药厂	5,144.50
21	漳州片仔癀集团公司	12,855.50	59	江苏宏宝集团公司	5,068.00
22	苏州胶囊有限公司	11,669.90	60	沈阳山之内制药有限公司	4,992.30
23	恒瑞医药股份公司	11,514.00	61	天津天使力联合制药公司	4,794.20
24	南京金陵(集团)有限公司	11,509.00	62	诺和诺德生物加工有限公司	4,780.90
25	鲁南制药股份有限公司	10,785.40	63	哈尔滨中药二厂	4,701.90
26	深圳奥沃国际科技发展有限公司	10,714.40	64	山东药用玻璃股份有限公司	4,659.60
27	哈慈股份有限公司	10,588.00	65	众生制药厂	4,641.70
28	河北制药(集团)有限公司	10,479.20	66	杭州中美华东制药有限公司	4,593.50
29	江中制药厂	10,126.00	67	广州星群(药业)股份有限公司	4,561.50
30	上海强生有限公司	9,844.20	68	湖北广济药业股份有限公司	4,555.60
31	咸阳步长制药有限公司	9,452.70	69	云南白药股份有限公司	4,505.40
32	浙江海门制药厂	9,384.50	70	成都康弘制药有限公司	4,492.60
33	西南合成制药总厂	9,313.20	71	石家庄制药集团有限公司	4,435.20
34	健康药业(中国)有限公司	9,304.60	72	四川制药股份有限公司	4,358.10
35	通化金马药业股份有限公司	9,084.00	73	成都恩威制药有限公司	4,311.80
36	通化玉金药业股份有限公司	8,655.00	74	东风药业股份有限公司	4,308.00
37	哈尔滨制药厂	7,982.30	75	中国中医研究院中汇制药公司	4,300.90
38	桂林三金药业集团公司	7,934.60	76	上海四药股份有限公司	4,291.80

1997年化学药品工业按利税总额排序前500家②

No.	企业名称	利税总额（万元）	No.	企业名称	利税总额（万元）
77	浙江横店集团康裕制药有限公司	4,286.50	115	武汉马应龙药业股份有限公司	3,040.70
78	惠普医疗产品(青岛)有限公司	4,232.00	116	山西康宝生物制品股份有限公司	3,040.40
79	齐鲁制药厂	4,225.00	117	湖北千里马药业股份有限公司	3,022.90
80	新昌合成化工厂	4,133.90	118	广州陈李济药厂	3,006.70
81	上海信谊药业有限公司	4,083.40	119	成都迪康制药公司	2,960.80
82	桂林集琦药业股份有限公司	4,066.90	120	哈尔滨制药六厂	2,905.20
83	杭州民生药业集团公司	3,875.00	121	广东肇庆星湖生物化学制药厂	2,875.20
84	中外合资通化方大制药有限公司	3,834.00	122	浙江医药股份有限公司仙居制药厂	2,873.90
85	生力集团	3,829.90	123	北京四环制药厂	2,827.10
86	武汉田田金龙药业有限责任公司	3,784.90	124	浙江康莱特药业有限公司	2,811.70
87	贵州神奇制药有限公司	3,783.40	125	江苏金鹿集团有限公司	2,802.00
88	广州奇星药业有限公司	3,742.90	126	无锡中药厂	2,785.60
89	昆明贝克诺顿制药有限公司	3,700.80	127	上海中西药业股份有限公司	2,750.90
90	天津市天津药业公司	3,653.20	128	上海华联制药有限公司	2,733.90
91	通化神源药业有限公司	3,638.00	129	浙江海力生集团有限公司	2,719.40
92	长春市康达医用器具股份有限公司	3,633.60	130	绍兴制药厂	2,702.70
93	欧姆龙(大连)有限公司	3,604.00	131	河南东方制药厂	2,623.50
94	金水宝制药有限公司	3,580.90	132	海南三叶制药厂	2,596.20
95	海南椰岛股份有限公司	3,574.00	133	鹤峰县八峰民族化工制药厂	2,595.20
96	广州潘高寿药业股份有限公司	3,563.20	134	深圳市制药厂	2,593.60
97	杭丽制冷设备有限公司	3,511.60	135	卫生部成都生物制品研究所	2,572.20
98	广东威达医疗器械集团公司	3,511.30	136	株洲千金药业股份有限公司	2,538.50
99	北京制药厂	3,423.10	137	浙江康恩贝股份有限公司	2,521.50
100	天津市第六中药厂	3,403.00	138	神威药业股份有限公司	2,508.20
101	昆明制药股份有限公司	3,387.40	139	泸州宝光药业集团有限公司	2,433.30
102	吉林省敦化华康集团	3,373.00	140	海南养生堂药业有限公司	2,404.20
103	湖南省长沙九芝堂药业集团公司	3,370.90	141	通化康威药业有限公司	2,358.00
104	上海美优制药厂	3,315.40	142	浙江永宁制药厂	2,327.90
105	广西金嗓子制药厂	3,306.10	143	潍坊制药二厂	2,307.10
106	河南羚锐制药有限公司	3,299.80	144	北京万东医疗装备公司	2,301.80
107	顺德市顺峰药业有限公司	3,285.20	145	天津乐仁堂制药厂	2,293.50
108	北京中医药大学药厂	3,285.00	146	四川华美制药有限公司	2,237.70
109	河南省华鑫制药厂	3,248.50	147	卫生部北京生物制品研究所	2,218.40
110	哈尔滨天工企业集团有限公司	3,227.00	148	四川华联制药有限公司	2,215.10
111	杭州天目山药业股份有限公司	3,218.40	149	广州敬修堂(药业)股份有限公司	2,211.20
112	华西医科大学制药厂	3,191.30	150	四川美大康药业有限公司	2,158.20
113	深圳海滨制药有限公司	3,086.30	151	四川省塑料厂	2,158.20
114	深圳海王药业有限公司	3,065.60	152	衡阳制药厂	2,153.80

1997年化学药品工业按利税总额排序前500家③

No.	企　业　名　称	利税总额（万元）	No.	企　业　名　称	利税总额（万元）
153	厦门星鲨实业总公司	2,139.50	191	张家口制药(集团)有限责任公司	1,655.60
154	佛山市制药二厂	2,136.90	192	海南亚洲制药有限公司	1,619.20
155	河南省南阳普康药业集团有限公司	2,115.20	193	桂林天和制药厂	1,616.70
156	天津市力生制药厂	2,098.80	194	哈尔滨世一堂制药厂	1,605.90
157	芮城制药厂	2,073.30	195	上海卫生材料厂	1,604.00
158	深圳迈瑞电子有限公司	2,062.00	196	上海奈科明制药有限公司	1,601.20
159	黑龙江参美制药有限公司	2,015.30	197	承德市中药厂	1,593.80
160	哈尔滨制药三厂	1,990.60	198	南京大学制药厂	1,591.00
161	衡阳中药实业股份有限公司	1,973.80	199	健力宝(漳州)饮料有限公司	1,578.60
162	新疆华世丹药业有限公司	1,959.30	200	广州羊城药业股份有限公司	1,569.70
163	北京建昊生物制药股份有限公司	1,955.50	201	厦门美华制药有限公司	1,547.90
164	海南金晓制药有限公司	1,954.60	202	佛山市制药一厂	1,545.10
165	广州光华药业股份有限公司	1,941.00	203	武汉第四制药厂	1,533.20
166	正大天晴制药有限公司	1,926.00	204	昆明滇虹药业有限公司	1,517.40
167	吉林省通化白山制药厂	1,925.00	205	吉林制药股份有限公司	1,516.00
168	广州侨光制药厂	1,902.50	206	西安正大药业有限公司	1,507.70
169	深圳海王公司长春分公司	1,892.80	207	广西桂元赖氨酸有限责任公司	1,505.70
170	汕头超声仪器研究所	1,891.90	208	广州何济公制药厂	1,495.40
171	淄博医用器材有限公司	1,891.00	209	昆明中药厂	1,489.40
172	广西梧州制药(集团)股份有限公司	1,865.10	210	贵州信邦制药有限责任公司	1,487.00
173	浙江迪耳药业有限公司	1,861.50	211	广西玉林制药厂	1,476.00
174	宛西制药厂	1,857.50	212	广州萝岗制药厂	1,473.10
175	杭州西泠制冷电器有限公司	1,851.40	213	来安县医药玻璃总厂	1,461.50
176	吉林省力源药业股份有限公司	1,836.00	214	四川光大制药有限公司	1,450.50
177	贵州汉方制药有限公司	1,826.90	215	浙江亚峰制药厂	1,440.90
178	中国大冢制药有限公司	1,809.80	216	成都地奥制药公司广汉分厂	1,437.50
179	汕头经济特区驼滨制药厂	1,801.00	217	贵州宏宇药业有限公司	1,426.10
180	豫中制药厂	1,767.60	218	青海制药厂	1,403.90
181	福州抗菌素集团有限公司	1,755.40	219	山东金泰集团股份有限公司	1,401.40
182	兰州佛慈制药厂	1,749.40	220	北京第三制药厂	1,385.30
183	南京振中生物制药工程有限公司	1,749.00	221	四川科创制药有限公司	1,376.40
184	广恩和制药有限公司	1,742.40	222	临海市华海化工有限公司	1,365.00
185	成都制药二厂	1,717.40	223	中国吉林省皇封参集团公司	1,348.70
186	四川长征制药股份有限公司	1,714.90	224	广东华天宝药厂	1,348.00
187	武汉制药厂	1,711.40	225	西施兰企业有限公司	1,326.00
188	浙江九洲制药厂	1,705.40	226	厦门鼎炉实业总公司	1,318.80
189	四川蜀乐药业股份有限公司	1,684.50	227	汇仁制药有限公司	1,301.80
190	哈尔滨一洲制药有限公司	1,668.40	228	江苏苏中制药厂	1,300.00

1997年化学药品工业按利税总额排序前500家④

No.	企　业　名　称	利税总额（万元）	No.	企　业　名　称	利税总额（万元）
229	珠海天年高科技国际企业公司	1,292.10	267	安徽省阜阳制药厂	1,071.60
230	厦门市东风制药厂	1,288.10	268	湖南岳阳康神药业集团股份公司	1,070.20
231	浙江康乐集团有限公司	1,283.40	269	上海第九制药厂	1,057.00
232	北京京航制药厂	1,283.00	270	赣南制药厂	1,045.10
233	上海德尔格医疗器械有限公司	1,276.60	271	霸州长城医用设备厂	1,044.60
234	白云山正清制药股份有限公司	1,276.20	272	桂林制药厂	1,043.30
235	福建省天神微生物工程有限公司	1,266.90	273	秦皇岛市抚宁葡萄糖厂	1,038.00
236	浙江双鸽集团有限公司	1,235.50	274	天津市中央制药厂	1,034.90
237	陕西东盛药业股份有限公司	1,224.60	275	苏州医疗器械厂	1,029.00
238	陕西汉江制药有限公司	1,220.40	276	晋新制药总厂	1,026.60
239	海南海富制药有限公司	1,215.20	277	宁夏制药厂	1,026.40
240	阿洛卡医用有限公司	1,205.60	278	仙桃市医用敷料厂	1,023.30
241	武汉华珍医药保健品有限公司	1,192.10	279	长春长生实业股份有限公司	1,016.60
242	黑龙江省庆安制药股份有限公司	1,188.90	280	烟台中策药业有限公司	1,015.60
243	深圳卫武光明生物制品厂	1,184.50	281	北京协和制药二厂	1,013.80
244	上海长征制药厂	1,183.80	282	吉林东北虎制药有限公司	1,010.40
245	辉南辉发制药股份有限公司	1,183.00	283	铁力制药厂	1,007.20
246	湖南省湘云制药厂	1,181.30	284	南通神怡制药有限公司	1,001.00
247	新疆特丰制药厂	1,179.30	285	清远市蓝宝制药有限公司	1,000.50
248	宁波天衡制药厂	1,178.80	286	烟台第二制药厂	999.90
249	上海九福药业公司	1,177.90	287	黑龙江完达山制药厂	997.00
250	哈尔滨制药二厂	1,172.20	288	上海第一生化药业公司	995.00
251	合肥神鹿集团公司	1,161.70	289	上海黄河利亚制药有限公司	992.60
252	卫生部长春生物制品研究所	1,160.50	290	沈阳故宫制药厂	974.30
253	广州南新制药有限公司	1,160.00	291	天津太河制药有限公司	963.30
254	威海东宝制药厂	1,158.10	292	吉林省延吉市玻璃总厂	959.00
255	杭州市胡庆余堂制药厂	1,157.00	293	天津哈娜好医材有限公司	956.00
256	河南康泰制药集团公司	1,155.00	294	海南省海灵制药厂	951.50
257	上海延安制药厂	1,154.80	295	哈尔滨制药四厂	949.00
258	山东福胶集团有限责任公司	1,154.60	296	上海旭东海普药业有限公司	946.00
259	江苏省黄海制药厂	1,121.00	297	兴化市药用玻璃总厂	944.80
260	湖北省福人制药厂	1,119.70	298	绿色制药有限公司	943.10
261	长春高斯达生化药业股份有限公司	1,118.40	299	广州明兴制药厂	938.90
262	山东天达药业有限公司	1,110.80	300	广州卫生材料厂	937.90
263	重庆北碚玻璃仪器总厂	1,099.20	301	唐山市冀东制药厂	934.50
264	四川西南华神药业股份有限公司	1,096.50	302	沈阳卫材制药有限公司	928.00
265	广州绿十字药业有限公司	1,089.10	303	广州花城制药厂	921.10
266	东北第六制药厂	1,072.80	304	北京宝树堂制药有限公司	916.20

1997 年化学药品工业按利税总额排序前 500 家⑤

No.	企　业　名　称	利税总额（万元）	No.	企　业　名　称	利税总额（万元）
305	黑龙江澳利达制药有限公司	911.20	343	贵州的确神天然保健品有限公司	784.50
306	山东济南中药厂	907.50	344	长春市达兴药业有限公司	772.00
307	长春三顺药业有限公司	901.30	345	浙江新光制药厂	771.60
308	安康正大制药有限公司	896.50	346	惠州九惠制药有限公司	765.00
309	广东彼迪药业有限公司	895.60	347	抚顺汇龙达药业有限公司	763.60
310	浙江一新制药股份有限公司	888.40	348	巴斯夫(沈阳)维生素有限公司	763.20
311	芬格欣药业(集团)公司	885.00	349	丹阳市光学元件厂	754.20
312	上海医疗设备厂	883.80	350	镇江制药厂	753.90
313	天津市氨基酸公司	878.50	351	扬州制药厂	752.00
314	沈阳第一制药厂	874.70	352	北京太洋药业有限公司	741.00
315	重庆桐君阁药厂	874.70	353	贵州安康制药有限公司	740.30
316	苏州立达制药有限公司	873.30	354	福建福光集团公司	737.70
317	福建省三明制药厂	864.40	355	石家庄四药股份有限公司	737.60
318	成都亨达制药厂	863.30	356	朝阳制药厂	733.90
319	清远新北江制药股份有限公司	862.90	357	石家庄市第一橡胶厂	732.70
320	武汉天奥制药有限公司	852.70	358	江阴天江制药有限公司	731.20
321	福州正大振华 851 药业有限公司	850.90	359	北京中顺制药厂	729.10
322	威海医用高分子制品总厂	850.30	360	上海天平制药厂	723.50
323	常熟医药集团公司	845.70	361	新疆中药厂	718.00
324	广东省汕头制药厂	836.50	362	江苏国泰医药包装集团公司	715.60
325	北京萌蒂医药有限公司	835.30	363	河南省仲景保健药业有限公司	715.20
326	四川天府药业股份有限公司	828.50	364	天安制药[厦门]有限公司	713.90
327	北京长城制药厂	823.90	365	山东潍坊中药厂	707.70
328	四川医药包装股份有限公司	823.00	366	上海福达制药有限公司	702.90
329	山东新华医疗器械厂	818.40	367	天津市药品包装印刷厂	702.00
330	漳州市香料总厂	816.60	368	上海齿科器械厂	696.60
331	常州制药厂	812.00	369	三九黄石制药厂	693.50
332	沈阳兴维保健品有限公司	811.70	370	南通制药总厂	685.00
333	常州四药制药有限公司	809.00	371	济生制药厂	683.00
334	上海静安中药制药厂	808.50	372	重庆制药七厂	678.60
335	安徽省淮北生化制药厂	808.00	373	温州神力集团有限公司	677.10
336	杭州澳医保灵药业有限公司	807.10	374	杭州天力药业有限公司	672.30
337	河南淅川制药集团有限公司	799.80	375	中国吉林省西洋参集团公司	670.30
338	深圳安科高技术有限公司	796.20	376	广西南宁制药企业集团公司	665.60
339	北京费森尤斯医药有限公司	795.90	377	高邑医药包装材料厂	662.00
340	上海手术器械厂	792.40	378	广东省广宁县葡萄糖厂	662.00
341	广东省新会市制药厂	786.20	379	青岛第二制药厂	661.60
342	吉林省舒兰合成药厂	784.80	380	四川省内江制药厂	661.00

1997 年化学药品工业按利税总额排序前 500 家⑥

No.	企业名称	利税总额（万元）	No.	企业名称	利税总额（万元）
381	上海汤姆逊电子管有限公司	657.10	419	台州市东港医药化工厂	583.00
382	绍兴振德医用敷料有限公司	652.40	420	广州众胜药厂	582.50
383	焦作市第二制药厂	651.90	421	黄石市第四制药厂	579.90
384	深圳中联制药厂	651.70	422	江西第三制药厂	574.80
385	吉泰安(四川)药业有限公司	651.60	423	长春精优药业有限公司	572.20
386	台州市椒江医药化工厂	643.20	424	宜兴前进制药厂	571.90
387	大连制药厂	642.30	425	吉林省通化振国药业有限公司	571.00
388	青海三普制药厂	641.60	426	哈尔滨松鹤制药厂	560.10
389	淮南市第六制药厂	639.80	427	大连金港制药有限公司	558.40
390	广州天心(药业)股份公司	638.10	428	成都制药四厂	557.80
391	辉南天泰药业股份有限公司	638.00	429	北京市双桥制药公司	556.40
392	湖南百草制药有限公司	636.20	430	涟水县制药厂	554.40
393	上海禾丰制药有限公司	634.10	431	河北省安国制药厂	550.90
394	上海市医药有限公司长乐药厂	632.80	432	武汉市中联制药厂	550.10
395	长春市卫星制药厂	629.10	433	湖北中天亨迪药业有限公司	548.30
396	周林生物频谱(深圳)有限公司	626.70	434	芜湖华东玻璃厂	543.90
397	山东北方制药股份有限公司	624.00	435	新疆温宿麻黄素厂	543.10
398	河南援生集团公司	619.70	436	上海衡山药业有限公司	541.20
399	河北葡萄糖厂	617.90	437	浙江天一堂药业公司	539.70
400	常州第二制药厂	617.00	438	宁波斯迈克制药有限公司	536.90
401	天山制药工业有限公司	608.00	439	绍兴市新建染织厂	536.00
402	上海同仁药业有限公司	606.40	440	重庆药友制药有限责任公司	536.00
403	浙江亚东制药公司	605.60	441	上海葡萄糖厂	533.70
404	吉林省集安制药有限公司	603.00	442	广州白云山制药总厂亳州分厂	533.50
405	长春市白求恩医科大学制药厂	602.90	443	福州梅峰制药厂	533.00
406	无锡圣宝罗药业有限公司	600.00	444	广西源安堂制药厂	532.60
407	白求恩医药保健用品有限公司	599.40	445	南京同仁堂制药厂	532.00
408	东亚药业有限责任公司	599.20	446	成都菊乐股份有限(集团)公司	530.10
409	北京第四制药厂	598.70	447	南通天字味精有限公司	530.00
410	东方制药厂	598.50	448	沈阳东新药业有限公司	530.00
411	湖北回春制药厂	596.90	449	无锡华弘集团药业有限公司	529.70
412	贺利氏－上海齿科有限公司	593.90	450	金华制药厂	529.50
413	北京第四制药厂分厂	589.90	451	广东康美药业有限公司	528.50
414	山西省榆社县胶丸厂	589.50	452	吉林长生基因药业股份有限公司	527.50
415	昆明积大制药有限公司	588.00	453	南京恒生制药厂	527.00
416	青岛华钟制药有限公司	587.20	454	徐州第三制药厂	527.00
417	山西同振药业有限公司	585.50	455	北京万辉药业集团	525.50
418	青岛双龙制药有限公司	583.60	456	杭州九源基因工程公司	520.10

1997 年化学药品工业按利税总额排序前 500 家⑦

No.	企业名称	利税总额（万元）	No.	企业名称	利税总额（万元）
457	黑龙江安达迪龙制药有限公司	519.30	479	广西桂南制药集团公司	492.00
458	四川省宜宾药业有限责任公司	519.30	480	四川联益－史菲尔制药有限公司	490.60
459	昆明金殿制药厂	519.10	481	大连中药厂	490.50
460	湖北安达成药业有限公司	518.80	482	湖北天恒医疗用品有限公司	489.40
461	吉林省抚松制药厂	518.10	483	上海齿科材料厂	486.40
462	哈尔滨世亨生物工程药业有限公司	518.00	484	青岛海天制药厂	483.00
463	黑龙江省泰格药业有限公司	518.00	485	宁波立华制药有限公司	482.00
464	广西中医学院制药厂	512.80	486	河南省平顶山市制药厂	480.50
465	湖南制药厂	512.60	487	四川旭华制药有限公司	477.20
466	唐山市龙山药业有限公司	511.80	488	湖北潜江制药股份有限公司	475.30
467	通辽制药厂	511.10	489	云南省腾冲县东方红制药厂	473.00
468	深圳万和制药有限公司	506.50	490	台山市化学制药厂	472.00
469	深圳万乐药业有限公司	503.90	491	天狮中药集团有限责任公司	467.90
470	焦作市第一制药厂	503.00	492	大连 JMS 医疗器具有限公司	466.90
471	仙桃市卫生材料厂	502.00	493	哈尔滨制药厂分厂	464.10
472	锦州制药一厂	500.60	494	广东环球制药有限公司	463.50
473	侨凤卫生制品有限公司	500.60	495	西门子医疗器械有限公司	462.90
474	宁波兴亚橡胶厂	499.30	496	金坛制药厂	462.00
475	天津中药制药厂	497.50	497	湖南正太药业有限公司	461.20
476	中策公司	496.40	498	重庆葛兰素威康制药有限公司	461.00
477	陕西咸阳五〇五医药保健品公司	494.60	499	河南省开封制药厂	460.30
478	淮南市第三制药厂	492.60	500	青岛鱼肝油厂	458.20

1997 年化学药品工业按固定资产(原价)排序前 500 家①

No.	企业名称	固定资产(万元)	No.	企业名称	固定资产(万元)
1	华北制药集团有限责任公司	314,158.10	39	哈尔滨制药二厂	24,067.40
2	东北制药总厂	129,868.70	40	河南省驻马店地区制药厂	23,627.40
3	靖江葡萄糖厂	89,110.00	41	沈阳第一制药厂	23,323.00
4	山东新华医药集团公司	83,831.40	42	西安杨森制药有限公司	22,898.70
5	牡丹江制药厂	78,517.10	43	齐鲁制药厂	22,719.30
6	珠海丽珠医药(集团)有限公司	71,287.00	44	石家庄市华曙联合制药厂	22,578.40
7	三九企业集团(深圳南方制药厂)	65,689.00	45	沈阳山之内制药有限公司	22,284.00
8	哈尔滨制药厂	60,664.30	46	四川制药股份有限公司	22,111.80
9	山东鲁抗医药企业集团公司	59,639.40	47	赣江制药有限责任公司	21,992.40
10	中国北京同仁堂集团公司	53,959.20	48	上海三维制药公司	21,374.30
11	广州白云山企业集团公司	50,150.60	49	武汉制药厂	21,297.30
12	吉林新源玉米开发有限公司	49,477.00	50	恒瑞医药股份公司	21,022.00
13	石家庄制药集团有限公司	48,094.10	51	大连制药厂	20,985.40
14	陕西省西安制药厂	46,144.50	52	东北第六制药厂	20,710.30
15	张家口制药(集团)有限责任公司	44,360.50	53	上海市药材有限公司	20,620.50
16	沈阳抗生素厂	41,015.10	54	杭州西冷制冷电器有限公司	20,322.80
17	广东太阳神集团有限公司	37,997.60	55	浙江医药股份有限公司新昌制药厂	20,256.00
18	河北制药(集团)有限公司	37,239.00	56	卫生部北京生物制品研究所	20,004.30
19	西南合成制药总厂	35,372.30	57	赤峰制药厂	19,674.40
20	江苏宏宝集团公司	34,686.00	58	上海先灵葆雅制药有限公司	19,314.50
21	大连辉瑞制药有限公司	30,848.00	59	卫生部成都生物制品研究所	19,310.70
22	中美天津史克制药有限公司	30,814.50	60	天津市天津药业公司	19,308.40
23	湖南岳阳康神药业集团股份公司	30,656.30	61	黄石亨迪制药有限公司	19,125.00
24	北京第三制药厂	29,628.60	62	卫生部长春生物制品研究所	18,941.10
25	太原制药厂	29,036.20	63	四川长征制药股份有限公司	18,555.60
26	中国通化东宝实业集团公司	28,986.00	64	苏州胶囊有限公司	18,258.20
27	河南省南阳普康药业集团有限公司	28,873.20	65	浙江海门制药厂	18,051.50
28	济南三株药业有限公司	26,650.30	66	沈阳东港制药有限公司	17,993.70
29	唐山市冀东制药厂	26,635.10	67	福州抗菌素集团有限公司	17,906.20
30	上海四药股份有限公司	26,374.00	68	上海新亚药业有限公司	17,521.60
31	北京制药厂	26,340.80	69	江西国药有限责任公司	17,417.30
32	上海华联制药有限公司	25,626.30	70	哈尔滨中药二厂	17,415.60
33	国营华中制药厂	25,314.00	71	吉林延边敖东集团股份有限公司	17,246.00
34	上海信谊药业有限公司	25,280.10	72	广东大冢制药有限公司	17,012.10
35	中美上海施贵宝制药有限公司	25,204.90	73	山东新华医疗器械厂	16,935.20
36	河北葡萄糖厂	25,188.60	74	江西制药有限责任公司	16,902.90
37	四川太极制药有限公司	25,170.60	75	湖南省长沙九芝堂药业集团公司	16,735.00
38	海南海药实业股份有限公司	25,018.90	76	杭州民生药业集团公司	16,263.00

1997年化学药品工业按固定资产(原价)排序前500家②

No.	企业名称	固定资产(万元)	No.	企业名称	固定资产(万元)
77	湖北制药厂	16,184.60	115	苏州中化药品工业有限公司	11,578.50
78	广东威达医疗器械集团公司	16,143.00	116	河南省开封制药厂	11,540.20
79	石家庄市第一橡胶厂	15,995.90	117	济南鲁药集团总公司	11,379.60
80	广州绿十字药业有限公司	15,925.50	118	北方制药厂	11,264.00
81	浙江横店集团康裕制药有限公司	15,756.20	119	朝阳制药厂	11,243.70
82	成都恩威制药有限公司	15,365.60	120	西南制药一厂	11,225.70
83	北京万东医疗装备公司	15,072.90	121	天津市第六中药厂	11,142.00
84	天津武田药品有限公司	15,059.50	122	湖南制药厂	11,088.50
85	广西南宁制药企业集团公司	14,936.90	123	东风药业股份有限公司	11,041.30
86	石家庄市二药企业集团	14,686.70	124	先灵(广州)药业有限公司	10,603.60
87	绍兴市新建染织厂	14,634.00	125	洪城制药厂	10,569.10
88	扬子江制药厂	14,589.20	126	淮南市中联药业有限公司	10,546.80
89	扬州制药厂	14,151.00	127	广州敬修堂(药业)股份有限公司	10,523.30
90	吉林制药股份有限公司	14,098.00	128	衡阳南岳制药厂	10,482.90
91	绍兴制药厂	13,977.80	129	广东肇庆星湖生物化学制药厂	10,397.10
92	正大青春宝药业有限公司	13,940.00	130	青岛国箭公司	10,215.00
93	昆山制药总厂	13,579.70	131	陕西汉江制药有限公司	10,111.30
94	河南省平原制药厂	13,566.60	132	河北恒利集团制药公司	10,097.00
95	陕西省宝鸡医药玻璃厂	13,459.30	133	广东康美药业有限公司	9,978.00
96	杭州默沙东制药有限公司	13,442.50	134	南通玻璃有限公司	9,938.00
97	河南省新谊医药[集团]公司	13,304.90	135	珠海联邦制药厂有限公司中山分厂	9,768.00
98	上海强生制药有限公司	13,124.60	136	秦皇岛市抚宁葡萄糖厂	9,738.50
99	广东制药厂	13,112.50	137	上海申隆制药厂	9,714.00
100	山东药用玻璃股份有限公司	13,093.00	138	上海玻璃厂	9,564.80
101	广西梧州制药(集团)股份有限公司	12,952.00	139	广州药用包装材料厂	9,553.30
102	广东省广宁县葡萄糖厂	12,525.50	140	广州光华药业股份有限公司	9,526.30
103	成都蜀阳企业(集团)有限公司	12,507.30	141	广州天心(药业)股份公司	9,419.90
104	山东东阿阿胶股份有限公司	12,501.10	142	广州百特医疗用品有限公司	9,404.70
105	安徽四通生物医药有限公司	12,447.00	143	西南制药二厂	9,393.90
106	南京制药厂	12,358.00	144	西南药业股份有限公司	9,357.20
107	华瑞制药有限公司	12,183.60	145	金华制药厂	9,356.60
108	湖北宜药集团有限责任公司	12,120.10	146	周林生物频谱(深圳)有限公司	9,347.50
109	贵州神奇制药有限公司	12,076.00	147	上海第六制药厂	9,318.10
110	西北第二合成药厂	12,008.90	148	广州奇星药业有限公司	9,311.70
111	天津市氨基酸公司	12,004.80	149	杭州天目山药业股份有限公司	9,247.10
112	湖北广济药业股份有限公司	11,911.80	150	通化金马药业股份有限公司	9,239.00
113	东风制药有限责任公司	11,733.00	151	新疆制药厂	9,191.70
114	哈慈股份有限公司	11,593.00	152	镇江制药厂	9,158.70

1997年化学药品工业按固定资产(原价)排序前500家③

No.	企　业　名　称	固定资产(万元)	No.	企　业　名　称	固定资产
153	南京第二制药厂	9,150.00	191	桂林制药厂	8,028.90
154	佳木斯制药厂	9,116.50	192	桂林集琦药业股份有限公司	8,005.00
155	台山市化学制药厂	9,091.70	193	重庆北碚玻璃仪器总厂	7,929.80
156	上海中西药业股份有限公司	9,027.10	194	中国大冢制药有限公司	7,913.50
157	云南白药股份有限公司	9,011.30	195	黎明制药厂	7,911.50
158	湖南省湘云制药厂	9,008.00	196	武汉抗菌素厂	7,882.90
159	深圳海滨制药有限公司	9,001.40	197	中南制药厂	7,878.30
160	重庆大新药业股份有限公司	8,991.20	198	衡阳制药厂	7,851.20
161	烟台第二制药厂	8,942.50	199	牡丹江东方药业有限公司	7,810.80
162	新疆华世丹药业有限公司	8,920.90	200	浙江医药股份有限公司仙居制药厂	7,741.30
163	海南三叶制药厂	8,913.20	201	湖南仪器仪表总厂	7,731.10
164	武汉红桃开集团股份有限公司	8,886.80	202	广州何济公制药厂	7,684.30
165	四川省内江制药厂	8,882.00	203	天津达仁堂制药厂	7,634.40
166	湖南洞庭药业股份有限公司	8,850.50	204	鹤峰县八峰民族化工制药厂	7,621.00
167	宛西制药厂	8,764.80	205	常州制药厂	7,610.00
168	山西博康药业有限公司	8,746.20	206	广东环球制药有限公司	7,604.80
169	石家庄市栾城医药化工厂	8,645.50	207	江中制药厂	7,597.80
170	生力集团	8,616.90	208	潍坊制药二厂	7,578.20
171	浙江海力生集团有限公司	8,611.00	209	正大天晴制药有限公司	7,530.00
172	大连 JMS 医疗器具有限公司	8,596.20	210	重庆碚陵药厂	7,519.20
173	山东金泰集团股份有限公司	8,577.40	211	上海旭东海普药业有限公司	7,512.60
174	昆明制药股份有限公司	8,555.70	212	丹东制药厂	7,507.80
175	营口市三友医药化工有限公司	8,524.00	213	青岛泰东制药有限公司	7,480.30
176	福州尼普洛有限公司	8,516.60	214	南京威达天宇医疗器械有限公司	7,476.00
177	烟台中策药业有限公司	8,470.80	215	南通制药总厂	7,467.00
178	苏州第四制药厂	8,437.00	216	杭州中美华东制药有限公司	7,444.00
179	五洲药厂	8,358.20	217	清远新北江制药股份有限公司	7,443.50
180	欧姆龙(大连)有限公司	8,312.30	218	杭州赛诺菲民生制药有限公司	7,427.60
181	成都制药二厂	8,309.10	219	浙江天诚咸亨胶丸有限公司	7,390.50
182	吉林松源食品公司制药厂	8,242.00	220	青岛华钟制药有限公司	7,377.00
183	晋新制药总厂	8,233.40	221	漳州片仔癀集团公司	7,367.90
184	苏州立达制药有限公司	8,185.40	222	东方制药厂	7,358.30
185	中策公司	8,171.40	223	河南东方制药厂	7,258.10
186	佛山康宝顺药业有限公司	8,151.80	224	阿斯托拉制药有限公司	7,246.00
187	上海第一生化药业公司	8,126.60	225	武汉第二机床厂	7,229.40
188	中科院成都地奥制药公司	8,076.20	226	青岛中药股份有限公司	7,210.20
189	北京市三九万东药业有限责任公司	8,075.40	227	青海制药厂	7,185.10
190	广州中药一厂	8,033.40	228	河南省华鑫制药厂	7,131.30

1997年化学药品工业按固定资产(原价)排序前500家④

No.	企业名称	固定资产(万元)	No.	企业名称	固定资产(万元)
229	鲁南制药股份有限公司	7,109.40	267	焦作市第一制药厂	6,299.70
230	安徽省皖北制药厂	7,093.20	268	北京费森尤斯医药有限公司	6,244.80
231	浙江双鸽集团有限公司	7,071.30	269	天津太河制药有限公司	6,241.10
232	四川医药包装股份有限公司	7,064.80	270	山东淄川制药厂	6,239.90
233	湖南鹜马制药有限公司	7,062.20	271	深圳市制药厂	6,215.40
234	天津市力生制药厂	7,041.40	272	福建省三明制药厂	6,211.10
235	宁波制药厂	7,009.10	273	广东宏兴集团股份有限公司	6,198.90
236	广西半宙制药(集团)有限责任公司	6,999.40	274	重庆药友制药有限责任公司	6,190.90
237	武汉市中联制药厂	6,994.50	275	沈阳飞龙保健品有限公司	6,172.00
238	河南灵广制药有限公司	6,991.40	276	长春长生实业股份有限公司	6,150.80
239	哈尔滨制药三厂	6,957.50	277	石家庄市葡萄糖厂	6,139.50
240	无锡第二制药厂	6,953.50	278	衡阳中药实业股份有限公司	6,124.90
241	中国人民解放军第五七零五工厂	6,943.40	279	深圳奥沃国际科技发展有限公司	6,121.30
242	惠普医疗产品(青岛)有限公司	6,872.70	280	西北医疗设备总厂	6,115.00
243	宜昌民康药业有限公司	6,837.80	281	辽阳制药机械股份有限公司	6,072.70
244	浙江永宁制药厂	6,834.00	282	成都制药四厂	6,035.20
245	兰州制药厂	6,830.30	283	重庆葛兰素威康制药有限公司	6,031.40
246	广西桂元赖氨酸有限责任公司	6,827.30	284	深圳凯程医药化工有限公司	6,017.80
247	西北合成药厂	6,824.00	285	北京第二制药厂	5,995.90
248	河南省中州制药厂	6,765.90	286	承德市中药厂	5,984.20
249	四平巨能药业有限公司	6,741.80	287	成都制药三厂	5,976.70
250	杭州市胡庆余堂制药厂	6,715.00	288	深圳太太药业有限公司	5,972.20
251	广州侨光制药厂	6,700.00	289	成都制药一厂	5,925.40
252	苏州第二制药厂	6,668.20	290	平康药用胶囊企业有限公司	5,888.00
253	山东福胶集团有限责任公司	6,640.00	291	广州花城制药厂	5,868.30
254	黑龙江省泰格药业有限公司	6,635.20	292	四川省长江制药厂	5,856.50
255	河北冀南制药厂	6,607.80	293	南通天字味精有限公司	5,833.00
256	浙江康恩贝股份有限公司	6,605.50	294	淮南市第三制药厂	5,830.80
257	海南中宝制药股份有限公司	6,604.50	295	厦门鼎炉实业总公司	5,826.90
258	本溪第三制药厂	6,589.60	296	上海罗氏制药有限公司	5,794.50
259	武汉健民药业股份有限公司	6,443.20	297	漳州市香料总厂	5,788.20
260	南京金陵(集团)有限公司	6,442.00	298	汕头超声仪器研究所	5,786.60
261	海南椰岛股份有限公司	6,433.00	299	河南省信阳制药厂	5,773.50
262	贵州遵义化工厂	6,406.80	300	天津市中央制药厂	5,772.50
263	赤峰北方联合制药厂	6,385.40	301	安徽省阜阳制药厂	5,758.10
264	广州制药厂	6,382.90	302	宜昌市三峡制药厂	5,730.90
265	浙江康乐集团有限公司	6,362.50	303	河南省信阳豫南制药厂	5,711.00
266	新乡制药股份有限公司	6,337.80	304	桂林三金药业集团公司	5,692.20

1997年化学药品工业按固定资产(原价)排序前500家⑤

No.	企业名称	固定资产(万元)	No.	企业名称	固定资产(万元)
305	华营葡萄糖厂	5,673.20	343	济南第二制药厂	5,009.20
306	西北医疗设备厂	5,657.40	344	沈阳克达制药厂	4,995.60
307	四川兴达制药有限责任公司	5,654.60	345	大同市星火制药厂	4,988.30
308	四川蜀乐药业股份有限公司	5,617.30	346	淮阴制药厂	4,966.50
309	健康药业(中国)有限公司	5,558.80	347	泰州制药总厂	4,962.40
310	厦门星鲨实业总公司	5,537.30	348	河北长天保定药业有限公司	4,908.80
311	广东省惠阳机械厂	5,527.00	349	曼秀雷敦(中山)药业有限公司	4,887.60
312	淮南市第六制药厂	5,503.80	350	浙江东方制药有限公司	4,873.60
313	威海医用高分子制品总厂	5,479.90	351	广州星群(药业)股份有限公司	4,858.50
314	陕西秦宝(集团)有限公司	5,477.20	352	四川联益—史菲尔制药有限公司	4,854.50
315	天津市中药饮片厂	5,460.50	353	绿色制药有限公司	4,853.20
316	北京第四制药厂	5,415.40	354	常熟医药集团公司	4,834.40
317	泸州宝光药业集团有限公司	5,414.50	355	湖北中天亨迪药业有限公司	4,820.20
318	大连医科大学科达药业有限公司	5,411.30	356	白云山正清制药股份有限公司	4,818.80
319	淄博市博山美术琉璃厂	5,404.40	357	浙南制药厂	4,755.20
320	湖北安达成药业有限公司	5,400.00	358	黑龙江黑宝药业集团	4,735.20
321	广州明兴制药厂	5,393.70	359	云南省腾冲县东方红制药厂	4,733.00
322	山东济南中药厂	5,381.90	360	新疆和硕麻黄素厂	4,727.50
323	常州第二制药厂	5,376.00	361	天津市新新药业公司	4,710.30
324	广州羊城药业股份有限公司	5,367.60	362	河南三株龙都药业有限公司	4,702.10
325	广西玉林制药厂	5,345.00	363	芜湖华东玻璃厂	4,701.00
326	江苏金鹿集团有限公司	5,334.00	364	浙江万马药业有限公司	4,699.60
327	哈尔滨制药六厂	5,304.60	365	贵阳制药厂	4,676.10
328	上海强生有限公司	5,285.10	366	黑龙江美尚药物包装材料有限公司	4,621.00
329	河南淅川制药集团有限公司	5,264.70	367	山西康宝生物制品股份有限公司	4,620.00
330	无锡第三制药厂	5,248.00	368	华西医科大学制药厂	4,561.40
331	北京氧气厂	5,245.80	369	浙江奥托康制药股份有限公司	4,539.20
332	大同制药厂	5,241.80	370	广州兴华制药厂	4,539.10
333	广州第十一橡胶厂	5,210.20	371	淄博医用器材有限公司	4,539.00
334	苏州医疗器械厂	5,210.00	372	福建顺顺制药联合公司	4,500.20
335	锦州制药一厂	5,203.40	373	临泽葡萄糖厂	4,480.50
336	通辽制药总厂	5,150.30	374	广东华天宝药厂	4,458.20
337	上海淮海制药厂	5,144.70	375	辽宁华卫制药股份有限公司	4,424.90
338	金域胶囊药业公司	5,143.30	376	山东沂蒙新华制药厂	4,418.60
339	启东盖天力制药股份有限公司	5,105.00	377	济南东方制药厂	4,413.20
340	长春制药有限责任公司	5,063.00	378	吉林省敦化华康集团	4,404.00
341	吉林市前锋中药厂	5,063.00	379	大同第二制药厂	4,403.60
342	肇东华富药业有限责任公司	5,023.40	380	成都迪康制药公司	4,396.00

1997年化学药品工业按固定资产(原价)排序前500家⑥

No.	企　业　名　称	固定资产(万元)	No.	企　业　名　称	固定资产(万元)
381	大连中药厂	4,385.70	419	东莞万成制药有限公司	4,137.10
382	沈阳第五制药厂	4,383.20	420	四川东方制药有限公司	4,135.30
383	浙江九洲制药厂	4,377.20	421	山东烟台中药厂	4,134.90
384	上海中华制药厂	4,370.90	422	邯郸制药厂	4,133.80
385	药都樟树医药集团公司	4,367.60	423	艾西恩制药有限公司	4,123.60
386	无锡中药厂	4,358.00	424	沈阳中药厂	4,123.30
387	浙江一新制药股份有限公司	4,357.20	425	四川美大康药业有限公司	4,115.70
388	顺德梁介福药业有限公司	4,354.20	426	四川省塑料厂	4,115.70
389	武汉马应龙药业股份有限公司	4,347.80	427	福建省古田抗菌素厂	4,095.20
390	承德县淀粉厂	4,345.10	428	广西桂南制药集团公司	4,085.10
391	来安县医药玻璃总厂	4,341.00	429	海南省海灵制药厂	4,083.40
392	黑龙江康新药业有限公司	4,322.60	430	浙江绿球机制胶丸有限公司	4,078.90
393	上海申兴制药厂	4,321.00	431	神威药业股份有限公司	4,073.80
394	米沙瓦医科工业有限公司	4,304.90	432	蚌埠康达生物医药有限公司	4,066.80
395	国营云南永安制药厂	4,302.90	433	桑海制药厂	4,055.90
396	深圳卫武光明生物制品厂	4,300.80	434	江苏利康集团公司	4,038.40
397	昆明康福制药厂	4,279.00	435	烟台荣昌制药有限公司	4,036.70
398	吉林省抚松制药厂	4,266.70	436	深圳安科高技术有限公司	4,020.30
399	北京市双桥制药公司	4,264.20	437	南昌裕丰制药厂	4,013.40
400	新昌合成化工厂	4,264.20	438	本溪第二制药厂	4,005.00
401	吉林省舒兰合成药厂	4,258.60	439	邢台市医用塑料器械厂	3,986.00
402	哈尔滨制药四厂	4,257.30	440	华佳胶囊	3,983.10
403	兴化市药用玻璃总厂	4,250.40	441	汕头金石制药总厂	3,950.70
404	湖南省浏阳医药设备总厂	4,249.80	442	无锡市第七制药厂	3,945.40
405	石家庄四药股份有限公司	4,226.90	443	湖南省湘中制药有限公司	3,945.30
406	宝鸡制药机械厂	4,223.80	444	四川西南华神药业股份有限公司	3,929.00
407	成都菊乐股份有限(集团)公司	4,222.40	445	芬格欣药业(集团)公司	3,922.00
408	辽阳速奇医材有限公司	4,202.60	446	本溪市制药厂	3,921.00
409	贵阳制药二厂	4,202.00	447	四平制药股份有限公司	3,915.60
410	安徽朝阳制药厂	4,196.00	448	武汉第二制药厂	3,883.20
411	吉林省通化白山制药厂	4,181.00	449	鲁抗集团菏泽药业公司	3,880.70
412	北京建昊生物制药股份有限公司	4,169.70	450	威海达因海洋生物有限公司	3,878.40
413	江西第三制药厂	4,167.10	451	重庆制药机械厂	3,869.60
414	济南永宁制药股份有限公司	4,161.20	452	佛山市制药二厂	3,863.30
415	上海葡萄糖厂	4,161.00	453	上海静安中药制药厂	3,849.90
416	汕头酿酒厂	4,160.80	454	西安光华制药厂	3,841.10
417	南昌扬子洲制药厂	4,160.00	455	芜湖市金阳制药厂	3,836.70
418	杭州西泠集团公司	4,153.60	456	北京长城制药厂	3,833.70

1997年化学药品工业按固定资产(原价)排序前500家⑦

No.	企业名称	固定资产(万元)	No.	企业名称	固定资产(万元)
457	天津同仁堂制药厂	3,827.70	479	河南辅仁药业有限公司	3,587.90
458	天津田边制药有限公司	3,825.80	480	沈阳药用玻璃总厂	3,582.70
459	吉林省延吉市玻璃总厂	3,825.00	481	巢湖正大药业有限公司	3,576.20
460	上海手术器械厂	3,823.00	482	浙江大之医药胶囊有限公司	3,574.20
461	吉雄(漯河)药业有限公司	3,809.80	483	哈尔滨松花江制药厂	3,569.70
462	郧西县医药化工厂	3,808.10	484	湖北华强药用包装制品厂	3,566.00
463	广州南新制药有限公司	3,803.70	485	公主岭市红光制药厂	3,559.80
464	威海市申威药业有限公司	3,787.00	486	浙江瑞邦大药厂	3,558.10
465	北京生物化学制药厂	3,783.50	487	安徽省蚌埠第一制药厂	3,541.00
466	宁夏制药厂	3,782.60	488	苏州第一制药厂	3,541.00
467	芮城制药厂	3,776.40	489	兰州佛慈制药厂	3,540.50
468	苏州雷允上药业集团	3,763.70	490	海南制药厂	3,537.50
469	甘肃省祁连山制药厂	3,758.00	491	吉林省榆树市华威制药厂	3,537.20
470	上海美优制药厂	3,717.80	492	仙药集团椒江制药厂	3,530.30
471	烟台高压氧舱厂	3,707.30	493	盐城制药厂	3,522.00
472	广东省汕头制药厂	3,690.30	494	吉林省柳河三株中药有限责任公司	3,521.00
473	哈尔滨中一磁带厂	3,656.80	495	郑州化学制药厂	3,497.70
474	上海同仁药业有限公司	3,653.30	496	珠湖制药厂	3,493.20
475	青岛第二制药厂	3,640.00	497	苏州第五制药厂	3,492.10
476	清江制药厂	3,629.50	498	哈尔滨市白天鹅制药厂	3,490.60
477	北京市东升制药厂	3,617.90	499	北京第四制药厂分厂	3,479.30
478	中外合资通化方大制药有限公司	3,616.00	500	山西中药厂	3,479.20

1997 年医疗器械工业按产值(现价)排序前 100 名①

No.	地区	企业名称	总产值(万元)	No.	地区	企业名称	总产值(万元)
1	深圳	深圳日宝来福磁性健康用品公司	73,459.10	26	天津	天津哈娜好医材有限公司	7,703.00
2	江苏	江苏宏宝集团公司	55,305.00	27		霸州长城医用设备厂	7,296.00
3		生力集团	52,750.00	28		西门子医疗器械有限公司	7,100.80
4	大连	欧姆龙(大连)有限公司	44,256.00	29	上海	上海医疗设备厂	6,897.30
5	杭州	杭州西泠制冷电器有限公司	40,157.00	30	无锡	无锡县医用仪表厂	6,402.00
6	江苏	江苏金鹿集团有限公司	29,607.00	31	苏州	苏州医疗器械厂	6,267.00
7		杭丽制冷设备有限公司	28,832.60	32	长春	长春市康达医用器具有限公司	6,098.00
8	山东	哈慈股份有限公司	22,294.00	33		积美实业(深圳)有限公司	5,994.30
9	青岛	惠普医疗产品(青岛)有限公司	22,190.50	34	上海	上海手术器械厂	5,884.00
10	深圳	深圳迈瑞电子有限公司	18,500.00	35		阿洛卡医用有限公司	5,538.60
11	深圳	深圳奥沃国际科技发展有限公司	16,739.70	36	浙江	浙江康德莱医械塑料有限公司	5,257.00
12	宁波	全成电子(宁波)有限公司	16,354.70	37	福建	福建福光集团公司	5,232.00
13	深圳	鸿邦电子(深圳)有限公司	14,791.00	38	上海	上海医用仪表厂	5,158.40
14	广东	威海医用高分子制品总厂	14,252.00	39	上海	上海医疗器械厂	4,655.60
15	珠海	珠海天年高科技国际企业公司	12,371.10	40		光电医用电子有限公司	4,647.10
16	北京	北京万东医疗装备公司	12,208.00	41	广州	广州第十一橡胶厂	4,559.90
17	山东	淄博医用器材有限公司	11,563.00	42		豫丰医疗器械有限公司	4,221.00
18	大连	大连 JMS 医疗器具有限公司	10,858.00	43		麦迪逊医疗器械有限公司	4,027.30
19	广东	广东威达医疗器械集团公司	10,554.80	44		解放军 6913 工厂	3,852.20
20	丹阳	丹阳市光学元件厂	10,390.00	45	上海	上海德尔格医疗器械有限公司	3,828.30
21	浙江	浙江双鸽集团有限公司	9,680.20	46	绵阳	绵阳电子仪器厂	3,728.10
22	深圳	深圳安科高技术有限公司	9,452.00	47		米沙瓦医科工业有限公司	3,676.70
23	汕头	汕头超声仪器研究所	9,320.80	48	长春	长春市康达医用器具股份有限公司	3,654.00
24	山东	山东新华医疗器械厂	9,175.30	49	福州	福州梅生医疗设备有限公司	3,633.20
25	上海	上海齿科器械厂	8,213.70	50	珠海	珠海宝莱特电子有限公司	3,603.20

1997 年医疗器械工业按产值(现价)排序前 100 名②

No.	地区	企业名称	总产值(万元)	No.	地区	企业名称	总产值(万元)
51	北京	北京福田电子医疗仪器有限公司	3,586.40	77	南京	南京欧加农制药有限公司	2,042.00
52	石家庄	石家庄市东方医疗器械厂	3,244.00	78	北京	北京手术器械厂	2,004.90
53		高青鲁侨医用器材公司	3,192.00	79	杭州	杭州龙德医用器械有限公司	1,953.00
54	上海	上海齿科材料厂	3,099.80	80	上海	上海注射器厂	1,948.40
55	福州	福州尼普洛有限公司	3,084.20	81	南京	南京威达天宇医疗器械有限公司	1,924.00
56	苏州	苏州医疗用品厂	3,012.00	82	苏州	苏州华佗医疗器械有限公司	1,921.40
57	上海	上海医疗器械五厂	2,998.80	83		西南医用设备厂	1,915.40
58	北京	北京医疗器械研究所	2,769.70	84		贺利氏-上海齿科有限公司	1,886.60
59	汕头	汕头市紫薇星电子实业公司	2,767.10	85		淮阴医疗器械厂	1,849.10
60	湖南	湖南仪器仪表总厂	2,736.60	86	桂林	桂林市医疗电子仪器厂	1,805.00
61		千樱医疗设备有限公司	2,617.00	87	广东	广东省新会市医疗器械厂	1,776.00
62	上海	上海手术器械六厂	2,576.80	88		温州华利医疗器械有限公司	1,770.00
63		沧州太极神药械有限公司	2,555.00	89	河北	香河金辉医用设备有限公司	1,770.00
64	常州	常州市鹤寿医用器材厂	2,551.00	90	北京	北京航天长峰医疗器械有限公司	1,753.00
65	深圳	周林生物频谱(深圳)有限公司	2,488.60	91	武汉	武汉市江汉医疗制药设备制造公司	1,750.00
66	上海	上海医用激光仪器厂	2,450.60	92	北京	北京瑞利分析仪器公司	1,749.00
67	上海	上海医用核子仪器厂	2,311.00	93	山东	山东医疗器械厂	1,719.10
68	天津	天津市医疗器械工业公司	2,295.60	94	山东	烟台高压氧舱厂	1,703.40
69	上海	上海医用光学仪器厂	2,278.10	95	宁波	宁波亚泰医疗器械公司	1,662.70
70		西北医疗器械一厂	2,238.40	96		皖东高分子实业公司	1,648.00
71		松滋市医疗器械厂	2,225.00	97	上海	上海菲曼特医疗器械有限公司	1,647.70
72	成都	成都神农集团公司	2,189.40	98	深圳	深圳联谊九天电子技术有限公司	1,647.00
73	上海	上海医用诊察仪器厂	2,148.50	99		赣江医疗器械厂	1,624.90
74		定远大江医疗用品有限公司	2,085.00	100	上海	上海医械专机厂	1,605.50
75	丹阳	丹阳市医用器械厂	2,071.50				
76	北京	北京医用低温设备厂	2,060.60				

1997年医疗器械工业企业按销售收入排序前100名①

No.	地区	企业名称	销售收入(万元)	No.	地区	企业名称	销售收入(万元)
1	广东省	深圳日宝来福磁性健康用品公司	70,548.30	26	河北省	霸州长城医用设备厂	7,203.00
2	辽宁省	欧姆龙(大连)有限公司	53,783.00	27	广东省	广州第十一橡胶厂	7,057.40
3	江苏省	江苏宏宝集团公司	48,594.40	28	上海市	上海医疗设备厂	6,900.00
4	浙江省	生力集团	42,341.10	29	上海市	上海手术器械厂	6,517.20
5	浙江省	杭州西冷制冷电器有限公司	38,073.10	30	广东省	积美实业(深圳)有限公司	6,008.60
6	浙江省	杭丽制冷设备有限公司	28,436.10	31	广东省	广东华通医疗器械发展总公司	5,865.70
7	黑龙江省	哈慈股份有限公司	22,216.00	32	上海市	上海医疗器械厂	5,503.30
8	山东省	惠普医疗产品(青岛)有限公司	21,607.90	33	上海市	西门子医疗器械有限公司	5,462.10
9	江苏省	江苏金鹿集团有限公司	19,932.00	34	江苏省	苏州医疗器械厂	5,332.00
10	广东省	深圳奥沃国际科技发展有限公司	17,342.40	35	吉林省	长春市康达医用器具有限公司	5,172.00
11	浙江省	全成电子(宁波)有限公司	16,328.20	36	广东省	汕头超声仪器研究所	5,067.00
12	广东省	鸿邦电子(深圳)有限公司	15,419.60	37	福建省	福建福光集团公司	5,024.30
13	广东省	深圳迈瑞电子有限公司	15,000.00	38	上海市	上海医用仪表厂	5,005.90
14	北京市	北京万东医疗装备公司	13,723.50	39	上海市	阿洛卡医用有限公司	4,826.90
15	山东省	威海医用高分子制品总厂	13,192.40	40	浙江省	浙江康德莱医械塑料有限公司	4,387.80
16	山东省	淄博医用器材有限公司	11,747.30	41	上海市	光电医用电子有限公司	4,291.00
17	广东省	广东威达医疗器械集团公司	11,130.00	42	上海市	麦迪逊医疗器械有限公司	4,222.80
18	辽宁省	大连 JMS 医疗器具有限公司	10,999.60	43	甘肃省	解放军 6913 工厂	4,054.50
19	江苏省	丹阳市光学元件厂	10,315.80	44	上海市	米沙瓦医科工业有限公司	3,725.20
20	广东省	珠海天年高科技国际企业公司	9,744.20	45	广东省	汕头市紫薇星电子实业公司	3,630.00
21	浙江省	浙江双鸽集团有限公司	9,233.00	46	上海市	上海齿科材料厂	3,602.40
22	广东省	深圳安科高技术有限公司	9,198.80	47	上海市	上海德尔格医疗器械有限公司	3,539.00
23	上海市	上海齿科器械厂	8,559.80	48	江苏省	无锡县医用仪表厂	3,478.50
24	山东省	山东新华医疗器械厂	7,984.90	49	吉林省	长春市康达医用器具股份有限公司	3,400.90
25	天津市	天津哈娜好医材有限公司	7,600.70	50	上海市	上海医用激光仪器厂	3,340.00

1997 医疗器械工业企业销售收入排序前 100 名②

No.	地区	企业名称	销售收入(万元)	No.	地区	企业名称	销售收入(万元)
51	江苏省	苏州医疗用品厂	3,154.60	77	湖南省	湖南仪器仪表总厂	1,928.40
52	河北省	石家庄市东方医疗器械厂	3,113.10	78	江苏省	南京威达天宇医疗器械有限公司	1,919.00
53	上海市	上海手术器械六厂	3,060.20	79	江苏省	苏州华佗医疗器械有限公司	1,909.10
54	上海市	上海医疗器械五厂	3,002.40	80	山东省	山东医疗器械厂	1,905.20
55	广东省	周林生物频谱(深圳)有限公司	2,909.20	81	上海市	上海注射器厂	1,905.20
56	广东省	珠海宝莱特电子有限公司	2,733.20	82	浙江省	宁波亚泰医疗器械公司	1,883.40
57	福建省	福州尼普洛有限公司	2,717.30	83	四川省	成都神农集团公司	1,872.50
58	上海市	上海医用核子仪器厂	2,668.50	84	广东省	广东省新会市医疗器械厂	1,871.90
59	山东省	高青鲁侨医用器材公司	2,548.20	85	湖北省	武汉市江汉医疗制药设备制造公司	1,861.40
60	上海市	上海医用诊察仪器厂	2,506.70	86	江苏省	淮阴医疗器械厂	1,786.70
61	湖北省	松滋市医疗器械厂	2,400.10	87	天津市	天津市医疗器械工业公司	1,760.20
62	河南省	豫丰医疗器械有限公司	2,319.60	88	上海市	上海医用吸引器厂	1,701.40
63	江苏省	南京致加农制药有限公司	2,316.00	89	北京市	北京瑞利分析仪器公司	1,660.70
64	上海市	上海医用光学仪器厂	2,307.90	90	上海市	上海菲曼特医疗器械有限公司	1,653.40
65	北京市	北京手术器械厂	2,283.10	91	陕西省	西北医疗器械一厂	1,646.80
66	江苏省	千樱医疗设备有限公司	2,279.00	92	北京市	北京航天长峰医疗器械有限公司	1,642.90
67	山东省	烟台高玉氧舱厂	2,214.50	93	安徽省	皖东高分子实业公司	1,622.00
68	江苏省	常州市鹤寿医用器材厂	2,175.00	94	上海市	上海医用听诊器厂	1,596.30
69	河北省	沧州太极神药械有限公司	2,157.50	95	上海市	上海医械专机厂	1,572.00
70	四川省	绵阳电子仪器厂	2,134.60	96	广西自治区	桂林市医疗电子仪器厂	1,567.80
71	北京市	北京医疗器械研究所	2,097.40	97	北京市	北京福田电子医疗仪器有限公司	1,558.50
72	四川省	西南医用设备厂	2,064.00	98	福建省	福州梅生医疗设备有限公司	1,521.30
73	北京市	北京医用低温设备厂	2,021.10	99	江西省	赣江医疗器械厂	1,517.80
74	浙江省	杭州龙德医用器械有限公司	2,016.00	100	上海市	上海医用缝合针厂	1,510.90
75	上海市	上海伯途克医疗仪器有限公司	1,997.30				
76	广东省	广州华南医疗器械有限公司	1,967.70				

1997 年医疗器械工业按利税总额排序前 100 名①

No.	地区	企业名称	利税总额(万元)	No.	地区	企业名称	利税总额(万元)
1	广东省	深圳奥沃国际科技发展有限公司	10,714.40	26	山东省	山东新华医疗器械厂	818.40
2	黑龙江省	哈慈股份有限公司	10,588.00	27	广东省	深圳安科高技术有限公司	796.20
3	广东省	深圳日宝来福磁性健康用品公司	7,440.00	28	上海市	上海手术器械厂	792.40
4	江苏省	江苏宏宝集团公司	5,068.00	29	江苏省	丹阳市光学元件厂	754.20
5	山东省	惠普医疗产品(青岛)有限公司	4,232.00	30	福建省	福建福光集团公司	737.70
6	浙江省	生力集团	3,829.90	31	上海市	上海齿科器械厂	696.60
7	吉林省	长春市康达医用器具股份有限公司	3,633.60	32	上海市	上海汤姆逊电子管有限公司	657.10
8	辽宁省	欧姆龙(大连)有限公司	3,604.00	33	广东省	周林生物频谱(深圳)有限公司	626.70
9	浙江省	杭丽制冷设备有限公司	3,511.60	34	上海市	贺利氏-上海齿科有限公司	593.90
10	广东省	广东威达医疗器械集团公司	3,511.30	35	上海市	上海齿科材料厂	486.40
11	江苏省	江苏金鹿集团有限公司	2,802.00	36	辽宁省	大连 JMS 医疗器具有限公司	466.90
12	北京市	北京万东医疗装备公司	2,301.80	37	上海市	西门子医疗器械有限公司	462.90
13	广东省	深圳迈瑞电子有限公司	2,062.00	38	北京市	北京医用低温设备厂	447.50
14	广东省	汕头超声仪器研究所	1,891.90	39	广东省	珠海宝莱特电子有限公司	422.70
15	山东省	淄博医用器材有限公司	1,891.00	40	河北省	沧州太极神药械有限公司	416.60
16	浙江省	杭州西冷制冷电器有限公司	1,851.40	41	浙江省	全成电子(宁波)有限公司	359.00
17	广东省	珠海天年高科技国际企业公司	1,292.10	42	上海市	米沙瓦医科工业有限公司	352.40
18	上海市	上海德尔格医疗器械有限公司	1,276.60	43	上海市	上海医疗器械厂	342.50
19	浙江省	浙江双鸽集团有限公司	1,235.50	44	四川省	成都神农集团公司	342.40
20	上海市	阿洛卡医用有限公司	1,205.60	45	浙江省	浙江康德莱医械塑料有限公司	338.20
21	河北省	霸州长城医用设备厂	1,044.60	46	四川省	绵阳电子仪器厂	334.30
22	江苏省	苏州医疗器械厂	1,029.00	47	广东省	积美实业(深圳)有限公司	328.50
23	天津市	天津哈娜好医材有限公司	956.00	48	江苏省	常州市鹤寿医用器材厂	325.00
24	上海市	上海医疗设备厂	883.80	49	广东省	鸿邦电子(深圳)有限公司	320.80
25	山东省	威海医用高分子制品总厂	850.30	50	上海市	上海医疗器械五厂	291.40

1997年医疗器械工业按利税总额排序前100名②

No.	地区	企业名称	利税总额(万元)	No.	地区	企业名称	利税总额(万元)
51	辽宁省	丹东海华技术开发有限公司	289.90	77	浙江省	上海齿科医械厂宁波联营厂	194.20
52	广东省	深圳科达电气新技术有限公司	289.40	78	湖南省	湖南圆梦圆保健用品公司	189.80
53	上海市	上海手术器械六厂	285.30	79	浙江省	杭州龙德医用器械有限公司	189.30
54	福建省	福州梅生医疗设备有限公司	281.60	80	江西省	益康医疗器械厂	187.70
55	上海市	上海医用光学仪器厂	270.30	81	浙江省	杭州京泠医疗器械有限公司	186.00
56	江苏省	千樱医疗设备有限公司	269.00	82	北京市	北京医疗器械研究所	184.10
57	浙江省	宁波戴维医疗器械有限公司	261.80	83	广东省	广州第十一橡胶厂	182.70
58	上海市	光电医用电子有限公司	256.80	84	广东省	广东华通医疗器械发展总公司	180.30
59	河南省	商丘市医疗器械厂	254.80	85	湖北省	武汉市江汉医疗制药设备制造公司	176.50
60	湖北省	松滋市医疗器械厂	250.00	86	上海市	安泰分析有限公司	174.40
61	甘肃省	解放军6913工厂	243.20	87	北京市	北京市六一仪器厂	172.70
62	江苏省	无锡县医用仪表厂	240.50	88	上海市	上海医用吸引器厂	166.40
63	上海市	上海菲曼特医疗器械有限公司	236.60	89	浙江省	温州华利医疗器械有限公司	163.80
64	北京市	北京福田电子医疗仪器有限公司	234.50	90	浙江省	宁波亚泰医疗器械公司	159.10
65	河南省	豫丰医疗器械有限公司	233.60	91	浙江省	宁波和平注射器厂	158.90
66	江苏省	苏州医疗用品厂	232.60	92	陕西省	西北医疗器械一厂	157.00
67	北京市	北京瑞利分析仪器公司	228.10	93	广东省	珠海经济特区幸福注射器制造厂	156.10
68	江苏省	淮阴医疗器械厂	226.30	94	河北省	石家庄市华行医疗器械厂	153.70
69	山东省	高青鲁侨医用器材公司	224.90	95	浙江省	临海市医疗器械厂	151.40
70	福建省	福建久九神电子有限公司	219.50	96	北京市	北京手术器械厂	148.50
71	河北省	香河金辉医用设备有限公司	209.00	97	江西省	赣江医疗器械厂	146.20
72	天津市	天津市医疗器械工业公司	208.60	98	陕西省	陕西省医疗仪器厂	143.60
73	广西自治区	桂林市医疗电子仪器厂	208.40	99	福建省	闽东东方神电子有限公司	142.20
74	吉林省	长春市康达医用器具有限公司	206.20	100	浙江省	鄞县医用仪表厂	140.10
75	黑龙江省	黑龙江东方医疗器械有限公司	202.40				
76	江苏省	苏州华佗医疗器械有限公司	199.70				

1997 年医疗器械工业按企业固定资产（原价）排序前 100 名①

No.	地区	企业名称	固定资产（万元）	No.	地区	企业名称	固定资产（万元）
1	江苏省	江苏宏宝集团公司	34,686.00	26	上海市	米沙瓦医科工业有限公司	4,304.90
2	浙江省	杭州西泠制冷电器有限公司	20,322.80	27	广东省	深圳安科高技术有限公司	4,020.30
3	山东省	山东新华医疗器械厂	16,935.20	28	河北省	邢台市医用塑料器械厂	3,986.00
4	广东省	广东威达医疗器械集团公司	16,143.00	29	上海市	上海手术器械厂	3,823.00
5	北京市	北京万东医疗装备公司	15,072.90	30	山东省	烟台高压氧舱厂	3,707.30
6	黑龙江省	哈慈股份有限公司	11,593.00	31	北京市	北京瑞利分析仪器公司	3,462.50
7	广东省	周林生物频谱（深圳）有限公司	9,347.50	32	四川省	绵阳电子仪器厂	3,423.00
8	浙江省	生力集团	8,616.90	33	广东省	广州华南医疗器械有限公司	3,357.50
9	辽宁省	大连 JMS 医疗器具有限公司	8,596.20	34	四川省	西南医用设备厂	3,263.00
10	福建省	福州尼普洛有限公司	8,516.60	35	吉林省	长春市康达医用器具股份有限公司	3,186.70
11	辽宁省	欧姆龙（大连）有限公司	8,312.30	36	陕西省	西北医疗器械一厂	3,185.70
12	湖南省	湖南仪器仪表总厂	7,731.10	37	上海市	上海医用分析仪器厂	3,014.00
13	江苏省	南京威达天宇医疗器械有限公司	7,476.00	38	上海市	上海医用诊察仪器厂	2,956.30
14	浙江省	浙江双鸽集团有限公司	7,071.30	39	重庆市	重庆医用设备厂	2,931.40
15	辽宁省	中国人民解放军第五七零五工厂	6,943.40	40	河南省	洛阳泰克医疗器械有限公司	2,892.00
16	山东省	惠普医疗产品（青岛）有限公司	6,872.70	41	上海市	西门子医疗器械有限公司	2,863.10
17	广东省	深圳奥沃国际科技发展有限公司	6,121.30	42	广西自治区	桂林市医疗电子仪器厂	2,830.10
18	陕西省	西北医疗设备总厂	6,115.00	43	四川省	西南医疗器械厂	2,798.40
19	广东省	汕头超声仪器研究所	5,786.60	44	天津市	天津哈娜好医材有限公司	2,783.10
20	陕西省	西北医疗设备厂	5,657.40	45	上海市	上海汤姆逊电子管有限公司	2,624.80
21	山东省	威海医用高分子制品总厂	5,479.90	46	浙江省	杭州龙德医用器械有限公司	2,618.70
22	江苏省	江苏金鹿集团有限公司	5,334.00	47	湖北省	武汉市医疗器械厂	2,588.60
23	广东省	广州第十一橡胶厂	5,210.20	48	北京市	北京医疗设备四厂	2,397.30
24	江苏省	苏州医疗器械厂	5,210.00	49	河南省	河南大河玻璃制品股份有限公司	2,340.70
25	山东省	淄博医用器材有限公司	4,539.00	50	浙江省	浙江康德莱医械塑料有限公司	2,313.40

1997年医疗器械工业按固定资产（原价）排序前100名②

No.	地区	企业名称	固定资产（万元）	No.	地区	企业名称	固定资产（万元）
51	天津市	天津市医疗器械厂	12,304.60	77	山东省	潍坊市第二医疗器械厂	1,537.70
52	北京市	北京手术器械厂	2,294.70	78	上海市	光电医用电子有限公司	1,530.20
53	重庆市	重庆体温计厂	2,250.60	79	江苏省	苏州医疗用品厂	1,507.40
54	甘肃省	解放军6913工厂	2,243.90	80	江苏省	千樱医疗设备有限公司	1,507.00
55	山东省	青岛电子医疗仪器厂	2,241.70	81	上海市	上海医用听诊器厂	1,495.60
56	江苏省	丹阳市光学元件厂	2,152.50	82	甘肃省	兰州辐射技术开发中心	1,460.00
57	天津市	天津市医疗电子仪器公司	2,148.90	83	上海市	上海医用激光仪器厂	1,457.80
58	吉林省	长春市康达医用器具有限公司	2,146.00	84	上海市	上海菲曼特医疗器械有限公司	1,430.90
59	广东省	鸿邦电子（深圳）有限公司	2,091.10	85	江苏省	无锡县医用仪表厂	1,429.50
60	浙江省	杭丽制冷设备有限公司	2,031.80	86	上海市	上海齿科器械厂	1,413.40
61	上海市	上海医用核子仪器厂	1,965.70	87	河北省	邢台医疗器械厂	1,393.00
62	广东省	深圳迈瑞电子有限公司	1,900.00	88	上海市	上海德尔格医疗器械有限公司	1,384.80
63	北京市	北京医疗器械研究所	1,898.30	89	江西省	赣东医用器械厂	1,367.00
64	山东省	山东医疗器械厂	1,861.90	90	上海市	贺利氏-上海齿科有限公司	1,335.10
65	广东省	深圳日宝来福磁性健康用品公司	1,839.00	91	上海市	阿洛卡医用有限公司	1,334.40
66	四川省	成都华兴医疗器械厂	1,811.60	92	山东省	高青鲁侨医用器材公司	1,330.50
67	广东省	积美实业（深圳）有限公司	1,809.20	93	北京市	北京医用离心机厂	1,306.60
68	天津市	天津市医疗器械工业公司	1,790.00	94	广东省	湛江医用乳胶制品厂	1,279.40
69	四川省	成都神农集团公司	1,766.70	95	辽宁省	丹东海华技术开发有限公司	1,265.70
70	广东省	珠海天年高科技国际企业公司	1,754.70	96	贵州省	贵阳医疗器械厂	1,200.00
71	上海市	上海医用仪表厂	1,749.30	97	天津市	天津康乐产业有限公司	1,185.80
72	福建省	建瓯钟山实业有限公司医疗器械厂	1,748.10	98	上海市	上海医疗器械高技术公司	1,185.40
73	上海市	上海医疗器械厂	1,705.90	99	江西省	江西医疗器械厂	1,182.50
74	陕西省	陕西省医疗仪器厂	1,695.00	100	北京市	北京希望城设备总厂	1,159.30
75	河北省	石家庄市东方医疗器械厂	1,608.80				
76	上海市	上海医疗设备厂	1,602.10				

1997年卫生材料工业按产值(现价)排序前50名

No.	地区	企业名称	总产值(万元)	No.	地区	企业名称	总产值(万元)
1	江苏省	江苏利康集团公司	36,577.00	26	辽宁省	沈阳丹碧兰有限公司	2,339.00
2	上海市	上海强生有限公司	23,052.60	27	湖北省	仙桃市医用保健制品厂	2,221.00
3	湖北省	仙桃市医用敷料厂	14,610.40	28	湖北省	崇阳县东山布业有限责任公司	2,220.60
4	浙江省	绍兴市新建染织厂	11,129.00	29	浙江省	绍兴贤德实业有限公司	2,196.20
5	湖北省	湖北省崇阳县医疗卫生用品厂	11,070.70	30	安徽省	合肥卫生材料厂	2,020.00
6	广西自治区	桂林天和制药厂	10,157.00	31	湖北省	黄石利丽嘉制药有限公司	1,966.90
7	河南省	焦作市卫生材料厂	8,635.80	32	江苏省	徐州市卫生材料厂	1,915.00
8	湖北省	仙桃市卫生材料厂	7,962.60	33	湖北省	湖北天恒医疗用品有限公司	1,879.90
9	浙江省	绍兴振德医用敷料有限公司	7,204.90	34	浙江省	桐乡市施康制药厂	1,823.10
10	广东省	广州卫生材料厂	6,247.00	35	河北省	唐山市复康制药厂	1,774.00
11	广东省	广东湛江吉民药业股份有限公司	4,453.80	36	河南省	郑州医用材料厂	1,727.00
12	山东省	青岛泽青实业有限公司	4,399.70	37	浙江省	杭州仁德医药有限公司	1,663.70
13	上海市	上海卫生材料厂	4,237.00	38	湖北省	崇阳县富威布业有限公司	1,593.00
14	湖北省	荆沙市津奉集团	4,212.00	39	陕西省	宝鸡银星医用纺织有限公司	1,578.30
15	广西自治区	侨凤卫生制品有限公司	4,163.10	40	浙江省	宁波医用乳胶厂	1,557.00
16	湖北省	湖北健华医药保健品公司	4,057.90	41	辽宁省	辽阳速奇医材有限公司	1,526.00
17	湖北省	黄石卫生材料厂	3,757.00	42	浙江省	安吉安盛敷料有限公司	1,469.90
18	重庆市	重庆制药九厂	3,478.20	43	江苏省	盐城市卫生材料厂	1,463.80
19	山东省	济南卫生材料厂	3,458.00	44	黑龙江省	哈尔滨卫生敷料总厂	1,427.00
20	湖北省	湖北枝江都发纺织实业总公司	3,288.20	45	江苏省	扬州光明卫生材料厂	1,388.00
21	湖北省	潜江市医用材料厂	3,081.20	46	广西自治区	桂林伊维药业有限公司	1,182.00
22	湖北省	湖北宜发卫生材料有限公司	2,907.90	47	河南省	新星制药厂卫生材料分厂	1,161.00
23	浙江省	嘉兴康宝药业有限公司	2,742.70	48	浙江省	安吉阳光医药用品有限责任公司	1,103.20
24	湖南省	湖南省衡阳卫生材料厂	2,628.30	49	安徽省	安徽福华卫生材料有限公司	1,075.00
25	湖北省	湖北省应成市医用材料厂	2,606.50	50	江苏省	连云港市卫生材料厂	1,026.00

1997 年卫生材料工业按销售收入排序前 50 名

No.	地区	企业名称	销售收入(万元)	No.	地区	企业名称	销售收入(万元)
1	江苏省	江苏利康集团公司	23,374.10	26	湖北省	崇阳县东山布业有限责任公司	2,039.20
2	上海市	上海强生有限公司	21,900.10	27	江苏省	徐州市卫生材料厂	2,000.00
3	湖北省	湖北省崇阳县医疗卫生用品厂	13,181.70	28	湖南省	湖南省衡阳卫生材料厂	1,743.00
4	湖北省	仙桃市医用敷料厂	11,701.60	29	浙江省	杭州仁德医药有限公司	1,667.10
5	浙江省	绍兴市新建染织厂	10,440.00	30	浙江省	宁波医用乳胶厂	1,612.80
6	广西自治区	桂林天和制药厂	8,899.00	31	湖北省	崇阳县富威布业有限公司	1,606.20
7	河南省	焦作市卫生材料厂	8,761.50	32	安徽省	合肥卫生材料厂	1,522.90
8	湖北省	仙桃市卫生材料厂	7,996.80	33	湖北省	黄石卫生材料厂	1,484.70
9	浙江省	绍兴振德医用敷料有限公司	6,867.00	34	浙江省	安吉安盛敷料有限公司	1,350.90
10	广东省	广州卫生材料厂	5,707.20	35	河南省	郑州医用材料厂	1,320.20
11	上海市	上海卫生材料厂	4,845.40	36	湖北省	仙桃市医用保健制品厂	1,300.00
12	广西自治区	侨凤卫生制品有限公司	4,028.10	37	黑龙江省	哈尔滨卫生敷料总厂	1,297.00
13	广东省	广东湛江吉民药业股份有限公司	3,777.10	38	江苏省	扬州光明卫生材料厂	1,251.60
14	山东省	青岛泽青实业有限公司	3,700.10	39	浙江省	桐乡市施康制药厂	1,211.40
15	重庆市	重庆制药九厂	3,443.00	40	江苏省	盐城市卫生材料厂	1,179.00
16	湖北省	湖北健华医药保健品公司	3,102.00	41	河南省	新星制药厂卫生材料分厂	1,142.80
17	湖北省	荆沙市津奉集团	3,052.50	42	广西自治区	桂林伊维药业有限公司	1,106.80
18	浙江省	嘉兴康宝药业有限公司	2,989.20	43	山西省	太原卫生材料厂	1,085.20
19	湖北省	潜江市医用材料厂	2,921.70	44	北京市	北京卫生材料厂	1,021.10
20	湖北省	湖北枝江都发纺织实业总公司	2,695.10	45	安徽省	安徽福华卫生材料有限公司	996.00
21	湖北省	湖北天恒医疗用品有限公司	2,663.80	46	湖北省	武汉医用材料厂	982.20
22	湖北省	湖北宜发卫生材料有限公司	2,405.60	47	山东省	曹县纱布加工厂	938.90
23	山东省	济南卫生材料厂	2,301.20	48	湖北省	黄石利丽嘉制药有限公司	922.70
24	浙江省	绍兴贤德实业有限公司	2,234.60	49	河北省	唐山市复康制药厂	915.80
25	辽宁省	沈阳丹碧兰有限公司	2,212.20	50	福建省	周宁县康友卫生材料有限公司	897.90

1997 年卫生材料工业按利税总额排序前 50 名

No.	地区	企业名称	利税总额(万元)	No.	地区	企业名称	利税总额(万元)
1	上海市	上海强生有限公司	9,844.20	26	浙江省	绍兴贤德实业有限公司	99.30
2	广西自治区	桂林天和制药厂	1,616.70	27	江苏省	徐州市卫生材料厂	97.00
3	上海市	上海卫生材料厂	1,604.00	28	山东省	济南卫生材料厂	73.60
4	湖北省	仙桃市医用敷料厂	1,023.30	29	河北省	唐山市复康制药厂	71.70
5	广东省	广州卫生材料厂	937.90	30	山东省	曹县纱布加工厂	71.00
6	浙江省	绍兴振德医用敷料有限公司	652.40	31	河南省	镇平县卫生材料厂	70.70
7	浙江省	绍兴市新建染织厂	536.00	32	河北省	河北邢台太行卫生材料厂	70.00
8	湖北省	仙桃市卫生材料厂	502.00	33	湖北省	湖北省应成市医用材料厂	64.50
9	广西自治区	侨凤卫生制品有限公司	500.60	34	山东省	曹县白天鹅卫生材料厂	61.80
10	湖北省	湖北天恒医疗用品有限公司	489.40	35	北京市	北京卫生材料厂	61.30
11	湖北省	湖北省崇阳县医疗卫生用品厂	437.30	36	福建省	周宁县康友卫生材料有限公司	57.50
12	浙江省	杭州仁德医药有限公司	346.40	37	上海市	上海医用敷料厂	57.30
13	浙江省	宁波医用乳胶厂	344.60	38	上海市	振中卫生材料加工合作社	56.40
14	广东省	广东湛江吉民药业股份有限公司	296.30	39	湖南省	湘阴县华中医药原料厂	52.00
15	浙江省	嘉兴康宝药业有限公司	278.80	40	浙江省	仙居卫生用品厂	51.30
16	江苏省	江苏利康集团公司	261.80	41	湖北省	黄石市长征制药厂	50.70
17	安徽省	安徽福华卫生材料有限公司	194.40	42	贵州省	贵阳富兴实业有限公司	48.90
18	广西自治区	桂林伊维药业有限公司	157.70	43	湖北省	十堰华威保健用品开发有限公司	48.50
19	湖北省	湖北健华医药保健品公司	151.10	44	湖北省	崇阳县东山布业有限责任公司	47.80
20	浙江省	安吉安盛敷料有限公司	145.40	45	福建省	福建省长乐市玉井医疗敷料厂	47.50
21	河南省	焦作市卫生材料厂	140.50	46	湖南省	湖南永顺卫生材料有限公司	46.30
22	重庆市	重庆制药九厂	139.10	47	湖北省	潜江市医用材料厂	44.80
23	浙江省	安吉阳光医药用品有限责任公司	120.10	48	浙江省	桐乡市施康制药厂	44.60
24	河南省	河南省汤阴县卫生材料厂	109.70	49	江苏省	南通市医用卫生材料厂	44.00
25	湖北省	黄石卫生材料厂	103.30	50	甘肃省	兰州卫生材料厂	39.90

1997年卫生材料工业按固定资产(原价)排序前50名

No.	地区	企业名称	固定资产(万元)	No.	地区	企业名称	固定资产(万元)
1	浙江省	绍兴市新建染织厂	14,634.00	26	北京市	北京卫生材料厂	1,874.30
2	上海市	上海强生有限公司	5,285.10	27	湖北省	黄石卫生材料厂	1,689.80
3	辽宁省	辽阳速奇医材有限公司	4,202.60	28	上海市	上海卫生材料厂	1,634.70
4	江苏省	江苏利康集团公司	4,038.40	29	浙江省	绍兴振德医用敷料有限公司	1,541.40
5	湖北省	荆沙市津奉集团	3,344.70	30	江苏省	扬州光明卫生材料厂	1,320.70
6	广东省	广东湛江吉民药业股份有限公司	3,320.90	31	山西省	太原卫生材料厂	1,291.90
7	广东省	广州卫生材料厂	3,299.30	32	辽宁省	大连德利医用材料有限公司	1,290.90
8	湖北省	仙桃市卫生材料厂	3,267.10	33	浙江省	安吉莱康医药用品公司	1,157.40
9	山东省	青岛泽青实业有限公司	3,160.20	34	湖北省	仙桃市医用敷料厂	925.60
10	广西自治区	桂林天和制药厂	2,983.70	35	山东省	济南卫生材料厂	914.40
11	黑龙江省	哈尔滨卫生敷料总厂	2,973.00	36	河南省	河南省棉麻公司卫生材料厂	781.00
12	河南省	焦作市卫生材料厂	2,640.70	37	浙江省	嘉兴康宝药业有限公司	774.50
13	湖北省	湖北天恒医疗用品有限公司	2,633.70	38	陕西省	宝鸡银星医用纺织有限公司	763.20
14	安徽省	合肥卫生材料厂	2,615.30	39	湖北省	黄石市长征制药厂	647.90
15	辽宁省	沈阳丹碧兰有限公司	2,389.50	40	江苏省	徐州市卫生材料厂	627.00
16	湖北省	湖北省崇阳县医疗卫生用品厂	2,325.00	41	湖南省	湖南永顺卫生材料有限公司	617.00
17	湖南省	湖南省衡阳卫生材料厂	2,258.10	42	湖北省	武汉医用材料厂	613.20
18	浙江省	杭州仁德医药有限公司	2,143.30	43	安徽省	阜阳市卫生材料厂	596.00
19	湖北省	湖北宜发卫生材料有限公司	2,141.60	44	湖北省	潜江市医用材料厂	577.40
20	湖南省	湘阴县华中医药原料厂	2,101.90	45	河北省	唐山市复康制药厂	573.60
21	重庆市	重庆制药九厂	2,037.50	46	江苏省	南通市医用卫生材料厂	569.00
22	浙江省	宁波医用乳胶厂	1,965.00	47	江苏省	盐城市卫生材料厂	562.00
23	湖北省	湖北枝江都发纺织实业总公司	1,950.40	48	江苏省	连云港市卫生材料厂	560.00
24	河南省	郑州医用材料厂	1,949.60	49	山东省	曹县纱布加工厂	548.00
25	江西省	江西卫生材料厂	1,913.40	50	天津市	天津市中西制药厂	544.50

1997 年制药机械工业按产值(现价)排序前 30 名

No.	地区	企业名称	总产值(万元)	No.	地区	企业名称	总产值(万元)
1	浙江省	温州神力集团有限公司	7,730.00	16	河南省	河南省周口制药机械厂	778.00
2	上海市	上海远东制药机械总厂	5,120.10	17	湖南省	中南制药机械二厂一分厂	778.00
3	辽宁省	辽阳制药机械股份有限公司	4,232.00	18	浙江省	温州市制药机械厂	725.90
4	湖北省	湖北泰丰机械股份有限公司	4,139.40	19	山东省	蓬莱制药机械厂	637.90
5	江苏省	江阴瑰宝制药机械厂	3,498.00	20	辽宁省	辽阳宏吉减速机有限公司	616.00
6	江苏省	江苏常武干燥设备(集团)公司	3,027.00	21	天津市	天津市中药机械厂	573.00
7	湖南省	中南制药机械二厂	2,713.00	22	江苏省	泰兴市制药机械厂	545.00
8	广东省	广东省惠阳机械厂	2,658.00	23	黑龙江省	黑龙江迪尔制药机械有限责任公司	521.00
9	湖南省	中南制药机械一厂	2,502.30	24	吉林省	长春制药机械厂	454.00
10	湖南省	湖南省浏阳医药设备总厂	2,072.00	25	湖北省	武汉制药机械厂	441.00
11	重庆市	重庆制药机械厂	1,901.40	26	浙江省	宁波华东制药机械厂	439.40
12	湖北省	武汉第二机床厂	1,810.20	27	辽宁省	辽阳双联搪玻璃设备公司	291.00
13	北京市	北京制药机械设备厂	1,288.70	28	辽宁省	辽阳双联制药设备公司	286.00
14	陕西省	宝鸡制药机械厂	1,009.50	29	江西省	庐山精密铸造厂	261.90
15	浙江省	瑞安市华联制药机械实业公司	778.80	30	陕西省	宝鸡制药机械厂配件厂	254.40

1997 年制药机械工业按销售收入排序前 30 名

No.	地区	企业名称	销售收入(万元)	No.	地区	企业名称	销售收入(万元)
1	浙江省	温州神力集团有限公司	6,352.00	16	江苏省	江苏常武干燥设备(集团)公司	681.00
2	辽宁省	辽阳制药机械股份有限公司	4,033.50	17	山东省	蓬莱制药机械厂	633.60
3	上海市	上海远东制药机械总厂	4,006.60	18	天津市	天津市中药机械厂	609.00
4	江苏省	江阴瑰宝制药机械厂	3,641.90	19	黑龙江省	黑龙江迪尔制药机械有限责任公司	600.50
5	广东省	广东省惠阳机械厂	2,890.50	20	辽宁省	辽阳宏吉减速机有限公司	565.90
6	湖北省	湖北泰丰机械股份有限公司	2,601.00	21	江苏省	泰兴市制药机械厂	531.90
7	湖南省	中南制药机械二厂	2,506.50	22	吉林省	长春制药机械厂	466.30
8	湖北省	武汉第二机床厂	2,053.70	23	浙江省	温州市制药机械厂	463.50
9	湖南省	湖南省浏阳医药设备总厂	1,958.90	24	河南省	河南省周口制药机械厂	463.20
10	湖南省	中南制药机械一厂	1,947.90	25	辽宁省	辽阳双联搪玻璃设备公司	380.00
11	重庆市	重庆制药机械厂	1,443.40	26	浙江省	宁波华东制药机械厂	371.30
12	北京市	北京制药机械设备厂	1,037.10	27	湖北省	武汉制药机械厂	325.90
13	陕西省	宝鸡制药机械厂	999.90	28	陕西省	宝鸡制药机械厂配件厂	275.50
14	浙江省	瑞安市华联制药机械实业公司	778.80	29	山东省	临清药物机械厂	236.70
15	湖南省	中南制药机械二厂一分厂	688.70	30	重庆市	重庆制药机械二厂	229.90

1997 年制药机械工业按利税总额排序前 30 名

No.	地区	企业名称	利税总额(万元)	No.	地区	企业名称	利税总额(万元)
1	浙江省	温州神力集团有限公司	677.10	16	重庆市	重庆制药机械二厂	26.90
2	江苏省	江阴瑰宝制药机械厂	377.40	17	山东省	临清药物机械厂	26.00
3	广东省	广东省惠阳机械厂	352.40	18	辽宁省	辽阳双联制药设备公司	21.80
4	湖南省	中南制药机械二厂	345.20	19	浙江省	温州市制药机械厂	21.20
5	辽宁省	辽阳制药机械股份有限公司	325.20	20	吉林省	吉林省扶余县三岔河医药机械厂	20.00
6	湖北省	湖北泰丰机械股份有限公司	304.70	21	山东省	淄博制药机械厂	17.10
7	浙江省	瑞安市华联制药机械实业公司	157.20	22	陕西省	宝鸡制药机械厂配件厂	17.10
8	北京市	北京制药机械设备厂	88.80	23	湖南省	中南制药机械一厂福利综合厂	14.20
9	浙江省	宁波华东制药机械厂	82.50	24	天津市	天津市中药机械厂	14.10
10	黑龙江省	黑龙江迪尔制药机械有限责任公司	73.90	25	陕西省	宝鸡建华机械厂	12.80
11	辽宁省	辽阳宏吉减速机有限公司	73.10	26	江苏省	江苏常武干燥设备(集团)公司	12.00
12	湖南省	中南制药机械二厂一分厂	72.90	27	湖南省	衡阳市制剂设备厂	—3.80
13	河南省	河南省周口制药机械厂	64.90	28	湖南省	常德市中药机械厂	—9.20
14	江苏省	泰兴市制药机械厂	55.40	29	湖南省	衡阳市制药器械厂	—9.20
15	山东省	蓬莱制药机械厂	45.80	30	天津市	天津市制药机械厂	—12.50

1997 年制药机械工业按固定资产(原价)排序前 30 名

No.	地区	企业名称	固定资产(万元)	No.	地区	企业名称	固定资产(万元)
1	湖北省	武汉第二机床厂	7,229.40	16	湖北省	武汉制药机械厂	867.00
2	辽宁省	辽阳制药机械股份有限公司	6,072.20	17	江苏省	江苏常武干燥设备(集团)公司	836.00
3	广东省	广东省惠阳机械厂	5,527.00	18	河南省	河南省周口制药机械厂	667.30
4	湖南省	湖南省浏阳医药设备总厂	4,249.80	19	吉林省	长春制药机械厂	652.40
5	陕西省	宝鸡制药机械厂	4,223.80	20	吉林省	吉林省扶余县三岔河医药机械厂	650.00
6	重庆市	重庆制药机械厂	3,869.60	21	湖北省	湖北泰丰机械股份有限公司	640.90
7	浙江省	温州神力集团有限公司	2,830.70	22	辽宁省	辽阳双联搪玻璃设备公司	591.40
8	湖南省	中南制药机械一厂	2,666.20	23	北京市	北京制药机械设备厂	574.10
9	湖南省	中南制药机械二厂	2,095.20	24	江西省	庐山精密铸造厂	505.90
10	浙江省	温州市制药机械厂	1,681.00	25	湖南省	衡阳市制药器械厂	362.40
11	天津市	天津市中药机械厂	1,271.70	26	山东省	临清药物机械厂	258.40
12	上海市	上海远东制药机械总厂	1,107.80	27	湖南省	中南制药机械二厂一分厂	255.10
13	山东省	蓬莱制药机械厂	927.40	28	黑龙江省	黑龙江迪尔制药机械有限责任公司	249.40
14	广东省	广州医药机械厂	893.70	29	重庆市	重庆制药机械二厂	247.90
15	江苏省	江阴瑰宝制药机械厂	891.90	30	浙江省	宁波华东制药机械厂	215.60

1997 年中成药工业按产值（现价）排序前 200 名①

No.	地区	企业名称	总产值（万元）	No.	地区	企业名称	总产值（万元）
1	重庆市	四川太极制药有限公司	72,670.00	36	四川省	中国中医研究院中汇制药公司	14,300.00
2	四川省	中科院成都地奥制药公司	64,221.50	37	湖北省	武汉田田金龙药业有限责任公司	14,122.50
3	上海市	上海市药材有限公司	55,401.10	38	江西省	广恩和制药有限公司	14,068.00
4	陕西省	西安三宝双喜制药厂	53,797.00	39	广西自治区	广西源安堂制药厂	14,033.20
5	陕西省	咸阳步长制药有限公司	53,290.00	40	四川省	成都地奥制药公司广汉分厂	13,685.70
6	北京市	中国北京同仁堂集团公司	44,713.10	41	浙江省	浙江康莱特药业有限公司	13,628.40
7	吉林省	中国通化东宝实业集团公司	37,390.00	42	广东省	广州敬修堂（药业）股份有限公司	13,466.00
8	广东省	深圳太太药业有限公司	35,002.10	43	福建省	厦门美华制药有限公司	13,437.30
9	浙江省	正大青春宝药业有限公司	34,534.90	44	吉林省	通化玉金药业股份有限公司	13,002.00
10	吉林省	吉林延边敖东集团股份有限公司	33,462.00	45	河南省	宛西制药厂	12,827.00
11	海南省	海南养生堂药业有限公司	33,398.00	46	广东省	广州陈李济药厂	12,530.20
12	广西自治区	桂林三金药业集团公司	29,699.00	47	四川省	成都康弘制药有限公司	12,492.00
13	江西省	江中制药厂	28,792.80	48	广东省	广州羊城药业股份有限公司	12,491.50
14	广东省	广东太阳神集团有限公司	28,408.80	49	湖北省	武汉华珍医药保健品有限公司	12,400.00
15	湖南省	湖南省长沙九芝堂药业集团公司	27,970.00	50	四川省	成都迪康制药公司	12,300.00
16	湖北省	武汉健民药业股份有限公司	25,708.80	51	广东省	佛山市制药二厂	12,281.00
17	四川省	成都恩威制药有限公司	25,706.00	52	山东省	烟台荣昌制药有限公司	11,678.80
18	贵州省	贵州神奇制药有限公司	25,700.00	53	河南省	众生制药厂	11,491.00
19	山东省	鲁南制药股份有限公司	25,170.10	54	河南省	河南羚锐制药有限公司	11,401.90
20	江西省	汇仁制药有限公司	24,727.40	55	广西自治区	广西玉林制药厂	11,252.00
21	山东省	山东东阿阿胶股份有限公司	22,174.30	56	广西自治区	广西半宙制药（集团）有限责任公司	11,172.40
22	广东省	健康药业（中国）有限公司	19,906.40	57	广东省	佛山市制药一厂	11,094.10
23	广东省	广州潘高寿药业股份有限公司	19,832.00	58	天津市	天津天使力联合制药公司	11,066.50
24	广东省	广州中药一厂	19,802.60	59	湖北省	湖北千里马药业股份有限公司	11,064.70
25	广西自治区	广西梧州制药（集团）股份有限公司	19,122.20	60	四川省	雅安三九药业有限公司	11,052.00
26	福建省	漳州片仔癀（集团）公司	18,243.60	61	贵州省	贵州益佰制药有限公司	10,728.20
27	吉林省	通化金马药业股份有限公司	17,448.00	62	辽宁省	沈阳飞龙保健品有限公司	10,587.00
28	吉林省	吉林省敦化华康集团	16,957.00	63	天津市	天津市第六中药厂	10,540.00
29	四川省	泸州宝光药业集团有限公司	16,529.90	64	四川省	四川华美制药有限公司	10,536.00
30	河北省	神威药业股份有限公司	16,446.70	65	河北省	河北省安国制药厂	10,444.50
31	黑龙江省	哈尔滨中药二厂	16,242.00	66	黑龙江省	哈尔滨天工企业集团有限公司	10,248.00
32	广西自治区	广西金嗓子制药厂	16,195.00	67	贵州省	贵州信邦制药有限责任公司	10,202.00
33	广东省	广州奇星药业有限公司	14,949.00	68	云南省	云南白药股份有限公司	10,197.60
34	山东省	青岛中药股份有限公司	14,396.00	69	河北省	承德市中药厂	9,982.00
35	广东省	深圳万基制药有限公司	14,349.50	70	浙江省	杭州天目山药业股份有限公司	9,714.10

1997年中成药工业按产值(现价)排序前200名②

No.	地区	企业名称	总产值(万元)	No.	地区	企业名称	总产值(万元)
71	吉林省	吉林省力源药业股份有限公司	9,702.00	105	陕西省	陕西咸阳五〇五医药保健品公司	6,510.70
72	山东省	青岛海天制药厂	9,545.00	106	吉林省	通化康威药业有限公司	6,381.00
73	江西省	绿色制药有限公司	9,406.40	107	辽宁省	沈阳中药厂	5,969.00
74	安徽省	芬格欣药业(集团)公司	9,259.00	108	广东省	广东省梅州市梅州制药厂	5,911.70
75	甘肃省	兰州佛慈制药厂	9,192.20	109	安徽省	淮南四达药业有限公司	5,853.00
76	广东省	广东华天宝药厂	9,050.00	110	广东省	广州众胜药厂	5,827.00
77	四川省	四川美大康药业有限公司	8,993.80	111	安徽省	合肥神鹿集团公司	5,809.00
78	湖南省	衡阳中药实业股份有限公司	8,984.00	112	北京市	北京中医药大学药厂	5,788.10
79	黑龙江省	哈尔滨世一堂制药厂	8,614.00	113	江苏省	苏州雷允上药业集团	5,719.00
80	四川省	成都通联药业有限公司	8,611.00	114	安徽省	安徽东南药业有限责任公司	5,660.00
81	四川省	四川联益-史菲尔制药有限公司	8,509.50	115	山东省	山东福胶集团有限责任公司	5,622.00
82	四川省	四川科创制药有限公司	8,502.00	116	广东省	广东省中山市沙溪制药厂	5,526.90
83	天津市	天津达仁堂制药厂	8,457.00	117	四川省	成都中药厂	5,505.70
84	湖北省	武汉马应龙药业股份有限公司	8,304.80	118	浙江省	浙江天一堂药业公司	5,489.30
85	湖南省	株洲千金药业股份有限公司	8,065.30	119	四川省	四川省宜宾药业有限责任公司	5,464.40
86	四川省	四川光大制药有限公司	8,057.80	120	安徽省	巢湖正大药业有限公司	5,366.00
87	天津市	天津乐仁堂制药厂	8,018.00	121	吉林省	辉南辉发制药股份有限公司	5,334.00
88	浙江省	浙江新光制药厂	7,996.90	122	江西省	天狮中药集团有限责任公司	5,321.20
89	江苏省	无锡中药厂	7,960.00	123	吉林省	吉林省抚松制药厂	5,199.00
90	云南省	云南省腾冲县东方红制药厂	7,890.00	124	河北省	华龙药业股份有限公司	5,122.60
91	广西自治区	广西桂南制药集团公司	7,885.70	125	吉林省	中国吉林省皇封参集团公司	5,109.00
92	江西省	济生制药厂	7,500.00	126	湖北省	湖北省福人制药厂	5,031.30
93	四川省	华西医科大学制药厂	7,468.70	127	天津市	天津中药制药厂	5,008.00
94	广西自治区	广西浦北制药厂	7,363.10	128	贵州省	贵州宏宇药业有限公司	5,000.00
95	江西省	金水宝制药有限公司	7,320.60	129	辽宁省	盘锦第二制药厂	4,999.00
96	浙江省	杭州市胡庆余堂制药厂	7,209.60	130	河南省	济源制药总厂	4,973.00
97	陕西省	陕西东盛药业股份有限公司	7,178.80	131	湖北省	武汉市中联制药厂	4,912.00
98	云南省	昆明中药厂	6,942.10	132	湖北省	宜昌民康药业有限公司	4,866.70
99	云南省	云南盘龙云海药业有限公司	6,933.00	133	陕西省	西安正大药业有限公司	4,886.60
100	广东省	广东省汕头制药厂	6,860.10	134	贵州省	贵州遵义安富制药厂	4,827.80
101	四川省	四川西南华神药业股份有限公司	6,827.00	135	山西省	山西中药厂	4,810.00
102	山东省	青岛华钟制药有限公司	6,809.00	136	上海市	上海静安中药制药厂	4,758.00
103	贵州省	贵州汉方制药有限公司	6,718.50	137	广东省	广东阳江制药厂	4,687.00
104	广东省	广州花城制药厂	6,592.00	138	湖南省	湖南三株新生命制药有限责任公司	4,687.00

1997年中成药工业按产值(现价)排序前200名③

No.	地区	企业名称	总产值(万元)	No.	地区	企业名称	总产值(万元)
139	广东省	广州萝岗制药厂	4,683.00	170	重庆市	四川东方制药有限公司	3,636.60
140	重庆市	重庆桐君阁药厂	4,669.90	171	广东省	惠州九惠制药有限公司	3,600.20
141	山西省	山西桂龙医药有限公司	4,640.00	172	山东省	山东烟台中药厂	3,551.90
142	山东省	山东古阿井阿胶集团	4,633.00	173	湖南省	湘潭市制药厂	3,535.20
143	山东省	山东潍坊中药厂	4,623.00	174	浙江省	浙江泰康制药有限公司	3,529.10
144	江苏省	南京同仁堂制药厂	4,622.00	175	黑龙江省	黑龙江乌苏里江制药有限公司	3,528.00
145	福建省	厦门鼎炉实业总公司	4,596.00	176	黑龙江省	黑龙江参美制药有限公司	3,500.00
146	河南省	河南省新乡市百泉中药厂	4,443.50	177	山东省	山东省泰安四维制药厂	3,492.00
147	四川省	太极集团四川省绵阳制药厂	4,431.80	178	广东省	广东省惠州市中药厂	3,419.00
148	广东省	深圳市同安药业有限公司	4,426.20	179	山东省	威海市申威药业有限公司	3,394.00
149	广西自治区	永福县制药厂	4,409.00	180	黑龙江省	铁力制药厂	3,342.00
150	浙江省	宁波立华制药有限公司	4,403.60	181	贵州省	贵州科辉制药有限责任公司	3,250.00
151	河北省	唐山市龙山药业有限公司	4,401.10	182	安徽省	安徽省黄山制药总厂	3,243.00
152	黑龙江省	哈尔滨一洲制药有限公司	4,241.00	183	辽宁省	大连长白山制药有限公司	3,206.00
153	湖北省	武汉市东山制药厂	4,168.00	184	陕西省	安康正大制药有限公司	3,204.70
154	陕西省	陕西利威尔制药有限公司	4,126.40	185	浙江省	处州制药厂	3,201.90
155	北京市	北京市华颐中药制药厂	4,090.10	186	广西自治区	广西桂林平乐制药厂	3,201.00
156	江西省	药都樟树医药集团公司	4,081.80	187	河南省	三门峡市第二制药厂	3,186.00
157	江西省	鹿迪制药有限公司	4,051.00	188	江西省	桑海制药厂	3,160.90
158	山东省	山东济南中药厂	4,021.10	189	浙江省	杭州澳医保灵药业有限公司	3,128.50
159	安徽省	安徽仁济堂制药厂	4,014.20	190	江苏省	中加西洋参天然补品有限公司	3,049.00
160	浙江省	浙江东方制药有限公司	3,975.70	191	山东省	山东临清中药厂	3,041.30
161	吉林省	中国吉林省西洋参集团公司	3,921.00	192	安徽省	广州白云山制药总厂亳州分厂	3,041.00
162	吉林省	通化东港药业有限公司	3,847.00	193	河南省	河南省安阳第三制药厂	3,040.70
163	贵州省	贵州益康制药有限公司	3,839.40	194	贵州省	康运药业(贵州)有限公司	3,025.00
164	湖北省	湖北午时药业有限公司	3,787.60	195	湖北省	三九黄石制药厂	3,019.50
165	河南省	河南省精忠威尔药业公司	3,711.00	196	广东省	广东宏兴集团股份有限公司	3,004.60
166	安徽省	淮南市第一制药厂	3,687.00	197	四川省	阿坝州制药厂	3,000.80
167	北京市	北京长城制药厂	3,684.20	198	湖北省	随州市楚天制药厂	2,993.10
168	四川省	四川天府药业股份有限公司	3,674.00	199	广东省	翁源县青云山中药厂	2,990.50
169	新疆自治区	新疆中药厂	3,654.80	200	河南省	河南省仲景保健药业有限公司	2,975.00

1997 年中成药工业按销售收入排序前 200 名①

No.	地区	企业名称	销售收入(万元)	No.	地区	企业名称	销售收入(万元)
1	北京市	中国北京同仁堂集团公司	171,491.40	36	河南省	众生制药厂	13,653.40
2	上海市	上海市药材有限公司	170,061.60	37	四川省	中国中医研究院中汇制药公司	13,290.00
3	重庆市	四川太极制药有限公司	105,931.90	38	广东省	广州敬修堂(药业)股份有限公司	12,888.90
4	四川省	中科院成都地奥制药公司	53,451.80	39	广东省	广州陈李济药厂	12,859.00
5	浙江省	正大青春宝药业有限公司	35,661.00	40	浙江省	浙江康莱特药业有限公司	12,428.40
6	广西自治区	桂林三金药业集团公司	34,566.00	41	湖北省	武汉华珍医药保健品有限公司	12,244.90
7	吉林省	中国通化东宝实业集团公司	34,519.00	42	广东省	佛山市制药二厂	12,234.70
8	陕西省	咸阳步长制药有限公司	34,210.00	43	广东省	广州羊城药业股份有限公司	12,125.00
9	吉林省	吉林延边敖东集团股份有限公司	31,805.00	44	云南省	云南白药股份有限公司	12,078.50
10	广东省	深圳太太药业有限公司	31,654.40	45	山东省	烟台荣昌制药有限公司	12,007.00
11	海南省	海南养生堂药业有限公司	31,556.80	46	湖北省	武汉田田金龙药业有限责任公司	11,676.50
12	陕西省	西安三宝双喜制药厂	30,647.00	47	四川省	泸州宝光药业集团有限公司	11,624.70
13	湖北省	武汉健民药业股份有限公司	30,008.50	48	湖南省	株洲千金药业股份有限公司	11,578.20
14	湖南省	湖南省长沙九芝堂药业集团公司	29,774.20	49	天津市	天津天使力联合制药公司	11,424.90
15	江西省	江中制药厂	24,971.00	50	广东省	深圳万基制药有限公司	11,189.30
16	江西省	汇仁制药有限公司	24,825.90	51	四川省	成都迪康制药公司	11,040.00
17	广东省	广东太阳神集团有限公司	22,966.10	52	河南省	宛西制药厂	11,035.00
18	贵州省	贵州神奇制药有限公司	21,960.30	53	天津市	天津市第六中药厂	10,448.80
19	广东省	健康药业(中国)有限公司	20,169.20	54	福建省	厦门美华制药有限公司	10,386.10
20	福建省	漳州片仔癀集团公司	19,876.30	55	吉林省	通化玉金药业股份有限公司	10,315.00
21	广西自治区	广西梧州制药(集团)股份有限公司	19,686.50	56	广西自治区	广西玉林制药厂	10,236.00
22	广东省	广州中药一厂	19,545.50	57	河北省	河北省安国制药厂	10,180.60
23	广东省	广州潘高寿药业股份有限公司	19,175.40	58	黑龙江省	哈尔滨天工企业集团有限公司	10,087.00
24	山东省	山东东阿阿胶股份有限公司	18,956.90	59	广东省	广东华天宝药厂	10,036.30
25	山东省	鲁南制药股份有限公司	18,613.00	60	湖北省	湖北千里马药业股份有限公司	9,997.90
26	四川省	成都恩威制药有限公司	16,165.80	61	江西省	广恩和制药有限公司	9,402.40
27	四川省	成都康弘制药有限公司	15,808.30	62	河北省	承德市中药厂	9,392.90
28	广西自治区	广西金嗓子制药厂	15,268.80	63	广东省	佛山市制药一厂	9,334.30
29	河北省	神威药业股份有限公司	15,184.30	64	天津市	天津乐仁堂制药厂	9,286.30
30	广东省	广州奇星药业有限公司	15,074.00	65	四川省	雅安三九药业有限公司	9,009.10
31	四川省	成都地奥制药公司广汉分厂	14,865.60	66	浙江省	杭州市胡庆余堂制药厂	8,682.00
32	吉林省	吉林省敦化华康集团	14,764.00	67	浙江省	杭州天目山药业股份有限公司	8,632.80
33	山东省	青岛中药股份有限公司	14,572.40	68	天津市	天津达仁堂制药厂	8,622.70
34	吉林省	通化金马药业股份有限公司	14,186.00	69	四川省	四川华美制药有限公司	8,500.00
35	黑龙江省	哈尔滨中药二厂	13,697.20	70	广东省	广州花城制药厂	8,339.90

1997 年中成药工业企业按销售收入排序前 200 名②

No.	地区	企业名称	销售收入(万元)	No.	地区	企业名称	销售收入(万元)
71	辽宁省	沈阳飞龙保健品有限公司	7,964.00	105	陕西省	西安博爱制药有限责任公司	5,098.00
72	湖北省	武汉马应龙药业股份有限公司	7,870.90	106	天津市	天津中药制药厂	5,069.60
73	四川省	华西医科大学制药厂	7,827.90	107	陕西省	西安正大药业有限公司	5,044.20
74	江苏省	无锡中药厂	7,794.00	108	湖北省	湖北省福人制药厂	4,975.50
75	四川省	四川美大康药业有限公司	7,618.40	109	安徽省	芬格欣药业(集团)公司	4,904.10
76	广西自治区	广西桂南制药集团公司	7,456.10	110	湖北省	宜昌民康药业有限公司	4,756.40
77	河南省	河南羚锐制药有限公司	7,351.30	111	吉林省	通化康威药业有限公司	4,692.00
78	山东省	青岛海天制药厂	7,229.00	112	江西省	济生制药厂	4,688.40
79	吉林省	吉林省力源药业股份有限公司	7,074.00	113	广西自治区	广西源安堂制药厂	4,684.30
80	甘肃省	兰州佛慈制药厂	6,920.40	114	上海市	上海静安中药制药厂	4,615.70
81	江西省	金水宝制药有限公司	6,808.70	115	北京市	北京中医药大学药厂	4,557.40
82	山东省	青岛华钟制药有限公司	6,784.60	116	浙江省	宁波立华制药有限公司	4,533.80
83	广东省	广东省汕头制药厂	6,718.50	117	重庆市	重庆桐君阁药厂	4,529.30
84	黑龙江省	哈尔滨世一堂制药厂	6,480.20	118	广东省	广东省中山市沙溪制药厂	4,511.10
85	四川省	四川西南华神药业股份有限公司	6,318.50	119	四川省	四川天府药业股份有限公司	4,510.60
86	云南省	昆明中药厂	6,310.00	120	云南省	云南盘龙云海药业有限公司	4,456.70
87	四川省	四川光大制药有限公司	6,305.80	121	浙江省	杭州澳医保灵药业有限公司	4,354.10
88	安徽省	淮南四达药业有限公司	6,247.90	122	山东省	山东烟台中药厂	4,214.00
89	四川省	四川科创制药有限公司	6,145.80	123	江西省	天狮中药集团有限责任公司	4,127.50
90	云南省	云南省腾冲县东方红制药厂	6,140.00	124	山西省	山西桂龙医药有限公司	4,048.00
91	广东省	广州众胜药厂	5,933.90	125	江苏省	南京同仁堂制药厂	4,047.00
92	湖南省	衡阳中药实业股份有限公司	5,911.10	126	江苏省	苏州雷允上药业集团	4,036.30
93	贵州省	贵州汉方制药有限公司	5,895.60	127	安徽省	安徽仁济堂制药厂	4,012.30
94	安徽省	合肥神鹿集团公司	5,697.20	128	陕西省	安康正大制药有限公司	3,925.60
95	福建省	厦门鼎炉实业总公司	5,619.30	129	新疆自治区	新疆中药厂	3,865.60
96	山东省	山东福胶集团有限责任公司	5,560.70	130	浙江省	浙江新光制药厂	3,852.40
97	四川省	成都通联药业有限公司	5,538.70	131	黑龙江省	哈尔滨一洲制药有限公司	3,845.90
98	陕西省	陕西咸阳五〇五医药保健品公司	5,453.20	132	四川省	太极集团四川省绵阳制药厂	3,817.30
99	四川省	四川联益-史菲尔制药有限公司	5,387.60	133	广西自治区	广西半宙制药(集团)有限责任公司	3,785.00
100	江西省	绿色制药有限公司	5,316.80	134	湖北省	武汉市中联制药厂	3,770.60
101	辽宁省	沈阳中药厂	5,309.50	135	山东省	山东济南中药厂	3,752.30
102	安徽省	巢湖正大药业有限公司	5,266.70	136	吉林省	吉林省抚松制药厂	3,750.30
103	广东省	广州萝岗制药厂	5,169.30	137	四川省	四川省宜宾药业有限责任公司	3,742.10
104	陕西省	陕西东盛药业股份有限公司	5,104.80	138	广东省	广东宏兴集团股份有限公司	3,665.60

1997 年中成药工业企业按销售收入排序前 200 名③

No.	地区	企业名称	销售收入(万元)	No.	地区	企业名称	销售收入(万元)
139	安徽省	淮南市第一制药厂	3,533.00	170	江苏省	中加西洋参天然补品有限公司	2,712.00
140	四川省	成都中药厂	3,486.80	171	吉林省	吉林省集安制药有限公司	2,631.00
141	山东省	山东潍坊中药厂	3,415.50	172	广东省	广东省兴宁市制药厂	2,599.80
142	江西省	药都樟树医药集团公司	3,390.50	173	天津市	天津市第五中药厂	2,591.10
143	重庆市	四川东方制药有限公司	3,383.20	174	贵州省	贵州益康制药有限公司	2,495.20
144	广东省	惠州九惠制药有限公司	3,372.20	175	广东省	东莞市中亚制药厂	2,453.50
145	浙江省	浙江泰康制药有限公司	3,354.40	176	广西自治区	广西浦北制药厂	2,437.20
146	湖北省	三九黄石制药厂	3,340.20	177	黑龙江省	哈尔滨中药四厂	2,428.00
147	贵州省	贵州信邦制药有限责任公司	3,332.60	178	四川省	四川川西制药股份有限公司	2,424.70
148	贵州省	贵州宏宇药业有限公司	3,257.10	179	四川省	成都亨达制药厂	2,405.30
149	吉林省	辉南辉发制药股份有限公司	3,247.00	180	辽宁省	大连中药厂	2,374.80
150	山东省	山东北方制药股份有限公司	3,245.60	181	山东省	威海市申威药业有限公司	2,360.30
151	浙江省	浙江天一堂药业公司	3,234.70	182	广东省	翁源县青云山中药厂	2,356.00
152	浙江省	浙江东方制药有限公司	3,188.10	183	黑龙江省	铁力制药厂	2,341.60
153	河南省	河南省精忠威尔药业公司	3,160.10	184	广西自治区	广西中医学院制药厂	2,324.30
154	山西省	山西中药厂	3,083.40	185	贵州省	贵州益佰制药有限公司	2,323.60
155	北京市	北京长城制药厂	3,066.90	186	吉林省	吉林丰荣药业有限公司	2,318.50
156	广东省	广东省梅州市梅州制药厂	3,044.60	187	广西自治区	桂林市临桂制药厂	2,306.70
157	贵州省	贵州的确神天然保健品有限公司	2,963.20	188	湖南省	湖南鹜马制药有限公司	2,301.60
158	辽宁省	大连长白山制药有限公司	2,914.30	189	河北省	邯郸制药厂	2,288.00
159	四川省	阿坝州制药厂	2,899.10	190	河南省	河南省仲景保健药业有限公司	2,284.70
160	天津市	天津同仁堂制药厂	2,883.00	191	北京市	北京建昊生物制药股份有限公司	2,275.80
161	安徽省	广州白云山制药总厂亳州分厂	2,872.30	192	海南省	海南省水产加工厂	2,264.30
162	江苏省	南通中诚制药有限公司	2,868.00	193	广西自治区	广西桂林平乐制药厂	2,258.70
163	黑龙江省	黑龙江参美制药有限公司	2,857.50	194	山东省	威海人生药业集团公司	2,257.10
164	江西省	鹿迪制药有限公司	2,856.80	195	河南省	河南省赊店药业有限公司	2,249.30
165	吉林省	中国吉林省皇封参集团公司	2,805.40	196	河北省	华龙药业股份有限公司	2,236.50
166	河南省	河南省安阳第三制药厂	2,797.00	197	江西省	华依制药有限公司	2,234.20
167	河南省	河南省新乡市百泉中药厂	2,768.70	198	吉林省	长春中药制药有限责任公司	2,230.20
168	湖南省	湘潭市制药厂	2,757.00	199	河北省	河北药都制药厂	2,214.70
169	河北省	唐山市龙山药业有限公司	2,716.50	200	辽宁省	沈阳兴维保健品有限公司	2,191.10

1997 年中成药工业按利税总额排序前 200 名①

No.	地区	企业名称	利税总额(万元)	No.	地区	企业名称	利税总额(万元)
1	四川省	中科院成都地奥制药公司	26,605.50	36	广东省	广州潘高寿药业股份有限公司	3,563.20
2	陕西省	西安三宝双喜制药厂	23,850.90	37	天津市	天津市第六中药厂	3,403.00
3	吉林省	中国通化东宝实业集团公司	23,031.00	38	吉林省	吉林省敦化华康集团	3,373.00
4	重庆市	四川太极制药有限公司	19,776.10	39	湖南省	湖南省长沙九芝堂药业集团公司	3,370.90
5	浙江省	正大青春宝药业有限公司	15,842.00	40	广西自治区	广西金嗓子制药厂	3,306.10
6	吉林省	吉林延边敖东集团股份有限公司	15,043.00	41	河南省	河南羚锐制药有限公司	3,299.80
7	北京市	中国北京同仁堂集团公司	13,014.00	42	北京市	北京中医药大学药厂	3,285.00
8	广东省	深圳太太药业有限公司	12,884.70	43	黑龙江省	哈尔滨天工企业集团有限公司	3,227.00
9	福建省	漳州片仔癀集团公司	12,855.50	44	浙江省	杭州天目山药业股份有限公司	3,218.40
10	山东省	鲁南制药股份有限公司	10,785.40	45	四川省	华西医科大学制药厂	3,191.30
11	江西省	江中制药厂	10,126.00	46	湖北省	武汉马应龙药业股份有限公司	3,040.70
12	陕西省	咸阳步长制药有限公司	9,452.70	47	湖北省	湖北千里马药业股份有限公司	3,022.90
13	广东省	健康药业(中国)有限公司	9,304.60	48	广东省	广州陈李济药厂	3,006.70
14	吉林省	通化金马药业股份有限公司	9,084.00	49	四川省	成都迪康制药公司	2,960.80
15	吉林省	通化玉金药业股份有限公司	8,655.00	50	浙江省	浙江康莱特药业有限公司	2,811.70
16	广西自治区	桂林三金药业集团公司	7,934.60	51	江苏省	无锡中药厂	2,785.60
17	天津市	天津中新药业集团股份有限公司	7,242.20	52	湖南省	株洲千金药业股份有限公司	2,538.50
18	四川省	雅安三九药业有限公司	6,517.80	53	河北省	神威药业股份有限公司	2,508.20
19	山东省	山东东阿阿胶股份有限公司	6,191.20	54	四川省	泸州宝光药业集团有限公司	2,433.30
20	上海市	上海市药材有限公司	6,075.00	55	海南省	海南养生堂药业有限公司	2,404.20
21	湖北省	武汉健民药业股份有限公司	5,596.60	56	吉林省	通化康威药业有限公司	2,358.00
22	山东省	青岛中药股份有限公司	5,466.90	57	天津市	天津乐仁堂制药厂	2,293.50
23	广东省	广州中药一厂	5,330.50	58	四川省	四川华美制药有限公司	2,237.70
24	山东省	烟台荣昌制药有限公司	5,157.10	59	广东省	广州敬修堂(药业)股份有限公司	2,211.20
25	天津市	天津天使力联合制药公司	4,794.20	60	四川省	四川美大康药业有限公司	2,158.20
26	黑龙江省	哈尔滨中药二厂	4,701.90	61	广东省	佛山市制药二厂	2,136.90
27	河南省	众生制药厂	4,641.70	62	黑龙江省	黑龙江参美制药有限公司	2,015.30
28	云南省	云南白药股份有限公司	4,505.40	63	湖南省	衡阳中药实业股份有限公司	1,973.80
29	四川省	成都康弘制药有限公司	4,492.60	64	北京市	北京建昊生物制药股份有限公司	1,955.50
30	四川省	成都恩威制药有限公司	4,311.80	65	广西自治区	广西梧州制药(集团)股份有限公司	1,865.10
31	四川省	中国中医研究院中汇制药公司	4,300.90	66	河南省	宛西制药厂	1,857.50
32	湖北省	武汉田田金龙药业有限责任公司	3,784.90	67	吉林省	吉林省力源药业股份有限公司	1,836.00
33	贵州省	贵州神奇制药有限公司	3,783.40	68	贵州省	贵州汉方制药有限公司	1,826.90
34	广东省	广州奇星药业有限公司	3,742.90	69	甘肃省	兰州佛慈制药厂	1,749.40
35	江西省	金水宝制药有限公司	3,580.90	70	江西省	广恩和制药有限公司	1,742.40

1997 年中成药工业按利税总额排序前 200 名②

No.	地区	企业名称	利税总额(万元)	No.	地区	企业名称	利税总额(万元)
71	黑龙江省	哈尔滨一洲制药有限公司	1,668.40	105	安徽省	芬格欣药业(集团)公司	885.00
72	黑龙江省	哈尔滨世一堂制药厂	1,605.90	106	重庆市	重庆桐君阁药厂	874.70
73	河北省	承德市中药厂	1,593.80	107	四川省	成都亨达制药厂	863.30
74	广东省	广州羊城药业股份有限公司	1,569.70	108	广东省	广东省汕头制药厂	836.50
75	福建省	厦门美华制药有限公司	1,547.90	109	四川省	四川天府药业股份有限公司	828.50
76	广东省	佛山市制药一厂	1,545.10	110	北京市	北京长城制药厂	823.90
77	陕西省	西安三大药业有限公司	1,507.70	111	辽宁省	沈阳兴维保健品有限公司	811.70
78	云南省	昆明中药厂	1,489.40	112	上海市	上海静安中药制药厂	808.50
79	贵州省	贵州信邦制药有限责任公司	1,487.00	113	浙江省	杭州澳医保灵药业有限公司	807.10
80	广西自治区	广西玉林制药厂	1,476.00	114	贵州省	贵州的确神天然保健品有限公司	784.50
81	广东省	广州萝岗制药厂	1,473.10	115	浙江省	浙江新光制药厂	771.60
82	四川省	四川光大制药有限公司	1,450.50	116	广东省	惠州九惠制药有限公司	765.00
83	四川省	成都地奥制药公司广汉分厂	1,437.50	117	贵州省	贵州安康制药有限公司	740.30
84	贵州省	贵州宏宇药业有限公司	1,426.10	118	江苏省	江阴天江制药有限公司	731.20
85	四川省	四川科创制药有限公司	1,376.40	119	陕西省	西安博爱制药有限责任公司	730.40
86	吉林省	中国吉林省皇封参集团公司	1,348.70	120	新疆自治区	新疆中药厂	718.00
87	广东省	广东华天宝药厂	1,348.00	121	河南省	河南省仲景保健药业有限公司	715.20
88	福建省	厦门鼎炉实业总公司	1,318.80	122	福建省	天安制药[厦门]有限公司	713.90
89	江西省	汇仁制药有限公司	1,301.80	123	山东省	山东潍坊中药厂	707.70
90	陕西省	陕西东盛药业股份有限公司	1,224.60	124	湖北省	三九黄石制药厂	693.50
91	湖北省	武汉华珍医药保健品有限公司	1,192.10	125	江西省	济生制药厂	683.00
92	吉林省	辉南辉发制药股份有限公司	1,183.00	126	吉林省	中国吉林省西洋参集团公司	670.30
93	安徽省	合肥神鹿集团公司	1,161.70	127	四川省	吉泰安(四川)药业有限公司	651.60
94	山东省	威海东宝制药厂	1,158.10	128	青海省	青海三普制药厂	641.60
95	浙江省	杭州市胡庆余堂制药厂	1,157.00	129	吉林省	辉南天泰药业股份有限公司	638.00
96	山东省	山东福胶集团有限责任公司	1,154.60	130	湖南省	湖南百草制药有限公司	636.20
97	湖北省	湖北省福人制药厂	1,119.70	131	山东省	山东北方制药股份有限公司	624.00
98	四川省	四川西南华神药业股份有限公司	1,096.50	132	吉林省	吉林省集安制药有限公司	603.00
99	黑龙江省	铁力制药厂	1,007.20	133	湖北省	湖北回春制药厂	596.90
100	江西省	绿色制药有限公司	943.10	134	山东省	青岛华钟制药有限公司	587.20
101	广东省	广州花城制药厂	921.10	135	广东省	广州众胜药厂	582.50
102	北京市	北京宝树堂制药有限公司	916.20	136	吉林省	吉林省通化振国药业有限公司	571.00
103	山东省	山东济南中药厂	907.50	137	河北省	河北省安国制药厂	550.90
104	陕西省	安康正大制药有限公司	896.50	138	湖北省	武汉市中联制药厂	550.10

1997 年中成药工业按利税总额排序前 200 名③

No.	地区	企业名称	利税总额(万元)	No.	地区	企业名称	利税总额(万元)
139	浙江省	浙江天一堂药业公司	539.70	170	吉林省	通化茂祥药业有限公司	395.00
140	安徽省	广州白云山制药总厂亳州分厂	533.50	171	四川省	四川奇力制药有限公司	387.90
141	广西自治区	广西源安堂制药厂	532.60	172	江苏省	南通中诚制药有限公司	375.00
142	江苏省	南京同仁堂制药厂	532.00	173	江西省	药都樟树医药集团公司	374.60
143	辽宁省	沈阳东新药业有限公司	530.00	174	吉林省	通化东港药业有限公司	370.00
144	四川省	四川省宜宾药业有限责任公司	519.30	175	广西自治区	广西福华制药有限公司	367.50
145	吉林省	吉林省抚松制药厂	518.10	176	陕西省	陕西利威尔制药有限公司	365.00
146	广西自治区	广西中医学院制药厂	512.80	177	山东省	山东省莒南县罗布麻制剂厂	364.50
147	河北省	唐山市龙山药业有限公司	511.80	178	黑龙江省	哈尔滨中药四厂	361.00
148	天津市	天津中药制药厂	497.50	179	浙江省	台州南峰药业有限公司	358.40
149	陕西省	陕西咸阳五〇五医药保健品公司	494.60	180	浙江省	处州制药厂	354.70
150	广西自治区	广西桂南制药集团公司	492.00	181	贵州省	贵州安泰药业有限公司	346.20
151	四川省	四川联益-史菲尔制药有限公司	490.60	182	云南省	云南省腾冲县制药厂	343.80
152	辽宁省	大连中药厂	490.50	183	贵州省	贵州益佰制药有限公司	342.80
153	山东省	青岛海天制药厂	483.00	184	陕西省	陕西海姆普德制药有限公司	339.40
154	浙江省	宁波立华制药有限公司	482.00	185	四川省	阿坝州制药厂	335.10
155	四川省	四川旭华制药有限公司	477.20	186	吉林省	吉林丰荣药业有限公司	331.80
156	云南省	云南省腾冲县东方红制药厂	473.00	187	辽宁省	沈阳中药厂	325.30
157	江西省	天狮中药集团有限责任公司	467.90	188	湖北省	武汉健民集团随州制药有限公司	320.30
158	广东省	广东省兴宁市制药厂	453.50	189	广西自治区	桂林市临桂制药厂	320.20
159	重庆市	四川东方制药有限公司	446.50	190	吉林省	吉林省长白鹿业股份有限公司制药厂	318.00
160	浙江省	杭州尖峰德康药业公司	439.30	191	山东省	山东烟台中药厂	316.30
161	辽宁省	大连长白山制药有限公司	429.00	192	云南省	楚雄州制药厂	312.90
162	广东省	广东宏兴集团股份有限公司	426.30	193	吉林省	延边白头山人参会社	307.00
163	广东省	翁源县青云山中药厂	425.70	194	湖北省	恩施制药厂	306.80
164	广东省	深圳市中药总厂	424.50	195	广西自治区	广西北海和利制药有限公司	304.00
165	江苏省	苏州雷允上药业集团	413.60	196	江西省	南城制药厂	303.30
166	河北省	河北省临西县制药厂	411.00	197	河南省	三门峡市第二制药厂	302.00
167	四川省	太极集团四川省绵阳制药厂	406.10	198	山西省	山西中药厂	296.40
168	山西省	山西桂龙医药有限公司	400.10	199	河南省	河南辅仁药业有限公司	295.40
169	北京市	北京市华颐中药制药厂	397.20	200	湖南省	湖南三株新生命制药有限责任公司	294.00

1997年中成药工业按固定资产(原价)排序前200名①

No.	地区	企业名称	固定资产(万元)	No.	地区	企业名称	固定资产(万元)
1	北京市	中国北京同仁堂集团公司	53,959.20	36	辽宁省	本溪第三制药厂	6,589.60
2	广东省	广东太阳神集团有限公司	37,997.60	37	湖北省	武汉健民药业股份有限公司	6,443.20
3	吉林省	中国通化东宝实业集团公司	28,986.00	38	广东省	广东宏兴集团股份有限公司	6,198.90
4	重庆市	四川太极制药有限公司	25,170.60	39	辽宁省	沈阳飞龙保健品有限公司	6,172.00
5	上海市	上海市药材有限公司	20,620.50	40	湖南省	衡阳中药实业股份有限公司	6,124.90
6	黑龙江省	哈尔滨中药二厂	17,415.60	41	河北省	承德市中药厂	5,984.20
7	吉林省	吉林延边敖东集团股份有限公司	17,246.00	42	广东省	深圳太太药业有限公司	5,972.20
8	湖南省	湖南省长沙九芝堂药业集团公司	16,735.00	43	广东省	广州花城制药厂	5,868.30
9	四川省	成都恩威制药有限公司	15,365.60	44	福建省	厦门鼎炉实业总公司	5,826.90
10	浙江省	正大青春宝药业有限公司	13,940.00	45	广西自治区	桂林三金药业集团公司	5,692.20
11	广西自治区	广西梧州制药(集团)股份有限公司	12,952.00	46	广东省	健康药业(中国)有限公司	5,558.80
12	山东省	山东东阿阿胶股份有限公司	12,501.10	47	四川省	泸州宝光药业集团有限公司	5,414.50
13	贵州省	贵州神奇制药有限公司	12,076.00	48	山东省	山东济南中药厂	5,381.90
14	天津市	天津市第六中药厂	11,142.00	49	广东省	广州羊城药业股份有限公司	5,367.60
15	广东省	广州敬修堂(药业)股份有限公司	10,523.30	50	广西自治区	广西玉林制药厂	5,345.00
16	广东省	广州奇星药业有限公司	9,311.70	51	吉林省	吉林市前锋中药厂	5,063.00
17	浙江省	杭州天目山药业股份有限公司	9,247.10	52	浙江省	浙江东方制药有限公司	4,873.60
18	吉林省	通化金马药业股份有限公司	9,239.00	53	四川省	四川联益-史菲尔制药有限公司	4,854.50
19	云南省	云南白药股份有限公司	9,011.30	54	江西省	绿色制药有限公司	4,853.20
20	河南省	宛西制药厂	8,764.80	55	陕西省	西安博爱制药有限责任公司	4,843.40
21	四川省	中科院成都地奥制药公司	8,076.20	56	黑龙江省	黑龙江黑宝药业集团	4,735.20
22	北京市	北京市三九万东药业有限责任公司	8,075.40	57	云南省	云南省腾冲县东方红制药厂	4,733.00
23	广东省	广州中药一厂	8,033.40	58	河南省	河南三株龙都药业有限公司	4,702.10
24	天津市	天津达仁堂制药厂	7,634.40	59	四川省	华西医科大学制药厂	4,561.40
25	江西省	江中制药厂	7,597.80	60	广东省	广东华天宝药厂	4,458.20
26	山东省	青岛华钟制药有限公司	7,377.00	61	吉林省	吉林省敦化华康集团	4,404.00
27	福建省	漳州片仔癀集团公司	7,367.90	62	四川省	成都迪康制药公司	4,396.00
28	山东省	青岛中药股份有限公司	7,210.20	63	辽宁省	大连中药厂	4,385.70
29	山东省	鲁南制药股份有限公司	7,109.40	64	江西省	药都樟树医药集团公司	4,367.60
30	湖南省	湖南鹜马制药有限公司	7,062.20	65	江苏省	无锡中药厂	4,358.00
31	广西自治区	广西半宙制药(集团)有限责任公司	6,999.40	66	广东省	顺德梁介福药业有限公司	4,354.20
32	湖北省	武汉市中联制药厂	6,994.50	67	湖北省	武汉马应龙药业股份有限公司	4,347.80
33	湖北省	宜昌民康药业有限公司	6,837.80	68	吉林省	吉林省抚松制药厂	4,266.70
34	浙江省	杭州市胡庆余堂制药厂	6,715.00	69	北京市	北京建昊生物制药股份有限公司	4,169.70
35	山东省	山东福胶集团有限责任公司	6,640.00	70	广东省	汕头酿酒厂	4,160.80

1997 年中成药工业按固定资产(原价)排序前 200 名②

No.	地区	企业名称	固定资产(万元)	No.	地区	企业名称	固定资产(万元)
71	重庆市	四川东方制药有限公司	4,135.30	105	浙江省	杭州澳医保灵药业有限公司	3,228.50
72	山东省	山东烟台中药厂	4,134.90	106	湖北省	武汉华珍医药保健品有限公司	3,166.00
73	河北省	邯郸制药厂	4,133.80	107	新疆自治区	新疆中药厂	3,150.00
74	辽宁省	沈阳中药厂	4,123.30	108	黑龙江省	哈尔滨天工企业集团有限公司	3,147.00
75	四川省	四川美大康药业有限公司	4,115.70	109	吉林省	长春人民制药有限公司	3,141.00
76	广西自治区	广西桂南制药集团公司	4,085.10	110	重庆市	重庆桐君阁药厂	3,110.50
77	河北省	神威药业股份有限公司	4,073.80	111	河南省	河南省安阳第三制药厂	3,090.00
78	江西省	桑海制药厂	4,055.90	112	湖北省	湖北中垣药业股份有限公司	3,068.00
79	山东省	烟台荣昌制药有限公司	4,036.70	113	广东省	广州萝岗制药厂	3,017.30
80	四川省	四川西南华神药业股份有限公司	3,929.00	114	湖北省	湖北千里马药业股份有限公司	3,016.70
81	安徽省	芬格欣药业(集团)公司	3,922.00	115	江苏省	南京同仁堂制药厂	3,003.00
82	吉林省	四平制药股份有限公司	3,915.60	116	吉林省	吉林省临江市制药有限责任公司	2,984.00
83	山东省	威海达因海洋生物有限公司	3,878.40	117	广东省	广州陈李济药厂	2,977.40
84	广东省	佛山市制药二厂	3,863.30	118	广东省	佛山市制药一厂	2,962.30
85	上海市	上海静安中药制药厂	3,849.90	119	广东省	惠州九惠制药有限公司	2,961.30
86	北京市	北京长城制药厂	3,833.70	120	河南省	河南省新乡市百泉中药厂	2,919.90
87	天津市	天津同仁堂制药厂	3,827.70	121	四川省	成都中药厂	2,886.30
88	山东省	威海市申威药业有限公司	3,787.00	122	天津市	天津中药制药厂	2,883.30
89	江苏省	苏州雷允上药业集团	3,763.70	123	河南省	三门峡市第二制药厂	2,881.00
90	广东省	广东省汕头制药厂	3,690.30	124	浙江省	温州海鹤集团有限公司	2,864.00
91	北京市	北京市东升制药厂	3,617.90	125	四川省	四川光大制药有限公司	2,862.10
92	河南省	河南辅仁药业有限公司	3,587.90	126	河南省	河南信心药业集团有限公司	2,845.30
93	安徽省	巢湖正大药业有限公司	3,576.20	127	吉林省	吉林市龙潭山制药厂	2,836.50
94	黑龙江省	哈尔滨松花江制药厂	3,569.70	128	贵州省	贵州遵义安富制药厂	2,821.40
95	甘肃省	兰州佛慈制药厂	3,540.50	129	安徽省	安徽省滁州制药总厂	2,807.00
96	海南省	海南制药厂	3,537.50	130	天津市	天津达仁堂第二制药厂	2,802.40
97	吉林省	吉林省柳河三株中药有限责任公司	3,521.00	131	广东省	广东省湛江向阳制药厂	2,797.20
98	山西省	山西中药厂	3,479.20	132	内蒙自治区	内蒙古蒙药厂	2,783.80
99	黑龙江省	哈尔滨中药三厂	3,464.40	133	浙江省	浙江宫宝药业有限公司	2,761.00
100	吉林省	浑江市长白山制药厂	3,407.50	134	四川省	四川省辰龙股份有限公司	2,704.50
101	辽宁省	辽宁省桓仁中药厂	3,402.00	135	广东省	深圳万基制药有限公司	2,679.30
102	湖南省	湖南省冷水江市制药厂	3,324.30	136	河南省	河南羚锐制药有限公司	2,628.50
103	江西省	鹿迪制药有限公司	3,266.70	137	湖南省	株洲千金药业股份有限公司	2,625.80
104	辽宁省	本溪中药厂	3,252.00	138	广东省	广州众胜药厂	2,621.60

1997年中成药工业按固定资产(原价)排序前200名③

No.	地区	企业名称	固定资产(万元)	No.	地区	企业名称	固定资产(万元)
139	广东省	广东省梅州市梅州制药厂	2,606.00	170	山东省	山东潍坊中药厂	2,192.00
140	广东省	广东省兴宁市制药厂	2,603.40	171	河北省	唐山市龙山药业有限公司	2,188.00
141	广西自治区	广西南珠集团公司珍珠制药厂	2,602.90	172	云南省	昆明中药厂	2,177.40
142	河北省	华龙药业股份有限公司	2,555.50	173	安徽省	合肥神鹿集团公司	2,160.20
143	四川省	阿坝州制药厂	2,553.60	174	辽宁省	沈阳东新药业有限公司	2,137.70
144	黑龙江省	哈尔滨世一堂制药厂	2,540.80	175	北京市	北京市华颐中药制药厂	2,127.60
145	吉林省	中国吉林省西洋参集团公司	2,505.00	176	天津市	天津乐仁堂制药厂	2,116.20
146	四川省	四川川西制药股份有限公司	2,491.20	177	河南省	禹州市制药厂	2,110.90
147	四川省	成都通联药业有限公司	2,472.50	178	云南省	楚雄州制药厂	2,100.50
148	陕西省	西安正大药业有限公司	2,471.40	179	福建省	厦门美华制药有限公司	2,077.00
149	湖北省	三九黄石制药厂	2,470.10	180	山东省	山东省泰安四维制药厂	2,071.10
150	山东省	山东北方制药股份有限公司	2,445.60	181	湖北省	湖北金龙药业有限责任公司	2,059.50
151	四川省	四川省自贡中药厂	2,438.70	182	湖北省	武汉市东山制药厂	2,017.80
152	广东省	深圳市同安药业有限公司	2,424.30	183	陕西省	安康正大制药有限公司	2,010.90
153	四川省	四川天府药业股份有限公司	2,422.10	184	福建省	福州中药制药厂	2,001.20
154	辽宁省	沈阳康达制药厂	2,417.00	185	浙江省	浙江新光制药厂	1,991.60
155	广西自治区	广西源安堂制药厂	2,410.40	186	江西省	汇仁制药有限公司	1,984.50
156	辽宁省	鞍山第一制药厂	2,405.00	187	辽宁省	盘锦第二制药厂	1,983.90
157	广东省	广东省中山市沙溪制药厂	2,400.70	188	陕西省	陕西省汉中中药厂	1,977.60
158	江西省	天狮中药集团有限责任公司	2,388.80	189	广西自治区	柳州市中药总厂	1,977.00
159	广西自治区	桂林市临桂制药厂	2,371.90	190	四川省	四川雅达药业股份有限公司	1,969.40
160	吉林省	通化玉金药业股份有限公司	2,362.00	191	辽宁省	大连泛美制药有限公司	1,961.50
161	河南省	河南天地药业股份有限公司	2,327.60	192	四川省	太极集团四川省绵阳制药厂	1,948.30
162	河南省	济源制药总厂	2,309.40	193	辽宁省	大连长白山制药有限公司	1,943.70
163	广东省	广东阳江制药厂	2,241.90	194	吉林省	白山市正茂药业股份有限公司	1,938.50
164	四川省	成都市雪峰制药厂	2,229.50	195	云南省	玉溪维和制药有限公司	1,921.30
165	江西省	广恩和制药有限公司	2,224.70	196	山东省	威海人生药业集团公司	1,912.20
166	安徽省	芜湖张恒春制药厂	2,212.20	197	广东省	广州山河制药厂	1,904.00
167	河北省	唐山市第三制药厂	2,212.00	198	广东省	广东威达集团制药厂	1,901.00
168	广西自治区	广西灵峰药业股份有限公司	2,198.70	199	广东省	罗定制药厂	1,892.00
169	北京市	北京京海药业有限责任公司	2,195.20	200	湖北省	孝感市制药厂	1,890.40

1997年中药饮片工业按产值(现价)排序前30名

No.	地区	企业名称	总产值(万元)	No.	地区	企业名称	总产值(万元)
1	天津市	天津市中药饮片厂	5,370.00	16	北京市	北京市双桥燕京中药饮片加工部	843.90
2	上海市	上海童涵春堂中药饮片厂	3,009.10	17	福建省	福建丰源药业有限公司	802.10
3	上海市	上海雷允上中药饮片厂	2,762.20	18	上海市	上海徐汇中药饮片厂	753.50
4	北京市	北京市通州人卫中药材加工厂	1,640.00	19	上海市	上海长宁中药饮片厂	699.00
5	云南省	昆明天紫红药厂	1,516.20	20	湖南省	株洲市中药饮片加工厂	473.50
6	上海市	上海宝山中药饮片厂	1,322.00	21	湖南省	衡阳市中药饮片厂	470.50
7	上海市	上海市徐重道中药饮片厂	1,317.00	22	上海市	上海南市中药合作加工场	402.60
8	上海市	上海佳博药业经营公司中药饮片厂	1,233.30	23	湖北省	武汉市中药饮片厂	391.00
9	江苏省	南京先河制药有限公司	1,054.00	24	安徽省	合肥市医药公司中药饮片厂	385.00
10	北京市	北京市通县振兴中药饮片加工厂	990.20	25	江西省	南昌中药饮片厂	382.20
11	福建省	福州市中药饮片厂	931.70	26	江苏省	无锡市中药饮片厂	345.00
12	河南省	淮阳县龙岗天然活性保健品厂	919.00	27	北京市	北京天惠保健品有限公司	342.00
13	新疆自治区	乌鲁木齐中药饮片厂	910.10	28	广西自治区	南宁市天宝堂制药厂	331.10
14	江苏省	常州市中药饮片厂	898.00	29	辽宁省	沈阳中药饮片厂	255.00
15	上海市	上海杨浦中药饮片厂	892.70	30	四川省	泸州市中药饮片开发贸易公司	237.00

1997 年中药饮片工业按销售收入排序前 30 名

No.	地区	企业名称	销售收入(万元)	No.	地区	企业名称	销售收入(万元)
1	天津市	天津市中药饮片厂	5,409.60	16	北京市	北京市通县振兴中药饮片加工厂	912.70
2	江苏省	无锡市中药饮片厂	5,194.90	17	北京市	北京市双桥燕京中药饮片加工部	843.90
3	上海市	上海童涵春堂中药饮片厂	4,967.80	18	江苏省	南京先河制药有限公司	756.00
4	上海市	上海雷允上中药饮片厂	3,811.70	19	新疆自治区	乌鲁木齐中药饮片厂	684.20
5	上海市	上海佳博药业经营公司中药饮片厂	2,329.60	20	湖北省	武汉市中药饮片厂	635.60
6	上海市	上海市徐重道中药饮片厂	1,856.70	21	辽宁省	沈阳中药饮片厂	574.20
7	北京市	北京市通州人卫中药材加工厂	1,700.20	22	四川省	泸州市中药饮片开发贸易公司	561.00
8	上海市	上海宝山中药饮片厂	1,571.20	23	湖南省	株洲市中药饮片加工厂	549.80
9	上海市	上海杨浦中药饮片厂	1,531.80	24	山西省	太原医药药材公司饮片厂	490.90
10	上海市	上海徐汇中药饮片厂	1,449.60	25	河南省	淮阳县龙岗天然活性保健品厂	486.00
11	云南省	昆明天紫红药厂	1,346.40	26	广西自治区	南宁市天宝堂制药厂	480.80
12	上海市	上海长宁中药饮片厂	1,180.40	27	江西省	南昌中药饮片厂	475.30
13	福建省	福建丰源药业有限公司	1,023.00	28	安徽省	合肥市医药公司中药饮片厂	413.90
14	江苏省	常州市中药饮片厂	1,004.00	29	上海市	上海南市中药合作加工场	356.30
15	福建省	福州市中药饮片厂	931.60	30	贵州省	黔东南州中药饮片有限责任公司	337.40

1997年中药饮片工业按利税总额排序前30名

No.	地区	企业名称	利税总额(万元)	No.	地区	企业名称	利税总额(万元)
1	江苏省	无锡市中药饮片厂	245.00	16	上海	上海宝山中药饮片厂	44.30
2	河南省	淮阳县龙岗天然活性保健品厂	176.00	17	福建省	福建丰源药业有限公司	44.00
3	上海市	上海童涵春堂中药饮片厂	169.10	18	北京市	北京市通县振兴中药饮片加工厂	40.20
4	云南省	昆明天紫红药厂	133.30	19	天津市	天津市中药饮片厂	36.40
5	上海市	上海雷允上中药饮片厂	127.80	20	广西自治区	南宁市天宝堂制药厂	30.50
6	上海市	上海市徐重道中药饮片厂	101.10	21	安徽省	合肥市医药公司中药饮片厂	28.10
7	北京市	北京市通州人卫中药材加工厂	75.80	22	江西省	南昌中药饮片厂	25.80
8	上海市	上海佳博药业经营公司中药饮片厂	74.40	23	福建省	福州市中药饮片厂	24.40
9	湖南省	衡阳市中药饮片厂	67.90	24	湖北省	武汉市中药饮片厂	22.50
10	上海市	上海徐汇中药饮片厂	64.50	25	湖南省	株洲市中药饮片加工厂	20.90
11	江苏省	南京先河制药有限公司	64.00	26	山西省	太原医药药材公司饮片厂	19.40
12	辽宁省	沈阳中药饮片厂	60.70	27	四川省	四川省射洪中药饮片厂	15.50
13	上海市	上海杨浦中药饮片厂	56.10	28	上海市	上海长宁中药饮片厂	13.60
14	上海市	上海南市中药合作加工场	53.20	29	贵州省	贵州顺海中药饮片厂	8.50
15	北京市	北京市双桥燕京中药饮片加工部	48.20	30	贵州省	黔东南州中药饮片有限责任公司	8.30

1997 年中药饮片工业按固定资产(原价)排序前 30 名

No.	地区	企业名称	固定资产(万元)	No.	地区	企业名称	固定资产(万元)
1	天津市	天津市中药饮片厂	5,460.50	16	云南省	红河州中药饮片厂	289.60
2	江苏省	无锡市中药饮片厂	1,687.50	17	湖北省	湖北独活药业武当山中药饮片公司	254.70
3	河南省	河南灵一制药有限公司	1,061.80	18	青海省	青海省药材公司饮片厂	232.70
4	上海市	上海童涵春堂中药饮片厂	1,013.30	19	四川省	四川省射洪中药饮片厂	223.30
5	云南省	昆明天紫红药厂	966.40	20	湖北省	武汉市中药饮片厂	222.60
6	辽宁省	沈阳中药饮片厂	964.60	21	河南省	淮阳县龙岗天然活性保健品厂	208.00
7	上海市	上海言允上中药饮片厂	947.40	22	上海市	上海杨浦中药饮片厂	194.90
8	新疆自治区	乌鲁木齐中药饮片厂	831.00	23	福建省	厦门明丰企业有限公司	164.30
9	江苏省	常州市中药饮片厂	782.00	24	上海市	上海徐汇中药饮片厂	148.20
10	江苏省	南京先河制药有限公司	726.00	25	北京市	北京天惠保健品有限公司	111.60
11	福建省	福州市中药饮片厂	512.00	26	北京市	北京市通县振兴中药饮片加工厂	111.20
12	湖南省	衡阳市中药饮片厂	473.60	27	广西自治区	南宁市天宝堂制药厂	100.80
13	贵州省	贵阳中药饮片厂	431.00	28	福建省	福建丰源药业有限公司	94.90
14	上海市	上海佳博药业经营公司中药饮片厂	391.00	29	上海市	上海长宁中药饮片厂	91.20
15	上海市	上海市徐重道中药饮片厂	320.80	30	北京市	北京市通州人卫中药材加工厂	87.30

1997 年药用包装材料工业按产值(现价)排序前 30 名

No.	地区	企业名称	总产值(万元)	No.	地区	企业名称	总产值(万元)
1	江苏省	苏州胶囊有限公司	23,176.00	16	山东省	青岛国箭公司	4,409.00
2	山东省	山东药用玻璃股份有限公司	19,641.00	17	上海市	上海海昌医用塑胶制品厂	4,230.20
3	上海市	上海玻璃厂	11,831.40	18	浙江省	宁波兴亚橡胶厂	4,005.00
4	安徽省	来安县医药玻璃总厂	11,552.00	19	上海市	上海大明玻璃厂	3,956.50
5	吉林省	吉林省延吉市玻璃总厂	10,490.00	20	山东省	淄博市博山美术琉璃厂	3,898.00
6	河北省	石家庄市第一橡胶厂	7,959.30	21	江苏省	盐城华欧集团公司	3,866.00
7	陕西省	陕西秦宝(集团)有限公司	7,247.90	22	山东省	青岛振亚玻璃制品有限公司	3,848.20
8	江苏省	南通玻璃有限公司	6,936.00	23	福建省	三明玻璃厂	3,777.00
9	重庆市	重庆北碚玻璃仪器总厂	6,874.10	24	广东省	广州药用包装材料厂	3,265.00
10	四川省	四川医药包装股份有限公司	6,429.00	25	黑龙江省	黑龙江省巴彦橡胶有限公司	3,105.00
11	江苏省	兴化市药用玻璃总厂	6,176.30	26	江苏省	无锡红光玻璃厂	3,072.00
12	江苏省	江苏国泰医药包装集团公司	5,951.00	27	湖北省	湖北华强药用包装制品厂	2,745.20
13	安徽省	芜湖华东玻璃厂	5,518.00	28	安徽省	国营安徽省旌德黄山胶囊厂	2,486.00
14	河北省	高邑医药包装材料厂	4,915.00	29	安徽省	芜湖南阳医药塑料厂	2,328.00
15	山西省	山西省榆社县胶丸厂	4,578.00	30	江西省	蓝天药用玻璃厂	2,284.60

1997 年药用包装材料工业按销售收入排序前 30 名

No.	地区	企业名称	销售收入(万元)	No.	地区	企业名称	销售收入(万元)
1	江苏省	苏州胶囊有限公司	21,950.70	16	山西省	山西省榆社县胶丸厂	3,520.00
2	山东省	山东药用玻璃股份有限公司	18,082.40	17	江苏省	盐城华欧集团公司	3,449.00
3	上海市	上海玻璃厂	10,410.10	18	山东省	青岛国箭公司	3,354.00
4	吉林省	吉林省延吉市玻璃总厂	9,887.00	19	山东省	青岛振亚玻璃制品有限公司	3,240.00
5	河北省	石家庄市第一橡胶厂	7,723.00	20	黑龙江省	黑龙江省巴彦橡胶有限公司	3,180.00
6	四川省	四川省塑料厂	7,618.40	21	浙江省	宁波兴亚橡胶厂	3,160.20
7	江苏省	南通玻璃有限公司	7,509.00	22	广东省	广州药用包装材料厂	3,067.10
8	安徽省	芜湖华东玻璃厂	7,432.90	23	江苏省	无锡红光玻璃厂	3,057.00
9	重庆市	重庆北碚玻璃仪器总厂	7,194.20	24	上海市	上海大明玻璃厂	3,002.00
10	江苏省	兴化市药用玻璃总厂	7,085.50	25	湖北省	湖北华强药用包装制品厂	2,896.80
11	江苏省	江苏国泰医药包装集团公司	5,771.10	26	陕西省	陕西秦宝(集团)有限公司	2,702.70
12	安徽省	来安县医药玻璃总厂	4,777.00	27	安徽省	芜湖南阳医药塑料厂	2,287.00
13	四川省	四川医药包装股份有限公司	4,460.60	28	江西省	蓝天药用玻璃厂	2,222.40
14	河北省	高邑医药包装材料厂	4,423.40	29	上海市	上海海昌医用塑胶制品厂	2,212.10
15	福建省	三明玻璃厂	3,958.60	30	湖南省	衡阳玻璃瓶罐厂	2,089.10

1997年药用包装材料工业按利税总额排序前30名

No.	地区	企业名称	利税总额(万元)	No.	地区	企业名称	利税总额(万元)
1	江苏省	苏州胶囊有限公司	11,669.90	16	福建省	三明玻璃厂	373.90
2	山东省	山东药用玻璃股份有限公司	4,659.60	17	江苏省	无锡红光玻璃厂	330.00
3	四川省	四川省塑料厂	2,158.20	18	江苏省	盐城华欧集团公司	315.00
4	安徽省	来安县医药玻璃总厂	1,461.50	19	重庆市	重庆滩口玻璃厂	300.20
5	重庆市	重庆北碚玻璃仪器总厂	1,099.20	20	陕西省	陕西秦宝(集团)有限公司	264.40
6	吉林省	吉林省延吉市玻璃总厂	959.00	21	山东省	青岛国箭公司	260.30
7	江苏省	兴化市药用玻璃总厂	944.80	22	云南省	天力玻璃制品厂	259.80
8	四川省	四川医药包装股份有限公司	823.00	23	湖南省	衡阳玻璃瓶罐厂	259.00
9	河北省	石家庄市第一橡胶厂	732.70	24	安徽省	国营安徽省旌德黄山胶囊厂	258.50
10	江苏省	江苏国泰医药包装集团公司	715.60	25	浙江省	浙江天诚咸亨胶丸有限公司	243.30
11	河北省	高邑医药包装材料厂	662.00	26	四川省	四川乐山志远药用橡胶制品有限公司	234.60
12	山西省	山西省榆社县胶丸厂	589.50	27	上海市	上海大明玻璃厂	221.30
13	安徽省	芜湖华东玻璃厂	543.90	28	浙江省	绍兴县陶瓷厂	208.20
14	浙江省	宁波兴亚橡胶厂	499.30	29	湖北省	湖北华强药用包装制品厂	201.00
15	黑龙江省	黑龙江省巴彦橡胶有限公司	380.00	30	广东省	平康药用胶囊企业有限公司	195.70

1997年药用包装材料工业按固定资产(原价)排序前30名

No.	地区	企业名称	固定资产(万元)	No.	地区	企业名称	固定资产(万元)
1	江苏省	苏州胶囊有限公司	18,258.20	16	安徽省	芜湖华东玻璃厂	4,701.00
2	河北省	石家庄市第一橡胶厂	15,995.90	17	黑龙江省	黑龙江美尚药物包装材料有限公司	4,621.00
3	陕西省	陕西省宝鸡医药玻璃厂	13,459.30	18	安徽省	来安县医药玻璃总厂	4,341.00
4	山东省	山东药用玻璃股份有限公司	13,093.00	19	江苏省	兴化市药用玻璃总厂	4,250.40
5	山东省	青岛国箭公司	10,215.00	20	四川省	四川省塑料厂	4,115.70
6	江苏省	南通玻璃有限公司	9,938.00	21	浙江省	浙江绿球机制胶丸有限公司	4,078.90
7	上海市	上海玻璃厂	9,564.80	22	吉林省	吉林省延吉市玻璃总厂	3,825.00
8	广东省	广州药用包装材料厂	9,553.30	23	辽宁省	沈阳药用玻璃总厂	3,582.70
9	重庆市	重庆北碚玻璃仪器总厂	7,929.80	24	浙江省	浙江大之医药胶囊有限公司	3,574.20
10	浙江省	浙江天诚咸亨胶丸有限公司	7,390.50	25	湖北省	湖北华强药用包装制品厂	3,566.00
11	四川省	四川医药包装股份有限公司	7,064.80	26	江苏省	江苏国泰医药包装集团公司	3,459.70
12	广东省	平康药用胶囊企业有限公司	5,888.00	27	河北省	高邑医药包装材料厂	3,193.70
13	陕西省	陕西秦宝(集团)有限公司	5,477.20	28	河南省	河南省安阳药用玻璃厂	3,092.00
14	山东省	淄博市博山美术琉璃厂	5,404.40	29	河南省	林州市大众药用玻璃厂	2,783.60
15	河南省	金域胶囊药业公司	5,143.30	30	江苏省	无锡红光玻璃厂	2,507.00

1997 年其他工业按产值(现价)排序前 30 名

No.	地区	企业名称	总产值(万元)	No.	地区	企业名称	总产值(万元)
1	山东省	济南三株药业有限公司	233,343.00	16	广东省	中山京详药业有限公司	1,575.00
2	北京市	卫生部北京生物制品研究所	16,729.50	17	福建省	福建乌龙有限公司	1,158.60
3	福建省	健力宝(漳州)饮料有限公司	12,651.90	18	辽宁省	盖县华森医药保健品责任有限公司	801.00
4	广东省	深圳海王药业有限公司	10,069.00	19	浙江省	诸几健美珍珠粉厂	742.00
5	云南省	昆明滇虹药业有限公司	9,323.00	20	浙江省	诸几东方巨星珍珠制品有限公司	673.00
6	广东省	深圳卫武光明生物制品厂	7,897.20	21	重庆市	重庆前进营养食品工业公司	580.00
7	甘肃省	临泽淀粉厂	5,398.00	22	广东省	清远市淀粉厂	562.30
8	浙江省	杭州名士街服装有限公司	4,711.80	23	广西自治区	桂林市临桂航天药用滑石粉厂	444.30
9	甘肃省	甘肃施康元药业股份有限公司	4,031.30	24	福建省	福建省蜂产品加工厂	435.00
10	天津市	天津市药品包装印刷厂	3,661.00	25	江苏省	苏州溶媒回收厂	401.00
11	浙江省	湖州食品化工联合公司	2,796.30	26	辽宁省	沈阳罗士安装维修有限公司	360.30
12	云南省	玉溪万方天然药物有限公司	2,617.00	27	黑龙江省	哈尔滨联合箱包有限公司	351.00
13	辽宁省	东北制药总厂实业总公司	2,406.00	28	北京市	北京氧气厂	296.30
14	浙江省	杭州西泠集团公司	1,927.00	29	辽宁省	星达营养食品沈阳有限公司	284.00
15	江苏省	盐城市药物化工厂	1,609.00	30	黑龙江省	黑龙江省医用氧总公司	260.00

1997 年其他工业按销售收入排序前 30 名

No.	地区	企业名称	产品销售收入(万元)	No.	地区	企业名称	产品销售收入(万元)
1	山东省	济南三株药业有限公司	253,602.30	16	福建省	福建乌龙有限公司	1,189.50
2	北京市	卫生部北京生物制品研究所	12,816.50	17	广东省	中山京详药业有限公司	887.30
3	福建省	健力宝(漳州)饮料有限公司	10,563.00	18	浙江省	诸儿东方巨星珍珠制品有限公司	846.00
4	广东省	深圳海王药业有限公司	8,447.60	19	浙江省	诸儿健美珍珠粉厂	755.10
5	广东省	深圳工武光明生物制品厂	6,049.10	20	辽宁省	盖县华森医药保健品责任有限公司	684.90
6	云南省	昆明滇虹药业有限公司	5,952.50	21	广东省	清远市淀粉厂	587.00
7	甘肃省	临泽淀粉厂	4,924.90	22	广西自治区	桂林市临桂航天药用滑石粉厂	479.00
8	浙江省	杭州名士衔服装有限公司	4,221.20	23	重庆市	重庆前进营养食品工业公司	443.40
9	天津市	天津市药品包装印刷厂	3,705.50	24	黑龙江省	哈尔滨联合箱包有限公司	422.80
10	浙江省	湖州食品化工联合公司	3,025.50	25	江苏省	苏州溶媒回收厂	401.00
11	辽宁省	东北制药总厂实业总公司	2,265.90	26	辽宁省	沈阳罗士安装维修有限公司	360.30
12	甘肃省	甘肃施康元药业股份有限公司	2,229.00	27	北京市	北京氧气厂	317.10
13	云南省	玉溪万方天然药物有限公司	2,138.00	28	福建省	福州市动物保健品厂	273.60
14	浙江省	杭州西冷集团公司	2,030.70	29	湖南省	长沙莲湖医用氧气厂	266.30
15	江苏省	盐城市药物化工厂	1,584.00	30	浙江省	西泠航天电子有限公司	255.70

1997 年其他工业按利税总额排序前 30 名

No.	地区	企业名称	利税总额(万元)	No.	地区	企业名称	利税总额(万元)
1	山东省	济南三株药业有限公司	51,377.40	16	浙江省	诸几东方巨星珍珠制品有限公司	103.00
2	广东省	深圳海王药业有限公司	3,065.60	17	云南省	玉溪万方天然药物有限公司	98.20
3	北京市	卫生部北京生物制品研究所	2,218.40	18	辽宁省	沈阳罗士安装维修有限公司	64.70
4	福建省	健力宝(漳州)饮料有限公司	1,578.60	19	浙江省	诸几健美珍珠粉厂	63.80
5	云南省	昆明滇虹药业有限公司	1,517.40	20	浙江省	西泠航天电子有限公司	56.90
6	广东省	深圳卫武光明生物制品厂	1,184.50	21	江苏省	盐城市药物化工厂	53.00
7	天津市	天津市药品包装印刷厂	702.00	22	江苏省	苏州溶媒回收厂	49.00
8	浙江省	湖州食品化工联合公司	363.20	23	湖南省	长沙莲湖医用氧气厂	46.60
9	浙江省	杭州西泠集团公司	338.50	24	广西自治区	桂林市临桂航天药用滑石粉厂	35.50
10	福建省	福建乌龙有限公司	323.90	25	黑龙江省	黑龙江省医用氧总公司	29.00
11	甘肃省	甘肃施康元药业股份有限公司	257.20	26	浙江省	诸几台胞营养品实业总公司	22.30
12	辽宁省	东北制药总厂实业总公司	216.10	27	河南省	平顶山市制线厂	18.60
13	辽宁省	盖县华森医药保健品责任有限公司	180.10	28	黑龙江省	哈尔滨中德食品有限公司	10.30
14	广东省	中山京详药业有限公司	168.80	29	黑龙江省	大庆医用氧气分公司	9.50
15	浙江省	杭州名士街服装有限公司	156.20	30	河南省	河南省安阳市科教化学试剂厂	7.90

1997年其他工业按固定资产(原价)排序前30名

No.	地区	企业名称	固定资产(万元)	No.	地区	企业名称	固定资产(万元)
1	山东省	济南三株药业有限公司	26,650.30	16	广东省	深圳海王药业有限公司	642.90
2	北京市	卫生部北京生物制品研究所	20,004.30	17	云南省	昆明滇虹药业有限公司	638.50
3	北京市	北京氧气厂	5,245.80	18	广东省	中山京详药业有限公司	504.80
4	广东省	深圳卫武光明生物制品厂	4,300.80	19	甘肃省	甘肃施康元药业股份有限公司	446.00
5	浙江省	杭州西泠集团公司	4,153.60	20	江苏省	盐城市药物化工厂	395.00
6	黑龙江省	哈尔滨中一磁带厂	3,656.80	21	浙江省	杭州名士街服装有限公司	330.40
7	天津市	天津市药品包装印刷厂	2,839.70	22	广西自治区	桂林市临桂航天药用滑石粉厂	321.80
8	福建省	健力宝(漳州)饮料有限公司	2,194.20	23	湖南省	长沙莲湖医用氧气厂	309.00
9	浙江省	湖州食品化工联合公司	1,989.10	24	浙江省	诸几东方巨星珍珠制品有限公司	294.00
10	广东省	清远八达春无极保健品有限公司	1,771.00	25	福建省	福建乌龙有限公司	249.40
11	浙江省	诸几健美珍珠粉厂	1,271.00	26	湖南省	湖南省永州市医用氧气厂	236.20
12	辽宁省	东北制药总厂实业总公司	1,078.70	27	江苏省	苏州溶媒回收厂	209.00
13	云南省	玉溪万方天然药物有限公司	868.00	28	辽宁省	星达营养食品沈阳有限公司	191.90
14	广东省	清远市淀粉厂	734.90	29	黑龙江省	黑龙江省医用氧总公司	182.30
15	重庆市	重庆前进营养食品工业公司	675.50	30	天津市	天津市眼镜厂	163.80

第九部分

医药大事记

医药大事记

1月5日　全国医药行业精神文明建设指导委员会在北京举行第一次全体会议。指导委员会顾问、中宣部秘书长戴舟，中央党校副校长杨春贵，全国职工政研会副会长赵荫华，国家医药管理局原局长齐谋甲、原副局长刘永纲，指导委员会主任、国家医药管理局局长、党组书记郑筱萸，指导委员会副主任、国家医药管理局副局长石岠、戴庆骏、张鹤镛、张文周出席了会议。会议审议通过了《全国医药行业一九九六年至二〇〇〇年社会主义精神文明建设规划》。

1月6日—9日　全国医药管理局长会议在北京召开。国务院副总理吴邦国在会中亲切接见了医药行业的先进代表和与会代表；国务委员彭珮云同志会前对开好本次会议提出了希望和要求。国家经贸委主任王忠禹、副主任石万鹏，卫生部原部长钱信忠，原国家医药管理总局局长胡昭衡，国家医药管理局原局长齐谋甲，解放军总后生产部副部长张志祥，国家中医药管理局副局长任德权等领导同志出席了会议开幕式；国务院办公厅、国家经贸委、国务院法制局等部门的有关负责同志，医药行业部分人大代表、全国政协委员及部分企业的代表应邀出席了会议，各省、自治区、直辖市及计划单列市医药管理局，解放军总后医药局，新疆生产建设兵团医药管理局局长，国家医药管理局局长、副局长、各司室负责人、特约研究员、各直属单位负责人参加了会议。王忠禹主任作重要讲话，郑筱萸局长作题为《把握大局、开拓进取、加快医药事业健康发展》的报告，张文周副局长作题为《振奋精神、扎实工作，为完成全年医药工作任务而努力》的总结讲话。

1月7日　国家医药管理局举行1996年度医药商品质量管理规范（GSP）达标企业授牌仪式，为北京市医药技术经营公司等17家荣获1996年度“GSP达标企业”称号的单位授牌。

1月8日　第六届中国医药新闻奖“敖东杯”评选颁奖大会在京举行。中国记协书记处书记王哲人，本届新闻奖评委会主任、中国记协书记处原书记唐非，本届新闻奖评委会名誉主任、国家医药管理局原局长齐谋甲，国家医药管理局副局长石岠、戴庆骏、张鹤镛、张文周等领导同志，以及获奖作者代表和参加全国医药管理局长会议的代表参加了颁奖大会。石岠副局长代表郑筱萸局长在颁奖大会上发表讲话。《“国家队”仍需扶一把》等10篇（件）作品荣获一等奖，《医院进药招标弊多利少》等20篇（件）作品荣获二等奖，《药品广告，你慢些走》等65篇（件）作品荣获三等奖。

1月22日　国家经贸委主任王忠禹考察了华瑞制药有限公司。

1月16日　湖北省委书记贾志杰、副书记杨永良到湖北省医药管理局现场办公，强调医药是以民为本的大事业，要不断发展壮大。

1月24日　国家医药管理局和卫生部联合以国药综经字［1997］第33号文下发了《关于印发〈麻醉药品生产管理办法〉的通知》。

1月31日　国家医药管理局以国药质字［1997］第42号文印发了《关于全国药品零售企业悬挂统一的绿十字标志的通知》。要求从1997年3月1日开始实施悬挂工作。

2月12日　国家计委以计价管［1997］

199号文印发了《药品价格管理暂行办法的补充规定》。

2月26日　中国医药报集体采访了我国医药卫生界的全国政协委员。委员们为医药改革与发展献计献策。

2月28日　中国医药报集体采访了医药行业17名全国人大代表。代表们围绕加强医药管理、深化国有企业改革的话题，提出了很好的意见和建议。

3月12日　'97世界医药卫生大会在北京召开。卫生部部长陈敏章、国家医药管理局局长郑筱萸出席开幕式并讲话祝贺。

3月27日　国家工商局、卫生部、国家医药管理局、国家中医药管理局、国务院纠风办、最高人民检查院联合发出通知，部署整治药品回扣违法行为工作。

3月28日　深圳市首家国有医药连锁组织——一致医药连锁有限公司宣告成立，首期25家连锁"一致药店"开门揖客。国家医药管理局局长郑筱萸题词祝贺："携手一致，争创一流"。

3月28日　天津市医药集团暨医药集团有限公司正式成立。天津市副市长杨新成、市政协副主席陈树勋、国家医药管理局副局长张文周、国家中医药管理局副局长任德权等到会祝贺。

3月30日　国务委员彭珮云在江苏省副省长张连珍的陪同下，到苏州医疗器械总厂考察。

4月8日　山东鲁抗医药企业集团公司捐助沈阳药科大学150万元办学经费仪式在沈阳举行。

4月30日　山东省委书记吴官正到日照制药厂考察。

5月5日　山东省委书记吴官正考察鲁抗医药集团。

5月5日—9日　国际标准化组织的医疗器械质量管理和通用要求标准化技术委员会第四届会议在北京召开。会议的主要议题是制订《医疗器械应用ISO9000特殊要求标准的指南》。

5月7日　应澳大利亚卫生部、制药工业协会、塔斯马尼亚州政府总理及制药企业的邀请，国家医药管理局局长郑筱萸率团赴澳大利亚进行访问，重点考察澳大利亚的药品和医疗器械管理法规及管理情况。

5月16日　由浙江新昌制药股份有限公司、浙江仙居药业集团股份有限公司、浙江省医药有限公司合并组建的浙江医药股份有限公司正式成立。

5月16日　山东省委书记吴官正到山东药用玻璃股份有限公司考察。

5月18日　山东省委书记吴官正到山东新华医药集团公司考察。

5月26日　四川省委书记谢世杰、副省长王金祥率省委办公厅、省经贸委等14个部门的负责人到四川长征制药股份有限公司现场办公。

6月6日—7日　中国化学制药工业协会与台湾区制药工业同业公会、（台湾）大陆台商药业经贸协会联合举办的第四次两岸制药产业交流研讨会在北京举行。

6月9日　贵州省省长吴亦侠率省直有关部门负责人，到贵阳制药厂进行调查研究，帮助企业分析和解决在深化改革中遇到的问题和困难。

6月11日　国家医药管理局以国药质字［1997］第237号文印发了《绿十字标志管理办法（试行）》。

6月23日　甘肃省省长孙英在全省卫生工作会议上强调：要切实加强对甘肃医药工业的保护和扶持。他提出：要把药品管理纳入各级政府责任目标考核内容，依法加强对药品研制、生产、流通、价格、广告、使用等环节的行业管理，切实保证人民用药安全有效。

6月25日　江西省省长舒圣佑、副省长朱英培，在省医药管理局局长郭月秋的陪同下，到江西国药有限责任公司现场办公、指导工作。

7月3日　国务院以国发［1997］23号文印发了《关于改革和加强医药储备管理工作的通知》。

7月11日　国家医药管理局、国家中医药管理局在北京联合召开了全国文明示范药店授牌会议。北京市白塔寺药店、北京同仁堂药店、石家庄市乐仁堂药店、大连药房、沈阳天益堂药店、吉林市义和谦大药房、长春市医药公司长春医药商店、哈尔滨市医药公司新药特药商店、哈尔滨市药材总公司人民药店、上海市第一医药商店、上海思强大药房、无锡健康参药店、常州医药商场、诸暨市人民药店、宁波市四明大药房、安徽长江大药房、福州回春医药商店、广州市医药公司健民医药连锁店、深圳中联大药房、广州市药材公司采芝林连锁店20家药店被授予"全国文明示范药店"标牌。国家医药管理局局长郑筱萸及副局长张鹤镛、张文周，卫生部副部长兼国家中医药管理局局长张文康及副局长任德权、佘靖，中宣部宣教局副局长杨兴利，国务院纠风办国家机关组负责人耿文清出席了会议。

7月15日　"情系老区——'97健康之路太行行"活动组委会在北京召开第一次办公会。这项活动是由卫生部、中央电视台联合国家医药管理局、国家中医药管理局、总后卫生部、中华医学会等共同举行的。

7月21日　安徽省委书记卢荣景带领安徽省副省长张平和省委常委、秘书长季家宏等一行，到太和联谊制药厂考察。

7月21日　国家医药管理局以国药器监字［1997］第280号文印发了《医疗器械产品临床验证暂行规定》。

7月24日　国家医药管理局以国药综经字［1997］第291号文印发了《国家医药管理局贯彻执行〈国务院关于改革和加强医药储备管理工作的通知〉意见的通知》。

8月7日　国家医药管理局令第18号发布实施了《医药行政处罚程序暂行规定》。

8月7日　国家医药管理局、国家中医药管理局以国药政字［1997］第321号文联合印发了《药品生产（经营）企业合格证管理办法》。

8月8日　国家重点建设项目—山东鲁抗医药企业集团公司千吨青霉素工程使用日本输出入银行51.2亿日元，贷款转货协议签字仪式在济宁市隆重举行。

8月8日　"国产旋转式伽玛刀进入国际市场新闻发布会"在北京举行。国家医药管理局局长郑筱萸、副局长石晅、戴庆骏、张鹤镛、张文周到会祝贺。

8月11日　中纪委副书记、国务院纠风办主任徐青在哈尔滨市药材总公司考察时为公司题辞："重信践诺，持之以恒"。

8月11日　国家中医药管理局、国家医药管理局、卫生部、国家工商局、监察部通报了全国整顿中药材专业市场情况：到1997年4月，全国原有117个药品集贸市场和药材市场中，已有17个中药材专业市场通过验收。关闭、取缔或转营它业的有90多个。

8月12日　国家医药管理局以国药综经字［1997］第328号文印发了《全国食盐加碘用碘酸钾产销管理办法》。

8月13日　国家医药管理局以国药质字［1997］第335号文印发了《关于公布首批实施GMP达标企业名单的通知》，北京第三制药厂等50个企业的粉针剂生产车间达标。

8月19日　国家工商局、卫生部、国家医药管理局、国家中医药管理局、国务院纠风办、最高人民检察院在北京联合召开全国查办药品回扣违法案件新闻发布会。国家工商局副局长甘国屏、卫生部副部长孙隆春、国家医药管理局副局长张鹤镛、国家中医药管理局副局长任德权出席了会议。甘国屏受上述部门委托通报了全国药品回扣专项检查工作的总体进展情况及取得的初步成效。

8 月 20 日—22 日　全国医药经济结构调整工作座谈会在长春召开。国家医药管理局局长郑筱萸及副局长石峘、戴庆骏、张文周，原副局长、全国政协委员刘永纲出席了会议。郑筱萸局长作了题为“加快医药经济结构调整步伐，增强国内国际市场竞争能力”的讲话。

8 月 31 日　国家医药管理局以第 17 号局令颁布了《药品交易会管理办法》。此办法自 1998 年 1 月 1 日起实施。

9 月 24 日　华东理工大学制药工程学院成立大会暨揭牌仪式在上海举行。

9 月 24 日　广西壮族自治区第八届人大常委会第三十次会议通过了《广西壮族自治区药品生产经营管理条例》。这是全国第一部规范药品生产经营的地方法规。

9 月 26 日—28 日　国家医药管理局、国家中医药管理局共同组织的第二届全国医药新产品、新技术展示交易会在青岛举行。

10 月 11 日　第四届吴阶平医学研究奖、保罗·杨森、药学研究奖颁奖仪式在南京举行。卫生部部长陈敏章、国家医药管理局局长郑筱萸致信祝贺。

10 月 13 日　河南莲花味精集团公司和中原制药厂在郑州正式签订兼并协议，使在困境中挣扎了 5 年之久的总投资 13.26 亿元建成的中原制药厂获得新生。

10 月 23 日　全国人大常委会委员长乔石在浙江省、杭州市领导陪同下，参观了杭州经济技术开发区内的杭州九源基因工程有限公司。

10 月 27 日—29 日　全国医药行业学习贯彻十五大精神培训班在北京举办。各省、自治区、直辖市及计划单列市医药管理局、解放军总后医药局、新疆建设兵团医药管理局、国家医药管理局各司室及直属单位的领导及宣传部门负责人等 600 多人参加培训。

10 月 28 日—31 日　全国红霉素经济协调体成立暨发展战略研讨会在西安召开。

10 月 30 日—31 日　国家医药管理局召开医药流通体制改革座谈会。国家医药管理局局长郑筱萸、副局长戴庆骏、张文周，原副局长刘永纲、石峘及国务院有关部委的同志及有关省、区、市医药管理部门的负责同志参加了座谈会。

10 月 31 日　国家经贸委、国家医药管理局在北京联合召开全国医药储备管理工作电视电话会议。国务委员彭珮云作重要讲话。国家医药管理局局长郑筱萸在会上就改革和加强医药储备工作做了具体部署。

11 月 2 日　中共中央政治局常委、中纪委书记尉建行，由浙江省纪委书记王其超等陪同，到中国青春宝集团杭州胡庆余堂中药博物馆参观。

11 月 7 日　中共中央政治局委员、国务委员、国家体改委主任李铁映，在河北省委书记程维高，省委常委、石家庄市委书记赵金锋，副省长郭世昌等陪同下，考察了华北制药集团华北—赫司特药业有限公司。

11 月 15 日—17 日　中国药学会成立 90 周年暨第 20 次全国会员代表大会在北京召开。全国人大常委会委员长乔石为大会题词：“加强学术交流，促进医药科技发展，繁荣药学事业，为提高人类健康水平作贡献”。国务委员彭珮云，全国政协副主席朱光亚、何鲁丽等也为大会题词祝贺。国务委员彭珮云出席大会开幕式；全国人大常委会副委员长吴阶平为中国药学会 90 年光辉历程展示会剪彩。中国科协主席周光召、党组书记张玉台，农工中央名誉副主席方荣欣、田洪涛，农工中央副主席姚峻、宋金生，原卫生部部长钱信忠，卫生部副部长彭玉，国家计生委副主任李宏规，国家医药管理局局长郑筱萸、原局长齐谋甲等也出席了会议开幕式。

11 月 29 日—12 月 4 日　国家医药管理局局长郑筱萸率中国政府医药代表团访问越南。双方签署了《中国国家医药管理局和越南卫生部一九九七年——一九九九年医药合作计划》。

12 月 2 日　中国新药研究与开发策略研讨会暨国家新药研究基金设立十周年大会在北京举行。全国人大常委会副委员长王光英出席大会开幕式。国务委员彭珮云、宋健，全国人大常委会副委员长吴阶平，全国科协副主席朱光亚，国家自然科学基金委员会主任张存浩等领导同志为国家新药研究基金设立十周年题词。

12 月 23 日　国家经贸委、国家医药管理局、财政部、中国人民银行、卫生部以国经贸经［1997］876 号文印发了《国家药品医疗器械储备管理暂行办法》。

第十部分

港、澳、台及国外医药概况

台 湾 省

概　　况

一、一般概况

台湾省包括台湾本岛、澎湖群岛及86个附属岛屿，其总面积为3.618万平方公里，其中陆地面积占99.89%，海埔新生地占0.19%。

至1997年底，台湾地区总人口数为2168.3万人，人口自然增长率为9.48‰，与上年基本持平。人口密度为602人/平方公里。劳动力人口943万人，较上年增加12万人（+1.29%），劳动参与率为58.33，与上年基本持平。失业率为2.72%，较上年增加0.12个百分点。

年龄结构及教育程度，至1996年底，15岁以下人口占23.15%，15～64岁的生产年龄人口占68.99%，65岁以上人口占7.86%，显示台湾地区人口结构的老龄化呈上升趋势。台湾地区人口教育程度（1995年底）统计，大专以上程度者占17.89%，高中（职）程度者占34.93%，初中（职）程度者占17.58%，小学程度者占22.66%，自修者占0.95%，不识字者占5.99%。

二、经济发展概况

1997年，台湾省国民生产总值（GDP）为81812.15亿元（新台币，下同），约合2852.99亿美元，较上年增加8.51%，按1991年固定价格计算实际增长6.56%。同年台湾省国民所得为74314.21亿元，较上年增长8.75%，经剔除物价变动等因素后，实质国民所得为63593.85亿元，年增长率为7.69%。1997年台湾省经济增长率为6.81%，1993年至1997年台湾省国民生产总值与国民所得（数据有所修正）见表1。

表1　台湾省国民生产总值与国民所得

年份	国民生产总值		国民所得	人均国民生产总值		人均国民所得	
	新台币（亿元）	折合美元（百万元）	新台币（亿元）	新台币（元）	美元（元）	新台币（元）	美元（元）
93	59705.46	2262.43	54311.64	286385	10852	260512	9872
94	64545.02	2439.34	58808.31	306846	11597	279574	10566
95	69662.98	2629.78	63369.83	328367	12396	298703	11276
96	75396.50	2745.68	68334.79	352518	12838	319501	11635
97	81812.15	2852.99	74314.21	379432	13233	344655	12019

根据台湾省海关进出口贸易统计，1997年台湾省对外贸易总值为2365.08亿美元，较上年增加181.96亿美元（+8.33%），其中出口金额为1220.74亿美元，比上年增加61.32亿美元（+5.29%），进口金额为1144.34亿美元，比上年增加120.64亿美元（+11.78%），进出口贸易顺差76.39亿美元，比上年减少59.33亿美元。截至1997年底，台湾省外汇储备为835.02亿美元，较上年减少45.36亿美元。

三、医疗卫生概况

至1996年底，台湾地区共有医院773家，诊所15872所，其中公立医院95家，公立诊所497所，私立医院678家，私立诊所

15375所。上述医院诊所共有病床114923张，其中属于公立医院诊所的病床为40948张，占35.6%，属于私立医院诊所的病床为73975张，占64.4%。平均每万人拥有病床53.39张。

至1996年底，台湾地区各类执业医事人员共有123829人，按人口计算，平均每万人拥有执业医事人员数为57.53人，较94年增加6.97%。台湾地区1996年底医事人力见表2。

表2 台湾地区医事人力（1996）

类别＼区分	执业医事人员数	每一执业医事人员服务人口数	每万人口执业医事人员数
医师	24790	868	11.52
中医师	2992	7194	1.39
牙医师	7254	2967	3.37
镶牙生	78	275967	0.04
药师	12169	1768	5.65
药剂生	7498	2871	3.48
医事检验师	4664	4615	2.17
医用放射技师（士）	1453	14814	0.68
医事检验生	370	58177	0.17
护理师	31826	676	14.79
护士	29668	726	13.78
助产士	774	27811	0.36
营养师	293	73466	0.14
总计	123829	174	57.53

截至1997年底，台湾地区社会保险人数占总人口比率达96.27%。

1997年台湾地区十大死亡原因统计显示，恶性肿瘤仍高居首位，占死亡人数的24.3%，其次为脑血管疾病（10.79%），第三位为事故伤害（9.46%），以下依次为心脏疾病（9.01%）、糖尿病（6.28%）、慢性肝病及肝硬化（3.99%）、肺炎（3.03%）、肾炎、肾症候群及肾变性病（2.94%）、高血压性疾病（2.19%）和自杀（1.82）。

台湾省医药概况

一、台湾省药品市场

1997年台湾省医药品消耗量约为496.54亿元，较上年增长8%，但此数据尚不包括政府的医疗站、特殊医疗院所及牙医诊所的药品消耗量，这些单位的用药量约为总消耗量的5%，因此实际药品市场约为522.68亿元。在整个药品市场消费结构上，开业诊所约占57.61亿元，较上年下降3.3%，药局及药房约占105.33亿元，较上年下降12.6%，医院用药市场继续增长了8%，达333.60亿元。1997年台湾省药品市场分类统计、销售额排行领先前20位药品及销售额排行领先前40位企业见表3、表4、表5。

表 3　1997 年台湾地区药品市场分类统计

序号	类　　别	金额（新台币百万元）	增长率（%）
1	胃肠类药及维生素制剂	10745.13	－0.2
2	心血管系统药制剂	8291.94	＋6.4
3	抗感染药制剂	7307.04	－2.5
4	呼吸系统药制剂	4562.49	－3.0
5	中枢神经系统药制剂	3823.00	＋9.7
6	骨骼肌肉系统药制剂	3466.08	＋5.2
7	皮肤科制剂	2245.39	－3.6
8	医院点滴制剂	2124.14	－5.7
9	血液及造血系统药制剂	1677.41	＋2.0
10	抗肿瘤及免疫制剂	1477.51	——

表 4　1997 年台湾地区销售额排序前 20 名药品

排序	产品（商品名）	厂　商	销售额（新台币百万元）	增长率（%）
1	促红细胞生成素（EPREX）	J-C	466.72	－11.0
2	依那普利（RENITEC）	MSD	463.66	20.1
3	卡托普利（CAPOTEN）	BMS	379.06	－4.5
4	头孢唑啉（CEFAMEZIN）	FUJ	377.11	12.7
5	雷尼替丁（ZANTAC）	GWC	342.15	7.7
6	阿替洛尔（TENORMIN）	ZNC	339.58	－5.7
7	氯磺丙脲（DIAMICRON）	SVR	318.52	26.1
8	非洛地平（PLENDIL）	ATR	295.83	35.6
9	西沙必利（PREPULSID）	J-C	290.90	24.1
10	奥格门汀（AUGMENTIN）	S/S	290.61	20.0
11	硝苯地平（ADALAT）	B-G	283.68	－7.8
12	氨氯地平（NORVASC）	PFZ	279.65	103.6
13	法莫替丁（GASTER）	YMN	267.80	16.0
14	己酮可可碱（TRENTAL）	H/M	262.42	0.6
15	奥美拉唑（LOSEC）	ATR	252.85	32.1
16	二甲双呱（GLUCOPHAGE）	LPH	245.87	1.3
17	CERENIN	DWS	244.72	0.5
18	HEMOFILM	BAX	210.85	——
19	洛伐他汀（MEVACOR）	MSD	206.80	－9.5
20	氟西汀（PROZAC）	LLY	204.65	24.1

表 5　1997 年台湾地区医药企业销售额排序

排序	中文名称	英文名称	销售额（新台币百万元）	增长率（%）
1	永信	Yuing-Shin	1557.84	5.9
2	史克-比彻姆	S・K-Beecham	1523.08	6.4
3	葛兰素-威康	Glaxo-Wellcome	1465.42	10.6
4	诺华	Novartis	1415.71	−3.5
5	杨森	Jansen	1300.95	−3.3
6	默沙东	Merck Sharp & Dohme	1271.16	8.7
7	布迈-施贵宝	B. M. Squibb	1257.08	7.3
8	惠氏/氰胺	Wyeth-Cyanamid	1043.68	2.8
9	法玛西亚-普强	Pharmacia	982.85	12.7
10	拜耳集团	Bayer	952.71	6.0
11	礼莱	Lilly	931.02	15.4
12	阿斯特拉	Astra	886.38	20.8
13	赫美龙	Hoechst Marion Roussel	863.22	−1.5
14	藤泽	Fujisawa	846.91	5.2
15	中国化学	C. C. P. C	813.80	−8.6
16	百灵佳	Boehringer Ing	793.20	8.9
17	辉瑞	Pfizer	780.19	15.3
18	罗氏	Roche	779.52	−2.7
19	生达	Standard	758.59	−3.4
20	信东	Sing-Tong	684.94	17.0
21	捷利康	Zeneca	658.12	1.8
22	雅培	Abbott	618.51	3.1
23	先灵葆雅	Schering-Plough	611.72	12.0
24	武田	Takeda	570.86	−3.9
25	盐野义	Shionogi	551.18	−6.2
26	三共	Sankyo	452.13	21.4
27	南光	Nan-Kwang	449.86	7.6
28	大冢	Otsuka	446.33	−5.7
29	百特		412.03	197.0
30	山之内	Yamanouchi	401.13	−3.2
31	永丰	Yueng-Fong	401.00	−9.1
32	派德	Park Davis	364.73	−8.0
33	田边制药	Tanabe	362.40	−10.2
34	施维雅	Servier	359.81	33.6
35	瑞安		349.59	0.3
36		ROTTA	316.06	36.5

续表

排序	中文名称	英文名称	销售额（新台币百万元）	增长率（%）
37	先灵	Schering AG	314.90	1.8
38	优良	U-Liang	306.28	−3.8
39	卫材	Eisai	302.87	−7.3
40	杏辉		301.97	1.5

二、台湾省制药工业概况

截至1997年底，台湾地区的西药制造厂家243家，中药制造厂家218家，医疗器械制造厂家174家。

近年台湾地区生产药品销售值见表6，医药产品进出口值见表7。

表6　近年台湾生产药品销售值

（金额单位：新台币百万元）

年份	西药	中药	合计
1992	28459	3660	32119
1993	29763	4079	33842
1994	33110	3671	36781
1995	36010	3920	39930

表7　近几年台湾地区药品进出口值

（金额单位：新台币百万元）

年份	进口	出口	合计
1993	8761	1068	9829
1994	10034	1229	11263
1995	11640	1184	12824
1996	14390	1415	15805
1997	16168	1778	17946

三、台湾省生物技术工业现况及发展趋势

（一）台湾省推动生物技术发展进程

1．台湾的生物技术工业从八十年代初由传统的发酵工业基础上发展起来。

2.1980年新竹科学园区成立后，陆续有各类生物技术厂商进驻园区。

3.1984年成立“财团法人生物技术开发中心”。

4.1992年将与生物技术相关的特用化学品制药及医疗检验试剂等工业列为十大新兴工业。

5.1995年台湾行政院通过《加强生物技术产业推动方案》。

6.1996年台湾经济部成立《生物技术与制药工业发展推动小组》。

7.1997年台湾行政院召开第一次生物技术产业策略（SRB）会议，商讨拟定台湾生物科技未来发展方向。同年修订通过《加强生物技术产业推动方案》。

（二）台湾地区生物技术工业的产值结构

据统计，1997年台湾地区生物技术工业总产值约150亿元。其中医药工业占24%，食品工业占51%，特用化学品工业占11%，其它占14%。据预测，到2005年，台湾地区生物技术工业总产值将达800亿元，其中医药工业占50%，食品工业占25%，特用化学品占20%，其它占5%。近五年重要投资项目和未来三年的投资计划见表8、表9。

表 8　近五年台湾地区生物技术重要投资项目（金额单位：新台币亿元）

公司名称	产品名称	投资年度	投资金额	年产值	产业类别
骏祥	7-ADCA	1993 年	2	4.8	原料药
氰胺	OTC、CTC	1993 年	10	10	医药品
台湾家畜生化制药	动物疫苗	1994 年	4.0	0.9	动物用药
永丰	6-APA	1995 年	4.0	5.5	原料药
健亚	生物制药、检验试剂	1996 年	8.8	15	医药品
祐益生技	7-ADCA、7-ACA、头孢菌素、抗生素	1996 年	4.6	12	医药品
普生	检验试剂	1996 年	0.3	0.4	医疗器材
环球基因生物科技	抗血栓药物	1997 年	3	10	生技药品
南和核酸生技	RNA、食品添加剂	1997 年	1.5	3	RNA、食品添加剂
华健医药科技	畜用疫苗佐剂、经皮吸收贴剂	1997 年	0.22	1.4	医药品、动物用药
台湾唐诚	抗气喘新药	1997 年	6.5	46	生技药品
三共制药	降血脂药	1997 年	4.5	3	医药品
佳生科技	BA/BE	1997 年	0.5	2	临床
合计			49.92	114	

表 9　未来三年台湾地区生物技术投资计划（金额单位：新台币亿元）

公司名称	产品名称	投资年度	投资金额	年产值	产业类别
中化合成	非 β-Lactam 系列抗生素、非抗生素	1998 年	8.4	20	原料药
生达化学制药	Avermectin/Ivermectin、心血管用药、头孢菌素抗生素	1998 年	4.4	5.0	生物农药、原料药
骏祥公司	7-ADCA、矽烷化剂	1998 年	2.6	9.5	医药前驱体
21 世纪科技	生物检测器	1998 年	2	评估中	医疗器材
先进基因科技	生物药品	1998 年	2	评估中	生技药品
国庆化学	Naproxin	1998 年	5	5	消炎剂
华泰生物工业	抗体	1998 年	2	评估中	检验试剂
台湾元生	就地医护分析检验试剂等	1999 年	0.2	1.5	医药器材
永信药品	Lovastatin 及血浆分层药品	2000 年	15	30	生技药品
乔联科技	就地医护之分析仪包括电解、血液气体、手术室及呼吸分析仪	2000 年	1	1.5	医疗器材
永光	疫苗中间体		评估中	15	医药品
台糖	肉猪成长激素		评估中	10	动物用药
优良	组织培养药材		评估中	45	科学中药
合计					

(三) 生物技术工业发展策略及主要措施

1. 健全产业发展环境与设施，提高产品竞争力，加速产品上市。包括协调有关管理法规，例如增修订药品临床试验办法、建立生物技术药品委托制造制度、建立新药临床试验体系与运作机制、改进保健药品给付、采购及调整药价等制度；增修有关奖励措施，鼓励生物技术公司积极投入研究、开发、生产与销售；促进国际间产品相互认证，提高产品水平，加速产品进入国际市场；加强产业科技信息的收集，分析与服务，建立市场商情、投资及技术发展以及国外产品认证信息系统。

2. 促进研究发展及成果转移与应用。包括调整产、管、学、研的研究发展体系，促进研究机构与企业相互配合，近期发展以岛内和亚太地区市场为导向较具经济效益的产品，中远期发展以具国际竞争力独创性产品为导向。

3. 推动投资。包括积极推动政府与民间投资生物技术产业，协助民间企业参与国际先进生物技术公司合作研究开发或进行合作投资。

4. 推进国际合作、拓展国际市场，加强人才培训及引进。

香　港

概况　我们现在所称的香港，包括香港岛、九龙及新界三个部分，它位于珠江口之东，与深圳珠海毗邻，据最新统计，香港目前总面积为 1095 平方公里。

至 1996 年底，香港人口总数为 642.13 万人，比 1995 年增长 2.5%。1996 年香港人口出生率为 10.0‰，死亡率为 4.9‰，人口自然增长率为 5.1‰。其人口密度达每平方公里 5864 人。1996 年底香港劳动人口达到 314.45 万人，比上年增加 3.2%，就业人口 306.32 万人，比上年增长 4.2%，失业人口为 8.12 万人，失业率为 2.6%。

1996 年香港经济继续维持增长，该年香港的本地生产总值达 11953.13 亿港元，比上年增长 10.2%，人均生产总值 186148 港元，比上年增长 7.5%。当年香港的通胀率为 6.0%。

对外贸易方面，1996 年香港进出口贸易总额为 29335 亿港元，比上年增长 3.47%。其中香港产品出口货值为 2121.60 亿港元，较上年下降 8.42%；转口货值 11857.58 亿港元，增长 6.59%；进口货值 15355.82 亿港元，增长 2.98%。1992 年至 1996 年香港进出口贸易值见表 1。

表 1　香港 1992 年～1996 年进出口贸易值　　(单位：亿港元)

年份	进口总值	港产品出口	转　　口	出口总值	贸易差额
1992	9552.95	2341.23	6908.29	9249.53	－303.42
1993	10725.97	2230.27	8232.24	10462.50	－266.47
1994	12507.09	2220.92	9479.21	11700.13	－806.95
1995	14911.21	2316.57	11124.70	13441.27	－1469.94
1996	15355.82	2121.60	11857.58	13979.17	－1376.64

香港市民的医疗卫生服务，分别由政府医院、辅助医院、私家医院及私家医生提供。近几年香港医院病床数目及医疗注册人员分别见表2、表3。

近几年香港地区死亡原因统计显示，肿瘤均居第1位，约占总死亡人数的32%，其次是循环系统疾病，约占28%，以下为呼吸系统疾病、受伤和中毒、消化系统疾病、泌尿生殖系统疾病、传染病和寄生虫病以及内分泌、营养、新陈代谢和血液的疾病等。1994～1995年香港居民主要死亡原因统计见表4。

表2　香港病床数目

医院类别	1993	1994	1995	1996
医院管理局辖下医院	23032	23955	25000	25600
惩教机构	858	849	773	769
政府诊疗所/留产所	131	84	85	72
私家医院	9977	3442	3484	3515
合　计	26998	28330	29342	29956

表3　香港医疗注册人员

人数 / 类别	注册总数			
	1993年	1994年	1995年	1996年
医科医生	7125	7670	8122	9196
牙医	1575	1615	1634	1654
牙科卫生员	111	123	133	139
护理科				
注册护士	23363	24564	25582	26430
登记护士	8655	9102	9469	9965
药剂师	875	953	995	1067
医疗化验师	2298	2387	2568	2713
职业治疗员	559	622	668	730
放射技师	—	—	—	1151
视光师	—	—	—	1315

表4　香港居民主要死亡原因（1994～1995）

死亡原因	死亡人数	
	1994	1995
肿瘤	9449	9793
循环系统疾病	8524	8592
呼吸系统疾病	5238	5707
受伤和中毒	1718	1590
消化系统疾病	1334	1354
泌尿生殖系统疾病	1100	1141
传染病和寄生虫病	1179	1060
内分泌、营养、新陈代谢和血液的疾病	465	607
其他	1099	1050
合计总死亡人数	30106	30894

医药概况　香港制药厂规模一般都不大，许多工厂亦缺乏专门的研究人员和药剂师，目前全港约有300多家制药厂，雇员约2000人，这些药厂多为小型加工厂，主要生产中成药和西药制剂，生产品种有限，中成药产品多为各种丸、散、膏、丹和药油等，西药制剂包括水剂、片剂、针剂和胶囊，多是参照通行药方配制，或由外国制药厂提供药方代为配制。

香港的药厂多未实现GMP标准，故这些药厂的产品不能销往欧美等国家，只能销往第三世界国家。目前香港约有几十家西药制药厂，每年营业额仅2～3亿港元，其中80%产品在当地销售，20%产品外销非洲、南美洲和其他小国家。

香港制药行业的生产值与其他行业相比是较小的，港产中西成药的本销数量有限，销售的产品多是胃肠药、药油、止咳药和感冒药等家庭常备药品。外销方面则种类较多，其中以中成药为多，其市场以东南亚地区为主。

1996年港产成药的外销值为78.90亿港元，比上年增4.6%，成药出口较多的有：含激素成份的药剂，值2650亿港元，比上年减少19.7%，青霉素及其衍生物药剂，值1.58亿港元，比上年增长53.4%，主要销往中国、越南和柬埔寨等地；1996年香港进口药品总值为94.08亿港元，比上年增长3.2%；经港转口的药品总值为70.32亿港元，较上年增长2.7%，自留消费的药品总值为23.76亿港元，较上年增加4.76%。

据香港政府统计，1996年香港经营西药的进出口商有593家，员工2839人；经营医疗保健器材的进出口商有583家，员工4852人；经营西药批发的有123家，员工391人；医疗保健器材的批发商有84家，员工266人；零售方面，香港政府统计将西药与化妆品店归为一类，该类商号有1559家，员工6254人。

香港医药产品进口、出口及转口贸易统计、香港对主要国家和地区的药品贸易统计、香港进口药品的10个主要国家及转口的主要国家与地区分别见表5、表6、表7、和表8。

表5 香港医药产品进口、出口及转口贸易统计

（单位：万港元）

年份＼类别	进口额	港产品出口额	转口额
1995	911318	69996	684468
1996	940801	85798	703172

表6 香港对世界主要国家和地区的药品贸易统计 （单位：万港元）

国家或地区	进口额		港产品出口额		转口出口额	
	1995	1996	1995	1996	1995	1996
中国	17.5884	16.3500	4.2185	5.9600	37.8742	40.7100
台湾	1.4351	2.1100	0.0968	0.0900	3.7525	3.4600
欧共体	38.1028	35.5500	0.0377	0.0500	3.3330	3.1800
英国	5.2545	7.5200	0.0148	0.0100	0.2105	0.2200
德国	8.8970	8.2300	0.0078	0.0100	1.4536	0.9600
美国	5.7487	5.3100	0.2860	0.2200	1.3092	2.3200
日本	6.1532	6.1800	—	0.0050	0.6967	0.7600
新加坡	3.5967	4.4500	0.3787	0.3700	1.4436	1.7100

表7 香港进口药品十大国家 （单位：亿港元）

年份	中国	德国	意大利	日本	英国	美国	瑞士	法国	新加坡	卢森堡
1995	17.59	8.90	7.02	6.15	5.85	5.74	4.85	3.69	3.60	3.13
1996	16.35	8.23	6.38	6.18	7.52	5.31	3.72	4.21	4.44	3.52
增减（%）	−0.06	−7.5	−9.1	+0.05	+28.5	−7.5	−23.3	+14.1	+23.3	+12.5

表 8　香港药品转口主要国家与地区　　（单位：亿港元）

年份	美国	中国	台湾	印度	澳门	泰国	马来西亚	印尼	菲律宾	新加坡
1995	1.31	37.87	3.75	3.46	2.06	2.05	1.93	1.58	1.53	1.44
1996	2.32	40.71	3.46	2.46	2.09	1.92	1.71	2.46	1.67	1.70
增减（%）	+76.0	+7.5	−7.7	−28.9	+15.0	−6.3	−11.4	+55.7	+9.1	+18.0

香港的药材业历史悠久，其进口的药材除大部分在本港销售外，亦有一部分转销到台湾、东南亚及美国、加拿大和日本等地。业内人士估计，香港药材进出口商、批发商和零售商约有二千多家，雇员近万名。

据香港统计处统计，1996 年进口的八大类药材总值为 24.07 亿港元，比上年下降 9.10%，转口总值为 19.03 亿港元，比上年增长 3.76%。其中进口的人工培植和野山参 379.3 万公斤，值 14.12 亿港元，比上年减少 11.0%，转口量 425.4 万公斤，值 6.48 亿港元，比上年增长 6.6%，主要进口地为美国、加拿大、韩国和中国内地等，转口地为中国内地、台湾和日本等；当归、党参、黄芪、淮山、生地、菊花和杞子进口量为 6599 万公斤，值 9.95 亿港元，比上年减少 7.9%，转口量为 6057 万公斤，值 12.55 亿港元，比上年增长 2.3%，主要进口地为中国内地、新加坡和澳洲等地，主要转口地为台湾、日本和韩国等地。

澳　门

一、一般概况与经济发展概况

澳门位于中国大陆东南部沿海，全区包括澳门半岛及其南面的凼仔岛和路环岛。全地区总面积为 23.5 平方公里。至 1995 年底，澳门人口总数为 424430 人，平均人口密度为每平方公里 18061 人，澳门人口中 40 岁以下者占 75%，这是由于大量年轻移民所造成的。近几年澳门人口出生率逐年下降，1995 年为 14.1‰，较上年又下降 1.1 个百分点。死亡率为 3.2‰，人口自然增长率为 10.8‰。1995 年劳动参与率平均为 66.7%，失业率平均为 3.4%；1996 年劳动参与率平均为 66.7%，失业率平均为 4.3%。

澳门经济近年一直保持较平稳发展的势头，1995 年澳门本地生产总值（GDP）为 57800.11 百万澳门元，比上年增长 11.49%，人均国民生产总值 136182.90 澳门元（约合 17090 美元）。消费物价指数涨幅逐年下降，1995 年为 +8.6%，1996 年为 +4.8%，1997 年初步统计为 +3.5%。近年澳门本地国民生产总值见表 1。

澳门的工业结构：澳门工业以轻纺工业为主，其他还有玩具、电子、家具、制鞋、制帽、印刷、电器等，重工业比重很小，澳门工业产品结构见表 2。

表 1　澳门本地国民生产（GDP）总值　　（单位：百万澳门元）

年　　份	1991	1992	1993	1994	1995
国民生产总值（GDP）	32118.18	40258.95	46153.88	51842.76	57800.11
人均 GDP（美元）	11030	13259	14653	15864	17091
GDP 增长率（%）	+15.14	+25.35	+14.64	+12.33	+11.49

表 2　澳门工业产业品结构　　（单位：百万澳门元）

类别＼年份	1987		1989		1991		1993	
	产值	比重（%）	产值	比重（%）	产值	比重（%）	产值	比重（%）
纺织品与成衣	8258	73.51	9517	72.13	10028	75.25	10375	72.87
玩具	1108	9.89	1339	10.15	767	5.76	598	4.19
电子制品	258	2.30	118	0.95	413	3.1	491	3.46
其他产品	1609	14.32	2219	16.85	2117	15.89	2773	19.48

澳门工业的特点是，以中小型工厂为主，规模小，分散经营；劳动密集，生产设备和技术比较落后，产值较低，但增长潜力较大；生产模式以外向型为主，产品以纺织品为主体，多数外销，以欧洲、美国市场为主，亚洲市场其次；资源奇缺，对外依赖性大，尤其依赖香港和中国大陆。1991～1995年澳门进出口贸易统计和澳门与世界主要国家和地区进出口贸易情况（1994）见表 3、表 4。

表 3　澳门进出口贸易统计（1991～1995）　　（单位：亿澳门元）

年份	出　　口		进　　口		进出口差额
	总值	增长率（%）	总值	增长率（%）	
1991	133.3	−2.27	148.3	20.18	−15.0
1992	140.8	5.63	156.8	5.73	−16.0
1993	142.4	1.14	161.4	2.93	−19.0
1994	148.5	4.28	169.3	4.89	−20.0
1995	162.6	9.49	165.1	−2.48	−2.5

表 4　澳门与世界主要国家和地区进出口贸易统计（1994）
（单位：百万澳门元）

国家或地区	出口额	进口额
欧共体	4669.93	2452.33
美　国	5522.20	1156.48

续表

国家或地区	出口额	进口额
中　国	1887.33	3186.42
香　港	1660.20	5136.83
其　他	1114.23	4993.06
合　计	14853.89	16925.12

二、医疗卫生概况

澳门地区的医疗卫生组织机构包括澳门政府公立医疗卫生机构和非官方（私立）医疗卫生机构两种。澳门的医院和医务人员呈逐年减少之势，澳门医院和医务人员数见表5。

表5 澳门医院和医务人员数

项目 / 年份	医院（所）	床位（张）	医生（人）	护士（人）	每千人病床数	每千人拥有医护人员数
1992	45	942	338	695	2.47	2.71
1993	43	892	319	720	2.26	2.63
1994	36	887	233	624	2.16	2.09
1995	34	880	300	684	2.07	2.32

三、医药概况

澳门制药（西药）工业的历史很短，1979年首家西药厂立基利药厂正式投产至今，仅有18年时间，是新兴的一个工业行业。

澳门生产的西药大都是普通药品（以中、下价为多），有165种不同品种的药品，包括丸剂、片剂、针剂、液剂、胶囊等。有药膏、眼药，创新产品有狮子油、胃药等等。产品本销占小部份，外销占大部分，包括中国大陆、香港、东南亚及非洲等地区。由于是普通药品，价格廉宜，适合消费者需要，销量较佳。1982年药品产值为630万元，比1981年300多万元，增长88%。其中，销往大陆的药品270万元，比1981年增加1倍多，至于本销方面，由于市场窄小，1988年销量为165万元，比1981年增长15%。本地客户主要是社团和私人诊所、药房和医院等单位。

西药厂的生产较先进，有半自动化的，也有全自动化的，包括全自动针剂机、全自动胶囊机、全自动包装机，还有化验机、电子分析仪等等。生产效率高，且符合卫生条件。

澳门现有两家西药制造厂，根据澳门政府统计司资料数字，1990年药品出口值为8,548万元，比1989年6952万元，增加1,596万元，增长22.95%。比西药厂投产初期1982年的630万元，增长12.57倍，看来发展速度相当快。

进入90年代，持续平稳增长。

1996/1997年世界制药工业

1. 1997年世界范围发生的与制药工业有关的一些大事
2. 世界药品市场
   - 2.1 1996年世界药品市场稳步发展
   - 2.2 1997年世界10个领先的药品市场增长6%
   - 2.3 世界药品市场将以6.2%CAGR向前发展
   - 2.4 通用名药品将继续发展
   - 2.5 营养补充剂在非处方药（OTC）市场中领先
3. 1996/1997年在各个方面业绩最佳的制药公司
   - 3.1 Mevck公司又回到全球药品销售额最高位置
   - 3.2 药品销售增长率最高的10家制药

1996/1997年世界制药工业

1. 1997年世界范围发生的与制药工业有关的一些大事[1]

·拜耳公司庆祝阿司匹林合成一百周年，这一百年老药由于新治疗用途的发现，星光更加灿烂。

·连续十年创全球销售额最高记录的葛兰素威康（GW）公司的Zantac（雷尼替丁）由于美国专利期满失去了保护，从8月到9月在美国市场上的销售额下降了55%，到11月份已有60%为通用名药所取代。该公司总裁预言，通用名将挤掉其在美国市场90%的销售额，去年全年Zantac在美国市场上的销售额下降了33%。

·期望值很高的两个减肥药芬氟拉明（fenfluramine）和右芬氟拉明（dexfenfluramine）和抗糖尿病药曲格列酮（troglitazone）分别由于心瓣膜问题和肝脏损伤导致死亡而被迫退出市场，引起一些震动。

·许多大制药公司发现他们的命运极受其本国货币的坚挺或疲软所影响，例如由于英镑坚挺，上年GW、史克必成（SB）、和Zeneca的营业额与去年同期相比有所下降，尽管按照不变价计算他们的营业额有很大增长。相反，瑞士的诺华（Novartis）公司报道了上半年纯利润增长27%，德国的Merck KGaA公司报道药品销售额增长18%。德国先灵（Schering）公司、拜耳公司和丹麦的诺和诺德（Novo Nordisk）公司都取得很高的净利。美国一些大制药公司的药品销售额和利润都上扬。日本大制药公司业绩好坏不一，仅武田和三共两家公司有较大增长。许多亚洲国家，特别是泰国、印尼和菲律宾，由于严重依赖进口原材料，在本国货币对美元贬价时，受到重大的打击。

·几家大制药公司人事大变动，年初Richard Markham被任命为HMR公司的总经理，5月份Fred Hassan从AHP公司来到P&U公司，被任命为董事长和总经理，以取代John Zabriskie，10月份Robert Ingram被任命为GW公司的总经理，以取代Sean Lane. Franz Humer被任命为罗氏公司瑞士集团总经理以接替Fritz Gerber；Robert Essner被AHP公司提升为执行副总经理以监督其全球药品业务，而Jerry Karabelas. 则被任命为药品业务主管。

·3月份克隆羊Dolly之出世引起全世界的关注和争论。许多国家下令禁止克隆人。但人们对这一突破性工作的真正意义很少注意。8月份，带有人类基因的克隆羊Polly出世，其乳汁中会有一种人类蛋白质，乃是一种用途尚未公开的治疗性蛋白质。人类从此可利用转基因动物作为药物制造工厂[2]。

·整个欧洲处于疯牛病恐慌之中，由于害怕传染性海棉状（组织）脑病（TSE）之传播，欧盟委员会在欧洲议会压力下，建议禁止在药品中使用高危险性的反刍动物原料如明胶和牛脂。这一建议首先激怒了美国工业界，因为言外之意是指美国牛群也患有TSE，曾提出交涉并迫切要求得到豁免但未果，有迹象表明美国和欧洲可能因此而发生商战。欧洲委员会的决定在科学上也有缺陷，如果实行这一禁令，则85%的药品在1997年底都必须撤出市场，这必然要引起欧洲药品供应的恐慌。因此这一决定已宣布延期执行。

·由于各国政府都想抑止医疗保险中药费之不断增加,因此提出许多降低药价和减少药费支出的措施。许多大制药公司也因此而看好通用名药品的前途。拜耳公司和BMS公司都公布要在法国建立通用名药品子公司。正在对西班牙通用名药品市场进行评价的公司据说有拜耳公司、SB公司、BASF的Knoll公司、Pharmachemie公司和西班牙的Almirall Prodesfarma公司和Vita公司。拜耳和Vita的合资企业Bayvit的第1个通用名药卡托普利即将在西班牙市场上露面。1997年初一个新的通用名药品组织国际通用名药品联盟(the International Generic Pharmaceutical Alliance)成立。参加该联盟的有欧洲通用名药品联合会(European Generic medicines Association)、加拿大的CDMA和三个美国的联合会(GPIA,NAPM和NPA)。以研究与开发为基础的大制药公司认为通用名药品的发展并一定是坏事,因为减少了一些老药所需的药费可以为新的但较贵的创新药品留出更多的活动空间。

·经过三年的争论和妥协,美国FDA改革议案终于在呼声表决中获得美国国会通过。最后只有消费者团体反对该议案。通过的"1997年处方药用户费之再授权和药品法规现代化法令"(Prescription Drug User Fee Reauthorisation and Drug Regulatory Modernisation Act of 1997)包括如下的一些条文:

(1) 1992年的处方药用户费法令(PDUFA)继续有效5年,与以前一样,用户费是用来扩大而不是代替政府对FDA人员的工资和费用之提供。(说明:PDUFA规定由制药工业集资1亿美元以加强FDA的药品评审队伍,以换取较快的药品评审时间)。

(2)药品有新的小儿科适应症的可延长6个月的专卖期。

(3)要为严重危害人民生命的疾病所需的药物建立新的快车道审批机制。

(4)允许药品生产厂家分发有关标签以外的适应症的综述性杂志文章,只要他们已先被允许为这些未批准的用途提出补充的新药申请(NDAs)。

(5) 授权FDA可根据一项完全很好控制的临床试验以批准一新药申请。

(6) 特别说明FDA不能管理药房调配复方,如果该产品是由领有执照的药师或医师按照合法的定单为某一确定的人调配的。

(7)抗生素与其他新药一样可享受专卖权。

(8)要求制药厂商在停止生产救命性药品之前至少6个月,就要告知FDA。

(9) 授权FDA可与外部专家订立合同审查生物学申请。

(10) 要求海外向美国出口药品的机构向FDA登记注册。

·日本厚生省进行了改组,取消了药品事务局(Pharmaceutical Affairs Bureau, PAB),其工业促进工作转到卫生政策局(Health Policy Bureau),其安全保险职能转到其继承者,医疗与药品安全局(Medical and Pharmaceutical Safety Bureau),其药品评价职能则转到新成立的、名义上独立的机构,药品和医疗器械评价中心(the Pharmaceuticals and Medical Devices Evaluation Centre)。该中心宣布要把药品和医疗器械的评审时间从目前的平均18个月缩短到12个月。

·第4届国际协议会议(ICH4)在布鲁塞尔举行,取得了意料之外的进展(见最后一节)。

2. 世界药品市场

2.1 1996年世界药品市场稳步发展[3]

据"IMS世界回顾"的报道，1996年全球药品市场达到2964亿美元（按工厂出厂价计），比1995年增长4%，该报告的数字代表世界各国所有药品流通渠道的处方药和非处方药的销售额。

增长率最高的地区为北美洲和拉丁美洲，分别增长12%和8%。非洲、亚洲和澳大利西亚的销售额则下降了6%。在北美洲，美国创下12%的增长率，达到了986亿美元，而加拿大的销售额增长5%，达到了40亿美元。北美洲占有最大的市场份额(35%)，随后是欧洲和非洲、亚洲和澳大利西亚地区，各占29%的份额。下表给出世界各地区的销售额和市场份额。

地区	销售额（亿美元）	增长率（%）	市场份额（%）
北美洲	1030	+12	35
欧洲	869	+5	29
非洲、亚洲和澳大利西亚	858	−6	29
拉丁美洲	20.7	+8	7
总计	2964	+4	100

欧洲　法国药品市场1996年增长减慢，1997年仍继续这一趋势。1996年的人用药销售额为207亿美元，比上年增长6.5%，而1995年的增长率为9%。1997年前5个月的销售额为53亿美元，比上年同期仅增长1%。德国医疗保健费用中，1996年药费支出为197亿美元，比上年增长6.3%，而1997年前9个月支出为138亿美元，比上年同期增长5.1%。据德国VFV(以研究为基础的制药公司协会)报道，1996年药品销售额（出厂价计）为211亿美元，比上年增长3.2%，而1997年前9个月销售额为110亿美元，同比仅增长0.2%。

英国医疗保健的药品账单金额的增长稍低于9%，其处方中药品费用（按出厂价计）稍微超过36亿英镑。意大利药品零售金额增长11%，达到130亿美元，主要是由于止喘药销售额增长了31%和抗高血压药增长了25%。西班牙的药品产值增长10.8%，达到63亿美元，葡萄牙1997年前7个月经药房渠道的处方药销售额为8.4亿美元，比上年同期增长10.4%。IMS估计其全年的增长率可达8%。荷兰的药品销售总额为20亿美元（增长1.8%）。奥地利药品销售额约为17.1亿美元。希腊的药品消费约为20亿美元。

瑞典情况有点混乱。1996年底有抢购风潮，原因是慢性病人要在提高病人共同付款之前，多储备些药品。所以国家的药品补偿费于11月和12月分别增长47%和66%，但在1997年1至8月则下降18%，降为8.162亿美元。按零售价计算，挪威1996年药品市场增长3.8%，达到11亿美元。丹麦的医疗保险系统药品消费从1至11月为5.45亿美元，同比增加2.3%。

据IMS药品战略小组预测，欧洲(不包括中欧和东欧）药品市场1997年将达808亿美元。

就中欧和东欧而言，俄罗斯的补偿药品支出为17亿美元，而其全部医疗保健费用约为100亿美元。斯洛文尼亚1996年的处方药销售额为2.14亿美元，下降了2.3%；克罗地亚1997年上半年的处方药总费用为1.38亿美元。1996年立陶宛的药品市场总值1.225亿美元，波兰21亿美元，匈牙利6.5亿美元，拉脱维亚(按批发价计)为1.5亿美元，经药房的销售额为1.18亿美元。捷克药品市场（按工厂出厂价计）为7.5亿美元。

据IMS药品战略小组估算，独联体(包

括阿塞拜疆、爱沙尼亚、格鲁吉亚、哈萨克斯坦、白俄罗斯、吉尔吉斯、拉脱维亚、立陶宛、俄罗斯、塔吉克斯坦、土库曼斯坦、乌克兰和乌兹别克斯坦）1996 年的药品市场总额为 21 亿美元，1997 年将以边际的增长率增加到 21.1 亿美元，到本世纪末可能加速增长。

拉丁美洲　根据 IMS 数据，拉丁美洲的药品市场 1996 年增长 8%。巴西以 15% 的增长率和 40%的市场份额维持其领先地位。墨西哥于到 1996 年 6 月为止的 12 个月中下降了 10%之后，显著回升，1996 年全年的销售额增长 14%。厄瓜多尔和波多黎各分别创下增长 20%和 12%的记录。药品市场金额下降的有委内瑞拉（—20%）、多米尼加（—12%）和波利维亚（—11%）。

国家	药品销售额[1]（亿美元）	变化[2]（%）
巴西	72.51	+15
阿根廷	36.43	+1
墨西哥	27.36	+14
哥伦比亚	11.77	+9
波多黎各	6.13	+12
委内瑞拉	5.03	−20
中美洲[3]	4.67	−6
智利	4.45	+10
秘鲁	4.37	—
厄瓜多尔	2.62	+20
乌拉圭	2.58	+2
多米尼加	1.59	−12
巴拉圭	1.17	+7
波利维亚	0.32	−11

注：1. 按药房售价和通行的汇率；2. 按美元值计算；3. 包括哥斯达黎加、圣萨尔瓦多、危地马拉、洪都拉斯、尼加拉瓜和巴拿马。

非洲和中东　中东国家 1996 年的药品销售总额为 62 亿美元。据 IMS 药品战略小组预侧，1997 年可达 65.7 亿美元。土耳其、伊朗和以色列总共占总数之 68%，分别占 32%，19%和 17%的份额。

土耳其 1996 年的药品市场按出厂价计约为 20 亿美元，比上年增长 16%。其最大的药品采购者，社会保险机构（SSK）支出 4 亿多美元的药品和医院用品，SSK 以外的药房销售额达 15 亿多美元。伊朗药品市场到 1997 年 3 月 20 为止的一年销售额为 3.83 亿美元。

海湾合作委员会国家（沙特阿拉伯，阿拉伯联合酋长国、科威特、巴林、卡塔尔和阿曼）的药品消费每年可望增长 8～9%。据报道，沙特阿拉伯的私人药品消费约为 6 亿美元，而阿拉伯联合酋长国的药品市场约为 4.8 亿美元。

据 IMS 报道，非洲 59 个国家合计的药品市场总值从 1995 年的 43 亿美元增加到 1996 年的 45 亿美元，其中南非差不多占总数之 27%，而埃及则约占 20%。

亚洲和太平洋周边国家　中国 1996 年的药品市场总值 108 亿美元，其中处方药市场为 95 亿美元，非处方药为 13 亿美元。

据 LG 经济研究所预测，韩国药品市场以年均 9.9%的增长率发展，到 2000 年将达到 109 亿美元（IMS 对韩国 1997 年的药品市场预测值为 42.6 亿美元）。据 Visionic 估算，越南的药品市场约为 3 亿美元，并以年均 15%的速度发展。

泰国药品市场为 15 亿美元，同印尼一样。据 Visionic 预测，到 2000 年印尼的药品市场将增长 33%，达到 20 亿美元。又据 IMS 预测，我台湾省的药品市场 1997 年可达 18 亿美元。

印度 1995/1996 年的原料药和制剂产品的产值分别为 4.99 亿和 25 亿美元。预计

1997 印度药品销售额可达 33.9 亿美元，而巴基斯坦则可达 11.1 亿美元。

1996 年澳大利西亚药品市场（包括澳大利亚、新西兰和太平洋岛国）总值为 34 亿美元。预测澳大利亚和新西兰的 1997 年药品销售额将分别达到 32.4 和 6.1 亿美元。

说明　与往年一样，由于市场值系来自各种不同的渠道，计算市场规模的基础各不相同，故缺乏严格的可比性，特请注意。在大多数情况中，原文报道的数据随即换算成美元。

2.2　1997 年世界 10 个领先的药品市场增长 6%[4]

据 IMS Drugs Monitor 报道，1997 年日历年度，世界 10 个领先药品市场的处方药销售总额达 1655 亿美元，比上年增长 6%，其中北美的药品销售额增长 11%，居于首位。

国家	1997 年销售额[1]（亿美元）	变化[2]（%）
美国	665	+10
日本[3]	417	−1
德国	147	+2
法国	137	+4
意大利	86	+5
英国	77	+7
西班牙	49	+10
加拿大	41	+12
荷兰	19	+7
比利时	18	+5
总计	1655	+6

注：1 按出厂价计算；2. 不包括汇率；3. 包括医院销售额

美国药品销售额增长 10%，达到 665 亿美元，其中，中枢神经系统（CNS）和心血管药物分别增长 16%和 13%，居各治疗类别之首，其他领先的治疗类别则因 GW 公司的 Zantac（雷尼替丁）和 Zovirax（阿昔洛韦）专利期满以及两种抗肥胖药 Redux（右芬氟拉明）和 Pondimin（芬氟拉明）之撤出市场，增长受到影响。

欧洲药品市场平均增长 5%，增长率最高的是西班牙（10%），其次是英国和荷兰（均为 7%）。西班牙市场的增长乃是受到 CNS 药强劲销售的刺激，该类产品的销售额增长 20%，超过 7 亿美元。德国因政府控制保健费措施得力，限制了大多数主要治疗类别的增长，只是由于抗感染药销售额之大幅度增长（13%），才把整个药品市场的增长率拉到 2%的水平。

日本药品市场继续下滑，销售额下降 1%，为 417 亿美元（包括医院销售部分），由于日本政府于 4 月份实行削减药价平均在 4%以上，而且 1998 年还将实行更大的降价，故市场前景暗淡。

在主要的治疗类别中，增长率最高的是 CNS 药品，销售额增长 12%，达到 235 亿美元。这一部分的增长，美国以 16%的增长率居领先地位，并为整个 CNS 市场增加 19 亿美元。

心血管药物仍是全球销售额最高的治疗类别，1997 年增长 6%，达到 338 亿美元。在这一类别中，降脂药市场最为坚挺，增长 23%，达到 70 亿美元。这一数字北美占了一半，并以 36%的速度增长，Merck 公司的 Zocor（Simvastatin）被认为在不断增长的降胆固醇和甘油三酯药物市场中占有三分之一。该产品的销售增长很快，这是因为 Merck 公司的宣传策略取得了成功，使病人从别的品牌如 Mevacor（洛伐他汀）转换到 Zocor。

Warner-Lambert 公司的 Lipitor（atorvastatin）于去年 3 月在美国上市，已在 5 个领先的降胆固醇药中占有一席之地，已经占领该类药物17%的北美市场份额和差不多10%的全球份额。

2.3 世界药品市场将以6.2%的CAGR向前发展[5]

据IMS的一份新报告预测，世界药品市场（1996年为2970亿美元）于1996～2001的5年间，将以6.2%的综合年均增长率（CAGR）向前发展，并于2001年达到3780亿美元。下表列出11个地区和国家药品市场的增长情况：

国家/地区	1996		2001		CAGR
	市场金额	市场份额	市场金额	市场份额	(%)
北美	1000	33	1290	35	6.5
西欧	810	27	1010	27	5.7
日本	490	17	480	13	－0.7
拉丁美洲和加勒比地区	230	8	340	9	10.6
东南亚和中国	160	5	270	7	12.3
中东	60	2	80	2	—
非洲	60	2	50	1	—
印度次大陆	60	2	80	2	—
东欧	60	2	80	2	8.8
独联体	20	1	50	1	12.2
大洋洲	20	1	50	1	—
总计	2970	100	3780	100	6.2

注：1. 近似值，亿美元。

这一时期将看到东南亚和中国在世界药品市场份额方面有最大的飞跃，从1997年的5%跳到2001年的7%。

在世界范围内，居首位的两个类别，心血管药物和胃肠道药物，在这一期间将分别有5.8%和3.9%的增长率。领先的8个治疗类别（心血管药物、胃肠道药物、血液和造血系统药物、抗感染药、肌肉与骨骼系统药物、CNS药物、妇科药物和呼吸系统药物）共占药品销售总额之85%。

2001年心血管药物将占有全部药品市场19.4%的份额（1997年为20.4%），而胃肠道药物的市场份额仍将保持现在的16%。妇科药品和性激素可望有最大的增长，CAGR达到7.6%，而全身性抗感染药物的CAGR将仅为1.2%。

在远东，领先的8个治疗类别会有占有76%的市场份额。目前胃肠道药物以20.4%的市场份额居于首位，其次是全身性抗感染药（16.2%的市场份额）和心血管药物（12.9%市场份额）。

在拉丁美洲，领先的8个治疗类别共占有83.6%的市场份额。

2.4 通用名药品将继续发展[6]

据IMS一份新的报告预测，1996年～2001年的5年间世界10个主要药品市场中的通用名药品市场将继续以两倍于整个药品市场的增长速度向前发展，并将于2001年达到220亿美元。

1996年世界10个主要的药品市场（美国、加拿大、荷兰、德国、法国、意大利、英国、西班牙、比利时和日本）中，通用名药品总销售额为138亿美元，约为零售市场的10%。1996至2001的5年间CAGR预期为10%，而1992～1996年间为11%。

美国通用名药品市场将继续最快地增长，年增长率超过13%，与此对比，整个世界药品市场的年增长率约为6%。过去的5年间，美国通用名药品市场每年以16%的速度增长，而零售市场以7%的速度增长。

据IMS预测，法国和荷兰的通用名药市场将有两位数的年增长率。法国预期为11%（1992～1996年为8%），到2001年通用名药品将占其整个药品市场的6%，荷兰预期为13%（1992～1996年间为10%），德国预期为7.5%（1992～1996年间为6%），到2001年通用名药品将占其整个药品市场的19%。

意大利1997～2001年间通用名药市场的预期增长率将是19%，但到2001年通用名药品仅占其整个药品市场之1%。

日本通用名药品市场的年增长率将不到2%，低于世界其他国家和地区。

通用名药品市场之增长主要源于不断增长的医疗保健费用，人口老年化和有管理的保健计划的发展。西班牙和意大利乃处于有管理的保健计划发展的底层。

有些国家如日本和韩国，处方医生不愿意开通用名药品，而且病人也看不起开通用名药处方的医生。通用名药品市场发展的关键问题是处方与配药分开。

2.5 营养补充剂在世界OTC药市场中领先[7]

据Euromonitor的一份新的报道，营养补充剂（Dietary supplements）包括维生素类是1997年居首位的非处方药（OTC）治疗类别，销售额达到108亿美元。看来在2001年以前仍将一直居领先地位，并于2001年达到127亿美元（增长18%）。1997～2001年间全世界OTC药品市场预期将增长20%，达到近550亿美元。在此期间，胃肠道药物将有最高的增长率，几个治疗类别的销售额和增长情况见下表：

类　别	1997（亿美元）	2001（亿美元）	%增长（1997～2001）
营养补充剂	108	127	+18
皮肤保健药	97	116	+21
咳嗽、感冒药	91	107	+18
止痛药	87	101	+17
胃肠道药	74	96	+28

各个国家和地区各种OTC治疗类别的市场份额不尽相同，如下表所示：

治疗类别	美国	南美	日本	亚太地区	西欧	东欧	中东	非洲
营养补充药	20	17	36	28	22	23	15	13
皮肤保健药	22	15	22	18	21	22	23	18

治疗类别	美国	南美	日本	亚太地区	西欧	东欧	中东	非洲
咳嗽、感冒药	18	14	18	18	25	19	19	20
止痛药	22	33	11	22	17	22	22	20
胃肠道药物	18	21	13	14	15	14	21	29

在美国，止痛药和皮肤保健药销售额最高，各占22%的市场份额，日本则营养补充药居首位，占有36%的市场份额。在西欧，咳嗽、感冒药居于首位，占有25%的市场份额，而非洲则以胃肠道药居首位，占有29%的市场份额。

1997年，瑞士的人均OTC药品消费最高，达到92美元，其次是美国50美元和英国32美元，印尼、印度和中国的人均消费都是低水平的，分别为0.82、0.29和0.07美元。各地区的人均OTC药消费水平见下表：

地区	1993年人均消费（美元）	1997年人均消费（美元）
日本	53.2	50.6
北美洲	30.7	33.3
西欧	22.3	29.7
中东	7.8	10.2
东欧	3.9	5.1
南美洲	2.7	4.2
非洲	1.5	1.8
亚太地区	1.0	1.3

3. 1996/1997年各个方面业绩最佳的制药公司

3.1 Merck公司重新回到全球销售额第一的位置[8]

Merck公司1996年度的销售额达到133亿美元，以2.7亿美元之差领先于GW公司，又回到全球销售额第一的位置，Merck公司得益于它与Astra公司的合资企业（Astra-Merck Inc）的销售额（18亿美元，Merck公司占有9.0亿美元）和与Pasteur Merieux公司（疫苗）和与Dupont公司（心血管药和CNS药）等合资企业的销售额。

Merck公司的销售额比1995年猛增19%，而GW公司则因其拳头产品Zantac（雷尼替丁）的衰落而使其业绩暗淡，因为除开Zantac，其集团销售额增长了14%。Merck公司的业绩则归因于Zocor（辛伐他汀）的销售额猛增43%，从而成为该公司销售额最大的药品，达到28亿美元，也是全球销售额领先的HMG-CoA还原酶抑制剂。

在两巨头之后Novartis公司以99亿美元的销售额居于第三位。该瑞士公司乃是继续得益于其免疫抑制剂环孢菌素（Neoral/Sandimmum）的强劲增长势头。BMS公司和HMR公司在1996年互换了位置。BMS公司尽管受到Capoten（卡托普利）美国专利期满的打击，仍然向上移动了一位，除开其ACE-抑制剂在美国的销售额骤跌了68%外，BMS公司的整个销售额增长了21%。HMR的抗组胺药Seldane（特非那定）由于受到竞争对手寻衅性市场竞争活动的影响，销售额急降了21%。

1996/1997未出现大的合并与兼并活动，因此全球性排位无大变化。Roche公司决定收购位于百慕大的柯林奇（Corange）

公司，（葆灵曼海姆 Boehringer Mannheim 的控股公司）势必将改变前 10 位的底部。这宗约 91 亿美元的交易将把 Roche 上推到第 5 位（1996 年处方药销售额可达 85 亿美元）。

表中 Astra 和 Schering-Plough 两家公司向上移动较大，前者得益于有利的通货影响，从第 15 位上移到 13 位，而后者从第 19 位上升到第 16 位，则是由于其抗组胺药 Claritin（氯雷他定）销售额猛增 46%所推动。Claritin 销售额达到 12 亿美元，这是该公司产品首次超过 10 亿美元的标准。

Pharmacia & Upjohn 和 RPR 两家公司的业绩令人失望，P&U 公司由于在日本受到不断增长的通用名药竞争和药品降价的打击以及汇率的不利影响，销售额下滑，RPR 除了不利的汇率外，还因一些非战略性产品的剥离而使销售额下降。

日元与美元不利的兑换使日本的公司下降了大约 15 个百分点，并使山之内公司被挤出前 20 名，为 Zeneca 让路。瑞士的公司和德国的公司也因不利的汇率而损失 5 个百分点。

在 1996/1997 年处方药销售额最高的前 20 家公司中，美国占有 9 家，欧洲 8 家，日本 2 家，余下的一家是瑞典/美国的 P&U 公司，这 20 家公司的业绩如下表：

排　名	公　司	药品销售额（亿美元）[1]	变化%[2]	占总销售额的%
1（2）	Merck（美国）	132.95[3]	+18.6	60.5
2（1）	GW（英国）	130.27	+3.5	100.0
3（3）	Novatis（瑞士）	98.58	+3.9	33.6
4（5）	BMS（美国）	87.02	+11.4	57.8
5（4）	HMR（德国）	83.73[4]	−1.1	100.0
6（6）	Pfizer（美国）	81.88	+15.8	72.4
7（7）	AHP（美国）	74.57	+6.5	52.9
8（8）	J&J（美国）	71.88	+14.6	33.2
9（10）	SB（英国）	67.11	+10.2	54.2
10（9）	Roche（瑞士）	66.86	+8.2	51.8
11（11）	Lilly（美国）	64.27	+7.3	87.5
12（12）	Abbott（美国）	63.07	+12.0	57.3
13（15）	Astra（瑞典）	57.20	+15.9	98.5
14（13）	武田（日本）	52.01[5]	−7.5	67.4
15（14）	P&U（瑞典/美国）	50.79	−0.6	70.8
16（19）	Schering-Plough（美国）	48.53	+13.4	85.8
17（16）	RPR（美国）	48.25	−0.3	89.0
18（17）	Bayer（德国）	47.83	+3.6	14.8

排　名	公　司	药品销售额（亿美元）[1]	变化%[2]	占总销售额的%
19（18）	三共（日本）	41.01	－5.8	74.8
20（21）	Zeneca（英国）	38.03	＋11.4	45.4

注：1. 美元换算系按1996年全年平均汇率；2. 与上年美元数额对比；3. 包括合资企业的份内销售额，但不包括Medco公司非默克公司的销售额和Medco公司服务收入；4. 估计的销售额；5. 包括OTC药的销售额。

3.2　药品销售额增长率最高的10家公司[9]

与前几年一样，在药品销售额增长率方面美国公司仍占优势，在领先的20家公司中美国占有10家，而Astra公司则近年来第一次不是增长最快的公司，其增长率仅有9%，跌到了第10位。这家公司销路最好的产品抗溃疡药Losec（奥美拉唑）销售额增长15%，占该公司总销售额的45%。Losec的增长比前几年放慢，但仍是1996年全球销售额最高的产品，达到37亿美元，超过了Zantac。

Merck公司雄居美国公司之首。居第2位的Pfizer公司则是得益于其钙拮抗剂Norvasc（氨氯地平），其销售额比1995年增加了42%，达到了18亿美元。该公司还得益于抗生素Zithromax（阿奇霉素，＋53%），抗抑郁药Zoloft（舍曲林，＋29%）和心血管药Cardura（多沙唑嗪，＋29%）。销售额增长率领先的前10家见下表：

公　司	药品销售额	%变化
Merck	132.95亿美元	＋18.6
Pfizer	81.88亿美元	＋15.8
J&J	71.88亿美元	＋14.6
Schering-Plough	48.53亿美元	＋13.4
Roche	82.63亿瑞士法郎	＋13.1
Zeneca	24.35亿英镑	＋12.6
Abbott	63.07亿美元	＋12.0
BMS	87.02亿美元	＋11.4
SmithKline Beecham	42.97亿英镑	＋11.4
Astra	383.84亿瑞典克朗	＋9.1

注：1. 与上年的本国货币金额对比。

3.3　药品利润率最高的公司[9]

GW公司虽然失去销售额第一的位置，但在盈利方面继续雄居首位，其利润率达到37.5%，J&J公司以3个百分点之差（34.5%）居第2位。另外有4家公司的利润率都在30%以上。它们是Pfizer、Schering-

Plough、Astra 和 Zeneca。按金额计，两巨头——GW 和 Merck 盈利最多，而 Zeneca 获利最少。

利润率最高的公司都是来自美国和英国，见下表：

公司	盈利[1]（亿美元）	销售额（亿美元）	利润率（%）
Glaxo Wellcome	48.91	130.27	37.5
J&J	24.77	71.88	34.5
Pfizer[2]	30.90	96.30	32.1
Schering-Plough[3]	15.92	50.49	31.5
Astra[4]	18.21	58.10	31.3
Zeneca	11.82	38.03	31.1
Lilly[5]	20.47	73.47	27.9
BMS	23.51	87.02	27.0
Merck[6]	49.40	198.29	24.9
SmithKline Beecham[5]	18.41	74.31	24.8

注：1. 营业利润（未付利息和未纳税）；2. 保健品部分，包括医院用品；3. 包括兽药；4. 包括医疗器械；5. 包括保健管理，Lilly 公司还包括兽药；6. 包括 Medco 的非默克产品的销售额，Medco 的人保健服务、兽药、植物保护剂，但不包括合资企业的份额。

4. 1997 年全球首次上市的新药[10]

1997 年对于首次上市的新药而言又是一个丰收年。1997 年到 12 月 12 日为止全球共首次上市 47 个新的活性物质（new active substances，NAS）。（今年用 NAS 这一术语来代替过去一直使用的 NCE，新化学实体，以包括从生物技术研究中得到的物质），只比 1996 年少 4 个，而比 1995 年多 8 个。1994 和 1993 年分别有 47 和 39 个新药上市。

还有几个 NAS 等待上市，但实际上它们未能于 12 月中旬投放市场。加上这些将使 1997 年 NAS 总数接近 1996 年的数字。这些产品包括 Sanofi/BMS 公司的抗血小板剂氯吡格雷（clopidogrel，Plavix），Knoll（BASF）公司的抗肥胖药西布曲明（sibutramine，Meridia）和 Genetic Institute（AHP）公司的血小板生长因子 oprelvekin（Neumega）。

Pharmacia&Upjohn 公司和 AHP（American Home Products）公司各推出 3 个 NAS，居全行业之首。Roche 公司也不错，推出了 2 个 NAS，还与合作伙伴研究开发另外的 2 个产品。GW 公司只上市 1 个自己的 NAS，1 个转让来的产品和几个重要的新复方产品。

尽管是一个困难的年份，P&U 公司还是推出 3 个新药——抗 HIV 非核苷逆转录酶抑制剂 delavirdine（Rescriptor），抗抑郁药瑞波西汀（reboxetine，Edronax）和尿失禁治疗药托特罗定（tolterodine，Detrusitol）。它还与 Boehringer Ingelheim 公司合作开发抗帕金森综合征药普拉克索（pramipexole，Mirapex）。AHP 公司上市的 3 个新药是：重组因子-IX 产品 BeneFix（通过 Genetics Institute 公司），非甾体抗炎药溴芬酸（bromfenac，Duract）及β-阻断剂萘必洛尔（nebivolol，Nebilet）。

Roche公司在下一组的公司中领先，发明了2个新产品——钙拮抗剂 mibefradil（Posicor）和帕金森病治疗药托卡朋（tolcapone，Tasmar），并与 IDEC Pharmaceuticals 公司合作开发淋巴瘤治疗药 rituximab（Rituxan/Mab Thera），以及与 Protein Design Laboratories 公司合作开发用于肾移植病人的免疫抑制剂 daclizumab（Zenapax）。

有2个新产品上市的其它公司包括：Hoechst Marion Roussel 公司，上市止吐药多拉司琼（dolasetron，Anemet）和凝血酶抑制剂 lepirudin（Refludan）；Merck &Co 公司，上市抗哮喘药 montelukast（Singulair）和b型流感嗜血杆菌（Hib）加乙肝疫苗 Comvax；Novartis 公司上市阿尔茨海默氏病治疗药 rivastigmin（Exelon）和抗高血压药血管紧张素Ⅱ拮抗剂缬沙坦（valsartan，Diovan）；Smithkline Beecham 公司也上市一个血管紧张素Ⅱ拮抗剂依普沙坦（eprosartan，Teveten）和甲肝加乙肝疫苗 Twinrix Adult；山之内公司上市双膦酸酯 incadronate（Bisphonal）和抗菌药 fropenem（Farom），后一化合物是与三得利公司合作开发的；Zeneca 公司推出非典型抗精神病药 quetiapine（Seroquel）和抗偏头痛药 zolmitriptan（Zomig）。

Glaxo Wellcome 公司发明一个新产品，偏头痛治疗药那拉曲坦（naratriptan，Naramig），并推出抗菌药格帕沙星（grepafloxacin，Vaxar）（来自日本大塚公司的许可证）。它还上市3个产品，尽管不是 NAS，这些产品包括重要的新用途或复方，包括戒烟辅助药安非他酮（bupropion，Zyban），该药在美国上市；抗疟复方 Malarone［阿托伐醌（atovaquone）加氯胍（proguanil）］和抗 HIV 复方 Combivir［拉米夫定加齐多夫定（lamivudine plus zidovudine）］。

以美国为基地的公司拥有压倒优势，在全球共上市20个新产品。日本公司以7个 NAS 居第2位，德国和英国公司各以5个 NAS 并列第3位，瑞士以4个新药排名第4。

以法国为基地的制药公司推出2个新药，而在以色列、意大利、挪威和西班牙的公司1997年各推出1个 NAS。生物技术公司对美国公司的成功作出了贡献，首次推出了 rituximab、daclizumab、Agouron 公司的 nelfinavir（Viracept）和 Amgen 公司的同感（consensus）α-干扰素 interferon alfacon-1（Infergen）。

美国也是首次上市新药最多的国家，有16个新产品上市。英国以上市10个居第2位而德国以7个居第3位。日本仅上市4个 NAS 而跌到第4位，而瑞士和瑞典以各上市2个 NAS 并列第5。上市1个 NAS 的国家有中国、丹麦、法国、墨西哥、荷兰和西班牙。

1997年上市的有新作用模式的产品包括：Roche 公司的托卡朋（tolcapone），这是第一个儿茶酚-O-甲基转移酶抑制剂；三共公司用于糖尿病的胰岛素增强剂曲格列酮（troglitazone，Noscal）；2个免疫调节剂，Teva 公司用于多发性硬化的 glatiramer acetate（Copaxone）和 3M pharma 公司用于生殖器疣的咪喹莫特（imiquimod，Aldara）；以及单克隆抗体产品 rituximab 和 daclizumab。

在销售额方面，1997年上市的潜在巨型炸弹产品包括：卫材公司用于阿尔茨海默氏病的 donepezil 和 WarnerLambert 及 Bayer 公司的降血脂药 atorvastatin 和 cerivastatin。

表　1997年世界首次上市新药[11]

产　　品	发明公司（国家）	活性/适应症	首次上市国家
阿那格雷（anagrelide，Agrylin）	Roberts（美）	抗血小板/血小板增多	美国
atorvastatin calcium（Lipitor）	Warner-Lambert（美）	HMG CoA 还原酶抑制剂/降血脂	英国
巴柳氮（balsalazide，Colazide）[1]	Salix（美）	溃疡性结肠炎	英国
溴芬酸钠（bromfenac sodium，Duract）	AHP（美）	非甾体抗炎药/镇痛	美国
布地品（budipine，Parkinsan）	Byk Gulden（德）	帕金森病	德国
candesartan cilexetil（Atacand）[2]	武田（日）	血管紧张素Ⅱ拮抗剂/高血压	瑞典
头孢卡品新戊酯（cefcapene-pivoxil，Flomox）	盐野义（日）	口服头孢菌素/细菌感染	日本
cerivastatin（Lipobay）	Bayer（德）	HMG CoA 还原酶抑制剂/降血酯	英国
Comvax 疫苗	Merck（美）	Hib＋乙肝预防	美国
daclizumab（Zenapax）[3]	Protein Design Labs（美）	单克隆抗体/免疫抑制	美国
delavirdin（Rescriptor）	Pharmacia & Upjohn（美）	非核苷逆转录酶抑制剂/HIV 感染	美国
多拉司琼（dolasetron，Anemet）	Hoechst Marion Roussel（德）	$5HT_3$-拮抗剂/止吐	德国
donepezil（Aricept）	卫材（日）	乙酰胆碱酯酶抑制剂/阿尔茨海默氏病	美国
乙溴替丁（ebrotidine，Ebrocit）[4]	Ferrer（西班牙）	H_2-拮抗剂/抗溃疡	西班牙
依普沙坦（eprosartan，Tevetan）	SB（英）	血管紧张素Ⅱ拮抗剂/高血压	德国
因子Ⅸ（Factor Ⅸ，BeneFix）	AHP（美）	血友病 B	美国
fropenem（Farom）	三得利/山之内（日）	抗菌	日本
glatiramer acetate（copaxone）	Teva（以色列）	免疫调节剂/多发性硬化	美国

产　　品	发明公司（国家）	活性/适应症	首次上市国家
格帕沙星（grepafloxacin，Vaxar）[5]	大塚（日本）	喹诺酮/细菌感染	德国
咪喹莫特（imiquimod，Aldara）	3M Pharma（美）	免疫调节剂/生殖器疣	美国
incadronate（Bisphonal）	山之内（日）	双膦酸酯/恶性血钙过多	日本
干扰素 alfacon-1（interferon alfacon-1，Infergen）	Amgen（美）	细胞活素/慢性丙肝	美国
irbesartan（Aprove）[6]	Sanofi（法）	血管紧张素Ⅱ拮抗剂/高血压	英国
lepirudin（Refludan）	Hoechst Marion Roussel（德）	凝血酶抑制剂/肝素诱发的血小板减少	德国
乐卡地平（lercanidipine，Lerdip）[7]	Recordati（意大利）	钙拮抗剂/高血压	荷兰
氯诺昔康（lornoxicam，Xefo）	Nycomed（挪威）	非甾体抗炎药/镇痛	丹麦
mibefradil（Posicor）	Roche（瑞士）	钙拮抗剂/高血压	美国
米那普仑（milnacipran，Lxel）	Pierre Fabre（法国）	5HT/NA・再摄取抑制剂/抗抑郁	法国
montelukast（Singulair）	Merck（美）	白三烯拮抗剂/哮喘	墨西哥
那拉曲坦（naratriptan，Naramig）	Glaxo Wellcome（英）	5HT 激动剂/偏头痛	英国
萘必洛尔（nebivolol，Nebilet）[8]	AHP（美）	β-阻断剂/高血压	德国
nelfinavir mesylate（Viracept）	Agouron（美）	蛋白酶抑制剂/HIV 感染	美国
普拉克索（pramipexole，Mirapex）[9]	Boehringer Ingelheim（德）	多巴胺激动剂/帕金森病	美国
quetiapine（Seroquel）	Zeneca（英）	非典型抗精神病药/精神分裂症	英国
瑞波西汀（reboxetine，Edronax）	Pharmacia & Upjohn（美）	NA 再摄取抑制剂/抑郁	英国

产　品	发明公司（国家）	活性/适应症	首次上市国家
rituximab（Mab Thera）[10]	IDEC Pharma（美）	单克隆抗体/淋巴瘤	瑞士
rivastigmin（Exelon）	Novartis（瑞士）	乙酰胆碱酯酶抑制剂/阿尔茨海默氏病	瑞士
Sm153 lexidronam（Quadramet）[11]	Cytogen（美）	放射性核素/癌症骨痛	美国
tazarotene（Zorac）	Allergan（美）	维 A 类/牛皮癣	德国
thymalfasin（Zadaxin）	SciClone Pharma（美）	免疫调节剂/乙肝	中国
tolcapone（Tasmar）	Roche（瑞士）	COMT 抑制剂/帕金森病	英国
托特罗定（tolterodine，Detrusitol）	Pharmacia & Upjohn（美）	尿失禁	瑞典
曲格列酮（troglitazone，Noscal）	三共（日本）	胰岛素增强剂/糖尿病	日本
Twinrix Adult 疫苗	SB（英国）	甲肝＋乙肝预防	英国
缬沙坦（valsartan，Diovan）	Novartis（瑞士）	血管紧张素Ⅱ拮抗剂/高血压	美国
齐留通（zileuton，Zyflo）	Abbott（美）	5-脂氧合酶抑制剂/哮喘	美国
zolmitriptan（Zomig）	Zeneca（英）	5HT 激动剂/偏头痛	英国

注：1，2. 由许可证持有者 Astra 公司上市；3. 由 Roche 公司上市；4. 1997 年晚些时候推出；5. 由许可证持有者 Glaxo Wellcome 公司上市；6. 与 Bristol-Myers Squibb 公司合作开发；7. 由许可证持有者 Byk Gulden 公司上市；8. 由 Berlin-Chemie（Menarini）上市；9. 与 Pharmacia & Upjohn 合作开发；10. 由许可证持有者 Roche 公司上市，在该药的开发中其它的合作者是 Zenyaku Kogyo 和 Genentech；11. 由 DuPont Pharma 公司上市；＊NA＝去甲肾上腺素。

5. 研究与开发

5.1　研究开发经费继续有所增长[12]

据 Scrip Magazine 报告，1996 年日历年 R&D 预算最高的 10 家大制药公司如下表所示：

公　司	R&D 费用（亿美元）	变化[7]（%）	药品销售额（亿美元）	R&D/销售额（%）
Novartis	18.54	＋9.6	98.56	18.8
Glaxo Wellcome	18.13	－4.3	130.27	13.9

公　　司	R&D 费用（亿美元）	变化[7]（%）	药品销售额（亿美元）	R&D/销售额（%）
Roche[1]	17.06	+2.8	84.63	20.2
Pfizer[2]	15.22	+17.5	96.30	15.8
Merck[3]	14.87	+11.7	126.61	11.7
HMR	14.87	+23.9	86.52	17.2
Pharmacia & Upjohn	12.66	+1.0	71.76	17.6
Lilly[4]	11.89	+14.1	73.47	16.2
Bayer[5]	11.54	+715	78.58	14.7
AHP[6]	11.00	0	79.24	13.9

注：1. 包括OTC药品和Genentech；2. 包括医院用品；3. 包括兽药和植物保护剂，但不包括Medco公司的非Merck产品的销售额和服务收入；4. 包括兽药和保健管理；5. 包括OTC药和诊断用药；6. 包括兽药；7. 比上年。

表中列出的10家领先的公司合计，R&D费用比上一年增长8.2%。

又据美国PhRMA年报（1997）[13]，美国制药公司和研究基地在美国的外国公司，从1996到1998三年的总共R&D投入分别为164亿、186亿和206亿美元，分别比上年增长5.8%、15%和11%。这些费用大约80%投资于国内，其余投资于国外。

5.2　1997年的主要研究目标[14]

据Pharmaprojects报道，1997年底一共有6290个药物正处于积极的开发阶段，比12个月前增加了242个。

项目的增加主要发生于制药工业的底层，新创建的小公司出现的速度比前些年份还要快。这些新创建的公司主要从事于基因组学和相关的技术。

基因组现在是推动制药工业和生物技术工业进行新化合物发现、证实和开发的发动机。传统工作方法，特别是经典药理学现在已被一体化到新技术中，从而产生了更为合理和更加经济的新药开发途径。

过去二年看到了一阵大制药公司匆忙与在定顺序、筛选、生物信息学、化合物生成、检定和功能模型系统等新技术中有经验的小型、专门公司进行交易的活动。有几个过程已经可以做到高产率和自动化。限速的步骤仍然是新靶的特性的描绘和对它们在疾病中作用的了解。

这一革命尚很难说正在进行，一直要等到有一批采用基因组技术开发的化合物在临床上应用。这还是若干年后的事。

据Scrip Magazine报告，列于前茅的治疗大类1997年12月统计的研究开发项目数如下表：

治　疗　类　别	研究开发项目*		对上年的变化（%）
神经病药物	1363	1265	+7.7
抗癌药	1331	1196	+11.3

治疗类别	研究开发项目*		对上年的变化（%）
抗感染药	1233	1184	+4.1
生物技术药品	1116	954	+17.0
配方研究	884	751	+17.7
肌肉骨骼药	834	769	+8.5
心血管药	737	726	+1.5
消化道/代谢	727	641	+11.2
血液与凝血药	619	573	+8.0
免疫药物	520	479	+8.6
呼吸系统药	443	418	+6.0
生殖泌尿系统/性激素	421	387	+8.9
皮肤用药	391	359	+8.9
杂类	206	189	+9.0
感觉器官用药	190	167	+13.8
激素（性激素除外）	159	141	+12.8
抗寄生虫药	61	58	+5.2
总计	11235	10257	+9.5

* 个别的化合物有多种治疗活性时多次计数。

上表中虽然神经病药仍然是研究开发项目最多的领域，但抗癌药、生物技术药物都显示了较高的增长率，1997年研究开发项目总数比上年多9.5%，这可能要部份归功于Pharmaprojects报道程序的改进。

信息传导　信息传导的途径影响着细胞生长，很自然地成为过去几年抗癌药研究的焦点。早期工作集中于这一途径的胞外刺激剂，例如生长因子和在细胞表面中介它们的作用的受体酪氨酸激动剂（RTK_3）（Pharmaprojects列举30多个这类的项目）。近来对细胞内的关键性介体的兴趣增加了。这些胞内介体最终影响这一级联的终点：基因转录造成无控制的细胞生长。

信号传导是通过中间化合物的连续磷酸化反应完成的，因此本质地牵连到一些激动剂和磷酸酶。促细胞分裂剂活化的蛋白质（MAP）激动剂的途径，就有Parke-Davis，Zeneca，Schering-Plough和Merck等一些公司在研究Ras，一种关键性活化蛋白质——至少有30个研究计划，它们大多数是寻求通过阻止Ras法尼基转移酶的作用以抑制Ras的加工过程。ProScript和Acacia的新策略还包括抑制参与加工过程后期的一种蛋白酶、Ras转化酶（Rce-1），SUGEN公司则正在追求抑制连接RTK功能和Ras活化的接合蛋白质Grb2。

此外，Ras-Raf-MEK-ERK途径的阐明已提供一些潜在的新靶的。Bayer，Chiron，Asta Medica等都在研究Raf激动剂的抑制剂、ISIS与Novartis合作的Raf基因反义抑制剂ISIS-5132很快就要进入Ⅱ期临床，而Parke-Davis和Signal则正在开发MEK抑制剂。有几家公司还在开发能影响转录因子、特别是AP-1的药剂，它们能最终活化与细胞生长有关的基因表达。这里面，Angiotech 和 Signal 正与田边制药合作开发 SP-100030，一个二元的 NF-κB 和 AP-1 抑制剂，预期年初进入临床试验，其第一个适应症很可能是炎症，突出说明了其所参加的信号级联的多重性功能。

与细胞生长密切相连的是一些与细胞分裂相关联的各种途径之间互相串话的事件，描述构成细胞周期进程的分子事件的特性和 cyclins 及依赖于 cyclin 的激酶(CDKs）和肿瘤抑制剂如 P53 和视网膜母细胞瘤蛋白(Rb)的作用也被界定为抗癌药开发的广大领域。Pharmaprojects 中就有 20 个研究计划与恢复肿瘤抑制剂活性有关，主要是与 P53 有关，包括 Introgen 和 Canji 的基因疗法，现正在进行临床评价。这一类别中的其他目标包括了 MTS-1，METH-1，DCC（及膏药）正由 Myriad、Human Genome Sciences，Genzyme 和 Ontogeny 分别进行观察。同时，专门集中力量开展有关细胞周期的研究的有 Prolifix，Mitotix，ProScript 和 Cyclacel，它们中间有些已经取得大制药公司合作伙伴的资助。这些新的研究目标加上已经在确定的领域如血管生成的研究工作和好多的免疫治疗途径便是抗癌药开发工作发展的原因。

肥胖症　另一受到兴趣巨浪冲击的领域是肥胖症——一个潜在的巨大市场，过去未曾得到很好的服务。这一领域 1997 年虽然遭受一些挫折，fenfluramine 和 dexfenfluramine 之全球性撤出市场和对罗氏公司的 orlistat 的忧虑，但在秤盘的另一端，新近的生物化学的发现开始引导到新一代的治疗药物、即所谓的厌腻激素 leptin，它已由 Amgen 完成 Ⅱ 期临床试验，尽管 Ⅰ 期临床的初步结果表明没有产生所期望的体重减轻，但 Amylin 和 Lilly 都已经申请 Leptin 调节剂专利。Tularik/日本烟草公司合作寻找调节该激素的翻译。Ligand 也正进行类似工作，要寻找能越过血-脑屏障并激活 Leptin 受体的小分子。

然而，Leptin 的对抗物，神经肽 neuropeptide Y，正引起更多的兴趣。已经知道，当肥胖病组织体增长，Leptin 水平也上升，带来一个相伴随的神经肽 Y 水平的下降和对食物欲望的减少。神经肽 Y 抑制剂已有 15 家公司进行研究作为食欲抑制剂。Neurogen 公司以其化合物 NGD-95-1 第一个进行临床试验（有报道，病人服该药后肝酶升高，使该公司陷于困境）。

另一治疗肥胖症的方法是增加燃料燃烧的速度而不是减少燃料之摄入。已知肾上腺素能 β_3 拮抗剂可作为产热剂，并提高肥胖组织燃烧的速度。Sanofi 公司的 SR-58611A 在这一领域领先进入 Ⅱ 期临床，BMS 公司的 BMS-194449 也已进入 Ⅰ 期临床。Roche 公司与 Millennium 公司有一个有趣的合作，进行使蛋白同系物分离的基因的研究，该基因可能参与能量消费和体重调节。

抗感染药　表面上，新的抗 HIV 剂的研究似乎已陷于绝境，逆转录酶抑制剂和蛋白酶抑制剂已经得到确认，很难看到第 3 类药物的出现。有些公司把 HIV 看成是注定要失败的买卖，并已退出该领域，然而实际上，第 3 套可用的药物将可无法估量地改善治疗选择。整合酶抑制的研究似乎已经停止，Aronex 公司的 zintevir 在 Ⅰ 期临床中迄今已受困二年半之久。Tat 抑制剂盛衰无常的历史还在继续，有报道 City ofHope 大学的一个化合物已进入 Ⅱ 期临床研究。

HIV 化学激活受体靶的研究工作很可能会引导出一个新的系列的成功药物，去年见到这一领域中的一分子族的特性得到较好地描述。Progenics，Euroscreen，LeukoSite，Hybridon 和 GW 等公司都已把一些 CCR-5 受体拮抗剂进行临床前试验。

在抗生素方面，RPR 公司的 Synercid (dalfopristin quinupristin）已接近投放市场，它对耐万古霉素的菌株有良好活性。更新的作用机制正在进行早期的观察。RW Johnson 公司对联系信号传导和基因调节机制的所谓细菌二成分系统抑制剂有重大的投入。在美国化学学会和 ICAAC 会议上大量报道了 KinA 和 SpoOF 成分的化合物如 RWT-19815 的论文，表明该公司对这些药物寄以厚望。

GW 在西班牙发现一类新颖的抗霉菌药，它们能抑制延伸因子 2，蛋白质翻译中的一个关键性因素。GM-237354 现已处于临床前研究后期，并表现很有前途。这可能是重要的，因为有新抗霉菌药缺乏和对吡咯类药物不断发展的耐药性问题。其它的抗真菌和抗细菌的研究仍主要集中于从已知活性物质中寻找新的衍生物。

新研究开发策略　Pharmaprojects 于 1997 年中报道了 89 种新的药物开发策略，使数据库中策略总数达到 1212 个。因为每一个策略都有一个目标，因此人们很自然地希望今后几年中这一数字还会增加，如果基因组学的诺言得到了证实的话，下一挑战将是要看到应用新技术不仅能够加快先导化合物之识别，而且应用与之平行的学科，可以加快药物开发过程。

5.3　研究与开发合作交易长盛不衰[15]

制药工业对新产品和新技术那种贪得无厌的大胃口可从去年签订的太多的研究同盟、转让协议和技术交易中得到充分的证实。产品和技术从一家公司转移到另一家公司的协议从项目数到规模都创下新记录。

去年记录了 100 多项重要的合作项目，覆盖了整个 R&D 领域，从处于开发后期的化合物转让交易到寻求发现引起人疾病的基因的合作性研究项目。许多是代表大的或不太大的制药集团公司要以新创建的生物技术公司所产生的化合物来补充其内部研究开发的努力，也还有大量的研究前期的合作。

去年有大量的金钱用于处在开发后期的化合物的联盟上，其财政赞助水平——典型的研究资助、转让费、资产投资和里程碑投入，反映了对这些项目的高期望值，甚至可说是竞争。

按财政金额计，竞争第一交椅的 2 个合作伙伴均标价 2 亿美元。一个是由 Eli Lilly 公司发起的为了取得 Ligand 公司的抗糖尿病药 Targretin；另一个是 Genentech 公司为了取得 Alteon 公司的糖尿病并发症治疗药 Pimagedine。对这两家公司来说，这一金额相当于它们年度 R&D 费用的很大部份，尽管该款是用于整个合作期的。

1997 年 8 月签订的 Lilly/Ligand 交易是去年缔结的范围最宽阔的项目之一，是在 Ligand 公司结束与 Allergan 公司的 R&D 合资企业并收回该类化合物之权利与技术一个月之后达成的。Lilly 有效地购买了基于 Ligand 公司用于治疗代谢疾病的胞内受体技术的一系列产品的全球权利。这些代谢疾病包括糖尿病、肥胖症、脂血症、胰岛素抗药性和与胰岛素抗药性和肥胖症相关联的心血管疾病。

尤其是，这些化合物作用于 retinoid-X 受体、过氧物酶体增生者（proliferator）活化的受体和 HNF4（肝细胞核因子 4）受体和一项肥胖基因启动子技术，虽然 Targretin 是主要的战利品，它是一 retinoid-X 受体选择性化合物，并已对 2 型糖尿病进行Ⅱ/Ⅲ期临床试验，但该交易还包括 2 个处于临床前开发的第二代口服抗糖尿病药和应用该技术来开发一种用于癌症的，与选择性的雌激素受体调节剂（SERM）相结合的疗法。Lilly 公司有一个 SERM，Evista (raloxifene) 接近上市，用于骨质疏松症的预防。于5年内提供总数为4900万美元的研究经费和于8年内高达7500万美元的里程碑投入反映了该交易范围之广泛。有趣的是，Ligand公司有权从Lilly公司转让得到一个研究开发的化合物。

与上述范围广泛的交易相反，Genentech与Alteon的协议则代表了对单一化合物投入最高的金额。Pimagedine，一个晚期的糖基化最终产品生成抑制剂，现已处于糖尿病患者肾疾病治疗的Ⅲ期临床试验。该化合物系以前与HMR公司合作的目标，该合同已于1996年中止。

另有四个交易标价超过1亿美元。它们是：Procter & Gamble与Regeneron的合作，价值1.7亿美元，Merck与Biogen的合作，价值1.45亿美元，另外二个是Parke-Davis与Sequana Therapeutics和parke Davis与GenVec，都是大约1亿美元。

P&G与Regeneron的10年联盟之所以值得注意不仅是因为时间长，而且是因为Regeneron这家技术公司实质上把它所有的未与别人合作的研究开发管道全部给予美国的消费品巨头(P&G)。根据1997年签订的3个协议，P&G公司于5年内承担9000万美元的研究赞助费，并分担第2个5年的费用，作为回报，它取得Regeneron的主导产品Axokine（纤毛亲神经因子）以及一个用于与2型糖尿病相关的肥胖症(CNTF)的改良体，用于心血管、骨、肌肉、关节炎以及其他疾病领域的技术和在合作过程中开发出来的任何新技术。与P&G公司一年中的其它一些交易联想起来充分说明该公司在制药工业方面具有雄心壮志的计划。

Merck公司同意与Biogen公司合作搞一类新化合物——VLA4抑制剂，并分享其在不同治疗领域的商业权利，Merck将支付高达1.45亿美元以交换其在哮喘和炎症疾病领域的商业权利，而Biogen则付还2100万美元买回次要适应症权利，包括多硬化症、发炎性肠疾病和肾疾病等。

Warner-Lambert公司的子公司Parke-Davis去年缔结了两个高金额的交易，即与GenVec合作开发一种抗血管生成基因疗法和与Sequana公司的5年基因组学联盟（同Sequana与Arris的合并同时公布）。在与GenVec公司的一亿美元联盟中，两家公司将共同开发Gen Vec的生物旁道（分流）(BioByPass)基因疗法和相关的治疗药物。

与Sequana公司的合作目标是开发治疗精神分裂症和两极混乱的新颖治疗药，将Sequana公司在基因疗法、功能基因组学、生物信息学和高产率筛选等技术与Parke-Davis在CNS方面的临床经验相结合，Parke-Davis控制所有小分子治疗药的权利而Sequana则拥有重组蛋白质、反义产品、基因疗法产品、疫苗、诊断剂、预后产品、药物遗传学产品和服务收入等。

1997年还有几个合作项目金额稍低于1亿美元，Merck公司与Karo Bio缔结的伙伴关系，金额超过8000万美元，用以开发基于Karo Bio公司所鉴定的雌激素受体的药物；SB公司与Medimmune的协议，金额8500万美元，从后者转让取得用于预防宫颈癌和外阴部疣的人乳头瘤病毒疫苗的权利。

Scrip Magazine还举例介绍1997年签订的其他十几个开发后期的交易和十几个早期的研究联盟，可供进一步的参考。

6. 合并与兼并[16]

1997年的合并与兼并远不及上一年。最大的一笔交易是罗氏公司收购位于百慕大的葆灵曼海姆(Boehringer Mannheim)公司的控股公司（Corange）的所有股份，协议价为102亿美元，扣除Corange公司的现金资产以及相应的资产剥离，最终耗资91亿美元。从此罗氏公司不仅拥有葆灵曼海姆集团的全部，并且掌握了德普（DePuy）公司84.2%的股份。通过这一兼并，罗氏公司的诊断产品业务无论是在销售方面还是在盈利方面，都居全球领先地位，与美国的雅培（Abbott）公司并驾齐驱。同时德普公司（矫形术公司）的内在潜力将有效地补充和完善罗氏公司在医疗保健事业中其它方面的不足。兼并使罗氏公司在全球大制药公司排名上，从第10位上升到第5位，并使其所占全球药品市场份额达到了3.3%。

通过这次兼并，共要裁员5000人，占其总人数之6%。同年，罗氏公司出售其Syntex公司在波多黎各的生产场所和9个处方药给ICN Pharmaceuticals，罗氏公司在该公司拥有10%的股份。

法国的化学品和药品公司Rhǒne-Poulenc于1997采取步骤使其转变成为一个生命科学公司。该公司将纤维和化学品业务合并成立一个新的公司，Rhodia，同时买下RPR公司别人的股票，使Rhǒne-Poulenc在RPR公司所持有的股份从68.1%增加到100%。每股出价97美元，共耗资270亿法朗（43亿美元），该公司又把其药品业务与Pasteur Mérieux Connaught的疫苗业务合并，从而在其新的生命科学基地上造成一较大的保健品集团中心。

德国Hoechst实行类似的战略，把该公司的制药部分Hoechst Marion Roussel分出来建成一个合法的独立子公司。

Sanofi公司曾被视为RPR公司潜在的合并伙伴，但Sanofi公司的首席行政长官（CEO）Dehecq认为这样的合并弊多于利。1996年底，Sanofi的大股东Elf Aquitaine（拥有55%股份）曾表示允许Sanofi公司寻找一个伙伴，但迄未找到合适的对象。该公司现正集中力量增强的推销能力，为其两个新产品irbesartan和clopidogrel之上市作好准备。该公司正在寻找兼并一个中小型企业或合并的机会。

法国Synthélabo公司曾寻求与Sanofi合并但未成功。Synthélabo志在成为欧洲的一个地区性头号主角。它从P&U公司收购了Sanorania公司以加强其在德国通用名药市场上的地位。

西班牙的私营Almirall公司渴望与另一私营西班牙公司Prodesfarma合并成为西班牙最大的多国制药公司，使销售额达到761亿比塞特（5.76亿美元），可占西班牙药品市场7%的份额。

在英国，Amersham International于三周内公布一个合并和一个收购。6月间，它的生命科学业务与P&U公司的生物技术供应单位合并。7月间，Amersham公开其企图收购挪威的Nycomed公司并成立一个新公司Nycomed Amersham，价钱大约21亿英镑。

英国Zeneca公司以2.34亿美元收购其美国子公司Salick Healthcare50%的公众股。Zeneca早于1995年以2.04亿美元收购该子公司50%的股份。

英国Shire公司在美国进行两次收购，总金额达3.6亿美元。年初，它以1.75亿美元收购从事药物传递系统的Pharmavene公司，并把它改名为Shire Laboratories Inc.。8月，Shire公司又以1.85亿美元收购Redwood Pharmaceutical，目的是要加强其在美国市场的存在。

Chiroscience也在美国以1.2亿美元收购Darwin Molecular公司，一个基因疗法的公司，目的是为了帮助其创立新的发展计划和加强其技术基础。

去年，BOC公司，一家工业气体公司要把它的医药部分Ohmeda出售，要价10亿英镑。Ohmeda 公司系制造麻醉用气体和设备。

在日本，吉富制药建议收购绿十字公司，以拯救这一因血液产品污染事件而陷入困境的血液产品公司。人们相信这一交易是在日本政府怂恿下进行，主要是为了保证偿还给受害者 2.03 亿美元。这二家公司原来就是销售伙伴，虽然这一交易于 2 月份就公布，但看来要到 1998 年 4 月才能完成。

Watson Pharmaceuticals，美国的一家通用名药品和药物传递系统公司，于年初以 0.98 亿美元收购 Royce Laboratories，目的是为了维持其集中力量于难于生产的“壁龛”通用名药的战略。秋天，Watson 买下 RPR 的 Dilacor XR（缓释地尔硫䓬）的排他性全球权利，戏剧性地加强了其名牌产品业务，Watson 还与 HMR 达成协议，收购后者的通用名药子公司 Rugby，先付 7000 万美元，以后根据经营成绩再补付一些。Watson Rugby 的简化新药申请将使其生产的通用名药数目增加一倍，10 月 Watson 公司又以 900 万美元买下 CoCenSys 公司的推销部门，为之提供特产品第 4 个推销力量。

AHP 原先于 1992 年收购 Genetics Institute 60%的股份，1997 年又以 10 亿美元收购剩下的 40%股份，从而取得对后者的完全控制权。

美国药品流通领域可能由于两个合并的建议而实质上形成两家垄断的局面。Cardinal Health 和 Bergen Brunswick 公布它们要在秋天合并的计划，交易金额为 28 亿美元，几周后 McKesson 公司说要以 23 亿美元收购 Ameri Source Health 的股票。这两笔交易完成后，McKesson 公司和 Cardinal-Bergen 公司将分别占有美国药品流通领域 640 亿美元金额之 34%和 31%份额。

欧洲药品批发业的联合在继续进行，UniChem 计划以 4.3 亿美元收购 Alliance Santé，这一合并公司 Alliance UniChem 将成为英国、意大利和葡萄牙的最大药品批发商，并且在欧洲其它市场上也有相当的份额。

Marketletter 报道了去年的 74 项合并与兼并交易的基本情况（包括主角公司、伙伴公司、成交金额和完成日期），可资参考[17]。

7. 国际协调会议（ICH）取得重大进展[18~20]

国际协调会议（the International Conference on Harmonisation，ICH）是欧洲、日本和美国三个地区的药品法规管理当局和制药工业发起的，为了讨论药品注册中的科学和技术等方面问题，协调新药开发和申请的技术要求的一个独特的国际会议，其目标是要通过协商一致的指导方针，使证明新药安全性、质量和疗效的试验程序和关键性的临床研究只要进行一次便可满足各主要国家药品管理部门的新药申请技术要求。从 1991 年以来已开过四次大会：ICH1 于 1991 年在欧洲布鲁塞尔举行；ICH2 于 1993 年在美国奥兰多举行；ICH3 于 1995 年在日本横滨举行；ICH4 于 1997 年在布鲁塞尔举行。

第四届 ICH 会议，有来自三大地区的药品立法机构、其它政府机构和以研究为基础的制药商协会等 1600 多名参加，这次会议完满地完成了第 I 期的协调工作。最后又定下 9 条协调的指导方针。现在已有 36 条这样的指导方针，还仅有少数几条有待定下来。在毒性试验设计方面已达成一致，这样可以大量节约新药安全性试验所需的实验动物。会议并向协调新药和新产品质量标准方面跨出重要的一步。一致同意的指导方针的草稿已分发征求意见。

ICH 新采纳的 5 条安全性指导方针（包括“致癌性研究”，剂量选择、生物技术药品的安全试验”、“遗传性毒性标准试验组”、

"非啮齿动物重复给药毒性试验")做到了减少不必需的实验动物和缩短过长的试验期间。对"致癌性研究"的实施只需进行一次试验(以前2次);"剂量选择"采取高限;当传统的试验不恰当时采用新的一组标准的"生物技术药品安全性试验"以预测其对人类遗传物质可能产生的损害。

非啮齿动物的慢性毒性试验三个地区都同意接受单次的9个月试验,仅此一项,所用的实验动物可以减少30%。按照ICH指导方针,三个地区进行新药安全性试验的实验动物数于2000年可以减少一半。

在疗效方面有两条新的指导方针(即"临床试验总的考虑"和"临床研究设计中对统计的考虑")接近完成。第3条指导方针("临床安全性数据的监视")规定了在报告紧急安全性信息、特别是通过电子手段时的数据元。

在质量方面,"细胞物质的衍生和特性描绘"这一指导方针完成生物技术整个组的指导方针。"残余溶媒杂质"是经过对药品生产过程中所用溶剂的安全性数据进行广泛分析研究之后提出的。"新化学药物和产品的规格"指导方针草案则是走向相同的产物不管在那里上市都应有同一的质量标准和规格这一最终目标前进了一大步。这一指导方针是在有关国家药典委员会密切合作下提出来的。

此外,一本用于药品法规活动的新医学辞典(Medical Dictionary for Regulatory Activities. MedDRA)已定稿并为ICH指导委员会所采用。这将提供协调一致的词汇以利于药品注册特别是关系到安全性问题的交流。

在ICH4会议上,代表着全球以研究为基础的制药工业利益的国际制药商协会联合会(IFPMA)宣称:现在已经朝着用一套科学的协调一致的指导方针来保证同一的新药安全性、质量和疗效标准和在全球更高效率的注册方面前进了一大步。最基本的目标也已在望,即已有可能在新药研究开发中只需要产生出在国际上注册中共同必需的数据而再不需要进行一些不必要的重复的试验室工作和临床试验。

第Ⅱ期的协调工作即将开始,范围也将更为广阔。酝酿中的一个重要方案即"共同的技术文件"(Common Technical Document)乃是由单个协调的一套新药技术数据发展到用一个共同的技术信息包,同一格式,同一内容,便可以在三个ICH地区提出新药申请。还必须注意到,ICH有责任来维护已达成的协调,并且要建立一种维持程序和机制来防止可能发生的偏差。"共同的技术文件"希望能在2000年取得一致同意,在ICH秘书组请求下,与ICH有关的3个协会(欧洲的EFPIA,日本的JPMA和美国的PhRMA)都已向ICH指导委员会提出报告说明目前各地技术要求中的差异和分析达成协调的困难程度。

世界卫生组织(WHO)总干事强烈提倡ICH的成果不应仅限于三个地区的17个国家,而应推广到所有的191个WHO会员国[21]。

另据最近信息[22],ICH的指导委员会(steering committee)决定在今年晚些时候召开一个关于活性药物成分(active pharmaceutical ingredients,APIs,即我们常称的原料药)的GMP协调会议,并提出一些指导方针以保证API的质量。

美国FDA也正在进行APIs的GMP修改工作,故愿与ICH合作。

这一新的指导方针,ICH-Q7,将由20人组成的ICH专家工作组进行商讨[23]。这20位专家包括来自6个ICH成员(欧洲联盟、欧洲制药商协会联合会、日本厚生省、日本制药工业协会,FDA和PhRMA)(每一成员二人）的12个代表，澳大利亚、中国、印度、国际通用名药制造商联盟（IGPA）和世界自我治疗工业（代表OTC药品工业）各有一名代表。此外，WHO、加拿大和瑞士各有一名观察员。

ICH专家工作组将于1998年9月在日本成田举行会议，并开始API指导方针的制定工作，同时还要参考PIC-PIC/S的意见和FDA的API修正本，最后才能定稿。

ICH-Q7指导方针的制定对我国原料药出口关系重大，符合该标准的便可以全球通行无阻，但要做到完全符合其要求，也决非一件容易的事情，因此我国有关企业须要有足够的思想准备。

参 考 文 献

〔1〕Scrip Magazine　1998（1），3，4，6，19，25
〔2〕参考消息　1997-08-04，p7
〔3〕Scrip Magazine　1998（1），29-30
〔4〕SCRIP No2316 March 11th　1998，p18
〔5〕SCRIP No 2253　1997-07-29，p17
〔6〕SCRIP No 2222　1997-04-11，p17
〔7〕SCRIP No 2307　1998-02-06，p17
〔8〕Scrip Magazine　1998（1），39
〔9〕Scrip Magazine　1998（1），40
〔10〕Scrip Magazine　1998（1），60
〔11〕Scrip Magazine　1998（1），61
〔12〕Scrip Magazine　1998（1），40
〔13〕C&EN　1998-02-23，30
〔14〕Scrip Magazine　1998（1），63-65
〔15〕Scrip Magazine　1998（1），42-45
〔16〕Scrip Magazine　1998（1），47-49
〔17〕Marketletter　1998-01-5/12，32-33
〔18〕HEALTH HORIZONS No32（1997），10-11
〔19〕Marketletter　1997-07-28，p15
〔20〕Scrip Magazine　1998（1），p11
〔21〕Marketletter　1997-07-28，17
〔22〕SCRIP No 2309　1998-02-13，16
〔23〕CHEMICAL MARKET REPORTER　1998-03-23，12

第 十 一 部 分

国家专利局授予医药专刊一览

一九九七年度药品发明专利权一览表

国际专利分类号	授权公告号	专利号 ZL	专利权人	发明名称	卷期号
A61K 3/00	CN 1033840C	89100726.1	先灵公司	制备用于超声造影的微粒和超声波造影剂的方法	13-04
A61K 3/00	CN 1034261C	93108476.8	雷若斯公司	在支架上放置药用胶囊的方法和设备	13-12
A61K 3/08	CN 1034262C	93108481.4	雷若斯公司	为药条安装外壳的设备	13-12
A61K 6/00	CN 1034630C	89101581.7	生物投资有限公司	促结合组合物的制备方法	13-17
A61K 6/02	CN 1033839C	88102159.8	生物投资有限公司	诱导活体矿化组织粘结的组合物的制备方法	13-04
A61K 6/02	CN 1036438C	88100498.7	奇诺英药物化学工厂有限公司	牙科复合充填剂的制备方法	13-47
A61K 6/08	CN 1034550C	89107545.3	明尼苏达州采矿制造公司	可释放氟离子到牙组织中的可聚合组合物	13-16
A61K 6/10	CN 1035952C	92110249.6	瓦克化学有限公司	储存稳定的聚硅氧烷组合物，其制备方法及用途	13-39
A61K 7/06	CN 1035920C	90107368.7	普罗格特-甘布尔公司	用于化妆品组合物的赋形剂体系	13-39
A61K 7/06	CN 1035921C	90107597.3	普罗格特-甘布尔公司	用于化妆品组合物的赋形剂体系	13-39
A61K 7/06	CN 1034850C	94119412.4	赵瑰勤	脱发再生液及其制备方法	13-20
A61K 7/18	CN 1036831C	90109173.1	加拿大吉勒特公司	口腔保健用稳定的氟化亚锡组合物	13-53
A61K 7/26	CN 1035037C	94100340.X	李万民	固齿祛疼嗽口液	13-23
A61K 7/48	CN 1034551C	93100626.0	丘波岭	烟酸和/或烟酸衍生物在制备戒烟用组合物中的应用	13-16
A61K 7/48	CN 1035413C	90105860.2	夏先斗	一种治疗毛囊炎外涂液的生产方法	13-29
A61K 7/48	CN 1035920C	90107368.7	普罗格特-甘布尔公司	用于化妆品组合物的赋形剂体系	13-39
A61K 7/48	CN 1035921C	90107597.3	普罗格特-甘布尔公司	用于化妆品组合物的赋形剂体系	13-39
A61K 7/50	CN 1035741C	93114998.3	温长路	止痒健身浴浆	13-36
A61K 7/50	CN 1035742C	93115000.0	温长路	美肤健身浴浆	13-36

续表

国际专利分类号	授权公告号	专利号 ZL	专利权人	发明名称	卷期号
A61K 9/00	CN 1035355C	91106271.8	沈阳市兴齐制药厂	复方醋酸去炎松涂膜剂的制备方法	13-28
A61K 9/00	CN 1034391C	87104229.0	卡比制药有限公司	阴道器的制备方法	13-14
A61K 9/00	CN 1036569C	92105582.X	唐宏生	一种治疗家畜痢疾和腹泻的擦皮剂的生产方法	13-49
A61K 9/06	CN 1036440C	93115777.3	锦州制药二厂闾山分厂	双唑泰膏及其制备方法	13-47
A61K 9/06	CN 1036699C	94116120.X	纳冬茎	硅霜酮康唑及其制备方法	13-51
A61K 9/08	CN 1034551C	93100626.0	丘波岭	烟酸和/或烟酸衍生物在制备戒烟用组合物中的应用	13-16
A61K 9/08	CN 1034911C	93110282.0	田文	治疗冠心病的时辰敏感性药物	13-21
A61K 9/08	CN 1035355C	91106271.8	沈阳市兴齐制药厂	复方醋酸去炎松涂膜剂的制备方法	13-28
A61K 9/08	CN 1035468C	92111683.7	艾基斯药厂	一种无毒副作用的可注射的兽医组合物的制备方法	13-30
A61K 9/08	CN 1035859C	93111899.9	邓兴荣	盐酸甲硝基羟乙唑肌肉注射液	13-38
A61K 9/12	CN 1034551C	93100626.0	丘波岭	烟酸和/或烟酸衍生物在制备戒烟用组合物中的应用	13-16
A61K 9/14	CN 1035801C	87106794.3	恩萨科尔资产有限公司	对动物肠部释放生物活性物质的微粒制剂的制备方法	13-37
A61K 9/16	CN 1034714C	93117313.2	詹森药业有限公司	具由抗真菌药和聚合物包膜的核的微球	13-18
A61K 9/18	CN 1034557C	93106240.3	罗纳·布朗克化学公司	以可吸性沉淀二氧化硅为基础的组合物	13-16
A61K 9/16	CN 1036763C	88101104.5	山之内欧洲有限公司	制备药物片剂和药物粒的方法	13-52
A61K 9/20	CN 1036763C	88101104.5	山之内欧洲有限公司	制备药物片剂和药物粒的方法	13-52

续表

国际专利分类号	授权公告号	专利号 ZL	专利权人	发明名称	卷期号
A61K 9/22	CN 1035986C	90100954.7	美国氰胺公司	持久释放的丸药组合物的制备方法	13-40
A61K 9/22	CN 1035099C	88107687.2	田边制药株式会社	持效性制剂的制备方法	13-24
A61K 9/32	CN 1035039C	90107817.4	美国氰胺公司	二甲胺四环素药物传递系统的制备方法	13-23
A61K 9/48	CN 1034714C	93117313.2	詹森药业有限公司	具由抗真菌药和聚合物包膜的核的微球	13-18
A61K 9/48	CN 1036632C	91105982.2	盐野义制药株式会社	含口服头孢菌素结晶性水合物的组合物制法	13-50
A61K 9/70	CN 1036375C	93103068.4	东国制药株式会社	用于治疗牙周病的局部药物供给膜	13-46
A61K 9/70	CN 1035922C	90107099.8	天鹅探究有限公司	经皮肤使用的右旋美托咪定系统的制备方法	13-39
A61K 31/00	CN 1034078C	91101146.3	布拉科技国际有限公司	含生化活性基团的铼二肟和锝-99M 二肟配合物的硼酸加合物的制备方法	13-08
A61K 31/12	CN 1036779C	93100484.5	赫彻斯特股份公司	芳基环烷衍生物及其应用	13-52
A61K 31/13	CN 1034929C	94190173.4	西巴-盖尔基股份公司	抑制鸟氨酸脱羧酶的环状氨基氧基化合物及其用途	13-21
A61K 31/13	CN 1034930C	94190189.0	西巴-盖尔基股份公司	抑制鸟氨酸脱羧酶的支链氨氧基氨基烷烃衍生物及其用途	13-21
A61K 31/135	CN 1034497C	92114826.7	三共株式会社	抗糖尿病和抗肥胖症的芳香氨基醇衍生物的制备方法	13-15
A61K 31/135	CN 1036441C	93110727.X	南京农业大学	用于禽类醒抱的技术	13-47
A61K 31/135	CN 1035996C	94116204.4	味之素株式会社	芪衍生物及含它们的制癌剂	13-40
A61K 31/16	CN 1036064C	92101074.5	三共株式会社	新的具有 NGF 生成促进活性的苯衍生物的制备方法	13-41

续表

国际专利分类号	授权公告号	专利号 ZL	专利权人	发明名称	卷期号
A61K 31/16	CN 1035938C	94190168.8	法玛西雅厄普约翰公司	取代的(芳烷氧基苄基)氨基丙酰胺衍生物及其制备方法	13-39
A61K 31/16	CN 1035939C	94190169.6	法玛西雅厄普约翰公司	取代的(芳烷基氨基苄基)氨基丙酰胺衍生物及其制备方法	13-39
A61K 31/165	CN 1036389C	91105941.5	曾尼卡有限公司	4-氨基-2,6-二甲基苯磺酰基硝基甲烷的苯乙酰衍生物或其制备方法	13-46
A61K 31/19	CN 1034569C	92114447.4	史密丝克莱恩比彻姆公司	ET (ENDOTHELIN) 受体拮抗物	13-16
A61K 31/19	CN 1034497C	92114826.7	三共株式会社	抗糖尿病和抗肥胖症的芳香氨基醇衍生物的制备方法	13-15
A61K 31/19	CN 1035001C	93100106.4	伊莱利利公司	取代的苯基苯酚基白三烯拮抗物	13-22
A61K 31/19	CN 1034498C	93107589.0	三共株式会社	用于抑制胆固醇生物合成的八氢萘肟衍生物，其制备方法和用途	13-15
A61K 31/19	CN 1033789C	92114664.7	于学敏	胶态酒石酸铋药物的制备方法	13-03
A61K 31/19	CN 1033856C	93111866.2	华西医科大学药学院	具有中枢抑制作用的取代肉桂酸及其盐类衍生物	13-04
A61K 31/20	CN 1034217C	93114265.2	格林威治药品股份有限公司	抗增生和抗炎化合物——戊糖单糖衍生物	13-11
A61K 31/20	CN 1035627C	91106190.8	中国科学院沈阳应用生态研究所	r-亚麻醉及以其为主的生物制剂的制备方法	13-33
A61K 31/20	CN 1035878C	93100326.1	万有制药株式会社	吲哚并吡咯并咔唑衍生物	13-38
A61K 31/20	CN 1035673C	94112160.7	中国人民解放军空军上海第一医院	药用葡萄糖酸镁的制备方法	13-34
A61K 31/20	CN 1034734C	94119821.9	北京市集才药物研究所	一种新的阿齐红霉素结昌及其制备方法	13-18
A61K 31/275	CN 1034499C	93100647.3	鲁索-艾克勒夫公司	新的烯酰胺化合物及其制法和应用	13-15

续表

国际专利分类号	授权公告号	专利号 ZL	专利权人	发明名称	卷期号
A61K 31/33	CN 1034074C	92115151.9	詹森药业有限公司	杂环取代的苯甲胺衍生物的制备方法	13-08
A61K 31/33	CN 1036064C	92101074.5	三共株式会社	新的具有 NGF 生成促进活性的苯衍生物的制备方法	13-41
A61K 31/33	CN 1036197C	93100379.2	格拉克索有限公司	水溶性喜树碱衍生物	13-43
A61K 31/335	CN 1033914C	91110602.2	河南省医学科学研究所	葛根有效成分提取物的提取方法	13-05
A61K 31/335	CN 1034498C	93107589.0	三共株式会社	用于抑制胆固醇生物合成的八氢萘肟衍生物，其制备方法和用途	13-15
A61K 31/335	CN 1035381C	91104853.7	三共株式会社	根赤壳菌素衍生物的制备方法	13-28
A61K 31/34	CN 1035821C	92101032.X	大鹏药品工业株式会社	4-脱氧-4-表鬼臼毒素衍生物的制备方法	13-37
A61K 31/34	CN 1034331C	89106715.9	三井制药工业株式会社	新的胺类及其酸加成盐的制备方法	13-13
A61K 31/34	CN 1036046C	91110970.6	王日卫	斑蝥素脂溶性制剂的制备	13-41
A61K 31/34	CN 1036569C	92105582.X	唐宏生	一种治疗家畜痢疾和腹泻的擦皮剂的生产方法	13-49
A61K 31/34	CN 1034574C	89107028.1	弗斯卡玛生物工业化学药物合股公司	5-氧取代的（RS）-2-（2，3-二氢-4，6，7-三甲基苯并呋喃基）乙酸衍生物的制备方法	13-16
A61K 31/34	CN 1034415C	91101600.7	默里尔多药物公司	新抗坏血酸衍生物的制备方法	13-14
A61K 31/35	CN 1035005C	91108393.6	日本化药株式会社	制备 6-（3-二甲氨基丙酰基）福司可林的新方法	13-22
A61K 31/35	CN 1035986C	90100954.7	美国氰胺公司	持久释放的丸药组合物的制备方法	13-40
A61K 31/35	CN 1036849C	91103492.7	比奥塔科学管理有限公司	抗病毒化合物的制备方法	13-53
A61K 31/35	CN 1033972C	89109257.9	默里尔多药物公司	制备 2H-1-苯并吡喃化合物的方法	13-06

续表

国际专利分类号	授权公告号	专利号 ZL	专利权人	发明名称	卷期号
A61K 31/35	CN 1035253C	92101340.X	E・R・斯奎布父子公司	吡喃基氰基胍衍生物的制备方法	13-26
A61K 31/35	CN 1035180C	92110739.0	美国氰胺公司	大环内酯抗菌素的制备方法	13-25
A61K 31/35	CN 1034938C	92111625.X	利利工业公司	4H-萘并〔1，2-b〕吡喃化合物的制备方法	13-21
A61K 31/35	CN 1035767C	93108651.5	罗宜德	新的青蒿素衍生物及其作用	13-36
A61K 31/38	CN 1035876C	93103188.5	参天制药株式会社	四氢噻吩衍生物及其药物组合物	13-38
A61K 31/38	CN 1034938C	92111625.X	利利工业公司	4H-萘并〔1，2-b〕吡喃化合物的制备方法	13-21
A61K 31/38	CN 1034498C	93107589.0	三共株式会社	用于抑制胆固醇生物合成的八氢萘肟衍生物，其制备方法和用途	13-15
A61K 31/395	CN 1035554C	93115346.8	普利瓦药物	β-内酰胺类似物及其制备方法	13-32
A61K 31/395	CN 1036832C	86107574.9	三共株式会社	用于治疗细菌感染的可注射溶液的制备方法	13-53
A61K 31/40	CN 1036267C	93101526.X	赫彻斯特股份公司	氨基取代的苯甲酰胍的制备方法	13-44
A61K 31/40	CN 1036715C	93103587.2	伊莱利利公司	环肽衍生物抗真菌剂，其制备方法以及含有它的药用制剂	13-51
A61K 31/40	CN 1034072C	92108831.0	史密丝克莱恩比彻姆有限公司	四氢咔唑衍生物的制备方法	13-08
A61K 31/40	CN 1034731C	93103740.9	三共株式会社	镇痛羧酸酰胺衍生物的制备方法	13-18
A61K 31/40	CN 1035179C	93109364.3	阿尔米拉尔实验室有限公司	新的吲哚衍生物	13-25
A61K 31/405	CN 1034939C	92115358.9	阿斯特拉公司	有胆碱能活性的吲哚酮和吲哚二酮的衍生物的制备方法	13-21
A61K 31/405	CN 1036441C	93110727.X	南京农业大学	用于禽类醒抱的技术	13-47
A61K 31/41	CN 1036699C	94116120.X	纳冬茎	硅霜酮康唑及其制备方法	13-51
A61K 31/41	CN 1034569C	92114447.4	史密丝克莱恩比彻姆公司	ET（ENDOTHELIN）受体拮抗物	13-16

续表

国际专利分类号	授权公告号	专利号 ZL	专利权人	发明名称	卷期号
A61K 31/41	CN 1035817C	92110016.7	山之内制药株式会社	三唑基取代的叔胺化合物及其盐的制备方法	13-37
A61K 31/415	CN 1035922C	90107099.8	天鹅探究有限公司	经皮肤使用的右旋美托咪定系统的制备方法	13-39
A61K 31/415	CN 1034333C	93120938.2	三共株式会社	用作止痛药和消炎剂的咪唑并吡唑衍生物的制备方法	13-13
A61K 31/415	CN 1036396C	92110883.4	史密丝克莱恩比彻姆公司	(E) -3-〔2-正丁基-1-｛(4-羧基苯基) 甲基｝-1H-咪唑-5-基〕-2-(2-噻吩基) 甲基-2-丙烯酸甲磺酸酯的制备方法	13-46
A61K 31/415	CN 1036007C	93100707.0	詹森药业有限公司	吡咯并咪唑基和咪唑并吡啶基取代的 1H-苯并咪唑衍生物	13-40
A61K 31/415	CN 1036341C	93102412.9	赫彻斯特股份公司	咪唑衍生物的制备方法	13-45
A61K 31/415	CN 1036440C	93115777.3	锦州制药二厂闾山分厂	双唑泰膏及其制备方法	13-47
A61K 31/415	CN 1036456C	93120121.7	美国辉瑞有限公司	氨基取代的吡唑	13-47
A61K 31/415	CN 1034662C	92100683.7	化学药物开发有限股份公司	新的四唑衍生物的制备方法	13-17
A61K 31/415	CN 1034864C	92110177.5	大塚制药株式会社	咪唑烷-4-酮和噻唑烷-4-酮的衍生物的制备方法	13-20
A61K 31/415	CN 1034714C	93117313.2	詹森药业有限公司	具由抗真菌药和聚合物包膜的核的微球	13-18
A61K 31/42	CN 1034498C	93107589.0	三共株式会社	用于抑制胆固醇生物合成的八氢萘肟衍生物，其制备方法和用途	13-15
A61K 31/42	CN 1035054C	93114526.0	美国辉瑞有限公司	新的异噁唑啉类抗炎剂	13-23
A61K 31/42	CN 1036392C	92100794.9	伊莱莉莉公司	环取代的 2-氨基四氢萘和 3-氨基苯并二氢吡喃的制法	13-46

续表

国际专利分类号	授权公告号	专利号 ZL	专　利　权　人	发　明　名　称	卷　期　号
A61K　31/425	CN　1036589C	93100384.9	藤泽药品工业株式会社	新的噻唑基苯并呋喃衍生物，其制备方法及含该衍生物的药物组合物	13-49
A61K　31/425	CN　1036393C	93108209.9	英国阿斯特拉药品有限公司	7-（2-氨乙基）-苯并噻唑酮	13-46
A61K　31/425	CN　1036009C	93121519.6	合成实验室公司	2-噻吩基咪唑并〔2，1-b〕苯并噻唑-3-乙酸衍生物，其制备方法及其药用	13-40
A61K　31/425	CN　1035552C	93109438.0	艾尔夫·萨诺费	噻唑的支链烷氨基衍生物、它们的制备方法以及含有它们的药物组合物	13-32
A61K　31/425	CN　1033750C	94118086.7	三共株式会社	用于制备具有抗糖尿病和抗肥胖症性能的芳香氨基醇衍生物的中间化合物	13-02
A61K　31/425	CN　1034864C	92110177.5	大塚制药株式会社	咪唑烷-4-酮和噻唑烷-4-酮的衍生物的制备方法	13-20
A61K　31/425	CN　1034497C	92114826.7	三共株式会社	抗糖尿病和抗肥胖症的芳香氨基醇衍生物的制备方法	13-15
A61K　31/43	CN　1036832C	86107574.9	三共株式会社	用于治疗细菌感染的可注射溶液的制备方法	13-53
A61K　31/43	CN　1036763C	88101104.5	山之内欧洲有限公司	制备药物片剂和药物粒的方法	13-52
A61K　31/43	CN　1036501C	93112371.2	单志辉	一种固体青霉素皮试剂及其生产方法	13-48
A61K　31/44	CN　1036650C	91105827.3	卫材株式会社	磺酰胺衍生物的制备方法	13-50
A61K　31/44	CN　1036591C	93119117.3	美国家用产品公司	雷怕霉素的氨基甲酸酯	13-49
A61K　31/44	CN　1034120C	89108787.7	曾尼卡有限公司	制备二噁烷链烯酸衍生物的方法	13-09
A61K　31/44	CN　1033752C	89108925.X	詹森药业有限公司	（1H-唑-1-基甲基）取代的喹啉或喹啉酮衍生物的制法	13-02

续表

国际专利分类号	授权公告号	专利号 ZL	专　利　权　人	发　明　名　称	卷　期　号
A61K　31/44	CN　1034077C	91103594.X	邻位药品公司	新的吡啶并〔2，3-f〕〔1，4〕硫代吖庚因的制备方法	13-08
A61K　31/44	CN　1034073C	91107973.4	拜尔公司	取代的吡啶基-二羟基-庚烯酸的钠盐的制法	13-08
A61K　31/44	CN　1033790C	92115345.7	鲜京工业股份有限公司	使甲氧磺唑或苯并咪唑衍生物稳定的方法	13-03
A61K　31/44	CN　1035765C	89102627.4	默里尔多药物公司	六氢化-8-羟基-2，6-亚甲基-2H-喹嗪-3（4H）-酯的制备方法	13-36
A61K　31/44	CN　1035380C	93102886.8	史密丝克莱恩贝克曼公司	10-羟基喜树碱的三氟甲磺酰衍生物的制备方法	13-28
A61K　31/44	CN　1034934C	91104065.X	明治制果株式会社	血管紧张素Ⅱ拮抗性吡啶衍生物的制备方法	13-21
A61K　31/44	CN　1034938C	92111625.X	利利工业公司	4H-萘并〔1，2-b〕吡喃化合物的制备方法	13-21
A61K　31/445	CN　1034502C	90101524.5	詹森药业有限公司	N-(3-羟基-4-哌啶基)苯并含氧杂环甲酰胺衍生物的制法	13-15
A61K　31/445	CN　1034501C	91102690.8	三共株式会社	(二苯甲基乙氧基哌啶基）脂族酸衍生物的制备方法	13-15
A61K　31/445	CN　1034939C	92115358.9	阿斯特拉公司	有胆碱能活性的吲哚酮和吲哚二酮的衍生物的制备方法	13-21
A61K　31/445	CN　1035179C	93109364.3	阿尔米拉尔实验室有限公司	新的吲哚衍生物	13-25
A61K　31/445	CN　1034733C	93112858.7	麦克公司	促进生长激素释放的螺哌啶类化合物和同系物	13-18
A61K　31/445	CN　1035178C	93120863.7	爱斯制药株式会社	芳酰胺衍生物	13-25
A61K　31/445	CN　1036653C	88109138.3	山之内制药株式会社	含哌啶环的螺杂环化合物的制备方法	13-50

续表

国际专利分类号	授权公告号	专利号 ZL	专利权人	发明名称	卷期号
A61K 31/445	CN 1036458C	91110950.1	武田药品工业株式会社	稠合杂环化合物的制备方法	13-47
A61K 31/445	CN 1036267C	93101526.X	赫彻斯特股份公司	氨基取代的苯甲酰胍的制备方法	13-44
A61K 31/445	CN 1036441C	93110727.X	南京农业大学	用于禽类醒抱的技术	13-47
A61K 31/445	CN 1036652C	93118177.1	艾尔夫·萨诺费股份有限公司	碱式季酰胺，其制备方法及其药物组合物	13-50
A61K 31/445	CN 1035615C	92112079.6	美国辉瑞有限公司	作为新的乙酰胆碱酯酶抑制剂的芳香杂环胺类的制备方法	13-33
A61K 31/445	CN 1035616C	93107239.5	霍夫曼-拉罗奇有限公司	异羟肟酸衍生物	13-33
A61K 31/455	CN 1034551C	93100626.0	丘波岭	烟酸和/或烟酸衍生物在制备戒烟用组合物中的应用	13-16
A61K 31/47	CN 1034552C	90100673.4	伊莱利利公司	十氢异喹啉衍生物的药物制剂的制备方法	13-16
A61K 31/47	CN 1034572C	90104445.8	杏林制药株式会社	新颖的环状邻氨基苯甲酸乙酸衍生物的制备方法	13-16
A61K 31/47	CN 1034805C	90109931.7	弗·哈夫曼-拉罗切有限公司	氨基酸衍生物的制备方法	13-19
A61K 31/47	CN 1033751C	89103911.2	第一制药株式会社	用于治疗的抗菌的光学活性吡啶酮羧酸衍生物的制备方法	13-02
A61K 31/47	CN 1036394C	90100657.2	大塚制药株式会社	喹诺酮衍生物的制备方法	13-46
A61K 31/47	CN 1036629C	91101538.8	李克亮	动物促长剂	13-50
A61K 31/47	CN 1036651C	91105415.4	大塚制药株式会社	喹诺酮衍生物的制备方法	13-50
A61K 31/47	CN 1036456C	93120121.7	美国辉瑞有限公司	氨基取代的吡唑	13-47
A61K 31/49	CN 1034732C	93114371.3	美国辉瑞有限公司	治疗炎症和胃肠疾病的奎宁环衍生物	13-18

续表

国际专利分类号	授权公告号	专利号 ZL	专利权人	发明名称	卷期号
A61K 31/495	CN 1034176C	92108832.9	大日本制药株式会社	用于预防和治疗糖尿病并发症的药物组合物的制备方法	13-10
A61K 31/495	CN 1036002C	94117801.3	詹森药业有限公司	（1H-唑-1-基甲基）取代的喹唑啉衍生物的制法	13-40
A61K 31/495	CN 1035003C	94117802.1	詹森药业有限公司	（1H-唑-1-基甲基）取代的喹喔啉衍生物的制法	13-40
A61K 31/50	CN 1034731C	93103740.9	三共株式会社	镇痛羧酸酰胺衍生物的制备方法	13-18
A61K 31/505	CN 1034806C	91101394.6	塞波斯公司	制备嘧啶三酮衍生物的方法	13-19
A61K 31/505	CN 1034503C	92105591.9	美国辉瑞有限公司	吡唑并嘧啶酮抗心绞痛剂的制备方法	13-15
A61K 31/505	CN 1034810C	92108995.3	生物化学药物有限公司	1，3-氧硫杂环戊烷核苷类似物	13-19
A61K 31/505	CN 1036196C	91102778.5	生物化学药物公司	1，3-氧硫环戊烷核甙类似物的制备方法	13-43
A61K 31/505	CN 1036650C	91105827.3	卫材株式会社	磺酰胺衍生物的制备方法	13-50
A61K 31/505	CN 1036008C	93119421.0	瑞安大药厂股份有限公司	2-取代甲基-2，3-二氢咪唑〔1，2-c〕喹唑啉-5-酮（硫酮）及其制备方法和用途	13-40
A61K 31/505	CN 1035468C	92111683.7	艾基斯药厂	一种无毒副作用的可注射的兽医组合物的制备方法	13-30
A61K 31/505	CN 1034171C	92101114.8	合成实验室公司	制备新的取代的 4-嘧啶酮衍生物的方法	13-10
A61K 31/505	CN 1034175C	93120128.4	美国辉瑞有限公司	吡唑并嘧啶类化合物	13-10
A61K 31/52	CN 1033701C	88106535.8	惠尔康基金会集团公司	9-（2-羟基乙氧基甲基）鸟嘌呤衍生物的制备方法	13-01

续表

国际专利分类号	授权公告号	专利号 ZL	专利权人	发明名称	卷期号
A61K 31/52	CN 1035877C	93102055.7	韦斯卡玛生物工业化学药物合股公司	8-（1-氨基环烷基）-1，3-二烃基黄嘌呤衍生物	13-38
A61K 31/535	CN 1035255C	93102389.0	藤泽药品工业株式会社	杂三环衍生物	13-26
A61K 31/535	CN 1035179C	93109364.3	阿尔米拉尔实验室有限公司	新的吲哚衍生物	13-25
A61K 31/54	CN 1035255C	93102389.0	藤泽药品工业株式会社	杂三环衍生物	13-26
A61K 31/54	CN 1035616C	93107239.5	霍夫曼-拉罗奇有限公司	异羟肟酸衍生物	13-33
A61K 31/54	CN 1036441C	93110727.X	南京农业大学	用于禽类醒抱的技术	13-47
A61K 31/545	CN 1036632C	91105982.2	盐野义制药株式会社	含口服头孢菌素结晶性水合物的组合物制法	13-50
A61K 31/545	CN 1036459C	94192110.7	史密丝克莱恩比彻姆公司	晶状头孢羟苄磺唑的双苄基乙二胺盐及其制备方法	13-47
A61K 31/545	CN 1034940C	85106733.6	明治制果株式会社	新头孢菌素化合物的制备方法	13-21
A61K 31/545	CN 1034504C	91104905.3	盐野义制药株式会社	硫代烷硫基头孢菌素的制备方法	13-15
A61K 31/55	CN 1035670C	92103409.1	大塚制药株式会社	一种制备苯并杂环化合物或其盐的方法	13-34
A61K 31/55	CN 1036590C	91109938.7	默里尔多药物公司	新的巯基乙酰基酰胺衍生物的制备方法	13-49
A61K 31/55	CN 1036458C	91110950.1	武田药品工业株式会社	稠合杂环化合物的制备方法	13-47
A61K 31/55	CN 1036395C	92102132.1	约翰韦恩兄弟有限公司	哌嗪衍生物的制备方法	13-46
A61K 31/55	CN 1034122C	91104581.3	詹森药业有限公司	新的抗病毒四氢咪唑并（1，4）苯并二氮杂-（硫）酮的制备方法	13-09
A61K 31/55	CN 1034075C	92113330.8	盐野义制药株式会社	苯并硫氮杂草衍生物	13-08
A61K 31/56	CN 1033753C	86100994.0	舍林股份公司	11β-苯基-甾烷的制备方法	13-02

续表

国际专利分类号	授权公告号	专利号 ZL	专利权人	发明名称	卷期号
A61K 31/56	CN 1033808C	90107161.7	鲁索-艾克勒夫公司	制备甾族取代的末位苯氨基链烷酸及其盐的方法	13-03
A61K 31/56	CN 1034334C	93109828.9	贵州省中医研究所	齐酞酸钠及其药物组合物	13-13
A61K 31/56	CN 1035055C	92103919.0	法米塔利亚·卡洛·埃巴有限责任公司	不饱和的 17β-取代的 3-羧基甾族化合物的制备方法	13-23
A61K 31/56	CN 1036438C	88100498.7	奇诺英药物化学工厂有限公司	牙科复合充填剂的制备方法	13-47
A61K 31/56	CN 1036833C	91107996.3	阿克佐公司	多阶段避孕药盒的制备方法	13-53
A61K 31/56	CN 1036834C	91107997.1	阿克佐公司	避孕药盒的制备方法	13-53
A61K 31/56	CN 1036835C	91111089.5	阿克佐公司	多阶段结合的避孕药包的制备方法	13-53
A61K 31/56	CN 1036718C	92115248.5	鲁索-艾克勒夫公司	在 11β 位是有硫碳链的 19--去甲留淡化合物的制备方法	13-51
A61K 31/565	CN 1036836C	89108149.6	舍林股份公司	制备含有孕二烯酮的透皮治疗系统的方法	13-53
A61K 31/565	CN 1033975C	91111251.0	默里尔多药物公司	作为芳香酶抑制剂的 2β，19 亚基桥甾体的制备方法	13-06
A61K 31/565	CN 1035132C	87106868.0	鲁塞尔-乌克拉夫有限公司	9-α-羟基甾类化合物的制备方法	13-25
A61K 31/57	CN 1035948C	92105005.4	鲁索-艾克勒夫公司	孕甾-1，4-二烯-3，20-二酮衍生物的制备方法	13-39
A61K 31/57	CN 1036521C	90106741.5	鲁索-艾克勒夫公司	应用 19-去甲甾族化合物的醇衍生物制备新的有机酸酯及其盐的方法	13-48
A61K 31/575	CN 1035038C	89104829.4	SSPL 安全性产品公司	预防性传染疾病的药物组合物的制备方法	13-23
A61K 31/58	CN 1034868C	92100800.7	阿斯特拉公司	6α，9α-二氟-孕甾-3，20-二酮类化合物的制备方法	13-20

续表

国际专利分类号	授权公告号	专利号 ZL	专利权人	发明名称	卷期号
A61K 31/585	CN 1033948C	90103713.3	先灵公司	二氢螺旋烯酮在制备药物组合物中的应用	13-06
A61K 31/59	CN 1033857C	90101777.9	威斯康星旧生研究基金会	19-降-维生素 D 化合物	13-04
A61K 31/59	CN 1035177C	92114249.8	舍林股份公司	20-甲基取代维生素 D 衍生物制备方法	13-25
A61K 31/61	CN 1035859C	93111899.9	邓兴荣	盐酸甲硝基羟乙唑肌肉注射液	13-38
A61K 31/63	CN 1035468C	92111683.7	艾基斯药厂	一种无毒副作用的可注射的兽医组合物的制备方法	13-30
A61K 31/65	CN 1035039C	90107817.4	美国氰胺公司	二甲胺四环素药物传递系统的制备方法	13-23
A61K 31/65	CN 1036633C	93117680.8	杨伟	一种眼科口服药	13-50
A61K 31/65	CN 1034216C	93108134.3	美国氰胺公司	7-（取代）-9-〔（取代甘氨酰）酰氨基〕-6-脱甲基-6-脱氧四环素	13-11
A61K 31/70	CN 1034054C	91109424.5	美国氰胺公司	改良的寡糖结合菌苗的制备方法	13-08
A61K 31/70	CN 1033974C	91111875.6	鲁索-艾克勒夫公司	新的红霉素衍生物的制备方法	13-06
A61K 31/70	CN 1034018C	94100631.X	韦斯卡玛生物工业化学药物合股公司	生产晶形果糖-1，6-二磷酸八水三钠盐的新方法	13-07
A61K 31/70	CN 1035232C	92109979.7	邓兴国	一种明目水的生产方法	13-26
A61K 31/70	CN 1036654C	93100013.0	格鲁波莱佩蒂特公司	抗菌素 A40926 的酰氨衍生物及其制备方法	13-50
A61K 31/70	CN 1036398C	93101173.6	惠尔康基金会集团公司	治疗用核苷	13-46
A61K 31/70	CN 1036199C	93106467.8	中外制药株式会社	红霉素衍生物	13-43
A61K 31/70	CN 1036119C	95104482.6	北京格特生物工程科技开发公司	用于治疗视神经萎缩药物的复方制剂	13-42
A61K 31/70	CN 1035356C	90102072.9	美国辉瑞有限公司	制备抗寄生虫剂的方法	13-28
A61K 31/70	CN 1035355C	91106271.8	沈阳市兴齐制药厂	复方醋酸去炎松涂膜剂的制备方法	13-28

续表

国际专利分类号	授权公告号	专利号 ZL	专利权人	发明名称	卷期号
A61K 31/70	CN 1035617C	93112838.2	霍夫曼-拉罗奇有限公司	N-氧羰基取代的5′-脱氧-5-氟胞苷衍生物	13-33
A61K 31/70	CN 1035675C	93112894.3	霍夫曼-拉罗奇有限公司	制备N4-酰基-5′-脱氧-5-氟胞苷衍生物的新方法	13-34
A61K 31/715	CN 1035923C	92112388.4	先灵公司	制备亲脂寡糖抗生素盐组合物的方法	13-39
A61K 31/725	CN 1036700C	93111333.4	青岛市市立医院	治疗粘膜病损、癌前病变的凝胶状药及其制备方法	13-51
A61K 31/77	CN 1035357C	90109689.X	海因里希马克公司	含三唑类化合物及一种溶剂系统的药水组合物的制备方法	13-28
A61K 33/00	CN 1035097C	93118187.9	王景贤	牛常乳初乳化方法	13-24
A61K 33/00	CN 1035682C	94110400.1	沈阳市锶泉酒厂	锶泉白酒	13-34
A61K 33/04	CN 1035413C	90105860.2	夏先斗	一种治疗毛囊炎外涂液的生产方法	13-29
A61K 33/04	CN 1035802C	92107607.X	中国人民解放军空军南京医院	治疗便秘药物参椹丸的制备方法	13-37
A61K 33/04	CN 1035232C	92109979.7	邓兴国	一种明目水的生产方法	13-26
A61K 33/06	CN 1035232C	92109979.7	邓兴国	一种明目水的生产方法	13-26
A61K 33/06	CN 1036047C	93100258.3	史月兰	治疗高热神昏、头痛、眩晕、高血压、心脑血管疾病的中成药	13-41
A61K 33/12	CN 1035413C	90105860.2	夏先斗	一种治疗毛囊炎外涂液的生产方法	13-29
A61K 33/18	CN 1035413C	90105860.2	夏先斗	一种治疗毛囊炎外涂液的生产方法	13-29
A61K 33/18	CN 1035231C	93101603.7	周维书	芳香碘伏	13-26
A61K 33/28	CN 1035743C	91106622.5	周光明	一种治疤药物的制造方法	13-36
A61K 33/30	CN 1034908C	90105357.0	山东省文登市整骨医院	一种外敷药膏的配制方法	13-21

续表

国际专利分类号	授权公告号	专利号 ZL	专 利 权 人	发 明 名 称	卷 期 号
A61K 33/30	CN 1035413C	90105860.2	夏先斗	一种治疗毛囊炎外涂液的生产方法	13-29
A61K 33/34	CN 1035717C	92114507.1	柳海峰	内服促使骨折愈合接骨散的制备方法	13-35
A61K 35/00	CN 1036443C	92104964.2	张海水	速效按摩棒	13-47
A61K 35/02	CN 1036047C	93100258.3	史月兰	治疗高热神昏、头痛、眩晕、高血压、心脑血管疾病的中成药	13-41
A61K 35/02	CN 1034473C	91109970.0	张明	一种减肥药物的制备方法	13-15
A61K 35/02	CN 1035743C	91106622.5	周光明	一种治疤药物的制造方法	13-36
A61K 35/08	CN 1035682C	94110400.1	沈阳市锶泉酒厂	锶泉白酒	13-34
A61K 35/12	CN 1033997C	92108806.X	朱水江	由鸽乳制备营养复合液的方法	13-07
A61K 35/26	CN 1035040C	92105643.5	中国人民解放军第 458 医院	乳猪胸腺蛋白的制备方法	13-23
A61K 35/32	CN 1034630C	89101581.7	生物投资有限公司	促结合组合物的制备方法	13-17
A61K 35/32	CN 1036047C	93100258.3	史月兰	治疗高热神昏、头痛、眩晕、高血压、心脑血管疾病的中成药	13-41
A61K 35/32	CN 1036048C	93103323.3	史月兰	含鞭参茸固本药物	13-41
A61K 35/32	CN 1036503C	94103378.3	丁丛礼	治疗系统性红斑狼疮的药物及其生产方法	13-48
A61K 35/36	CN 1036120C	90103402.9	马怀斌	治疗烧伤的中药制剂的制造方法	13-42
A61K 35/36	CN 1036376C	92106596.5	山东东阿阿胶厂	一种液体阿胶的制备方法	13-46
A61K 35/36	CN 1036503C	94103378.3	丁丛礼	治疗系统性红斑狼疮的药物及其生产方法	13-48
A61K 35/36	CN 1035743C	91106622.5	周光明	一种治疤药物的制造方法	13-36
A61K 35/413	CN 1036047C	93100258.3	史月兰	治疗高热神昏、头痛、眩晕、高血压、心脑血管疾病的中成药	13-41

续表

国际专利分类号	授权公告号	专利号 ZL	专　利　权　人	发　明　名　称	卷　期　号
A61K　35/48	CN　1036048C	93103323.3	史月兰	含鞭参茸固本药物	13-41
A61K　35/55	CN　1036502C	93121295.2	孙嗣章	外应散	13-48
A61K　35/55	CN　1035743C	91106622.5	周光明	一种治疤药物的制造方法	13-36
A61K　35/55	CN　1034053C	92112763.4	武汉体育学院	麝香舒活精的制备方法	13-08
A61K　35/56	CN　1033364C	91107577.1	刘本君	一种蜂产品与酒类乳化的新方法	13-04
A61K　35/56	CN　1033396C	92107608.8	中国人民解放军空军南京医院	治疗高催乳素血症仙甲冲剂的制备方法	13-05
A61K　35/56	CN　1034154C	93104152.X	黄亚平	灵丹王胶囊	13-10
A61K　35/56	CN　1036120C	90103402.9	马怀斌	治疗烧伤的中药制剂的制造方法	13-42
A61K　35/56	CN　1036442C	92102107.0	中国人民解放军第四军医大学	蟾皮干粉及复方蟾皮胶囊的制备工艺	13-47
A61K　35/56	CN　1036701C	92111804.X	杨俊鹏	乌鸡素的制备方法	13-51
A61K　35/56	CN　1036047C	93100258.3	史月兰	治疗高热神昏、头痛、眩晕、高血压、心脑血管疾病的中成药	13-41
A61K　35/56	CN　1036697C	93102633.4	朱圣田	用龟和/或鳖制备活性营养品的生产方法	13-51
A61K　35/56	CN　1034473C	91109970.0	张明	一种减肥药物的制备方法	13-15
A61K　35/56	CN　1034909C	93104168.6	田争	戒毒调补组合物	13-21
A61K　35/62	CN　1034985C	93111941.3	李贤秀	治疗癌症的口服中药组合物	13-22
A61K　35/64	CN　1034985C	93111941.3	李贤秀	治疗癌症的口服中药组合药	13-22
A61K　35/64	CN　1033998C	93100059.9	石玉山	一种治疗关节炎的药物及其配制方法	13-07
A61K　35/64	CN　1035743C	91106622.5	周光明	一种治疤药物的制造方法	13-36
A61K　35/64	CN　1035717C	92114507.1	柳海峰	内服促使骨折愈合接骨散的制备方法	13-35
A61K　35/64	CN　1036046C	91110970.6	王日卫	斑蝥素脂溶性制剂的制备	13-41

续表

国际专利分类号	授权公告号	专利号 ZL	专利权人	发明名称	卷期号
A61K 35/70	CN 1036208C	93111526.4	严燕翎	猴头酒及其生产方法	13-43
A61K 35/78	CN 1034284C	90105403.8	吴廷玉	祛病滋补药酒生产方法	13-12
A61K 35/78	CN 1033914C	91110602.2	河南省医学科学研究所	葛根有效成分提取物的提取方法	13-05
A61K 35/78	CN 1033896C	92107608.8	中国人民解放军空军南京医院	治疗高催乳素血症仙甲冲剂的制备方法	13-05
A61K 35/78	CN 1034053C	92112763.4	武汉体育学院	麝香舒活精的制备方法	13-08
A61K 35/78	CN 1033998C	93100059.9	石玉山	一种治疗关节炎的药物及其配制方法	13-07
A61K 35/78	CN 1034154C	93104152.X	黄亚平	灵丹王胶囊	13-10
A61K 35/78	CN 1033895C	93114999.1	温长路	减肥健身浴浆	13-05
A61K 35/78	CN 1034631C	85108903.8	底古萨有限公司	生产一种新型抗炎活性剂的方法	13-17
A61K 35/78	CN 1034908C	90105357.0	山东省文登市整骨医院	一种外敷药膏的配制方法	13-21
A61K 35/78	CN 1034984C	91104233.4	杨光福	一种具有降低血糖作用的组合物的制备方法	13-22
A61K 35/78	CN 1034473C	91109970.0	张明	一种减肥药物的制备方法	13-15
A61K 35/78	CN 1034474C	91109971.9	张明	一种治疗痤疮中药的方法	13-15
A61K 35/78	CN 1035016C	92107779.3	安徽省圣泉啤酒厂	枸杞子黑米啤酒的制造方法	13-22
A61K 35/78	CN 1035232C	92109979.7	邓兴国	一种明目水的生产方法	13-26
A61K 35/78	CN 1034909C	93104168.6	田争	戒毒调补组合物	13-21
A61K 35/78	CN 1034959C	93107753.2	徐生洲	灵芝棉及其制造方法与应用	13-21
A61K 35/78	CN 1034910C	93107772.9	阎光昌	中药降浊还原丸	13-21
A61K 35/78	CN 1034911C	93110282.0	田文	治疗冠心病的时辰敏感性药物	13-21
A61K 35/78	CN 1035100C	93110295.2	管益君	一种药品及其制备方法	13-24
A61K 35/78	CN 1034985C	93111941.3	李贤秀	治疗癌症的口服中药组合物	13-22

续表

国际专利分类号	授权公告号	专利号 ZL	专利权人	发明名称	卷期号
A61K 35/78	CN 1034563C	93112196.5	董广鲲	中药画及其制作的方法	13-16
A61K 35/78	CN 1035037C	94100340.X	李万民	固齿祛疼嗽口液	13-23
A61K 35/78	CN 1034850C	94119412.4	赵瑰勤	脱发再生液及其制备方法	13-20
A61K 35/78	CN 1034425C	95111204.X	王景胜	大蒜保健液	13-14
A61K 35/78	CN 1036120C	90103402.9	马怀斌	治疗烧伤的中药制剂的制造方法	13-42
A61K 35/78	CN 1036049C	91106892.9	李震宇	复方硇砂制剂的制备方法	13-41
A61K 35/78	CN 1035987C	91111593.5	宋治国	治疗骨质增生药丸的制造方法	13-40
A61K 35/78	CN 1036442C	92102107.0	中国人民解放军第四军医大学	蟾皮干粉及复方蟾皮胶囊的制备工艺	13-47
A61K 35/78	CN 1036121C	92104974.9	张海水	麝香按摩液的制造方法	13-42
A61K 35/78	CN 1036315C	92114426.1	张才	白癜风丸的制作方法	13-45
A61K 35/78	CN 1036316C	92115313.9	汉中师范学院	口服黑米营养液的生产方法	13-45
A61K 35/78	CN 1036047C	93100258.3	史月兰	治疗高热神昏、头痛、眩晕、高血压、心脑血管疾病的中成药	13-41
A61K 35/78	CN 1035982C	93100604.X	朱利朝	一种保健茶	13-40
A61K 35/78	CN 1036174C	93101872.2	金亚良	田七参茶	13-43
A61K 35/78	CN 1036048C	93103323.3	史月兰	含鞭参茸固本药物	13-41
A61K 35/78	CN 1036470C	93104737.4	萧河龙	食用菌与中草药混合发酵酿造的产品及其方法	13-47
A61K 35/78	CN 1035469C	93110238.3	任友昌	银麦啤酒及其酿造工艺	13-47
A61K 35/78	CN 1036208C	93111526.4	严燕翎	猴头酒及其生产方法	13-43
A61K 35/78	CN 1036117C	93120483.6	楊卫锋	五色补粥	13-42

续表

国际专利分类号	授权公告号	专利号 ZL	专利权人	发明名称	卷期号
A61K 35/78	CN 1036502C	93121295.2	孙嗣章	外应散	13-48
A61K 35/78	CN 1036503C	94103378.3	丁丛礼	治疗系统性红斑狼疮的药物及其生产方法	13-48
A61K 35/78	CN 1035469C	89105044.2	王振祚	速效消肿止痛擦剂的配制方法	13-30
A61K 35/78	CN 1035413C	90105860.2	夏先斗	一种治疗毛囊炎外涂液的生产方法	13-29
A61K 35/78	CN 1035743C	91106622.5	周光明	一种治疤药物的制造方法	13-36
A61K 35/78	CN 1035332C	92102901.2	河北省科学院微生物研究所	枸杞发酵酒制备方法	13-27
A61K 35/78	CN 1035802C	92107607.X	中国人民解放军空军南京医院	治疗便秘药物参椹丸的制备方法	13-37
A61K 35/78	CN 1035717C	92114507.1	柳海峰	内服促使骨折愈合接骨散的制备方法	13-35
A61K 35/78	CN 1035924C	93101758.0	王旭中	治疗肝炎的中成药	13-39
A61K 35/78	CN 1035660C	93110413.0	江西省绿色工业（集团）公司	茶色素及其生产方法	13-34
A61K 35/78	CN 1035741C	93114998.3	温长路	止痒健身浴浆	13-36
A61K 35/80	CN 1035743C	91106622.5	周光明	一种治疤药物的制造方法	13-36
A61K 35/84	CN 1036316C	92115313.9	汉中师范学院	口服黑米营养液的生产方法	13-45
A61K 35/84	CN 1036470C	93104737.4	萧河龙	食用菌与中草药混合发酵酿造的产品及其方法	13-47
A61K 38/00	CN 1034105C	87108340.X	诺沃-诺迪斯克有限公司	鼻内用药的制剂的制备方法	13-09
A61K 38/00	CN 1033759C	88102023.0	阿曼京公司	猪生长激素类似物	13-02
A61K 38/00	CN 1033760C	88103482.7	伊姆诺股份公司	产生具有第八因子活性的第八因子缺失突变体的方法	13-02
A61K 38/00	CN 1034630C	89101581.7	生物投资有限公司	促结合组合物的制备方法	13-17

续表

国际专利分类号	授权公告号	专利号 ZL	专利权人	发明名称	卷期号
A61K 38/00	CN 1034733C	93112858.7	麦克公司	促进生长激素释放的螺哌啶类化合物和同系物	13-18
A61K 38/02	CN 1033976C	90108137.X	美国辉瑞有限公司	用作钙通路阻滞剂的多肽的制备方法	13-06
A61K 38/04	CN 1034672C	86106915.3	吉纳特基公司	生产人类或猪的抑制素 α 或 β 链二聚体的方法	13-17
A61K 38/05	CN 1034869C	90106038.0	藤泽药品工业株式会社	肽类化合物及其可药用盐的制备方法	13-20
A61K 38/05	CN 1036837C	89104657.7	协和发酵工业株式会社	用于哺乳动物的营养组合物的制造方法	13-53
A61K 38/05	CN 1036399C	91109042.8	伊莱利利公司	三肽抗凝血酶剂的制备方法	13-46
A61K 38/06	CN 1036399C	91109042.8	伊莱利利公司	三肽抗凝血酶剂的制备方法	13-46
A61K 38/06	CN 1034869C	90106038.0	藤泽药品工业株式会社	肽类化合物及其可药用盐的制备方法	13-20
A61K 38/08	CN 1035006C	89107065.6	赫彻斯特股份公司	具有缓激肽拮抗剂作用的肽类的制备方法	13-22
A61K 38/08	CN 1034577C	90106915.9	赫彻斯特股份公司	制备具有血管舒缓激肽拮抗作用的肽类的方法	13-16
A61K 38/08	CN 1034663C	90107067.X	史密丝克莱恩比彻姆公司	血液调节肽的制备方法	13-17
A61K 38/08	CN 1035256C	92110868.0	图兰医学院	新的多肽化合物的制备方法	13-26
A61K 38/08	CN 1034735C	93100474.8	史密丝克莱恩比彻姆公司	血调节肽	13-18
A61K 38/09	CN 1036343C	90108955.9	天津市计划生育研究所	新促黄体生成素释放激素拮抗类似物的制备方法	13-45
A61K 38/11	CN 1036010C	93112493.X	中国科学院上海生物化学研究所	记忆增强肽及其应用	13-40
A61K 38/12	CN 1035056C	90106972.8	默里尔多药物公司	制备环状神经激肽 A 的拮抗剂的方法	13-23
A61K 38/14	CN 1034506C	90109932.5	伊莱利利公司	含糖肽衍生物的药物组合物的制备方法	13-15

续表

国际专利分类号	授权公告号	专利号 ZL	专利权人	发明名称	卷期号
A61K 38/16	CN 1034589C	89103572.9	布里斯托尔-迈尔斯·斯奎布公司	生产抗肿瘤抗菌素克达西啶的方法	13-16
A61K 38/17	CN 1034335C	89104078.1	默里尔多药物公司	由南美水蛭中提取和纯化抗凝血成分	13-13
A61K 38/17	CN 1034123C	93106216.0	美国辉瑞有限公司	得自冬季管网蛛的钙离子通道阻断性多肽	13-09
A61K 38/19	CN 1033738C	87104963.5	中外制药株式会社	含有粒性的细胞集落刺激因子的稳定药剂及其生产方法	13-02
A61K 38/19	CN 1035257C	93117297.7	伊莱利利公司	修饰的血小板因子-4	13-26
A61K 38/22	CN 1034943C	92113069.4	霍夫曼-拉罗奇有限公司	环状血管活性肽的制备方法	13-21
A61K 38/27	CN 1033759C	88102023.0	阿曼京公司	猪生长激素类似物	13-02
A61K 38/28	CN 1034080C	90101415.X	伊莱利利公司	胰岛素类似物的制备方法	13-08
A61K 38/30	CN 1034588C	86102889.9	拜奥根公司	人促生长因子 C 的改进生产方法	13-16
A61K 38/43	CN 1035801C	87106794.3	恩萨科尔资产有限公司	对动物肠部释放生物活性物质的微粒制剂的制备方法	13-37
A61K 39/00	CN 1033866C	88107056.4	安姆根有限公司	重组 DNA 产生的博德特氏菌毒素类似物	13-04
A61K 39/00	CN 1034104C	93112060.8	大连医学院	肿瘤疫苗的制备方法	13-09
A61K 39/00	CN 1034986C	93112409.3	上海医科大学	一种新型免疫原性复合物制剂及制备方法	13-22
A61K 39/02	CN 1034553C	88104317.6	分子工程合伙人有限公司	无毒微生物及其应用	13-16
A61K 39/095	CN 1036504C	93119467.9	加拿大国家研究委员会	改进脑膜炎双球菌 B 血清群多糖的抗原结合物的制备方法	13-48
A61K 39/108	CN 1036522C	93114763.8	加拿大国家研究委员会	改进大肠杆菌 KI 夹膜多糖的制备方法	13-48
A61K 39/215	CN 1036838C	89101256.7	阿克佐公司	疫苗的制备方法	13-53
A61K 39/255	CN 1034554C	91112829.8	阿克佐公司	无细胞马立克氏病病毒疫苗的制备方法	13-16

续表

国际专利分类号	授权公告号	专利号 ZL	专利权人	发明名称	卷期号
A61K 39/29	CN 1034986C	93112409.3	上海医科大学	一种新型免疫原性复合物制剂及制备方法	13-22
A61K 39/385	CN 1036504C	93119467.9	加拿大国家研究委员会	改进脑膜炎双球菌B血清群多糖的抗原结合物的制备方法	13-48
A61K 39/385	CN 1034054C	91109424.5	美国氰胺公司	改良的寡糖结合菌苗的制备方法	13-08
A61K 39/395	CN 1034055C	88103476.2	密执安大学	单克隆抗体在制备用于治疗炎症部位的药物中的应用	13-08
A61K 39/395	CN 1033865C	89101420.9	钟纺株式会社	生产葡糖基转移酶的抗体和含该抗体的预防龋齿组合物的方法	13-04
A61K 39/395	CN 1034986C	93112409.3	上海医科大学	一种新型免疫原性复合物制剂及制备方法	13-22
A61K 47/00	CN 1036763C	88101104.5	山之内欧洲有限公司	制备药物片剂和药物粒的方法	13-52
A61K 47/00	CN 1035801C	87106794.3	恩萨科尔资产有限公司	对动物肠部释放生物活性物质的微粒制剂的制备方法	13-37
A61K 47/00	CN 1033738C	87104963.5	中外制药株式会社	含有粒性的细胞集落刺激因子的稳定药剂及其生产方法	13-02
A61K 47/06	CN 1034105C	87108340.X	诺沃-诺迪斯克有限公司	鼻内用药的制剂的制备方法	13-09
A61K 47/12	CN 1035925C	88108000.4	许正	亲细胞非均质分子脂质的制备方法	13-39
A61K 47/26	CN 1033790C	92115345.7	鲜京工业股份有限公司	使甲氧磺唑或苯并咪唑衍生物稳定的方法	13-03
A61K 47/34	CN 1036375C	93103068.4	东国制药株式会社	用于治疗牙周病的局部药物供给膜	13-46
A61K 47/44	CN 1036699C	94116120.X	纳冬茎	硅霜酮康唑及其制备方法	13-51
A61K 49/00	CN 1036634C	91111771.7	泉州市第一医院	褐藻酸钠超声诊断仪耦合剂的制备方法	13-50
A61K 49/00	CN 1036501C	93112371.2	单志辉	一种固体青霉素皮试剂及其生产方法	13-48

续表

国际专利分类号	授权公告号	专利号 ZL	专 利 权 人	发 明 名 称	卷 期 号
A61K 49/00	CN 1033840C	89100726.1	先灵公司	制备用于超声造影的微粒和超声波造影剂的方法	13-04
A61K 49/00	CN 1033803C	92114146.7	德克萨斯州立大学董事会	含多类侧螯合基的多氮大环化合物的合成	13-03
A61K 49/00	CN 1035661C	94101784.2	中国人民解放军兰州军区乌鲁木齐总医院	低密度造影剂	13-34
A61K 49/04	CN 1035542C	90107463.2	倪康姆德公司	制备造影剂的方法	13-32
A61K 51/04	CN 1035997C	95190027.7	勃勒柯国际有限公司	配位体及其金属配合物	13-40
C07C 217/64	CN 1034497C	92114826.7	三共株式会社	抗糖尿病和抗肥胖症的芳香氨基醇衍生物的制备方法	13-15
C07C 227/16	CN 1036340C	92108172.3	成都制药四厂	L-（一）-α-羟-γ-氨基丁酸合成方法	13-45
C07C 229/22	CN 1036340C	92108172.3	成都制药四厂	L-（一）-α-羟-γ-氨基丁酸合成方法	13-45
C07C 229/38	CN 1034497C	92114826.7	三共株式会社	抗糖尿病和抗肥胖症的芳香氨基醇衍生物的制备方法	13-15
C07C 231/02	CN 1034926C	91108024.4	普罗格特-甘布尔公司	用于葡糖酰胺洗涤剂的相转移促进的方法	13-21
C07C 231/02	CN 1034927C	91108491.6	普罗格特-甘布尔公司	制备葡糖酰胺洗涤剂的高含量催化剂的催化方法	13-21
C07C 233/11	CN 1034570C	95100367.4	山之内制药株式会社	三低级烷氧基苯衍生物	13-16
C07C 235/32	CN 1036064C	92101074.5	三共株式会社	新的具有 NGF 生成促进活性的苯衍生物的制备方法	13-41
C07C 237/26	CN 1034216C	93108134.3	美国氰胺公司	7-（取代）-9-〔（取代甘氨酰）酰氨基〕-6-脱甲基-6-脱氧四环素	13-11

续表

国际专利分类号	授权公告号	专利号 ZL	专利权人	发明名称	卷期号
C07C 237/26	CN 1033971C	93116403.6	美国氰胺公司	9-〔(取代甘氨酰)酰氨基〕-6-去甲基-6-去氧四环素	13-06
C07C 239/20	CN 1034929C	94190173.4	西巴-盖尔基股份公司	抑制鸟氨酸脱羧酶的环状氨基氧基化合物及其用途	13-21
C07C 239/20	CN 1034930C	94190189.0	西巴-盖尔基股份公司	抑制鸟氨酸脱羧酶的支链氨氧基氨基烷烃衍生物及其用途	13-21
C07C 249/00	CN 1036580C	94115921.3	盐野义制药株式会社	生产 N-烷基乙酰胺类化合物的方法	13-49
C07C 251/24	CN 1036580C	94115921.3	盐野义制药株式会社	生产 N-烷基乙酰胺类化合物的方法	13-49
C07C 251/40	CN 1034498C	93107589.0	三共株式会社	用于抑制胆固醇生物合成的八氢萘肟衍生物，其制备方法和用途	13-15
C07C 257/18	CN 1035998C	94112793.1	小野药品工业株式会社	脒基酚衍生物及其制备方法以及含该衍生物的药物组合物	13-40
C07C 323/31	CN 1034497C	92114826.7	三共株式会社	抗糖尿病和抗肥胖症的芳香氨基醇衍生物的制备方法	13-15
C07C 323/52	CN 1036391C	93107598.X	大世吕化学工业株式会社	2-羟基-4-甲硫基丁酸的制备方法	13-46
C07C 401/00	CN 1033857C	90101777.9	威斯康星旧生研究基金会	19-降-维生素 D 化合物	13-04
C07C 401/00	CN 1035177C	92114249.8	舍林股份公司	20-甲基取代维生素 D 衍生物制备方法	13-25
C07C 403/24	CN 1034730C	92107782.3	南京师范大学	盐藻的收集与β-胡萝卜素的提取方法	13-18
C07C 403/24	CN 1033912C	92107766.1	南京师范大学	天然β-胡萝卜素顺、反异构体的分离方法	13-05
C07C 403/24	CN 1036847C	91105063.9	天津海滨新技术产业集团有限公司	从盐藻中浸取胡萝卜素方法及设备	13-53
C07C 403/24	CN 1036848C	91105076.0	天津滨海新技术产业集团股份有限公司	从盐藻中浸取胡萝卜素的方法	13-53

续表

国际专利分类号	授权公告号	专利号 ZL	专利权人	发明名称	卷期号
C07C 403/24	CN 1035475C	92107817. X	南京师范大学	天然β-胡萝卜素油脂悬浮液的直接制取法	13-30
C07C 405/00	CN 1035764C	92108844. 2	卡比制药有限公司	制备13，14-二氢-15(R)-17-苯基-18，19，20-三降-$PGF_{2\alpha}$酯的方法	13-36
C07C 49/385	CN 1036134C	93112896. X	张纪梅	从生产酮麝香的下脚中再提取酮麝香的方法	13-42
C07C 50/26	CN 1033855C	92102604. 8	武田药品工业株式会社	羧酸酯的还原方法	13-04
C07C 51/09	CN 1034328C	93115274. 7	蔡克忠	一种从阿魏酸酯制备阿魏酸、阿魏酸钠、甾醇的方法	13-13
C07C 57/60	CN 1033856C	93111866. 2	华西医科大学药学院	具有中枢抑制作用的取代肉桂酸及其盐类衍生物	13-04
C07C 59/13	CN 1034328C	93115274. 7	蔡克忠	一种从阿魏酸酯制备阿魏酸、阿魏酸钠 甾醇的方法	13-13
C07C 61/29	CN 1034569C	92114447. 4	史密丝克莱恩比彻姆公司	ET（ENDOTHELIN）受体拮抗物	13-16
C07C 62/32	CN 1034569C	92114447. 4	史密丝克莱恩比彻姆公司	ET（ENDOTHELIN）受体拮抗物	13-16
C07C 62/34	CN 1034569C	92114447. 4	史密丝克莱恩比彻姆公司	ET（ENDOTHELIN）受体拮抗物	13-16
C07C 65/24	CH 1035001C	93100106. 4	伊莱利利公司	取代的苯基苯酚基白三烯拮抗物	13-22
C07C 65/40	CN 1035001C	93100106. 4	伊莱利利公司	取代的苯基苯酚基白三烯拮抗物	13-22
C07C 69/73	CN 1035001C	93100106. 4	伊莱利利公司	取代的苯基苯酚基白三烯拮抗物	13-22
C07D 201/04	CN 1036583C	93107880. 6	DSM 有限公司	肟转化成相应酰胺的方法	13-49
C07D 207/16	CN 1036584C	91100370. 3	中国科学院广州化学研究所	L-脯氨酸的纯化方法	13-49
C07D 207/04	CN 1034731C	93103740. 9	三共株式会社	镇痛羧酸酰胺衍生物的制备方法	13-18
C07D 207/12	CN 1034571C	95104834. 1	盐野义制药株式会社	吡咯烷衍生物的制备方法	13-16

续表

国际专利分类号	授权公告号	专利号 ZL	专利权人	发明名称	卷期号
C07D 207/33	CN 1034933C	94118511.7	美国氰胺公司	杀虫、杀螨和杀线虫的 2-芳基-5-（三氟甲基）吡咯物的制备方法	13-21
C07D 207/34	CN 1034933C	94118511.7	美国氰胺公司	杀虫、杀螨和杀线虫的 2-芳基-5-（三氟甲基）吡咯物的制备方法	13-21
C07D 207/42	CN 1034933C	94118511.7	美国氰胺公司	杀虫、杀螨和杀线虫的 2-芳基-5-（三氟甲基）吡咯物的制备方法	13-21
C07D 209/16	CN 1035179C	93109364.3	阿尔米拉尔实验室有限公司	新的吲哚衍生物	13-25
C07D 209/34	CN 1034939C	92115358.9	阿斯特拉公司	有胆碱能活性的吲哚酮和吲哚二酮的衍生物的制备方法	13-21
C07D 209/48	CN 1036065C	92108448.X	上海市合成树脂研究所	制备双-（N-甲基苯邻二甲酰亚胺）醚的方法	13-41
C07D 209/54	CN 1036193C	94106295.3	第一制药株式会社	7-未取代的或取代的氨基-5-氮杂螺（2，4）庚烷的制法	13-43
C07D 211/36	CN 1035944C	91100039.9	美国辉瑞有限公司	3-氨基哌啶衍生物及有关的含氮杂环化合物的制备方法	13-39
C07D 211/56	CN 1035944C	91100039.9	美国辉瑞有限公司	3-氨基哌啶衍生物及有关的含氮杂环化合物的制备方法	13-39
C07D 211/90	CN 1035508C	88105256.6	山东新华制药厂	双氢吡啶类药物的合成方法	13-31
C07D 213/36	CN 1036649C	93114206.7	武田药品工业株式会社	制备 a-不饱和胺或其盐的方法	13-50
C07D 213/61	CN 1033112C	90102111.3	武田药品工业株式会社	含二氨基乙烯类化合物的杀虫组合物	13-42
C07D 213/61	CN 1036585C	93107968.3	拜尔公司	2-氯-5-氨甲基吡啶的制备方法	13-49
C07D 213/61	CN 1036649C	93114206.7	武田药品工业株式会社	制备 a-不饱和胺或其盐的方法	13-50

续表

国际专利分类号	授权公告号	专利号 ZL	专利权人	发明名称	卷期号
C07D 213/62	CN 1036112C	90102111.3	武田药品工业株式会社	含二氨基乙烯类化合物的杀虫组合物	13-42
C07D 213/62	CN 1036649C	93114206.7	武田药品工业株式会社	制备 a-不饱和胺或其盐的方法	13-50
C07D 213/64	CN 1034934C	91104065.X	明治制果株式会社	血管紧张素Ⅱ拮抗性吡啶衍生物的制备方法	13-21
C07D 213/74	CN 1036112C	90102111.3	武田药品工业株式会社	含二氨基乙烯类化合物的杀虫组合物	13-42
C07D 213/74	CN 1036649C	93114206.7	武田药品工业株式会社	制备 a-不饱和胺或其盐的方法	13-50
C07D 213/79	CN 1034934C	91104065.X	明治制果株式会社	血管紧张素Ⅱ拮抗性吡啶衍生物的制备方法	13-21
C07D 213/81	CN 1034934C	91104065.X	明治制果株式会社	血管紧张素Ⅱ拮抗性吡啶衍生物的制备方法	13-21
C07D 215/48	CN 1034572C	90104445.8	杏林制药株式会社	新颖的环状邻氨基苯甲酸乙酸衍生物的制备方法	13-16
C07D 215/56	CN 1035945C	90101902.X	拜尔公司	5-烷基喹诺酮羧酸衍生物的制备方法	13-39
C07D 215/56	CN 1033751C	89103911.2	第一制药株式会社	用于治疗的抗菌的光学活性吡啶酮羧酸衍生物的制备方法	13-02
C07D 217/26	CN 1034552C	90100673.4	伊莱莉莉公司	十氢异喹啉衍生物的药物制剂的制备方法	13-16
C07D 217/26	CN 1034805C	90109931.7	弗·哈夫曼-拉罗切有限公司	氨基酸衍生物的制备方法	13-19
C07D 221/04	CN 1034074C	92115151.9	詹森药业有限公司	杂环取代的苯甲胺衍生物的制备方法	13-08
C07D 223/06	CN 1035944C	91100039.9	美国辉瑞有限公司	3-氨基哌啶衍生物及有关的含氮杂环化合物的制备方法	13-39
C07D 231/38	CN 1034074C	92115151.9	詹森药业有限公司	杂环取代的苯甲胺衍生物的制备方法	13-08
C07D 231/38	CN 1036456C	93120121.7	美国辉瑞有限公司	氨基取代的吡唑	13-47
C07D 231/44	CN 1036456C	93120121.7	美国辉瑞有限公司	氨基取代的吡唑	13-47
C07D 231/52	CN 1036456C	93120121.7	美国辉瑞有限公司	氨基取代的吡唑	13-47

续表

国际专利分类号	授权公告号	专利号 ZL	专 利 权 人	发 明 名 称	卷 期 号
C07D 233/60	CN 1036263C	94117640.1	赫彻斯特股份公司	取代的唑类化合物的制备方法	13-44
C07D 233/72	CN 1036264C	93114754.9	林茨化学有限公司	芳基乙内酰脲的制备方法	13-44
C07D 233/84	CN 1036341C	93102412.9	赫彻斯特股份公司	咪唑衍生物的制备方法	13-45
C07D 233/86	CN 1036341C	93102412.9	赫彻斯特股份公司	咪唑衍生物的制备方法	13-45
C07D 233/90	CN 1036341C	93102412.9	赫彻斯特股份公司	咪唑衍生物的制备方法	13-45
C07D 233/96	CN 1034364C	92110177.5	大塚制药株式会社	咪唑烷-4-酮和噻唑烷-4-酮的衍生物的制备方法	13-20
C07D 237/04	CN 1036265C	90100645.9	奥里昂公司	杂环化合物的制备方法	13-44
C07D 237/14	CN 1036265C	90100645.9	奥里昂公司	杂环化合物的制备方法	13-44
C07D 237/28	CN 1034467C	89107365.5	奥桑	含有 5-氧代或氨基取代的噌啉的药粉抑制剂组合物及其应用	13-15
C07D 239/60	CN 1034806C	91101394.6	塞波斯公司	制备嘧啶三酮衍生物的方法	13-19
C07D 241/04	CN 1034731C	93103740.9	三共株式会社	镇痛羧酸酰胺衍生物的制备方法	13-18
C07D 241/20	CN 1034074C	92115151.9	詹森药业有限公司	杂环取代的苯甲胺衍生物的制备方法	13-08
C07D 249/14	CN 1035817C	92110016.7	山之内制药株式会社	三唑基取代的叔胺化合物及其盐的制备方法	13-37
C07D 257/00	CN 1035001C	93100106.4	伊莱利利公司	取代的苯基苯酚基白三烯拮抗物	13-22
C07D 257/04	CN 1034569C	92114447.4	史密丝克莱恩比彻姆公司	ET（ENDOTHELIN）受体拮抗物	13-16
C07D 261/04	CN 1035054C	93114526.0	美国辉瑞有限公司	新的异噁唑啉类抗炎剂	13-23
C07D 261/08	CN 1034498C	93107589.0	三共株式会社	用于抑制胆固醇生物合成的八氢萘肟衍生物，其制备方法和用途	13-15
C07D 275/02	CN 1035614C	93120706.1	盐野义制药株式会社	亚苄基衍生物	13-33

续表

国际专利分类号	授权公告号	专利号 ZL	专　利　权　人	发　明　名　称	卷　期　号
C07D　277/28	CN　1036649C	93114206.7	武田药品工业株式会社	制备 a-不饱和胺或其盐的方法	13-50
C07D　277/32	CN　1036112C	90102111.3	武田药品工业株式会社	含二氨基乙烯类化合物的杀虫组合物	13-42
C07D　277/32	CN　1036649C	93114206.7	武田药品工业株式会社	制备 a-不饱和胺或其盐的方法	13-50
C07D　277/34	CN　1034497C	92114826.7	三共株式会社	抗糖尿病和抗肥胖症的芳香氨基醇衍生物的制备方法	13-15
C07D　277/38	CN　1036587C	92110242.9	布里斯托尔-迈尔斯斯奎布公司	制备头孢菌素抗菌素的方法	13-49
C07D　277/42	CN　1035552C	93109438.0	艾尔夫·萨诺费	噻唑的支链烷氨基衍生物，它们的制备方法以及含有它们的药物组合物	13-32
C07D　277/54	CN　1034864C	92110177.5	大塚制药株式会社	咪唑烷-4-酮和噻唑烷-4-酮的衍生物的制备方法	13-20
C07D　277/68	CN　1036393C	93108209.9	英国阿斯特拉药品有限公司	7-（2-氨乙基）-苯并噻唑酮	13-46
C07D　277/02	CN　1033750C	94118086.7	三共株式会社	用于制备具有抗糖尿病和抗肥胖症性能的芳香氨基醇衍生物的中间化合物	13-02
C07D　281/10	CN　1034075C	92113330.8	盐野义制药株式会社	苯并硫氮杂草衍生物	13-08
C07D　285/18	CN　1036265C	90100645.9	奥里昂公司	杂环化合物的制备方法	13-44
C07D　295/104	CN　1035178C	93120863.7	爱斯制药株式会社	芳酰胺衍生物	13-25
C07D　295/18	CN　1036064C	92101074.5	三共株式会社	新的具有 NGF 生成促进活性的苯衍生物的制备方法	13-41
C07D　307/16	CN　1035555C	92103924.7	生物化学药物有限公司	非对映选择性合成核苷的方法	13-32
C07D　307/32	CN　1035555C	92103924.7	生物化学药物有限公司	非对映选择性合成核苷的方法	13-32

续表

国际专利分类号	授权公告号	专利号 ZL	专利权人	发明名称	卷期号
C07D 307/42	CN 1034498C	93107589.0	三共株式会社	用于抑制胆固醇生物合成的八氢萘肟衍生物，其制备方法和用途	13-15
C07D 307/46	CN 1035173C	93120863.7	爱斯制药株式会社	芳酰胺衍生物	13-25
C07D 307/62	CN 1034415C	91101600.7	默里尔多药物公司	新抗坏血酸衍生物的制备方法	13-14
C07D 307/62	CN 1036457C	92111093.6	武田药品工业株式会社	2-酮基-L-古洛糖酸低级烷基脂的制备方法	13-47
C07D 307/80	CN 1034574C	89107028.1	弗斯卡玛生物工业化学药物合股公司	5-氧取代的（RS）-2-（2，3-二氢-4，6，7-三甲基苯并呋喃基）乙酸衍生物的制备方法	13-16
C07D 307/88	CN 1034808C	92111279.3	兰州大学	4，5-二氢-3-丁基苯酞的合成方法	13-19
C07D 307/88	CN 1035327C	92111278.5	兰州大学	藁本内酯的合成方法	13-27
C07D 309/00	CN 1035001C	93100106.4	伊莱利利公司	取代的苯基苯酚基白三烯拮抗物	13-22
C07D 309/28	CN 1036849C	91103492.7	比奥塔科学管理有限公司	抗病毒化合物的制备方法	13-53
C07D 311/04	CN 1033972C	89109257.9	默里尔多药物公司	制备 2H-1-苯并吡喃化合物的方法	13-06
C07D 311/30	CN 1033914C	91110602.2	河南省医学科学研究所	葛根有效成分提取物的提取方法	13-05
C07D 311/68	CN 1036349C	91103492.7	比奥塔科学管理有限公司	抗病毒化合物的制备方法	13-53
C07D 311/74	CN 1034331C	89106715.9	三井制药工业株式会社	新的胺类及其酸加成盐的制备方法	13-13
C07D 311/92	CN 1035005C	91108393.6	日本化药株式会社	制备 6-（3-二甲氨基丙酰基）福司可林的新方法	13-22
C07D 311/92	CN 1034938C	92111625.X	利利工业公司	4H-萘并〔1，2-b〕吡喃化合物的制备方法	13-21
C07D 317/06	CN 1034331C	89106715.9	三井制药工业株式会社	新的胺类及其酸加成盐的制备方法	13-13
C07D 317/62	CN 1033197C	93100379.2	格拉克索有限公司	水溶性喜树碱衍生物	13-43

续表

国际专利分类号	授权公告号	专利号 ZL	专利权人	发明名称	卷期号
C07D 319/06	CN 1034498C	93107589.0	三共株式会社	用于抑制胆固醇生物合成的八氢萘肟衍生物，其制备方法和用途	13-15
C07D 319/18	CN 1036197C	93100379.2	格拉克索有限公司	水溶性喜树碱衍生物	13-43
C07D 327/02	CN 1036135C	91100183.2	壳牌研究有限公司	制备β-取代的磺酸和/或磺酸盐的方法	13-42
C07D 333/16	CN 1034498C	93107589.0	三共株式会社	用于抑制胆固醇生物合成的八氢萘肟衍生物，其制备方法和用途	13-15
C07D 333/22	CN 1035178C	93120863.7	爱斯制药株式会社	芳酰胺衍生物	13-25
C07D 333/38	CN 1035254C	93118199.2	拜尔公司	取代的噻吩羧酰胺，其制法和其作为杀真菌剂的用途	13-26
C07D 333/38	CN 1036001C	93114714.X	美国辉瑞有限公司	制备4-氯-2-噻吩甲酸的中间体及其制备方法	13-40
C07D 333/38	CN 1035876C	93103188.5	参天制药株式会社	四氢噻吩衍生物及其药物组合物	13-38
C07D 333/44	CN 1034074C	92115151.9	詹森药业有限公司	杂环取代的苯甲胺衍生物的制备方法	13-08
C07D 333/48	CN 1035614C	93120706.1	盐野义制药株式会社	亚苄基衍生物	13-33
C07D 335/02	CN 1036849C	91103492.7	比奥塔科学管理有限公司	抗病毒化合物的制备方法	13-53
C07D 339/06	CN 1036304C	88101620.9	科米阿衣化学工业株式会社	以苯基三唑衍生物作为活性成分的杀虫剂组合物	13-45
C07D 401/04	CN 1036394C	90100657.2	大塚制药株式会社	喹诺酮衍生物的制备方法	13-46
C07D 401/04	CN 1036651C	91105415.4	大塚制药株式会社	喹诺酮衍生物的制备方法	13-50
C07D 401/04	CN 1036005C	94100328.0	拜尔公司	含7-二环取代-3-喹诺酮羧酸衍生物的药物组合物制备方法	13-40

续表

国际专利分类号	授权公告号	专利号 ZL	专利权人	发明名称	卷期号
C07D 401/04	CN 1033751C	89103911.2	第一制药株式会社	用于治疗的抗菌的光学活性吡啶酮羧酸衍生物的制备方法	13-02
C07D 401/06	CN 1033752C	89108925.X	詹森药业有限公司	(1H-唑-1-基甲基）取代的喹啉或喹啉酮衍生物的制法	13-02
C07D 401/06	CN 1034865C	90100075.2	詹森药业有限公司	2-氨基嘧啶酮的制备方法	13-20
C07D 401/06	CN 1034552C	90100673.4	伊莱利利公司	十氢异喹啉衍生物的药物制剂的制备方法	13-16
C07D 401/06	CN 1036651C	91105415.4	大塚制药株式会社	喹诺酮衍生物的制备方法	13-50
C07D 401/06	CN 1036453C	91110950.1	武田药品工业株式会社	稠合杂环化合物的制备方法	13-47
C07D 401/06	CN 1035981C	92113722.2	日本拜耳农药株式会社	含胍类衍生物的杀虫剂组合物	13-40
C07D 401/06	CN 1036456C	93120121.7	美国辉瑞有限公司	氨基取代的吡唑	13-47
C07D 401/06	CN 1034939C	92115358.9	阿斯特拉公司	有胆碱能活性的吲哚酮和吲哚二酮的衍生物的制备方法	13-21
C07D 401/06	CN 1035670C	92103409.1	大塚制药株式会社	一种制备苯并杂环化合物或其盐的方法	13-34
C07D 401/06	CN 1035615C	92112079.6	美国辉瑞有限公司	作为新的乙酰胆碱酯酶抑制剂的芳香杂环胺类的制备方法	13-33
C07D 401/06	CN 1035616C	93107239.5	霍夫曼-拉罗奇有限公司	异羟肟酸衍生物	13-33
C07D 401/12	CN 1035670C	92103409.1	大塚制药株式会社	一种制备苯并杂环化合物或其盐的方法	13-34
C07D 401/12	CN 1034934C	91104065.X	明治制果株式会社	血管紧张素Ⅱ拮抗性吡啶衍生物的制备方法	13-21
C07D 401/12	CN 1035179C	93109364.3	阿尔米拉尔实验室有限公司	新的吲哚衍生物	13-25
C07D 401/12	CN 1036519C	91105782.X	帝国化学工业公司	杀真菌组合物，其制备方法及应用	13-48

续表

国际专利分类号	授权公告号	专利号 ZL	专 利 权 人	发 明 名 称	卷 期 号
C07D 401/12	CN 1036586C	94103439.9	拜尔公司	取代的 1-芳基三唑啉酮及其制法和有关的除草剂，应用和中间体	13-49
C07D 401/14	CN 1036394C	90100657.2	大塚制药株式会社	喹诺酮衍生物的制备方法	13-46
C07D 401/14	CN 1036651C	91105415.4	大塚制药株式会社	喹诺酮衍生物的制备方法	13-50
C07D 401/14	CN 1034865C	90100075.2	詹森药业有限公司	2-氨基嘧啶酮的制备方法	13-20
C07D 401/14	CN 1035112C	90108728.9	布里斯托尔-迈尔斯斯奎布公司	用于生产二嗪基哌啶衍生物的改进方法	13-24
C07D 403/04	CN 1036304C	88101620.9	科米阿衣化学工业株式会社	以苯基三唑衍生物作为活性成分的杀虫剂组合物	13-45
C07D 403/06	CN 1036395C	92102132.1	约翰韦恩兄弟有限公司	哌嗪衍生物的制备方法	13-46
C07D 403/06	CN 1036456C	93120121.7	美国辉瑞有限公司	氨基取代的吡唑	13-47
C07D 403/06	CN 1036002C	94117801.3	詹森药业有限公司	(1H-唑-1-基甲基) 取代的喹唑啉衍生物的制法	13-40
C07D 403/06	CN 1036003C	94117802.1	詹森药业有限公司	(1H-唑-1-基甲基) 取代的喹唑啉衍生物的制法	13-40
C07D 403/06	CN 1034731C	93103740.9	三共株式会社	镇痛羧酸酰胺衍生物的制备方法	13-18
C07D 403/06	CN 1035670C	92103409.1	大塚制药株式会社	一种制备苯并杂环化合物或其盐的方法	13-34
C07D 403/06	CN 1035672C	94112257.3	上海医科大学	3-(甲基咪唑基) 甲基-四氢-咔唑酮新的制备方法	13-34
C07D 403/12	CN 1035325C	90110260.1	库米阿依化学工业株式会社	嘧啶衍生物的制备方法	13-27
C07D 403/12	CN 1035670C	92103409.1	大塚制药株式会社	一种制备苯并杂环化合物或其盐的方法	13-34
C07D 403/12	CN 1034865C	90100075.2	詹森药业有限公司	2-氨基嘧啶酮的制备方法	13-20

续表

国际专利分类号	授权公告号	专利号 ZL	专利权人	发明名称	卷期号
C07D 403/12	CN 1035179C	93109364.3	阿尔米拉尔实验室有限公司	新的吲哚衍生物	13-25
C07D 403/14	CN 1034865C	90100075.2	詹森药业有限公司	2-氨基嘧啶酮的制备方法	13-20
C07D 405/04	CN 1034938C	92111625.X	利利工业公司	4H-萘并〔1，2-b〕吡喃化合物的制备方法	13-21
C07D 405/06	CN 1035615C	92112079.6	美国辉瑞有限公司	作为新的乙酰胆碱酯酶抑制剂的芳香杂环胺类的制备方法	13-33
C07D 405/06	CN 1036458C	91110950.1	武田药品工业株式会社	稠合杂环化合物的制备方法	13-47
C07D 405/12	CN 1036586C	94103439.9	拜尔公司	取代的 1-芳基三唑啉酮及其制法和有关的除草剂，应用和中间体	13-49
C07D 405/12	CN 1034502C	90101524.5	詹森药业有限公司	N-(3-羧基-4-哌啶基)苯并含氧杂环甲酰胺衍生物的制法	13-15
C07D 405/14	CN 1034865C	90100075.2	詹森药业有限公司	2-氨基嘧啶酮的制备方法	13-20
C07D 405/14	CN 1034502C	90101524.5	詹森药业有限公司	N-(3-羟基-4-哌啶基)苯并含氧杂环甲酰胺衍生物的制法	13-15
C07D 405/14	CN 1036394C	90100657.2	大塚制药株式会社	喹诺酮衍生物的制备方法	13-46
C07D 407/04	CN 1035944C	91100039.9	美国辉瑞有限公司	3-氨基哌啶衍生物及有关的含氮杂环化合物的制备方法	13-39
C07D 409/04	CN 1035944C	91100039.9	美国辉瑞有限公司	3-氨基哌啶衍生物及有关的含氮杂环化合物的制备方法	13-39
C07D 409/06	CN 1035615C	92112079.6	美国辉瑞有限公司	作为新的乙酰胆碱酯酶抑制剂的芳香杂环胺类的制备方法	13-33
C07D 409/06	CN 1036458C	91110950.1	武田药品工业株式会社	稠合杂环化合物的制备方法	13-47

续表

国际专利分类号	授权公告号	专利号 ZL	专利权人	发明名称	卷期号
C07D 409/06	CN 1036396C	92110883.4	史密丝克莱恩比彻姆公司	(E)-3-〔2-正丁基-1-{(4-羧基苯基)甲基}-1H-咪唑-5-基〕-2-(2-噻吩基)甲基-2-丙烯酸甲磺酸酯的制备方法	13-46
C07D 409/12	CN 1036586C	94103439.9	拜尔公司	取代的1-芳基三唑啉酮及其制法和有关的除草剂，应用和中间体	13-49
C07D 409/14	CN 1036394C	90100657.2	大塚制药株式会社	喹诺酮衍生物的制备方法	13-46
C07D 409/14	CN 1034865C	90100075.2	倉森药业有限公司	2-氨基嘧啶酮的制备方法	13-20
C07D 411/04	CN 1036196C	91102778.5	生物化学药物公司	1，3-氧硫环戊烷核苷类似物的制备方法	13-43
C07D 413/06	CN 1036004C	93103803.0	三共株式会社	镇痛羧酸酰胺衍生物的制备方法	13-40
C07D 413/06	CN 1035615C	92112079.6	美国辉瑞有限公司	作为新的乙酰胆碱酯酶抑制剂的芳香杂环胺类的制备方法	13-33
C07D 413/06	CN 1034571C	95104834.1	盐野义制药株式会社	吡咯烷衍生物的制备方法	13-16
C07D 413/10	CN 1036392C	92100794.9	伊莱莉莉公司	环取代的2-氨基四氢萘和3-氨基苯并二氢吡喃的制法	13-46
C07D 413/10	CN 1036588C	93118829.6	三共株式会社	具有抗糖尿病和抗肥胖症性质的噁唑烷衍生物，它们的制备和它们的治疗方面的用途	13-49
C07D 413/12	CN 1036588C	93118829.6	三共株式会社	具有抗糖尿病和抗肥胖症性质的噁唑烷衍生物，它们的制备和它们在治疗方面的用途	13-49
C07D 413/12	CN 1034865C	90100075.2	倉森药业有限公司	2-氨基嘧啶酮的制备方法	13-20
C07D 413/12	CN 1035179C	93109364.3	阿尔米拉尔实验室有限公司	新的吲哚衍生物	13-25

续表

国际专利分类号	授权公告号	专利号 ZL	专利权人	发明名称	卷期号
C07D 413/12	CN 1035326C	91102410.7	赫彻斯特股份公司	1，2，4-三唑衍生物制备方法	13-27
C07D 413/14	CN 1036394C	90100657.2	大塚制药株式会社	喹诺酮衍生物的制备方法	13-46
C07D 413/14	CN 1036004C	93103803.0	三共株式会社	镇痛羧酸酰胺衍生物的制备方法	13-40
C07D 413/14	CN 1034865C	90100075.2	詹森药业有限公司	2-氨基嘧啶酮的制备方法	13-20
C07D 413/14	CN 1034662C	92100683.7	化学药物开发有限股份公司	新的四唑衍生物的制备方法	13-17
C07D 417/04	CN 1034810C	92108995.3	生物化学药物有限公司	1，3-氧硫杂环戊烷核苷类似物	13-19
C07D 417/04	CN 1036589C	93100384.9	藤泽药品工业株式会社	新的噻唑基苯并呋喃衍生物，其制备方法及含该衍生物的药物组合物	13-49
C07D 417/06	CN 1035615C	92112079.6	美国辉瑞有限公司	作为新的乙酰胆碱酯酶抑制剂的芳香杂环胺类的制备方法	13-33
C07D 417/06	CN 1035616C	93107239.5	霍夫曼-拉罗奇有限公司	异羟肟酸衍生物	13-33
C07D 417/10	CN 1036588C	93118829.6	三共株式会社	具有抗糖尿病和抗肥胖症性质的噁唑烷衍生物，它们的制备和它们在治疗方面的用途	13-49
C07D 417/12	CN 1036588C	93118829.6	三共株式会社	具有抗糖尿病和抗肥胖症性质的噁唑烷衍生物，它们的制备和它们在治疗方面的用途	13-49
C07D 417/12	CN 1034865C	90100075.2	詹森药业有限公司	2-氨基嘧啶酮的制备方法	13-20
C07D 417/14	CN 1034865C	90100075.2	詹森药业有限公司	2-氨基嘧啶酮的制备方法	13-20
C07D 417/14	CN 1036589C	93100384.9	藤泽药品工业株式会社	新的噻唑基苯并呋喃衍生物，其制备方法及含该衍生物的药物组合物	13-49
C07D 453/00	CN 1034732C	93114371.3	美国辉瑞有限公司	治疗炎症和胃肠疾病的奎宁环衍生物	13-18
C07D 453/02	CN 1036652C	93118177.1	艾尔夫·萨诺费股份有限公司	碱式季酰胺，其制备方法及其药物组合物	13-50

续表

国际专利分类号	授权公告号	专利号 ZL	专利权人	发明名称	卷期号
C07D 461/00	CN 1033973C	91106219.X	东北制药总厂	阿扑长春胺酸乙酯制备的新方法	13-06
C07D 471/04	CN 1033751C	89103911.2	第一制药株式会社	用于治疗的抗菌的光学活性吡啶酮羧酸衍生物的制备方法	13-02
C07D 471/04	CN 1034015C	92112982.3	卫材株式会社	一种环胺化合物的制备方法	13-07
C07D 471/04	CN 1034502C	90101524.5	詹森药业有限公司	N-(3-羟基-4-哌啶基)苯并含氧杂环甲酰胺衍生物的制法	13-15
C07D 471/04	CN 1036394C	90100657.2	大塚制药株式会社	喹诺酮衍生物的制备方法	13-46
C07D 471/04	CN 1036590C	91109938.7	默里尔多药物公司	新的巯基乙酰基酰胺衍生物的制备方法	13-49
C07D 471/04	CN 1036007C	93100707.0	詹森药业有限公司	吡咯并咪唑基和咪唑并吡啶基取代的 1H-苯并咪唑衍生物	13-40
C07D 471/04	CN 1036397C	93114437.X	先灵公司	新的取代的吡唑衍生物	13-46
C07D 471/04	CN 1036005C	94100328.0	拜尔公司	含 7-二环取代-3-喹诺酮羧酸衍生物的药物组合物制备方法	13-40
C07D 471/08	CN 1035945C	90101902.X	拜尔公司	5-烷基喹诺酮羧酸衍生物的制备方法	13-39
C07D 471/10	CN 1034733C	93112858.7	麦克公司	促进生长激素释放的螺哌啶类化合物和同系物	13-18
C07D 471/14	CN 1036711C	92110595.9	田边制药株式会社	咪唑并中氮茚衍生物的制备方法	13-51
C07D 471/18	CN 1035765C	89102627.4	默里尔多药物公司	六氢化-8-羟基-2，6-亚甲基-2H-喹嗪-3（4H）-酯的制备方法	13-36
C07D 473/06	CN 1035877C	93102055.7	韦斯卡玛生物工业化学药物合股公司	8-（1-氨基环烷基）-1，3-二烃基黄嘌呤衍生物	13-38

续表

国际专利分类号	授权公告号	专利号 ZL	专利权人	发明名称	卷期号
C07D 473/12	CN 1034173C	93102630.X	叶春园	从茶叶下脚料中分离咖啡因的方法	13-10
C07D 473/18	CN 1036712C	93108017.7	E·R·斯奎布父子公司	抗病毒剂〔1R-（1α，2β，3α)〕-2-氨基-9-〔2，3-双（羟甲基）环丁基〕-1，9-二氢-6H-嘌呤-6-酮的制备方法	13-51
C07D 473/40	CN 1036712C	93108017.7	E·R·斯奎布父子公司	抗病毒剂〔1R-（1α，2β，3α)〕-2-氨基-9-〔2，3-双（羟甲基）环丁基〕-1，9-二氢-6H-嘌呤-6-酮的制备方法	13-51
C07D 477/00	CN 1036006C	93101472.7	曾尼卡有限公司	抗菌素化合物碳化青霉烯	13-40
C07D 477/00	CN 1034332C	91102357.7	美国氰胺公司	作为抗生素的新颖2-取代烷基-3-羧基碳代青霉烯类的制备方法	13-13
C07D 477/00	CN 1035946C	92110017.5	格拉克索公司意大利分公司	杂环化合物的制备方法	13-39
C07D 477/00	CN 1036713C	93102800.0	曾尼卡有限公司	碳代青霉烯衍生物、其中间体、制备方法和含它的药物组合物	13-51
C07D 477/00	CN 1036714C	93121439.4	三共株式会社	晶状的碳代青霉烯衍生物	13-51
C07D 487/04	CN 1036590C	91109938.7	默里尔多药物公司	新的巯基乙酰基酰胺衍生物的制备方法	13-49
C07D 487/04	CN 1036007C	93100707.0	詹森药业有限公司	吡咯并咪唑基和咪唑并吡啶基取代的1H-苯并咪唑衍生物	13-40
C07D 487/04	CN 1036008C	93119421.0	瑞安大药厂股份有限公司	2-取代甲基-2，3-二氢咪唑〔1，2-c〕喹唑啉-5-酮（硫酮）及其制备方法和用途	13-40
C07D 487/04	CN 1034865C	90100075.2	詹森药业有限公司	2-氨基嘧啶酮的制备方法	13-20
C07D 487/04	CN 1034575C	90101711.6	默里尔多药物公司	选择性腺苷受体剂的制备方法	13-16

续表

国际专利分类号	授权公告号	专利号 ZL	专利权人	发明名称	卷期号
C07D 487/04	CN 1034503C	92105591.9	美国辉瑞有限公司	吡唑并嘧啶酮抗心绞痛剂的制备方法	13-15
C07D 487/04	CN 1034174C	92102338.3	纽罗杰有限公司	咪唑并喹喔啉类 7-氨基丁酸脑受体配体的制备方法	13-10
C07D 487/04	CN 1034333C	93120938.2	三共株式会社	用作止痛药和消炎剂的咪唑并吡唑衍生物的制备方法	13-13
C07D 487/06	CN 1034122C	91104581.3	詹森药业有限公司	新的抗病毒四氢咪唑并（1，4）苯并二氮杂（硫）酮的制备方法	13-09
C07D 487/08	CN 1035945C	90101902.X	拜尔公司	5-烷基喹诺酮羧酸衍生物的制备方法	13-39
C07D 487/10	CN 1034733C	93112858.7	麦克公司	促进生长激素释放的螺哌啶类化合物和同系物	13-18
C07D 487/14	CN 1036715C	93103587.2	伊莱利利公司	环肽衍生物抗真菌剂，其制备方法以及含有它的药用制剂	13-51
C07D 487/20	CN 1034176C	92108832.9	大日本制药株式会社	用于预防和治疗糖尿病并发症的药物组合物的制备方法	13-10
C07D 491/056	CN 1035766C	92109428.0	普利瓦贸易有限公司	N-磺酰基-四氢-〔1，3〕-二噁庚并〔5，6-b〕-氮杂环丙因的制备方法	13-36
C07D 491/10	CN 1034733C	93112858.7	麦克公司	促进生长激素释放的螺哌啶类化合物和同系物	13-18
C07D 491/10	CN 1036653C	88109138.3	山之内制药株式会社	含哌啶环的螺杂环化合物的制备方法	13-50
C07D 491/22	CN 1036197C	93100379.2	格拉克索有限公司	水溶性喜树碱衍生物	13-43

续表

国际专利分类号	授权公告号	专利号 ZL	专利权人	发明名称	卷期号
C07D 491/22	CN 1035380C	93102886.8	史密丝克莱恩贝克曼公司	10-羟基喜树碱的三氟甲磺酰衍生物的制备方法	13-28
C07D 493/04	CN 1036394C	90100657.2	大塚制药株式会社	喹诺酮衍生物的制备方法	13-46
C07D 493/04	CN 1036198C	93107581.5	三井东压化学株式会社	呋喃苯并吡喃衍生物、它们的制备方法及含这些化合物作为活性组分的除草剂	13-43
C07D 493/04	CN 1035381C	91104853.7	三共株式会社	根赤壳菌素衍生物的制备方法	13-28
C07D 493/04	CN 1035821C	92101032.X	大鹏药品工业株式会社	4-脱氧-4-表鬼臼毒素衍生物的制备方法	13-37
C07D 493/14	CN 1035820C	92111591.1	麦克尼拉布公司	一种制备氨基磺酸酯衍生物的改进方法	13-37
C07D 493/18	CN 1035767C	93108651.5	罗宜德	新的青蒿素衍生物及其用途	13-36
C07D 493/18	CN 1034017C	93112376.3	中国科学院上海有机化学研究所	4 位取代青蒿素类似物	13-07
C07D 495/10	CN 1034733C	93112858.7	麦克公司	促进生长激素释放的螺哌啶类化合物和同系物	13-18
C07D 495/14	CN 1036520C	94100504.6	卫材株式会社	1，4-二氮杂草衍生物的制备方法	13-48
C07D 495/22	CN 1036520C	94100504.6	卫材株式会社	1，4-二氮杂草衍生物的制备方法	13-48
C07D 498/00	CN 1035945C	90101902.X	拜尔公司	5-烷基喹诺酮羧酸衍生物的制备方法	13-39
C07D 498/04	CN 1036005C	94100328.0	拜尔公司	含 7-二环取代-3-喹诺酮羧酸衍生物的药物组合物制备方法	13-40
C07D 498/06	CN 1035255C	93102389.0	藤泽药品工业株式会社	杂三环衍生物	13-26
C07D 498/18	CN 1036591C	93119117.3	美国家用产品公司	雷帕霉素的氨基甲酸酯	13-49
C07D 499/12	CN 1035435C	93110174.3	沈阳医药工业研究所	半合成青霉素缩合新工艺	13-29

续表

国际专利分类号	授权公告号	专利号 ZL	专利权人	发明名称	卷期号
C07D 501/02	CN 1036459C	94192110.7	史密丝克莱恩比彻姆公司	晶状头孢羟苄磺唑的双苄基乙二胺盐及其制备方法	13-47
C07D 501/04	CN 1034940C	85106733.6	明治制果株式会社	新头孢菌素化合物的制备方法	13-21
C07D 501/04	CN 1035181C	88102961.0	布里斯托尔-米尔斯公司	从 3-三氟甲磺酰基头孢烯制备 3-不饱和烃基头孢烯的方法	13-25
C07D 501/22	CN 1034940C	85106733.6	明治制果株式会社	新头孢菌素化合物的制备方法	13-21
C07D 501/22	CN 1035181C	88102961.0	布里斯托尔-米尔斯公司	从 3-三氟甲磺酰基头孢烯制备 3-不饱和烃基头孢烯的方法	13-25
C07D 501/22	CN 1034177C	93115244.5	山东新华制药厂	头孢氨苄的制备方法	13-10
C07D 501/24	CN 1034940C	85106733.6	明治制果株式会社	新头孢菌素化合物的制备方法	13-21
C07D 501/24	CN 1035181C	88102961.0	布里斯托尔-米尔斯公司	从 3-三氟甲磺酰基头孢烯制备 3-不饱和烃基头孢烯的方法	13-25
C07D 501/36	CN 1036459C	94192110.7	史密丝克莱恩比彻姆公司	晶状头孢羟苄磺唑的双苄基乙二胺盐及其制备方法	13-47
C07D 501/56	CN 1036587C	92110242.9	布里斯托尔-迈尔斯斯奎布公司	制备头孢菌素抗菌素的方法	13-49
C07D 501/59	CN 1034504C	91104905.3	盐野义制药株式会社	硫代烷硫基头孢菌素的制备方法	13-15
C07D 503/02	CN 1036592C	95104675.6	史密丝克莱恩比彻姆有限公司	制备和/或纯化棒酸或其药用盐或其酯的新方法	13-49
C07D 503/12	CN 1036592C	95104675.6	史密丝克莱恩比彻姆有限公司	制备和/或纯化棒酸或其药用盐或其酯的新方法	13-49
C07D 513/04	CN 1035554C	93115346.8	普利瓦药物	β-内酰胺类似物及其制备方法	13-32

续表

国际专利分类号	授权公告号	专利号 ZL	专　利　权　人	发　明　名　称	卷　期　号
C07D　513/04	CN　1034077C	91103594.X	邻位药品公司	新的吡啶并〔2，3-f〕〔1，4〕硫代吖庚因的制备方法	13-08
C07D　513/04	CN　1036589C	93100384.9	藤泽药品工业株式会社	新的噻唑基苯并呋喃衍生物，其制备方法及含该衍生物的药物组合物	13-49
C07D　513/04	CN　1036009C	93121519.6	合成实验室公司	2-噻吩基咪唑并〔2，1-b〕苯并噻唑-3-乙酸衍生物，其制备方法及其药用	13-40
C07D　513/04	CN　1036005C	94100328.0	拜尔公司	含7-二环取代-3-喹诺酮羧酸衍生物的药物组合物制备方法	13-40
C07D　513/04	CN　1034502C	90101524.5	詹森药业有限公司	N-(3-羟基-4-哌啶基)苯并含氧杂环甲酰胺衍生物的制法	13-15
C07D　513/04	CN　1034468C	91111730.X	纳幕尔杜邦公司	N-甲酰苯胺类杀节肢动物剂	13-15
C07D　513/06	CN　1035255C	93102389.0	藤泽药品工业株式会社	杂三环衍生物	13-26
C07D　519/04	CN　1036005C	94100328.0	拜尔公司	含7-二环取代-3-喹诺酮羧酸衍生物的药物组合物制备方法	13-40
C07F　5/02	CN　1034078C	91101146.3	布拉科技国际有限公司	含生化活性基团的铼二肟和锝-99M二肟配合物的硼酸加合物的制备方法	13-08
C07F　7/08	CN　1036001C	93114714.X	美国辉瑞有限公司	制备4-氯-2-噻吩甲酸的中间体及其制备方法	13-40
C07F　9/09	CN　1034941C	92105432.7	ASTA 药物股份公司	胆碱磷酸烷基酯的制备方法和它们的纯形式的生产	13-21
C07F　9/62	CN　1034552C	90100673.4	伊莱利利公司	十氢异喹啉衍生物的药物制剂的制备方法	13-16

续表

国际专利分类号	授权公告号	专利号 ZL	专 利 权 人	发 明 名 称	卷 期 号
C07F 13/00	CN 1034078C	91101146.3	布拉科技国际有限公司	含生化活性基团的铼二肟和锝-99M 二肟配合物的硼酸加合物的制备方法	13-08
C07H 1/06	CN 1034178C	95100748.3	郑伟萍	从卡那霉素母液中提取卡那霉素的方法	13-10
C07H 1/06	CN 1035674C	95105997.1	清华大学	大环内酯类抗生素萃取工艺	13-34
C07H 3/06	CN 1036136C	93116948.8	石家庄市美亚实业总公司	一种利用豆粕制取低聚糖液的方法	13-42
C07H 7/00	CN 1036849C	91103492.7	比奥塔科学管理有限公司	抗病毒化合物的制备方法	13-53
C07H 13/04	CN 1035673C	94112160.7	中国人民解放军空军上海第一医院	药用葡萄糖酸镁的制备方法	13-34
C07H 15/02	CN 1034217C	93114265.2	格林威治药品股份有限公司	抗增生和抗炎化合物——戊糖单糖衍生物	13-11
C07H 15/04	CN 1034866C	92101427.9	格林威治制药有限公司	无溶剂合成醚取代的被保护的单糖方法	13-20
C07H 15/234	CN 1034178C	95100748.3	郑伟萍	从卡那霉素母液中提取卡那霉素的方法	13-10
C07H 15/26	CN 1034575C	90101711.6	默里尔多药物公司	选择性腺苷受体剂的制备方法	13-16
C07H 15/26	CN 1036654C	93100013.0	格鲁波莱佩蒂特公司	抗菌素 A40926 的酰氨衍生物及其制备方法	13-50
C07H 17/02	CN 1034217C	93114265.2	格林威治药品股份有限公司	抗增生和抗炎化合物——戊糖单糖衍生物	13-11
C07H 17/08	CN 1033974C	91111875.6	鲁索-艾克勒夫公司	新的红霉素衍生物的制备方法	13-06
C07H 17/08	CN 1034734C	94119821.9	北京市集才药物研究所	一种新的阿齐红霉素结晶及其制备方法	13-18
C07H 17/08	CN 1035674C	95105997.1	清华大学	大环内酯类抗生素萃取工艺	13-34
C07H 17/08	CN 1036199C	93106467.8	中外制药株式会社	红霉素衍生物	13-43
C07H 17/08	CN 1036066C	93109402.X	广东省台山市化学制药厂	红霉素-2′-酯的制备方法	13-41
C07H 19/00	CN 1033914C	91110602.2	河南省医学科学研究所	葛根有效成分提取物的提取方法	13-05
C07H 19/04	CN 1035555C	92103924.7	生物化学药物有限公司	非对映选择性合成核苷的方法	13-32
C07H 19/044	CN 1035878C	93100326.1	万有制药株式会社	吲哚并吡咯并咔唑衍生物	13-38

续表

国际专利分类号	授权公告号	专利号 ZL	专利权人	发明名称	卷期号
C07H 19/06	CN 1035555C	92103924.7	生物化学药物有限公司	非对映选择性合成核苷的方法	13-32
C07H 19/06	CN 1035617C	93112838.2	霍夫曼-拉罗奇有限公司	N-氧羰基取代的 5′-脱氧-5-氟胞苷衍生物	13-33
C07H 19/067	CN 1035675C	93112894.3	霍夫曼-拉罗奇有限公司	制备 N4-酰基-5′-脱氧-5-氟胞苷衍生物的新方法	13-34
C07H 19/16	CN 1035555C	92103924.7	生物化学药物有限公司	非对映选择性合成核苷的方法	13-32
C07H 19/173	CN 1036398C	93101173.6	惠尔康基金会集团公司	治疗用核苷	13-46
C07H 19/23	CN 1035878C	93100326.1	万有制药株式会社	吲哚并吡咯并咔唑衍生物	13-38
C07H 21/00	CN 1036783C	94115437.8	唐迎滨	从天然植物细胞中提取核酸的生产工艺	13-52
C07H 21/04	CN 1034576C	88100542.8	拜尔公司	淀粉状蛋白空斑核心多肽前体蛋白相关药盒	13-16
C07H 21/04	CN 1034673C	89102694.0	曾尼卡有限公司	检测核苷酸顺序的方法	13-17
C07J 1/00	CN 1036713C	92115248.5	鲁索-艾克勒夫公司	在 11β 位是有硫碳链的 19--去甲甾淡化合物的制备方法	13-51
C07J 1/00	CN 1035182C	87106868.0	鲁塞尔-乌克拉夫有限公司	9-α-羟基甾类化合物的制备方法	13-25
C07J 1/00	CN 1034942C	94111687.5	华西医科大学药物研究所	可用作带有雌激素结构的骨靶向药物的化合物	13-21
C07J 3/00	CN 1035182C	87106868.0	鲁塞尔-乌克拉夫有限公司	9-α-羟基甾类化合物的制备方法	13-25
C07J 3/00	CN 1036342C	95105415.5	鲁塞尔-乌克拉夫有限公司	9，11-脱氢甾类化合物及 9-α-羟基-16，17-脱氢甾类化合物的制备方法	13-45
C07J 5/00	CN 1035947C	92110286.0	鲁索-艾克勒夫公司	制备氢化可的松的新方法和新中间体	13-39
C07J 7/00	CN 1035948C	92105005.4	鲁索-艾克勒夫公司	孕甾-1，4-二烯-3，20-二酮衍生物的制备方法	13-39

续表

国际专利分类号	授权公告号	专利号 ZL	专利权人	发明名称	卷期号
C07J 7/00	CN 1036719C	92112854.1	鲁索-艾克勒夫公司	制备孕烷的 20-氧代-7α，21-二羟基衍生物的方法	13-51
C07J 9/00	CN 1036521C	90106741.5	鲁索-艾克勒夫公司	应用 19-去甲甾族化合物的醇衍生物制备新的有机酸酯及其盐的方法	13-48
C07J 9/00	CN 1036718C	92115248.5	鲁索-艾克勒夫公司	在 11β 位是有硫碳链的 19--去甲留淡化合物的制备方法	13-51
C07J 9/00	CN 1036342C	95105415.5	鲁塞尔-乌克拉夫有限公司	9，11-脱氢甾类化合物及 9-α-羟基-16，17-脱氢甾类化合物的制备方法	13-45
C07J 9/00	CN 1033753C	86100994.0	舍林股份公司	11β-苯基-甾烷的制备方法	13-02
C07J 9/00	CN 1034328C	93115274.7	蔡克忠	一种从阿魏酸酯制备阿魏酸、阿魏酸钠、甾醇的方法	13-13
C07J 13/00	CN 1034867C	92103926.3	鲁索-艾克勒夫公司	孕甾-4，9（11），17（20）-三烯-3-酮衍生物的制备方法	13-20
C07J 17/00	CN 1033754C	93112451.4	上海第二医科大学	知母皂甙元作为制备 β 肾上腺素和 M 胆碱受体双向调节药的用途及其制法	13-02
C07J 21/00	CN 1033948C	90103713.3	先灵公司	二氢螺旋烯酮在制备药物组合物中的应用	13-06
C07J 21/00	CN 1035768C	90110133.8	默里尔多药物公司	2，19-亚甲基环氧基和 2，19-亚甲基环硫类桥环甾类化合物的制备方法	13-36
C07J 21/00	CN 1034867C	92103926.3	鲁索-艾克勒夫公司	孕甾-4，9（11），17（20）-三烯-3-酮衍生物的制备方法	13-20

续表

国际专利分类号	授权公告号	专利号 ZL	专　利　权　人	发　明　名　称	卷　期　号
C07J　31/00	CN　1036521C	90106741.5	鲁索-艾克勒夫公司	应用 19-去甲甾族化合物的醇衍生物制备新的有机酸酯及其盐的方法	13-48
C07J　33/00	CN　1035768C	90110133.8	默里尔多药物公司	2,19-亚甲基环氧基和 2,19-亚甲基环硫类桥环甾类化合物的制备方法	13-36
C07J　33/00	CN　1034867C	92103926.3	鲁索-艾克勒夫公司	孕甾-4，9（11），17（20）-三烯-3-酮衍生物的制备方法	13-20
C07J　41/00	CN　1035055C	92103919.0	法米塔利亚·卡洛·埃巴有限责任公司	不饱和的 17β-取代的 3-羧基甾族化合物的制备方法	13-23
C07J　41/00	CN　1036521C	90106741.5	鲁索-艾克勒夫公司	应用 19-去甲甾族化合物的醇衍生物制备新的有机酸酯及其盐的方法	13-48
C07J　43/00	CN　1035055C	92103919.0	法米塔利亚·卡洛·埃巴有限责任公司	不饱和的 17β-取代的 3-羧基甾族化合物的制备方法	13-23
C07J　51/00	CN　1033754C	93112451.4	上海第二医科大学	知母皂甙元作为制备β肾上腺素和 M 胆碱受体双向调节药的用途及其制法	13-02
C07J　53/00	CN　1033975C	91111251.0	默里尔多药物公司	作为芳香酶抑制剂的 2β，19 亚基桥甾体的制备方法	13-06
C07J　61/00	CN　1033809C	90110188.5	默里尔多药物公司	新的 A-去甲甾类-3-羧酸衍生物的制备方法	13-03
C07J　61/00	CN　1036200C	94119556.2	默里尔多药物公司	A-去甲甾类-3-羧酸衍生物的制备方法	13-43
C07J　63/00	CN　1034334C	93109828.9	贵州省中医研究所	齐酞酸钠及其药物组合物	13-13
C07J　71/00	CN　1034368C	92100800.7	阿斯特拉公司	6α，9α-二氟-孕甾-3，20-二酮类化合物的制备方法	13-20

续表

国际专利分类号	授权公告号	专利号 ZL	专利权人	发明名称	卷期号
C07J 75/00	CN 1033754C	93112451.4	上海第二医科大学	知母皂甙元作为制备β肾上腺素和M胆碱受体双向调节药的用途及其制法	13-02
C07J 75/00	CN 1036342C	95105415.5	鲁塞尔-乌克拉夫有限公司	9，11-脱氢甾类化合物及9-α-羟基-16，17-脱氢甾类化合物的制备方法	13-45
C07K 1/02	CN 1035873C	94101380.4	弗·哈夫曼-拉罗切有限公司	酰胺和肽的制备	13-38
C07K 1/12	CN 1033810C	91105269.0	法米塔利亚·卡洛·埃巴有限责任公司	酶促制备成纤维细胞生长因子的方法	13-03
C07K 1/14	CN 1035040C	92105643.5	中国人民解放军第458医院	乳猪胸腺蛋白的制备方法	13-23
C07K 1/14	CN 1036201C	89101475.6	三井东压化学株式会社	α-L-天冬氨酰-L-苯丙氨酸甲酯的分离方法	13-43
C07K 1/14	CN 1036067C	94112454.1	沈阳医药工业研究所	从螺旋藻中提取蛋白质和多糖的方法	13-41
C07K 1/14	CN 1034079C	91109657.4	太原机械学院	膨爆蓖麻粕去毒制无毒蛋白的方法	13-08
C07K 1/16	CN 1034335C	89104078.1	默里尔多药物公司	由南美水蛭中提取和纯化抗凝血成分	13-13
C07K 1/30	CN 1033702C	93109632.4	上海化城生化科技有限公司	牛膝糖肽的提取方法	13-01
C07K 5/02	CN 1034805C	90109931.7	弗·哈夫曼-拉罗切有限公司	氨基酸衍生物的制备方法	13-19
C07K 5/06	CN 1034869C	90106038.0	藤泽药品工业株式会社	肽类化合物及其可药用盐的制备方法	13-20
C07K 5/06	CN 1034505C	90106917.5	纽特拉斯威特公司	用于制备α-L-天冬氨酰-L-苯丙氨酸甲酯盐酸盐的方法	13-15
C07K 5/06	CN 1034733C	93112858.7	麦克公司	促进生长激素释放的螺哌啶类化合物和同系物	13-18
C07K 5/06	CN 1035157C	94115733.4	荷兰加甜剂公司	糖精制备过程中原料的回收方法和设备	13-25
C07K 5/065	CN 1036399C	91109042.8	伊莱利利公司	三肽抗凝血酶剂的制备方法	13-46
C07K 5/075	CN 1036201C	89101475.6	三井东压化学株式会社	α-L-天冬氨酰-L-苯丙氨酸甲酯的分离方法	13-43

续表

国际专利分类号	授权公告号	专利号 ZL	专　利　权　人	发　明　名　称	卷　期　号
C07K　5/075	CN　1035183C	90106906.X	纽特拉斯威特公司	制备α-L-天冬氨酰-L-苯丙氨酸甲酯盐酸盐的方法	13-25
C07K　5/08	CN　1034869C	90106038.0	藤泽药品工业株式会社	肽类化合物及其可药用盐的制备方法	13-20
C07K　5/083	CN　1036399C	91109042.8	伊莱利利公司	三肽抗凝血酶剂的制备方法	13-46
C07K　7/00	CN　1035056C	90106972.8	默里尔多药物公司	制备环状神经激肽A的拮抗剂的方法	13-23
C07K　7/00	CN　1034663C	90107067.X	史密丝克莱恩比彻姆公司	血液调节肽的制备方法	13-17
C07K　7/02	CN　1034735C	93100474.8	史密丝克莱恩比彻姆公司	血调节肽	13-18
C07K　7/04	CN　1036010C	93112493.X	中国科学院上海生物化学研究所	记忆增强肽及其应用	13-40
C07K　7/06	CN　1034416C	91102638.X	赫彻斯特股份公司	有舒缓激肽拮抗作用的肽的制备方法	13-14
C07K　7/06	CN　1035256C	92110868.0	图兰医学院	新的多肽化合物的制备方法	13-26
C07K　7/06	CN　1034735C	93100474.8	史密丝克莱恩比彻姆公司	血调节肽	13-18
C07K　7/18	CN　1034577C	90106915.9	赫彻斯特股份公司	制备具有血管舒缓激肽拮抗作用的肽类的方法	13-16
C07K　7/18	CN　1034416C	91102638.X	赫彻斯特股份公司	有舒缓激肽拮抗作用的肽的制备方法	13-14
C07K　7/23	CN　1036343C	90108955.9	天津市计划生育研究所	新促黄体生成素释放激素拮抗类似物的制备方法	13-45
C07K　9/00	CN　1034506C	90109932.5	伊莱利利公司	含糖肽衍生物的药物组合物的制备方法	13-15
C07K　14/00	CN　1034576C	88100542.8	拜尔公司	淀粉状蛋白空斑核心多肽前体蛋白相关药盒	13-16
C07K　14/235	CN　1033866C	88107056.4	安姆根有限公司	重组DNA产生的博德特氏菌毒素类似物	13-04
C07K　14/345	CN　1036850C	94190012.6	味之素株式会社	新的细胞表面蛋白质	13-53
C07K　14/405	CN　1036067C	94112454.1	沈阳医药工业研究所	从螺旋藻中提取蛋白质和多糖的方法	13-41

续表

国际专利分类号	授权公告号	专利号 ZL	专利权人	发明名称	卷期号
C07K 14/415	CN 1034079C	91109657.4	太原机械学院	膨爆蓖麻粕去毒制无毒蛋白的方法	13-08
C07K 14/435	CN 1033976C	90108137.X	美国辉瑞有限公司	用作钙通路阻滞剂的多肽的制备方法	13-06
C07K 14/435	CN 1034123C	93106216.0	美国辉瑞有限公司	得自冬季管网蛛的钙离子通道阻断性多肽	13-09
C07K 14/44	CN 1034335C	89104078.1	默里尔多药物公司	由南美水蛭中提取和纯化抗凝血成分	13-13
C07K 14/50	CN 1033810C	91105269.0	法米塔利亚·卡洛·埃巴有限责任公司	酶促制备成纤维细胞生长因子的方法	13-03
C07K 14/52	CN 1035257C	93117297.7	伊莱利利公司	修饰的血小板因子-4	13-26
C07K 14/535	CN 1033738C	87104963.5	中外制药株式会社	含有粒性的细胞集落刺激因子的稳定药剂及其生产方法	13-02
C07K 14/55	CN 1036532C	89106242.4	鲁索-艾克勒夫公司	还原型非糖基化重组人体白细胞介素-2 的制备方法	13-48
C07K 14/575	CN 1034943C	92113069.4	霍夫曼-拉罗奇有限公司	环状血管活性肽的制备方法	13-21
C07K 14/61	CN 1033759C	88102023.0	阿曼京公司	猪生长激素类似物	13-02
C07K 14/62	CN 1034080C	90101415.X	伊莱利利公司	胰岛素类似物的制备方法	13-08
C07K 14/65	CN 1034588C	86102889.9	拜奥根公司	人促生长因子 C 的改进生产方法	13-16
C07K 16/22	CN 1035628C	86107666.4	柯瑞英-艾格公司	生产单克隆抗体的方法	13-33
C07K 16/28	CN 1034055C	88103476.2	密执安大学	单克隆抗体在制备用于治疗炎症部位的药物中的应用	13-08
C07K 19/00	CN 1035184C	93115033.7	中国人民解放军第 458 医院	水溶性中分子量动物胸腺提取物	13-25
C12N 1/14	CN 1035627C	91106190.8	中国科学院沈阳应用生态研究所	r-亚麻醉及以其为主的生物制剂的制备方法	13-33
C12N 1/14	CN 1036531C	94115054.2	俞永信	冬虫夏草的深层发酵工艺	13-48

续表

国际专利分类号	授权公告号	专利号 ZL	专利权人	发明名称	卷期号
C12N 5/10	CN 1036794C	95105904.1	苏州医学院	抗人活化血小板单克隆抗体，其制备方法及应用	13-52
C12N 5/12	CN 1035628C	86107666.4	柯瑞英一艾格公司	生产单克隆抗体的方法	13-33
C12N 9/10	CN 1033865C	89101420.9	钟纺株式会社	生产葡糖基转移酶的抗体和含该抗体的预防龋齿组合物的方法	13-04
C12N 9/80	CN 1034183C	88106108.5	武田药品工业株式会社	酰基氨基酸外消旋酶，其生产方法及应用	13-10
C12N 9/90	CN 1034183C	88106108.5	武田药品工业株式会社	酰基氨基酸外消旋酶，其生产方法及应用	13-10
C12N 15/00	CN 1036116C	88100856.7	夏保来	一种红毛白肉家兔配合饲料	13-42
C12N 15/13	CN 1036794C	95105904.1	苏州医学院	抗人活化血小板单克隆抗体，其制备方法及应用	13-52
C12N 15/18	CN 1033759C	88102023.0	阿曼京公司	猪生长激素类似物	13-02
C12N 15/26	CN 1036532C	89106242.4	鲁索-艾克勒夫公司	还原型非糖基化重组人体白细胞介素-2 的制备方法	13-48
C12N 15/31	CN 1033836C	88107056.4	安姆根有限公司	重组 DNA 产生的博德特氏菌毒素类似物	13-04
C12N 15/31	CN 1036850C	94190012.6	味之素株式会社	新的细胞表面蛋白质	13-53
C12P 7/06	CN 1036146C	92109880.4	中国科学院沈阳应用生态研究所	多层分隔式生物反应器及该反应器用于发酵玉米醪生产酒精工艺	13-42
C12P 7/64	CN 1035527C	91106190.8	中国科学院沈阳应用生态研究所	γ一亚麻醉及以其为主的生物制剂的制备方法	13-33
C12P 13/04	CN 1034183C	88106108.5	武田药品工业株式会社	酰基氨基酸外消旋酶，其生产方法及应用	13-10
C12P 13/14	CN 1035727C	91107357.4	黄文涛	L-谷氨酸发酵新工艺	13-35

续表

国际专利分类号	授权公告号	专利号 ZL	专利权人	发明名称	卷期号
C12P 15/00	CN 1033753C	86100994.0	舍林股份公司	11β-苯基-甾烷的制备方法	13-02
C12P 17/06	CN 1035333C	92103152.1	清远新北江制药有限公司	盐霉素及其钠盐结晶品的制造方法	13-27
C12P 17/12	CN 1036196C	91102778.5	生物化学药物公司	1，3-氧硫环戊烷核苷类似物的制备方法	13-43
C12P 19/04	CN 1034086C	86104449.5	孟山都公司	杂多糖 S-657	13-08
C12P 19/60	CN 1035391C	89109377.X	伊莱利利公司	大环内酯类化合物	13-28
C12P 21/00	CN 1033865C	89101420.9	钟纺株式会社	生产葡糖基转移酶的抗体和含该抗体的预防龋齿组合物的方法	13-04
C12P 21/02	CN 1033759C	88102023.0	阿曼京公司	猪生长激素类似物	13-02
C12P 21/02	CN 1033760C	88103482.7	伊姆诺股份公司	产生具有第八因子活性的第八因子缺失突变体的方法	13-02
C12P 21/02	CN 1033866C	88107056.4	安姆根有限公司	重组 DNA 产生的博德特氏菌毒素类似物	13-04
C12P 21/02	CN 1036532C	89106242.4	鲁索-艾克勒夫公司	还原型非糖基化重组人体白细胞介素-2 的制备方法	13-48
C12P 21/06	CN 1033810C	91105269.0	法米塔利亚・卡洛・埃巴有限责任公司	酶促制备成纤维细胞生长因子的方法	13-03
C12P 21/08	CN 1034055C	88103476.2	密执安大学	单克隆抗体在制备用于治疗炎症部位的药物中的应用	13-08
C12P 21/08	CN 1035628C	86107666.4	柯瑞英-艾格公司	生产单克隆抗体的方法	13-33
C12P 21/08	CN 1036794C	95105904.1	苏州医学院	抗人活化血小板单克隆抗体，其制备方法及应用	13-52

（冯秀丽）